高等学校"十二五"规划教材 | 经济管理类

人力资源管理

尚 娟 编著

西安电子科技大学出版社

内 容 简 介

    本书是作者根据国际上通用的人力资源管理理论分析框架，在多年的讲课积累和相关企业管理咨询实践的基础上最新编写的人力资源管理方面的基础课教材。本书全面系统地介绍了人力资源管理的最新理念、流程、方法与技术。全书共分 13 章，内容涉及人力资源管理的产生、发展和基本理论，人力资源的战略管理，人力资源管理的国际比较，人力资源规划，工作分析与设计，招聘与甄选，培训与开发，职业生涯规划与发展，绩效评估与管理，薪酬管理，劳资关系管理，人力资源跨文化管理、人力资源管理信息化。为了便于学习，本书在每一章开始标明本章学习重点、阅读资料，章末有本章小结、思考题和案例讨论，以帮助读者掌握基本知识和实际操作技能，并引发读者对所学问题进行深入思考，提高运用所学知识分析和解决实际问题的能力。

    本书适合作为经济管理相关专业教材，也可供企业的各级管理者、人力资源管理人员和对人力资源管理相关知识感兴趣的人士使用和参考。

图书在版编目(CIP)数据

人力资源管理/尚娟编著. —西安：西安电子科技大学出版社，2014.7

高等学校"十二五"规划教材│经济管理类

ISBN 978 - 7 - 5606 - 3370 - 1

Ⅰ. ① 人… Ⅱ. ① 尚… Ⅲ. ① 人力资源管理—高等学校—教材

Ⅳ. ① F241

中国版本图书馆 CIP 数据核字(2014)第 147158 号

策划编辑　戚文艳

责任编辑　戚文艳　郑　娜　邹力涵

出版发行　西安电子科技大学出版社(西安市太白南路 2 号)

电　　话　(029)88242885　88201467　　邮　编　710071

网　　址　www.xduph.com　　　　　电子邮箱　xdupfxb001@163.com

经　　销　新华书店

印刷单位　陕西天意印务有限责任公司

版　　次　2014 年 7 月第 1 版　2014 年 7 月第 1 次印刷

开　　本　787 毫米×1092 毫米　1/16　印张　26

字　　数　621 千字

印　　数　1～3000 册

定　　价　45.00 元

ISBN 978 - 7 - 5606 - 3370 - 1/F

XDUP　3662001 - 1

＊＊＊如有印装问题可调换＊＊＊

本社图书封面为激光防伪覆膜，谨防盗版。

前　言

　　"非惟天时，抑亦人谋也。"这句《隆中对》中的经典语句使我们领悟到，在知识经济时代下，面对日益变化的环境，人才是决定一切的重要因素。人力资源管理在现代组织中充当着重要角色。越来越多的企业管理者意识到，人力资源管理对一个组织的成功具有关键作用。人力资源管理不再是事后才考虑的因素，而是组织为了保持竞争力，必须制定的整体战略中的一个主要的因素。人力资源管理存在于所有的组织中，其焦点是组织中所有的人。人是组织活力的源泉，相对于组织中的其他系统而言，人力资源管理的独特性在于对工作环境中的人的全面关注，以及对组织中人力资源管理活动的关注。

　　人力资源管理在西方发展很快，大致可以分为四个阶段，即早期人事管理活动阶段、人事管理阶段、人际关系运动阶段、人力资源管理阶段。而我国的人力资源管理起步相对较晚，二十世纪八十年代以前，人力资源管理只是人事管理，伴随着西方人本主义管理理念的传播，我国人力资源管理从传统的人事管理向现代人力资源管理转变。人力资源的重要性越来越凸显。为了研究人力资源管理活动的科学性与实践性，也为了帮助企业培养人才，我们着手进行了本书的编写工作。本书主要就如何在引进、借鉴西方发达国家经验的基础上，紧密结合我国的经济发展、企业管理和文化背景，实现管理创新来展开研究。本书同时也借鉴了西方发达国家和我国人力资源管理理论研究的优秀成果，并结合我国人力资源管理的现实，形成了符合我国实际情况的人力资源管理教材的框架和体系。相信读者通过本书的学习，能够掌握人力资源管理的理论、活动以及发展趋势等知识，并做到理论联系实际，更好地将人力资源管理知识运用到实践中去。

　　全书共分13章。第一章为导论部分，主要介绍了人力资源与人力资源管理的内涵，即从人力资源管理的功能、职能、目标以及内外部环境等方面对人力资源管理进行了深入的介绍，并从人力资源管理发展的历史进程、面临的挑战及发展趋势方面予以阐述，最后介绍了人力资源管理的理论基础，目的在于使读者能够对人力资源管理的基础知识有所了解。第二章到第十二章，从人力资源管理的职能角度对人力资源管理活动进行了全面深入的分析，目的在于让读者对人力资源管理实践方面的知识有更深层次的理解，并掌握相应的知识、流程和方法。第十三章从信息现代化的角度分析人力资源管理，具体就人力资源信息化的内涵、优势、应用等方面进行阐述，目的在于让读者了解人力资源管理在信息时代的发展变化及其应用。

　　全书每一章的开始有本章学习重点、阅读资料，可以让读者清楚每章的主要内容，并通过阅读资料对每章的内容有基础性的了解。每章的最后有本章小结、思考题和案例讨论。本章小结主要是对本章的内容做简单的概括，归纳知识点，便于读者掌握重点、加深印象。思考题主要是帮助读者复习所学知识，引发读者对所学知识进行更深入的思考。案例讨论引用企业经营过程当中最经典或最新的实际案例，让读者能更好地将所学知识与实践相结合，增强分析与解决实际问题的能力。本书的最后附有参考文献，主要是本书参考的著作与学术论文，供读者查阅。

本书与一些同类书相比，有以下特点：

第一，体例设计新颖。本书按照引言、本章学习重点、阅读资料、原理、方法与工具介绍、思考题、案例讨论的顺序进行体例设计，这些都着眼于让学生积极参与的教学方式，有利于培养和提高学生分析问题与解决问题的能力。

第二，提供了丰富的全新案例资源、人力资源管理精彩文章摘录，案例深入浅出，清晰易懂，具有很强的可读性和可操作性。通过对本土案例的讨论，为使学生更有针对性地思考和解决国内人力资源管理实践所面临的现实问题提供了有效的帮助。

第三，充分吸收了近年来学术界的研究成果，反映了当前教学改革的新经验和学术界的新成果，努力提高了教材的思想性、科学性、启发性、先进性和教学适用性。

第四，理论和实践相结合。人力资源管理作为一门国内外公认的管理学科，具有它自身的基本原理，在编写过程中必须准确反映。同时，由于人力资源管理实践在不同经济、文化背景下又有特殊性，因此，本书在编写过程中融入中国的管理思想、理论和实践，并将编者长期在研究和实践中的体会和有效的做法进行总结提炼，既保留了先进的国外管理理论和实践经验，又体现了我国的管理思想、理论与实践，加快了与国际教学接轨的需求。

本书各章编写分工如下：第一、四、七、十、十一、十二章由尚娟编写；第二、八章由王曦编写；第三、十三章由刘玉明编写；第五、六章由张岭编写；第九章由谢永平编写。王璐、郝虹亮、王筱桐、刘杰、宁婷、孔尕平为本书的完成做了大量的资料收集和整理工作。全书由尚娟拟定提纲并负责统稿。

本书在编写和出版过程中得到了西安电子科技大学相关领导及经济与管理学院的领导和同事的大力支持，特别是西安电子科技大学出版社戚文艳女士的帮助和指导，在此向以上人员表示衷心的感谢。

在本书的编写过程中，编者参考了许多国内外专家学者的著作和研究成果，并尽可能将参考或引用内容及观点一一列出。在此向这些参考文献的作者表示衷心的感谢。

由于作者水平有限，书中疏漏与不妥之处在所难免，敬请专家学者和广大读者批评指正，共同推进我国人力资源管理的发展。

尚 娟
2014 年 5 月

目　录

第一章　人力资源管理导论

资源是创造社会财富的源泉。世界上资源丰富，种类繁多，概括起来有物力资源、财力资源、人力资源、信息资源和时间资源等。在人类所拥有的一切资源中，人力资源是第一宝贵的。对人力资源的开发、利用和管理，是所有组织管理的重要内容。知识经济时代，人力资源已经成为组织最重要的资源之一。正如原通用电气（GE）董事长兼 CEO 杰克·韦尔奇（Jack Welch）所说："我一生中最伟大的成就莫过于物色和培育人才，而且是成批的杰出人才。"

本章学习重点

▶人力资源以及人力资源管理的涵义
▶人力资源管理的功能和职能
▶人力资源管理的目标和环境
▶人力资源管理的发展历程
▶人力资源管理面临的挑战及其发展趋势
▶人力资源管理的理论基础

阅读资料

索尼人力资源开发的"黄金法则"

日本索尼（SONY）是以生产电子电器产品为主的一家跨国公司，始建于 1946 年。20 世纪 90 年代，在日本泡沫经济崩溃后，很多企业举步维艰，惟有索尼能在短短几年内重新调整好经营状况，成为日本最有活力的企业，人们将其发展称为"索尼奇迹"。而创造这一"奇迹"的原动力来自于索尼在人力资源开发上的"黄金法则"。

选人：千甄万别，惟才是举

索尼公司非常重视招聘人才的工作，他们招聘人才不分国籍、年龄、学历、性别以及身体是否残疾，尤其欢迎那些在目前工作的公司不能发挥潜力的人。

索尼公司对应聘的人选考试极其严格，每位应试人员都要经过经理以上级别的 30 位干部的面试。而且这 30 位面试教官所作的评分表，必须在 5 年的工作过程中一一应验。面试通过后，还要经过集训考试，时间长达 3 天 3 夜，内容包括第一天的笔试；第二天的市场调查习作；第三天做"20 年后的日本"的作文。此外，公司不惜投入大量的经费，还要再做一次集训考试，以便真正了解每一位应试人员的思考力、判断力等优秀与否。经过这层层考试选拔进来的员工素质都比较高。即便如此，公司对这些人仍不放松，继续实施彻底的在职培训，由监督人员按照指定的指南进行教育，并向他们传授必需的技能。索尼招聘人才不看重学历，而看其是否有真才实学。在 20 世纪 60 年代的企业界长期实行论资排辈的人事制度，并片面强调学历。然而索尼公司总裁盛田昭夫的《让学历见鬼去吧！》可谓一鸣惊人，他在书中写道："论资排辈和学历至上使得年轻有为的人不能展示他们的能力和抱负，而即使某人拿到了电视工程学位，在他被录用之后，经理也要尽快发现他有什么真正的能力，如果他有特殊的才能或适合于其他工作，就再给他调换工作。"在选拔高级管理人员这个问题上，公司特别重视选拔和配备具有高度创新精神的经理。索尼从不雇用那些仅仅能胜任某一个具体职位的人，而是乐于雇用那些拥有多种不同经历、喜欢标新立异的、有真才实学的人。遵循这一指导思想，索尼公司无论是对经验丰富的经理，还是对初来乍到的青年雇员，雇用的方针都集中于"能力"。大贺典雄的使用就是一个典型的例证。大贺是一个既没学过理科，也没学过商业的人，但是由于他对音乐的独特理解被盛田昭夫看中，委任他负责磁带录音机工厂。

实践证明，盛田的做法是对的。大贺上任之初，提出的要想超过竞争对手，最好的方法就是争取他们的销售经理的做法，第二年就使索尼产品销售发生了根本转变。大贺后来还成了索尼公司在数百万美元的国际谈判中最出色的谈判者之一。由于才能突出，大贺被提拔担任了公司的副总经理。

用人：爱你就给你自由发展的空间

早在 1946 年索尼的前身——东京通信工业公司成立时，其成立宗旨中就提出"我们要建设技术人员积极工作的自由豁达的理想工场"。而要实现这样的理想，在索尼公司具体的体现就是实行毛遂自荐、内部招聘的方式，保证人才有自由发展的空间。该公司现有9000 多名科学技术专家和工程师，为了促进人才的进一步发展，他们推行一种独特的公司内部人才流动制度。公司每周出版一次内部小报，刊登公司各部门的"求人广告"，允许并鼓励员工按照自己的兴趣、爱好和特长毛遂自荐，自我申报各种研究课题和开发项目。实行内部招聘制度之后，有能力的人才大多能找到自己较中意的岗位，而且人力资源管理部门也可以发现那些"流出"人才的上司所存在的问题。另外，索尼公司原则上每隔两年便让员工置换一次工作，允许他们在公司各部门、各科研院所之间合理自由流动，为他们能够最大限度地发挥个人的聪明才智提供机会。特别是对于那些精力旺盛、干劲十足的人才，公司不是让他们被动地等待工作，而是主动地给他们施展才能的机会。

鼓励挑战，宽容失败是索尼的用人特色，索尼的座右铭就是"去挑战吧"！当一个人有着想干某件事的强烈愿望时，大家都会理解并支持他。对说出"我想干这个"的人来说，索尼给他们提供了最能充分发挥能力的场所，鼓励他们去不断挑战新事物。同时，把挑战作为企业理念的索尼，绝对没有因为一次两次的失败就不用某个人。索尼深知，挑战是新事物战胜旧事物的过程，必然会有挫折，而失败是成功之母，所以某个人不会因为失败而遭到周围人的责备。在索尼能够尝试各种各样的工作，因此，对于积极向上、勇敢开拓自己生活、喜欢挑战自己能力极限的人来说，恐怕再也没有哪家企业像索尼这样有意义了。

"想做这样的事"的明确信念与索尼"重个人，轻组织"的企业文化相一致，二者恰到好处地融合在一起。在这样的环境中，索尼人特别乐于承担那些具有挑战性的工作，个个积极进取，人人奋勇争先，整个企业始终充满了生机和活力。几十年的辉煌历程表明，索尼之所以能取得巨大的成功，其源泉正是索尼人。

留人：极力创造家庭般的温馨

索尼强调家庭式的温馨和团结精神，以此激发每位员工的主动性和积极性，激发他们参与管理的热情。组织只是手段，并不是目的，组织存在和得以发展这本身并不是组织的目的，组织终究只是作为从事业务、促进员工发展的手段而设置。"人"是一切经营的最根本的出发点。所谓经营就是组织众人，使每个人的才能得到最大程度的发掘，并使之成为一股巨大的力量，从而建设一个自由快乐的理想工厂。因此，管理者的任务就是要培育与员工之间的健康关系，在公司中产生一种大家庭式的整体观念，使员工具有一种命运共同体的意识。对于索尼公司来说，就是要使不同姓氏的索尼员工团结共荣得像家庭成员似的。

而索尼的确像个大家庭，不仅仅因为索尼基本上实行终生雇佣制，绝大多数员工都要在索尼度过一生，还因为在公司中管理者同普通员工之间关系并不对立，他们都是索尼的家庭成员，在很多工厂中员工甚至于老板具有差不多的地位。索尼工厂的任何一位管理人员（包括厂长）都没有自己的个人办公室，索尼提倡管理人员和其他员工一起办公，并共用办公用品和设备。为了让员工感受到大家庭氛围，盛田昭夫更是以身作则，他几乎每天晚上都要和年轻员工在一起吃饭、聊天。当夏天来临的时候，首先装上空调的是车间，而不是管理者的办公室。每当公司经营不景气的时候，削减工资都是从上层领导开始，绝不轻易解雇员工。索尼的大家庭式文化还表现在对员工的关心和对偶然过失的包容上。如果发现某个员工更适合其他职位的工作，公司绝不会漠然视之。索尼也从不因为某个员工的偶然过失而解雇员工，而是给他一个改错的机会。索尼认为，最重要的不是把错误归罪于某人，而是找出错误的原因。

这种对员工充分尊重和坚定信任的做法使员工追求平等、渴望家庭般温馨的心理得到了极大的满足，很好地培育了员工的命运共同体观念，从而激励员工为企业忠心耿耿地工作。在索尼，员工们自我思考，主动提高技术水平，自始至终尽职尽责地工作。家庭意识也使索尼员工视企业为自己所有，热心为企业出谋划策。在索尼，平均每一位员工一年间为企业提出的改革方案达13件，其中大部分方案都使生产操作得到了简化，提高了生产效率。值得一提的是，索尼在1973年的石油危机中曾受到了严重的打击，公司被迫让员工回家休息，但员工们不忍心在自己的公司危难之际赋闲在家，不约而同地都回到公司，或扫地或除草，不管什么脏活累活，都抢着干。

育人：以人为本，不遗余力

培训作为现代企业跟上时代发展的必备手段，索尼在这方面毫不吝啬。大学新毕业的员工进行技术能力方面的培训时间，每人每年约3.3天，这不包括在职培训。公司还拨出巨额专款，建立了索尼厚木工厂高工学校和索尼技术专科学校，用于员工的继续教育。另有各种各样的工业讲座、英语班、海外留学制度等，由从业人员自由报名参加。为了进一步帮助在职人员获取新知识，公司还设立了智能情报中心，有任何疑难问题只要拨通公司专用电话号码中的一个，就有专人解答。

为了有效地培养复合型人才，更好地适应社会发展的需要，索尼公司在雇用一个人之后，常常立即对他们进行广泛的交叉培训。工程师和科学家要做销售工作，甚至法律学校毕业生也要到索尼工厂的生产线上见习。许多年轻经理因工作出色，有可能获得奖学金去外国深造，公司尽力安排他们到美国、英国、法国、德国去学习商贸、法律和各种科学技术，条件许可时，还每两三年轮换一次。这种轮换不仅促进了经理们的知识更新，而且能使他们找到个人的最佳岗位，并发现他们对公司最有作用的能力。结果是每位经理都人尽其才，他们不仅仅是专家，而且知识面都很宽。

　　自我开发是索尼公司培育员工的一个重要内容，因为经常性地提升和增加工资的机会激发了索尼员工潜在的自我开发的欲望。公司采取分发各种阅读材料，推荐学习书目，并资助员工购买书籍的费用等方式鼓励员工自我开发，广泛地采用像读书报告会那样的小组活动以增进信息的交流共享和员工的团队合作意识。在索尼，有80％以上的员工都参加了这种读书小组活动，公司为了鼓励这样的活动，还给这些读书小组活动付加班费。

　　安居才能乐业。索尼公司为了让员工没有后顾之忧，更好地投入到工作中去，免费为员工提供住宅、医疗和娱乐场所。此外，索尼公司还为员工提供购买家产用的低息贷款和部分优惠的公司股权以及高利率的公司储蓄账户。

　　索尼公司认为，育人不能单纯地放在对员工的教育培训上，文体活动有时比教育培训更能取得事半功倍的效果，应该把二者很好地结合起来。为此，公司成立有许多娱乐团体，如网球俱乐部、滑雪俱乐部、棒球俱乐部、围棋俱乐部等，这些俱乐部经常举行各种文娱活动，公司给予部分资助。每年春、秋季节还举行运动会，不定期的集体旅游也经常组织。通过这些活动，能使员工心情愉快，在工作中更易发扬集体主义精神，对组织更加忠诚。

　　　　　　　　资料来源：张岩松，周瑜弘. 人力资源管理案例精选精析. 北京：中国社会科学出版社，2007

第一节　人力资源

一、人力资源的内涵

　　"人力资源"这一概念第一次出现于约翰·R·康芒斯的《产业信誉》《产业政府》两本巨著中，但是它的涵义与现在有很大不同。

　　现在我们所知的人力资源概念，是由管理学大师彼得·德鲁克（Peter F. Drucker）在《管理实践》一书中提出的。人力资源，与其他资源相比，是一种特殊资源，它必须通过有效的激励机制才能开发利用，并为组织带来可观的经济价值。

　　在人类所拥有的一切资源中，人力资源是第一宝贵的，成为了现代管理的核心。不断提高人力资源开发与管理水平，不仅是当前发展经济、提高市场竞争力的需要，也是一个国家、民族、地区、单位长期兴旺发达的重要保证，更是一个现代人充分开发自身潜能、适应社会、改造社会的重要措施。随着对人力资源越来越深入的研究，对于它的定义可以分成两大类。

　　第一类是从能力角度出发理解的，大部分研究者支持这种观点。例如：

　　（1）人力资源，是指包含在人体内的一种生产能力，它是表现在劳动者身上、以劳动者的数量和质量表示的资源，对经济起生产性的作用，作为生产要素，人力资源要素在组织经营中是最活跃的、最积极的生产要素。

　　（2）人力资源，是社会组织内部全部劳动人口中蕴含的劳动能力的总和。

　　（3）人力资源，是指劳动过程中可以直接投入的体力、智力、心力总和以及形成的基础素质，包含技能、经验、品德、态度等身心素质。

　　第二类是从人的角度理解的。例如：

　　（1）人力资源的本质是人的脑力与体力的总和，实质就是劳动能力。

　　（2）人力资源是指组织内部成员以及外部顾客等人员，即可以为组织提供直接、间接服务以及有利于实现组织预期经营效益的人员的总和。

（3）人力资源，是指具有体力和智力的劳动能力，并能够推动社会和经济发展的人的总称。

二、人力资源的数量和质量

（一）人力资源的数量

人力资源的数量是指一个国家或地区中具有劳动能力、从事社会劳动的人口总数，它是一个国家或地区劳动适龄人口减去其中丧失劳动能力的人口，再加上不处于劳动适龄人口之中但具有劳动能力的人口。人力资源的数量构成见表1-1。

表1-1　人力资源的数量构成

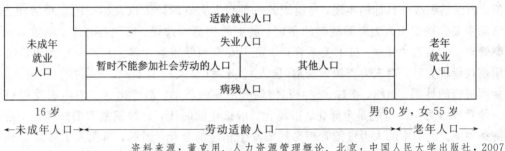

资料来源：董克用. 人力资源管理概论. 北京：中国人民大学出版社，2007

（二）人力资源的质量

人力资源质量是指一定范围内（国家、地区或组织等）的劳动力素质的综合反映。人力资源质量反映了人力资源在质上的规定性，它是一定范围内（国家、地区、组织）人力资源所具有的体质、智力、知识、技能和劳动意愿，它一般体现在劳动者的体质水平、文化水平、专业技术水平和劳动的积极性上，通常用健康状况、受教育状况、劳动者技术等级状况，以及劳动态度等指标来进行衡量。

人力资源质量构成要素：

（1）健康素质，包括生理和心理的状况及其相互关系；提供从事经济活动所需要的体力和精力。

（2）智力素质，包括认识客观事物的稳定的心理特征，包括观察力、注意力、记忆力、想象力、思维力；提供从事经济活动所需要的认知自身以及外部世界的能力。

（3）知识素质，指对于知识理解和掌握的广度与深度，以及由此形成的视野、胸怀、见识、涵养和气度；提供从事经济活动所需要的眼界、思路、方法和手段。

（4）技能素质，指对完成工作或任务所必需的各种技术掌握和运用的状态；提供达成经济活动目标所需要的行为技巧和力量。

（5）品德素质，指思想、政治道德、法律与个性方面表现出来的稳定行为与倾向；提供从事经济活动所需要的精神支持。

第二节　人力资源管理

人力资源管理通过招聘、甄选、培训、报酬等管理形式对组织内外相关人力资源进行有效运用，满足组织当前及未来发展的需要，保证组织目标实现与成员发展的最大化。人力资源管理是需要通过预测组织人力资源需求并做出人力需求计划、招聘选择人员并进行有效组织、考核绩效、支付报酬并进行有效激励，结合组织与个人需要进行有效开发以便实现最优组织绩效的全过程。

一、人力资源管理的内涵

一般情况下人们对人力资源管理有两种解释。

第一种解释，人力资源管理（Human Resource Management，HRM）是指根据组织发展战略的要求，有计划地对人力资源进行合理配置，通过对组织中员工的招聘、培训、使用、考核、激励、调整等一系列过程，调动员工的积极性，发挥员工的潜能，为组织创造价值，确保组织战略目标的实现，是组织的一系列人力资源政策以及相应的管理活动。这些活动主要包括组织人力资源战略的制定、员工的招募与选拔、培训与开发、绩效管理、薪酬管理、员工流动管理、员工关系管理、员工安全与健康管理等。人力资源管理是组织运用现代管理方法，对人力资源的获取（选人）、开发（育人）、保持（留人）和激励（用人）等方面所进行的计划、组织、指挥、控制和协调等一系列活动，最终达到实现组织发展目标的一种管理行为。21 世纪是全球化、市场化、信息化的时代，是知识主宰的时代。在新的经济条件下，组织中的人力资源管理必然要发生相应的变化。因此，组织人力资源管理系统将构筑在 Internet/Intranet 的计算机网络平台上，形成新型的人力资源管理模式。

第二种解释，人力资源管理就是指运用现代化的科学方法，对与一定物力相结合的人力进行合理的培训、组织和调配，使人力、物力经常保持最佳比例，同时对人的思想、心理和行为进行恰当的诱导、控制和协调，充分发挥人的主观能动性，以实现组织目标。根据定义，可以从两个方面来理解人力资源管理。一方面，对人力资源外在要素——量的管理，即根据人力和物力及其变化，对人力进行恰当的培训、组织和协调，使二者经常保持最佳比例和有机的结合，使人和物都充分发挥出最佳效应。另一方面，对人力资源内在要素——质的管理，主要是指采用现代化的科学方法，对人的思想、心理和行为进行有效的管理，充分发挥人的主观能动性，以达到组织目标。

人力资源管理已经突破了传统的模式，把人上升到资源的角度进行配置和管理，如何实现对人力资源的有效管理和配置，构建一个有效的人力资源管理平台和体系成为组织人力资源管理工作的重点。人力资源管理要做到知人善用，最大限度地发挥人力资源的作用。

二、人力资源管理的功能

（1）获取功能，就是根据人力资源规划、组织结构、职务说明书、员工素质要求，制定与组织目标相适宜的人力资源需求与供给计划，然后展开招募、考核、选拔、录用、安置等工作，寻找、吸引那些有能力又有兴趣到本组织任职的人，并从中挑选出适宜人员予以录用。主要包括人力资源规划、招聘、录用等程序。人力资源管理部门要注意用最少的代价使组织获得"所需之才"。

（2）整合功能，即通过一定的方法、手段、措施，重新组合和调整来自不同组织的人力资源队伍，建立统一的人力资源政策和制度，使员工之间和睦相处、协调共事、取得群体认同，更重要的是形成统一的组织文化和价值观，从而引导来自不同企业的组织成员的个体目标与组织总体目标相一致，达成成员和组织目标实现双赢结果的一系列管理活动的总和。人力资源整合是建立在人力资源管理基础之上的更高层面的目标，是人力资源管理的发展。现代人力资源管理强调个人在组织中的发展，个人的发展势必会引发个人与个人、个人与组织之间冲突，产生一系列问题。整合功能是人力资源的社会属性，注重人与人、人与群体、人与工作的关系整合，注重个人与组织协调与发展，也注重人员与组织的沟通、矛盾冲突的化解、员工对组织的认同，这样可以提高员工生活质量，增强员工的满意度。

（3）保持功能，通过薪酬、考核、晋升等一系列管理活动，保持员工的积极性、主动性、创造性，维护劳动者的合法权益，保证员工拥有安全、健康、舒适的工作环境，以增强员工满意感，使之安心满意地工作。保持功能包括两个方面的活动：一是保持员工的工作积极性，如公平的报酬、有效的沟通与参与、融洽的劳资关系等；二是保持健康安全的工作环境。一般在这个功能上，人力资源管理应该注重：制定公平合理的工资制度，公平对待员工，疏通关系，沟通感情，参与管理，处理劳资关系方面的纠纷和事务，促进劳资关系的改善。

（4）调控功能，这是对员工实施合理、公平的动态管理的过程，是人力资源管理中的控制与调整职能。它包括：科学、合理的员工绩效考评与素质评估；以考绩与评估结果为依据，对员工使用动态管理，如晋升、调动、奖惩、离退、解雇等。调控功能是微观组织人力资源管理中的调整与控制功能，政策性很强，涉及的矛盾也很多，所以对这个功能，人力资源管理必须做到公平、合理动态管理。

（5）发展功能，通过员工培训、工作丰富化、职业生涯规划与开发，促进员工知识、技巧和其他方面素质的提高，使其劳动能力得到增强和发挥，最大限度地实现其个人价值和对组织的贡献率，达到员工个人和组织共同发展的目的。人力资源管理部门根据个人、工作、组织的需要制定培训计划，选择培训的方式和方法，对培训效果进行评估；并且帮助员工制定个人发展计划，使个人的发展与组织的发展相协调，满足个人成长的需要。

人力资源管理的根本任务就是吸引和保持组织所需要的人才，开发和充分利用人力资源，以较少的人力投入，获取较高的生产率和组织绩效。

三、人力资源管理的职能

人力资源管理是对组织中"人"的管理。简单来说，就是通过人与事的优化配置，达到人与事、人与人的协调一致，从而带来生产效率的提高，促进组织目标的最终实现。而为了实现这一目标，需要进行一系列特定的管理活动，也就是人力资源管理的职能。

（一）人力资源规划

人力资源是组织生存和发展中必须合理配置和有效利用的宝贵资源，而这又主要取决于科学的人力资源规划活动，而且人力资源规划也是诊断人力资源管理效果的核心标准。

人力资源规划（Human Resource Planning）是一项系统的战略工程，它以组织发展战略为指导，以全面核查现有人力资源、分析组织内外部条件为基础，以预测组织对人员的未来供需为切入点，内容包括人员补充计划、人员配备计划、接替与提升计划、培训开发计划、薪酬激励计划、员工关系计划、退休解聘计划等，基本涵盖了人力资源的各项管理工作。人力资源规划还通过人事政策的制定对人力资源管理活动产生持续、重要的影响。

人力资源规划是指组织为了利用人力资源和实现组织及个人目标，从战略规划和发展目标出发，根据其内外部环境的变化而进行的有关未来人力资源供求预测以及综合平衡的各项活动。

人力资源规划的制定必须依据组织的发展战略和目标，并且要适应组织内外部环境的变化。制定必要的人力资源政策和措施是人力资源规划的主要工作。人力资源规划的目的是使组织人力资源供需平衡，保证组织长期持续发展和员工个人利益的实现。人力资源规划是预测未来的组织任务和环境对组织的要求，以及为了完成这些任务和满足这些要求而设计的提供人力资源的过程，它通过收集和利用现有的信息对人力资源管理中的资源使用情况进行评估预测。人力资源规划的实质是根据组织经营方针，通过确定未来组织人力资源管理目标来实现组织的既定目标。

组织人力资源规划的内容可以分为两个方面：人力资源总体规划和人力资源业务规划。人力资源总体规划是在组织战略目标的指导下，通过组织的工作分析活动和绩效评估活动，对人力资源供求情况进行预测和综合平衡的结果，主要陈述组织在计划期内人力资源管理的总原则、方针、目标、实施步骤等。人力资源业务规划主要包括人力资源补充计划、人力资源调配计划、人力资源开发计划、人力资源生涯计划、人力资源报酬计划等内容。一般来说，完整的人力资源规划的内容如图1-1所示。

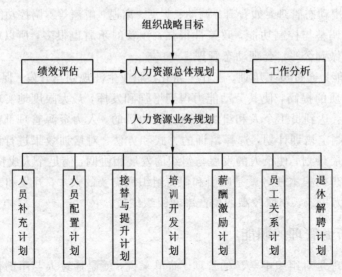

图1-1　人力资源规划的内容

（二）招聘配置

招聘配置是指组织为了发展的需要，根据人力资源规划和工作分析的要求，寻找、吸引那些有能力又有兴趣到本组织任职，并从中选出适宜人员予以录用的过程。招聘配置的主要目标是满足组织需要，弥补岗位空缺；直接目标是获得组织所需要的人，同时还能降低成本，规范招聘行为，确保人员质量等。

员工招聘配置是一个复杂、完整、连续的程序化操作过程，它大致可分为招募、甄选、录用和评估四个阶段。招募是为了吸引更多更好的应聘者而进行的若干活动，它包括招聘计划的制定与审批、招聘信息的发布、应聘者申请等；甄选则是组织从职位需求出发，从招募得来的员工信息中，挑选出最适合本岗位的人，它包括资格审查、初选、考试、面试、体检、甄选等；录用是组织对甄选出的员工进行录用，它包括录用决策、初始安置、试用、正式录用等；评估则是组织对招聘活动效益与录用员工质量的评估。

人力资源部门在进行员工招聘配置时必须遵循的原则有：因岗配人原则，公平竞争原则，用人所长原则，效率性原则。

（三）培训开发

员工培训开发是指组织为了实现其目标、提高竞争力而有计划、有组织、多层次、多渠道地组织员工从事学习和训练，从而不断提高员工的知识和技能，改善员工的工作态度，激发员工的创新意识的管理活动。一般组织会通过学习、训导的手段，提高员工的工作能力、知识水平和潜能发挥，最大限度地使员工的个人素质与工作需求相匹配，促进员工现在和将来的工作绩效的提高。

员工的培训开发有两个层次的意义。第一层次是培训，它的主要目的是使员工较快地适应工作岗位要求或提高职业技能和绩效。其主要任务是使员工获得或改进与工作有关的知识、技能、动机、态度和行为。培训的形式是有组织、有计划的，通常时间较短、目的明确、阶段清晰。第二层次是开发，它的主要目的是将组织的战略目标与员工个人的职业生涯发展相结合，不断地使员工的潜能发挥出来。员工的开发具有时间长、内涵大、阶段性模糊的特点。

组织培训的具体形式是多样化的，从一般意义上讲有两种不同性质的培训方式。一是代理性培训，这种培训是别人获得后传递给他们的间接性经验、阅历、结论，即接受别人传来的信息而获得可靠的知识。二是亲验性培训，是被培训者通过自己亲身经历、总结经验得来的经历和技能。在组织培训中，这两种培训相辅相成。

一般地，员工培训与开发是根据内部劳动力市场理论制定的，而且也满足了组织增强自身竞争力的需要。企业在组织员工培训与开发时应该遵循几个原则：战略原则；长期性原则；按需施教、学用一致原则；投入产出原则；培训方式和方法多样性原则；全员培训与重点培训相结合原则。

（四）薪酬福利

薪酬福利是组织给员工发放的报酬，以及给有贡献的员工的补助。薪酬福利是每个员工都关注的问题，也是提升员工满意度的关键因素之一。组织的薪酬福利体系对组织的发展有着举足轻重的作用。薪酬管理是组织建立战略型人力资源管理体系的核心组成部分，组织在其发展战略的指导下制定薪酬支付原则。薪酬管理是组织人力资源管理的一个重要职能，是影响组织目标实现程度的一项战略管理活动。

薪酬的组成：薪酬＝基本工资＋岗位津贴＋业务提成＋绩效奖金＋各类补贴＋加班工资＋奖金。薪酬管理可以帮助组织用一种科学、合理的管理战略来进行有效的人力资源管理，其重要性包括支持组织吸纳优秀的人才、帮助组织留住优秀的人才、提高使用人才的效率。

薪酬管理不仅要符合国家的法律与法规，而且必须与组织的整体战略相一致，更要求考虑员工的切身利益与心理需求。因而，它既是一门科学，又是一门艺术。

（五）绩效管理

所谓绩效管理，是指各级管理者和员工为了达到组织目标而共同参与的绩效计划制定、绩效辅导沟通、绩效考核评价、绩效结果应用、绩效目标提升的持续循环过程。绩效管理的目的是持续提升个人、部门和组织的绩效。

绩效管理的过程通常包括四个环节，即绩效计划、绩效辅导、绩效考核与绩效反馈。

绩效考核的目的在于借助一个有效的体系，通过对业绩的考核，肯定过去的业绩并期待未来的绩效不断提高。传统的绩效工作只是停留在绩效考核的层面，而现代绩效管理则更多地关注未来业绩的提高。关注点的转移使得现代绩效工作的重点也开始转移。体系的有效性成为 HR 工作者关注的焦点。一个有效的绩效管理体系包括科学的考核指标、合理的考核标准以及与考核结果相对应的薪资福利支付和奖惩措施。纯粹的业绩考核使得绩效管理局限于对过去工作的关注，但更多地关注绩效的后续作用才能把绩效管理工作的视角转移到未来绩效的不断提高上。

（六）员工关系管理

员工关系管理是指在组织人力资源体系中，各级管理人员和人力资源职能管理人员，通过拟订和实施各项人力资源政策和管理行为，以及其他的管理沟通手段调节组织和员工、员工与员工之间的相互联系和影响，从而实现组织的目标并确保为员工、社会增值。

从管理职责来看，员工关系管理主要有九个方面：

（1）劳动关系管理：劳动争议处理，员工上岗、离岗面谈及手续办理，处理员工申诉、人事纠纷等事件。

（2）员工纪律管理：引导员工遵守组织的各项规章制度、劳动纪律，提高员工的组织纪律性，在某种程度上对员工行为规范起约束作用。

（3）员工人际关系管理：引导员工建立良好的工作关系，创建利于员工建立正式人际关系的环境。

（4）沟通管理：保证沟通渠道的畅通，引导组织上下及时地双向沟通，完善员工建议制度。

（5）员工绩效管理：制定科学的考评标准和体系，执行合理的考评程序，考评工作既能真实反映员工的工作成绩，又能促进员工工作积极性的发挥。

（6）员工情况管理：组织员工心态、满意度调查，谣言、怠工的预防、检测及处理，解决员工关心的问题。

（7）组织文化建设：建设积极有效、健康向上的组织文化，引导员工建立正确的价值观，维护组织的良好形象。

（8）服务与支持：为员工提供有关国家法律、法规、组织政策、个人身心等方面的咨询服务，协助员工平衡工作与生活的关系。

（9）员工关系管理培训：员工关系管理的内容一般可以从组织人力资源管理的基本职责与内容中导出，其基本内容可以包括劳动关系管理、员工人际关系管理、沟通管理、员工情况管理、组织文化建设、服务与支持（包括为员工提供有关国家法律、组织政策、个人身心等方面的咨询服务，协助员工平衡工作与生活的关系）、员工关系管理培训（包括组织员工进行人际交往、沟通技巧等方面的培训），具体内容如表 1-2 所示。

在员工关系这一概念中，员工与管理者之间相互作用的行为，包括了双方的权利与义务及其有关事项。员工关系管理贯穿人力资源管理的方方面面。员工关系管理的最终目标将定位于组织核心竞争力的提升，换句话说，员工关系管理的成功与否最终有可能决定组织能否在激烈的市场竞争中取得成功。

人力资源管理的各个职能不是孤立与无关的，它们是紧密联系的。人力资源的各级管理者必须意识到，在某一方面的决策将会影响到其他方面。因此，人力资源主管更应系统、全面地看待这些职能，处理好与之相关的工作。人力资源管理的任务就是选才、育才、用才、留才。最好的不一定是最合适的，最合适的才是最好的。"让合适的人去做合适的事，合适的事选合适的人来做"。

表 1 - 2　员工关系管理主要内容

劳动关系管理	法律问题及投诉
员工的活动和协调	心理咨询服务
员工的冲突管理	员工的内部沟通管理
工作丰富化与扩大化	问题员工的关系管理
员工的信息管理	晋升
岗位轮换	员工的纪律管理
员工的奖惩管理	辞退
裁员及临时解聘	合并及收购

四、人力资源管理的目标

(一) 支持组织战略发展

人力资源部门利用核心竞争力方法，协助组织高层评估战略方向，制定组织战略规划；人力资源部门利用平衡计分卡方法，将组织的战略经营目标转化为人力资源目标，保障实现流程指标和顾客指标，最终实现组织的财务指标。人力资源规划本身就是组织战略规划的组成部分，是组织人力资源的数量、质量和人才结构的战略规划。人力资源规划通过保障组织人力资源供给与需求的平衡，优化人才结构，为组织战略规划的实现提供了人力资源保障。人力资源招聘持续地从组织外部吸纳优秀人才，充实了组织的人才力量，支持组织的战略发展。人力资源职业生涯发展计划依据员工胜任能力的特点，设计职业发展路径，制定培训计划，将员工的职业发展与组织的战略发展成功地结合在一起。人力资源业绩管理通过界定、监控和考核，保证本周期战略业绩指标的实现；同时，通过业绩评估，为新的工作周期的战略业绩指标预测提供依据，制定新的合理的业绩目标和改进业绩的行动计划。人力资源薪酬管理通过薪酬政策增强组织的核心竞争力，支持组织的战略发展。

(二) 把合格的人安置在合适的岗位上

为了实现组织的核心目标，人力资源管理部门就必须定义工作职责和员工胜任能力。定义工作职责是通过工作分析和设计实现的，定义员工胜任能力是通过建立组织胜任能力模型实现的。

人力资源管理部门的核心职能主要包括：依据战略进行工作分析和设计，建立流程管理制度、组织结构管理制度；依据组织战略和流程定义胜任组织工作的人才标准，设计胜任能力模型；依据组织战略、流程和胜任能力模型制定和实施组织人力资源规划、员工招聘计划、培训计划、晋升计划，并协助员工设计职业生涯；依据组织战略目标、流程目标和行为目标建立业绩管理制度；依据组织战略指标、岗位指标和行为指标建立薪酬管理制度。

(三) 培养全面发展的人

人的全面发展是人力资源管理的终极目标。人的全面发展是整个社会的必然趋势和最高的价值追求。人力资源管理与人的全面发展具有内在必然的联系和相互促进的作用。没有人力资源管理为人创造的自由发展的环境，实现人的全面发展就是一句空话；而没有人的全面发展和素质的提高，人力资源管理水平也不可能真正得到有效的提高。因此，人力资源管理必须以人为本，努力促进人的全面发展。在市场经济条件下，每个成员都必须通过市场取得自己的利益。知识经济时代期待建立以人为本的激励机制，以人为本的激励机制强调必须尊重、发挥和提高员工能力，建立既符合员工愿望、体现对员工业绩贡献的尊重，又着眼于组织长远发展的激励制度。

（四）建立现代组织文化，留住合格人才

建立现代组织文化是人力资源管理部门的重要职能。"与有形资本相比，向人力资源投资本质上含有更多的风险，因为雇主并不是该资源的所有者"。降低人力资源投资风险的关键是建设留住优秀人才的组织文化。

组织文化是一个企业的灵魂和行为方式。组织的使命、愿景和价值是灵魂，组织行为方式和员工行为特点是文化具体的行为表现。组织经营管理者应当从组织经营管理视角来看文化，也就是从提高组织经营管理能力的视角来看文化。组织经营的战略方向取决于组织的核心竞争力，组织经营的效率取决于执行力。组织核心竞争力和执行力是外显的，它们的大小取决于组织内隐的凝聚力和内驱力。人力资源是组织的第一资源，组织文化的作用是将组织每个员工的胜任能力凝聚在一起，并且把每个员工的内驱力最大限度地发挥出来，由此产生组织凝聚力和组织内驱力，最终铸造成核心竞争力和执行力。

第三节　人力资源管理的环境

人力资源管理的环境，主要是指能够对人力资源管理活动产生影响的各种因素。依据不同的标准，可以将人力资源管理的环境划分为不同的类别。例如，按照环境的稳定与否，可以划分为静态环境和动态环境；按照环境与人力资源管理的关系，可以划分为直接环境和间接环境，有时也将直接环境称作具体环境，间接环境称做一般环境；按照环境的内容，可以划分为物理环境和非物理环境等。

按照系统管理学派的观点，组织是一个由相互联系、相互影响的各个子系统所组成的要达到一定目标的开放系统，这个系统一方面要不断地与外部环境进行交流，另一方面还要不断地调整内部各个子系统之间的关系，以维持整个系统的稳定和正常运转。而人力资源管理是构成组织系统的一个子系统，因此它同样会受到组织外部因素的影响；此外，作为一个子系统，它还要与组织其他的子系统发生关系，受到组织内部因素的影响。因此，从系统的观点出发，可以将人力资源管理的环境划分为外部环境和内部环境两种。

一、人力资源管理的外部环境

人力资源管理的外部环境（External Environment of HRM）是指在组织系统之外能够对人力资源管理环境产生影响的各种因素。一般来说，可以从劳动力市场、经济因素、政治环境、科学技术环境、文化因素、竞争者等方面来分析人力资源管理的外部环境。因为这些影响因素都处于组织的范围以外，所以组织并不能直接地控制和影响它们，大多数情况下只能根据外部环境的状况以及变化来采取相应的措施。

（1）劳动力市场。劳动力市场是组织的一个外部人员储备，是组织获取人力资源的源泉。为了尽可能准确地估计和预测组织所需人员的方向和可能性，组织应尽可能多地了解和掌握劳动力市场的信息。人力资源管理部门不但要了解其数量信息，还要了解其质量信息，了解其静态与动态的信息，获取信息的渠道等。

（2）经济因素。一个国家的经济发展水平和经济发展态势对人力资源管理的影响较大。一般来讲，在经济繁荣的时候，不容易招聘到合格的工人；而在经济衰退时，适用的求职者就很多。但往往出现以下情况，即有些行业处于衰退期，有些行业处于缓慢复苏期，还有一些行业处于高速的发展期，导致经济形势变得较为复杂，使组织的人力资源管理面临较为困难的经济环境。

具体地讲，在市场经济的条件下，就业状况、利率、通货膨胀水平、税收政策，甚至股票市场的行情等都可能对组织的人力资源管理产生重大影响。

（3）政治环境。人力资源管理是一种社会行为，而一定的社会行为是在一定的政治现实中发生的。因此，政治环境必然会对组织的人力资源管理活动产生影响。

可以影响组织人力资源管理活动的政治因素主要有：有关人力资源发展的法制建设，如劳动法、人力资源市场管理法、专利法、知识产权法等对组织的人力资源都会产生影响；另外，政治环境中有关人力资源发展的政治民主化进程，例如机会均等、择业自由、人格尊重等，也会对组织的人力资源管理产生影响。

（4）科学技术环境。科技是第一生产力。科学技术是一种"创造性的破坏力量"。

现代科学技术的发展正迅速地改变着组织的业务活动。随着技术和产品更新周期越来越短，导致现有的工作岗位不可避免地被逐渐淘汰，而需要新技术、新知识、新技能的新的工作岗位将随之不断产生。人力资源管理部门应密切关注科学技术的发展动向，预测本组织业务及工作岗位对工作技能需要的变化，及时制定和实施有效的人才培养开发计划。

（5）文化因素。文化有广义的界定，也有狭义的界定。广义的文化是指一切物质财富和精神财富的总和。狭义的文化是指在一定的历史条件下，通过社会实践所形成的、并为全体成员所共同遵守的价值观、道德规范和行为准则。由于每个国家、每个地区以及每个组织的文化不完全相同，导致其成员的行为也不完全一样。组织在进行人力资源开发与管理时，必须注意其所处文化的背景。

（6）竞争者。在新经济时代，企业之间的竞争日益激烈，而所有竞争的焦点则集中于人力资源，从某种意义上来讲，人力资源竞争的成败将决定企业竞争的成败。正因为如此，组织对人力资源，尤其是关键性人力资源的争夺已趋于白热化，在这种背景下，竞争对手的人力资源政策将成为企业决定自身人力资源政策时需要考虑的重要因素。

二、人力资源管理的内部环境

与外部环境相对应，人力资源管理的内部环境（Internal Environment of HRM）就是指在组织系统之内能够对人力资源管理活动产生影响的各种因素。与外部环境不同，内部环境的各种因素都处于组织的范围之内，因此组织能够直接地控制和影响它们。

由于人力资源是任何组织维持正常活动必不可少的要素之一，人力资源管理也贯穿于组织生产经营的方方面面，因此从这个意义上来讲，构成组织的所有因素都是人力资源管理的内部环境。

　　在分析具体人力资源管理活动所面临的组织内部环境时，通常涉及以下几个要素：组织工作的性质、组织工作的群体、组织的领导者、组织的员工、组织的人事政策、组织文化、组织战略等。

　　(1) 组织工作的性质。组织的类型多种多样。根据组织的目标，可以把组织分为互益组织、工商组织、服务组织、公益组织；按是否盈利，可以将组织分为营利性的组织与非营利性的组织；以满足心理需求来分类，可将组织分为正式组织和非正式组织。

　　对不同的组织而言，其工作性质是不一样的。我们通常可以将其划分为操作类、管理类、技术类等不同形式。不同类型的工作对人力资源管理活动的要求是不同的。

　　(2) 组织工作的群体。群体是多数组织开展工作的基本单位。所谓群体，是指介于组织与个体之间的人群集合体。具体地讲，就是在组织机构中，为实现特定目标而由两个或两个以上的个人组成的相互影响、相互依存的人群结构。

　　群体具有多个特征，如心理上的认知性、行为上的联系性、利益上的依存性、目标上的共同性、结合上的组织性等。群体的构成不同，群体的行为就不同，导致对其进行管理的方式也就不同。在组建群体的过程中，人力资源管理职能起着非常关键的作用。

　　(3) 组织的领导者。领导实际上是就组织中的高层管理者而言的。组织的领导者不同，其采用的领导方式与方法就不同。领导方式和方法不同，就会导致其员工和员工所在群体的工作效率和效果不同，从而也会影响其人力资源管理的最终效果。有效的人力资源管理，不但要求领导的成功性，而且更强调领导的有效性。只有有效的领导，才能激发和调动员工的积极性，让员工愉快地工作，以发挥其最大的潜能。领导者不仅有责任指导各项活动的开展和协调，而且有责任为各项活动的开展提供条件和帮助。

　　(4) 组织的员工。员工是组织最大的资源。每个员工都是具有各自需要、能力、个人目标、价值观和态度的个体。组织必须了解和掌握他们各自的需要、能力、目标、价值观和态度。员工的需要、能力、态度和价值观不同，对其采用的管理方式就应不同。人力资源管理的理想状态应该是在实现组织目标的同时，使员工的需要得以满足，目标得以实现。

　　(5) 组织的人事决策。人事政策是组织人力资源管理基本观念的集中体现，是一切人力资源管理活动的指导思想，是指有关人力资源开发与管理各方面的决策，主要包括：岗位定员决策、岗位定额决策、工资报酬决策、职务分类决策、员工培养决策、劳动保护决策、人事任免决策等。人事政策直接反映组织如何看待组织中人的问题，反映组织基本的用人观念和价值取向。不同的组织有不同的人事政策。不同的人事政策，会导致不同的人力资源开发与管理的行动，进而导致不同的人力资源开发与管理的结果。

　　(6) 组织文化。组织文化是组织在长期的生存和发展中所形成的为组织所特有的、且为组织多数成员共同遵循的最高目标价值标准、基本信念和行为规范等的总和及其在组织中的反映。从某种意义上讲，组织文化是组织内部环境的综合表现，它对员工的影响是持久与深远的。组织文化包含五大要素，即组织环境、组织价值观、英雄人物、礼仪和庆典、文化网络。组织文化具有如下特征：客观性、稳定性、非理性、层次性、系统性、非强制性、群体性、独特性、培养过程的长期性、社会性、时代性、动态发展性等。组织文化具有多种功能：动力功能、导向功能、调试功能、辐射功能、凝聚功能、融合功能和约束功能。不同的组织文化环境下，实施人力资源开发与管理的方式应不尽相同。

　　(7) 组织战略。组织战略就是指"组织为了收益而制定的与组织使命和目标一致的最高管理层的计划"。作为组织经营发展的最高纲领，战略对组织各个方面的工作都具有重要的指导意义。组织发展战略是用来解决组织在一定时期内发展方向和发展目标问题的，发展战略一般有三种类型：成长战略、稳定战略和收缩战略。成长战略又可分为内部成长战略和外部成长战略。内部成长战略是指组织主要依靠自身的资源和积累来实现经营规模或经营领域的扩大；外部成长战略则是指组织借助兼并收购，主要依靠外部的资源来实现经营规模或领域的扩大。稳定战略是指组织保持目前的经营规模或经营领域，力求实现组织的稳定运行。收缩战略是指组织要缩小自己的经营规模或减少自己的经营领域。

第四节　人力资源管理产生的基础及其演进

一、人力资源管理产生的基础

（一）工业革命的影响

工业革命发源于英格兰中部地区。1765年，英国工人詹姆斯·哈格里夫斯发明的珍妮纺纱机的出现，标志着工业革命首次在英国出现。18世纪中叶，英国人瓦特改良蒸汽机之后，由一系列技术革命引起了从手工劳动向动力机器生产转变的重大飞跃。随后工业革命由英格兰传播到整个欧洲大陆，19世纪传播到北美地区。后来，工业革命传播到世界各国。

这场工业革命有三大特征：机械设备的发展，人与机器的联系以及需要雇用大量人员的工厂的建立。工业革命一方面导致了劳动专业化的提高，另一方面使得工人生产能力有了提高，工厂生产的产品产量剧增。亚当·斯密等人提出的"劳动分工"成为这次革命的强有力的共同呼声。

查尔上·巴比奇（Charles Babbage）在他的《论机器和制造业的经济》一书中指出了这种劳动分工的主要优点，即：

（1）工人接受培训的时间大为减少，因为只需学一种技术；

（2）减少了原材料的耗费；

（3）通过合理地安排工人的工作而节约了开支，也因此产生了以技能为基础来划分的工资等级；

（4）由于不必要求工人从一种工作转到另一种工作，从而节约了时间，也使工人对特殊的工具更加熟悉，而这种熟悉反过来又激发了工人在使用工具中的创造性。

最早试图解决因劳动分工所产生的问题的改革家是罗伯特·欧文（Robert Owen），他是一位成功的企业家和经理。他当时的合伙者笃信，人是自然的造物，而人们的行为则是所受待遇的反映。他还坚信，雇主与团体理应为发掘人们的天资而更加努力工作，理应取消那些有碍天资充分发挥的做法。为此，欧文先生还创建了可以说是最早的工作绩效考核系统。由于欧文先生在改善人事管理方面所做的努力，他也被称为"人事管理之先驱"。

（二）集体谈判的出现

在工业化初期，由于工人劳动强度太大，又受到不公正的对待，他们不可避免地要组织起来维护自己的权益，改善自己的生活条件；而且分工的专业化导致同一专业的工人联合起来要求自己的合法权益。因此，工会迅速发展壮大起来，随之而来的就是罢工次数的增加和范围的蔓延。

1935 年可以算是一个分水岭，在这之前，美国法院一直站在管理当局一边，反对工会组织。1935 年颁布的《国家劳工关系法案》(俗称《瓦格纳法案》)使这种局面发生了逆转。法案明确规定了工人组织集会的权利，以及与雇主进行集体谈判的权利。雇主不得通过强制或压制员工行使自己的权利，否则就是不公正行为。这种集体谈判的出现，使组织内的劳工关系发生了变化，从而推动了人事管理的发展。

(三) 科学管理运动的推动

科学管理运动的兴起不是偶然的，它是美国经济体系逐渐成熟的必然结果。

19 世纪末，美国企业的发展正面临着这样的转机。经过一系列大规模的企业合并浪潮，资源和资本的积累已达到空前的规模，托拉斯体系成为工业组织的基础，工业进入了资源积累和纵向结合的完成时期。企业面临大规模生产和销售问题，以及工业体系中人力、物力的巨大浪费，企业的管理工作愈发显得重要。到本世纪初，弗雷德里克·泰罗受亨利·汤等人观点的启发，系统地提出了科学管理的基本原则，从而使美国进入了"科学管理时代"，他本人亦因其贡献卓著而被誉为"科学管理之父"。

追求资源合理化是泰罗面临的主要问题，因而提高工业效率比较重要。在泰罗的著作中，"效率"一词就成为关键性的一个概念，它的含义包括：

(1) 工业效率。它包括机械效率和商业效率。

(2) 个人效率。泰罗寻求工人用最少的浪费和消耗获得最大的生产，具体到个人的品性上就要求人人都要具有坚韧不拔、吃苦耐劳的品格和开拓创新的精神。

(3) 社会效率，指协调人与人之间的关系，进而推及道德净化和社会和谐。

(四) 早期工业心理学的实践

早期的工业心理学研究，实际上并没有对当时的人力资源管理立即产生影响，它几乎是独立发展起来的。工作过程中人的心理特点对工作效果的影响，是心理学家首先注意到的，并进行了大量研究，这些研究的结论直到后来才引起管理人员的注意。1913 年，雨果·芒斯特伯格(Hugo Munsterberg)在其《心理学与工业效率》一书中描述了录用汽车司机、舰艇人员和电话接线生的经历。芒斯特伯格的这部著作清楚地表明，人事挑选和社会心理学这两个领域是互为补充的，并且在人事管理领域有着无限的应用前景。

芒斯特伯格对人事管理做出的贡献就在于他注重以下两点：(1)用工人的智力及情感要求来分析工作；(2)用研制的实验装置来分析工作。芒斯特伯格研究的很多内容都是用选择性问答的方式做调查的，这种调查是通过向很多工人发放调查问卷，它要求工人不署名地回答。诸如，对工作的态度、参加劳工运动的态度和业余活动的兴趣等问题来进行的。

(五) 公务员服务委员会的成立

这一机构现在的名称是美国政府人事管理办公室(U. S. Office of Personnel Management)。1833 年美国政府做出规定，在公共行政领域的雇用中，要实行严格的考试制度，从而为公平和安全的雇用与录用提供有效的措施。这个法案最重要的影响在于促进联邦政府机构的人员晋升和提拔政策以绩效为基础。这种思想后来进一步影响了联邦和州政府以及私营企业的人力资源活动。

(六) 私营企业对人事管理的态度以及人事专家的出现

1921 年首次有人使用"人力资源"术语，20 世纪 60 年代则出现"人力资源管理"术语。

1900—1920 年，占主导地位的仍然是科学管理运动，但在大企业中出现了人事专家，这些专家管理诸如雇用、员工福利（包括财务、住房、医疗和教育等）、工资标准、安全、培训以及健康等问题。这种专业分工形成了现代人力资源管理部门的组织基础。

（七）人际关系运动的发展

20 世纪 20～30 年代在芝加哥西方电气公司进行的霍桑实验提供了有史以来最著名的行为研究成果之一。该实验的一个目的就是研究照明对工人生产率的影响。在一次实验中发现生产率随照明增加而提高，而后的实验却表明生产率随照明增加而降低。这样，研究人员通过反反复复的实验与研究，终于得出了结论：工作条件的改变（如增加照明）并不能直接影响生产率，由工作条件的变化引起的员工心理变化才更能影响生产效率。

霍桑实验提出，新型的领导能力在于使正式组织中满足员工经济需求的功能与非正式组织中满足员工社会心理需求的功能之间保持平衡，并通过提高员工社会心理需求的满足度来达到提高劳动生产率的目的。霍桑实验认为，生产效率的高低主要取决于士气。而士气的高低实际上取决于三个因素：生产条件、个人情绪和组织中的人际关系。并且霍桑实验还指出，组织中除有正式组织外，还有非正式组织，它也可以影响员工的行为，这是不容忽视的。

哈佛商学院的埃尔顿・梅奥（Elton Mayo）等几位教授一起继续研究霍桑实验，一直到 20 世纪 30 年代初。其研究结果表明，生产率直接与集体合作及协调程度有关。而集体合作与协调程度又与主管人员及研究人员对工作群体的重视程度有关，与缺乏带有强制性的提高生产率的办法相联系，还与生产过程中的工人参与制相联系。概括起来讲，研究者已开始将工人构成的组织视为一个社会性系统，而不是按泰勒的观点视为一个技术经济系统。

霍桑实验是管理史上具有划时代意义的事件，为管理学开辟了一个新领域，即开始重视、研究人的行为。霍桑试验使人际关系的研究逐步推广于世，其所提出的人群关系论为后来建立行为科学理论奠定了基础。人事管理的发展也从此进入了行为科学的新时代。

（八）行为科学的研究

20 世纪 30 年代以前，很多管理学派对管理方法的研究都以"事"为中心，忽视了对人的研究。行为科学的研究起源于 20 世纪 50 年代的美国，在 1949 年美国芝加哥的一次跨学科的科学会议上，行为科学正式被命名。

行为科学是研究人的行为或人类集合体的行为，在心理学、人类学、社会学、经济学、政治学和语言学等的边缘领域协作的一门科学。其研究对象涉及思考过程、交往、消费者行为、经营行为、社会的和文化的变革、国际关系政策的拟定等广泛的课题。

行为科学的基本内容：

（1）个体行为研究。个体行为研究是行为科学分析研究组织中人们行为的基本单元。在个体行为这个层次中，行为科学主要是用心理学的理论和方法研究两大类问题：一类是影响个体行为的各种心理因素；另一类是关于个性的人性假说。

（2）动机与激励理论。社会心理学家和行为科学家认为人的行为都是由动机引起的，而动机是由于人们本身内在的需要而产生的，能满足人的需求活动本身就是一种奖励。

（3）群体行为研究。群体行为在组织行为学中是一个重要的问题，它主要探讨群体中的非正式组织、群体的特征、群体的内聚力等。

（4）组织行为。行为科学家认为，一个人一生大部分的时间是在组织环境中度过的。人们在组织中的行为即称为组织行为，它建立在个体行为和群体行为的基础上。通过研究人的本性和需要、行为动机及在生产组织中人与人之间的关系的研究，总结出人类在生产中行为的规律。

行为科学反映了人类社会发展的进步要求。行为科学贯彻了以人为本的思想，以人力资源为首要资源，高度重视对人力资源的开发和利用，提倡以人道主义的态度对待工人，通过改善劳动条件，提高劳动者工作生活的质量，培训劳动者的生产技能，调动人的积极性，进而提高劳动效率。这些思想有利于推动生产发展和社会进步。

（九）20 世纪六七十年代的立法

1866 年美国通过的《民权法案》规定任何公民都有权签订雇用合同；1871 年的《民权法案》又规定如果受到不公正待遇或权利受到侵犯，任何公民都有权向法院起诉；1963 年，美国颁布了《公平报酬法案》，20 世纪 70～80 年代关于报酬不公平的起诉（绝大多数是妇女）迅速增加；1964 年又对《民权法案》进行了修正，重点强调了歧视问题；1967 年颁布了《雇用中的年龄歧视法案》；1986 年颁布《移民改革与控制法案》；1990 年颁布《美国残疾人法案》；1991 年又颁布了新修改的《民权法案》。

这些法案的颁布，对人力资源管理产生了重大影响，它有效地保障了员工在求职、晋升、获取工资报酬以及在劳动纠纷中的各项合法权益。在现代人力资源管理活动中，人力资源管理专业人员必须十分熟悉相关的法律和政策。

二、人力资源管理的历史演进

人力资源管理是管理学科和经济学科两大学科互相渗透、融合的结晶，也是当代管理科学研究领域中最具有应用价值和最受关注的领域之一。狭义上的人力资源管理的历史演进就是指从传统人事管理到现代人力资源管理的发展过程，其不过短短几十年的时间；广义上的人力资源管理（对人的管理活动）的发展过程则可追溯到更久远的年代之前。人力资源管理经历了从传统人事管理向现代人力资源管理的演进历程。从古至今，人力资源管理是一个不断变革和不断提升的过程。如果从观念和指导思想的发展看，它是随着管理学的发展向前发展的。人力资源管理的理论和实践有一个不断发展和演进的过程。关于这个演进过程，大体可以分成四个阶段，即传统因袭管理阶段、科学管理阶段、人际关系运动阶段和现代科学管理阶段。

（一）传统因袭管理阶段（19 世纪以前）

在奴隶社会的古埃及和古巴比伦，经济活动中的主要组织形式是家庭手工工厂方式。当时，为了保证具有合格技能的工人有充足的供给，对工人技能的培训是以有组织的方式进行的。进入了封建社会的西欧，经济活动的主要组织形式成了手工业行会，各个行会负责监督生产的方法和产品的质量，制定加入行会的条件。这一阶段的人事管理以因袭管理为特征，主要集中于对活劳动消耗的控制。这时开始出现一些针对工人的浅层次的管理，如因人定酬、随机增薪、行为监控、现场指挥等。

（二）科学管理阶段（19 世纪末到 20 世纪初）

19 世纪末、20 世纪早期的欧洲工业革命促使了劳动专业化水平的提高和生产率的增长，与之相适应的是人事管理方式也发生了根本性的变革。工业革命不但促使专业化分工的形成，还对生产过程提出了建立监督阶层的要求，从而出现了管理人员。20 世纪初，随着资本主义从自由竞争阶段向垄断阶段的过渡，企业规模不断扩大，生产技术更加复杂，迫切需要实施更高水平的企业管理。对于这种需求，"科学管理"理论的代表人物泰勒发明和制定了用于企业基层管理的操作规程、定额、工具标准化、计件工资制度等理论和方法，大大提高了劳动生产率并降低了生产成本。同一时期，法国的法约尔于1916年发表了其代表作《工业管理和一般管理》，书中总结提炼的用于高层管理的"经营六职能"、"管理五要素"、"管理十四条原则"极大地丰富了科学管理理论，至今仍有重大现实意义。这一时期，美国的甘特发明了至今仍在广泛使用的编制计划的横条图，它形象地表示出生产作业计划的安排及其完成情况；美国的资本家福特更是在自己的汽车厂中创造出适应于大批量生产规模的流水作业法，这一科学的方法是提高生产效率的革命性的进步，它实现了生产过程组织中连续性、比例性和均衡性的高度统一，从而使福特T型车成为全球第一种批量生产的、真正走入家庭的著名轿车。流水生产组织至今仍广泛流行于制造业之中并产生出巨大的经济效益，成为了工业化进程的重要标志之一。

科学管理阶段的特点有：将积累的管理经验加以系统化和标准化；运用科学的方法和手段来研究和解决组织内部生产管理的问题，并显著提高了生产效率及经济效益；定性知识与定量技术相结合，极大地提高了管理工作的质量。

科学管理最根本的假设是认为存在一种最合理的方式来完成一项工作，这种最好的工作方式最有效率，速度最快，成本最低。为此，需要将工作分为最基本的机械元素并进行分析，然后再将它们以最有效的方式重新组合起来。其实质就是对组织中的员工进行有目的的管理，提高组织的工作效率。但科学管理没有顾及员工的感受，使员工对工作开始产生不满情绪，因此并没有真正地起到激励作用。于是企业开始建立员工的休闲娱乐设施、员工援助项目和医疗服务项目，并逐渐出现了人事专家和人事管理部门，这为现代人力资源管理的发展奠定了基础。至此，人事管理理论初现端倪。

（三）人际关系运动阶段（20世纪20年代以来）

在20世纪20年代至30年代，学者们由科学管理转向对人的研究，通过发现工人的实际需要，采用合适的方法对工人进行管理。霍桑实验揭示了社会因素在机械化大生产中的作用。在工作中，影响生产效率的关键变量不是外界条件，而是员工的心理状态。到了1930年，梅奥等人的进一步研究表明，生产率直接与集体合作及其协调程度有关，而后者又取决于主管人员对工作群体的重视程度、非强制性的改善生产率的方法以及工人参与变革的程度。泰勒认为，组织是一个技术经济系统，而霍桑实验的结果却表明组织是一个社会系统。继梅奥的霍桑实验之后，又有许多学者致力于从心理学和社会学角度对劳动生产率进行研究，形成了人际关系——行为科学学说。人际关系运动前期将科学管理理论中对人的认识向前推进了一步，认识到人不仅有获得经济物质回报的需要，还有更深层次的安全、情感的需要。根据马斯洛（Maslow）的需求层次理论，人有五个层次的需求：生理、安全、归属、尊重和自我实现。生理和安全的需要是人的最一般最原始的需要，而人需要感情的归属，需要他人的尊重，需要自我实现，这一切是人类较高层次的需要，也是不容忽视的追求。这一时期补充和完善了科学管理理论中关于人事管理的内容，揭示了非经济回报和社会回报作为激励手段的重要性。因而，人际关系运动引入了工人的社会需要。

（四）现代科学管理阶段（20世纪70年代以来）

这一阶段的人力资源管理的主要特征是系统、权变管理。现代系统理论将组织作为一个具有反馈特征的开放的、社会的大系统。这个大系统又由若干子系统构成，各子系统既独立运行，又互相影响，共同协作。人力资源部门的作用，就是在协作系统中作为相互联系的中心，对协作进行协调，以便组织能够维持运转。此外，人力资源管理涵盖了广泛的开发功能、培训功能、协调功能和参谋功能，超越了曾与之并列的财务管理、生产管理、销售管理等而跃居于其他管理之上，成了组织八大管理之首。它的运行状况不仅影响和左右其余子系统，而且其工作的成败直接关系到国家和企业的发展。权变理论学派则强调权变的观点，该理论认为，在组织管理中要根据组织所处的内外部条件随机应变，没有什么一成不变、普遍适用的、最好的管理理论和方法。人力资源部门应因时、因地、因事、因人制宜，选择不同的方法或策略，以达到人、事、物的最佳配合。

综上所述，泰勒的科学管理理论强调以科学的方法训练工人，管理工人，却忽略了工人的社会心理需要。梅奥的人际关系理论恰好弥补了这方面的缺陷，是一大进步。系统权变理论的人力资源管理则强调组织的系统性、多样性和各种理论方法的综合运用，这无疑又前进了一步。

第五节　人力资源管理面临的挑战及其发展趋势

一、人力资源管理面临的挑战

人力资源管理的演变经历了三个主要阶段。直到 20 世纪早期，人力资源管理人员才第一次从主管人员手中将雇佣和解雇的权利接手过来，开始组建薪资部门并且管理福利计划。当时，人力资源管理工作的大部分内容还只是确保按程序办事。在测试和面谈等方面的技术开始出现以后，人力资源管理开始在雇员的甄选、培训和晋升方面发挥越来越大的作用。20 世纪 30 年代，强大的工会运动的出现导致了人力资源管理作用的第二次扩大。企业迫切需要人事部门来与工会的组织运动相抗衡，或者有效地对付工会。人力资源管理的第三个阶段与 20 世纪 60 年代和 70 年代的美国反歧视立法有直接的关系。企业若因实行歧视而受到法律诉讼，它将会受到严厉的惩处。因此，有效的人力资源管理活动就变得越来越重要。在这一阶段中，虽然人力资源管理的作用已经扩大了，但它仍然只是就招募、甄选和培训等方面的问题向企业管理者提供意见。今天，人力资源管理正在进入它的第四阶段，其作用也正在发生变化。事实上，客观情况将要求它持续不断地从保护者和甄选者的角色向规划者和变革发起者的角色演变。

人力资源管理的功能正在从以下几个方面发生重要的变化。

（1）雇员福利。人口结构的变化和劳动力队伍的变化要求企业在雇员福利设计方面也要发生相应的改变。比如，当雇员和他们的亲属年老之后，老年保健（向雇员的年老亲属直接或间接地提供保健措施）就变得越来越普遍。此外，今后退休年龄将会缓慢上升。出于社会保障的目的，美国已经采纳了逐渐提高正常退休年龄的做法。鉴于退休年龄持续性地缓慢上升，企业估计在将来使用提前退休这一办法的频率会比过去减少。而劳动力队伍的逐渐老化又将引发人力资源管理在其他一些方面的变化，比如雇主将不得不处理老年保健事宜、考虑对已经达到绩效稳定期的雇员进行激励、提高雇员的技能以及设定更富有弹性的工时等。

（2）新工作组织的设计。彼得·德鲁克断言，自动化将要求企业必须在工作设计、工作流程、组织关系等方面做出相应的改变。比如，工厂中的自动化要求主管人员必须转变为真正的管理者，因为一线主管人员的传统功能要么正逐渐被自动化所取消，要么被转移到工人身上，再或者被内化到生产过程之中了。今后，人力资源管理作为企业参谋的传统作用将会进一步得到强化。事实上，现在越来越多地要求那些承担高级人力资源管理工作的人必须能够在原工作岗位上提供咨询服务。由于企业必须应付产品生命周期的缩短、竞争的加剧以及劳动力队伍的日益复杂化，所以它们对人力资源管理专家在重新设计工作组织、监测雇员工作态度、建立质量改善小组以及构建企业文化等方面提供参谋意见的要求会越来越高。不仅人力资源管理的参谋职能作用要扩大，它的直线作用也要扩大。例如，在日本的大型企业以及军事组织中，人力资源部门都或多或少有一些最终人事决策权。今天，即使是最负盛名的美国企业人力资源管理部门，其功能通常也只限于对直线管理人员提供建议和协助。为了实现这种更富有直线意味的角色转换，这些部门的人员选聘方式可能要有所改变。

（3）知识型工人的比例。今天，在大多数其他行业中，体力工人的比重已经减少到1/6或更少了。在发达国家，白领工人尤其是那些快速增长的知识型工人群体——系统分析员、咨询员、会计员等的生产率更是已经成为企业主产率的最主要来源。在知识型工作中，生产率的关键因素是工作态度、作业流程、工作关系以及工作和团队设计这一类的因素。而这些，又正像德鲁克所说，都是人力资源管理者所要做的工作。

（4）职业阶梯和薪资体系的重建。现代企业向知识型工作和知识型工人转化还导致了一种新的需要，这就是重新思考和建构职业阶梯、薪资报酬体系。在大多数企业中，传统的职业阶梯仅仅是为管理职位设计的。但是正像德鲁克所说，对于大多数知识型工人来说，将他们提拔到管理岗位上则是一种错误的补偿，最好的办法是将他们留在专业或技术工作岗位上。向知识型工作的转移还迫使我们重新对组织结构进行思考。当前的这种组织结构是从19世纪的军事组织中派生出来的，它将管理者看成是老板，其他人都是属下。在以知识型工作为主要内容的组织中，知识型工人才是"老板"，"管理者"则处于一种支持性的地位，他们所扮演的是规划者和协调者的角色。这就意味着，可能需要由人力资源管理者来对工作进行重新设计。

（5）招募培训。在稀缺的劳动力市场上，人力资源管理部门必须设法将它自己和其他竞争对手区别开来，设法吸引它们所需要的那些高质量求职者，并且工作的重点开始被放在人才的供需平衡上，尤其是管理人员以及专业和技术人才的供需平衡上。在未来的10年中，培训功能的重要性将会继续上升，人力资源管理已从传统人事管理部门向帮助企业管理层获取持续竞争优势、实现员工贡献最大化这样一种全新的角色转变，未来的劳动力必须承担越来越复杂的知识型工作，而有一部分劳动力却并未受到过良好的教育或培训，因而无法迎接新的挑战。这样，企业将会越来越多地要求人力资源管理部门提供各种各样的培训项目，包括从基础技能和文化培训到计算机技术培训以及人际沟通和领导技能方面的培训。因此，在未来的几年中，人力资源管理者的作用领域会进一步扩大，企业人力资源的重点将变成强调高层管理者的培养与交接计划，人员精简计划，企业重组、兼并与收购计划，以及企业文化变革等相关的培训等。

（6）战略制定。人力资源管理工作最显著的变化可能在于：它在设计和完成企业战略规划方面将起到越来越重要的作用。传统企业战略的制定通常主要是经营部门（或直线管理部门)的工作。战略的制定一般是这样的：首先，公司的总经理可能会决定进入一个新的市场，引进新的生产线或启动一个为期 5 年的成本削减计划，然后，总经理要将一些与这些计划有关的人力资源调整工作(如雇佣新工人或解雇工人、为被解雇者重新安排工作地点等)交给人力资源部门来执行。而今天，情况已经完全不同了，企业面临快速变化的环境，全球化、技术进步、生产方式等改变了企业的竞争方式，作为一名人力资源管理者同样面临挑战，需要具备若干种专业技能。一项研究发现，人力资源管理人员需要四类专业技能：人力资源专业知识、商业能力、领导才干以及学习能力。人力资源专业知识是指在雇员甄选、培训、薪酬领域中的传统知识与技能。对于商业能力的要求反映了人力资源专业人员在创建能够有效地服务于顾客和具有盈利能力的企业的过程中所扮演的新角色。因此，当今的人力资源管理者必须熟悉企业是如何运营的，包括战略规划、营销、生产及融资。人力资源管理者也需要具备领导才干。例如，他们需要具备与团队合作并领导团队的能力，还需要具备发动变革的能力，如建立新型的、具有世界水准的员工甄选及培训体系。最后，由于竞争格局的迅速变化以及新技术被持续地引入，人力资源管理者还需要具备学习能力，他们必须能够与新技术的发展协同并进，并有能力运用这些影响到他们职业的新技术与管理实践。

　　根据人力资本理论，人力资源开发对一个国家经济成长的重要性越来越明显，同时，宏观政策对人力资源开发的效果也起到了决定性的作用。人力资源管理正面临着加强国际化、迎接新技术、抑制成本和开发人力资本等一系列因素的挑战。同样，这些因素也必然对现代人力资源管理者职能定位、专业知识、技术能力等方面提出新的更高的要求。面对瞬息万变的新形势，人力资源管理者理应熟练掌握有关行业人力资源管理的新理念、新技术和新方法，并借鉴国内外最新的人力资源实践经验，来确定适合本组织实际情况的人力资源管理战略方案，从而实现为本企业提供增值服务的目标。面对汹涌而来的新世纪大潮，企业将遭遇前所未有的严峻挑战，作为获取竞争优势的重要工具，人力资源管理同样面临着前所未有的挑战。这些挑战包括以下几方面。

(一) 人力资源管理的全球化

　　经济全球化的潮流势不可挡，企业的经营管理全球化也初露端倪。经营管理全球化的原因主要是：越来越多的国际并购组建了更多的全球企业；越来越多的企业开展海外业务形成跨国企业；基于互联网的电子商务使组织面临的都是全球市场。对于跨国的或全球的人力资源管理，就法律、政治因素而言，组织必须对当地所处的政治环境进行全面的考察，包括对劳工组织角色和特点的考察；对当地进行就业法律和政策规定的调查也是必需的，否则，组织可能会背上劳动力市场歧视或者侵犯雇员利益的罪名，而劳资纠纷和争议不仅会带来高额的诉讼费用，也可能严重损害到企业的劳动力市场形象；就文化因素而言，要进行文化整合工作。文化有组织文化和国家文化，而国家文化也并不仅仅存在于国家之间，也会存在于国家内部不同的地区，这是必须尊重的一个现实。对员工的激励也会深受社会文化的影响，在西方强调个人主义的社会和东方强调集体主义之间，应采取不同的激励措施；对经济因素而言，必须明白，跨国企业的获利常常取决于劳动力价格、货币波动情况以及政府在收入转移方面采取的政策。如何获取"物美价廉"的劳动力是跨国企业人力资源管理的重要方面。比如，组织必须权衡是招聘本国人、当地人还是第三国人来从事组织的工作，以在组织的收益及劳动力成本之间取得合理的均衡。

（二）人力资源管理模式的革新

传统的人力资源管理模式大体上可分为以美国为代表的西方模式和以日本为代表的东方模式两大类。西方模式注重外部市场，人员流动性大，薪资报酬较刚性；东方模式注重内在修为，比如注重员工教育、培养和团队参与管理等。在历史上两种模式都曾被证明是有效的，但后来又被证明二者都存在一定的缺陷。那么未来一段时间，什么样的人力资源管理模式会对企业在国际化的竞争环境中获得成功有较大帮助呢？可以预见，由于国际贸易自由化程度提高，经济全球化加剧，国际市场将面临前所未有的激烈竞争。市场的多变要求企业能够迅速做出反应。因此，东方模式必须做出根本性变革以适应竞争加剧的市场；另一方面，处于高度激烈竞争和情况瞬息万变的市场中的企业，如果不高度分权，势必对市场反应迟钝，错失无限商机。而高度分权的前提必须以员工良好的知识技能和技术素养、高度的责任心和自觉性作为保证。从这个角度来说，西方的模式并不能因袭，而必须像日本企业那样，注重吸收工人参与管理，保障员工在组织的利益，同时加强对员工的培训，以提高组织的学习能力和对环境的适应能力。

（三）自由主义和价值多元化

在当今这个知识普及化的时代，知识不再是知识分子的垄断品。社会成员的学历普遍提高，组织内高学历的员工并不喜欢"当徒弟"。传统的由师傅"手把手教"的方式不再受到欢迎，年轻的一代更喜欢具有一定风险的自我成长方式。自我成长的方式比以往更强调个人价值，是一种典型的个人主义。所谓人性化的管理，就是管理必须在不违背组织整体利益的原则下去适应员工作为个体的某些个性特征，为管理者和被管理者提供更友好的接触面。当然，个人主义的时代是拒绝"样板"的时代，评选一两个先进人物所起到的带动作用与原来相比大为削弱。每个人都希望自己的个人成就被组织认可，而组织的承认有助于他们更进一步大胆创新，创造更为出色的个人业绩。个人主义也导致价值观多元化。过去可能相隔 30 年的人还具有相同的思想，而现在相隔不足 5 年的员工其思想也大不相同了。没有什么观念可以称为是权威的或统一的。就是相同年龄的人，其需求也千差万别，思想五花八门，价值观格格不入。传统的人力资源教育培训重视知识、技能的传授和政策、法律的理解。现在，组织也许更应重视员工解决问题、集体活动、交涉联系、领导指挥等能力和主动精神的培养。自由主义和价值多元化也意味着，为了对每一个个体进行最大的激励，管理者有必要进行灵活的考虑和处理。比如，管理者应该认识到，对于一个有两个孩子且靠全日制工作维持生活的母亲，激励她工作的动力，与一个单身且从事兼职工作的年轻人和为了补充养老金而工作的老员工是完全不同的。

（四）组织的劳动力市场形象

组织的无形资产除了组织声誉和产品品牌以外，组织在劳动力市场的良好形象也可以对组织形象做出贡献，但我们这里的形象指的不是组织给顾客的形象，而是组织给雇员以及潜在雇员的形象。无疑，良好的形象可以使组织具备更强的凝聚力和劳动力市场竞争力，更容易招揽到优秀的人才。就人力资源竞争能力而言，取决于组织对招聘人员和现有雇员的吸引力、市场上有多少人是该组织潜在的劳动力供给者、组织所能付出的劳动力成本与现有劳动力市场价格的匹配程度三个因素。如果一个雇员发现，组织的工资报酬、上班地点、组织气氛、升迁机会、工作安全性和工作条件都比其他组织有吸引力，那么素质相对较高的新雇员就会到来而老雇员也乐意继续干下去。经过一段时间积累之后，这些因素将综合起来形成组织的劳动力市场形象。当然，良好的形象对组织是资产，而不好的形象对组织则是一种负债。比如，如果一家组织形成了定期会有裁员的形象的话，那么当它与其他组织竞争雇员，尤其是争夺供应相对短缺的雇员时，就会遇到麻烦。所以，对于人才竞争激烈的今天，树立良好的劳动力市场形象是组织人力资源管理中应该重视的一个方面。事实上，很多组织可能忽视了这一点。要知道，"声誉"是一种易碎的商品，劳动力市场形象也是一种易碎的商品。

（五）管理中的道德困境

道德困境现在正日益成为管理的一个难题。在很大程度上，道德困境是与人力资源管理相联系的一个问题。人力资源管理道德失衡的原因包括：

（1）组织价值取向的偏差。当前我国社会主义市场经济体制尚不完善，组织新的道德价值体系也尚未完全建立起来，不少组织的价值取向出现偏差。企业谋利动机的恶性膨胀是我国部分企业不道德行为存在的直接原因，也是我国企业人力资源管理道德失衡的重要成因。

（2）管理者素质低下。现阶段，不少企业的人力资源管理者素质低下，管理水平有限，管理方式和手段简单、粗暴，管理理念落后，这直接导致了管理者的道德自觉与约束难以实现，员工诉求受到轻视，以人为本更是无从谈起。

（3）员工的弱势地位。在管理者和员工的相互关系中，员工处于明显的弱势地位。法制观念的淡薄以及日益增强的就业压力，使员工在面对日趋突出的管理道德问题时的维权意识较差。

（4）管理者与员工缺乏沟通。沟通的滞后严重制约了组织信息的传递，使管理者无法真正理解员工诉求，员工也无从知晓管理者的真正意图及自己工作的真正职责。这必然阻碍管理决策公平、公正的实现并最终导致组织人力资源管理道德失衡。

（5）法律法规及企业内部制度的不健全。由于缺乏完善的法律法规体系以及企业内部制度，企业人力资源管理道德的外部限制与约束极为有限，管理道德中的他律难以真正实现。

道德困境是这样的一类问题，由于员工的不道德行为，使雇主受到蒙蔽，但员工蒙蔽雇主的行为并非是为了损害雇主的利益，而是为了增加自己的利益。当一个曾有不道德行为的员工不但没有使组织受损反而使组织受益的时候，一旦他的不道德行为被发现，我们是放弃组织制度的尊严还是放弃这一个员工以及他可能继续带来的收益？一般地，我们对于该员工在进入组织之前的不道德行为并不计较，但不能容许该员工进入组织后仍有不道德的行为；而且我们必须严格考聘录取，避免员工在应聘过程中的欺骗和作假行为。

以上分析可以说明，随着社会的进步、经济的发展，人力资源管理需要更加专业的从业人员，他们需要全面掌握人力资源管理的理论与相关经验，并且要具备终身学习的能力，积极吸收各种先进的管理理念，不断学习新的管理技能，促进自身综合素质的全面提高，从而有效地应对当前人力资源管理所面对的挑战。

二、人力资源管理的发展趋势

伴随着日益激烈的商业化竞争，组织对人力资源管理提出了更高的要求。人力资源管理已经远远突破了劳动力配置等浅层次的人事管理模式，向组织管理的纵深和全方位发展，管理的理念、方式等都呈现出新的趋势。

（1）科技的快速变革将持续提升对专业技术的需求。近半个世纪以来，科技不断的革新，对整个世界造成难以评估的影响，广及政治形态、经济、文化等多个层面，同时它也带动着人力运用形态的改变。因为这样的变革，我们开始使用并享受许多高科技产品的方便，但熟悉这些产品的专业人员必须与这些高科技产品一样，必须同样精细地划分，因此对人员的专业要求将成为对人力需求的重点。

（2）由封闭式管理向开放式管理转变。传统意义上的块状人事管理部门可能被逐步弱化，由部门化向综合化转变。特别是知识经济加速了组织管理的技术化和信息化，使人力资源通过公共信息平台进行快速决策和远程管理，人力资源管理更趋向于开放式。E-HR是将先进的技术运用于人力资源管理，为组织建立人力资源服务的网络系统，它使人员管理流程电子化。一方面，E-HR可以缩短管理周期，减少工作流程的重复操作；另一方面，可以使人力资源部门从提供简单的人事管理信息转变为提供人力资源管理知识和解决方案，建立支持人力资源部门积累知识和管理经验的体系。

（3）人性化管理是人力资源管理的重要特征。未来经济的发展取决于人的智能的开发、创新能力的发挥和活力的激发。也就是说，只有通过发挥人的能动性和创造性，开发人的潜能，才能推动经济的发展。要做到这一点，就必须实行人性化管理。人力资源管理者要转变工作观念和工作方法，以人为本，充分了解员工的心理需要、价值观的变化及自我实现的需要。要给员工足够的自由度，充分调动他们的工作积极性和主动性。未来人力资源管理部门将由过去的对员工严加控制的管理机制转变成为对员工充分授权的服务组织。其主要目的就是在充分信任员工的基础上，通过对员工授权和服务，来激发他们自觉努力干好本职工作的主观能动性，为组织的发展作贡献。

（4）科技的发展将造成训练方式革命性的改变。目前传统的课堂训练方式仍为主流，但以高科技产品为基础的方式将会迅速发展。硬件设备的进步、电脑网络的蓬勃发展、多媒体教学、视频会议等，这些高科技将以惊人的潜力带来更快速的训练，并且使教育训练能更接近员工的工作现场（如远程教学），带来更直接而快速的功效。与其他专业一样，人力资源管理也有许多专门的技术知识，如人才预测规划技术、人员招聘面试技术、员工培训与开发技术、人事诊断技术、激励管理技术等。如果一个人事工作者缺乏这方面的知识和技能，不懂得有关的技术和方法，将难以胜任本职工作。

（5）训练部门将转换新的方式来提供服务。在美国，训练及人力资源发展部门，几乎不能免疫于整个组织变革下所造成的改变，如缩小规模、重组、人事精简等，而同时被迫要更接近员工的工作地点以降低训练费用。换言之，更能有效利用现有环境的资源来做训练是必需的改变。因此未来的趋势将不再把员工从部门中调派出来，作长时间的训练，反而是会以邻近员工的工作地点为考量，由此更印证了在职培训（On the Job Training，OJT）制度的重要性。

（6）训练专业人员。将深入着眼于绩效的提升训练，将有更集中的焦点，更贴近组织的目标，也就是绩效的达成及提升。在全球激烈的竞争下，企业关注局势的变化，并严格地检视每一个工作及流程，对组织策略及其目标是否带来积极效果十分重视，其中显然也包括训练部门，因此专业人员的注意焦点将由课程的时数，转变成个人、组织的绩效提升。

（7）整合的高绩效工作系统将大量产生，重新整合的组织将发挥更多功能。因此将训练部门视为一般的业务单位，并重新检视其角色，并衡量其创造的绩效；此外如何协助重组的专案团队及部门，彼此做最佳的合作，将是未来训练工作的重点。

（8）人是机构最大的资产，将会有更多具体的行动来验证"人是组织最重要的资产"这一观念，因此人力资源管理与绩效管理的极大化，将在未来对组织有重要的意义。人力资源已经成为经济发展不可或缺的一部分，成为推动经济增长的主要动力。

第六节　人力资源管理的理论基础

人力资源管理从本质上来说是对人的管理，或者说是对人及与人相关的事的管理。它的目的是保证组织能够及时获得所需的人才，而且要努力使这些人一起效力于组织，发挥自己的才能，共同实现组织的目标。人力资源管理目标的实现在很大程度上取决于是否能够有效地激发员工的工作热情、工作积极性和主人翁精神，取决于能否有效发挥员工的聪明才智和创造力，这些归根到底取决于组织管理者对人性的认识和把握，取决于组织管理者的基本管理理念和激励能力、激励水平。因此，对人的价值、对人性的基本假设、对人的激励相关理论就至关重要。为了更好实现组织对员工管理的目的，组织人力资源管理必须依据一定的理论。一般认为，组织进行人力资源管理的理论基础有以下几方面。

一、人性假设理论

（一）"经济人"假设

"经济人"假设又称"实利人"或"唯利人"假设。"经济人"假设来自亚当·斯密《国富论》中的一段话：我们每天所需要的食物和饮料，不是出自屠户、酿酒家和面包师的恩惠，而是出于他们自利的打算。之后，西尼耳定量地确定了个人经济利益最大化公理，约翰·穆勒在此基础上总结出"经济人假设"，最后帕累托将"经济人"这一名词引入经济学。与"经济人"相对的概念是"道德人"或"社会人"。"经济人"假设认为人受制于本性的驱使而在行为上追求利益的最大化。因此，管理上主张用金钱等经济因素去刺激人们的积极性，用强制性的严厉惩罚去处理消极怠工者。

根据"经济人"的假设而采取相应的管理策略，可以归纳为以下四点：

（1）管理工作重点在于提高生产率、完成生产任务，而对于人的感情和道义上应负的责任，则是无关紧要的。简单地说，就是重视完成任务，而不考虑人的情感、需要、动机、人际交往等社会心理因素。从这种观点来看，管理就是计划、组织、经营、指导、监督。这种管理方式叫做任务管理。

（2）管理工作只是少数人的事，与广大工人群众无关。工人的主要任务是听从管理者的指挥，拼命干活。

（3）在奖励制度方面，主要是用金钱来刺激工人的生产积极性，同时对消极怠工者采用严厉的惩罚措施，即"胡萝卜加大棒"的政策。

（4）以权力和控制体系来保护组织本身及引导员工。

（二）"社会人"假设

为探究如何提高工人劳动效率，美国哈佛大学梅奥教授等人做了大量实验，结果发现许多人为了朋友往往愿意牺牲自己经济上的利益。由此，梅奥在1933年的《工业文明中人的问题》一书中提出了人际关系学说，强调"社会人"假设。这种假设认为，人是社会人，人们的社会性需要是最重要的，人际关系、职工的士气、群体心理等对积极性有重要影响。因而在管理上要实行"参与管理"，要重视满足职工的社会性需要，关心职工，协调好人际关系，实行集体奖励制度等。

从"社会人"的假设出发，管理人员应该采取的措施主要有以下几点：

（1）管理人员不应只注意完成生产任务，而应把注意的重点放在关心人和满足人的需要上。

（2）管理人员不能只注意指挥、监督、计划、控制和组织等，而更应重视职工之间的关系，培养和形成职工的归属感和整体感。

（3）在实际奖励时，提倡集体的奖励制度，而不主张个人奖励制度。

（4）管理人员的职能也应有所改变，他们不应只限于制定计划、组织工序、检验产品，而应在职工与上级之间起联络人的作用。一方面，要倾听职工的意见和了解职工的思想感情，另一方面，要向上级呼吁、反映。

（5）提出"参与管理"的新型管理方式，即让职工和下级不同程度地参加组织决策的研究和讨论。

（三）"自我实现人"假设

这一概念最早由人本主义心理学家马斯洛提出，之后，麦格雷戈提出了以"自动人"人性假设为理论基础的管理理论，给予"X理论"相反的"Y理论"，他明确否定"X理论"，而肯定"Y理论"。麦格雷戈归纳了基于对人性的不同看法而形成的两种理论。他认为，传统的理论是以对人性的错误看法为基础的，这种理论把人看做天性厌恶工作，逃避责任，不诚实和愚蠢等。因此，为了提高劳动生产效率，就必须采取强制、监督、惩罚的方法。麦格雷戈把这种理论称之为"X"理论。与之相对的是"Y"理论，其基本观点是：人并不是被动的，人的行为受动机支配，只要创造一定的条件，他们会视工作为一种得到满足的因素，就能主动把工作干好。因此，对工作过程中存在的问题，应从管理上找原因，排除职工积极性发挥的障碍。麦格雷戈认为"X"理论是一种过时的理论，只有"Y"理论才能保证管理的成功。"自动人"假设认为，人是自主的、勤奋的，自我实现的需要是人的最高层次的需要，只要能满足这一需要，个体积极性就会充分调动起来。所谓自我实现，是指人的潜能得到充分发挥；只有人的潜能得以表现和发展，人才会有最大的满足。因此，管理上应创设良好的环境与工作条件，以促进职工的自我实现，即潜能的发挥，强调通过工作本身的因素，即运用内在激励因素调动职工的积极性。"自我实现人"假设的观点有：

（1）人的最终目的是满足自我实现的需要。

（2）人们力求在工作上有所成就，实现自治和独立，发展自己的能力和技术，以便在环境适应上更富有弹性。

（3）人们能够自我激励和自我控制，外部激励和控制会有不良后果。

（4）个人自我实现的目标和组织的目标并不是冲突的，而是能够达成一致的，在适当的条件下，个人会自动地调整自己的目标并使之与组织目标相配合。

（四）"复杂人"假设

这种理论产生于20世纪60～70年代，其代表人物有雪恩、摩尔斯(J·J·Morse)和洛斯奇(J·W·Lorsch)等。该理论认为，无论是"经济人"、"社会人"，或者"自动人"假设，虽然各有其合理性的一面，但并不适合于一切人。因为，一个现实的人，其心理与行为是很复杂的，人是有个体差异的。人不但有各种不同的需要和潜能，而且就个人而言，其需要与潜能，也随年龄的增长、知识能力的提高、角色与人际关系的变化而发生改变。不能把人视为某种单纯的人，实际上存在的是一种具体的"复杂人"。依据这一理论，便提出了管理上的"超 Y 理论"，即权变理论。该理论认为，不存在一种一成不变、普遍适用的管理模式，应该依据组织的现实情况，采取相应的管理措施。

"复杂人"假设的理论总结如下：

（1）每个人都有不同的需要和不同的能力，工作的动机非常复杂而且变动性很大。

（2）人们的需要不是与生俱来的，人在组织中可以形成新的需求和动机。

（3）人们在不同的组织和不同的部门中可能有不同的动机模式。人们在正式组织和非正式组织中分别有不同的动机。

（4）人们依据自己的动机、能力以及工作性质，会对一定的管理方式产生不同的反应。

二、激励理论

激励理论是行为科学中用于处理需要、动机、目标和行为四者之间关系的核心理论。行为科学认为，人的动机来自需要，由需要确定人们的行为目标，激励则作用于人的内心活动，激发、驱动和强化人的行为。激励理论是业绩评价理论的重要依据，它说明了为什么业绩评价能够促进组织业绩的提高，以及什么样的业绩评价机制才能够促进业绩的提高。

早期的激励理论研究是对于"需要"的研究，回答了以什么为基础或根据什么才能激发调动起工作积极性的问题，包括马斯洛的需求层次理论、赫茨伯格的双因素理论和麦克利兰的成就需要理论等。

激励理论的有效性（用字母 A 来表示）受制于个体是否会出现理论本身所折射出的行为表征或者理论本身所反映出的行为影响因素的有效性（用字母 B 来表示），而个体是否会出现理论本身所折射出的行为表征又取决于行为的影响因素（理论本身所反映出的行为影响因素的有效性也是如此），用字母 C 来表示。通过上述分析可知，A、B 和 C 三者之间的关系是 B 决定 A，并且 C 决定 B。由此我们可以推导出的结论是：C 决定 A。也就是说，个体行为的影响因素决定着激励理论的有效性。激励理论的有效性关系如图 1-2 所示。

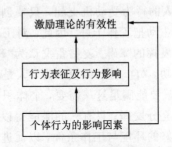

图 1-2　激励理论有效性的关系图

（一）需要层次理论

亚伯拉罕·哈罗德·马斯洛（Abraham Harold Maslow）于 1943 年首次提出了"需要层次"理论，他把人类纷繁复杂的需要分为生理的需要、安全的需要、友爱和归属的需要、尊重的需要和自我实现的需要五个层次。

在马斯洛看来，人都潜藏着五种不同层次的需要，它们像阶梯一样从低到高，按层次逐级产生。但次序不是完全固定的，也有种种例外变化的情况。而且不同时期表现出来的各种需要的迫切程度是不同的。人最迫切的需要才是激励人行动的主要原因和动力。

需要层次理论的基本内容：

（1）生理需要。这是人类维持自身生存的最基本要求，包括对食物、水、衣、空气和住房等需要都是生理需要,这类需要的级别最低。

（2）安全需要。它包括对人身安全、生活稳定、摆脱事业和丧失财产威胁、避免职业病的侵袭以及免遭痛苦、威胁等方面的需要。

（3）社交需要或感情需要。当生理需要和安全需要得到满足后,社交需要就会出现,进而产生激励作用。

（4）尊重需要。尊重需要是指一个人希望在各种不同情境中有实力、能胜任、充满信心、能独立自主,同时还希望有地位、有威信,受到别人的尊重、信赖和高度评价。该需要既包括对成就或自我价值的个人感觉,也包括他人对自己的认可与尊重。

（5）自我实现需要。这是最高层次的需要,它是指实现个人理想、抱负,发挥个人的能力到最大程度,完成与自己的能力相称的一切事情的需要。

马斯洛指出了人的需求是由低级向高级不断发展的,这一趋势基本上是符合需求发展规律。因此,需要层次理论对组织管理者如何有效地调动人的积极性有启发作用。马斯洛的需要层次理论,在一定程度上反映了人类行为和心理活动的共同规律。

（二）赫兹伯格的双因素理论

激励—保健因素理论是美国行为科学家弗雷德里克·赫兹伯格(Fredrick Herzberg)提出来的,又称双因素理论,其具体内容如表1-3所示。

表1-3　双因素理论的具体内容

保健因素（防止员工产生不满情绪）	激励因素（激励员工的工作热情）
工资	工作本身具有挑战性
监督	赏识
地位	提升
安全	发展前途
工作环境	责任
政策与管理制度	成就
人际关系	自我实现

资料来源:关淑润.人力资源管理.北京:对外经济贸易大学出版社,2001

双因素理论的基本内容:使员工感到满意的都是属于工作本身或工作内容方面的;使员工感到不满的,都是属于工作环境或工作关系方面的。赫兹伯格把前者叫做激励因素,后者叫做保健因素。保健因素主要包括:组织政策、工资水平、工作环境和条件、人际关系、劳动保护等。保健因素的效果类似于卫生保健对身体健康所起的作用,它不能直接提高健康水平,但有预防疾病的效果,它不是治疗性的,而是预防性的。这类因素处理不好会引发工作不满情绪产生,处理好可预防和消除这种不满,防止产生问题。但它不能起激励作用,只能起到保持人的积极性,维持工作现状作用。激励因素主要包括:成就、赏识、挑战性的工作、增加的工作责任,以及成长和发展的机会。这是那些能满足个人自我实现需要的因素,这些因素具备了,能带来积极态度、满意和激励作用。赫兹伯格认为,管理当局应该认识到保健因素是必需的,不过它一旦消除不满意情绪以后,就不能产生更积极的效果。只有"激励因素"才能使人们有更好的工作成绩。

双因素理论强调，不是所有的需要得到满足都能激励起人的积极性。只有那些被称为激励因素的需要得到满足时，人的积极性才能最大程度地发挥出来。如果缺乏激励因素，并不会引起很大的不满。而保健因素的缺乏，将引起很大的不满，然而具备了保健因素时并不一定会激发强烈的动机。赫茨伯格还明确指出，在缺乏保健因素的情况下，激励因素的作用也不大。

双因素理论的主要贡献在于，它提出了调动人的积极性，不仅要注意物质利益和工作条件等外部因素，更重要的是用一些内在因素来调动人的积极性。它促使组织管理人员注意工作内容方面的因素的重要性。

（三）奥尔德弗的 ERG 理论

"ERG"理论是生存—相互关系—成长需要理论的简称。奥尔德弗认为，职工的需要有三类：生存需要（E）、相互关系需要（R）和成长需要（G）。具体内容如下：

（1）生存需要指的是全部的生理需要和物质需要，如吃、住、睡等。组织中的报酬，对工作环境和条件的基本要求等，也可以包括在生存需要中。这一类需要大体上和马斯洛的需要层次中生理和部分安全的需要相对应。

（2）相互关系需要指人与人之间的相互关系、联系（或称之为社会关系）的需要。这一类需要类似于马斯洛需要层次中部分安全需要，全部归属或社会需要，以及部分尊重需要。

（3）成长需要指的是一种要求得到提高和发展的内在欲望，它指人不仅要求充分发挥个人潜能、有所作为和成就，而且还有开发新能力的需要。这一类需要可与马斯洛需要层次中部分尊重需要及整个自我实现需要相对应。

该理论认为，各个层次的需要满足得越少，越为人们所渴望；较低层次的需要者越是能够得到较多的满足，则较高层次的需要就越渴望得到满足；如果较高层次的需要一再受挫而得不到满足，人们会重新追求较低层次需要的满足。这一理论不仅提出了需要层次上的满足到上升趋势，而且也指出了挫折到倒退的趋势，这在管理工作中很有启发意义。

本 章 小 结

21世纪随着知识经济时代的到来，人们更加意识到人力资源在经济发展中的重要作用。人力资源是知识经济的依托，是经济发展的决定性因素。现代企业的竞争归根结底是人才的竞争，人力资源是现代企业中最重要的战略资源。因此，对人力资源的有效管理已成为企业管理活动的重要组成部分。本章首先简要阐述了人力资源的内涵，并从质量和数量两个方面进行了补充说明。其次，在人力资源的基础上介绍了人力资源管理的内涵、功能以及目标，并提出人力资源管理的六大职能，为企业的人力资源管理活动提供了指导。组织所处的环境是影响企业人力资源管理活动有效性的一个重要因素，因此本章从外部环境和内部环境两方面对组织所处环境进行了描述，使企业能在日益激烈的竞争中获得更多的机会，提升企业的人力资源管理效率。本章还对人力资源管理产生的基础以及演进过程进行了追溯，从历史和学科发展的角度展开了全面介绍。然而随着经济全球化的来临以及日益激烈的商业化竞争，传统的人力资源管理已无法满足企业和个人发展的需要，企业的人力资源管理活动正面临着越来越多的挑战。为了顺应环境形势的变化，企业需改变传统的管理观念，构造先进的人力资源管理模式，而企业的人力资源管理也会呈现出一些新的发展趋势。最后，通过对人力资源管理的两个重要理论：人性假设理论和激励理论的详细阐述，深层次地探索了人力资源管理中满足人的需要的重要性。

思 考 题

1. 人力资源管理的涵义是什么？
2. 简述人力资源管理的职能和功能。
3. 简述人力资源管理的目标并且举例。
4. 分析内外部环境对人力资源管理的影响。
5. 试述人力资源管理的重要性。
6. 试述人性假设理论。
7. 人力资源管理所面临的挑战与发展趋势有哪些？
8. 如何理解马斯洛的需求层次理论？

案 例 讨 论

华为高效的人力资源管理

华为的技术能力发展迅猛，华为的销售能力咄咄逼人，这是因为有一批勤奋努力、奋勇直前的华为人，他们的进取精神来自于华为的人才激励制度。

华为在创业之初就非常重视人才配置，它的直接生产人员不足200人，而研究开发人员则有500人。目前华为有员工22 000余人，85%以上的人员是本科毕业，主要来自各专业院校和全国重点院校。从岗位上看，研究开发人员占总数的40%以上，营销人员占35%，生产人员占10%，管理人员占12%；从年龄上看，员工的平均年龄仅为27岁，员工间的年龄跨度很小，年龄结构上呈扁平密集分布。从人才结构上可以看出，华为把研究开发与市场营销作为企业的工作重点，因为这两方面的竞争力是企业间竞争的主要内容和最直接体现。

华为的人才激励机制，主要有以下几个方面：

（1）建立以自由雇佣为基础的人力资源管理体系，不搞终身雇佣制。在1996年通信市场爆发大战前，华为的市场体系有30%的人下了岗，其中有曾经立下汗马功劳而又变为落后者的员工。这一次变革，让华为人认识到："在市场一线的人，不允许有思想上、技术上的沉淀。必须让最明白的人、最有能力的人来承担最大的责任。"从此，华为形成了干部是没有任期的说法。那些居功自傲、故步自封的人，不得不在企业快速发展的压力下，不断提高个人素质和工作能力。

（2）建立内部劳动市场，允许和鼓励员工更换工作岗位，实现内部竞争与选择，促进人才的有效配置，激活员工，最大限度地发现和开发员工潜能。对于一个空出或即将空出的职位，公司会发布内部招聘信息，并且召开竞聘大会。应聘者要做15分钟的演讲，接受评委和观众的提问，由高层领导和专家组成评审委员会，根据竞聘报告和现场表现，当场拍板任职人选。

（3）高工资。华为称为"三高"企业，指的是高效率、高压力和高工资。任正非坚信高工资是第一推动力，因而华为提供的是外企般的待遇。除了高工资，还有奖金与股票分红，内部职工的投资回报率每年都超过70％，有时甚至高达80％。经济利益是最直接最明显的激励方式，高收入是高付出的有效诱因。

（4）提供持续的开发培训。华为实行在职培训与脱产培训相结合，自我开发与教育开发相结合的开发方式，让员工素质适应企业的发展，同时让员工有充分机会得到个人能力的提高。每年华为都要派遣大量的管理人员、技术人员到国外考察、学习、交流，优化了重要领域的人员素质，为有进取精神的人才提供了提高知识和素质的机会。

（5）"公平竞争，不唯学历，注重实际才干"。华为看重理论，更看重实际工作能力，大量起用高学历人才，也提拔读函大的高中生。在华为有年仅19岁的高级工程师，也有工作七天就提升为高级工程师的。不论资排辈，只重实际能力，华为大胆地起用年轻人，一位只有25岁的华中理工大学毕业生就当上了带领500多人的中央研究部主任，这在其他企业是难以想象的。中科大毕业的李一南到华为的第二天就被提升为工程师，两个星期后成为主任工程师，半年后任中研部副总经理，一年后升任中研部总经理。第二年，23岁的李一南成为公司最年轻的副总裁。华为大胆的用人策略，让员工看到了希望，激发了员工的事业心，使大批年轻人成为公司的中坚力量。

（6）客观公正的考评。考评工作有着严格的标准和程序，是对员工全方面的考评，考核的依据依次是：才能、责任、贡献、工作态度与风险承诺。对于绩效的考评是重点，宜细不宜粗；对于工作态度和工作能力看重长期表现，宜粗不宜细。客观公正的考评，是对人才工作绩效的正确评价，是实行激励方案的保证。根据斯金纳的强化理论，人的行为会受到外界正强化、负强化和消退强化的影响，而对员工采用的强化手段，要以考评结果为依据。

（7）知识资本化、知识职权化。华为的员工持股制度，是按知分配的，把员工的知识劳动应得的一部分回报转化为股权，即转化为资本，股金的分配又使得由股权转化来的资本的收益得到体现，通过股权和股金的分配来实现知识资本化。还有组织权力，也按照知识的价值来分配，组织权力的分配形式是机会和职权，因而知识可以通过职权分配来表现。员工的股份是不可转让的，如果要退出公司，只能以初始出资价出售给公司，这样想离开公司的代价就会变得很高。越是公司重要的人员，持有的股份越多，离开的代价也越大，所以这是企业的一项长期激励方法，体现了知识的价值，保证了企业的稳定。

案例讨论题

1. 华为的人力资源管理被分为哪三个阶段？每个阶段分别包括哪些主要的人力资源管理实践？

2. 请按照上面划分的阶段和区分的实践，依次分析华为有哪些具体措施，并且这些措施分别有哪些可取之处。

3. 在华为如日中天的时候，任正非突然抛出《华为的冬天》和《北国之春》两篇充满忧患意识的文章，在业内引起轩然大波。华为强烈的危机意识是其持续发展的重要原因。如果IT业的泡沫即将破灭，如果华为的销售收入急速下滑，华为的"冬天"真的要来临，你认为华为的人力资源管理最应该从哪些方面开始变革？如何变革？请说明你的变革方案。

第二章　人力资源战略

人类进入新经济时代，知识在造就组织竞争优势方面的决定性作用日渐显现。对全球的雇主而言，人力资源职能在帮助企业达到战略性目标的过程中起着至关重要的作用。随着人的需求与价值观趋向多元化，对人的管理变得更加复杂。目前约有超过 1/3 的企业要依赖于计算机的人力资源技术来追踪、测试和选择求职者。在战略规划的制定中需要考虑与人有关的一些管理性问题，还需考察企业的人力资源储备是否具有执行这种战略的能力，通晓企业需要何种类型的员工技能、行为和态度来支持组织的战略规划，并制定方案来确保员工具备这些技能、行为和态度。人力资源真正成为企业的战略性资源，人力资源战略要为企业战略目标的实现承担责任，为企业创造价值，打造企业的核心竞争力。

本章学习重点

▶ 人力资源战略的内涵
▶ 人力资源战略的定位与目标
▶ 人力资源的战略执行和制定角色
▶ 人力资源战略制定的程序和方法
▶ 人力资源战略与企业战略的匹配

阅读资料

爱因斯坦健康关爱网的组织变革与人力资源措施

爱因斯坦健康关爱网的组织变革经历向人们展示了企业如何制定和使用人力资源战略来执行它们的战略规划。20 世纪 90 年代初，爱因斯坦健康关爱网的新 CEO 发现，加剧的竞争、科技变革、健康组织的成长及社会医疗保险预算的大幅削减正向他发出严重警告，他的企业必须制定新的战略规划。当时的爱因斯坦健康关爱网还是一个单纯的重症关怀医院，只收治重症病人和身体极度虚弱的病人。当时，CEO 的想法是将爱因斯坦健康关爱网建设成为一个向当地各个市场提供全面且高质量的医疗服务的综合性健康维护网络。

这位 CEO 深知，要想推动这一战略变革，就必须对爱因斯坦健康关爱网的组织和员工行为实施多项变革。在当时变化莫测的医疗环境中，爱因斯坦健康关爱网必须通过更灵活、更适应环境、更专业的方法来提供服务。因此，他将变革项目的目标概括为三个词——"创新"、"适应"和"服务"。为了达到新战略目标，该企业的人力资源和其他职能战略必须鼓励医疗中心和员工提供新服务、抓住机遇并持续提供高质量的服务。

这时，摆在这位 CEO 面前的新问题是，爱因斯坦健康关爱网需要怎样的员工素质、技能和行为来保证这三个目标的达成。通过与人力资源主管的合作，CEO 为员工定下了四个要求：献身企业、各负其责、突破自我、随时出发。员工必须为了企业的创新、适应和服务目标全身心地投入工作；他们为自己的工作结果负全责；他们必须及时获取新知识和技能，不断地寻找创新的解决问题的方法，突破自我；他们的工作富有灵活性，必须随时做好岗位轮换的准备，一旦组织需要便能立即出发。

下一步，爱因斯坦健康关爱网的人力资源经理会提出"哪些具体的人力资源政策和措施可以为企业建立一支'献身企业、各负其责、突破自我、随时出发'的员工队伍，以达成企业的战略目标？"，答案是实施新的人力资源计划和项目。项目一是开设培训和沟通项目，确保员工对公司的新战略和相应的员工要求理解无误。人力资源创新的另一个关键项目是丰富工作内容，即通过灵活的工作安排和团队合作项目为员工创造更多挑战，并让他们承担更多的责任，同时，企业通过新的培训和福利计划促进员工成长，即帮助员工实现个人发展和进步。人力资源创新项目之四是相应的回馈计划，它将员工的报酬与组织绩效挂钩，并提供一些非物质报酬。此外，改进的招募、入职介绍和解雇程序也都有助于爱因斯坦健康关爱网建立一支符合上述要求的员工队伍。

资料来源：加里德斯勒，文跃然，杨伟国. 人力资源管理. 北京：中国人民大学出版社，2006

第一节　人力资源战略的概念

一、人力资源战略的概念

人力资源战略的理念，最先由美国人提出。但在 20 世纪 80 年代以前，日本的企业实际上扮演着人力资源管理战略先驱实践者的角色。日本人力资源管理实践的精髓在于其人本主义理念。在这一理念指导下，日本企业将其管理重心集中在对"人的管理"之上，实行了一系列充分体现其人本主义思想的人力资源管理制度，例如终身雇佣制、教育培训制以及保障制等等。这些制度的战略基础是：能力、品质、技能、教育程度、完成任务的适应性和岗位工作绩效等。但在 20 世纪 80 年代以后，日本人力资源管理的弊端日益地暴露了出来。约翰·沃洛诺夫在《日本管理的危机》、帕茨·史密斯在《日本：一种新的解释》、菲利普·安德森在《黑纱的里面：除去日本人商业行为的迷雾》等著作中，深刻地分析了日本模式的弊端。他们指出，在日本企业中，人力资源管理在更大程度上陷入一般事务性职能，对人力资源的战略性、战略人力资源的工作绩效激励、核心雇员的配置等方面缺乏充分的界定、使用和激励，这使得日本企业"核心人力资源"（Core Human Resources）的"战略性"受到极大削弱和限制。

人力资源战略产生于 20 世纪 80 年代中后期。近年来，人力资源战略的发展令人瞩目，人们对这一思想的研究与讨论日趋深入，并被欧、美、日企业的管理实践证明是获得长期可持续竞争优势的战略途径。目前，学术理论界常采用 Wright ＆ Mcmanhan 的定义，即为企业能够实现目标所进行和所采取的一系列有计划、具有战略性意义的人力资源部署和管理行为，是企业适应外部环境变化的需要和人力资源开发与自身发展的需要，根据企业的发展战略，充分考虑员工的期望而制定的人力资源开发与管理的纲领性的长远规划。人力资源战略是职能战略，作用是保证企业总体战略和事业战略的实现。根据美国人力资源管理学者舒勒和沃克(Schuler & walker)的定义,人力资源战略是程序和活动的集合,它通过人力资源部门和直线管理部门的努力来实现企业战略目标,并以此来提高企业目前和未来的绩效、维持企业竞争优势。库克(Cook)则认为,人力资源战略是指员工发展决策以及处理对员工具有重要和长期影响的决策,它表明了企业人力资源管理的指导思想和发展方向,而这些指导思想和发展方向又给企业人力资源的计划和发展提供了基础。科麦斯·梅杰(Comez Mejia)等人则把人力资源战略定义为:企业慎重地使用人力资源帮助企业获得和维持其竞争优势,它是企业所采用的一个计划或方法,并通过员工的有效活动来实现企业的目标。从以上讨论可以看出,目前人力资源战略还没有一个公认的、权威的定义,但研究人员不外乎从人力资源战略的本质特征、地位作用、途径方式等方面来界定人力资源战略的概念。

　　基于以上论述,人力资源战略是指企业为了实现其战略目标在人力资源管理方面的举动。图2-1表现了人力资源战略和企业的战略规划、组织绩效结果之间的相互关系。为了实现企业战略目标,需要人力资源政策和管理措施促进员工胜任力的形成,并激励员工行为。人力资源战略即指所需要的这种人力资源管理系统的建立和管理。

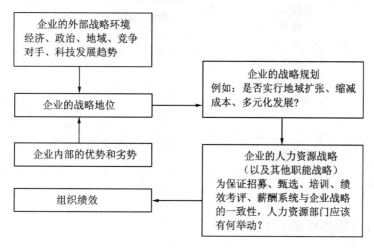

图2-1　人力资源战略与企业战略关系图

　　人力资源本质上是指企业为了实现战略目标,对人力资源各种部署和活动进行规划的模式。人力资源战略是企业战略管理不可或缺的有机组成部分,包括企业通过对人力资源的获取和配置来实现组织目标的各个方面。由于人力资源是企业获得竞争优势的最重要资源,所以企业战略的制定与实施必须将人力资源战略置于优先考虑的地位。同时,人力资源战略也将促使企业战略聚焦于以下诸方面:组织结构与企业文化,运营效率与经营业绩,核心专长与战略资产,管理制度与战略变革等。

　　人力资源战略管理与辅助性人事管理、传统人力资源管理之间的比较如表2-1所示。

　　需要强调的是,人力资源战略管理并非是对辅助性人事管理和职能性人力资源管理的简单替代,而是一种进化。从人力资源管理价值链的角度评价,人力资源管理活动可以分成三个价值层次:

　　(1)事务性活动,如福利管理、人事记录、雇员服务等,战略价值较低;

（2）专业性活动，如绩效评估、培训与人员招聘、员工关系等，对确保战略的贯彻执行具有保障作用，具有中等的战略价值；

（3）变革性活动，如知识管理、管理开发、文化建设、战略更新调整等，创造了企业的长期能力与适应性，具有最高的战略价值。从传统的人力资源管理向人力资源战略管理的转变，很重要的一点就是要把人力资源管理的重点更多地转到具有较高战略价值的活动中。

表 2-1　辅助性人事管理、传统人力资源管理、人力资源战略管理的比较

关于"人"的管理 维度	辅助性人事管理	传统的人力资源管理	人力资源战略管理
理念	人是组织中的一种工具性资源，服务于其他生产性资源	人力资源是组织中的一种重要资源	人力资源是组织最重要的资源，是一种战略资产
战略性	很少涉及组织战略决策，与战略规划的关系是一种行政关系或单向执行关系，即扮演执行者的单一角色	是组织战略决策的重要辅助者、信息提供者，与战略规划是一种双向关系，即扮演辅助角色和战略执行角色的双重角色	是组织战略决策的关键参与者、制定者，与战略规划的关系是一体化的关系，即扮演决策制定者、变革推动者或战略执行者多重角色
职能	参谋职能，行政事务性工作，被动的工作方式	直线职能，辅助决策，战略实施，行政事务性工作，灵活的工作方式	直线职能，决策制定，战略实施，几乎没有行政事务性工作，主动的工作方式
绩效导向	部门绩效导向，短期绩效导向	部门绩效与组织绩效兼顾导向，较长期绩效导向	部门绩效与组织绩效整合导向，长期绩效导向，竞争优势导向

资料来源：颜士梅.试论组织中关于"人"的管理的两次转变.外国经济与管理，2002（6）：34-37

二、人力资源战略的定位与目标

（一）人力资源战略的定位

人力资源管理的重要性日益增强。许多企业已经认识到人力资源是最具有竞争优势的资源。在外部环境不断变化的今天，企业要想取得可持续竞争优势，就不能仅仅依靠传统金融资本的运营，还必须靠人力资源优势来维持和培育竞争力。这种变化促进人力资源管理的战略性定位研究。这种研究主要集中在以下两个方面：

1. 促进人力资源管理职能转型的主要因素的研究

这类研究揭示了传统人力资源管理所面临的挑战。① 马托森（Mathis）、杰克逊（Jackson）等人侧重于人力资源管理对产业转型和组织重组适应性方面的论述，他们认为最主要的挑战来自于：经济和技术的变化与发展、劳动力的可用性和质量问题、人口多样性问题、组织重组问题。② 戴维·沃尔里奇等从组织面临全球经济、如何维持自身优势的角度加以描述，他们认为，要想在激烈的全球经济竞争中保持优势，人力资源管理就必须要克服来自八个方面的挑战：全球化、价值链重组、创造利润增长途径的变化、以能力为本、组织竞争力模式的变化、技术创新和进步、教育创新、组织再造和重组。

2. 对人力资源管理职能的"战略性定位"

当前人们认可的基本概念是：当代人力资源管理是组织的"战略贡献者"（Strategy contribution）。① 马托森从三个方面论述这种"战略贡献者"的作用：提高企业的资本运营绩效，扩展人力资本，保证有效的成本系统。② 斯托瑞则认为人力资源战略的基本职能是：保证组织在"竞争力、利润能力、生存能力、技术优势和资源配置"等方面具有效率。③ 舒勒、胡博等人则从组织战略目标实现方面论述人力资源战略职能，他们认为人力资源战略是统一性和适应性相结合的人力资源管理，必须和"组织的战略"及"战略需求"相统一。他们将人力资源战略分成几个不同的部分：人力资源管理哲学、政策、项目、实践和过程，认为每个部分都是一种"人力资源战略活动"，同时又是企业发展的战略目标。④ 沃尔里奇则提出人力资源管理"战略性角色"的概念，认为当代人力资源管理已经从传统的"成本中心"变成企业的"利润中心"，正经历由传统的"职能事务性"向"职能战略性"的转变。沃尔里奇认为，人力资源管理若要能够有效担当这四种基本角色，必须掌握四类基本技能，即掌握业务（Business Mastery）：要求人力资源管理成为核心经营管理的有机组成部分，了解并参与企业基本的业务活动，具有强烈的战略业务导向；掌握人力资源（HR Mastery）：确保基本的管理和实践相互协调，并担当起一定意义的行政职能；人力资源信誉（HR Credibility）：人力资源管理部门及其管理人员必须具有良好的信誉体系，具备广泛的人际关系能力、问题解决能力和创新能力；掌握变革（Change Mastery）：积极参与推动企业的变革，并提供有效的决策信息依据。⑤ 劳伦斯・S・克雷曼、乔森纳・斯迈兰斯基等人，侧重于从企业人力资源管理对企业价值链的重构、人力资源管理实践边界的扩展等角度阐述人力资源管理职能的战略性定位。他们认为当代人力资源管理正日益突显出其在企业价值链中的重要作用，这种作用就在于它能够为企业内部的各个部门提供"附加价值"。

因此，人力资源管理部门必须积极加强与企业各业务部门的密切联系，支持配合企业的长期发展战略。为此，人力资源管理部门必须从过去传统的"权力中心"（Power Center）的地位转变为"服务中心"（Service Center）的地位。由于企业组织结构的创新和变革，必然引起人力资源管理职能的变化和扩展，人力资源管理将越来越多地参与企业战略制定、业务经营、技术创新、员工精神培育等战略性活动。总之，人力资源管理正日益成为企业建立竞争力优势的重要途径。

在制定人力资源战略时，人力资源管理者必须解决三个基本挑战：一是必须支持企业的生产率和绩效改进的努力。伴随着世界经济的全球化，竞争日益激烈，企业必须持续地改进绩效。二是员工在雇主的绩效改进努力中发挥更大的作用。实际上，与高绩效企业有关的所有要素如基于技术的生产和基于团队的组织——都要求员工具备高水平的职业能力与敬业精神。这两个挑战意味着人力资源管理的注意力将日益集中在提升竞争力、管理员工绩效上，总的来说，是集中在构建高绩效企业并对其管理能力进行测评上。三是人力资源管理必须更多地融入公司的战略规划的设计，而不仅仅是执行战略，因为人力资源在绩效管理上承担着日益重要的作用，竞争优势的取得要求企业充分重视人力资源。在制定战略时，高管层必然需要相关人员负责员工招募、培训以及薪酬方面的工作。因此，人力资源管理专业人员需要了解企业的竞争优势，理解人力资源战略与企业战略的关系，理解人力资源的战略制定的基本知识。正如前文所述，人力资源的作用将会从三个主要方面发生变化：它的参谋和咨询功能将扩展，它的直线功能将得到强化，它在制定和执行企业战略方面的作用将越来越大。

戴尔公司的战略规划

　　一直以来，戴尔公司战略规划的核心是成为战略规划者所谓的"低成本领袖"，也就是使用互联网和电话以竞争者无法企及的低价格向最终用户销售电脑。公司的人力资源管理者设计了各种人力资源战略以支持公司的低成本战略，例如，戴尔现在通过网络提供它的大部分人力资源服务。戴尔内联网的"管理工具"部分包括了大约 30 多项自动的网络应用服务(包括管理人员搜寻报告、招募工具以及自动的员工工作安排等)。内联网使得经理们可以执行过去要有大量的人力资源部门人员参与的人力资源管理任务。这样就会极大地减少需要管理这些事务的人力资源人员数量，从而也就极大地降低了管理成本。

(二) 人力资源战略的目标

　　人力资源战略的核心之一是为了培育和发展企业竞争优势的重要源泉——核心竞争力，而核心竞争力就是"企业内部的知识集合"，包括全体员工的知识和技能、技术系统、管理系统和价值规范四方面，主要发挥协调各种生产技能和整合不同技术的作用。如果企业能让员工实现自身价值，能让他们通过自身的智慧和勤奋提升公司的实力，这样的公司才会有较强的竞争力，才会赢得市场，才会获得长期的生存和发展。这就要求企业的人力资源战略必须具有合理而准确的目标，必须从战略的高度更加合理、更加高效地开发、配置和使用人力资源，以保证企业获得和保持竞争优势。总体而言，未来企业人力资源战略的目标就是要建立起两个相互关联的机制：一是积极的人力资源开发机制；二是有效的人力资源管理机制。

1. 建立积极的人力资源开发机制

　　随着知识经济时代的到来，人类知识的更新速度不断加快，员工对专业知识的学习和更新能力以及综合素质的提高，将决定企业的竞争实力，因而员工的知识更新与能力的提高将成为人力资源管理的常规任务。企业必须把外部人才的吸引留存、内部员工的培训开发以及相应的资金投入常规化、程序化，使员工的素质能力处于持续提升状态，以适应企业变革和发展的需要。

　　随着企业对人力资源战略的日益重视，加大企业人力资源投资的力度已成为共识。然而，人力资源投入也是一项长期性和风险性的行动，而且，无论是现在还是将来，企业在一定时期的资金投入都是有限的，因此，企业的资金投入一定要有选择性和方向性，而且要讲求投资回报率。面向 21 世纪的竞争环境，企业人力资源投资应从以下几个方面进行规范：第一，突出投资的方向和重点，即企业要将主要资金投到具有核心专长人才的开发和培育上。所谓核心专长，是指企业的一项或多项居于绝对领先地位或具有相对比较优势的业务。未来企业的持续发展主要依靠核心专长，核心专长可能是产品，也可能是技术或服务，不论何种形式，核心专长的本质是知识，而知识的载体是企业中的人。第二，采取内部人才培养和外部人才引进相结合的人力资源投资方式。内部人才培养和外部人才引进都是企业人力资源开发的两种行之有效的方式，两者在实现人力资源战略目标方面并不矛盾，而是具有很强的互补性。但是，这两种方式又都有其特定的适用范围和前提条件。目前，国内很多企业都非常注意吸引和聘用外部人才。加大人力资源投资力度，也可以为企业输入新鲜血液，从而避免"近亲繁殖"等。但是，不可否认的是，这一方式也有不可忽视的弊端：一是外聘人才可能由于对企业缺乏了解而难以迅速发挥作用；二是企业可能对外聘人才缺乏深入了解，被聘者实际工作能力与企业的预期往往存在较大的差异，或者被聘者的管理理念与企业现有组织文化不相融合从而导致内部冲突；三是企业采取外部引进人才的方式对企业内部员工的积极性可能会构成较大打击，从而造成企业内部员工士气低落、工作绩效降低。大量案例表明，多数人才都希望在企业内部获得升迁发展的机会，如果企业只注重外聘人才，必然会挫伤内部员工的积极性。从长远来看，企业的持续发展还有赖于内部人才的选拔培养。第三，注重投资风险管理，提高投资回报率。环境变化的不确定性会给企业人力资源投资带来风险，企业对此要有清醒的认识，并切实进行风险管理，制定防范措施和对策，如建立人力资源投资预测、预警系统，进行投资回报评估，以及在岗位、职务等的设置上采取弹性的方法，以保持企业人力资源战略的灵活性和适应性。

联邦快递的战略目标

联邦快递（FedEx）的战略目标之一是通过建立一支敬业的员工队伍实现高质量的客户服务和高利润，因此，其人力资源战略的最高目标就是建立这样一支员工队伍，而且这支队伍最好没有工会。在这项最高目标下面细化出若干具体的人力资源战略，包括：建立双向沟通的多种渠道、剔除不具备"以人为本"理念的潜在管理者、最大限度地保证所有员工得到公正的对待和保障员工安全、通过各种内部晋升通道向员工提供实现自我潜能的机会等。

---

2. 建立有效的人力资源管理机制

建立有效的人力资源管理机制，就是要合理配置企业的人力资源，人尽其才，人适其用，并且能使员工最大限度地挖掘和发挥自己的潜能。对现代企业而言，要建立有效的人力资源管理机制，首先必须倡导和建立适合企业实际并能为员工认可和接受的价值体系，从而最终培育出以创新为根本特征的企业文化。大量的理论研究和实践表明，共同的价值观念、行为准则对员工有约束、引导和激励作用，而当企业关于各项业务活动的个别价值观念、行为准则汇集成体系，并在企业中形成共同的价值规范时，企业文化也就将发挥出其不可替代的整体效应。企业文化一旦形成，作为企业文化组成部分的有关规章制度、行为规范便不再是约束和要求，而成为员工的习惯要求和自觉行动。

运用恰当的管理方法合理配置、使用和激励员工，主要表现在以下方面：第一，彻底改革原有的用人制度和定岗定员制度。要变粗放式管理为集约式管理，实行职务分类和工作设计制度。这种制度的主要做法是，对各项工作进行分解、细化，根据不同的工作内容设计不同职务，并编制每个岗位的职务说明书，指导员工分析自己的能力、兴趣和需要，据此确定岗位。对于那些"核心人才"，管理者还可为其设计相关职务的具体工作任务，以扬长避短，提高其工作的满意程度。这种制度操作起来似乎比较繁琐，但它把人本理念体现到管理的具体细节中去，使管理真正科学化。第二，采用行之有效的激励方式，调动员工的主动性和创造性。人在工作中的表现取决于三大要素，即利益、信念和心理状态，其中以利益为首。据此，激励可从多方面展开。另外，在领导方式上切忌专制式领导，要采用以支持和协调为主的领导方式，允许员工自主决定完成任务的方式，让其拥有解决问题的自主权,激发其内在热情,最大限度地应用所掌握的知识经验和技能创造性地工作。建立有效的人力资源管理机制,还要澄清并解决的一个重要问题是,企业应当而且必须保持一个合理而稳定的员工流动率。人力资源战略的一个重要目标是吸引人才、留住人才,但这并不意味着企业因此就不能裁减不需要的员工和淘汰不合格的员工。事实上,只有通过优胜劣汰、新陈代谢,企业才能保持发展的后劲和活力。因此,通过制定科学有效的人才流动制度,让更多符合企业发展要求的人才进入企业为企业服务,同时裁减不需要的员工和淘汰不合格的员工,保持企业人力资源的数量和质量与企业发展要求之间的一种动态平衡,也是建立有效的人力资源管理机制的一个重要方面。通过合理有序的人才流动,企业可以在不同时期获得企业所需的不同要求的人才,从而保持企业人力资源战略的弹性,也可以让流动出去的员工向外输出企业经营的核心价值理念和经营哲学,让更多的企业和顾客了解企业、接受企业,从而为企业人力资源战略的实施营造一个良好的外部环境,为企业战略的实现奠定坚实的基础。

人力资源管理所面临的最大挑战始终是,如何提供满足公司战略目标要求的一系列管理服务。战略规划旨在使公司的内部优势与劣势和外部的机会与威胁相适应,以维持竞争优势。公司的各种战略——例如,人力资源战略、财务战略以及制造战略等——都必须支持公司的战略规划。在制定人力资源战略时,人力资源管理者将会面临许多战略性挑战。

三、人力资源管理面临的战略挑战

(一) 技术

在工业革命之前,生产大部分是劳动力密集型或家庭作坊式。然而,随着大规模生产技术的运用,人们开始到工厂去工作。直到今天,计算机技术的快速发展使得远程工作成为了可能,人们可以使用电子系统在家办公。而如何使用电子系统进行交流成为了当前人力资源管理所面临的挑战之一。

(二) 劳动力多元化

当前企业的员工队伍发生了显著的变化,用劳动力多元化来描述企业面对的这种挑战。劳动力多元化意味着企业在性别、年龄、种族、国籍等方面的构成上越来越多样化,它影响从战略规划到招聘、培训和健康的任何人力资源管理领域和案件。稳定增长的经验数据显示,管理多样化正日趋成为管理者工作责任的重要组成部分。没有一个可以利用的最好的方法或最佳的模式来管理日益增长的员工队伍的多样化。然而,我们需要努力寻找一个适合的、符合道德标准的和即时的管理多样化的方法。

(三) 工作人员素质

招聘和发展有技能的员工对任何一个关心竞争力、生产力、质量和有效管理多样化员工队伍的公司来说都是重要的。技能型人才的缺乏能破坏任何一个公司的竞争地位,因而人力资源战略规划必须认真权衡技能的不足和缺乏。通过战略规划减少企业员工的技能缺口,是人力资源管理所面临的挑战。

(四) 组织的重组和紧缩

结构重组意味着一个公司中归属和权利关系的改变。在重组过程中,组织的上下级关系可能被改变。紧缩是一个用来指明公司削减员工的词语。这两种情况都会导致员工的工作安全性下降，致使员工产生负面情绪，从而影响到工作。

第二节 人力资源的战略角色

对于人力资源经理应该在多大程度上参与组织的战略规划这个问题，有观点认为，人力资源专业人士的参与（战略规划）是至关重要的，这些专业人士能够及时发现组织战略中致命的问题，并预测阻碍企业成功的潜在威胁。

根据密歇根大学一项研究的结论，在成功的企业中，人力资源人员往往作为组织战略制定执行团队的一员发挥着作用。这些专业人员能够发现关系到组织战略大计的人力资源问题，他们的工作可以促进战略的制定和有效执行；他们以人力资源专业人员的视角和身份，与其他同事一道，建立快速反应的市场导向型组织；他们将组织变革概念化，并有效地管理变革。美世咨询公司所做的一项调查结果表明，39%参与调查的CEO将人力资源部门视为战略伙伴，而非"花钱机器"。而根据另一项对447位人力资源高层经理进行的"人力资源经理参与公司并购程度调查"，人力资源专业人员参与高层并购决策过程的公司显然比没有人力资源人员参与的公司取得了更好的结果。

然而，在实践中，只有大约半数的人力资源高层经理能够参与企业战略规划的制定。南加州大学的一项调查显示，美国大约四分之一的大型企业指派没有任何人力资源管理经验的高管出任公司的人力资源最高执行官，这些企业认为，这样做更有利于在人力资源管理中贯彻企业战略，同时更便于整合公司的人力资源管理与其他职能部门的协作运行。由此可见，人力资源经理在实践中似乎并没有达到组织需要的参与战略的程度。

当人力资源经理承担起更大的战略制定责任时，他们需要掌握更多的人力资源技能——不只是诸如招募、甄选或者培训这样的技术，还包括对"为企业创造价值"的更深层次的理解。例如，公司如何盈利？消费者和资本市场将哪些企业活动视为创造财富的关键步骤？企业中的哪些人能够成功地组织和开展这些活动？

Longo 的多样化战略

一些管理专家认为，员工组成多样化容易诱发冲突并导致成本上升，但这个结论并不适用于位于加州的丰田汽车批发中心（Longo 丰田）。Longo 丰田的企业战略就是迎合多样性的消费者群体，因此，其人力资源战略通过招募和培养各个种族的销售员来支撑这一企业战略，Longo 丰田的销售员的工作语言包括西班牙语、韩语，甚至塔加路语。通过实施这种多样化战略，Longo 丰田一跃成为目前美国利润最高的汽车经销商之一。Longo 丰田的 60 人销售队伍说的语言超过 20 种，这一强大的竞争优势为企业能够服务于日益多样化的消费者群体提供了保证。对于 Longo 丰田的成功，其人力资源部门功不可没——Longo 丰田能够留住其 90% 的员工，而其他同行经销商每年损失的销售人员甚至高达半数。Longo 丰田的人员流动率低，部分是因为它所实施的内部晋升政策，该政策使得 2/3 的管理层由少数民族组成。此外，公司还通过各种方法吸引女性求职者的加盟，例如，针对经验不足的销售员，公司会指派专门的销售管理人员对他们进行必要的培训。尽管竞争对手可以模仿 Longo 丰田的产品、会展展位布置和大部分的服务项目，Longo 丰田还是通过建设多样性的员工队伍保持了自己的竞争优势。

一、人力资源的战略执行角色

今天的人力资源经理身兼两种战略规划角色：战略执行和战略制定。战略执行是人力资源经理执行战略规划任务的传统重心。通常，最高决策层确定企业战略和竞争战略，并制定主要的职能战略和政策。企业的这些职能战略和政策规定了人力资源等职能经理的基本职责和权力，并为他们定好了部门具体工作和具体政策的大方向。企业的人力资源或者其他职能战略的制定应该始终忠于企业的总体战略和竞争战略。

这里的基本准则是：人力资源部门的战略、政策和具体措施不仅应该与企业战略和竞争战略一致，而且应该起到支持和强化的作用。比如，戴尔以网络为依托的支持平台，以及人力资源中央内联网服务系统，这些人力资源战略可以帮助企业有效地贯彻低成本战略。联邦快递促进员工交流和员工成长的人力资源战略，使其在高端顾客服务领域比竞争对手做得更加出色。

人力资源管理对企业战略实施的支持作用还体现在以下方面：比如，大多数企业的裁员和人员改组战略通过业务外包、实行绩效工资制、削减医疗保健开支和员工再培训等方式进行，而这些活动都是在人力资源部门的主导下完成的。

二、人力资源的战略制定角色

战略执行固然是人力资源管理的重要方面，但今天，人力资源管理的战略规划职能正向战略制定的方向日益扩展。最近几年，人力资源将其战略执行的传统角色逐渐扩展到进入决策层制定战略的角色。人力资源扩展的战略制定角色体现了当今大多数企业面临的现状——全球化，全球化意味着竞争加剧，竞争意味着对绩效的更高要求。大多数企业通过不同程度地促进员工的胜任力和敬业精神来提高绩效，这使得人力资源方面的投入变得至关重要。因此，需要探索一种方法将企业的战略转换成具体的可操作的人力资源政策和具体措施，如图2-2所示。

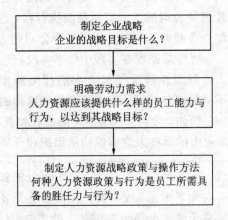

图2-2　人力资源战略和企业战略的结合

资料来源：Garrett Walker, J. Randal MacDonald. Designing and Implementing an HR Scorecard, Human Resource Management 40, 2001(4): 370

人力资源管理对企业战略制定的支持作用还体现在：战略制定要求管理层清晰地认识企业的外部机遇和威胁，以及内部优势和劣势，并在此基础上进行分析和平衡，从而使得最终形成的战略可以充分利用企业的优势和机遇，并将劣势和威胁的影响减少到最小。人力资源管理的特殊地位决定了它可以为企业战略制定过程提供有用的竞争情报，例如，竞争对手的激励计划、从员工意见调查中得到的顾客投诉信息、诸如劳动法和强制健康保险等法律的信息等。

根据公开的信息和合法的招募面试环节，人力资源部门甚至可以了解主要竞争对手的组织结构图、员工队伍和团队使命等。根据各品牌的销售部门分类和报告关系，可以分析出竞争对手的优先战略。甚至还可以知道对方企业中高管们的职业轨迹和特征行为。

人力资源部门在参与企业战略制定过程中还提供了企业内部人力资源优劣势方面的信息。例如，IBM 在 20 世纪 90 年代收购莲花软件公司（Lotus）就是基于总公司自身的人力资源不足以维持行业网络系统领导者的地位，或者说至少不能支撑其快速发展而做出的决定。另一些企业通过人力资源方面的投入成功地围绕自己的优势项目制定了战略，例如，农场设备制造商约翰迪尔公司在旗下工厂中实行了生产过程自动化后，培养了一批优秀的生产自动化方面的专家员工，这最终使得该企业能够（通过其新创立的高新科技）向其他企业提供自动化服务。

对于越来越多的企业而言，人力资源部门越来越深入地参与到了战略制定的过程当中。通过与高管层的紧密协作，人力资源部门成功地展示了它的工作将如何为企业创造价值做出贡献，它们的业绩可以用"更高的利润"、"更高的市场价值"等具体的可衡量指标进行评估。而为了达成这些结果，最重要的一步是人力资源战略规划。

第三节　人力资源战略的程序与方法

人力资源战略是企业战略的一个有机组成部分，因而，人力资源战略与企业战略有着相似的程序，但在制定过程中的每一个阶段，人力资源战略的制定有其特定的内涵、方法与特征。

一、人力资源战略制定的程序

人力资源战略在企业生存和发展过程中起着举足轻重的作用，对它的制定必须慎重周全、切合实际，切不可单凭主观臆断、凭空想象。在制定人力资源战略时，要注意以下几个方面的问题：首先，人力资源战略必须是根据企业内外部条件的变化而产生的，因此，在制定人力资源战略时首先要考虑的问题是内外部的环境；第二，人力资源战略是企业发展战略的组成部分，或者说是企业发展战略实施的保障。所以，与企业发展战略相比，人力资源战略应当更加具体，故人力资源战略目标应尽可能具体、现实；第三，人力资源战略是企业长期稳定发展的有力保障，即它必须保障企业有一支稳定的、高素质的员工队伍。要做到这一点，就必须在企业的发展过程中让员工得到应得的利益，让员工得到发展和提高。所以，人力资源战略在制定过程中应将员工的期望与组织发展的目标有机地结合起来；第四，由于信息的不完全性，以及人力资源战略的制定者认识水平的限制，造成现实与理论的差距，因此，人力资源战略的评价与反馈是必不可少的；第五，由于内外环境的快速变化，人力资源战略也需不断地进行调整与修改，它是一个制定、调整、再制定、再调整的反复而长期的过程。这一过程可以用图 2-3 表示。

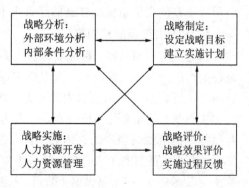

图 2-3　人力资源战略制定的程序

　　人力资源战略的制定与实施在本质上是有关人的工作，而人的思想行为是不断发生变化的。社会环境、企业环境的改变将使人们的工作目标和工作态度发生改变。这就要求企业必须在内外环境分析的基础上，将人们的思想行为与企业战略目标联系起来，这不仅为企业战略目标的实现奠定了坚实的基础，也为企业获得进一步的发展提供了更大的空间。

(一) 人力资源战略分析

　　战略分析主要侧重于企业内外环境分析。外部环境分析主要包括：宏观经济形势及其发展趋势、产业竞争强度与盈利潜力及其演变方向、科学技术发展的现状与速度、企业的市场竞争地位、竞争对手的现状及其竞争行动评估、可能的潜在进入者的分析及现有的替代品生产者的动态等。内部环境分析主要包括企业经营使命与目标、资源与能力状况、企业文化及其特点、企业员工的心理状况及其对未来的期望等。其中，与人力资源战略分析密切相关的内容包括劳动力市场分析和企业内部员工期望等。劳动力市场分析的主要内容是：劳动力供需现状及趋势、就业及失业情况、经济发展速度与劳动力供需间的关系、劳动力的整体素质状况、国家和地区对劳动力素质的投入、人力资源的再生与趋势。另外，由于人力资源战略具有长远性的特点，它的实现需要一支稳定的员工队伍，而组织的员工都有自己的期望和理想，当员工的期望和理想得到或有可能得到满足时，员工才愿意继续留在组织中，组织的员工队伍才能保持稳定发展，因此人力资源战略还必须考虑员工的期望。

　　随着我国加入世界贸易组织，跨国公司大举涌入，使我国企业面临的市场竞争更加剧烈。尤其是跨国公司为了尽快融入目标区域市场，获得目标区域市场消费者的认同和接受，往往实施本土化战略。在制定和实施本土化战略方面，无论是汽车业的巨人通用，还是快餐业的霸主麦当劳，都已进行了成功的尝试，并取得了显著的效果。较早进入我国市场的美国宝洁公司，多年来一直从事大众日用消费品的研发、生产和销售，其成功的一个重要原因就是其多年来一直实施本土化战略，即充分利用中国的人力资源在中国的土地上为中国消费者生产优质产品，因而获得了中国消费者的青睐。宝洁公司的本土化战略不仅降低了企业经营的成本，提高了企业经营的效率，也降低了企业经营的风险。因此，跨国公司实施本土化战略对我国企业的人力资源战略乃至企业战略的制定与实施提出了更高的要求。企业如何正确制定人力资源战略，努力吸引、招聘、使用和留住高水平人才，这是企业面临的一个现实问题。关键是要从企业长远发展出发，将跨国公司作为企业人才培养的范例，一方面可以向跨国公司学习先进的经营管理理念和方法，另一方面也可以在与跨国公司的全方位竞争中提高自己的经营水平和竞争能力。

(二) 人力资源战略制定

　　制定人力资源战略，首先要确定人力资源战略的总体目标。人力资源战略的总体目标是根据组织的发展战略目标、人力资源现状与趋势、员工的期望与理想综合确定的。人力资源总体目标是对未来组织内部人力资源所要达到的数量与结构、素质与能力、员工士气与工作态度、企业文化与价值观念、人力资源政策措施、人力资源开发与管理成本、方式和途径等提出更高层次的具体要求。人力资源战略的总体目标确定后，需要层层分解和落实到子公司、部门和个人。在分解人力资源战略的总体目标，即确定各层次子目标时，需要注意以下两点：一是要根据子公司、各部门、员工的自身条件与能力确定子目标，切不可做出不切实际的子目标；二是分解后的目标应为具体明确的任务，具有可操作性、可监控性。

　　人力资源战略的实施计划是人力资源战略实现的保障。它主要回答如何完成、何时完成人力资源战略这两个问题，即将人力资源战略分解为行动计划与实施步骤，前者主要提出人力资源战略目标实现的方法和程序，而后者是从时间上对每个阶段组织、部门与个人应完成的目标或任务做出规定。

实施保障计划是根据人力资源战略实施的需要而制定的，是人力资源战略实施的保障。它对人力资源战略的实施从政策上、资源上(包括人、财、物、信息)、管理模式上、组织发展上、时间上、技术上等方面提供必要的条件。实施保障计划为企业在人力资源战略实施过程中的行为提供了可靠的依据。

战略平衡是指人力资源战略、财务战略、营销战略、运营战略等之间的综合平衡。由于各战略一般均来自于不同的部门、不同的制定者，因而它们往往带有一定的部门和个人的倾向性，有时会过分强调各自的重要性，以争取组织的政策优惠与更多的资源供给。因此，组织必须对各项战略进行综合平衡。

(三) 人力资源战略实施

人力资源战略实施过程中，最重要的工作则是日常的人力资源开发与管理工作。它将人力资源战略与人力资源规划落实到实处，并检查战略与规划实施的进度与质量，对人力资源战略实施的方法提出改进意见，以提高员工满意度、改善工作绩效。人力资源战略实施过程中另一重要的工作是要协调好组织与个人之间的利益关系。如果这个问题处理得不好，就会给人力资源战略的实施带来困难。过分强调组织利益而忽视个人利益，则员工必然会产生不满；过分强调个人利益而忽视组织利益，则会给组织的长期生存与发展带来不利影响。

人力资源战略实施过程中必须借助许多有效的工具和方法，如信息处理的工具与方法、员工潜能的开发体系、企业文化与价值体系的应用等，这些工具和方法无疑可以帮助人力资源战略的实现。

(四) 人力资源战略评估

人力资源战略评估是在战略实施过程中寻找战略与现实的差异，发现战略的不足之处，及时调整战略，使之更加符合组织战略和实际过程。但是，在实际评估过程中，由于评估的主体是人，这不可避免地会使人力资源战略评估受到各种难以量化的主客观因素的影响，在某种意义上成为一个非理性的过程。

具体来说，影响人力资源战略评估的非理性因素主要有：① 评估主体对于风险的态度。由于对人力资源战略成功可能性的估计严重依赖于个人的主观价值判断，所以人力资源战略评估在很大程度上取决于评估主体对于风险的态度；② 外部环境变化及其带来的新的压力。通过人力资源战略评估，企业可能会做出可以使外在压力趋于最小化的选择；③ 企业文化的影响。企业文化将影响人力资源战略与企业战略之间的相容性问题，因而，脱离企业文化进行人力资源战略评估将是十分危险的；④ 企业内部的政治关系。所有的企业都存在着内部政治关系，即企业内部正式与非正式团体以及个人相互之间所结成的一种活动联系，这种内部政治关系将影响和制约着人力资源战略的评估。因此，为了正确地进行人力资源战略评估，必须严格按照人力资源战略评估的程序进行实际操作。人力资源战略评估具体可分为五个阶段，它们包括：确定评价内容，建立评价标准，衡量实际业绩，将实际业绩与标准进行比较，根据实际业绩与标准要求的差距情况决定是否需要采取适当的校正行动。这一过程如图 2-4 所示。

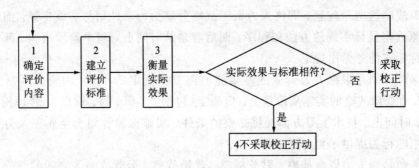

图 2-4 人力资源战略评估程序

二、人力资源战略制定的方法

由于人力资源战略不同于生产、营销、财务等职能战略的特殊性，它与其他所有职能战略紧密地交织在一起；人力资源管理不是一种孤立的职能，它是实施企业战略，包括其他所有职能战略的手段。因此，人力资源战略制定可以考虑采用以下几种方法。

(一) 双向计划过程

与其他职能战略一样，人力资源战略的制定也要通过在组织中自上而下和自下而上的过程。这一过程如表 2-2 所示。

表 2-2　人力资源战略制定过程

模式 内容	自上而下的规划	自下而上的规划
目的	提供战略框架	设计具体行动
方法	一般由公司层流向部门层	一般由部门向上提交，由公司审议
时间范围	长期	短期
环境分析	为企业战略而进行的环境评价的一部分或者是独立工作	鉴别战略趋势与问题框架中的问题
含义分析	由企业高层管理人员和人力资源管理人员对计划的人力资源含义做出评价	由管理人员和人力资源职能人员对计划的人力资源含义做出评价
完整的规划	企业计划过程的一部分，或者阐明与人有关的问题的单独人力资源规划	对特殊问题或有关主题的分析、预测和规划
评价与控制	跟踪、检查、监督和反馈	监测与报告解决问题的进展

资料来源：马新建，等. 人力资源管理与开发. 北京：石油工业出版社，2003

在自上而下的过程中，人力资源战略制定的起点是企业环境分析，尤其是企业外部环境分析。这是因为科学的经营环境评价可以提供有关可能的未来趋势、影响企业以及影响计划及目标形成的问题的信息。而由于认知局限、信息偏差、原因模糊等问题的存在，企业高层经理人员很难保证所做的环境分析具有科学性，这就要求企业高层经理人员必须研究企业外部的竞争活动、经济及社会趋势，以及可能对企业产生重要影响的未来环境。

因此，企业环境分析通常是自上而下地进入企业的，往往由企业的管理层（包括职能人员和领导人员)提供,或者,它可能是一个特别任务小组或战略计划项目小组提供的工作成果,它也可能是在外部顾问的指导下取得的成果,这些顾问带来了有关企业外部情况的信息并可以对企业未来挑战提出客观的看法。

在自下而上的过程中,人力资源规划是一个累积的过程。它不是将企业整体战略逐项分解为更具体的战略,而是将具体战略集合起来,发展成为意义深远、内容丰富的战略。这就要求每个业务单位或部门首先要确定重要的人力资源问题,然后将其纳入长期计划内容要考虑的问题之列。同时,还要求它们对这些问题进行具体分析、预测和评价,考虑这些问题的范围、影响以及可能的解决方案,然后挑选和采纳具体的行动计划。管理人员与人力资源人员都应当参加这个工作过程。

在制定人力资源战略的过程中,自上而下的方法和自下而上的方法是两种常见的可行方法,但这两种方法并不是互相排斥的,而是互相补充的。在大多数情况下,许多企业都是将这两种方法结合起来使用,以期达到最佳效果。

(二)并列关联过程

人力资源战略的制定可能是与企业战略制定过程同时进行的,在每个阶段,它都与企业战略互相影响,从企业战略中汲取思想,并为企业战略提供思路。通过这种方式,人力资源战略不但没有使企业战略制定过程变得复杂化,反而使人力资源问题得到充分重视。并列关联的过程如表2-3所示。

在环境评价阶段,要进行人力资源环境评价,应与企业战略制定过程同时分头进行,并相互借鉴。人力资源环境评价的某些结果与企业战略计划有关,因而被应用于企业战略计划。例如,某公司在了解劳动力供给情况过程中看到人口结构的变化,由于这方面的变化与市场和产品生产有关,于是在制定市场营销计划和选择新产品制造地点的时候就考虑了这方面的情况。在这种并列关联的过程中,人力资源战略与企业战略同时制定,但它们却是并列平行过程的不同结果。在分别思考和制定它们的过程中,它们很有可能会互相影响,被作为紧密联系的或至少是互相关联的一个整体。在人力资源规划仍然经常被作为以职能人员为主制定和实施计划的情况下,这种性质的并列过程应该说是一个很大的进步。

表2-3　人力资源战略制定与实施并列关联的过程

环境评价	战略制定	战略实施
整体过程:人力资源被作为环境评价的组成部分	企业战略涵盖所有职能领域,包括人力资源	
并列过程:平行而互相影响的环境评价;人力资源问题影响整个评价结果	人力资源战略与企业战略一起制定	人力资源管理:组织、能力、绩效管理合在一起
单独过程:环境评价针对人力资源;评价以往企业战略对人力资源问题的重视程度	人力资源战略被制定为一个单独的职能计划	

资料来源:马新建,等.人力资源管理与开发.北京:石油工业出版社,2003

(三)独立制定过程

另一个可行的替代方法,也是现在比较常见的制定方法,就是单独制定企业的人力资源战略。这种制定方法的准备及思考过程都与总体企业战略没有必然的时间关系，它可能与企业战略计划同时制定，也可能在企业战略计划之前制定（可作为企业战略计划的内容），或者在企业战略计划完成后制定（研究企业战略计划的含义）。在没有其他选择的情况下，这种方法的长处在于能够自主地制定一个人力资源战略，并可能用这种战略去指导企业的人力资源计划、政策和实践活动。

环境评价虽然是企业总体战略制定过程的组成部分，但是从整体来看是独立进行的。这个评价专注于人力资源问题，尽可能寻找企业有关信息。评价是企业战略制定的前期过程，企业战略需要考虑的事情取决于对以往和目前企业战略的总体评价，以及企业内部的小组讨论和交流。人力资源战略是单独制定的，通常作为明确的人力资源职能计划单独装订和提交。在组织的不同层次可能都有这样的人力资源战略，它们是企业高层管理人员或人力资源管理人员制定和实施的计划。人力资源战略独立制定过程的不足之处在于，它会使人们永远将人力资源作为由职能人员负责的、专门化的职能问题，而且，人力资源战略的价值也取决于与企业有关的信息的充分程度。如果缺乏充分的信息，则基于独立制定过程产生的人力资源战略可能存在某种程序的局限性，从而影响其实际的指导作用。

第四节　人力资源战略与企业战略

一、人力资源战略的类型

在外部环境分析和内部条件分析的基础上，企业可以根据其经营使命和战略目标制定自己的人力资源战略。人力资源战略指导着企业的人力资源管理活动，它使得人力资源管理的各方面工作能够相互配合形成完整的体系。因此，不同的人力资源战略将会影响人力资源管理的具体工作。经过多年来的理论研究与实践探索，人力资源战略也表现出多种不同的类型。

（一）按人力资源战略在企业发展中的时效来分

由于人力资源战略在企业发展中的时效不同，因而人力资源战略所产生的行为和结果也将不同。按这种角度来划分，可以有累积型、效用型和协助型人力资源战略。

（1）累积型的人力资源战略：企业以长期的观点来考核衡量人力资源管理工作，因此较注重企业内部员工的培养和人才的发掘，通过严格的筛选从内部获取适任的人才；以终身雇用为原则，同时亦以公平原则来对待员工；员工晋升速度慢，依据员工的工作层次和工作年限确定薪酬，高层管理者与新聘员工的薪酬差异不大。

（2）效用型的人力资源战略：以短期的观点来考核衡量人力资源管理工作，因此提供较少的员工培训机会，企业职位一有空缺便随时进行填补；非终身雇用制；员工晋升速度快，采用以个人为基础的薪酬支付方式。

（3）协助型的人力资源战略：此战略介于累积型和效用型两种人力资源战略之间。个人不仅需要具备技术能力，同时在同事之间要有良好的互动协作关系。至于培训，员工个人负有学习的责任，企业则只是提供协助而已。

（二）按人力资源战略在企业管理中的作用来分

当企业将人视为组织的一项战略性资产，并且把人力资源开发与管理活动作为一项投资时，企业将会为员工提供较多的培训机会，这就是投资战略；当企业将人力资源视为组织的成本时，企业将较少为员工提供培训机会，以节约成本，而采取一些策略性的手段来吸引人才为企业服务，这就是吸引战略；介于两者之间的就是参与战略。

（1）投资战略：采用投资战略的企业，其企业战略通常是以创新性产品取胜，且生产技术一般较为复杂。因此采用投资战略的企业通常聘用较多的员工，以提高企业弹性和储备多样专业技能，同时企业与员工通常会建立长期工作关系，企业注重培训与提高员工。采用此战略的企业通常十分重视员工，视员工为主要的投资对象，员工工作保障较高。

（2）吸引战略：采用吸引战略的企业，通常以低成本来取得竞争优势，其生产技术一般较为稳定。所以采用吸引战略的企业，为控制工资成本，以员工人数为最低限度为目标。由于工作的高度分化，员工招聘和录用都较简单，培训费用亦较低，企业与员工的关系纯粹是直接和简单的利益交换关系。

（3）参与战略：采用参与战略的企业，其企业战略则通常是以高品质来取得优势，特点是将很多企业决策权力下放到基层，使大多数员工能参与决策，从而提高员工的参与性、主动性和创新性，增强员工的责任感和归属感。员工的行为和信念，有助于企业高品质战略的实施。

（三）按企业变革程度以及管理方式的不同来分

由于经营环境的不断变化，企业为了更好地适应外部环境，会根据需要在内部管理方面进行不同程度的变革，以及采取相应的管理方式，这就使得人力资源战略可能因企业变革程度不同而采取四种战略：发展式战略、任务式战略、家长式战略和转型式战略。企业变革程度、管理方式与人力资源战略之间的匹配关系如表 2 - 4 所示。

（1）家长式人力资源战略。这种战略主要被应用于避免变革、寻求稳定的企业，其主要特点是：集中控制人事的管理；强调秩序和一致性；硬性的内部任免制定；重视操作与监督；人力资源管理基础是奖惩与协议；注重规范的组织结构与方法。

（2）发展式人力资源战略。当企业处于一个不断变化和发展的经营环境时，为适应环境的变化和发展，企业采用渐进式变革和发展式人力资源战略，其主要特点是：注重发展个人和团队；尽量从内部招募；大规模的发展和培训计划；运用"内在激励"多于"外在激励"；优先考虑企业的总体发展；强调企业的整体文化；重视企业绩效管理。

（3）任务式人力资源战略。采用任务式人力资源战略的企业面对的是局部变革，战略的制定是采取自上而下的指令方式。这种企业在战略推行上有较大的自主权，但要对本企业的效益负责。采取这种战略的企业依赖于有效的管理制度，其主要特点是：非常注重业绩和绩效管理；强调人力资源规划，工作再设计和工作常规检查；注重物质奖励；同时进行企业内部和外部的招聘；开展正规的技能培训；有正规程序处理劳动关系和问题；重视战略事业单位的组织文化。

（4）转型式人力资源战略。当企业已完全不能再适应经营环境而陷入危机时，就必须进行全面变革，企业在这种紧急情况下没有时间让员工较大范围地参与决策，彻底的变革有可能触及相当部分员工的利益而不可能得到员工的普遍支持，企业只能采取强制高压式和指令式的管理方法，包括企业战略、组织结构和人事的重大变动，创立新的结构、领导和文化。与这种彻底变革相配合的是转型式人力资源战略，其主要特点有：企业组织结构进行重大变革，职务进行全面调整；进行裁员，调整员工队伍结构，缩减开支；从外部招聘骨干人员；对管理人员进行团队训练，建立新的"理念"和"文化"；打破传统习惯，摒弃旧的组织文化；建立适应经营环境的、新的人力资源系统和机制。

表 2 - 4　企业变革程度、管理方式与人力资源战略之间的匹配关系

变革程度	管理方式	人力资源战略
基本稳定，微小调整	指令式管理为主	家长式人力资源战略
循序渐进，不断变革	咨询式管理为主，指令式管理为辅	发展式人力资源战略
局部变革	指令式管理为主，咨询式管理为辅	任务式人力资源战略
整体变革	指令式管理与高压式管理并重	转型式人力资源战略

资料来源：余凯成，等. 人力资源管理. 大连：大连理工大学出版社，2006

二、人力资源战略与企业战略的匹配

(一) 人力资源战略是企业战略的重要组成部分

要了解人力资源的战略角色，需从企业战略的概念与内涵入手。企业战略思想的萌芽产生于 20 世纪初，从那时起已经有人开始从企业高层以及组织与环境的关系等角度考虑企业发展问题。1938 年，巴纳德(Barnard)首次将战略的概念引入管理理论，使企业战略思想得到了理论界和企业界的重视。至 20 世纪 60 年代，企业战略逐步形成了相对完整的理论体系。但是关于什么是企业战略，至今尚没有一个公认的、权威的定义，比较有代表性的观点大致有以下几类：

安德鲁斯(K. R. Andrews)认为，企业战略是一种模式，决定和揭示企业的目的与目标，提出实现目的与目标的重大方针与计划，确定企业经营的业务范围，明确企业的经济类型与人文组织类型，以及企业应该对员工、顾客和社会做出的各种贡献。安德鲁斯的定义从本质上讲，是要通过一种模式，把企业的目标、方针政策和经营活动有机地结合起来，使企业形成自己的特殊战略属性和竞争优势。

魁因(J. B. Quinn)认为，企业战略是一种计划，它将一个企业的主要目标、政策与活动按照一定的顺序结合成一个紧密的整体。他认为，有效的战略应该包括三个基本元素：企业的重要目的与目标、企业的重大方针与政策、企业的主要活动或项目。企业战略的本质在于企业在经营行动之前，根据企业内部条件和外部环境及其变化趋势，有意识地决定企业的目的与目标、方针与政策、活动或项目。

安索夫(H. I. Ansoff)认为，企业战略是贯穿于企业经营与产品和市场之间的一条共同的经营主线，它决定着企业目前所从事的或者将要从事的经营业务的基本性质。这条共同的经营主线由四个要素构成：① 产品与市场范围，指企业所在业务领域和市场区域；② 增长向量，指企业产品与市场范围的扩展方向；③ 竞争优势，指那些可以使企业处于有利地位的产品和市场的特性；④ 协同效应，指企业内部通过协作可以获得的整体最优效果。

从以上关于企业战略的概念可以看出，企业战略具有以下一些主要特征：第一，企业战略具有总体性，是企业发展的总体规划，决定着企业经营管理的一切具体活动；第二，企业战略具有长远性，主要考虑企业未来较长一段时期内的总体发展问题；第三，企业战略具有指导性，规定了企业在一定时期内的发展目标，以及实现这一目标的基本途径。

综上所述，企业战略的根本作用还在于指导和激励企业全体员工为实现企业目标而努力工作。因此，企业战略的基本内涵实际上包含三个层面的问题："做什么"、"如何做"以及"谁来做"。其中，第三个层面的问题"谁来做"，正是企业人力资源战略所要考虑的核心内容。从这个意义上说，人力资源战略既是企业战略的重要组成部分，同时又影响和决定着企业战略能否顺利实现。

（二）人力资源战略与企业战略的匹配

1. 人力资源战略对企业战略的贡献

企业战略和人力资源的关系密不可分，企业战略决定人力资源战略，人力资源战略支撑和影响企业战略的实施。人力资源战略不仅影响企业战略的实施与调整，而且也支撑着企业战略的实施与调整。也就是说，只有充分发挥人力资源战略对企业战略的支撑作用，才能保证企业战略的实现。人力资源战略对企业战略的贡献主要体现在以下几方面：

（1）提高组织的绩效。为了有效地执行企业战略，企业必须拥有若干竞争优势，也就是"使得组织将其产品或服务与其竞争对手区分开来的因素"。顾客是企业生存和发展的根本，是企业持续竞争优势的最终源泉，企业的绩效是通过有效地为顾客提供产品和服务体现出来的，提供这些产品和服务的动力和载体就是企业的员工队伍，所以，企业中的人力资源是设计生产和提供这些产品和服务、为顾客和企业创造价值的关键。人力资源战略的一个重要目标就是要提高员工工作绩效，提高人的活动对企业绩效的促进力。当企业制定战略规划时，人力资源战略作为企业战略整体的有机组成部分应该有自己的位置。人力资源战略管理应该像管理资金、技术和其他资源那样，从战略高度进行管理，而且必须更为超前。人力资源战略对企业经营绩效的贡献还体现在企业的财务状况上。过去，人力资源管理是以活动为宗旨，主要考虑做什么，较少考虑投入成本和人力资源开发产生的收益，人力资源管理人员通过计算员工的工作和任务来体现自身的存在。现在，作为企业的战略贡献者，人力资源管理必须把它们的活动所产生的回报作为企业的经营成果，尤其是人力资源投资的回报。高绩效工作实现的人力资源战略是与企业良好的财务状况相联系的。人力资源战略的其他一些活动也对企业绩效的提高带来了帮助，因为培训必然带来员工能力的提高，员工能力的提高必然带来企业绩效的提高。

今天，各公司都有权使用新科技，所以，仅仅拥有一项技术本身已经不足以让一家企业脱颖而出，取胜的关键是企业的人才和管理体制。从企业整体目标的实现来讲，人力资源有助于提升企业绩效。米切尔谢帕克（M. A. Sheppeck）等人提出了一个关于人力资源管理与企业绩效关系的模型，如图 2 - 5 所示。他们认为，企业绩效的提高是企业的环境、经营战略、人力资源管理实践

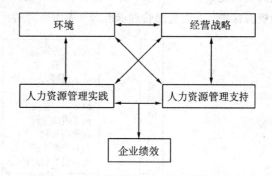

图 2 - 5　人力资源管理与企业绩效的关系

资料来源：赵曙明. 人力资源管理研究. 北京：中国人民大学出版社，2001

和人力资源管理支持四个变量相互作用的结果。人力资源管理不能单独对企业的绩效产生作用，而是与其他三个变量相互配合并形成一定的关系模式。

组织中的人力资源为顾客设计、生产和传递产品与服务，他们生产效率的高低、生产

产品的质量好坏决定组织绩效的优劣，而人力资源恰恰可以对此产生很大的影响，主要表现在：① 参与战略规划的制定。人力资源已经同财务、技术等部门一样参与企业战略目标与规划的制定，它帮助企业决定"依靠什么去竞争"，而这一点同"到哪里去竞争"和"如何竞争"（产品差异化还是成本优势）是同等重要的，以上三点因素均决定着战略的成效；② 组织再造和工作流程的重新设计。根据战略规划对组织结构进行重构，并将任务重新分配到各个工作岗位，使其设计更为合理，流程更为顺畅，以提高员工的生产效率。

　　（2）扩大与提升人力资本，增强企业核心竞争力。很多人力资源管理专家都认为，企业的核心能力的来源是智力资本。经济合作与发展组织对智力资本进行了界定，认为智力资本是指一个公司的两种无形资产——组织资本和人力资本的经济价值。不同历史时期，两种资本发挥着不同的作用，而人力资本是最核心、最关键的部分。人力资本是指组织中的人力资源所拥有的通过投资形成的具有可增值性的价值存量。人力资源战略通过人力资源管理实践活动能够吸引工作岗位所需的适用人员加入本企业，通过培训与开发增加其知识、经验、技能与能力，提升人力资本价值，通过激励与保持使其长期留在企业中，从而增强企业的核心竞争力。

　　哈佛大学的一位运筹学专家在研究了一些通过引进特制的电脑整合生产系统以提高生产效率和生产灵活性的制造业企业后指出，最终的数据全都指向同一个结论，那就是，企业运行的灵活性主要由企业对它的生产者和管理者的培养、评价和沟通程度来决定，设备和特制的电脑整合系统都是次要的。另一位学者也曾说过，越来越多的企业把人力资源视为竞争优势的重要来源，这与传统的强调设备等可转移资源的重要性的思想大不一样，人们越来越强烈地认识到，高质量的员工队伍完全可以创造竞争优势，因为这样的队伍能使企业在市场反应、产品和服务质量、产品差异化和科技革新等方面的竞争中占尽先机。

　　从长期来看，为了在日益激烈的市场竞争中立于不败之地，企业必须获取和维持相对于其他竞争者的某种优势，这也正是企业战略的重要目标所在。人力资源战略作为企业战略的重要组成部分，其每一项具体的实践活动都会影响到企业竞争优势的获得，这些活动包括：人力资源规划、工作分析、员工招聘和培训、绩效考评激励、员工内部管理、薪酬与福利、人力资源保护、人力资源管理诊断等。人力资源战略与企业竞争优势的关系如图2-6所示。

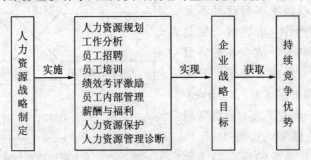

图2-6　人力资源战略与企业竞争优势

　　人力资源规划是进行企业人力资源的供需预测，并使员工供给和需求达到平衡的过程。工作分析就是通过搜集工作岗位的相关信息，明确界定每个岗位的责任、任务和活动，规范员工的生产经营活动，有利于最大限度地发挥每个岗位的功效，从而增强企业的竞争力。挑选和录用合格或优秀的员工是企业占据竞争主动地位的重要环节。优秀的员工能提高生产效率，提供优质服务，降低生产成本，增加企业价值。岗前培训是对新员工进行职业教育，使其具有基本的职业素质；在岗培训是结合员工工作中的表现，进一步开发和提高其工作能力。绩效考评能识别员工们由于缺乏能力而导致的任何绩效不足，从而对症下药，制定绩效改进方案，提高员工工作技能。企业应根据不同员工的不同情况，采取不同的激励方式，使合理的需求都能得到相应的满足，以充分调动员工的积极性，提高企业经营业绩。员工内部管理过程是一个企业人力资源的精心组织过程，当员工的才能在工作中被恰当地组合和运用，用其所长避其所短时，员工的潜能便得到了充分发挥，人力资源也就具有了竞争优势。薪酬和福利对竞争优势的影响表现为两方面：一方面，当劳动成本过高时，适当削减薪酬和福利可以降低成本，在竞争中取得成本领先的优势；另一方面，要想在日益激烈的市场竞争中占有一席之地，必须拥有优秀的人力资源，合理的报酬和福利正是吸引和留住员工的重要手段。人力资源保护能增强员工对预期风险的心理保障意识和安全感，使员工全身心地投入工作，为企业发展付出更多的努力，促使企业战略目标的实现。人力资源管理诊断通过对人力资源战略实践活动及其效果的评估，及时发现问题，纠正错误，使人力资源战略与企业战略保持一致，为企业获取竞争优势指导服务。总之，人力资源战略是企业获得持续竞争优势的重要基础。这是因为企业在人力资源管理方面的一些创新是很难如法炮制的，因此，通过人力资源战略的实施所获得的竞争优势比通过其他手段所获得的竞争优势更为持续。

（3）降低企业成本。人力资源战略除了确保制定正确的战略规划以及提高员工生产率为企业创造效益、降低成本外，还通过以下三个方面为企业创造效益、降低成本：

① 人力资源管理活动外包。当企业不能够以高效率的方式和较低的成本来完成某些人力资源管理活动时，就应将其外包给其他提供专业服务的公司；

② 提高行政管理活动的效率。虽然只为企业提供有限的附加值，但却可以通过对人力资源管理活动的有效管理来降低成本。例如有的公司为每个战略业务单位配备人力资源管理专家集中处理薪酬、培训和雇用等问题，而由人力资源部门集权处理福利、人力资源信息系统等问题。其结果是，行政管理的效率得到提高，同时每个业务经营部门可以根据自身情况量身定制人力资源政策，管理的个性化、人性化得到体现；

③ 遵守相关法律法规。人力资源管理方面的立法越来越多，政府干预程度在逐步加深。这就要求人力资源管理必须确保企业在遵守相应法律法规的前提下雇用和管理员工，使企业在赔偿等方面不做无谓的支出，特别是要防止企业的形象受到损害。

（4）指导人力资源管理实践。人力资源战略对人力资源开发与管理活动具有深远的指导意义。人力资源战略可以帮助企业根据市场环境的变化与人力资源开发与管理自身的发展，建立适合企业特点的人力资源开发与管理的方法。如根据市场变化趋势确定人力资源的长远供需计划；根据员工期望建立与时代相适应的激励机制；用更为先进的方法来降低人力资源开发与管理的成本；根据科学技术的发展趋势，有针对性地对员工进行开发与培训，提高员工的素质与能力，适应科学技术发展的要求。同时，人力资源战略可以帮助企业改进人力资源开发与管理的方法，使之更加合理，更加富有激励作用。任何一种方法都有其适用的条件与时间限制，而当今世界处于快速变化之中，有些方法必然要落后，要被淘汰。换言之，企业可根据人力资源战略，根据时代的特征、环境的特征而采用不同的方法。

2. 人力资源战略与企业发展战略的匹配

对于人力资源战略与企业发展战略的匹配，不同的战略意味着不同的管理重点，不同的资源配置,对雇员所需具备的特定技能有不同的要求,人力资源管理的重点也不一样。随着市场竞争的日益激烈,获得和保持竞争优势成为企业战略的重要目标,这也是企业获得长期生存和发展的关键因素。人力资源战略和企业竞争战略之间的匹配是获得持续竞争优势、实现企业战略目标的核心所在。企业战略根据不同的标准可以划分为不同的类型,其中使用得最广泛的是美国著名战略学家波特提出的基本竞争战略,即在竞争理论分析的基础上,将企业战略分为低成本战略、差异化战略和专门化战略三大类。低成本战略是指企业在提供相同的产品或服务时,其成本或费用明显低于行业平均水平或主要对手的竞争战略;差异化战略是指企业通过向用户提供与众不同的产品或服务,以获取竞争优势的战略;专门化战略是指企业在某个较狭窄的领域内(如某类特殊顾客群),或是实施低成本战略,或是实施差异化战略,或是两者兼而有之的竞争战略。企业的人力资源战略在总体上必须依据和适应本企业所奉行的这些基本战略,并能够强有力地支持企业战略。科麦斯·梅杰等人根据波特提出的三种基本竞争战略探讨了每一类型企业战略最适应的人力资源战略,如表 2 - 5 所示。

表 2 - 5　人力资源战略与企业竞争战略之间的匹配

企业战略	一般组织特征	人力资源战略
低成本战略	持续的资本投资 严密地监督员工 经常、详细的成本控制 低成本的配置系统 结构化的组织和责任 方便制造的产品设计	有效率的生产 明确的工作说明书 详尽的工作规则 强调具有技术上的资格证明和技能 强调与工作有关的培训 强调以工作为基础的薪酬 用绩效评估作为控制机制
差异化战略	营销能力强 重视产品的开发与设计 基本研究能力强 公司以品质或科技的领导著称 公司的环境可吸引高科技的员工、科学家或具有创造性的人	强调创新和弹性 工作类别广 松散的工作规划 外部招聘 团队为基础的训练 强调以个人为基础的薪酬 有绩效评估作为员工发展的工具
专门化战略	结合了成本领先战略和差异化战略、具有特定的战略目标	结合上述两种人力资源战略

资料来源:马新建,等. 人力资源管理与开发. 北京:石油工业出版社,2005

　　如果从企业所从事的产品范围或业务领域来看,企业采用何种战略将对企业的人力资源战略产生重要影响。根据冯布龙·蒂契和迪维纳的研究,企业发展战略对人力资源战略有很大影响,尤其是在人员招聘、绩效考评、薪酬政策和员工发展等方面。他们认为,人力资源战略的这些方面应与企业的发展战略相配合,这样才能实现企业的发展目标。企业发展战略和人力资源战略之间的匹配如表 2-6 所示。

表 2 - 6   人力资源战略与企业发展战略之间的匹配

企业发展战略	人力资源战略
单一产品式发展战略	这种战略的典型特征是企业采用单一产品主攻特定的市场区域。企业采取这种发展战略时，往往具有规范的职能型组织结构和运作机制，高度集权的控制和严密的层级指挥系统，各部门和人员都有严格的分工。相应地，这种企业也常采用集权型人力资源战略，在员工选聘和绩效考评上，较多从职能作用上评判，且较多依靠各级主管的主观判断。在薪酬上，这种企业多采用自上而下的独裁式分配方式。在员工的培训和发展方面以单一的职能技术为主，较少考虑整个系统
纵向整合型发展战略	采取这种发展战略的企业在组织结构上仍较多实行规范性职能型结构的运作机制，控制和指挥同样较集中，但这种企业更注重各部门实际效率和效益。其人力资源战略多为任务式，即人员选聘和绩效考评较多依靠客观标准，立足于事实和具体数据，奖酬的基础主要是工作业绩和发展
横向多元化发展战略	采取这种发展战略的企业因为经营不同产业的产品系列，其组织结构较多采用战略业务单元或事业部制。这些业务单元都保持着相对独立的经营权。这类企业的发展变化较为频繁，其人力资源管理多为发展战略。在人员选聘问题上，较多运用系统化标准；在绩效考评问题上，并用员工对企业贡献的主客观评价标准；奖酬的基础主要是对企业的贡献和企业的投资贡献；员工的培训和发展往往是跨职能、跨部门，甚至跨业务单元的系统化开发

资料来源：马新建，等. 人力资源管理与开发. 北京：石油工业出版社，2003：118

 本 章 小 结

　　人力资源战略的功能正在雇员福利、新工作组织的设计、知识型工人比例、职业阶梯和薪资体系、招募培训、战略制定等几个方面发生着重要的变化，人力资源战略正日益成为企业建立竞争力优势的重要途径，它在制定和执行企业战略方面的作用将越来越大。人力资源战略的核心之一是为了培育和发展企业的核心竞争力，人力资源战略管理的目标就是要建立起两个相互关联的机制：一是积极的人力资源开发机制；二是有效的人力资源管理机制。

　　人力资源身兼两种战略规划角色：战略执行和战略制定。企业战略和人力资源的关系密不可分，企业战略决定人力资源战略，人力资源战略支撑和影响企业战略的实施。人力资源战略既是企业战略的重要组成部分，同时又影响和决定着企业战略能否顺利实现。人力资源战略对企业战略的贡献主要体现在：提高组织的绩效、扩大与提升人力资本、降低企业成本、指导人力资源管理实践。人力资源战略与企业发展战略的匹配，不同的战略意味着不同的管理重点，不同的资源配置，对雇员所需具备的特定技能有不同的要求，人力资源管理的重点也不一样。

　　人力资源战略是企业战略的一个有机组成部分，因而，人力资源战略与企业战略有着相似的程序，企业必须在内外环境分析的基础上，将人们的思想行为与企业战略目标联系起来，分别进行人力资源战略分析、人力资源战略制定、人力资源战略实施以及人力资源战略评估。人力资源管理不是一种孤立的职能，它是实施企业战略，包括其他所有职能战略的手段。因此，人力资源战略制定可以考虑采用双向计划过程、并列关联过程、独立制定过程等方法。

　　思 考 题

　　1. 人力资源战略的内涵？

2. 人力资源战略的目标是什么？

3. 企业常见的人力资源战略有哪几种类型？

4. 遵循不同战略的企业，人力资源管理有哪些不同？

5. 人力资源战略制定的程序和方法是什么？

6. 如何将绩效的评估与企业的战略结合起来？

7. 比较战略性人力资源管理、辅助性人事管理和传统的人力资源管理之间的区别与联系？

8. 如何理解人力资源战略与企业发展战略的匹配？

 案 例 讨 论

用友 eHR 案例：西姆莱斯创新人力资源战略管理

国内领先的石油专用管（OCTG）制造企业——无锡西姆莱斯石油专用管制造有限公司（以下简称：西姆莱斯）通过重建 eHR，进一步提升了管理水平，同时让 HR 部门人员降低了繁杂的事务性劳动，将更多的经历投入到企业战略人力资源管理支持上。通过用友 eHR 系统，西姆莱斯提高了员工尽职度，实现了企业的幸福、和谐管理。

每 100 根从中国出口的无缝专用石油管，就有超过 15 根来自西姆莱斯制造。同时西姆莱斯还是中国最大的石油公司——中国石油天然集团公司主要的石油专用管供应商。作为大型高技术型企业，西姆莱斯面对 3000 多名复杂工种技师、技术研发人员以及管理人员的管理，都要达到高标准，这也是其他高技术型企业面临的难题和挑战。管理信息化的今天，数据的集中与共享同样也是企业提升管理水平、带来企业效益的关键所在。

支持复杂薪资体系，提高员工满意度

在新一轮的信息化整合建设之前，西姆莱斯内部已经在运行老式的管理软件。但过去人事系统、薪酬系统和考核系统是由外包公司开发的，相互比较独立，尤其是人事信息管理和薪酬管理基本上没有任何联系。薪酬人员每月从 1 号忙到 15 号才能做出工资，到 20 号才能制作出报表，而且报表的数据准确性经常存在问题，更不用说多期间或多维度的核算。

此外，公司对计件工资的计算是采用 Excel 手工作业，数据的权限、准确性和及时性等不能得到很好的控制。同样，不同人员不同考核数值，也要汇总并计算到薪资中。

用友 eHR 在接到这一任务时，面临的问题首先是对"人事和薪资系统"实现整合，将人事管理的标准和考勤系统的数据等汇总后，提交到薪资系统，再由系统自动计算出当月薪资。

为了让员工及时、准确地拿到工资，薪资专员很不容易。大多数人不能理解，一份薪水计算为什么如此难？

"西姆莱斯的薪资架构因人员构成不同而不同，相应的薪资扣减增加方式也就不同。一线技术工人按照计件劳动量和产品质量定薪资，而管理人员就不采用这种考核体系核算。"西姆莱斯 eHR 项目顾问介绍："对于一个薪资体系会出现多重标准，有的考核，有的不考核，有的这样考核，有的那样考核。轮班问题，为了最大化应用生产设备，西姆莱斯生产部门为四班三运转班别，不同班次的绩效方式考核体系也是不同的。"

作为一家在美国纽约上市的公司，企业内控建设也是西姆莱斯面临的核心问题之一。要符合塞班斯 SOX 法案规定，公司当前的人力资源管理规范性和统一性是远远不够的。

以前系统不能连贯直通，中间需要大量手工，可想而知，人力资源工作人员忙碌不已但更易出错。无论给哪个员工算少了工资，都会让员工出现非常大的抱怨情绪，质疑公司的诚信等等。在西姆莱斯，高级技术专家是各竞争对手密切关注的关键人才，如果因为这种失误而对企业造成伤害，非常不值。

用友eHR在原有财务系统的基础上，建立了一套完全匹配并且可扩展的人力资源信息平台。这个平台可以实现人员信息动态维护，有效解决目前信息收集、报表统计工作繁琐且不准确的问题。在薪酬管理方面，平台能够实现薪资台账（含工资、奖金）的计算、发放、分析，提供人员薪资发放信息表、部门汇总表等相关数据报表，可支持员工自主登录系统查看每月的工资金额，这能让员工在eHR系统中体会到参与管理的乐趣，增强薪资系统的公平性、透明性，进而提升员工满意度。

迈向战略人力资本管理

通过eHR人力资源管理软件，人力资源部门与财务部门实现了软件与数据的对接，并且建立了可扩展的人力资源信息系统，为今后其他部门的数据对接搭建了可扩展的信息平台。同时，解决了企业内部长期存在的各个部门各有一套数据，相互之间无法对接的问题。

在完成信息对接后，西姆莱斯将人力资源管理者从繁琐的事务性工作中解放了出来，提高人力资源管理工作效率。薪酬计算的工作以前需要20天，现在实现了薪酬的实时在线联动后，便能轻松计算工资。劳动合同统一管理与预警功能实现了合同管理的规范化，减少了法律风险，同时降低了管理成本。

此外，eHR系统还帮助企业建立了针对不同岗位人员的调配和离职的审批流程，所有人员异动都要通过相应的审批流程。另外，eHR系统还帮助建立了覆盖全员的薪酬体系，统一了薪酬核算的标准，实现了根据员工薪资薪点与业绩情况进行的实时薪酬变动。

用友集团人力资源信息化诸多业务模块能将企业决策所需数据进行收集整理，建立核心数据库，为企业决策者进行决策提供正确依据；同时，能够通过统计分析产生反映企业宏观状况的报表以及图形。决策者通过这些图形数据就可以更加迅速和准确地做出决策，从而最终提升企业的管理效益与管理效率。

用友eHR人力资源管理软件系统为西姆莱斯实现集中统计分析，为战略决策提供人事信息支持。西姆莱斯eHR项目经理人力资源部部长介绍：自从开始启动用友eHR人力资源管理系统以来，至今已有近一年的时间，最大的感触是用友eHR人力资源管理软件系统的成功实施大大提高了西姆莱斯人力资源管理的效率，更加规范地实现了对公司基础数据的管理。借助用友eHR，可以方便、快捷地处理人力资源日常事务，已经取得了"全员参与人力资源管理"的阶段性成果，达到了集团所属公司"规范统一人力资源管理模式、整合人力资源管理流程"，在人力资源战略创新上迈出了重要步伐。

资料来源：中国人力资源开发网（www.ChinaHRD.net）

案例讨论题

1. 西姆莱斯公司在使用用友eHR之前存在哪些问题？人力资源战略是如何确定的？
2. 改变后的西姆莱斯公司有哪些优势、特点？
3. 西姆莱斯公司的人力资源战略管理体现在哪些方面？对企业的整体发展有何作用？

第三章　人力资源管理的国际比较

现代人力资源管理理论自诞生以来,已在世界各国得到了广泛的实践与检验。各个国家在自然条件、物质条件和文化等方面的差异性,使得人力资源管理理论与实践呈现出多样化的特征,造成各国企业的人力资源管理方法不尽相同。人力资源管理在不同国家、不同企业表现出不同的特征,如何舍弃表象因素,揭示出不同管理模式下的最终决定因素,这是目前人力资源管理领域深化研究的突破点。典型国家(美国、日本、德国)的人力资源管理在长期的市场经济环境中已形成各具风格并富有成效的模式,通过对这些国家企业的人力资源管理进行比较,以及各自优缺点的分析,对我国人力资源管理理论与实践的发展具有重要借鉴与启示意义。

本章学习重点

▶美国、日本、德国、中国企业的人力资源管理形成与特点
▶美国、日本、德国人力资源管理的差异及其形成的主要原因

阅读资料

沃尔玛与美国国际人力资源管理模式

1993年以来,国际零售业巨头沃尔玛一直以年均销售额增长30％的业绩雄踞世界十大零售商排行榜首,成为"不沉的航空母舰"。沃尔玛取得的巨大成功,引起了人们的关注和探讨。山姆·沃尔玛有十条商业经营理念,总结为沃尔玛成功的十大法则,其中有七条之多谈到人力资源管理方面的内容。山姆·沃尔玛和他的继任者一再强调人对沃尔玛的重要性,始终将员工视为最大的财富,通过不懈努力搭建起"留住人才、发展人才、吸纳人才(Keep,Grow,Get)"的人力资源管理平台。

第一,人才的招募

美国各类企业通常采用向社会劳动力市场公布人员需求信息进而以市场化的公开、公平和完全双向选择的方式进行各类员工的招聘和录用。美国的劳动力市场非常发达,劳动力市场的竞争极为激烈,企业和个人都具有充分自由的选择。自由雇用在美国是人力资源管理的基础。美国的跨国公司,无论是招聘一般工作人员还是高级工作人员,均实行考录制。美国跨国公司对人员的录用,着重看其实际能力,没有地域界线,既有面向国内的,也有面向其他国家的,不受年龄、种族、性别的限制。任何人只要符合条件,均可参加考试竞争角逐,但无论谁都没有不参加考试的特权。

沃尔玛采用店面海报、互联网、报纸广告等方式发布招聘信息寻求合适的人才,其程序完全是在劳动力市场上公开、公平进行的。在沃尔玛,对于每一位应聘人员,无论种族、年龄、性别、宗教如何，以及是否残疾，沃尔玛都为他们提供相等的就业机会。每一位被录用者都必须经过基本技能测试，例如英语、电脑、专业知识考核，及两位以上管理人员的面试评估。通过科学的招人方法，沃尔玛可以录用到适合相应岗位的人才。双方达成一致意见后签订就业合同，是完全的双向选择。

第二，薪酬管理的多元化体系

科学、合理的价值定位永远是吸引和保留人才的前提，美国的跨国公司均对此有足够的重视，员工薪酬主要由三部分组成，即基本工资、年终红利与长期福利。

沃尔玛的工资标准由劳资双方代表谈判并签订集体合同而成。员工们的工资一般由基本工资和浮动工资组成。基本工资是根据岗位测评和市场风险确定的相对稳定的报酬。浮动工资包括激励性工资和福利性津贴。提高附加福利包括年金计划、医疗保险、人寿保险、病假工资、信贷协会以及其他职业安全的健康项目。

第三，股票期权激励和绩效奖励计划

在美国最大的1000家公司中，经理人员总报酬的1/3左右是以期权为基础的，很多国际企业都是通过股票期权来实现对管理人员尤其是高层管理人员的激励的。美国企业的很多激励不是通过现期的工资、奖金或津贴等形式予以发放的，而是使用多种绩效奖励计划。

在沃尔玛，各项措施多管齐下，保证对员工的有效激励。其政策是三个计划：利润分享计划、雇员购股计划、损耗奖励计划。1971年，山姆开始实施第一个计划，保证每个在沃尔玛公司工作了1年以上，以及每年至少工作1000个小时的员工都有资格分享公司利润。运用一个与利润增长相关的公式，把每个够格的员工工资的一定百分比归入这个计划，员工们离开公司时可以取走这个份额，或以现金方式，或以沃尔玛股票方式。之后，山姆又推出了雇员购股计划。雇员购股计划的内容就是让员工通过工资扣除的方式，以低于市值15％的价格购买股票。现在，沃尔玛已有80％以上的员工借助这两个计划拥有了沃尔玛公司的股票。损耗奖励计划的目的就是通过与员工共享公司因减少损耗而获得的盈利来控制偷窃的发生。损耗，或者说偷窃是零售业的大敌，山姆对有效控制损耗的分店进行奖励，使得沃尔玛的损耗率降至零售业平均水平的一半。尽管公司不断扩大，沃尔玛仍极力保持内部管理层与员工之间的经常交流，努力让每个人感到自己是山姆大家庭的一员。为了保持竞争力，沃尔玛必须吸引和保留一支多样性的员工队伍。

第四，职位晋升

美国跨国公司的人员晋升主要以工作绩效为依据，有良好的工作绩效，就可能很快得到晋升和重用，公平竞争，不必熬年头，论资排辈。

在沃尔玛，有更多的跳跃式职位晋升，只要是人才，能在工作中做出成绩，证明自己的能力，很快就能得到提拔。同时，职工在刚进入公司时，也不一定非得从基层做起。同样，受教育多的人则可以被安排到比受教育少的人更高的位置。

沃尔玛人力资源部设立了"快速人才通道项目"，即将刚毕业不久的大学生以见习生身份招聘到各个部门，并明确告诉他们公司将把他们作为未来领导培养。他们将接受六个月的轮岗培训，期间人力资源部门会紧密跟踪他们的培训状况并定期听取汇报。很多见习生在沃尔玛不到一年便凭借自己的努力升任部门经理，有的3年时间就被培养成副总。

第五，员工培训

美国企业非常重视员工培训，将员工培训作为人力资源管理与开发极为重要的一部分，而美国企业员工培训一直是世界员工培训方面的典范。美国跨国公司现在一般都设有自己的专业培训机构，常见的形式有培训中心、人力资源开发中心、公司大学等。在教学方式上除常规的教学和辅导外，还通过研讨会、案例研究、角色扮演、文件筛选、管理游戏、工作转换等各种途径和方式，开展广泛的人力资源培训。

伴随着每个员工的成长，公司在每个关键环节都会组织员工进行与岗位或职位相对应的培训。有刚刚加入公司的新员工的入职培训，普通员工的岗位技能培训和部门专业知识培训，部门主管和经理的基础领导艺术培训，卖场副总经理以上高管人员的高级管理艺术培训、沃尔顿学院系统培训等。公司在培训中采用寓教于乐的培训方式，把教育和培训作为投资，为员工提供了大量的培训课程。课程采用的主要是经验式培训，以生动活泼的游戏和表演为主，训练公司管理人员"跳出框外思考"。

第六，员工的绩效考评

美国跨国公司十分重视员工绩效考评的科学性，员工的绩效考评被广泛应用于企业人力资源管理的各个方面。组织一定要对员工的绩效进行评估，通过绩效评估反映存在的问题，组织可以有针对性地对员工进行培训，可以改进激励机制或者是对工作进行重新设计。但是，这项活动必须由人力资源管理人员和直线经理通过对绩效评估信息的收集和利用来共同完成。

沃尔玛的评估方案旨在确立目标、评价个人表现、提高工作效率，并且制定发展和培训计划。根据员工的表现进行工资调整，评估将构成个人档案的一部分，这是一种对员工的长处和需要改进方面的记录，也是衡量员工进步程度的一种工具，员工可以与他的"教练"公开讨论评估的各个方面。在沃尔玛评估被分成试用期评估、周年评估、升职评估、转职评估等。在沃尔玛，业绩指标必须符合 SMART 原则：具体、可衡量、挑战性、规定时间、上下一致的大局观念、以竞争对手为标杆、从客户角度考虑。绩效考评被应用于人力资源管理各个方面，如薪酬等。沃尔玛公司实行管理人员与销售业绩挂钩的年薪制度。商店经理收入同该店的销售业绩直接挂钩，业绩好的可以超过区域经理的收入。区域以上的管理人员的年薪同整个公司的业绩挂钩。

第七，人本管理深入人心

一方面，美国管理的基本理念是注重制度性安排，组织结构上具有明确的指令链和等级层次，分工明确，责任清楚，运作规范。沃尔玛的最高管理层不是直接指导下属员工怎样做生意，而是让分店经理们从市场、其他分店学习这门功课。沃尔玛的先进情报信息系统，为分店经理提供了有关顾客行为的详细资料。此外，沃尔玛还投资购置专机，定期载送各分店经理飞往公司总部，参加有关市场趋势及商品采购的研讨会。后来，又装置了卫星通讯系统，总部经常召开电话会议，安排相关的工作。

另一方面，随着对于人才重要性认识的加强，美国跨国企业越来越强调"人本管理"，加强对员工的关怀和重视。沃尔玛确立了"尊重个人"的原则，为员工提供了各种沟通的途径，包括成立"员工关系组"，开展每年一次的全国沃尔玛员工参加的"基层调查"。员工能够绕开机构组织的障碍，能就任何问题与管理层随时沟通，提出意见及建议，管理层能够及时采取适宜的行动和给予回复。实践证明，这些方式是行之有效的，及时解决了问题，保护了员工权益，提高了劳动生产率。

在沃尔玛，领导和员工是倒金字塔的组织关系，领导处于最低层，员工是中间的基石，顾客永远是第一位的。员工为顾客服务，领导则是为员工服务，是员工的公仆。对于所有走上领导岗位的员工，沃尔玛首先提出这样的要求：如果您想事业成功，那么您必须要您的同事感觉到您是在为他们工作，而不是他们在为您工作。公仆不是坐在办公桌后发号施令，而是实行走动式管理。管理层人员要走出来直接与员工交流、沟通，并及时处理有关问题。在沃尔玛，任何一个普通员工佩戴的工牌都有"OUR PEOPLE MAKE DIFFER-ENCE"（我们的同事创造非凡）的字样。除了名字之外，工牌上没有标明职务，包括最高总裁。公司内部没有上下级之分，可以直呼其名，这样有助于营造一个温暖友好的氛围，给员工提供一个愉快的工作环境。

第八，对抗性的劳资关系

美国企业中劳资双方的关系是对抗的，由于劳资双方利益在本质上有差异，工人认为需要通过工会斗争才能保障自身的权益，而资方则会尽可能地阻挠工会的活动。

沃尔玛目前虽然是全球最大的企业，在劳工关系方面却频频受到指责。来自美国政府新闻媒体的消息证实，沃尔玛不允许员工成立工会的立场受到工会人士的抨击，在其他劳工问题上也官司缠身。沃尔玛对待劳工的态度突出表现在它不允许员工成立工会。

资料来源：郭建杰. 沃尔玛与美国国际人力资源管理. 人力资源管理，2008(7)：12-14

第一节　美国企业的人力资源管理

自19世纪末期开始，美国就已经基本奠定了在世界经济与政治中的霸主地位。美国之所以能成为当今世界头号经济、军事强国，主要在于其拥有世界最大的智力优势。因此，美国同时也是世界人才强国。然而美国之所以能成为世界人才强国，与其创立的一套成熟的、具有美国特色的人力资源管理机制有着密切的关系。

一、美国的人力资源管理形成

随着经济的发展，美国的人力资源管理理论与实践也随之发生着巨大的变化。斯坦利·希利于1996年概括出美国人力资源管理的发展阶段：

（1）第一阶段——工业化时代。工业化创造了专业化的需求，人力资源的主要功能就是让人与其工作完美地结合在一起。弗雷迪克·泰勒强调指出，在这一阶段科学管理起了极其重要的推动作用。

工业革命在19世纪席卷美国，随着工厂规模的扩大和生产的程序化，管理和监督众多的工人变得很有必要。在一些场合，工厂主与管理者合二为一，工厂主对工人的管理活动完全是专横的、家长式的个人行为。在另一些场合，工厂主委派工头管理员工，工头的任务是对工人加以控制和监督。在这一时期，无论是工厂主本人也好，工头也好，对工人的控制方式大都是暴力的和非人道的，他们视工人为商品，无视工人的工作条件与安全条件。所谓的对员工的管理，也就是工人雇用、岗位调动、工资设定、纠纷处理、解雇工人等。这种管理方式几乎贯穿整个19世纪，工人与工厂主的冲突激烈，工人的工作条件与生活条件极差。

随着企业规模的扩大，组织的功能也出现了以分工和专业化为特征的变化，公司的所有权与管理权逐步分离，工厂已雇佣了薪酬管理人员。但是，企业发展的重点仍然是扩大生产规模、改进机器和生产技术，而不是改善工厂的管理，包括对员工的管理。绝大多数工厂仍然坚持对工人实行控制型的专横管理，工头仍然奉行非人道的野蛮管理方法。这种状况使得工人对低薪、高强度、无保障的劳动极度不满，进一步激化了工人与管理者的冲突。为了保护自己的利益，工人开始了罢工和联合抵制，工会崛起，劳资关系空前紧张。所以，如何管理好大机器生产组织中的人、提高生产效率，便成为这一时期管理的中心问题。为此，首先，企业被迫采取各种各样的福利措施来吸引工人，如美国沃尔瑟姆制工厂就通过建立寄宿所来吸引女工，并竭力营造工厂生活在道德和教育方面的优越性；其次，为增进工人对企业的忠诚，消除工作单调性和加强个人间的关系，一些企业也采取各种各样的福利措施以留住工人，如经常利用传统的节日组织工人进行郊游和野餐等；最后，劳工运动还促进了州及联邦有关工时、工资报酬等方面的立法，并促使雇主、管理学者、企业管理实践者进一步关注和研究有关的管理问题。

劳工问题的解决措施导致福利人事概念的形成和发展。所谓福利人事，即由组织单方面提供或赞助的、旨在改善组织员工及其家庭成员的工作与生活的系列活动和措施。福利人事是在"关心工人"和"改善工人境遇"的观点基础上建立起的一种有关"工人应如何被对待"的思想、制度以及技术体系，其基本信念是"福利工作是能强化诚信和提高工人士气的善举"，这会改善劳资关系，并有希望提高生产率。然而，福利人事提高生产率的作用在实践中并没有得到显现。

总之，福利人事坚持了"工人应该如何被对待"的信仰与价值观，科学管理提高了生产率使企业得以生存与发展，二者的融合使企业管理的研究者和实践者们认识到，过去由一线管理人员直接负责招聘、挑选、培养、制定薪酬、任命、奖励、绩效评估等工作的做法，已不能适应企业组织规模扩大的现实。企业要做好对人的管理工作，必须有专业人士对一线管理人员提供建议，这为人事管理作为参谋部门而非直线部门的出现奠定了基础。

（2）第二阶段——工会成长时代。20 世纪 20 年代到 40 年代间，随着劳资冲突的升级，美国工会组织开始发展壮大。时至今日，虽然工会势力已减弱，社会和经济方面的规则章程依然在人力资源管理中起着重要的作用。工业心理学成为人力资源管理的一个重要部分，其中包括工作分析、测试、雇佣职员的合理方法等，这些都构成了人力资源管理的重要内容。

（3）第三阶段——人力资源管理。二战以后的经济繁荣使美国成为世界上的超级大国，保持工业机器的正常运转显得尤为重要。这时的劳资谈判又有了新的内容，仲裁成为促进工业正常发展的专门手段。在这一阶段，政府变得越来越关心社会问题，人力资源的发展则主要有以下内容：劳资关系、健康与安全、培训及经理人员的发展。

竞争压力的变化要求企业在人力资源问题上有一个定义更广泛、更全面和更具有战略性的观点，要求从组织角度对人更多地关注，在对人员的管理上采取更长远一些的观点，把人当作一项潜在的资本，而并不仅仅看做是一种可变的成本。因此，迈克尔·比尔等人提出的人力资源管理包括了影响企业与员工之间关系的所有管理决策与行为，其人力资源管理模式包括五个基本内容，即利益相关者的利益、具体情况要素、人力资源管理政策选择、人力资源产出、长期效果。在这一模式中，比尔等人首先把员工看作是企业中与股东、管理层地位平等的一个主要利益相关者，这一观点显示了人力资源管理协调管理层和员工间利益冲突的重要性，大大扩展了人力资源管理所涉及的范围，并暗示直线经理（特别是总经理）应承担更多的人力资源管理职责。其次，比尔等人认为，人力资源管理政策和实践的设计与实施，必须与重要的具体情况因素相一致，这些具体情况因素包括劳动力特征、企业经营战略和条件、管理层的理念等。通过这些具体情况因素，比尔等人将人的问题与经营问题有机地结合了起来，并使人力资源管理具有了战略价值。

（4）第四阶段——战略人力资源管理。美国的经济在过去的十几年里经历了快速的成长，在这十几年的经济增长黄金期里，人力资源管理所起到的作用也发生了质的变化。人力资源管理已由行政支持角色转变为企业的战略伙伴角色，全方位地参与到企业的发展战略的制定和实践当中，更注重公司长期的、战略的发展方向和目标，即战略人力资源管理。一般认为，戴瓦纳（Devanna）、弗布鲁姆（Fombru）和狄凯（Ticky）于1981年发表的《人力资源：一个战略观》一文是战略性人力资源管理研究领域诞生的标志。之后，其他学者也相继提出了该理论。比尔等人在《管理人力资本》一书中提出的观点被认为是最有影响的战略人力资源管理理论，不过比尔等人并没有明确地提出战略的概念。而由此至今的三十余年间，关于战略性人力资源管理的研究呈爆炸性增长。战略性人力资源管理把人力资源管理视为一项战略职能，探索人力资源管理与组织层次行为结果的关系。其着重关注：人力资源管理应完全整合进组织的战略；人力资源管理政策在不同的政策领域与管理层次间应具有一致性；人力资源管理实践应作为日常工作的一部分被直线经理与员工所接受、调整和运用。

从上述美国人力资源管理的发展历史，可以清楚地看到：第一，人力资源管理的演化显示出人在组织中的重要性越来越被管理的研究者与实践者所深刻认识。第二，由于人力资源管理在保证组织走向成功的同时还能够帮助员工成长发展，因而从长期来看，人力资源管理能达到手段与目的的统一。但从短期来看，人力资源管理将始终是一种手段，而不会是目的。因此，衡量人力资源管理的最终标准仍是组织的绩效。第三，把人力资源管理视作一种管理模式，表明其必将涉及组织运作的每一个层面与角落，必将包括所有与员工相关联的组织的决策与管理行为。因此，人力资源管理也不只是人力资源管理部门的专权，所有管理人员都应承担相应的人力资源管理职责。

二、美国企业的人力资源管理特点

（一）人力资源配置的市场化

美国的市场经济运行很大程度上依赖于劳动力市场对于人力资源的市场化配置。劳动力市场是美国人力资源配置的主体场所，而人力资源的市场化配置则是美国人力资源管理的最显著特征。在美国，人力资源的市场化配置主要表现在以下两个方面：

1. 人力资源的市场化配置

在美国，人力资源配置基本上不加限制，依然以任意就业政策为主。这种松动的政策为美国员工在国内市场上高度地流动打下了基础。另一方面，美国的劳动力市场非常发达，劳动力市场的竞争极为激烈，企业和个人都具有充分自由的选择权。通过这种双向的选择流动，实现了全社会范围内的个人、岗位最优化配置。美国各类用人机构，特别是企业，通常采用向社会劳动力市场公布人员需求信息，进而以市场化的公开、公平和完全双向选择的方式进行各类员工的招聘和录用。几乎所有的准劳动力通过劳动力市场实现正式就业以后，如果对自己的兴趣特长或能力倾向有新的自我认识，或发现劳动力市场可以提供新的更理想的职业机会，人们便可通过劳动力市场实现职业流动或工作转换。市场化机制给予个人能力实现职业流动或工作转换的员工充分的尊重和肯定。由于美国是一个人力资源流动性很强的国家，员工跳槽、企业裁员等现象经常发生，因此，企业与员工一般签订雇佣合同，合同期一般不会太长，以1～2年最为常见。合同期满，任何一方不满意均可终止雇佣关系。

2. 人力资源工资价格水平的市场化决定

在美国，各类用人机构，特别是企业，通常以市场化机制决定各级各类员工的工资价格水平。首先，根据劳动力再生产费用和劳动力市场的供求关系及供求平衡状况，拟定各级各类技术、管理岗位及技术工人或其他岗位的工资价格，这是决定各级各类人力资源工资水平的基本依据。然后，企业本着吸引人才、保持外部竞争和内部平衡等原则，参照劳动力市场上相关岗位的最新工资价格水平，自主决定本企业各级各类岗位的工资价格。最后，劳资双方经过工资谈判，以合同方式确定双方共同接受的工资价格水平。

美国的工资结构一般由固定工资和浮动工资构成，但后者所占的比例较大，以吸引和激励员工。由于美国的金融市场比较发达，员工持股现象非常普遍，员工持股计划也是美国人力资源管理中最具特色的方法之一。同时，美国的社会化保障体系非常完善，政府、企业和个人各承担一部分社保资金，其中政府和社会的出资额较大。可以说，正是因为美国采取了上述符合国情的、科学的人力资源管理制度与方法，才使得美国能一直处于世界的霸主地位，才使得美国的企业在全球竞争中拥有明显的优势。

在美国，企业员工的工资水平一般每年调整一次。为提高员工工资调整的合理性及科学性，并真正实现对于优秀员工的激励和奖励，许多企业在做出员工工资调整决策时，通常综合考虑三个因素：一是劳动力市场的工资价格水平变化；二是消费品物价指数的变化；三是以绩效评估方式评定的员工工作绩效。

市场机制动态地调整着人力资源的配置和供求，并决定着各级各类人力资源的工资价格水平。当然，人力资源的市场化配置方式也存在着一些不完善之处，诸如人力资源利用的不充分、劳动力市场发展与劳动力需求变化的相对滞后、劳资冲突、种族歧视及机会不均等等。因此，在新凯恩斯主义关于政府应加强宏观、适度干预的经济理论指导下，美国政府除支持工会力量参与人力资源配置及工资价格水平谈判调节外，还通过立法及制定相关法规的方式，对劳动力市场的工资价格水平、公平就业、改善劳动力市场服务、提供失业者社会保障等方面进行宏观、适度的干预和调节，以不断提高劳动力市场运行的规范水平。

（二）人力资源引进的国际化

美国能发展成为经济实力和科学技术方面的世界一流大国，其重要原因之一就是以全球化的方式引进其他国家的优秀人力资源。移民在保证美国劳动力的适度增长，特别是优秀人才的积聚方面，起着十分重要的作用。

由于美国实行比较完全的市场经济制度，竞争环境相对公平，经济发展水平高；美国具有世界先进的科学技术及完善的教育发展条件，优秀人才比较容易得到良好的培育，并在科学和技术领域得到良好的发展；美国能包容多民族的文化，并以较强的吸引能力兼收并蓄世界各种肤色、种族、各种类型的优秀人才，以全球化的方式引进世界各国的优秀人力资源。在美国以全球化方式引进的优秀人力资源中，有很多是世界上一流的科学家和工程师，他们在化学、物理、生物、数学及电子、信息等学科、技术领域具有领先世界的水平。在美国科学院的院士中，外来人士占22%；在美籍诺贝尔奖获得者中，有35%出生在国外。外国科学家和工程师约占全美科技人员总数的20%左右，而在美国重要的大公司、大企业中，外国科学家和工程师占全部科技人员总数的一半以上。美国以全球化方式引进的人力资源为美国经济的迅速发展所做出的杰出贡献赢得了历届美国总统的肯定和赞扬，美国国家科学基金会也曾坦言"美国整个工业界已高度依赖外来智力劳动"。

（三）人力资源培训的广泛化

开展十分广泛的人力资源培训是美国企业实施竞争战略以及人力资源发展战略的重要举措。

美国把人力资源看做是最重要的资源，进行人才使用、人才储备的观念很强。在美国的各个组织中，都有多套帮助员工适应岗位的职业生涯开发系统，以促进新员工的成长。这些系统具体包括：自我分析、职业选择、制定岗位工作计划等。此外，无论是美国政府还是企业，都非常重视对员工的培训与教育，在每年的政府财政报告中，教育经费所占的比重甚至超过了美国的军备开支。其培训具有如下两个特点：一是培训的计划、内容、形式等完全由员工的需求决定，重视培训与生产、经营直接挂钩；二是培训的方式、周期等呈现多样化的特点。根据企业的规模、员工的特点等，企业会实施差异化的培训。

在美国企业，员工从被录用时刻起首先需要接受系统的职前培训，之后一般还需接受在职培训(On the Job Training)，在职培训必须服从于企业人力资源规划中的再培训战略，并且依据于企业的人力需求和员工的潜能和可塑性。近年来，随着科学技术的迅猛发展和劳动生产率的极大提高，劳动密集型企业日渐减少，美国的一些大企业已经深刻认识到：人力资源因素在企业经营方面起着日益重要的作用，企业不仅需要具有高等教育背景的技术、管理人才，而且需要具有娴熟操作技能的员工。因此，通过开展广泛的人力资源培训以不断提高员工素质，是美国企业在实施竞争战略中的重要举措。

美国企业从竞争战略角度对各级各类人力资源的培训和再培训给予了更多的重视，除常规的教学和辅导外，还通过研讨会(Seminar)、案例研究(Case Studies)、角色扮演(Role Playing)、文件筛选(In Basket Training)、管理游戏(Management Games)、工作转换(Job Retation)等各种途径和方式，开展十分广泛的人力资源培训。

目前，具有前瞻性战略眼光的企业正积极致力于建设一种管理层更加开放、员工更具参与性的企业文化。人力资源管理专家指出，建设更具开放、参与性的企业文化，不仅有助于提高员工的士气和满意度，而且有助于员工更好地理解管理者的想法；增进管理层与员工的合作；降低流动(离职)率；减少缺勤；减少不满和抱怨；提高对变革的认同程度；改善对工作和组织的态度。

除上述几个方面外，美国人力资源管理中的人员测评、绩效评估等也是相当系统和科学化的。受能力主义的影响，美国企业在管理中特别重视对员工的成果评价，"成者为王，败者为寇"是很多组织的考核思想。同时，美国组织在考核中非常重视考核的科学性、公平性，一般都建立了严格的工作绩效评价体系，这保证了对考核结果的评价能真实反映员工能力之间的差异。近年来，随着企业流程再造、管理流程再造思想影响的日渐深入，人力资源管理正日益成为美国企业发展战略的重要组成部分；人力资源管理的核心功能正逐渐从人员成本控制转向增加产出、提高劳动生产率；人力资源管理对于企业经营活动的重要贡献也正日益得到普遍的承认；而信息技术的迅速发展也在不断改变着人力资源管理的方式和方法。

（四）人力资源管理与企业文化建设的结合

美国企业注重人力资源管理中的企业文化建设。企业文化是指一个组织所具有的共同的价值判断准则、文化观念和历史传统、道德规范和生活信念等。通过企业文化将企业内部的各种力量，特别是人力资源的管理和使用，统一于共同的指导思想和经营哲学之中，汇聚到一个共同的方向，进而激励员工共同努力去完成组织的共同目标。根据彼得斯和沃特曼的总结，美国最成功公司企业文化原则为：① 乐于采取行动；② 接近顾客；③ 自主和企业家精神；④ 通过发挥人的因素来提高生产率；⑤ 领导身体力行，以价值准则为动力；⑥ 发挥优势，扬长避短；⑦ 组织结构简单，公司总部精干；⑧ 宽严相济，张弛结合。

第二节　日本企业的人力资源管理

战后日本经济的迅速崛起引起了世人的瞩目，这其中的一个重要原因就是日本的特殊人力资源管理模式。在发达国家的人力资源管理模式中，日本的内部劳动市场模式独树一帜，其有效性在 20 世纪 80 年代曾令人赞叹不已，并引起不少欧美企业的仿效。然而，进入90 年代，日本在泡沫经济崩溃以后长期处于经济低迷状态，使日本企业人力资源管理模式的弊端也暴露无遗。

一、日本的人力资源管理形成

日本经济在战后的迅速崛起震惊了全球。全世界的经济学家、管理学家、社会学家对此进行了多年的研究，至今许多学者仍然对此课题难以释怀。一些学者是所谓日本特殊论者，他们认为日本的发展就是由于日本特殊。一些学者从管理制度上寻找原因，其中被提得比较多的有全面质量管理、终身雇佣制和年功序列制。也有学者更关心的是从人力资源管理的视角来看日本的管理。日本式的管理模式最基本的特征都集中在其人力资源管理模式上。日本企业人力资源管理的模式才是真正破解日本经济发展之谜的关键所在。

长期以来，日本的人力资源管理模式一直是以美国式的理论和实践为基础的人力资源管理模式，对美国之外的社会价值观和文化是不重视的。日本模式的出现对美国式人力资源管理是一种挑战，所以对这一模式的讨论有特殊的意义。

在 1969 年的世界管理大会上进行的一次民意测验表明：美国的与会者认为企业成功的关键是金融，而日本的与会者认为是人事。日本企业管理模式的精髓是其人本主义。当今世界热门的人力资源管理是由美国人提出的，但是实际上在 20 世纪 80 年代之前，在美国的企业管理中人力资源管理根本就没有位置。因此在人力资源管理上长期以来实际上一直是日本人在扮演着老师的角色，不过美国这个学生在 90 年代以后超过了老师。美国管理研究者和实际工作者很早就开始了对日本模式的研究，他们发现日本企业效率高的原因是其独特的以人为本的管理方式。这一时期美国研究日本管理模式的著作层出不穷，美国的各大企业也纷纷研究和效法日本的管理制度。

> **美国向日本学习人力资源管理**
>
> 美国通用汽车公司与日本的丰田汽车在美国加利福尼亚合资建设的美国丰田企业，就对引进日本式管理模式进行了十分有益的尝试，它将日本式的就业制度、劳资关系处理方法以及丰田的生产技术定期培训和质量小组等结合起来。美国的服务业和金融业也开始了对日本管理模式的学习。所有这些在理论上促使美国在 20 世纪 80 年代提出了人力资源管理模式，在实践上提升了人力资源管理者在企业中的地位。

美国对日本人力资源管理的学习是有取舍的，比如日本模式中的终身雇佣制、论资排辈和统一决策等就被舍弃了。

美国和日本的企业人力资源管理模式不同，不仅是技术的原因，最重要的是不同的文化背景造成的。美国的管理文化沿袭了其非东即西、黑白分明的美国文化，在社会交往中人的个性鲜明，在企业管理中是非明确、有章可循。日本拥有求同的文化底蕴（同心圆），向心力很强，非常重视上司、长官、前辈（学长）的意见，如图3-1所示。大家的行为非常一致，即使在

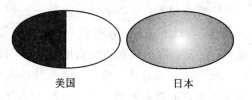

图3-1　美日人力资源管理模式的比较

思想上各有不同的看法，但行动上不会有方向性的差别。日本企业信奉"和为贵"和忠诚的伦理观，所以日本人力资源管理模式最重要的特点是终身雇佣制和年功序列制。

二、日本企业的人力资源管理特点

日本自然资源和土地资源十分有限，唯一的资源是人力资源。在日本经济战后的恢复和发展过程中，企业非常重视人力资源开发，逐步形成了"以人为本"的人力资源发展模式。在日本企业中，对于大部分拥有技能的熟练工人和管理技术人员，其雇用和工资并不像新古典理论所认为的那样完全受劳动市场调节，而更多的是由企业按照内部规定和管理来决定，从而形成一个与外部劳动市场相隔离的内部劳动市场。

日本企业劳动力市场的主要特征表现为终身雇佣制、年功序列工资制、企业内部工会。

（一）终身雇佣制

终身雇佣制是指员工一旦被企业录用便可以被持续雇用直到退休，不会因为企业经营周期的波动而遭到解雇。终身雇佣制只适用于从高中、大学等应届毕业生中招收的正式员工，临时工、合同工、计时工及外单位派来的外来人员等均不属于"正式"职工，也不享受终身雇佣待遇。终身雇佣关系是企业与员工之间形成的一种默契，并不是以契约的形式确定下来的，因此终身雇佣制是一种惯例。对于那些坚持这一制度的企业来说，将会赢得好的名声，也就能在每年的春季毕业生招聘中吸收到高素质的人才。相反，对于曾经解雇正式职工的企业，优秀的人才不会到这样的企业就职。终身雇佣制形成于日本战后，在日本处于经济高速增长期时得到普及。

（二）年功序列工资制

年功序列工资制是指正式职工每隔一定时间提高一次工资，职位也每隔一定时间晋升一次的惯例。由于这种制度并不是以员工的工作业绩和工作能力为依据的，相同工龄的职工工资收入相差很小。在经过一段时间的工资、奖金、职位同步提高后，职工之间通过晋升竞争逐渐拉开工资、奖金和职位。如果职工中途退出企业，在新的企业年功要从头算起，从而加大了职工中途退出企业的成本。年功序列工资制是实现终身雇佣的重要保证，二者互为补充。

（三）企业内部工会

由于日本企业采用终身雇佣制和年功序列工资制，职工一生的利益都与所在企业连在一起，而各个企业之间的情况又差别很大，因此工会都以企业为单位组成，而不像美国那样跨企业组建行业工会。这一特点使得日本企业的工会在与资方的谈判中，更多考虑的是企业的整体利益和长远发展，更多采取合作和让步策略，以免谈判破裂给职工造成大的损失。另外，日本企业的工会会员和工会干部都必须是本企业的正式职工，因此一部分工会干部由于考虑

日后晋升的原因而难免替资方说话，这样，日本的劳资纠纷一般都在企业内部解决。

终身雇佣制、年功序列工资制、企业内部工会是构成日本企业人力资源管理特点的三大支柱。与此相适应，日本企业人力资源管理形成了录用制度、内部晋升、企业培训、岗位轮换、退职金等一系列制度安排，构成了完整的日本企业人力资源管理模式。

日本企业人力资源管理特点充分体现了以人为本的管理理念。在这种管理特点下，员工成为企业的核心资源，企业与员工结合成命运共同体，员工具有较强的归属感和忠诚意识。同时，企业也为员工参与企业管理提供了必要的途径。

由于日本企业职工工资中有分享"利润"的成分，并且职工参与企业管理，所以许多学者认为日本企业是"职工主权型"，而美国企业属于"股东主权型"。青木昌彦(1998 年)认为，日本企业经营者是从企业内部晋升上来的，经营者代表着职工利益，因此，日本企业受到金融利益集团和职工利益集团的双向控制，是介于股东主权型和职工主权型之间的"二元制"模式。

第三节　　德国企业的人力资源管理

一、德国的人力资源管理形成

在人力资源开发方面，德国是一个典型的国家。二战后，德国一片废墟，国内的经济体系受到了毁灭性的打击，对外还要支付巨额的战争赔款，德国就是在这样的内外交困并完全丧失海外领地、国内市场狭小以及自然资源短缺的情况下，仅仅经过三分之一世纪的时间经济就得以迅速恢复并高速增长，成为仅次于美国和日本的第三大世界经济强国。其秘诀就在于德国政府和企业都高度重视人力资源开发与管理，在其特定的文化背景中形成了独具一格的、有效的人力资源开发与利用模式，培养和造就了一支高素质、高水平、操作严格规范的技术工人，走了一条依托人力资本发展经济的道路。德国在人力资源开发方面的经验值得我们分析和借鉴。

二、德国企业的人力资源管理特点

德国企业认为对人才培养、培训的投资就是对公司未来发展的投资。总的来说，德国人力资源管理模式的特征如表 3 - 1 所示，但是其最具特色的是在培训方面。

表 3 - 1　德国人力资源管理模式的特征

坚持以人为本原则
注重员工参与管理
注重团队建设
重视员工在职培训，在雇用、培训、福利等方面独具特色
实行自由雇佣制度
招聘流程标准化，以内部招聘为主，重视面谈，审查严格
常采用学徒制，有优良的培训传统
绩效考核方面，员工忠于企业，领导间容易协调
薪酬管理实行年薪制和股权分配
福利待遇优厚

（一）实施"双轨制"的职业培训

德国企业人力资源开发与管理的一个很有特色的地方就是它的职工培训和考核制度，这一制度在德国企业已体系化、网络化。在德国，职工培训有较长的发展历史。19 世纪末，为适应工业发展的需要，工业界开始对青年工人进行大规模培训。到 20 世纪 70 年代学徒工在企业和学校同时接受培训的双轨制培训制度开始实行。二战后，职工培训作为重建经济的一部分，受到极大的重视，国家用法律的形式规定了受训的专业，政府各部门还制定了各类工作的培训标准。据统计，在 15～18 岁的青年中，每两个人就有一个在职业学校学习。学徒工的培训对德国经济发展和技术水平的提高起了重大的作用。二战期间，德国经济受到巨大的破坏，但是技术人才大部分被保存下来，正是依靠这批技术人才，加上不断培养出的大批的熟练工人，才会有战后的"经济奇迹"，并使德国成为西方生产率和工资水平较高的国家之一。在德国的学徒工培训中，学校、企业各自负有明确的责任。学徒工培训统一实行双轨制，即在企业里学习实际操作，在学校里学习理论知识。在 3 年学徒期间，每周 3 天到 4 天在企业学习，1 天到 1 天半在学校学习，双方共同负责培训，学徒工生活费由企业支付。企业对学徒工培训十分重视，通常投入了大量的时间、人力和财力。大型企业均建有自己的培训中心，选聘具有资格证书或被认可的工程技术人员担任学徒工培训的指导教师，用最现代化的设备、教学设施和手段对学徒工（包括企业职工）进行专业技能培训。部分企业无能力单独组建培训中心的，则由国家及有关单位资助，通过几个企业联合建立培训中心。学徒工在这些培训基地从最简单的钳工基本功训练到学会操作使用现代化数控机床、计算机控制设备等，接受非常严格、规范而又系统、科学的职业训练。学徒期满后需经过严格的统考，合格者准予毕业，并取得相应的学历证书和从业资格证书。学徒毕业后，既可留在本企业，也可到其他企业工作，企业把培训学徒看作是对社会承担的义务之一。

德国对职工的考核和录用制度是非常严格的，企业录用新工人，都从经过培训的学员中挑选，新工人有 3～5 个月的试用期，新工人考核合格后才能成为正式工人。企业对职工的考核，平时主要由上级主管进行，年终时实行总考核以决定是否提供或调整工作。

德国的这种"双轨制"培训体制和模式，经过近半个世纪的实践发展到今天仍长盛不衰，其主要原因在于它的学用一致，理论与实际相结合的运行机制和较为成功地解决了培训制度与就业制度的衔接，从而使大多数的年轻人在就业前学到一门从业技能和知识，为他们今后就业创造了良好的条件，也极大地降低了德国青年人的失业率，安定了社会秩序。另外，训练有素的新生力量源源不断地被吸收进入企业，促进了企业的发展，因此这种"双轨制"的培训体制也备受企业界的欢迎和推崇。

（二）对在职人员的继续教育和再培训

企业除了承担学徒工的培训任务外，还十分重视对在职人员（包括各级管理人员）进行继续教育和再培训。一方面他们认为工业现代化使工作岗位对人提出越来越高的要求，每个人要适应所从事的岗位工作，就得不断地进行知识和技能的再培训，以提高业务能力和技术水平，增强就业、转业的竞争能力。同时企业主也认识到职工素质的优劣对企业的生存发展极为重要，因此他们在对职工进行再培训方面舍得花本钱。

德国的企业界对职工的培训方法灵活，形式多样，讲究实效，哪种培训有利就采用哪种。从培训的内容上看，有新工人适应性培训、转业改行培训、职务晋升培训、专业人员培训和企业各级管理人员培训等。

对专业人员培训往往让他们带着需要研究解决的问题，举办讲座，开展交流，组织短训班，其目的性、针对性、实用性非常强。对企业管理人员培训往往采取分层次的办法。对企业的高级管理人员，由于他们主要依靠自学，企业通常会组织他们到一个条件好的环境场所，开展讨论交流；对中级管理人员，大多数采取脱产培训的方法，送到培训中心去学习；对基层管理人员，往往采取晋升式的教育培训模式，十分具有激励作用，也便于企业从中物色人才，因为这一层人员直接组织工人进行生产经营活动，地位重要，作用不可取代。

为了帮助职工进行业务进修和职业再培训，德国政府和企业界为此做出了巨大的努力，每三名雇员就有一名雇员参加了讲座、培训班等形式的培训活动。

（三）企业办大学

在德国，大公司、大企业通常设有自己的职工培训中心，如戴姆勒-奔驰汽车中心、赫斯特化学公司等都有规模很大的职业培训中心。它们根据联邦职工教育法的规定，举办职业培训班。技术工人在车间劳动五年左右，然后（或同时利用业余时间）参加为期一年或三年的师傅和技术员培训班学校的学习，学习结束时参加企业联合会的考试，考试合格者发给职业证书或技术员证书。这种企业和企业联合会举办的职业培训是非常正规的成人教育，它有立法的保证、严格的考试制度以及合格的毕业证书，这种证书是联邦各州都承认的资格证书。

"不培训，不就业"是德国劳动力市场的格言。任何人，不管从事什么职业，都必须接受相应的职业培训，必须取得培训合格证，才能录用上岗。想转换职业，必须参加转业培训，取得转业培训合格证，职业介绍所才会推荐介绍工作。

总之，德国的职业教育事业如此的普及和发达，与国家、社会团体、经济界的高度重视、密切配合及强有力的介入是分不开的。成功之处在于他们建立起一整套的职业技术教育培训的法律法规，有较完善的职业教育体系及运行机制，还在于他们在学徒工培训方面的"双轨制"和企业职工培训方面的许多有效措施和做法。通过继续教育和再培训，整个国民的素质整体上很高。正是依仗这种良好素质和人才优势，才使德国跻身于世界经济大国的地位。用德国前总理科尔的话说，职业教育和职业培训是德国经济发展成功的一个重要经验。

第四节 中国企业的人力资源管理

一、中国的人力资源管理形成

改革开放 30 年来，中国经济、社会等各个方面都实现了空前的发展，人力资源管理更是经历了从计划经济体制下的劳动人事管理向现代人力资源管理的转变。尤其是进入 21世纪以来，以人为本、人才资源是第一资源等理念已成共识，作为国家竞争力来源的人力资源已上升至国家战略层面的高度。而随着经济全球化、社会知识化的趋势日益明显，广泛性、快速性、复杂性和不确定性等特征日趋明显，这些变化对人力资源管理提出了新的要求。中国的人力资源管理必须适应新时代的发展。

总体上看，中国改革开放 30 年来，人力资源管理的发展经历了理念导入、实践探索、系统深化的过程。20 世纪 80 年代前，中国基本处于传统计划经济体制下的劳动人事管理阶段。从 80 年代中后期开始，人力资源管理的基本理念被逐步引入中国，但人力资源管理实践尚未大规模地应用，这与当时中国社会经济管理体制改革的情况基本一致。到了 20 世纪 90 年代中后期，全社会已经意识到人力资源管理需要不断改革和发展创新，人力资源管理实践在中国开始得到普遍运用，但当时企业管理体制和劳动力市场经济体制的改革尚不能够有力地支持现代人力资源管理制度规章的建立和健全。进入 21 世纪后，随着外部环境的重大变革，人力资源管理改革进一步深化，正朝着国际化、市场化、职业化、知识化的方面发展。

（一）人力资源管理理念的导入期

人力资源管理领域在美国兴起于 20 世纪 80 年代初期，是当时美国管理研究的前沿领域之一。然而在 80 年代中期的中国，大众对人力资源管理一词非常陌生，甚至误以为人力资源管理就是人事管理，此时对人员的管理仍属于计划经济体制下的行政命令式管理。当时，劳动者只是生产关系的主体，而非和土地、资本等其他资源一样被看做是生产力的基本要素。人们对人力资源管理的认识仍停留在员工只是成本的观念上，人事管理部门的工作仅仅是如人事考核、工资发放、人事档案管理等日常的事务性工作。用工管理主要依靠行政调配的方式，工作岗位缺乏有效的考核，劳动合同的执行流于形式，缺乏有效的激励作用和竞争性用人机制。人力资源管理的发展离不开人力资源管理理论的指导。虽然这一时期的计划经济烙印明显，但西方的人力资源管理理念开始导入中国。

（二）人力资源管理的探索期

20 世纪 90 年代中期开始，中国开始探索人力资源管理在实践中的运用，人力资源管理实践已开始应用到企业和政府的人事管理工作中。越来越多的企业开始试图从招聘、培训、绩效考核、薪酬等方面完善人力资源管理实践的各项职能，人力资源管理的各项专业技术有了一定程度的提高。尤其是部分企业通过实施年薪制加大了对企业家激励的力度，强化企业家经营行为的约束，并且在一定程度上限定企业家年薪收入的范围。而对于一般员工已基本实现了基于绩效的付酬。然而，此阶段企业薪酬制度的改革还主要停留在分配方式的层面上，真正的薪酬管理体系还没有建立完善，企业薪酬管理的依据和基础还不明确，岗位分析、绩效考核体系、薪酬体系还没有系统建立起来。

（三）人力资源管理的系统深化期

20 世纪 90 年代末至今，人力资源管理改革得到了系统性的深化，国家对人力资源管理重视程度日益提高，企业对人力资源管理的认识已经发生本质变化，人力资源的管理与开发水平大为提高。

在这一阶段，中国劳动力市场发育较为充分，劳动法律逐步健全；政府人力资源管理水平提高；企业拥有了用人自主权，越来越重视人力资源管理实践。人力资源管理已经成为企业管理的重要内容，人力资源管理部门的职能正在由传统的人事行政管理职能转变为战略性人力资源管理职能，成为企业发展战略的参谋部、执行部和支持部。随着基础管理模式的深刻变革，人力资源作为核心资源，以人为本的思想得到了广泛的认同。

二、中国企业人力资源管理的特点

中国人力资源管理经历了三个阶段，即劳动管理阶段、人事管理阶段和人力资源开发与管理阶段，目前正处于人力资源开发与管理阶段，组织管理被视为可开发和可投资的、能为组织带来竞争优势的战略性资源。在职能模块方面，中国的人力资源管理具有以下特点：

（一）招聘与甄选

在招聘方面，由于中国人才市场的进一步完善以及大学教育的扩招，人才供应量相对比较充足，而且用人单位的人才需求信息与求职者的信息都比较容易获得。无论是国有还是其他性质的组织，外聘是当前招聘的主流方式，内聘只是在部分组织中使用。在甄选方面，受西方管理方法的影响，中国很多组织都逐渐采用了科学的测评工具与手段，以区分候选人之间的差异，相关的工作能力、教育背景成为选人标准的主要内容。

（二）培训

随着组织对知识、信息及相关技能的需求日益增加，它们对培训的需求也不断增强。中国的很多组织都走出了传统内部培训的模式，纷纷请外部的咨询公司、高校等机构对员工进行培训。此外，人均培训的时间和费用不断增加。组织采用出国培训、到高校学习、短期交流等多种方式培训员工。

（三）薪酬

中国企业职工的薪酬水平稳步增长，福利的系统性和灵活性也进一步加强，社会保险金的比例逐步提升。员工薪酬的构成更加多元化，在很多国有企业里也实施了绩效工资制度，极大地促进了员工的积极性。特别是在一些民营企业（如华为等），为了吸引和保持住优秀的员工，实施了长期薪酬的激励措施，如股票期权、利润分红等。

（四）考核

很多组织（特别是企业组织）逐步认识到了考核的重要性，将绩效考核制度引入到了企业的日常管理中。很多国外流行的考核工具和方法都在中国得到实践。例如，在2002年前后，随着平衡记分卡（BSC）在国外的盛行，中国很多企业也纷纷引进了该考核工具。这些先进的考核工具与方法大大促进了中国企业绩效考核的科学化进程。此外，随着中国组织的不断发展壮大，诸如团队组织、项目组织等在中国也大量出现，针对这些特殊组织形式的考核方式（如团队绩效考核、项目考核等）也在中国逐渐实施。

（五）企业文化与劳动关系

受可持续发展思想的影响，中国很多企业（特别是大中型企业）充分意识到企业文化才是保持企业持久发展的源泉，也是本企业区别于其他企业的标志。例如，华为的"狼"文化、海尔的"人人是人才，赛马不相马"文化等，都已成为企业的核心竞争力。此外，相对于美日两国的文化背景，中国文化的特点在于黑白中间夹着一大块灰色地带（如图3-2所示）。图中，黑色部分代表"是"，如法律法规、企业制度，也就是原则性；白色部分代表灵活性。中国人强调原则性与灵活性相结合，但灵活性没有标准，没有可供把握的尺度，因此造成了大量灰色地带，让人看不清楚，这种社会文化投射在企业管理上，也就形成了中国企业管理有别

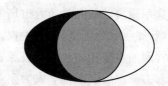

图3-2　中国企业人力资源管理的特点

于美日企业的管理文化特色。所以，中国企业在人力资源管理模式上要借鉴美日等国家成功的模式和理念。

在劳动关系方面，中国强调人与人之间、人与组织之间的和谐，在继续规范劳动用工的基础上，中国的劳资关系更趋于改善。

 **本章小结**

　　在本章中，我们了解到美国、日本和德国的人力资源管理的基本情况，讨论了中国人力资源管理的现状，并在与美国、日本和德国企业人力资源管理进行比较后得到了启示。各国许多成功的经验值得相互借鉴，不过在借鉴的同时必须注意到不同国家经济、社会和文化背景的独特性以及成功案例的系统性和完整性。就像其他的管理方法一样，它们并非是万能的，不一定在所有情况下、在所有的企业内部都会取得同样好的效果。我们不能将某个成功的做法简单嫁接移植，我们要在广泛学习世界各国人力资源管理经验的同时，懂得如何与特定情况相联系。

思 考 题

　　1. 美国企业的人力资源管理具有哪些特点？
　　2. 日本企业的人力资源管理具有哪些特点？
　　3. 德国企业的人力资源管理具有哪些特点？
　　4. 中国企业人力资源管理与美国、日本与德国相比，具有哪些特点？请举例说明。
　　5. 美国、日本与德国企业人力资源管理对中国的启示有哪些？
　　6. 比较美国、日本、德国人力资源管理的差异，分析其形成的主要原因。
　　7. 美国、日本和德国的人力资源管理思想的发展轨迹是什么？目前的发展趋势有哪些？

案 例 讨 论

新联想的国际化薪酬架构 0.5＋0.5 能否等于 1？

　　联想是否能在国际化进程中找到既兼顾本土国情、又链接国际行情的薪酬架构？自联想 2004 年 12 月 8 日以 12.5 亿美元收购 IBM 全球 PC 业务之后，一家中国本土企业如何设计一种兼顾本土和国际行情的国际薪酬体系，一直受到人们的关注。联想在并购 IBM－PC 部门之后，采取"软着陆"方式，逐步过渡达成中国员工和海外员工薪酬政策和结构的一致性。

　　并购前各有利弊

　　联想自 1998 年就开始了和世界接轨的薪酬体系规划和设计。联想所倡导的以 3P 为基础的薪酬理念，即为岗付酬（Pay for position）、为人付酬（Pay for person）、为绩效付酬（Pay for performance），与 IBM－PC 部门的理念比较接近。但双方在具体的薪酬内容上存在一些差异。在并购后进行双方薪酬设计方案整合的项目中，作为华东区 HR 总监的曹金昌在与原来 IBM－PC 部门的销售人员沟通后发觉对方的激励制度设计和管理方面有待改善。"我们当时问了一些诸如你们以前的考核方案是什么、你觉得对此是否清晰、你目前做的工作与你的报酬是否相一致等问题时，他们的回答是：我们也不是很清楚。"曹金昌说，这主要是由于绩效考核指标设置过多过高、考核方案过于复杂和不清晰、绩效沟通面谈的沟通和反馈不够等原因造成的。

相比而言，原来联想在激励方面做得相对较好。首先，联想会根据很多细化的指标，例如各地生活指数、百户人口电脑拥有数等数据来测算某一区域今年的增长率是多少，保证设定一个相对有挑战、又可以达到的目标。使得20%的人员能够大大超过目标，70%能够达到中等，10%达不到。此外，以财务指标为主的具体指标设定也很简单，一般不超过4个。同时，联想对与员工的沟通面谈也非常重视。每次方案出来后，HR会就该方案跟各个团队成员沟通，同时还以电子版等各种形式去通知员工本人，并给员工一页纸的任务书，由员工本人签字确认。从而保证员工能够明确了解自己当前所做的任务与所得到奖金之间的关系。在长期激励方面，原来的联想基本上是全员持股，后来发觉市场大势不好时，期权对基层员工的激励作用相对较弱，于是便将股权计划覆盖的范围缩小了。结果，原来所分配的股权现在继续执行，而新的股权则只分配给很少一部分的高管。曹金昌说："对基层员工激励更多强调基薪和奖金。"而这种变化与IBM－PC部门基本一致。

除了薪酬激励方面的差异外，曹金昌认为双方第二个差异表现在基薪方面，而IBM－PC部门的优势就体现在基薪的确定上，比如用等级确定基薪、薪酬调查与国际调查相匹配、能力体系与薪酬的嫁接等，这些方面都是联想欠缺的。

0.5＋0.5能否等于1？

美国一位薪酬管理专家Ezara加盟联想成为专管薪酬的副总裁。Ezara上任后曾在中国巡查并了解当地的薪酬现状以及中国的文化。在美国总部，联想设立了由Ezara领导的薪酬福利项目组，负责设置全球薪酬体系，其中也包括一名中国员工。曹金昌说，"我看到很多核心的内容都继承了原来联想的东西。"融合后新的薪酬架构要将原来联想的3P改为"P Three"，即Priority(KPI的优先性)、Performance(绩效沟通和反馈)、Pay(报酬)。根据KPI优先指标的达成，对员工的绩效进行反馈，然后据此支付其薪酬和奖金。

在此过程中，曹金昌主要负责华东区的员工薪酬调查、收集华东区各部门对待方案的反馈以及向总部提交当地薪酬和绩效管理制度的实际运行情况。说到操作薪酬调查项目，曹金昌回忆曾经在摩托罗拉做薪酬管理时所参与的薪酬调查一直让他印象深刻，"对岗位做重新梳理、把公司的岗位与调查公司所要求的岗位匹配、薪酬水平如何定位、结构如何调整，摩托罗拉在这些方面都做得很成熟。"

在与员工的沟通和薪酬调查之后，曹金昌了解到中国和美国两边员工的不同疑问：中国员工普遍感觉并购后公司前景更好，因而对薪酬也抱有更高预期；而国外员工则担心自己是否会被降薪。

为此，联想对国内员工的基薪和福利都有所调整和补充，比如增加年金、养老金、补充医疗保险。而对国际员工，基薪不降，但在激励上更兼顾挑战性和可实现性。联想原来所实行的部门考核和个人考核相结合的员工绩效考核方式也将在联想全球中逐步推行，将考核绩效分为优、中、尚待改进三等，比例分别为20%、70%、10%，每年会有5%的末位优化，对于这5%的员工，会考虑给予换岗或不再续签劳动合同。

对于联想目前的薪资水平，曹金昌表示不便于透露。大体上来说，职能部门员工的基薪高、奖金少；销售人员的基薪相对低些，奖金和业绩挂钩；研发人员的基薪高些，奖金更多地和员工的发明专利、完成项目的情况挂钩。中国和美国两边的员工互相都会外派，外派员工的薪酬按照各国的国际惯例执行。

"新的薪酬体系出来后，国内和国外员工的薪酬水平肯定还是有差别的。"曹金昌解释说，这与不同国家的生活水平相关，同时也在考虑市场的竞争性。比如某个岗位是全球性的，则该岗位的薪酬制定就参照全球性的调查数据；如果只是一个地域性的岗位，则只在该地域去比较。此外，还会选定一些公司做参照，过去的联想会圈定一些国内比较知名的IT公司，新联想则会更多地圈定一些直接竞争对手的薪酬进行调查。

执行到位是关键

联想任命了新的全球总裁兼 CEO 威廉·J·阿梅里奥，新 CEO 对原 CEO Stephen M. Ward, Jr. 在任时所进行的薪酬融合做了重新回顾，尽管这对新体系的正式推出进程多少会有些影响，但曹金昌表示，基本的理念和大致框架都差不多，只是就具体细节再做考虑和权衡。

新体系公布后会全面推行。曹金昌说，"不需要做试点，在联想就是直接推下去。很顺畅，大家已经习惯于这种变化。"但每个财季都会根据推行效果，即执行的情况以及执行过程中所反映的方案本身的问题，对体系进行修正和调整。"薪酬是刚性的，一旦定了之后，会对员工心态有影响，因此以后只能是根据具体情况进行的调整，不可能完全推倒重来。"曹金昌指出，新联想的薪酬体系推行成功的关键取决于沟通好、执行到位。要保证这样一个规模大、跨地域多、业务多的公司像一个小公司那样具有高效的执行力，难度很大。"还需要一段时间的努力。"曹金昌坦率表示，这跟各国的文化差异和思维方式有关，联想中国员工可能习惯于加班加点，但在美国可能更强调工作与生活的平衡。为此，联想正在做一个"知识交换"（Knowledge Exchange）的项目，国内外员工互相外派，加强彼此文化的理解，力图找到恰当的执行点来有力推动未来新体系的良好运作。

无疑，"执行"成为新联想未来薪酬体系融合的最大挑战。多年的 HR 从业经历使曹金昌明白，要想挑战成功，高层管理者的支持和 HR 的争取尤其重要。同时，能够把复杂的东西简单化，以及进行持续的监督和反馈，也缺一不可。

对于本土公司向跨国企业发展中进行国际化薪酬设计的问题，曹金昌根据自己多年的实践体会给出建议：一是谨慎、平稳过渡，因为薪酬有刚性，而且是敏感性的话题；二是要有充分的调查和研究，要很清楚双方的优势、劣势，以及当地的文化背景和员工的心态变化等；三是要形成一个跨国的国际化团队，能够充分交流，有序地推进。

资料来源：王春梅. 新联想的国际化薪酬架构. 管理@人，2006(4)：58-59

案例讨论题

1. 联想的国际化薪酬具有哪些特点？

2. 联想在设计差异化薪酬时的依据是什么？考虑了哪些因素？如果你是 HR，如何设计联想的薪酬体系？

3. 你认为企业在国际并购中面临的主要障碍有哪些？请举例说明。

第四章　人力资源规划

　　中国有句名言"凡事预则立，不预则废"，意思是说在做任何事情的时候，如果想要取得成功就必须提前做好计划，否则往往会失败。人力资源管理同样如此，为了保证整个系统的正常运转，也必须认真做好计划。人力资源规划处于整个人力资源管理活动的统筹阶段，它主要是在组织发展战略和经营规划的指导下进行人员的供需平衡，以满足组织在不同发展时期对人员的需求，为组织的发展提供符合质量和数量要求的人力资源保证。人力资源规划的实质是确定组织需要什么样的人力资源来实现组织发展战略及目标。现代社会竞争日趋激烈，人力资源的供求关系在不断变化，这就要求组织对内部和外部环境的变化及时做出预测、制定计划，并采取相应的政策措施进行应对。

 **本章学习重点**

▶人力资源规划的内涵、种类和内容
▶人力资源规划的原则及作用
▶人力资源规划的程序及规划的编制
▶人力资源需求及供给预测的步骤和方法
▶人力资源供需平衡

阅读资料

手忙脚乱的人力资源经理

　　D集团是在短短5年之内由一家手工作坊发展起来的国内著名食品制造商，企业最初从来不定什么人力资源规划，缺人了，就随时去人才市场招聘。企业规模扩大后，开始走向正规，每年年初制定规划：收入多少，利润多少，产量多少，员工定编人数多少等。人数少的可以新招聘，人数超编的就要求减人。按计划一般在年初招聘新员工，可是，由于一年中不时有人升职、平调、降职，年初又有编制限制不能多招，人力资源部又不能确定应当招多少人或者招什么样的人，结果导致人力资源经理总往人才市场跑。

　　近来由于3名高级技术工人退休，2名跳槽，生产线立即瘫痪，集团总经理召开紧急会议，要求人力资源经理3天之内招到合适的人员顶替空缺，恢复生产。人力资源经理两个晚上没睡觉，频繁奔走在全国各地人才市场和面试现场，最后勉强招到2名已经退休的高级技术工人，使生产线重新开始运转。人力资源经理刚刚喘口气，一个地区经理又打电话说自己公司已经超编了，不能接收前几天总部调过去的5名大学生，人力资源经理不由怒气冲冲地说："是你自己说缺人，我才招来的，现在你又不要了！"地区经理说："是啊，我两个月前缺人，你现在才给我，现在早不缺了。"

很多企业都出现过这种情况，以前没觉得缺人是什么大事情，什么时候缺人了，什么时候再去招聘，虽然招来的人不是十分满意，但对企业的发展也没什么大的影响。所以从来没把时间和金钱花在这上面。即使是在企业规模日益扩大以后，也只是每年年初做人力资源定编计划，而对于人力资源战略性储备或者人员培养都没有给以足够的重视，认为中国人多的是，不可能缺人。造成这种现象的原因是：中国市场在20世纪90年代以前处于机会主义时期，企业的成功往往不需要战略，而抓机会、抓资源、抢速度、快节奏成为中国企业的制胜之道。中国企业的这种战略无意识状态，使它不需要对组织的人力资源进行长远的规划。即使有战略，竞争战略的模糊性和易变性也使规划无从进行，因此企业并不需要人力资源规划。随着市场的日益规范，企业的日益壮大，企业出现了发展的瓶颈——缺少人才，想要进一步发展壮大、长治久安必须依靠源源不断的人才。但是，很多企业虽然常常缺人，却不知道为什么缺人，更不知道如何解决这一问题。

资料来源：颜爱民. 中国企业人力资源管理诊断与优化：全真案例解析. 湖南：湖南科学技术出版社，2010

第一节　人力资源规划概述

人力资源规划是人力资源管理的一项基础性工作。不断变化着的内部和外部环境必然会使组织定期发生员工的流入、流出。为保证组织在需要的时候能及时得到各种需要的人才，组织在发展过程中要有与其战略目标相适应的人力资源配置。人力资源规划是实现这一目的的重要手段。

一、人力资源规划的内涵

人力资源规划是将组织经营战略和目标转化成人力资源需求，以组织整体的超前和量化的角度分析和制定人力资源管理的一些具体目标。任何成功的组织都是十分珍惜和爱护人力资源的。人力资源规划就是帮助组织实现人力资源的充分供给的一项重要活动。人力资源规划有狭义和广义之分。早期的人力资源规划主要是狭义的人力资源规划，即人力资源计划，它是指组织从其战略和发展目标出发，根据其内外部环境的变化，预测组织未来发展对人力资源的数量、质量和结构的要求，从而在进行人力资源供给和需求预测的基础上，做出增加或减少人力资源的过程。狭义的人力资源规划，实质上是组织补充或裁减各类人员的计划。广义上，人力资源规划可以定义为：预测未来的组织任务和环境对组织的要求，以及为完成这些任务和满足这些要求而提供人员的过程。具体来说，人力资源规划是根据组织的人力资源战略目标，科学预测组织未来的人力需求，预测其内部人力资源供给满足这些需求的程度，确定供求之间的差距，制定人力资源净需求计划，用以指导人力资源的招聘、培训、开发、晋升和调动，确保组织对人力资源在数量和质量上的需求的活动。

组织所要做的规划是多种多样的，既要做组织的战略规划（包括明确宗旨、建立目标、评价优劣势、确立结构、制定战略和制定方案等），也要做战术规划和经营规划，同时更要做人力资源规划。人力资源规划与组织的其他规划是并列平行的，但在某种意义上讲，人力资源规划具有更加重要的意义，因为人是组织中活的资源，也是最宝贵的资源，特别是在市场经济的条件下和竞争更加激烈的环境下更是如此。

人力资源规划是对组织在某个时期内的人员供给和人员需求进行预测，并根据预测的结果采取相应的措施来平衡人力资源的供需。它包含三层含义：一是组织进行的人力资源规划是一种预测；二是人力资源规划的主要工作是预测供需关系，制定必要的人力资源政策和措施；三是人力资源规划必须与组织的战略相适应，必须反映组织的战略意图和目标。

要准确理解人力资源规划的含义，必须把握以下几个要点：

（1）人力资源规划要在组织发展战略和经营规划的基础上进行。人力资源管理只是组织经营管理系统的一个子系统，是要为组织经营发展提供人力资源支持的，因此人力资源规划必须以组织的最高战略为坐标，否则人力资源规划将无从谈起。

（2）人力资源规划应包括两个部分的活动：一是对组织在特定时期内的人员供给和需求进行预测；二是根据预测的结果采取相应的措施进行供需平衡。其中，前者是后者的基础，离开了预测，将无法进行人力资源的平衡；后者则是前者的目的，如果不采取措施平衡供需，预测就将失去意义。

（3）人力资源规划对组织人力资源供给和需求的预测要从数量和质量这两个方面来进行。组织对人力资源的需求，数量只是一个方面，更重要的是保证质量，也就是说供给和需求不仅要在数量上平衡，还要在结构上匹配，而对于后者，人们往往容易忽视。

通过人力资源规划，我们要解决下面几个问题：

（1）组织在某一特定时期内对人力资源的需求是什么，即组织需要多少人员、这些人员的构成和要求是什么。

（2）组织在相应的时期内能够得到多少与需求的层次和类别相对应的人力资源的供给。

（3）在这段时间内，组织人力资源供给和需求比较的结果是什么，组织应当通过什么方式来达到人力资源供需的平衡。

上述三个问题形成了人力资源规划的三个基本要素，涵盖了人力资源规划的主要方面。若能对这三个问题做出比较明确的回答，人力资源规划的主要任务就完成了。

二、人力资源规划的内容及分类

人力资源规划是组织为适应内外部环境变化以及实现组织战略而制定的人力资源战略目标、策略及系统解决方案。人力资源规划是使组织的人力资源管理开发活动与组织战略保持一致的桥梁。人力资源规划的内容主要包括以下几点：

（1）理解组织发展战略及策略目标体系，分析业务状况与组织框架，确认人力资源的战略、目标、原则、政策。

（2）盘点与识别组织人力资源数量、种类和层次，及时发现问题。

（3）进行人力资源的供给与需求预测，发现人力资源的供求缺口。

（4）设计人力资源规划的行动方案，调整人力资源管理系统的业务职能，为人力资源规划制定政策和制度安排。

（5）对人力资源规划的实施情况进行适时的评估与控制，以保证人力资源规划按预定计划实施或及时调整人力资源规划，以适应组织发展的需要。

在实践中，人力资源规划存在多种形式，划分标准不同，人力资源规划的形式也不同。

人力资源规划按计划期限的长短可分为：长期人力资源规划、中期人力资源规划和短期人力资源规划。长期人力资源规划适合于组织长期的总体发展目标，对组织有关人力资源开发与管理的总战略、总方针和总目标等进行系统的筹划。其特点是具有战略性和指导性，期限一般为五年至十年以上。短期人力资源规划是指季度、年度人力资源规划，主要是指制订作业性的行动方案。短期人力资源规划的特点是目的明确，内容十分具体，并具有一定的灵活性。中期人力资源规划是指一年以上、五年以内的人力资源规划，它介于长、短期人力资源规划之间，其特点是适合于组织中长期的总体发展目标，方针、政策和措施的内容较多，但不像短期人力资源规划那样具体。

人力资源规划按其范围的不同，可分为组织整体人力资源规划、部门人力资源规划、某项任务或工作的人力资源规划。整体人力资源规划关系到整个组织的人力资源管理活动，属于组织层面，在人力资源规划中居于首要地位。部门人力资源规划是指组织各个业务部门的人力资源规划。部门人力资源规划在整体人力资源规划的基础上制定，内容专一性强，是整体人力资源规划的子计划。某项任务或工作的人力资源规划是指某项具体任务的计划。它是指对人力资源管理的专项计划。

人力资源规划按其性质不同，可分为战略性人力资源规划和战术性人力资源规划。前者主要特点是具有总体性和长期性。后者一般是指具体的人力资源规划，主要包括人员补充计划、人员分配计划、人员接替和提升计划，以及工资激励计划等。

组织人力资源规划是组织人力资源管理的重要环节，而组织计划过程对人力资源规划又有重要影响，如图4-1所示。要使人力资源规划真正奏效，就必须将它与不同层次的组织规划相联系。

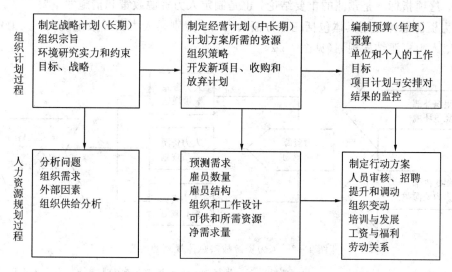

图4-1 组织计划过程对人力资源规划的影响

组织计划分为三个层次：战略计划、经营计划及年度计划。在战略层次上，人力资源规划涉及如下问题：预计组织未来总需求中管理人员的需求、组织外部因素（如人口发展趋势、未来退休年龄变动的可能性等），估计未来组织内部雇员数量。其重点在于分析问题，不在于详细预测。在经营计划层次上，人力资源规划涉及对雇员供给量与未来需求量的详细预测。在年度计划层次上，人力资源规划涉及根据预测制定具体行动方案（包括具体的招聘、晋升、培训、调动等工作）。

组织人力资源规划的期限取决于组织所面临环境的不确定程度。人力资源规划期限与经营环境之间的关系如表 4-1 所示。

表 4-1　人力资源规划期限与经营环境之间的关系

短 期 规 划	长 期 规 划
不确定性/不稳定性	确定/稳定
组织面临诸多竞争	组织居于强有力的市场竞争地位
飞速变化的社会、经济环境	渐进的社会、政治环境
不稳定的产品/劳务需求	变化和技术革新
政治、法律环境经常变化	完善的管理信息系统
组织规模小	稳定的市场需求
管理混乱	规范其有条不紊的管理

资料来源：余凯成，等. 人力资源管理. 2 版. 大连：大连理工大学出版社，2001

不论是战略性的长期规划还是作业性的短期规划，人力资源规划都包括两个层次。

（一）人力资源总体规划

人力资源总体规划是指对计划期内人力资源规划结果的总体描述，包括预测的需求和供给分别是多少，做出这些预测的依据是什么，供给和需求的比较结果是什么，组织平衡供需的指导原则和总体政策是什么，等等。其中最重要的是供求的比较结果，也可以称为净需求。这项指标既是预测的重要结论，也是制定人力资源政策和措施的重要依据。

人力资源总体规划具体包括三个方面的内容，分别是人力资源数量规划、人力资源素质规划、人力资源结构规划（见图 4-2）。

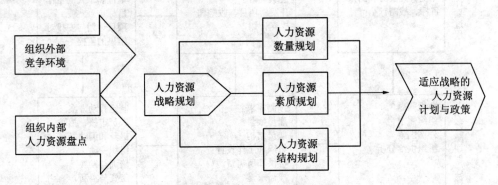

图 4-2　人力资源战略总体规划的内容

资料来源：钱振波. 人力资源管理. 北京：清华大学出版社，2004

1. 人力资源数量规划

人力资源数量规划是依据组织未来业务模式、业务流程、组织结构等因素确定未来组织各部门人力资源编制以及各类职位人员配比关系，并在此基础上制定组织未来人力资源需求计划和供给计划。人力资源数量规划的实质是进行组织的编制设计，它是在确定了组织目前有多少人的情况下，确定未来需要多少人。

而对当前现有工作岗位的深入分析为预测组织将来工作岗位需求提供了基础。工作描述为内部评估提供了必需的、详细的信息，包括工作岗位数量、工作岗位之间的关系。

2．人力资源素质规划

人力资源素质规划是依据组织战略、业务模式、业务流程和组织对员工的行为要求，涉及各类人员的任职资格，包括人员素质要求、行为能力要求以及标准等。人力资源素质规划是组织选人、用人、育人和留人等人力资源管理功能得以实现的基础和前提。

人力资源素质规划包括：组织人员的基本素质要求、人员基本素质提升计划以及关键人才招聘、培养和激励计划等。

3．人力资源结构规划

人力资源结构规划是依据行业特点、组织规模、未来发展战略重点发展的业务以及业务模式，对组织人力资源进行分层分类，同时设计和定义组织职位种类和职位权责界限等，从而理顺各层次、各种类职位上人员在组织发展中的地位、作用和相互关系。

人力资源结构规划的目的在于打破组织壁垒对人力资源管理的限制，为人力资源管理部门根据组织新的业务流程进行人力资源管理提供条件，同时也为建立和修订组织人力资源管理系统（如任职资格体系、薪酬体系、培训体系等）打下基础。

（二）人力资源业务规划

人力资源业务规划是总体规划的分解和具体实施，它包括人员补充计划、人员配置计划、人员接替和提升计划、人员培训与开发计划、工资激励计划、员工关系计划、退休解聘计划等内容。这些业务规划的每一项都应当设定出各自的目标、任务和实施步骤，它们的有效实施是总体规划得以实现的重要保证。人力资源业务规划的内容见表4-2。

表4-2　人力资源业务规划的内容

规划名称	目　标	政　策	预　算
人员补充计划	改善类型、数量、层次对人员素质结构	人员的资格标准、人员的来源范围、人员的起点待遇	招聘选拔费用
人员配置计划	部门编制、优化人力资源结构、职位匹配、职位轮换	任职条件、职位轮换的范围和时间	按使用规模、类别和人员状况决定薪酬预算
人员接替和提升计划	保持后备人员数量、改善人员结构	选拔标准、提升比例、未提升人员的安置	职位变动引起的工资变动
人员培训与开发计划	改善培训的数量和类型、提高内部的供给和工作效率	培训计划的安排、培训时间和效果的保证	培训开发的总成本
工资激励计划	增加劳动供给、提高士气、改善绩效	工资政策、激励政策、激励方式	增加工资奖金的数额
员工关系计划	提高工作效率、改善员工关系、降低离职率	民主管理、加强沟通	法律诉讼费用
退休解聘计划	降低劳动力成本、提高生产率	退休政策及解聘程序	安置费用

资料来源：董克用，等．人力资源管理概论．2版．北京：中国人民大学出版社，2007

三、人力资源规划的原则

组织制定人力资源规划时需要考虑以下原则：

（1）充分考虑内部、外部环境的变化。人力资源规划只有充分考虑了内外部环境的变化，才能适应需要，真正做到为组织发展的目标服务。内部变化主要是指销售的变化、开发的变化或者说组织发展战略的变化，还有组织员工的流动变化等；外部变化是指社会消费市场的变化、政府有关人力资源政策的变化、人才市场的变化等。为了更好地适应这些变化，在人力资源规划中，应该对可能出现的情况做出预测和风险变化，最好能有面对风险的应对策略。

（2）组织的人力资源保障。组织的人力资源保障是人力资源规划中应解决的核心问题，包括人员的流入预测、流出预测、人员的内部流动预测、社会人力资源供给状况分析、人员流动的损益分析等。只有有效地保证了对组织的人力资源供给，才可能去进行更深层次的人力资源管理与开发。

（3）使组织和员工都得到长期利益。人力资源规划不仅是面向组织的计划，也是面向员工的计划。组织的发展和员工的发展是相互依托、相互促进的关系。如果只考虑组织的发展需要，而忽视了员工的发展，则有损组织发展目标的实现。优秀的人力资源规划一定是能够使组织员工收获长期利益的计划，一定是能够使组织和员工共同发展的计划。

（4）与组织战略目标相适应。人力资源规划是组织整个发展规划的重要组成部分，其首要前提是服从组织整体经济效益的需要。人力资源规划涉及的范围很广，可以运用于整个组织，也可局限于某个部门或某个工作集体；可系统制定，也可单独制定。在制定人力资源规划时，不管哪种规划，都必须与组织战略目标相适应，只有这样才能保证组织目标与组织资源的协调，保证人力资源规划的准确性和有效性。

（5）发挥组织的系统功能。组织拥有同样数量的人，用不同的组织网络连接起来，形成不同的权责结构和协作关系，可以取得完全不同的效果。有效的人力资源规划能使不同的人才结合起来，形成一个有机的整体，有效地发挥整体功能大于个体功能之和的优势，这称为系统功能原理。

当组织的人员结构不合理时，易产生内部人员的力量相互抵消，不能形成合力，这就是常说的"1＋1＜2"的现象，这是因为组织结构不合理而破坏了系统功能；当组织人员结构合理，组织内部人员的力量实现功能互补，则会产生"1＋1＞2"的现象，这是因为合理的人力资源结构，既可以使个人充分发挥自身潜力，又可以使组织发挥系统功能的作用。人力资源规划要反映出人力资源的结构，让各类不同的人才恰当地结合起来，优势互补，实现组织的系统功能。

（6）适度流动。组织的经营活动免不了人员的流动，好的人力资源队伍是与适度的人才流动联系在一起的，组织员工的流动率过低或过高，都是不正常现象。流动率过低，员工会厌倦过长时间的岗位，而不利于发挥他们的积极性和创造性；流动率过高，说明组织管理中存在问题，使组织花费较多成本培训员工而取得回报的时间较短。保持适度的人员流动率，可使人才充分发挥自身潜力，使组织人力资源得到有效的利用。

四、人力资源规划的作用

任何组织的发展都需要人力资源的充分保证，另外人力资源的成本也是必须仔细考虑的问题。应当说，人力资源规划的实施，对于组织的良性发展以及人力资源管理系统的有效运转具有非常重要的意义。

（一）人力资源规划有助于组织发展战略的制定

在进行人力资源规划时要以组织的发展战略和经营规划作为依据，但是这两者之间并不仅仅是这样一种简单的单向关系，而是存在着一种双向的互动关系。任何组织在制定战略目标时，首先需要考虑的是组织内拥有的以及可以挖掘的人力资源。一套切实可行的人力资源规划，有助于管理层全面、深入地了解组织内部人力资源的配置状况，进而科学、合理地确定组织的战略目标。组织的发展战略是对未来的一种规划，这种规划同样也需要将自身的人力资源状况作为一个重要的变量加以考虑。例如，如果预测的人力资源供给无法满足设定的目标，就要对战略和规划做出相应的调整。因此做好人力资源规划反过来会有利于组织战略的制定，使战略更加切实可行。

（二）人力资源规划有助于组织的生存发展和管理

组织的生存和发展与人力资源的结构密切相关。在静态的组织条件下，人力资源的规划显得不必要。因为静态的组织意味着它的生产经营领域不变、所采用的技术不变、组织的规模不变，也就意味着人力资源的数量、质量和结构均不发生变化，显然这是不可能的。在动态的组织条件下，人力资源的需求和供给的平衡不可能自动实现，因此就要分析供求的差异，采取适当的手段调整差异。由此可见，预测供求差异并调整差异，就是人力资源规划的基本职能。并且在大型和复杂结构的组织中，人力资源规划的作用特别明显。无论是确定人员的需求量、供给量、职务，还是人员及任务的调整，不通过一定的计划显然都难以实现。例如，什么时候需要补充人员、补充哪些层次的人员、如何避免各部门人员提升机会的不均等情况、如何组织多种需求的培训等，这些管理工作在没有人力资源规划的情况下，就避免不了"头痛医头、脚痛医脚"的混乱状况。因此，人力资源规划是组织管理的重要依据，它会为组织的录用、晋升、培训、人员调整及人工成本的控制等活动提供准确的信息和依据。

（三）人力资源规划有助于组织保持人员状况的稳定

人力资源规划是在对组织人力资源状况的全面分析和评价的基础上进行的，这包括组织人力资源的总量、类别和年龄结构、相对充裕度等，从而能够发现组织内部存在的一些人才浪费和低效现象。通过制定人力资源规划不仅可以了解组织内部是否存在人才浪费现象，也可以了解组织外部是否有出色的人才可以吸收，从而改善组织人员的素质和结构。同时，组织的正常运转需要自身的人员状况保持相对的稳定，但是组织都是在复杂的内外部环境条件下进行生产经营活动的，而这些环境因素又处于不断的发展变化之中，因此组织为了自身的生存和发展，必须随时依据环境的变化及时做出相应的调整，如改变经营计划、变革组织结构等，这些调整往往会引起人员数量和结构的变化；此外，组织内部的人力资源自身也处于不断的变化之中，如辞职、退休等，这也会引起人员数量和结构的变化。

由于人力资源的特殊性质,这些变化造成的影响往往具有一定的时滞,因此组织为了保证人员状况的稳定,必须提前了解这些变化并制定出相应的措施,在这种情况下,人力资源规划就显得很有必要。

(四) 人力资源规划有助于组织降低人工成本的开支

虽然人力资源对组织来说具有非常重要的意义,但是它在为组织创造价值的同时也给组织带来了一定的成本开支,而理性的组织又是以利润最大化为目标的,追求以最小的投入实现最大的产出,因此组织不可能使拥有的人力资源超出自身的需求,这样不仅会造成人力资源的浪费,而且会增加人工成本的开支。组织的人工成本中最大的支出是工资,而工资总额在很大程度上取决于组织中的人员分布状况。人员分布状况是指组织中的人员在不同职务、不同级别上的数量情况。当组织处于发展初期时,低层职位的人员较多,人工成本相对便宜。随着时间的推移,组织的发展、人员的职位水平上升、工资的成本也就增加。如果再考虑物价上涨的因素,人工成本就可能超过组织所能承担的能力。在没有人力资源规划的情况下,未来的人工成本是未知的,难免会出现成本上升、效益下降的趋势。所以,通过人力资源规划预测组织人员的变化,逐步调整组织的人员结构,避免人力资源的浪费,使组织人员结构尽可能合理化,组织就可以将员工的数量和质量控制在合理的范围内,从而节省人工成本的支出,大大提高了人力资源的利用效率。

(五) 人力资源规划有助于满足员工需求和调动员工积极性

人力资源规划展示了组织内部未来的发展机会,使员工充分了解自己的哪些需求可以得到满足以及满足的程度。如果员工明确了那些可以实现的个人目标,就会去努力追求,在工作中表现出积极性、主动性、创造性;否则,在前途和利益未知的情况下,员工就会表现出干劲不足,甚至有能力的员工还会采取另谋高就的方法来实现自我价值。如果有能力的员工流失过多,就会削弱组织实力,降低士气,从而进一步加速员工流失,使组织的发展陷入恶性循环。因此人力资源规划显得尤为重要。

(六) 人力资源规划还对人力资源管理的其他职能具有指导意义

人力资源规划作为组织的战略决策,是组织制定各种具体人事决定的基础。人事决定对组织管理的影响很大,如晋升政策、培训政策、分配政策等,而且调整起来也很困难,牵涉到许多方面的问题。例如,组织在未来某一时间缺乏某类有经验的员工,而这种经验的培养又不可能在短时间内实现,那么如何处理这一问题呢?如果从外部招聘,有可能找不到合适的人员,或者成本高,而且也不可能在短时间内适应工作。如果自己培养,就需要提前进行培训,同时还要考虑培训过程中人员的流失可能性等问题。显然,在没有确切信息的情况下,决策是难以客观的,而且可能根本考虑不到这些方面的问题。为了使组织人事政策决策准确无误,就需要准确的人力资源供需信息,在此基础上,组织才能做出各种具体的人事决定。虽然人力资源规划目标的实现需要以人力资源管理的其他职能为基础,但是它反过来对于这些职能也具有一定的指导意义,为它们提供了行动的信息和依据,使这些职能活动可以与组织的发展结合得更加紧密。由此可知,组织通过人力资源规划,使得人员招聘计划、员工培训开发计划、薪酬计划、激励计划等人力资源管理具体职能都能相互协调和配套。

　　一般来说，一个理想的人力资源规划应能发挥以下作用：

　　（1）人力资源规划有助于管理人员预测员工短缺或过剩的情况。在组织发生变动时，仍能维持员工人数的稳定。

　　（2）人力资源规划可以充分利用已有的人力资源，最大限度地实现人尽其才，才尽其用。

　　（3）人力资源规划可以集中注意劳动力供应的来源，吸收人才，提供足够人力，以达到组织预定目标。

　　（4）人力资源规划可以有效地分配人力资源，使各个部门在从事生产经营活动时不致缺乏适当人员。

　　（5）人力资源规划可以避免新进人员在接受在职培训后，因缺乏挑战性的工作机会而离开组织。

　　（6）人力资源规划可以事先做好人员替换计划，防止主要管理人员离开所引起的持续经营问题。

　　人力资源规划对个人和组织都是极其重要的，因为它可以使人力资源得到最合理的使用。对个人来说，人力资源规划可以帮助员工改进自己的工作技巧，使他的能力和潜能得到充分发挥。同时，通过认识工作发展的机会，可以满足个人的期望，从而提高员工的工作效率和劳动生产率。对组织来说，人力资源规划可以确保有足够的管理和技术人力的供应，以应付不断变化的需求与经济环境。

　　在组织经营过程中，人力资源规划的重要性不言而喻，而且必须要系统地、科学地进行，了解组织需要的人力资源，特别是管理人员的供应，这是组织管理现代化的必备条件。

　　人力资源规划主要是从人力资源供应与人力资源需求两个方面去预测在未来一段时间组织所需人力资源的数量，希望达到人力资源供应与需求之间的平衡。

　　对人力资源规划的建立必须达到以下四项基本要求：

　　（1）人力资源规划必须与组织的经营目标相结合。组织的经营目标是指组织在一定时期内的经营方向和经营计划，组织的各项活动必须围绕着经营目标的实现而进行。人力资源管理同样必须以此为基础，组织的人员配置、培训和教育必须与经营目标决定的岗位设置、人员素质要求及各种协作、合作关系相配合。而且对组织员工的激励必须与工作目标相结合。只有这样，才能充分调动员工的积极性、主动性和创造性，从而保证组织目标的实现。

　　（2）人力资源规划必须与组织的发展相结合。组织员工的智慧和创造性是促进组织发展的根本源泉，而组织的发展也必须以一定数量和质量的人员为基础。组织人员的招聘、培养等等都必须考虑到组织长期发展的要求。

　　（3）人力资源规划必须有利于吸引外部人才。现代化组织的竞争是人才的竞争，但对一个组织来说，单从组织内部很难配齐组织竞争和发展所需的各种人才，因此必须向外部招聘优秀人才。组织只有招进所需的各种优秀人才，才能在激烈的市场竞争中立于不败之地。

　　（4）人力资源规划必须有利于增强组织员工的凝聚力。人是组织的主体，能否把员工团结在组织总目标的周围，是人力资源管理的关键。要求组织必须建立"以人为中心"的组织文化，真正关心人、爱护人，充分挖掘人的潜能，使组织总体目标和个人目标同组织文化紧密结合在一起，增强组织员工的凝聚力。

捷达快运的人力资源规划

　　成立于 2002 年 6 月 17 日的捷达快运公司，在依托了远航集团的雄厚资本后，他们把更多的目光瞄在了"知识资本"上。

　　每年的 12 月到下一年的 1 月，是捷达快运制定年度计划的时候。在捷达，年度计划的制定表现为自上而下和由下往上两种逻辑关系。由于捷达快运是远航集团的子公司，因此公司的年度计划是依据远航的整体战略目标制定的。

　　其制定程序是：

　　远航集团下达任务→捷达公司的总经理对任务进行分解→总经理、人力资源部门与各部门协商→确定目标上报总经理→部门与总经理签订目标责任书→人力资源部门与业务部门具体实施监控计划的执行。

　　据悉，捷达快运除了人员的招聘、引进外，还制定了一系列的员工培训、绩效考核、企业文化培养等计划。公司人力资源管理部李先生称，由于捷达刚落户 A 市，人力资源部门正在全面分析竞争对手在人力资源管理方面的优劣势，找出捷达快运在 A市获取优质人力资源的渠道，使捷达快运在人力资源配备上知己知彼、有的放矢地进行人力资源配备，为公司的长远发展提供强有力的人力资源支持。

第二节　人力资源规划的程序

　　人力资源规划是使组织人力资源供给和需求达到平衡的管理过程，它的最终目的是通过人员管理获得和保持组织竞争优势。因此在制定人力资源规划时就必须全面综合地考虑其影响因素，如组织环境、组织战略、战术计划与组织结构等，并在此基础上进行人员审核、招聘、晋升、调动、培训等。

　　人力资源规划的制定是一个复杂的过程，涉及的内容比较多、人员范围比较广，需要多方面的支持和协作。因此，规范、科学的人力资源规划程序是提高组织人力资源规划质量和制定效率的制度保障。

　　人力资源规划的过程可分为四个阶段：准备阶段、预测阶段、实施阶段和评估阶段。图 4-3 表明了组织人力资源规划的一般过程。下面结合这四个阶段对人力资源规划的整个过程进行简要的说明。

　　人力资源规划应有健全的专职单位来推动，并审查其计划、评估其效益，在必要时提供技术上的指导，并做前瞻性规划。人力资源规划的责权划分如表 4-3 所示。

　　原则上可考虑下列几种方式：

　　(1) 由人力资源部门负责办理，各单位与其配合；

　　(2) 由企划部门与人力资源部门协同解决；

　　(3) 由各单位组成任务小组负责解决。

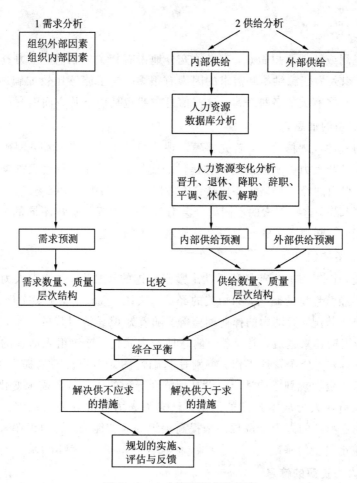

图 4-3 人力资源规划的程序

资料来源：马新建. 人力资源管理与开发. 北京：石油工业出版社，2005

表 4-3 人力资源规划的责权划分

制定人力资源计划的项目	高层管理者	人力资源部门	职能部门经理	相关专家
制定组织战略目标	✓			✓
制定人力资源战略目标	✓	✓	✓	✓
收集相关信息		✓	✓	✓
预测内部 HR 需求		✓	✓	
预测外部 HR 供给		✓		✓
预测内部 HR 供给		✓		
分析组织 HR 现状	✓	✓	✓	✓
制定组织 HR 计划	✓	✓	✓	✓
实施 HRP	✓	✓	✓	
收集 HRP 实施反馈信息		✓	✓	

资料来源：张剑，等. 现代人力资源管理理论与实务. 北京：清华大学出版社，北京交通大学出版社，2010

一、准备阶段

任何一项规划或计划要想做好，都必须充分地占有相关的信息，人力资源规划也不例外。由于影响组织人力资源供给和需求的因素有很多，为了能够比较准确地做出预测，就需要收集和调查与之有关的各种信息。这些信息主要包括以下几方面内容：

（一）经营战略的信息

在收集人力资源规划信息时，首先要确定现阶段的组织经营战略，明确战略对人力资源规划的要求，以及人力资源规划所能够提供的支持。弄清组织的经营战略是制定人力资源规划的前提。组织的经营战略主要包括：战略目标、产品组合、市场组合、竞争重点、经营区域、生产技术等。这些因素的不同组合会对人力资源规划提出不同的要求，因而在制定人力资源规划时，必须要了解与组织经营战略有关的信息。

（二）经营环境的信息

人力资源规划同组织的生产经营活动是紧密相连的，因此，在制定人力资源规划时还要受到组织外部经营环境的制约，如相关的经济、法律、人口、交通、文化、教育等环境，劳动力市场的供求状况，劳动力的择业期望等。随着知识经济时代的到来，市场变化愈加迅速，产品生命周期越来越短，消费者的偏好日趋多元化，导致组织面临的经营环境越来越难以预测，也对人力资源管理工作，特别是基础性的人力资源规划提出了更高的要求。如何使组织的人力资源规划既能适应经营环境变化导致的人力资源需求变化，又能克服固定人力资源框架造成人力成本过高的缺陷，已成为人力资源规划所面临的核心问题。因而，必须通过制定弹性的人力资源规划来提高组织的应变能力，为组织在未来经营环境中的生存和发展奠定坚实的基础。

（三）现有人力资源的信息

分析组织现有的人力资源状况是制定人力资源规划的基础。要实现组织的经营战略，首先应当对组织的人力资源现状进行调查研究，即对现有人力资源的数量、质量、结构、使用状况、员工潜力、流动比率等进行的"盘点"（即全面的统计和科学的分析），根据经验"盘点"的资料应当包括员工的基本信息、工作经历、受教育程度、工作经历、工作业绩记录、工作能力、态度记录等方面的信息。只有及时准确地掌握组织现有人力资源的状况，人力资源规划才有意义，为此就需要借助完善的人力资源信息系统，以便能够及时更新、修正和提供相关的信息。在此基础上，找出现有人力资源与组织发展要求的差距并通过充分挖掘现有的人力资源潜力来满足组织发展的需要。

二、预测阶段

这一阶段是人力资源规划中最具有技术性的部分，其主要任务就是在收集和研究与人力资源供求有关的信息之后，选择合适的预测方法，对组织在未来某一时期的人力资源的需求和供给进行预测，确定需求和供给的数量、质量和结构。即了解组织对各类人力资源在数量和质量上的需求，以及能满足需求的组织内、外部人力资源供给情况，得出人力资源的净需求数据。在进行供给预测时，内部供给预测是重点，外部供给预测应侧重于关键人员。在整个人力资源规划中，这是最关键的一部分，也是难度最大的一部分，直接决定了规划的成败，只有准确地预测出供给和需求，才能采取有效的措施进行平衡。

（一）人力资源需求预测

人力资源需求预测包括短期预测和长期预测，总量预测和各个岗位需求预测。它主要是根据组织战略规划和组织的内外条件选择预测技术，然后对人力资源需求数量、质量和结构进行预测。

人力资源需求预测的典型步骤如下：

（1）现实人力资源需求预测。具体做法为：

① 根据工作分析的结果，来确定岗位编制和人员配置；

② 进行人力资源综合分析，统计出人员的缺编、超编及其是否符合岗位资格要求；

③ 将上述统计结论与部门管理者进行讨论，修正统计结论，得出现实人力资源需求数。

（2）未来人力资源需求预测。具体做法为：

① 根据组织发展规划，确定各部门工作量的变动情况；

② 根据工作量的增减情况，确定各部门需增加或减少的岗位及人数，并进行汇总统计，得出未来人力资源需求数。

（3）未来人力资源流失情况预测。具体做法为：

① 根据员工档案记录，对预测期内退休的人员进行统计；

② 根据历史数据和劳动力市场变化，对未来可能发生的离职情况进行预测；

③ 根据退休和离职情况预测，得出未来人力资源流失数据。

（4）得出人力资源需求预测结果。将现实人力资源需求、未来人力资源需求和未来人力资源流失情况汇总，即得出组织整体人力资源需求预测结果。

（二）人力资源供给预测

人力资源供给预测包括组织内部供给预测和外部供给预测。外部供给预测主要考虑社会的受教育程度、本地区的劳动力的供给状况等。内部供给预测是根据组织的经营状况的变化，确定出规划的各时间点上组织人员的拥有量以及预测规划各时间点上各类人员的可供给量。这一阶段首先要确认全体员工的合格性，对不合格的员工要进行培训和调整，做到人尽其才，才尽其用；对可提升的员工加以鉴别，做出个人的发展培养计划。

人力资源供给预测的典型步骤如下：

（1）内部人力资源供给预测。具体做法为：

① 核查组织现有人力资源，了解组织员工现状；

② 分析组织的职务调整政策和员工调整的历史数据，统计出员工调整的比例；

③ 向各部门的人事决策管理人员了解可能出现的人事调整情况；

④ 根据以上情况，得出预测期内组织内部人力资源供给数据。

（2）外部人力资源供给预测。具体做法为：

① 分析影响外部人力资源供给的地域性因素，包括：组织所在地的人力资源整体现状、组织所在地的有效人力资源的供给现状、组织所在地对人才的吸引程度、组织薪酬对所在地人才的吸引程度、组织能够提供的各种福利对当地人才的吸引程度和组织本身对人才的吸引程度；

② 分析影响外部人力资源供给的全国性因素，包括：全国相关专业的大学生毕业人数

及分配情况、国家在就业方面的法规和政策、该行业全国范围的人才供需状况和全国范围从业人员的薪酬水平和差异；

③ 根据以上情况，得出预测期组织外部人力资源供给数据。

（3）将组织内部人力资源供给预测数据和组织外部人力资源供给预测数据汇总，得出组织人力资源供给总体数据。

三、实施阶段

在供给和需求预测出来以后，就要根据两者之间的比较结果，通过人力资源的总体规划和业务规划，制定并实施平衡供需的措施，使组织对人力资源的需求得到正常的满足。人力资源的供需达到平衡，是人力资源规划的最终目的，进行供给和需求的预测就是为了实现这一目的。

在这一阶段，首先要把组织人力资源需求和供给的预测结果作一个比较，比较结果有三种：供需平衡、供大于求、供不应求。对于供需不平衡的两种情况，组织就需要制定具体的政策和措施来实现组织人力资源的综合平衡。有时供需总数是平衡的，但有的部门供大于求，有的部门供不应求。因此供需比较分析应明确指出组织人力资源供需的结构性失衡所在。

解决人力资源短缺的政策和措施如下：

（1）培训本组织员工，对受过培训的员工根据情况择优提升补缺，并相应提高工资待遇；

（2）进行平行性岗位调动，进行适当培训；

（3）延长工作时间或增加工作量，给予相应的奖励；

（4）重新设计工作以提高员工的工作效率；

（5）雇用全日制临时工或非全日制临时工；

（6）改进技术或进行超前生产；

（7）制定招聘政策，面向组织外部进行招聘；

（8）采用正确的政策和措施调动现有员工的积极性。

解决人力资源过剩的政策和措施如下：

（1）永久性辞退那些劳动态度差、技术水平低、劳动纪律观念淡薄的员工；

（2）精简机构；

（3）重新培训后调往新的岗位，或适当地储备一些人员；

（4）修改组织目标；

（5）减少员工工作时间，降低工资水平；

（6）由多个员工分担同一工作和任务，降低工资水平；

（7）鼓励员工下岗，同时对下岗员工进行培训，使其掌握多种技能，提高竞争力。

总之，组织要根据本组织、本部门的特点和具体情况，制定出相应的政策措施，以达到人力资源在数量、质量、层次、结构上的协调平衡。在制定相关措施的时候，人力资源管理人员应当注意，务必使人力资源的总体规划和业务规划与组织其他规划相互协调，只有这样人力资源规划才能得以有效实施。例如，如果财务预算没有增加相应的费用，人员的招聘计划就无法实施。

人力资源规划除了要考虑组织人力资源的供需平衡外，还要尽量实现组织需要与员工个人需要之间的平衡。实现两者平衡的人力资源规划手段见表4-4。

表4-4　实现组织需要和员工需要平衡的人力资源规划

组织需要	员工需要	人力资源规划手段
专业化	工作丰富化	工作设计
人员精简	工作保障	培训计划
人员稳定	寻求发展	职业生涯计划
降低成本	提高待遇	生产率计划
领导的权威	受到尊重	劳动关系计划
员工的效率	公平的晋升机会	考核计划

资料来源：王明琴. 人力资源管理. 北京：科学出版社，2009

一般来说，组织编写人力资源具体规划需要经过以下几个过程，如图4-4所示。

（1）编写人员配置计划。根据组织发展战略规划，结合组织人力资源盘点报告，来制定人员配置计划。人员配置计划阐述了组织每个职务的人员数量、人员的职务变动、职务空缺数量的补救办法等。制定人员配置计划的目的是描述组织未来的人员数量和素质构成。

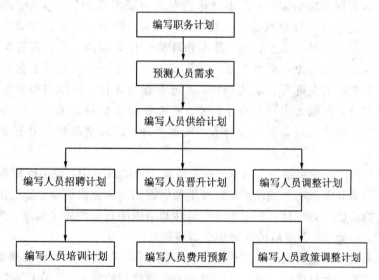

图4-4　人力资源规划编写

资料来源：卿涛. 人力资源管理概论. 北京：清华大学出版社，2006

（2）配置人员需求。根据职务计划和人员配置计划，使用预测方法来进行人员需求预测。人员需求中，应阐明需求的职务名称、人员数量、希望到岗时间等。最好形成一个有标明人员数量、招聘成本、技能要求、工作类别及完成组织目标所需要的管理人员数量和层次的分列表。实际上，预测人员需求是整个人力资源规划中最困难和最重要的部分。因为它要求以富于创造性、高度参与的方法来处理未来经营和技术上的不确定问题。

人员供给计划是人员需求的对策性计划。它是在人力需求预测和供给预测的基础上，平衡组织的人员需求和人员供给，选择人员的供给方式，如外部招聘、内部晋升等。人员供给计划主要包括招聘计划、人员晋升计划和人员内部调整计划等。

（3）制定培训计划。在选择人员供给方式的基础上，为了使员工适应工作岗位的需要，制定相应的工作计划，对员工进行培训是相当重要的。培训包括两种类型，其中一种是为了实现提升而进行的培训，如招聘进来的员工接受岗位技能培训。培训计划中包括培训政策、培训需求、培训内容、培训形式、培训考核等内容。

（4）编写人力资源费用的预算。人力资源规划的一个重要任务，就是控制人力资源成本，提高投入产出比例。为此，必须对人力资源费用进行预算管理。在实际工作中，应列入预算范围的人工费用很多，常见的有招聘费用、培训费用、调配费用、奖励费用及其他非员工直接待遇但与人力资源开发利用有关的费用。

（5）编写人力政策调整计划。人力资源政策调整计划，是对组织发展和组织人力资源管理之间的主动协调，目的是确保人力资源管理工作主动地适应组织发展的需要。其任务是明确计划期内人力资源政策的方向、范围、步骤及方式等。人力资源政策调整计划应明确计划期内的人力资源政策的调整原因、调整步骤和调整范围等。其中，包括招聘政策、绩效考评政策、薪酬福利政策、职业生涯规划政策、员工管理政策等。

四、评估阶段

当人力资源规划实施结束后，并不意味着对人力资源规划执行完毕。接下来，对人力资源进行综合地审查与评价也是必不可少的。对人力资源规划实施的效果进行评估是整个规划过程的最后一步，由于信息、技术和环境变化等原因，人力资源预测不可能做到完全准确，因此人力资源规划也不是一成不变的，它是一个开放的长久持续的动态过程，而需要根据实际情况进行相应的调整。通过审查与评价，可以调整有关人力资源方面的项目及其预算，控制人力资源成本；可以听取管理人员和员工对人力资源管理工作的意见，动员广大管理人员和员工参与人力资源管理，以利于调整人力资源规划和改进人力资源管理。

人力资源规划的评估包括两层含义：一是指在实施的过程中，要随时根据内外部环境的变化来修正供给和需求的预测结果，并对平衡供需的措施做出调整；二是指要对预测的结果以及制定的措施进行评估，对预测的准确性和措施的有效性做出衡量，找出其中存在的问题以及有益的经验，为以后的规划提供借鉴和帮助。

对人力资源规划调整的关键是积极反馈和正确评估。在实施人力资源规划之前，人力资源管理人员应当积极收集组织内各部门对人力资源规划的意见，认真检查规划的预测方法和预测结果，评价人力资源规划措施的可行性。在实施人力资源规划过程中，人力资源管理人员应当合理掌握实施进度，及时发现实施中出现的各种偏差，积极分析引起偏差的原因，及时纠正实施过程中的各种问题。在人力资源规划实施一个阶段后，人力资源管理人员应当积极评价人力资源规划实施效果，对人力资源规划进行调整和修正。

在评价人力资源规划时，首先可以从以下几个方面对人力资源规划的合理性进行间接的判断：

（1）人力资源规划者对问题的熟悉程度和重视程度。规划者对人力资源问题的熟悉程度越高、重视程度越高，人力资源规划的合理性就越大。

（2）人力资源规划者与提供数据者以及使用人力资源规划的管理人员之间的工作关系。这三者之间的关系越好，制定的人力资源规划就可能越合理。

（3）人力资源规划与相关部门进行信息交流的难易程度。信息交流越容易，越可能制定出合理的人力资源规划。

（4）人力资源规划在管理人员心目中的地位和价值。管理人员越重视人力资源规划，人力资源规划者也就越重视人力资源规划的制定过程，制定的规划才能客观、合理。

其次，可以对人力资源规划的实施结果，即人力资源规划所带来的效益进行评价，以判断人力资源规划合理性和有效性。在评价时可以通过以下方面的比较来鉴别：

（1）实际招聘人数与预测需求人数的比较；

（2）劳动生产率的实际提高水平与预测提高水平的比较；

（3）实际的执行方案与规划的执行方案的比较；

（4）实际的人员流动率与预测的人员流动率的比较；

（5）实施行动方案后的实际结果与预测结果的比较；

（6）劳动力的实际成本与预算成本的比较；

（7）行动方案的实际成本与预算成本的比较。

以上项目之间的差距越小，说明人力资源规划越合理。在对人力资源规划的审查与评价过程中还要注意选择正确的方法，以保证审查与评价的客观、公正与准确。

对审查与评价的结果进行及时的反馈是实行人力资源规划不可缺少的步骤。通过反馈，我们可以知道原规划的不足之处，对规划进行动态的跟踪与修改，使其更符合实际，更好地促进组织目标的实现。

第三节 人力资源供需预测与平衡

人力资源预测是人力资源规划的重要一环，通过人力资源规划，组织可以及早发现人力不足或人浮于事的现象。为了保证人力资源规划的合理性，必须对人力资源需求和供给进行准确预测。人力资源预测是指组织在评估和预言的基础上，对未来一段时期内人力资源状况的假设。由组织外部环境考察所获得的信息和组织内部优势与弱势的分析资料，可以进行组织的人力资源供求预测。人力资源预测可以分为人力资源需求预测和人力资源供给预测。

一个系统的人力资源规划过程一般包括下列步骤：

（1）人力资源需求预测；

（2）人力资源供给分析（包括内在和外在劳动力市场供给）；

（3）平衡人力资源供需的考虑；

（4）人力资源规划方案制定；

（5）人力资源规划的控制和评估。

以上整个过程是循环的。不同规模的组织在人力资源规划过程中存在多种多样的差异，但在主要方面是大同小异的。本节主要介绍三方面内容，即人力资源的需求预测、供给预测以及人力资源管理供需的平衡。

一、人力资源管理的需求预测

人力资源需求预测，是指以组织的战略目标、发展规划和工作任务为出发点，综合考虑各种因素的影响，对组织未来人力资源需要的数量、质量和时间等进行评估的活动。

人力资源需求预测可从宏观和微观的角度去分析。宏观角度是整体性的，需要了解整个行业，甚至整个社会对人力资源的需求；而微观角度只是从组织本身去了解人力资源需求的情况。

从宏观来说，要了解国家向各行业提供目前就业市场及今后人力资源需求的资料。在人力资源评估方面，根据调查材料，分析人力资源结构及技术人员不足的情况；预测人力资源需求，并考虑人才流失问题；统计不同行业相类似的主要职务的年度需求等。这些资料对于了解人力资源的整体需求有很大作用。从微观来说，虽然组织受到外部社会经济因素的影响，但是，这些外部因素对组织的影响程度可能是不同的。因此，组织必须从本身的立场去预测未来人力资源需求的情况。

人力资源需求预测是根据组织发展的要求，对将来某个时期内组织所需员工的数量和质量进行预测，进而确定人员补充的计划方案实施教育培训方案。人力资源需求预测是组织编制人力资源战略规划的核心和前提条件。预测的基础是组织发展规划和组织年度预算。对人力资源需求预测要持动态的观点，要考虑到预测期内劳动生产率的提高、工作方法的改进及机械化、自动化水平的提高等变化因素。

人力资源需求预测和产品或服务需求预测同等重要，错误的预测会造成巨额的成本浪费。人力资源需求预测是指对组织未来某一特定时期内所需人力资源的数量、质量以及结构进行估计。预测的内容包括要达到组织目标所需的员工数目和类别，预测的方法多种多样。在进行预测时，要考虑三个重要因素，即组织的目标和战略、生产力或效率的变化及工作设计或结构的改变。

（一）影响人力资源需求的因素

影响人力资源需求的因素是多方面的，在评估未来人力资源需求时，必须考虑下列因素：

1. 社会经济发展水平

随着国民经济的快速发展，第三产业的发展也加快了脚步，人力资源随之向第三产业转移，使得组织对劳动力的需求结构发生了重大变化，就业机会不断增加，妇女等劳动力的就业情况也有了明显改善。社会经济的增长会带动市场经济的繁荣，组织接受的订单增加，自然就对员工的需求增加。否则，对员工的需求就会减少。

2. 生产量或销售量

生产量和销售量是决定人力资源需求的最重要的因素。生产量大，必然需要更多的员工进行生产，以满足市场的需求。

3. 扩充计划

一个组织的扩充计划及其未来规模的大小，将决定着组织未来所需员工的数量。如一家汽车制造公司，其目前生产能量已达到饱和，预计三年后将无法供应市场需求，因此该公司计划两年后着手建新厂，以期望第三年后增加生产能量。因此，必须扩充计划，可以从未来生产量的大小来预估所需增加的人力资源。

4. 生产方法的改变

在众多的影响因素中，技术水平对人力资源需求的影响是非常大的，既有正方向的影响，也有反方向的影响。例如，有了新技术，一方面会生产出新产品，从而扩大对劳动力的需求；另一方面，由于新技术使生产率大大提高，从而可以减少对人力资源的投入。又例如，自动化机器用于工厂及电子计算机用于会计部门等，可能造成某些人力需求的减少，或者造成其他种类员工需求的增加。

5. 对产品需求的改变

如果市场对企业生产的产品需求量增加，那么就必须增加设备及员工，以提高产量。此外，需求形态的改变和产品季节性的变化，都会影响组织对人力资源的需求出现季节性的变化。

6. 管理技巧的改变

组织内部可能因引进新的管理技巧，使生产力及效率提高，因而影响人力资源需求的变化。

7. 人力资源自身因素

组织人员的状况对人力资源需求也有重要影响。例如，退休、辞职、辞退人员的多寡，合同期满后终止合同人员数量，死亡、休假人数等都直接影响人力资源需求量。

（二）人力资源需求的分析

组织的人力资源需求是一种引致需求，它最终取决于市场对组织产品和服务的需求。因此在进行人力资源需求预测之前，先要预测组织产品或服务的需求，然后再在一定技术和管理条件下，将这一预测转换为满足产品或服务需求所需的员工数量和质量预测。因此人力资源需求预测需要对下列因素进行分析。

1. 产品和需求预测

产品和需求预测通常是从行业和企业两个层次对市场需求进行预测。从行业角度看，不同行业的产品侧重于满足消费者不同方面的需求，它受到消费者人数、消费者偏好、收入水平、价格水平以及政治、经济、社会、技术等直接和间接、长期与短期因素的影响。因此行业需求既有长期的稳定趋势，也有短期波动现象，市场对个别企业产品和服务的需求决定了它在整个行业中的市场份额，而行业需求又取决于企业与竞争对手在产品质量、成本价格、品牌信誉、促销努力等多个方面的差距。

一般地，在生产技术和管理水平不变的条件下，企业产品需求与人力资源需求呈正相关关系，当企业产品和服务需求增加时，企业内设置的职位和聘用的人数也会相应地增加。

2. 组织的发展战略和经营规划

组织的发展战略和经营规划一方面取决于组织外部市场环境，尤其是企业产品和服务的需求状况，另一方面也取决于组织对外部市场环境的应对能力和独特的目标要求。组织的发展战略和经营规划直接决定了组织内部的职位设置情况以及人员需求数量与结构。当组织决定实行扩张战略时，未来的职位数和人员数肯定会有所增加，如果组织对原有经营领域进行调整，未来组织的职位结构和人员构成也会相应地进行调整。

3. 生产技术和管理水平的变化

不同的生产技术和管理方式很大程度上决定了组织内部的生产流程和组织方式，进而决定了组织内职位设置的数量和结构。因此，当组织的生产和管理技术发生重大变化时，会引起组织内职位和人员情况的巨大变化。当组织采用效率更高的生产技术的时候，同样数量的市场需求可能只需要很少的人员就可以，同时新的技术可能还要求组织用能够掌握新技能的员工来替换原有员工。但是新的技术也可能会有一些新的职位要求，如设计、维修等，也会在一定程度上增加对某一类员工的需求。

影响组织人力资源需求的因素很多，而且不同的组织影响因素会有所不同，即使是同一种影响因素，对人力资源需求的实际影响也有所差异，因此人员需求预测应根据组织的具体情况，分析和筛选出对组织人力资源需求影响最为关键的因素，并确定这些因素对人力资源需求的实际影响，然后根据这些因素的变化对组织人力资源需求状况进行预测。

（三）人力资源需求预测方法

一个组织由于变革、成长、员工离退休、辞职等内部的变化，或由于经济发展等外部环境的改变，使得组织在每个时期内所需要的人力资源往往不同。人力资源需求预测，就是根据组织内外部这些影响人力资源需求的因素，针对其可能的变化，预测未来数年组织所需要的人力资源，以便及时制定招聘计划，在最适当的时机供给组织适当的人力资源，以免造成人力资源供需的失调，而使组织蒙受损失。

人力资源预测的方法较多，既有定性分析预测方法，也有定量分析预测方法，这里主要简述几种最常用的人力资源需求预测方法。

1. 定性分析预测方法

1）经验预测法

组织管理者因为业务关系经常接触员工，最了解实际情况，他可以凭着个人以往的经验直觉对人力资源影响因素的未来变化趋势进行主观判断，估计组织未来人力资源的需求。例如，管理者可以根据前期任务完成情况，预测未来某一时期内，增加相同任务的量，将需要增加多少员工。也可以预测未来某一时期内，本组织内将有哪些岗位上的人员将会离开，如晋升、退休、辞退、调动等，这些岗位需要人员替补。在实际操作中，一般先由各个部门的负责人根据本部门未来一定时期内工作量情况，预测本部门的人力资源需求，然后再汇总到组织高层管理者那里进行平衡，以确定组织最终需求。如果组织规模不太大，而管理者具有多年的经验与丰富的学识，这种方法不失为一种简单、快速、易行的人力资源需求估计法。

根据过去经验将未来活动水平转化为人力需求的主观预测方法，即根据每一产量增量估算劳动力的相应增量。经验预测法建立在启发式决策的基础上，这种决策的基本假设是：人力资源的需求与某些因素的变化之间存在着某种关系。由于此种方法完全依靠管理者的个人经验和能力，所以预测结果的准确性不能保证。它适用于任务与人力资源需求较简单的状况，并且主要是短期内的预测。

2）德尔菲法

德尔菲法（Delphi Method）也称集体预测法，是归纳专家或有经验的管理人员对影响组织发展的某一问题进行预测并通过多轮反馈最终达成一致意见的程序化方法，由美国兰德公司在 40 年代末提出。这种方法主要依靠专家的知识、经验和分析判断能力，对人力资源的未来需求做出预测。

德尔菲法的基本特点是：一是专家参与，即吸收同学科或不同学科的专家共同参与预测，集思广益，博采众长；二是匿名进行，即参与预测的专家互不见面也互不知情，单独做出自己的判断；三是多次反馈，即预测过程必须经过几轮反馈，使专家的意见相互补充、启发，并渐趋一致；四是采取统计方法，即将每一轮反馈来的预测结果用统计方法加以处理，做出定量的判断；五是要给专家提供充分的资料和信息，使他们能够进行判断和预测。

具体操作程序如下：

（1）组织广泛地选择各个方面的专家；

（2）主持预测的人力资源部门要向专家说明预测对组织的重要性，确定关键的预测方向，解释变量和难题，并列举预测小组必须回答的一系列有关人力资源预测的具体问题；

（3）采用寄发调查表或问卷的形式，以不记名的方式征询专家们（通常6～12人）对问题的看法，专家各自独立提出自己的意见；

（4）第一轮预测后，收集、汇总专家意见，并将这一综合结果反馈给他们；

（5）重复上述步骤3～5次，让专家们有机会修改自己的预测并说明原因，直到专家意见趋于一致。

听取专家对未来发展的分析意见和应采取的措施，并通过多次反复以达到在重大问题上较为一致的看法。通常经过四轮咨询，专家们的意见可以达成一致，而且专家的人数以10～15人为宜。

德尔菲法的特征有：

（1）资源利用的充分性。由于吸收不同的专家与预测，充分利用了专家的经验和学识；

（2）最终结论的可靠性。由于采用匿名的方式，能使每一位专家独立地做出自己的判断，不会受到其他繁杂因素的影响；

（3）最终结论的统一性。预测过程必须经过几轮的反馈，使专家的意见逐渐趋同。

正是由于德尔菲法具有以上这些特点，使它在诸多判断预测或决策手段中脱颖而出。这种方法的优点主要是简便易行，具有一定科学性和实用性，可以避免会议讨论时产生的害怕权威随声附和，或固执己见，或因顾虑情面不愿与他人意见冲突等弊病；同时也可以使大家发表的意见较快收敛，参加者也易接受结论，具有一定程度综合意见的客观性。此方法操作的关键点：一是如何提出意义明确的预测问题，二是如何将专家意见进行梳理归纳。

此方法的优点是避免了人际关系、群体压力，以及难以将专家在同一时间、同一地点集中的缺点；这种方法既可以用于预测"渐变"式的发展过程，也可用于预测"跃变"式的变化过程，适用于中期和长期的人力资源预测。

使用德尔菲法应注意的问题有：

（1）尽量避免专家在预测中倾向性选择信息和冒险心理效应。在预测的专家培训中，必须强调各自的独立判断；在预测过程中，应注意保密，避免人际压力的影响。最好的办法是由独立的机构而不是人力资源部来汇总、处理信息。

（2）与名义团体法配套使用。德尔菲法的难点在于如何提出简单明了的问题，如何使专家对预测中涉及的各种概念和指标理解一致，以及如何将专家意见归纳总结。如果在预测前能对专家进行全面的培训，预测后再集中专家采用名义团体法进行讨论，最后达成一致意见，效果会更好。

3）微观集成法

微观集成法可分为"自上而下"和"自下而上"两种方式。

"自上而下"是指有组织的高层管理者先拟定组织的总体用人计划和目标，然后逐级下达到各具体职能部门，开展讨论和进行修改，再将有关意见汇总后反馈回高层管理者，由高层管理者据此对总的预测和计划做出修改后，予以公布。

"自下而上"是指组织中的各个部门根据本部门的发展需要预测未来某种人员的需求量，然后再由人力资源部门进行横向和纵向汇总，最后根据组织经营战略形成总的预测方案。

4）工作研究法

工作研究法是在分析和确定组织未来任务和组织流程的基础上，首先确定组织的职位设置情况，然后根据职位职责，计算每个职位工作量及相应的人员数量。工作研究法的关键是工作量的计算和分解，因而必须制定明确的岗位用人标准以及职位说明书。

2. 定量分析预测法

定量分析预测法主要是通过对过去的变化趋势来预测未来变化趋势的一种方法，需要掌握大量的相关因素及数据资料才能进行。例如，通过对一个企业几年来的离职率的平均统计，就可以预测未来的人员需求量。常用的定量分析预测法主要有以下几种：

1）回归分析预测法

人力资源的需求水平通常总是和某个因素有关，当这种关系是一种高度确定的相关关系时，从而得出一个回归方程。回归分析预测是通过建立人力资源需求量与其影响因素间的函数关系，从影响因素的变化推知人力资源需求变量的一种预测技术。这一方法的问题在于找出和人力资源有高度相关性的变量；另外，在应用这一方法时，这些变量的历史数据必须是容易得到的，同时实际数值与线性数值的差距越少，这条线就越接近事实，越有助于预估未来。应用线性回归模型可求得一个简单方程式说明曲线的常数和斜率。

$$Y = a_0 + a_1 X_1 + a_2 X_2 + \cdots\cdots + a_n X_n$$

实际工作中往往是多个因素共同决定组织人力资源需求量，且这些因素与人力资源需求量呈线性关系，所以多元回归分析在预测组织人力资源需求量方面应用广泛。

当处理的是一个自变量 x 与因变量 y 之间线性关系时，称为一元线性回归预测方法。如果处理两个以上自变量与因变量之间的线性关系多元线性回归预测法。

例：某公司生产一种产品，产量与员工数量统计数据如下表，试求生产量为 180 件时的员工数量。

产量（千件）x_i	40	42	48	55	65	79	88	100	120	140
员工数（人）y_i	150	140	152	160	150	162	175	165	190	185

根据 x_i，y_i 的历史统计数据，分析研究其变化规律。

建立预测模型：

设这条直线的方程为

$$y = a + bx$$

其中，y 为因变量，x 为自变量，a、b 均为待定方程系数。

设第 i 个数据点 (x_i, y_i) 观测值误差为 e_i

$$e_i = y_i - y = y_i - (a + bx_i)$$

n 个观测值的总误差：

$$\sum_{i=1}^{n} e_i = e_1 + e_2 + \cdots + e_n = \sum_{i=1}^{n} \left[y_i - (a + bx_i) \right]$$

误差代数和形式有正有负，不能真正反映总误差，一般采用误差平方和表示误差，即

$$Q = \sum_{i=1}^{n} e_i^2 = \sum_{i=1}^{n} [y_i - (a + bx_i)]^2$$

要使误差平方和 Q 最小，根据微分学原理，Q 分别对 a、b 求偏导数，并令其等于零，即：

$$\begin{cases} \dfrac{\partial Q}{\partial a} = \dfrac{\partial}{\partial a} \sum_{i=1}^{n} [y_i - (a + bx_i)]^2 = 0 \\ \dfrac{\partial Q}{\partial b} = \dfrac{\partial}{\partial b} \sum_{i=1}^{n} [y_i - (a + bx_i)]^2 = 0 \end{cases}$$

联立上两式求解得：

$$a = \bar{y} - \bar{b}x$$

$$b = \frac{\sum_{i=1}^{n} (x_i - \bar{x})(y_i - \bar{y})}{\sum_{i=1}^{n} (x_i - \bar{x})^2}$$

式中：$\bar{x} = \dfrac{1}{n} \sum_{i=1}^{n} x_i$，$\bar{y} = \dfrac{1}{n} \sum_{i=1}^{n} y_i$，$n$ 为观测次数。

代入数据得：

$a = 129.3181$　　　$b = 0.4322$

当产量为 180 千件时，所需的员工数为

$$y = 129.3181 + 0.4322 \times 180 = 207（人）$$

与一元线性回归模型一样，多元回归模型的回归系数估计也是采用最小平方法。但多元线性回归模型的检验要比一元的情况复杂得多，既要检验自变量整体与因变量之间的相关程度，也要检验单个自变量与因变量之间的相关程度，还要检验模型本身是否存在自相关。常用的检验方法有：R 检验、F 检验、t 检验和 DW 检验。在模型通过上述四个检验后，就可以利用模型进行区间估计和点估计了。

2）转换比率分析预测法

人力资源需求分析是要揭示未来经营活动所需要的各种员工的数量。转换比率分析法是一种将组织的业务量转换为人力需求的方法，这种方法适合于人力资源短期需求的预测。其具体操作过程是：首先估计组织中关键岗位所需的员工数量，然后根据这一数量估计辅助人员的数量，从而汇总出组织的人力资源总需求。组织经营活动规模的估计方法是：经营收益＝人力资源数量×人均生产率。例如，销售收入＝销售人员数量×人均销售额。在使用这种方法将组织的业务量转换为对人力的需求量时，实际上是以组织过去的人力需求数量同某个影响因素的相互关系为依据，对未来的人力需求进行预测。如可根据过去的销售与销售人员数量的比率，预测未来的销售业务量对销售人员的需求，再根据销售人员对文秘人员的比率，预测未来的文秘人员需要量等。

需要指出的是，这种方法以假定组织生产率不变为前提。如果考虑到生产率变化对员工需求量的影响，则要使用更具体的预测方法。其计算公式为：

计划期末需要的员工数量＝目前的业务量＋计划期业务的增长量/目前人均业务量

×（1＋生产率的增长率）

应该注意的是，这种预测方法有两个特点：一是进行估计是需要对规划期的业务增长量、目前人均业务量、生产率增长率等进行较精确的估计；二是这种预测方法只考虑员工的总量，没有说明其中不同类别人员的情况。

3）人力资源成本分析预测法

人力资源成本分析预测法使用的公式为：

$$NHR = \frac{TB}{(S+BN+W+O)(1+a\%\times T)}$$

式中：NHR 指未来一段时间内所需要的人力资源；TB 为未来一段时间内人力资源预算总额；S 为目前每位员工的平均工资；BN 为目前员工的平均奖金；W 为目前每位员工的平均福利；O 为目前每位员工的平均其他支出；a% 为组织计划每年人力资源成本增加的平均百分比；T 指未来一段时间的年限。

例如：某公司三年后人力资源预算总额是 500 万元/月，目前人均工资是 1500 元/月，人均奖金是 300 元/月，人均福利是 720 元/月，人均其他支出是 80 元/月，公司计划人力资源平均每年增加 5%，试预测三年后需要的人力资源。

$$NHR = \frac{5\ 000\ 000}{(2500+300+720+80)\times(1+5\%\times 3)} \approx 1208\ 人$$

4）趋势外推预测法

趋势外推预测法是通过对组织在过去五年或者更长时间中的员工雇佣变化情况进行分析，然后以此为依据来预测组织未来人员需求的技术。这种方法既可以对组织进行整体预测，也可以对组织的各个部门进行结构性预测。其典型的步骤如下：

（1）选择相关变量。选择一个相关的因素，这个因素直接影响到组织对人力资源的需求。如：销售额、生产率等。

（2）分析相关变量与人力资源需求的关系。分析此因素与所需员工数量的比率形成一种劳动生产率指标，如：生产量/小时等。

（3）计算生产率指标。根据以往五年或五年以上的生产率指标，求出均值。

（4）计算所需人数。用相关变量除以劳动生产率得出所需人数。

趋势外推预测法作为一种初步预测是很有价值的，但它有很大的局限性，因为组织人力资源需求不可能只受单个因素的影响，比如组织管理的改善可能少用员工，组织成本预算会使组织人力资源需求受到更多的限制。在使用这种方法进行预测时，一定要注意前提条件是假定组织比较稳定。趋势外推预测法一般只适用于短中期预测或比较稳定时的人力资源预测。

5）人力资源学习曲线分析法

如图 4-5 所示，是人力资源学习曲线。由原始曲线作相应变换，可得到用于人力资源需求预测的曲线，如图 4-6 所示。纵轴的单位成本变成单位产品的工作时间，横轴生产经验积累换成时间年，因为员工的生产经验随工作时间的延长而增加，以时间为单位就可以表示出员工工作经验的积累。于是经上述转换后的新曲线便表示了随着员工工作年限的延长（实为工作经验的积累），完成同样的工作任务，所需的时间越来越少，于是单位产品上人力资源的花费成本也随之下降；更深层次的意义在于，若组织的工作任务量或业务量不变（即生产规模不变），随着时间的推移，其人员的需求量会随着员工工作经验的积累而呈下降趋势。

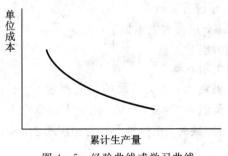

图 4-5　经验曲线或学习曲线

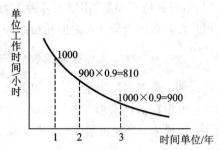

图 4-6　人力资源学习曲线经相应转换后的曲线

二、人力资源管理的供给预测

人力资源的供给预测就是指对在未来某一特定时期内能够供给组织的人力资源的数量、质量以及结构进行估计。由于超出组织获取能力的供给对组织来说是没有任何意义的，因此在预测供给时必须对有效的人力资源供给进行预测。一般来说，对于多数实行长期雇用的组织来说，人力资源的供给包括内部供给和外部供给两个来源，内部供给是指从内部劳动力市场提供的人力资源；外部供给是指从外部劳动力市场提供的人力资源。

（一）人力资源内部供给预测

1. 马尔可夫分析法

"马尔可夫链模型"主要是分析一个人在某一阶段内由一个职位调到另一个职位的可能性，即调动的概率。该模型提出了一个基本假设，即过去内部人事变动的模式和概率与未来趋势大体相同。实际上，这种方法是要分析出组织内部人力资源的流动趋势和概率，如升迁、转职、调动或离职等方面的情况，以便为内部人力资源的调配供应提供依据。

组织能否有效地保留现有人才，可以利用人力资源损耗曲线来分析，并研究其原因。一般人力损耗的模式是用一条曲线来表示任职时间的长短与离职的关系。在工作的最初一段时间内，人力损耗会比较多，随着时间的推移，人力损耗会急剧增加，主要是由于员工未能适应新的工作环境、管理方式、工作要求及人际关系，因此离职率较高，甚至达到一个高峰。但是，过了一段时间，离职率开始递减，其原因是新聘员工过了适应期后，逐步适应了工作，进入胜任阶段，就不会再轻易地提出调动工作的要求。事实上，由于解聘、自动离职、退休等原因，人力损耗现象是无法避免的。人力损耗曲线如图 4-7 所示。

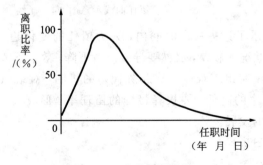

图 4-7　人力损耗曲线

"马尔可夫链模型"常用以下几种人力损耗指标进行分析：

（1）人力损耗指数。人力损耗指数即为离职率，用公式表示如下：

$$人力损耗指数 = \frac{某一时期内离职人数}{该期间平均人数} \times 100\%$$

这说明，员工离职率越高，组织的人力损耗就越大，人力资源的供应就越差。根据这种分析，组织在估计未来人力供应时，必须考虑离职率的实际情况，保证人力供应有充分余地。一般说来，当经济繁荣、失业率低、劳动力短缺时，工作机会就会相应增加，离职率也会提高。

（2）人力稳定指数。这个指数只计算出组织在某一时间内员工任职的人数比例，但没有考虑人力的流动问题，用公式表示如下：

$$人力稳定指数 = \frac{目前服务满一年以上的人数}{一年前总人数} \times 100\%$$

这个指数没有考虑人力的流动，只计算了能任职一段时间的人数比例。

（3）服务期间分析。这种方法用于分析员工职位、职务期间与离职等情况的相互关系，以作为预测离职的参考。分析方法主要是观察并详细记录员工离职的情况，并进行横向或纵向的分析。

（4）留任率。留任率用公式表示如下：

$$留任率 = \frac{一定期间后仍在职人员}{原在职人员} \times 100\%$$

这项指标可以为未来组织内部人力资源的供给提供参考依据，如以横坐标表示服务时间，纵坐标表示留任比率，便可画出留任曲线，如图 4-8 所示。

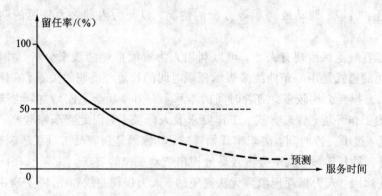

图 4-8　留任曲线示意图

图中的留任曲线显示了过去一段时间内，人力留任的变化趋势。若组织员工留任率低，说明组织各方面的状况比较差，必然要导致产量下降，效益下滑，人力成本增加。若组织员工留任率太高，也说明组织难以形成新陈代谢的机制，对组织未来发展不利。因此，组织通过分析员工留任率的高低，要抉择最佳的留任率，形成人力资源的有效配置和流动，这样才有利于组织的发展。

2．继任卡法（替补图法）

1）继任卡的一般形式

继任卡的一般形式如表 4-6 所示。

表 4-6 继 任 卡 表

A				
B				
C		D		E
C1	1	D1	B1	A1
C2	2	D2	B2	A2
C3	3	D3	B3	A3
CE	紧急继任者		DE	BE

表格说明如下：

① A填入现任者晋升可能性，且用不同颜色表示晋升可能性大小——甲级（红色）表示应立即晋升，乙级（黑色）表示随时可以晋升，丙（绿色）表示在1~3年内可以晋升，丁（黄色）表示在3~5年可以晋升。

② B填入现任者的职务；C填入现任者的年龄，仅是为了考虑何时退休之用；D填入现任者姓名；E填入现任者任现职的年限。

③ 1、2、3分别代表三位继任者。

④ C1、C2、C3，D1、D2、D3，B1、B2、B3，A1、A2、A3分别表示三位继任者的年龄、姓名、职务和晋升的可能性（和现任者的字母含义一样）。

⑤ 最后一行为紧急继任（如当现任者突然死亡、突然辞职等）者在年龄、姓名、职务方面的情况。

2）继任卡的运用

可通过一个实例来说明其运用，例子如下：

某公司销售副总经理吴大伟，50岁，任现职已5年，晋升为总经理的可能性为乙级；三位销售副总经理继任者的情况如下：周志新，45岁，销售部经理，晋升为销售副总经理的可能性为乙级；朱仁明，41岁，市场部经理，晋升为销售副总经理的可能性为丙级；陈晓东，36岁，销售助理，晋升为销售副总经理的可能性为丙级。显然紧急继任者为周志新。

销售副总经理B			
50岁	D 吴大伟		5年 E
45岁	1	周志新	销售部经理	乙（黑）
41岁	2	朱仁明	市场部经理	丙（绿）
36岁	3	陈晓东	销售助理	丙（绿）
45岁	紧急继任者	周志新	销售部经理

由上例可知，继任卡的运用第一方面使组织不会由于某个人的离去而影响工作；第二方面显示某些员工需要经过一段时间的培训和实践才能晋升（如丙级则需要1~3年的时间）；第三方面使员工分析和看到自己的职业生涯道路，从而及早为自己设计发展的目标。

3. 人员置换图解法

人员置换图解法是对各现有岗位人员进行考核评价，分析其可能流动的方向，从而对人员的流动情况实现控制和测量的一种图示分析法。图4-9为某公司管理人员置换图。

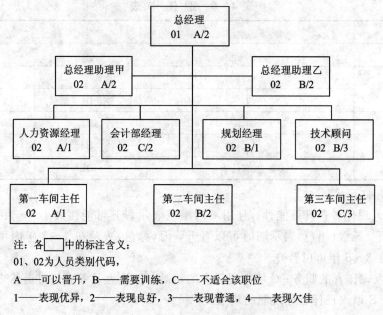

注：各 □ 中的标注含义：

01、02为人员类别代码，

A——可以晋升，B——需要训练，C——不适合该职位

1——表现优异，2——表现良好，3——表现普通，4——表现欠佳

图 4-9　某公司管理人员置换图

总经理可能晋升，出现候选人的选择问题，而这个选择则可以从图解中获得一定的信息：总经理的接替者只有甲和乙，而只有甲具备晋升资格，乙还需要少量训练，所以就可以让甲接替总经理的位置；而甲的晋升又让总经理助理的位置出现空缺，这时只有人力资源经理具备直接晋升的条件，所以可以让人力资源经理接替甲的位置。

4. 人力资源"水池"模型

人力资源"水池"模型是在预测组织内部人员流动的基础上来预测人力资源的内部供给，它与人员替换有些类似，不同的是人员替换是从员工出发来进行分析的，而且预测的是一种潜在的供给；"水池"模型则是从职位出发进行分析的，预测的是未来某一时间现实的供给。这种方法一般要求针对具体的部门、职位层次或职位类别来进行，由于它要在现有人员的基础上通过计算流入量和流出量来预测未来的供给，这就好比是计算一个水池未来的蓄水量，因此称为"水池"模型。下面通过一个职位层次分析的例子看一下这个模型是如何运用的。

首先，我们要分析每一层次职位的人员流动情况（如图 4-10 所示），可以用下面的公式来进行预测：

　　　　未来的供给量＝现有的人员数量＋流入人员的数量－流出人员的数量

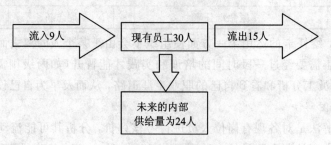

图 4-10　某一层次职位的内部人力资源供给图

对每一层次的职位来说，人员流入的原因有平行调入、上级职位降职和下级职位晋升；流出的原因有向上级职位晋升、向下级职位降职、平行调出和离职。

在分析完所有层次的职位之后，将它们合并在一张图表中，就可以得出组织未来各个层次职位的内部供给量以及总的供给量（如图 4 - 11 所示）。

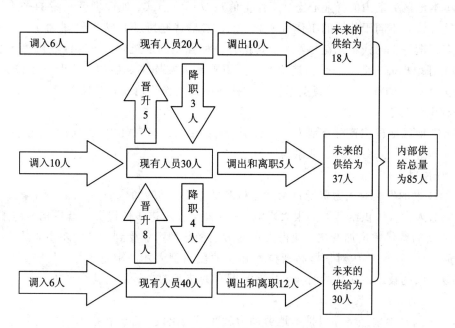

图 4 - 11　组织未来各个层次职位的内部供给量以及总的供给量

（二）人力资源外部供给预测

人力资源外部供给预测实质就是分析社会劳动力资源的供给状况，而社会劳动力供给状况受人口数量与结构、经济与技术、社会文化教育等外界因素的影响，因而当组织预测外部人力资源供给时，应考虑以上这些因素；另外，就考虑范围来看，更重要的应是考虑组织所在地区的以下因素。

1. 人口因素

劳动力市场状况具体又包括：

（1）本地区人口总量与人力资源率：它们决定了该地区可提供的人力资源总量，且这两个因素与人力资源总量成正比。

（2）本地区人力资源的总体构成：它决定了在年龄、性别、教育、技能、经验等层次与类别上可提供的人力资源的数量与质量。

2. 经济与教育因素

（1）本地区的经济发展水平决定了对外地劳动力的吸引能力，显然经济发展水平越高，对外地劳动力的吸引力就越强，则本地劳动力供给也就越充分。如广州、深圳外来劳动力更多。

（2）本地区的教育水平特别是政府与组织对培训和再教育的投入，直接影响劳动力供给的质量。

3．劳动力市场状况

劳动力市场状况具体包括：

（1）本地劳动力平均价格：外地劳动力平均价格，若此比值大于1，则本地劳动力供给更充分，否则更低；

（2）本地区劳动力的择业心态、工作价值观及择业模式，如深圳劳动者的平均年龄较低，年轻一族有不同于传统的工作价值观，他（她）们普遍持以下观点："拼命工作，喜欢花钱，只有当把手里的钱花光花尽，才会真正有一种强烈的危机感，而这种危机感才会促使他们去更好地把握机会甚至是创造机会，更积极地去发挥主观能动性。也就是说会花钱，才能会去挣更多的钱。"这种观点不仅是一种新型的工作价值观，而且也是一种生活方式，更是一种生活哲学。

（3）本地区地理位置对外地人口的吸引力，如沿海地区对外地人口吸引力较大。

（4）本地区外来劳动力的数量与质量。

4．科技因素

科学技术的发展对人力资源供给的结构和数量都有很大的影响。当前，科学技术发展很快，它对人力资源供给预测的很大影响：一方面，技术进步使得资本有机构成越来越高，资本对劳动的替代率增加变快，使得大量的劳动密集型产业受到冲击，许多蓝领工人面临失业，而与此同时，组织对掌握高新技术知识的创新型人才需求量大增；另一方面，当新技术出现，旧的技术被淘汰的时候，只熟悉旧有的技术的人员供给就会增加。

5．相关的政府政策、法规

本地政府从本地经济和保护本地劳动力就业机会出发，都会在参考国家有关法令基础上颁布一些政策法规，如防止外地劳动力盲目进入本地劳动力市场，严禁童工就业，员工安全保护法规等。

三、人力资源管理供需的平衡

组织完成人力资源供需预测以后，就可以确定对劳动力的净需求，而在确定了净需求后，就可以制定相应的人力资源政策，以保持人力资源的平衡即达到净需求，既无多余，也无短缺。

人力资源供求平衡是人力资源规划的目的。对人力资源供给和需求预测的结果，经常反映出两者不平衡：一是人力资源供求总量平衡，结构不平衡；二是人力资源供小于求。结果是组织设备闲置，固定资产利用率低，造成浪费；三是人力资源供大于求，结果是导致组织内部人浮于事，内耗严重，生产或工作效率低下。

（一）人力资源供求总量平衡，结构不平衡

组织人力资源供求完全平衡这种情况极少见，甚至不可能，即使是供求总量上达到平衡，也会在层次、结构上发生不平衡。对于结构性的人力资源供求不平衡，主要通过人力资源规划基础上的一系列人员活动来平衡，具体做法如下：

第一，应根据具体情况，进行人员内部的重新配置，包括晋升、调动、降职等，来弥补那些空缺的职位，满足这部分的人力资源需求。

第二，对供过于求的普通人力资源，有针对性地进行专门培训，提高他们的知识技能，让他们转变为组织需要的人才，补充到有需求的岗位上去。

第三，可以通过人员的置换，释放那些组织不需要的人员，补充组织需要的人员，以调整人员的结构。

（二）人力资源供给小于需求

在人力资源供不应求时，必须增加人力资源的供给，或者减小人力资源需求。首先，应当考虑从组织内部进行调剂，通过组织内部的人力资源岗位流动，增加人力资源的供给。例如，将组织内部符合条件，而又处于相对富余状态的人调往空缺职位。其次，如果高技术人才出现短缺，应拟订培训和晋升计划，或通过人才引进、招聘等外部补充办法，满足人力资源需求。第三，提高组织资本技术有机构成，提高员工的劳动生产率，让机器代替人力资源。第四，制定聘用非全日制临时工计划，如返聘退休者等。

总之，以上措施是解决组织人力资源短缺的有效途径，但最有效的方法是通过科学的激励机制，以及通过培训提高员工生产业务技能，改进工艺设计等方式，来调动员工的积极性、主动性和创造性，以提高劳动生产率，减少对人力资源的需求。

主要政策方法有：

（1）降低员工的离职率，减少员工的流失；重新调整组织各部门人员，将人员补充到空缺岗位上；增加内部员工的流动性来提高某些职位的供给。

（2）实行加班加点方案，延长工作时间，并适当给予超时超工作负荷的员工奖励。

（3）招聘正式职工、临时工和兼职人员。从外部雇用人员，包括返聘退休人员，这是最直接的一种方法，可以雇用全职的也可以雇用兼职的，这要根据组织自身的情况来确定，如果需求是长期的，就要雇用全职的；如果是短期需求增加，就可以雇用兼职的或临时的。

（4）提高设备和员工的工作效率。这也是增加供给的一种有效方法，提高工作效率的方法有很多，如改进生产技术、增加工资、进行技能培训、调整工作方式等。

（5）可以将组织部分业务转包或外包。这实际上等于减少了对人力资源的需求。

（三）人力资源供给大于需求

在人力资源供给过剩时首先应考虑通过组织自身的发展，开拓新的组织发展生长点来调整人力资源供给配置。例如，组织可通过扩大经营规模，开拓新产品，实行多种经营等增加人力资源需求的方式来吸收过剩的人力资源供给。其次，组织还可以通过一些专门措施，例如提前退休或内退、减少工作时间和相应降低工资水平、转业培训、冗员辞退等方式来减少人力资源的供应。第三，合并和关闭某些臃肿的机构，以减少人力资源供给。

在制定平衡人力资源供求政策措施过程中，不可能是单一的供大于求或供小于求，往往出现的是某些部门人力资源供过于求，而另几个部门又可能供不应求，也许高层管理人员供不应求，而基层管理人员供过于求。所以，组织应从实际出发，具体问题，具体分析，制定出相应的人力资源规划，使各个部门人力资源在数量、质量、层次、结构等方面达到协调平衡。

主要政策有：

（1）扩大有效业务量。例如提高销量、提高产品质量，改进售后服务等。

（2）组织要扩大经营规模，或者开拓新的增长点，以增加对人力资源的需求。例如，组织可以实施多种经营吸纳过剩的人力资源供给。

（3）培训富余员工。部分富余员工可以通过培训提高自己的素质、技能和知识，以利于走上新的工作岗位，为未来的发展做好准备。

（4）鼓励员工提前退休。给那些接近退休年龄的员工以优惠的政策，让他们提前离开组织。

（5）降低工资。其实质是间接地使部分人员自动提出离职。

（6）缩短员工的工作时间、实行工作分享或者降低员工的工资，通过这种方式也可以减少供给。

（7）冻结招聘。停止从外部招聘人员，通过自然减员来减少供给。

（8）永久性的裁员或者辞退员工。这种方法虽然比较直接，但是由于会给社会带来不安定的因素，因此往往会受到政府的限制。

人力资源规划是通过人力资源的补充、分配、接替和提升、教育培训，以及工资激励等各项子计划来实施的。因此，应当平衡好人力资源总体规划与人力资源各项子计划之间的关系。例如，人力资源补充计划与教育培训计划之间、人力资源接替计划和提升计划与工资激励计划以及培训计划之间等，都需要相互衔接与协调。只有搞好人力资源总体规划与人力资源各项子计划之间以及各项子计划之间的平衡，才能保证组织目标的实现。

本章小结

人力资源规划是指根据组织的发展战略、目标及组织内外环境的变化，运用科学的方法对组织人力资源的需求和供给进行预测，制定相宜的政策和措施，从而使组织的人力资源供给和需求达到平衡，实现人力资源合理配置，有效激励员工的过程。

人力资源规划的内容包括两个层次，即总体规划和各项业务规划。人力资源总体规划是指有关规划期内人力资源管理和开发的总目标、总政策、实施步骤以及总预算安排等，它是根据组织战略规划制定的。人力资源总体规划具体包括：人力资源数量规划、人力资源素质规划、人力资源结构规划。人力资源业务规划是总体规划的分解和具体，它包括人员补充计划、人员配置计划、人员接替和提升计划、人员培训与开发计划、工资激励计划、员工关系计划、退休解聘计划等内容。

人力资源规划的原则：充分考虑内部、外部环境的变化，组织的人力资源保障，使组织和员工都得到长期利益，与组织战略目标相适应，系统性，适度流动。

人力资源规划的作用：有助于组织发展战略的制定；有助于组织的生存发展和管理；有助于组织保持人员状况的稳定；有助于组织降低人工成本的开支；有助于满足员工需求和调动员工积极性；还对人力资源管理的其他职能具有指导意义。

人力资源规划的程序一般可分为以下几个步骤：① 收集有关信息资料；② 人力资源需求预测；③ 人力资源供给预测；④ 确定人力资源净需求；⑤ 编制人力资源规划；⑥ 人力资源规划的实施；⑦ 人力资源规划的评估；⑧ 人力资源规划的反馈与修正。

人力资源需求预测是指组织为实现组织战略目标而对未来所需员工数量和种类的估算；而供给预测则是指对组织内部人力资源的调配能力以及组织外部人力资源供给状况的分析。

人力资源需求预测方法包括定性和定量预测。定性预测方法包括：经验预测法、德尔菲法等。定量预测方法包括：回归分析法、转换比率分析预测法、人力资源成本分析法、趋势外推法、人力资源学习曲线法。

人力资源的供给包括内部供给和外部供给两个来源，内部供给是指从内部劳动力市场提供的人力资源；外部供给是指从外部劳动力市场提供的人力资源。常用的内部供给预测法包括：内部员工流动可能性矩阵图、马尔可夫分析法、继任卡法、人员置换法等。影响外部人力资源供给的因素主要应考虑人口数量与结构、经济与技术、社会文化教育、劳动力市场状况以及政府的政策法规等因素的影响。

人力资源规划的目的是使人力资源供求达到平衡，当不平衡时制定相应的政策措施，使组织未来人力资源供求实现平衡。一般会出现三种不平衡情况：一是人力资源供求总量平衡，结构不平衡；二是人力资源供给小于需求；三是人力资源供给大于需求。一般来说组织的人力资源总是处于失衡状态，供求完全平衡状态在实践中很难实现。组织需根据供求预测不同的结果，制定相应的人力资源规划措施。

思考题

1. 什么是人力资源规划？它包括哪些内容？
2. 简述人力资源总体规划和业务规划所包含的内容。
3. 人力资源规划的原则有哪些？
4. 人力资源规划具有什么意义和作用？
5. 人力资源规划的程序是什么？
6. 应该如何预测人力资源的需求和供给？
7. 预测人力资源需求和供给的方法有哪些？
8. 应当如何平衡人力资源的供给和需求？

案例讨论

苏澳公司的人力资源规划

近年来苏澳公司常为人员空缺所困惑，特别是经理层次人员的空缺常使公司陷入被动的局面。苏澳公司最近进行了公司人力资源规划。公司首先由 4 名人力资源部门的管理人员负责收集和分析目前公司对生产部、市场与销售部、财务部、人力资源部 4 个职能部门的管理人员和专业人员的需求情况以及劳动力市场的供给情况，并估计在预测年度各职能部门内部可能出现的关键职位空缺数量。

上述结果用来作为公司人力资源规划的基础，同时也作为直线管理人员制定行动方案的基础。但是在这 4 个职能部门里制定和实施行动方案的过程（如决定技术培训方案、实行工作轮换等）是比较复杂的，因为这一过程会涉及不同的部门，需要各部门的通力合作。例如，生产部经理为制定将本部门 A 员工的工作轮换到市场与销售部的方案，则需要市场与销售部提供合适的职位，人力资源部做好相应的工作（如财务结算、资金调拨等）。职能部门制定和实施行动方案过程的复杂性给人力资源部进行人力资源规划增添了难度，这是因为，有些因素（如职能部门间的合作的可能性与程度）是不可预测的，它们将直接影响到预测结果的准确性。

苏澳公司的 4 名人力资源管理人员克服种种困难，对经理层的管理人员的职位空缺做了较准确的预测，并制定了详细的人力资源规划，使得该层次上人员空缺减少了 50%，跨地区的人员调动也大大减少。另外，从内部选拔工作任职者人选的时间也减少了 50%，并且保证了人选的质量，合格人员的漏选率大大降低，使人员配备过程得到了改进。人力资源规划还使得公司的招聘、培训，以及员工职业生涯计划与发展等各项工作得到了改进，节约了人力成本。

苏澳公司取得上述进步，不仅得益于人力资源规划的制定，还得益于公司对人力资源规划的实施与评价。在每个季度，高层管理人员会同人力资源咨询专家共同对上述 4 名人力资源管理人员的工作进行检查评价。这一过程按照标准方式进行，即这 4 名人力资源管理人员均要在以下 14 个方面做出书面报告：各职能部门现有人员；人员状况；主要职位空缺及候选人；其他职位空缺及候选人；多余人员的数量；自然减员；人员调入；人员调出；内部变动率；招聘人数；劳动力其他来源；工作中的问题与难点；组织问题及其他方面（如预算情况、职业生涯考察、方针政策的贯彻执行等）。同时，他们必须指出上述 14 个方面与预测（规划）的差距，并讨论可能的纠正措施。通过检查，一般能够对下季度在各职能部门应采取的措施达成一致意见。

在检查结束后，这 4 名人力资源管理人员对他们分管的职能部门进行检查。在此过程中，直线经理重新检查重点工作，并根据需要与人力资源管理人员共同制订行动方案。当直线经理与人力资源管理人员发生意见分歧时，可通过协商解决。行动方案上报上级主管审批。

资料来源：林忠，金延平. 人力资源管理. 辽宁：东北财经大学出版社，2009

案例讨论题

1. 苏澳公司的人力资源规划是怎样的？
2. 苏澳公司在执行人力资源规划过程中遇到了哪些问题？如何解决？
3. 苏澳公司的人力资源规划对我们有何启发？

第五章　工作分析与设计

工作分析与设计是现代人力资源管理中最基础、最核心的工作，它决定各部门的招募甄选、薪酬福利体系设计、绩效管理、选拔调配和教育培训及职业发展。开展职位分析是建立现代人力资源管理体系的基础与平台，同时基于职位分析的职位分类与评价也是公共部门提高人力资源配置效率、改善人力资源环境的起点。

本章学习重点

▶ 工作分析的涵义与术语
▶ 工作分析的目的与意义
▶ 工作分析的时机
▶ 工作分析的程序
▶ 工作说明书的编制
▶ 工作分析的各种方法与应用

阅读资料

清扫工作该由谁来完成

宏伟公司开发与生产电子产品。该公司原来是一家国有研究机构，公司责任总经理刘家祥是原研究机构的高级工程师，他在技术领域和学术造诣上堪称泰斗，而对于现代企业管理却不甚精通。为了配合刘家祥的工作，公司为他配备了两名总裁助理，他们都是近年从高校招聘的本科毕业生，了解企业管理知识。公司设立财务、人力资源、营销和生产四个职能部门，部门经理分别为杨斌、张杰、王阳和李静。杨斌、张杰和王阳原来都是研究机构的技术骨干，李静是总经理的一个朋友，以前从事私营企业经营，现在负责生产部。在生产部之下，还设有车间和班组。

公司满怀信心地投入了运营，各路人马按部就班，各司其职。然而，开业尚不足两个月，公司就在内部员工职责划分上出现了问题。

问题始于组装车间，一个包装工不小心将大量液体洒在操作台周围的地板上，在一旁的包装组长见状立即走上前要求这名包装工人打扫干净。不料，这名工人一口回绝道："我的岗位职责是包装产品，而不是打扫卫生，您应该让勤杂工处理这样的工作，我的工作职责说明书中并没有要求我打扫卫生。"组长顾不上去查找包装工的职位说明书，只好匆匆去找勤杂工，而勤杂工又不在，因为勤杂工并不被要求在上班时间待在车间里，他们的工作职责是在正常班的工人下班后对车间进行清理工作。于是包装组长无奈，只好自己动手，将地板打扫干净。事后，包装组长感到委屈。

第二天，包装组长向车间主任说明了事情的经过，请求处分包装工，得到了同意。谁料人力资源部门却不予支持，认为从职责说明书来看，包装工没有什么失职，不应受到处分，并警告车间越权。包装组长更是满腹委屈，他反问道："难道我就该什么都负责吗？我的职责中也没要求我做清扫工作呀！"车间主任也感到不解，并向李静反映了这一情况，请求给予支持和帮助。

李静觉得自己的车间主任受了委屈，就向总经理反映了这一问题，要求刘总警告人力资源部门不要过多地干涉车间内部事务，否则，生产工作就会受到不利的影响。但刘总却说："我只管整个企业的战略性的重大事务，各部门内部的分工与沟通，你们自己去协商。"

尽管李静感到很吃惊，但还是表示理解总经理的指示，并且与人力资源部经理张杰进行协商。张杰的态度也很积极，马上让秘书拿来各个相关职位的工作说明书一起分析。包装工的工作说明书规定：包装工以产品包装工作为中心责任，负责保持工作平台以及周围设备处于可操作状态。勤杂工的工作说明书规定：勤杂工负责打扫车间，整理物品，保持车间内外的整洁有序。为了保证不影响生产，勤杂工的工作时间为生产的休息时刻。包装组长的工作说明书规定：包装组长负责使班组的生产有序、高效，并协调内部工作关系。车间主任的工作说明书规定：车间主任负责本车间生产任务的完成，并且可以采取相应的措施对员工加以激励。人力资源部门的职责主要包括员工的招聘、配置、培训、考评、选拔、奖惩、辞退、工资和福利等。

本资料中的问题涉及本章所要讨论的人力资源管理中的工作分析职能，其中包括工作分析、工作说明书的编写等。这是人力资源部门与其他部门发生联系的一个重要环节，也是人力资源管理对企业整体运营产生影响的一个重要职能。而这项职能的好坏，将直接关系到整个人力资源管理工作的成败，也将直接关系到整个企业经营运作的好坏。

资料来源：于秀芝. 人力资源管理. 2 版. 北京：经济管理出版社，2004

第一节　工作分析概述

做好人力资源开发与管理必须建立在"知事、识人"的基础上，才能做到人事相宜。工作分析(Job Analysis)便是组织"知事"的过程，是为达到"知事"而必须去做的工作。它是一种系统地收集和分析与职务有关的各种信息的方法。这些信息包括各种职务的具体工作内容、每项职务对员工的各种要求和工作背景环境等。而职位设计则是规定某项职务的责任、权利与义务，以及在组织中与相关职务关系的过程，职务设计是工作说明书、岗位规范的基础。因为职务分析的目的是事得其人，通过工作说明书和岗位规范的形式表现出来。如果在职务分析中发现职务设置不合理，就应重新设计，从而使工作说明书、岗位规范在职务设计的基础上得到确认。

一、工作分析的涵义与术语

（一）工作分析的涵义

最早的工作分析是 20 世纪初泰勒对工人进行的"时间-动作"研究，侧重于对职务信息的定性描述。20 世纪 70 年代以来，结构化、定量化的工作分析方法不断涌现。

工作分析是人力资源开发与管理最基本的作业，是人力资源开发与管理的基础，它通过科学有效的方法确定工作职责和任职资格。

工作分析是对组织中某个特定工作职务的目的、任务或职责、权力、隶属关系、工作条件、任职资格等相关信息进行收集与分析，以便对该职务的工作做出明确的规定，并确定完成该工作所需要的行为、条件、人员的过程。工作分析的成果是形成"工作描述"(Job Description)和"工作规范"(Job Specification)。工作描述用以教导任职者如何工作，同时为职位评估提供依据。工作规范是指针对员工完成工作所需要的知识、技术、能力，以及所应具备的最低条件。许多组织为了简化目的，通常把工作描述与工作规范合并在一起，形成岗位说明书。

对人和事的了解是进行人力资源有效管理与开发的前提，因此，工作分析与岗位说明书就成为人力资源管理的基本平台。人力资源管理的技术与方法几乎都要以此平台为立足点，这也是组织以职责功能为管理起点的要求。

通过工作分析，我们要解决两个主要问题：

第一，某职位是做什么事情的？这一问题与职位上的工作活动有关，包括职位名称、职责、工作要求、工作场所、工作时间、工作条件等一系列内容。

第二，什么样的人来做这些事情最合适？这一问题则与从事职位的人的资格有关，包括专业、年龄、必要的知识和能力、必备的证书、工作经历、心理要求等内容。

（二）工作分析的相关术语

（1）工作要素：指工作活动中不能够再继续分解的最小动作单位。例如，速记人员速记时，能正确书写各种速记符号；会使用计算机、打电话、签字、发传真等。

（2）任务：为了达到某种目的所从事的一系列活动。例如，管理一项计算机项目、打印文件、参加会议、从卡车上卸货等，都是不同的任务。

（3）责任：个体在工作岗位上需要完成的主要任务或大部分任务。

（4）职责：指某人担负的一项或多项相互关联的任务集合。例如，薪酬专员的职责之一是进行工资调查。这一职责由下列任务组成：设计调查问卷，把问卷发给调查对象，将结果表格化并加以解释，把调查结果反馈给调查对象。

（5）职权：指依法赋予的完成特定任务所需要的权力。职责与职权紧密相关，特定的职责要赋予特定的职权，甚至于特定的职责等同于特定的职权。比如，质量检查员对产品质量的检验既是质量检查员的职责，又是他的职权。

（6）职位：指某一时间内某一主体所担负的一项或多项相互联系的职责集合。例如，办公室主任同时担负单位人事调配、文书管理、日常行政事务处理等三项职责。在同一时间内，职位数量与员工数量相等，有多少位员工就有多少个职位。

（7）职务：指主要职责在重要性与数量上相当的一组职位的集合或统称。例如开发工程师就是一种职务，秘书也是一种职务。在组织中，一种职务可以有一个职位，也可以有多个职位。如组织中的法律顾问这种职务就可能只有一个职位，开发工程师这种职务可能就有多个职位。

（8）职业：指不同时间、不同组织中工作要求相似或职责平行（相近、相当）的职位集合。例如会计、工程师等。

（9）职业生涯：是指一个人在其工作生活中所经历的一系列职位、职务或职业的集合。

（10）职系：又叫职种，指职责繁简难易、轻重大小及所需资格条件并不相同，但工作性质相似的所有职位集合。例如人事行政、社会行政、财税行政、保险行政等都属于不同的职系。每个职系中的所有职位性质充分相似，而工作繁简难易、责任轻重及其任职资格要求并不相同。每个职系便是一个职位升迁的系统。

二、工作分析的目的与意义

(一) 工作分析的目的

工作分析的目的决定了需要收集信息的类别和获取信息的方法。例如，编写职务说明书，为空缺岗位甄选雇员，可采用与员工面谈的方式收集与工作有关的信息；而要对组织的各种工作进行量化排序，确定报酬，则可采用职位分析问卷法(PAQ 法)。

一般情况下，组织进行工作分析有这样一些目的：

(1) 建立一个新的组织或部门时，组织的设计与人员招聘需要进行工作分析。

(2) 由于战略的调整、业务的发展，工作内容、工作性质发生变化，需要进行工作分析。

(3) 组织由于技术创新、劳动生产率提高，需重新进行定岗、定员。

(4) 建立新制度的需要，比如绩效考核、晋升、培训机制的研究需要进行工作分析。

(二) 工作分析的意义

1. 工作分析在组织管理中的意义

1) 支持组织战略

组织战略目标的实现有赖于合理的组织结构和职位系统。通过工作分析，可以明确职位设置的目的，从而明确该职位如何为组织整体创造价值，如何支持组织的战略目标与部门目标，从而为组织战略目标的实现提供良好的平台和基本保证。

2) 优化组织结构

随着组织外部环境的不断变化，组织战略也随之不断变化，这就要求组织结构也随之改变。工作分析提供的工作相关信息有助于了解组织结构上的弊端，帮助管理者对这些不合理的地方进行改进，从而适应组织战略的变化。

3) 优化工作流程

通过工作分析，可以理顺工作与其所在的工作流程中上下游环节之间的关系，明确工作在流程中的角色与权限，消除流程上的弊端，优化工作流程，提高工作流程的效率。

4) 优化工作设计

工作分析详细说明了各个工作的内容、程序、方法、对任职者的要求，以及该工作在组织中的地位和作用，还对工作职责和工作联系做了明确的规定，有利于避免或者消除由工作职责重叠、职责空缺等职责设计问题所引起的员工之间、部门之间的相互推诿、扯皮现象；也可以剔除不必要的工作环节和动作，优化工作程序和方法。这些都为工作设计的优化奠定了基础。

5) 完善工作相关制度和规定

通过工作分析，可以明确工作流程、工作职责，以及绩效标准等内容，有利于完善工作相关制度和规定，为任职者提供工作标准和行为规范，提高组织管理的正规化和规范化程度。

6) 树立职业化意识

通过工作分析，能够建立工作标准和任职资格条件，有利于任职者明确胜任工作所应具备的知识、技能、能力，以及道德素质、行为规范等任职资格，为其在工作中不断提高和发展提供指导，也为其树立职业化意识奠定基础。工作分析与工作说明书在组织内的长期运用有助于培养造就职业的工作人。

2. 工作分析在人力资源管理中的意义

1）在人力资源规划中的应用

通过工作分析，可以了解目前组织职位的设置及对于任职者的资格要求，有利于准确地对未来人力资源需求的类型、数量、质量进行预测，从而达到有效进行人力资源规划的目的。

2）在招聘中的应用

一项招募或甄选人才的计划，目的在于找出并聘用最合适的应征者，而工作分析的信息能够确定出甄选的标准。这些标准，包括能成功执行该项工作所需要的知识、技能与能力等。找到合适的人，可以让任职者发挥更大的潜能。针对不同的职业种类，根据工作分析，人力资源专业人员也可以设计不同的甄选工具，如面试、笔试等。

3）在培训管理中的应用

组织根据工作分析来甄选合适的员工，也可以用来评估培训需求，并且用来发展或计划员工必需的或现有能力的工作项目，在工作执行的过程中，再通过绩效评估来考察哪些人员未能很好地完成工作，其工作能力在哪些方面存在缺陷，是否可以经由培训来提高其工作技能。

4）在绩效考评中的应用

工作分析就是对每一项工作列出详细的工作责任、工作内容或工作行为，根据这些责任、内容或行为，可以发展为绩效考评项目或指标，使得绩效考评工作更加客观和有效。在缺乏工作分析的组织里，绩效的考评缺乏适当的依据，往往凭上级主管的直觉或好恶做出判断，这样是不可靠的。

5）在薪酬设计中的应用

薪酬的给付，必须保证内部的公平性，需要根据工作对组织的相对价值及重要性来决定。通过工作分析可以判断该项工作对组织的价值或重要性，也可以根据执行这些工作项目所需的资格条件，如知识、技能与能力等，作为核定薪酬的依据。

6）在职业生涯规划中的应用

通过工作分析，可以根据组织需求和职位特点进行职位分类，形成不同的职系、职组，同时能够界定出不同等级职位的任职资格，这些都是进行职业生涯规划的基础，为员工的自我开发和提高指明了途径。

薪酬取决于任职者所具备的素质和资格条件、工作的强度和难度、职责大小及环境优劣等因素，人员招聘取决于空缺岗位所需要的资格要求，人员培训取决于人员素质与岗位要求的差异。这些信息的准确获得都来自于工作分析。

三、工作分析的时机

（一）创建新的组织

组织新成立时，工作分析最主要的用途是在人员招聘方面。由于很多职位还有空缺，所以工作分析应该通过企业的组织结构、经营发展计划等信息来粗略进行，其结果只要能够提供招聘人员的"职位职责"和"任职资格"即可。

（二）企业没有进行过工作分析

有些企业已经存在了很长时间，但由于企业一直没有人力资源部，或人力资源部人员工作繁忙，所以一直没有进行工作分析，这些企业应该及时进行工作分析。

（三）企业跨入新的发展时期

企业跨入新的发展时期，由于新技术、新方法、新工艺或新系统的引进而引起工作分析系统已不能适应新形势的要求。

（四）组织存在如下七种情况时，急需进行工作分析：

（1）缺乏明确的、完善的、书面的岗位说明书，员工对岗位职责和要求不清楚；

（2）虽然有岗位说明书，但与实际工作的情况不符，很难遵照实施；

（3）经常出现职责不清、决策困难的现象；

（4）人员素质与职位要求不符，过高或过低现象严重；

（5）刚刚进行组织机构和工作流程变革或调整；

（6）绩效考核时，无法根据岗位来确定指标；

（7）确定薪酬体系时，无法有效地评估各岗位的相对价值。

第二节　工作分析程序

一、准备阶段

准备阶段是工作分析的第一个阶段。这一阶段的主要任务是：了解情况，建立联系，设计调查方案，规定调查的范围、对象和方法。准备阶段的具体工作为：

（1）确定工作分析的目的与用途，对组织各类职位的现状进行初步了解，掌握各种基础数据和资料。一旦制定了工作分析的目标与用途，便可以决定用哪种方法来收集资料及怎样收集资料。

（2）委任适当的人选。负责工作分析的人选必须对组织的组织结构和业务性质有全面的认识，具有分析问题的技巧和能力，有运用文字的能力，并能取得组织领导的信任和全体员工的合作。

（3）选择具有代表性的工作加以分析。每个组织的工作种类很多，不能逐一地做详细分析，只能选择一些具有代表性或不同类型的工作加以分析。

（4）跟与工作分析有关的员工建立良好的人际关系。向员工说明该项工作的目的和意义，使他们对工作分析有良好的心理准备。

（5）根据工作分析的任务、程序，把工作分析分解成若干工作单元和环节，以便逐项完成。

二、调查阶段

调查阶段是工作分析的第二个阶段。这一阶段的主要任务是根据设计的调查方案，对各职位进行认真细致的调查研究。这一阶段的工作有：

（1）编制各种调查问卷和提纲。

（2）在调查中，灵活地运用访谈、问卷、观察、参与等方法。

（3）广泛深入地收集有关职位的工作内容，主要应收集以下几个方面的资料：

① 职位名称（或工作名称）；

② 所属部门及主管姓名；

③ 工作地点（工作单位）；

④ 工作概要；

⑤ 任务；

⑥ 机器、工具、设备；

⑦ 工作情况、工作环境、危险因素及安全措施；

⑧ 职责及决策；

⑨ 工作上受何人领导、监督，需领导、监督何人；

⑩ 担任这项工作所必须具备的学历、工作经验、技能及专业训练等。

上述工作信息，一般要从以下几个渠道来获得：工作执行者本人、管理监督者、顾客、分析专家、职业名称辞典、以往的分析资料等。

三、分析阶段

分析阶段是工作分析的第三个阶段。这一阶段的主要任务是对有关工作特征和工作人员特征的调查结果进行全面深入的分析。

工作分析是一项技术性很强的工作，需要做周密的准备，同时还需具有与组织人力资源管理活动相匹配的科学的、合理的操作程序。整个工作分析阶段，一般包括计划、设计、信息分析、结果表述与运用指导五个环节，如图 5-1 所示。其中计划与设计是基础，信息分析与结果表述是关键，运用指导是目的。

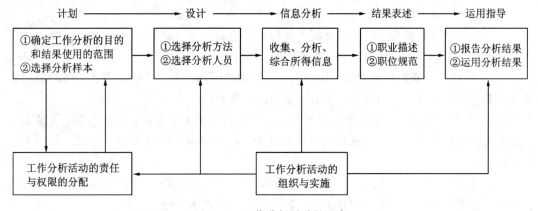

图 5-1 工作分析活动的程序

（一）计划

工作分析中的计划主要包括：

（1）确定工作目的与结果使用的范围，明确所分析的资料用来干什么，解决什么管理问题，这对选择、分析组织规模，确定信息收集的范围等有重要意义。

(2) 界定所要分析信息的内容与方式，预算分析的时间、费用与人力。

(3) 选择被分析的工作。为了保证分析结果的质量，应选择有代表性、典型性的工作。

(4) 组建工作分析小组，分配任务与确定权限，以保证分析活动的协调。

(5) 制定工作分析规范。工作分析规范包括的内容有工作分析的规范用语、工作分析活动的进度、工作分析活动的层次、工作分析活动的经费等。

(6) 做好必要的心理准备。通过宣讲工作分析活动的目的，求得工作信息提供者的合作，以获得真实可靠的信息。

现代组织的工作分析活动量很大，一般要提供有关工作的整体信息，因此计划阶段的工作非常重要。

(二) 设计

工作分析中的设计主要包括以下几方面：

(1) 选择信息来源。信息来源于工作执行者、管理监督者、顾客、工作分析人员、分析专家、词典、文献汇编等。

(2) 选择分析方法与人员。人员的选择主要由经验、专业知识与个性品质等方面来决定，并保证分析人员进行活动的独立性。

(3) 选择收集信息的方法和系统。信息收集的方法和分析信息适用的系统由工作分析的目的决定。

(4) 做好时间安排，制定分析标准。

(三) 信息分析

信息分析包括对工作信息的调查收集、记录描述、分解、比较、衡量、综合归纳与分类，主要包括三个相关活动：第一，按选定的方法、系统和程序收集信息；第二，研究各种工作因素的分析活动，主要包括信息描述、信息分类和信息评价；第三，综合活动，把所获得的分类信息进行解释、转换和组织，使之成为可供使用的条文。

具体地说，对工作信息的分析包括以下内容：

(1) 工作名称分析。工作名称分析就是使工作名称标准化，以求通过名称就能使人了解工作的性质和内容。工作名称分析包括：

① 工作任务分析。明确规定工作行为，如工作的中心任务、工作内容、工作的独立性和多样化程度、完成工作的方法和步骤、使用的设备和材料等。

② 工作责任分析。目的是通过对工作相对重要性的了解来配备相应的权限，保证责任和权力对应。尽量用定量的方式确定责任和权力，如财务审批的权限和金额数、准假天数的权限。

③ 工作关系分析。目的在于了解工作的协作关系，主要包括：该工作制约哪些工作；受哪些工作制约；相关工作的协作关系；在哪些工作范围内升迁或调换。

(2) 劳动强度分析。其目的在于确定工作的标准活动量。劳动强度可用本工作活动中劳动强度指标最高的几项操作来表示，如劳动的定额、工作折算基准、超差率、不合格率、原材料消耗及工作循环周期等。

(3) 工作环境分析。工作环境分析包括以下几方面：

① 工作的物理环境，包括湿度、温度、照明度、噪声、震动、异味、粉尘、空间、油渍

以及工作人员每日和这些因素接触的时间等。

②　工作的安全环境，包括工作的危险性；可能发生的事故；过去事故的发生率；事故的原因及对执行人员机体的哪些部分造成危害，危害程度如何；劳动安全卫生条件；易患的职业病、患病率及危害程度。

③　社会环境，包括工作所在地的生活方便程度，工作环境的孤独程度，上级领导的品德和同事之间的关系。

（4）工作执行人员必备条件分析。该分析旨在确认工作执行人员履行工作职责时应具备的最低资格条件，它包括：

①　必备知识分析，包含学历最低要求；对使用的机器设备、工艺过程、操作规程及操作方法和组织管理知识等有关技术理论的最低要求；管理人员应具备的政策、法令、工作准则及有关规定或文件的通晓程度。

②　必备经验分析，指各工作对执行人员为完成工作任务所必需的操作能力和实际经验的分析，包括执行人员过去从事同类工作或相关工作的工龄及成绩；应接受的专门训练及程度；应具备的有关工艺规程、操作规程、工作完成方法等活动所要求的实际能力。

③　必备操作能力分析，根据前两项提出的要求，通过典型操作来规定从事该项工作所需的决策能力、创造能力、组织能力、适应性、注意力、判断力、智力及操作熟练程度。

④　必备的心理素质分析，即根据工作的特点确定工作执行人员的职业倾向，即执行人员所应具备的耐心、细心、勤奋、主动性、责任感、支配性、掩饰性、情绪稳定性等特质倾向。

（四）结果表述

在结果表述阶段，主要解决如何用书面文件的形式表述分析结果的问题。分析结果的表述形式可以分为两种形式：

（1）职位描述，主要是以书面形式对组织中各类职位的工作性质、工作任务、工作职责、工作关系与工作环境等工作特性方面的信息加以规范性的描述，说明任职者应该做什么、如何去做和在什么样的条件下履行其职责。

（2）职位规范，是指任职者要胜任该项工作必须具备的资格与条件。一般来说，通过对工作描述的每一项工作任务、职责进行分析，对完成每一项工作任务、职责所需的资格和条件做出规定，并加以综合整理，即可得出工作规范的具体内容。

（五）运用指导

在此阶段，核心问题在于如何促进工作分析结果的运用，它包括两个方面的具体活动：

（1）制作各种具体应用的文件，如提供录用文件、考核标准、培训内容等；

（2）培训工作分析结果的使用者，增强管理活动的科学性和规范性。

（六）控制

工作分析中的控制活动是贯穿于全部工作分析过程中的不断调整的活动。组织的生产经营活动是不断变化的，这些变化会直接或间接地引起组织分工协作机制发生相应的变化。在调整过程中，一些原有的工作会消失，一些新的工作会产生，而且原有工作的性质、内涵、外延也会发生变化。因此，及时地对工作分析文件进行调整和修订就成为必然。另一方面，工作分析文件的适用性只有通过反馈才能得到确认，并根据反馈修改其中不合适的部分。所以，控制活动是工作分析中的一项长期的重要活动。

四、完成阶段

总结、完成阶段是工作分析的最后阶段。这一阶段的主要任务是：在深入分析和总结的基础上，编制工作描述和工作规范。其具体工作如下：

（1）召集整个调查中所涉及的基层管理者及任职人员，讨论由工作分析人员制定的工作描述和工作规范是否完整、准确。

（2）召开工作描述和工作规范的检验会时，将工作描述和工作规范初稿复印，分发给到会的每位人员。

（3）讨论、斟酌工作描述和工作规范中的每一行，甚至每个词语，由工作分析人员记下大家的意见。

（4）根据讨论的结果，最后确定出一份详细的、准确的工作描述和工作规范。

第三节　工作分析方法

在实践中，进行工作分析有很多种方法，这主要是针对搜集与职位有关的信息而言的。依据不同的标准，可以将这些方法划分成不同的类型。在本章中，将这些方法分为定性分析法和定量分析法。

一、定性分析法

（一）访谈法

访谈法就是针对某一岗位与被访谈对象进行访谈，利用标准的访谈提纲进行工作分析的方法。

访谈对象包括：本职位任职者、直接主管、与该职位工作密切相关的工作人员、任职者的下属。

1. 访谈法的分类

从访谈对象看，访谈法可以分为个体访谈法和群体访谈法。个体访谈法主要在各职位的工作职责之间有明显差别时使用；群体访谈法则主要在多名员工从事同样的工作时使用。

从访谈提纲看，访谈可以分为结构化访谈、半结构化访谈和无结构访谈。

（1）结构化访谈又称标准化访谈（Standardized Interview），它是一种对访谈过程高度控制的访问。这种访谈的访问物件必须按照统一的标准和方法选取，一般采用随机抽样。访问的过程也是高度标准化的，即对所有被访问者提出的问题、提问的次序和方式以及对被访者回答的记录方式等是完全统一的。

为确保这种统一性，通常采用事先统一设计、有一定结构的问卷进行访问。通常这种类型的访问都有一份访问指南，其中对问卷中有可能发生误解问题的地方都有说明。

（2）半结构化访谈（Semi-standardized Interview）指按照一个粗线条式的访谈提纲进行访谈。它是结构化访谈和非结构化访谈的结合，既包括结构化访谈的严谨和标准化的题目，也给被访者留有较大的表达自己想法和意见的余地。该方法对访谈对象的条件、所要询问的问题等只有一个粗略的基本要求，访谈者可以根据访谈时的实际情况灵活地做出必要的调整。半结构化访谈兼有结构化访谈和无结构化访谈的优点。在实际运用中,往往以结构化访谈问卷为一般指导,访谈过程中,根据实际情况就某些关键领域进行深入探讨。

(3)无结构访谈又称非标准化访谈(Unstandardized Interview),它是一种半控制或无控制的访问。与结构化访谈相比,无结构访谈事先不预定问卷、表格和提出问题的标准程式,只给调查者一个题目,由调查者与被调查者就这个题目自由交谈,被调查者可以谈出自己的意见和感受,而无需顾及调查者的需要。调查者事先虽有一个粗略的问题大纲或几个要点,但所提问题是在访问过程中边谈边形成,随时提出的。因此,在这种类型的访问中,无论是所提问题本身和提问的方式、顺序,还是被调查者的回答方式、谈话的外在环境等,都不是统一的。

2. 访谈法需要遵循的标准

访谈法需要遵循的标准有:

(1)问题要和职位分析的目的有关;

(2)访谈人员语言表达要清楚、含义准确;

(3)问题必须清晰、明确,不能太含蓄;

(4)问题和谈话内容不能超出被谈话人的知识和信息范围;

(5)问题和谈话内容不能引起被谈话人的不满,或涉及被谈话人的隐私。

3. 访谈过程与问题设计

访谈过程包括开始访谈、控制访谈、结束访谈三个主要过程。在开始访谈时,以介绍自己和建立友好氛围为目的,明确访谈意图,表达自己希望通过访谈想要达到的目标,保持礼貌并表现出对对方所讲内容的兴趣,以真诚的态度鼓励对方讲话十分重要。在结束访谈时,需要确认从对方得到的信息,以友好的语气结束访谈。控制访谈过程将是最为关键的一环,要遵循以下原则:

(1)根据其承担职责的逻辑顺序依次展开;

(2)给予对方充分的时间来回答每一个问题,一次只问一个问题;

(3)使用短语表述问题;

(4)避免使用引导性问话;

(5)使用容易理解的语言引导访谈;

(6)在合理运用时间和贴近主题方面控制访谈时间;

(7)出现任何对方感到紧张或者不自在的话题时要转向其他内容。

以下是两份工作分析的访谈提纲,请分析其中询问了哪些工作分析要素。

【工作分析访谈提纲】

1. 你所做的是一种什么样的工作?

2. 你所在岗位的主要职责是什么?你又是如何做的?

3. 你所在岗位的主要任务是什么?哪些是临时的?哪些是经常的?

4. 你所从事工作的基本责任是什么?说明你工作绩效的标准有哪些?

5. 你都参与什么工作活动?

6. 你投入精力最大的活动有哪些?

7. 你在工作中与公司内外部哪些岗位有联系?要与哪些人正式沟通?

8. 做这项工作所需具有的知识、工作经验、技能和能力要求是什么?它要求你必须具有什么样的文凭或工作许可证？需要多长的熟练期可以胜任？

　　9. 工作对身体的要求是怎样的？工作对性格、脑力的要求又是怎样的？

　　10. 工作对安全和健康的影响如何？

　　11. 你的工作环境和工作条件是怎样的？理想的又是怎样的？

　　12. 在工作中你有可能会受到身体伤害吗？你的工作时间均衡吗？

【工作分析访谈提纲】

　　1. 打招呼，简单地介绍自己，明确访谈目的。如"你好，我是公司人力资源部的某某，在这次岗位分析中，我担任访谈员（观察员、工作记录员）的角色。我们的任务是对整个公司的岗位任职者全部访谈，用以制定工作岗位说明书，从而能有效地指导新员工的工作以及为人力资源管理的其他活动奠定基础，（我们的访谈不是对员工进行评价，也不会对员工的工资产生任何影响），您是否有充分的时间接受访谈（访谈时间可能会在半个小时以上），好了，现在我们开始吧！"

　　2. 您目前正在从事什么工作，它的岗位名称是什么？它隶属于哪一个部门？在本部门从事相同工作的岗位共有几个？您的直接上级主管的岗位名称是什么？您是否有直接的下属，有几个，它们分别是哪些职位？

　　3. 请您用一句话来概括一下您目前的工作在贵公司中所起到的作用。（如果困难，请做如下提示，如某公司财务经理的工作是"科学地进行公司的融资和投资活动"；某公司材料采购经理的工作是"经济地为公司进行原材料的采购活动，并对材料的运输、保管进行相应的管理活动"。）

　　4. 请您详细地描述一下您工作岗位的各项职责和为完成职责所进行的各项工作活动，包括您所采取的方法，使用的辅助工具或设备等等，以及您认为的工作标准，（这是我们访谈的一个主要内容，请您尽可能按照活动发生的时间顺序或活动的重要性程度来详细地、慢慢地描述！）

主要工作职责	为完成职责所进行的工作活动或任务以及时间比例	工作设备辅助工具	工作标准

　　5. 为了有效地完成上述工作，在公司内部，您要在哪些方面接受谁的指示和受谁的直接监督？

接受指示或命令的方面	由谁

您又在哪些方面或领域监督别人的工作或给别人发布指示？

发布指示或命令的方面	向谁

您的日常工作需要哪些同级部门和人员的配合与协作，您的工作又配合了哪些部门或人员的工作？

您工作中哪些方面需要经常与哪些公司外部的机构或人发生联系？

联系方面	与谁

6. 为了完成岗位的工作，您都拥有哪些权限？（如招聘专员在职位申请者面试工作中拥有组织权，在建立公司招聘制度活动中拥有制定权等。）

7. 您日常工作都是被安排在什么时间内进行的？是正常班，还是夜班？工作是否有加班，加班发生在什么时间？（　　　　）所占比率如何？（　　　　）工作是否忙闲不均，（是否），最忙时发生在哪段时间（　　　　），出差时间（　　　　）。

8. 您是否日常都在（办公室、车间）内工作，如果不是，那您的工作场所都在什么地方，在这些场所工作的时间大概占多少比例？（　　　　），环境如何（噪音、温度、湿度、照明、污染、辐射、视疲劳、颈疲劳、粉尘、空调、有危险）？有无职业病发生的可能？

9. 您在这个岗位上任职有一段时间了，那么以您的观点看，在这个岗位上工作需要具备哪些方面的知识？

（1）工作的专业知识（对工作相关知识、法规、制度的掌握和了解）。

（2）基础知识（外语、计算机等）。

10. 具备哪些能力的人可以承担这项工作？

（1）心智要求。

（2）特殊能力（在哪些领域表现）（如领导能力、激励能力、计划能力、人际关系、协调能力、公共关系、分析能力、决策能力、书面表达、口头表达、谈判、演讲、人际沟通与交往、判断、接受指令等）。

（3）个人素质（非智力因素）（细心、耐心、有责任感、忠诚如保密工作）。

11. 岗位要求承担者具备哪些身体素质和生理方面的要求？（如无色盲和听力障碍，手指灵敏性、身体协调性、反应速度等）有无特殊性别要求？（有　无）有无特殊年龄要求？（有　无）

12. 需要哪些学历、资历或经验要求？

（1）学历：　　无　　高中及以下（含中专）　　大专　　本科　　研究生以上

（2）专业的特殊要求：（有、无）（　　　　）

（3）资历或经验要求：（如大专毕业几年、大企业相关工作经验）

（4）相关证书或执照

13. 您对我们上面所谈的还有哪些补充？

14. 请被访者看一下访谈记录，确认无误后，请对方留下联系方式，以便日后有不明之处再回访。最后道谢！

在访谈过程中，还要注意下列问题：

（1）选择最了解工作内容、最能客观描述职责的员工。

（2）尽快建立融洽的感情，说明访谈的目的及选择对方进行访谈的原因，目的是不要让对方有正在进行绩效考核的感觉。

（3）事先准备一份完整的访谈问题表，重要的问题先问，次要的问题后问。

（4）如果工作不是每天都相同，就请对方将各种工作责任一一列出，然后根据重要性列出顺序，以避免忽略那些虽不常见却很重要的问题。

（5）在访谈过程中，职位分析人员应避免只是被动地接受信息。

（6）如果出现不同的看法，不要与员工争论。

（7）如果出现对主管人员进行抱怨的情况，职位分析人员不要介入。

（8）不要流露出对工资待遇方面有任何兴趣，否则员工会夸大自己的职责。

（9）访谈结束后，将收集到的材料请任职者和他的直接上司仔细阅读一遍，以便做修改和补充。

（二）观察法

观察法是指在工作现场运用感觉器官或其他工具，观察员工的工作过程、行为、内容、特点、性质、工具、环境等，并用文字或图表形式记录下来，然后进行分析与归纳总结的分析方法。

观察法就是工作分析人员在不影响被观察人员工作的前提下，通过观察将其工作的内容、方法、程序、设备、工作环境等信息记录下来，形成工作分析成果。观察法又可分为：直接观察法、阶段观察法和工作表演法。一般而言，观察法适用于外部特征明显的岗位，如生产线上工人的工作、会计员的工作等，而不适用于脑力劳动的工作岗位。

1. 观察法的使用原则

观察法的使用原则有以下几点：

（1）观察员的工作应相对稳定，即在一定的时间内，工作内容、程序、对工作人员的要求不会发生明显的变化。

（2）适用于大量标准化的、周期较短的以体力活动为主的工作，不适用于脑力活动为主的工作。

（3）要注意工作行为样本的代表性，有些行为在观察过程中可能未表现出来。

（4）观察人员尽可能不要引起被观察者的注意，不应干扰观察者的工作。

（5）观察前要有详细的观察提纲和行为标准。

2. 观察法的观察提纲

观察法的观察提纲如下。

工作分析观察提纲（部分）

被观察者姓名	日期：
观察者姓名	观察时间：
工作类型：	工作部分：
观察内容： 1. 什么时候开始正式工作？ 2. 上午工作多少小时？	

3. 上午休息几次？
4. 第一次休息时间从____到____。
5. 第二次休息时间从____到____。
6. 上午完成产品多少件？
7. 平均多长时间完成一件产品？
8. 与同事交谈几次？
9. 每次交谈约多长时间？
10. 室内温度____度。
11. 上午喝了几次水？
12. 什么时候开始午休？
13. 出了多少次品？
14. 搬了多少次原材料？
15. 工作地噪音分贝是多少？

（三）关键事件法

关键事件法是二战时期由弗拉纳根（Flanagan）提出的，用于军事环境下提高人员的工作，其重点是分析有效行为和无效行为，以此作为将来确定任职资格的一种依据。关键事件法要求任职者或其他相关人员描述能提升绩效的"关键事件"，内容包括导致该事件发生的背景与原因、员工有效行为、关键行为的后果、员工对后果控制的能力。

例如，一项有关销售的关键事件记录总结了销售工作的 12 种行为：

（1）对用户、订货和市场信息善于探索、追求。

（2）善于提前做出工作计划。

（3）善于与销售部门的管理人员交流信息。

（4）对用户和上级都忠诚老实，讲信用。

（5）能够说到做到。

（6）坚持为用户服务，了解和满足用户的要求。

（7）向用户宣传企业的其他产品。

（8）不断掌握新的销售技术和方法。

（9）在新的销售途径方面有创新精神。

（10）保护企业的形象。

（11）结清账目。

（12）工作态度积极主动。

（四）工作日志法

工作日志法是让员工以工作日记或工作笔记的形式，记录日常工作活动，以此获得有关工作的信息和资料。该方法适用于高水平、复杂的工作，可以显示出其经济而有效的优势。

这种方法若是运用得好，可以获取更为准确且大量的信息。但是从日志法中得到的信息比较凌乱，难以组织；且任职人员在记日志时，有夸大自己工作重要性的倾向。同时，这种方法会加重员工的负担。因此，在实际的组织管理中，日志法运用得很少。

工作分析的四种方法各有利弊，每种方法都有其适用范围和优缺点，有时需要综合各种方法一起使用。四种工作分析的方法比较如表 5-1 所示。

表 5-1 四种工作分析方法的对比

工具方法	适用范围	优 点	缺 点
访谈法	使用广泛	可以对工作态度、工作动机等较深层次的内容有比较详细的了解；运用面广，能够简单而迅速地收集多方面的工作分析资料；由任职者亲口讲出工作内容，具体而准确；使工作分析员能够了解到短期直接观察法不容易发现的情况，有助于管理者发现问题；为任职者解释工作分析的必要性及功能，有助于与员工的沟通，缓解工作压力	访谈法有专门的技巧，需要受过专门训练的工作分析人员；比较花费口才和时间，工作成本较高；收集到的信息往往被扭曲了，易失真；访谈法易被员工认为是对其工作业绩的考核或是薪酬调整的依据，所以会夸大或弱化某些职责
观察法	工作相对稳定的体力工作	工作分析人员能够比较深刻和全面地了解工作要求，适用于主要用体力活动来完成的工作，如装配工人的工作	不适用于脑力劳动成分比较高的工作以及处理紧急情况的间歇性工作，如律师、经理等；对有些员工而言难以接受，他们觉得自己受到监视和威胁，因而从心里对工作分析人员产生反感，同时也可能造成操作变形，不能得到有关任职者资格要求的信息
关键事件法	分析有效行为和无效行为	用于许多人力资源管理方面；由于在行为进行时观察与测量，所以描述职位行为、建立行为标准更加准确，能更好地确定每一行为的利益和作用	需要花大量时间去收集那些"关键事件"并加以概括和分类，而不对工作提供完整的描述，如无法描述工作职责、工作任务、工作背景和最低任职资格；对绩效中等的员工难以涉及，遗漏了平均绩效水平
工作日志法	客观工作描述	信息可靠性强，适用于确定有关工作职责、工作内容、工作关系、劳动强度等方面的信息；所需要费用较少，分析高水平和复杂的工作比较经济有效	将注意力主要集中于活动过程，而不是结果。适用此方法必须做到从事工作的人对此项工作的情况和要求比较清楚；适用范围较小，只适用于工作循环周期较短、工作状态稳定无大起伏的职位；整理信息的工作量大，归纳工作繁琐；工作执行者在填写工作日志时，会因为不认真而遗漏掉很多内容，从而影响分析结果；另外，在一定程度上填写日志会影响正常工作；若由第三者进行填写，人力投入量就会很大，不适于处理大量业务；存在误差，需要对记录结果进行必要的检查

二、定量分析法

针对定性方法存在的问题，为了搜集到更加量化和客观的信息，在这些方法的基础上又发展出一些新型的职位分析方法，主要是一些定量的方法，其中包括职位分析问卷法（Position Analysis Questionnaire，PAQ）、管理职位描述问卷（Management Position Description Questionnaire，MPDQ）等。

职位分析问卷是 1972 年美国普渡大学心理学家麦考密克耗费 10 年时间设计的一种利用清单方式来确定工作要素的方法，包括 194 个项目，共 6 大类，即信息输入（35 个工作元素）、思考过程（14 个工作元素）、工作产出（49 个工作元素）、人际关系（36 个工作元素）、工作环境（19 个工作元素）、其他特征（41 个工作元素）。职位分析问卷的内容如表 5 - 2 所示。

表 5 - 2　职位分析问卷的内容

类别	内　容	例　子	工作元素数目
信息输入	员工在工作中从何处得到信息？如何得到？	如何获得文字和视觉信息	35
思考过程	工作中如何推理、决策、规划？信息如何处理？	解决问题的推理难度	14
工作产出	工作需要哪些体能活动？需要哪些工具，仪器设备？	使用键盘式仪器、装配线	49
人际关系	工作中与哪些有关人员有关系？	指导他人或与公众、顾客接触	36
工作环境	工作中物理环境与社会环境是什么？	是否在高温环境或与内部其他人员冲突的环境下工作	19
其他特征	与工作相关的其他的活动、条件或特征是什么？	工作时间安排、报酬方法、职务要求	41

对某项工作进行分析时，分析者首先要确定每一个问项是否适用于被分析的工作；然后要根据上表中的六个维度来对有效问项加以评价。将这些评价结果输入计算机中会产生一份报告，说明某项工作在各个维度上的得分情况。PAQ 的优点在于，它可以将职位按照上述维度的得分提供一个量化的分数顺序，这样就可以对不同的职位进行比较，有些类似于职位评价。但是这种方法也存在一些问题，麦考密克等人的研究表明，PAQ 对体力劳动性质的职业适用性较强，对管理性质、技术性质的职业适用性较差；伯格勒的研究指出，PAQ 由于没有对职位的特殊工作活动进行描述，所以无法体现工作性质的差异，如警察和家庭妇女；艾吉欧则认为 PAQ 的可读性差，没有 10～12 年的受教育经历无法理解其全部的内容。

管理职位描述问卷由托诺（W. W. Tornow）和平托（P. R. Pinto）于 1976 年提出，与 PAQ 十分相似。MPDQ 共 208 个问题，分为 13 类：计划、协调、内部控制、产品服务责任、公共关系和客户关系、咨询指导、行动自主性、财务审批权、雇员服务、监督、复杂性和压力、财务责任、人事责任。管理职位描述问卷的内容如下所示：

管理职位描述问卷

姓名		职位名称	
部门		工作地点	
填表日期		直属上级签署	

工作时间：
　　——正常的工作时间为：每日自（　）小时开始至（　）时结束
　　——每周平均加班时间为（　）小时
　　——实际上下班时间是否随业务情况经常变化（总是、有时是、否）
　　——所从事的工作是否忙闲不均（是、否）
　　——若工作忙闲不均，则最忙时常发生在哪段时间：
　　——每周外出时间占正常工作的（　％）
　　——外地出差情况每月平均（　）次；每次平均需要（　）小时
　　——本地外出情况平均每周（　）次；每次平均（　）小时

工作目标：

工作概要（简要描述您的工作）

工作内容：
　　工作内容项目　　　权　限　　　　占工作时间比重（％）

工作顺序：

费用支出：
　　费用支出项目　　　　　　　　　　您的权限（万元）

失误造成的损失：
　　若您的工作出现失误，将会给企业带来哪些损失？

工作名称	损失类型	等级	严重程度				
			1	2	3	4	5
			轻	较轻	一般	较重	重
1.　 2.　 3.	经济损失						

1. 2. 3.	企业形象损害		
1. 2. 3.	经营管理损害		
1. 2. 3.	其他损害(请注明)		

若您的工作出现失误,影响的范围将是:
  1. 不影响其他人工作的正常进行
  2. 只影响本部门内少数人
  3. 影响整个部门
  4. 影响其他几个部门
  5. 影响整个企业

内部接触
频繁程度:

偶尔　　　经常　　　非常频繁
1——2——3——4——5
  在工作中不与其他人接触　　　　　□
  只与本部门内几个同事接触　　　　□
  需要与其他部门的人员接触　　　　□
  需要与其他部门的部分领导接触　□
  需要同所有部门的领导接触　　　　□

外部接触
频繁程度:

偶尔　　　　经常　　　　非常频繁
1——2——3——4——5
  不与本企业以外的人员接触　　　　　□
  与其他企业的人员接触　　　　　　　□
  与其他企业的人员和政府机构接触　□
  与其他企业、政府机构、外商接触　□

监　　督
  直接和间接监督的属下人数(　　)
  监督你的上司人数(　　)
  直接监督人员的层次:一般员工、下级管理人员、中级管理人员

管　　理
  □ 只对自己负责
  □ 对属下有监督指导的责任
  □ 对属下有分配工作、监督指导的责任
  □ 对属下有分配工作、监督指导和考核的责任

  □ 对自己的工作结果不负责任
  □ 仅对自己的工作结果负责

<table>
<tr><td>

□ 对整个部门负责
□ 对自己的部门和相关部门负责
□ 对整个企业负责

□ 在工作中时常做些小的决定，一般不影响其他人
□ 在工作中时常做一些决定，对相关人员有些影响，但一般不影响整个部门
□ 在工作中要做一些决定，对整个部门有影响，但一般不影响其他部门
□ 在工作中要做重大决定，对整个企业有重大影响

□ 有关工作的程序和方法均由上级详细规定，遇到问题时可随时请示上级解决，工作结果须报上级审核
□ 分配工作时上级仅指示要点，工作中上级并不时常指导，但遇困难时仍可直接或间接请示上级，工作结果仅受上级要点审核
□ 分配任务时上级只说明要达成的任务或目标，工作的方法和程序均由自己决定，工作结果仅受上级原则审核

</td></tr>
<tr><td>

□ 完成本职工作的方法和步骤完全相同
□ 完成本职工作的方法和步骤大部分相同
□ 完成本职工作的方法和步骤有一半相同
□ 完成本职工作的方法和步骤有大部分不同
□ 完成本职工作的方法和程序完全不同

</td></tr>
<tr><td>

工作内容与能力要求

在每天工作中是否经常要迅速做出决定？
　　没有□　　　很少□　　　偶然□　　　许多□　　　非常频繁□

您手头的工作是否经常被打断？
　　没有□　　　很少□　　　偶然□　　　许多□　　　非常频繁□

您的工作是否经常需要细节？
　　没有□　　　很少□　　　偶然□　　　许多□　　　非常频繁□

您所处理的各项业务彼此是否相关？
　　完全不相关□　　大部分不相关□　　一半相关□　　大部分相关□　　完全相关□

您在工作中是否要求高度的精力集中，如果是，约占工作总时间的比重是多少？
　　20%－－－－－40%－－－－－60%－－－－－80%－－－－－100%

在您的工作中是否需要运用不同方面的专业知识和技能？
　　否－－－－－很少－－－－－有一些－－－－－很多－－－－－非常多

在工作中是否存在一些令人不愉快、不舒服的感觉？
　　没有－－－－－有一点－－－－－能明显感觉到－－－－－多－－－－－非常多

在工作中是否需要灵活地处理问题？
　　不需要－－－－－很少－－－－－有时－－－－－较多－－－－－非常多

您的工作是否需要创造性？
　　不需要－－－－－很少－－－－－有时－－－－－较需要－－－－－很需要

您在履行工作职责时是否有与其他员工发生冲突的可能？
　　否－－－－－很少可能－－－－－可能－－－－－可能较大－－－－－很可能

</td></tr>
<tr><td>

1. 您常起草或撰写的文字资料有哪些？
　　等级：1－－－2－－－3－－－4－－－5
　　频率：极少　　偶尔　　不太经常　　经常　　非常经常

</td></tr>
</table>

通知、便条、备忘录

简报　　　　　　　　　　　　□

信函　　　　　　　　　　　　□

汇报文件或报告　　　　　　　□

总结　　　　　　　　　　　　□

企业文件　　　　　　　　　　□

研究报告　　　　　　　　　　□

合同或法律文件　　　　　　　□

其他　　　　　　　　　　　　□

2. 学历要求：

□初中　　　□高中　　　□职专　　　□大专　　　□本科　　　□硕士　　　□博士

3. 受培训情况及要求：

培 训 科 目　　　　　　　　　　培 训 内 容　　　　　　　　　培训时限（日）

4. 你认为你的职位的初任者，需要多长时间才能基本胜任工作？

5. 为了顺利履行您所从事的工作，需具备哪些方面的其他工作经历，约多少年？

工作经历：　　　　　　　　　　最低时间要求：

6. 在工作中您觉得最困难的事情是什么？您通常是怎样处理的？

困难的事情：　　　　　　　　　处理方式 ：

7. 您所从事的工作有何体力方面的要求？

轻－－－－－较轻－－－－－－般－－－－－轻重－－－－－重

8. 其他能力要求

等级：1－－－2－－－3－－－4－－－5

程度：极少　　偶尔　　不太经常　　经常　　非常经常

领导能力　　　　　　　　　□

指导能力　　　　　　　　　□

激励能力　　　　　　　　　□

创新能力　　　　　　　　　□

计划能力　　　　　　　　　□

资源分配能力　　　　　　　□

管理技能　　　　　　　　　□

时间管理　　　　　　　　　□

人际关系　　　　　　　　　□

协调能力　　　　　　　　　□

谈判能力　　　　　　　　　□

说服能力　　　　　　　　　□

公共关系　　　　　　　　　□

表达能力　　　　　　　　　□

写作能力	☐
信息管理能力	☐
分析能力	☐
决策能力	☐
实施能力	☐
其　　他	☐

请您详细填写从事工作所需的各种知识和要求程度？

需要程度：1———2———3———4———5

等级：低　　较低　　一般　　较高　　高

知识内容：

1.

2.

3.

其　他

您还有哪些需要说明的问题？

第四节　工作说明书的编写

一、工作描述

（一）工作说明书的内容

关于工作说明书的内容，一般包括以下各项：

（1）工作识别：包括职务名称（工作名称）、所属部门、工作编号及日期。列出日期的目的，主要是由于内容具有时效性，并且便于以后工作内容描述的重新评定及改进之用。

（2）工作内容摘要：提供一些简短的描述，使员工初步了解工作的内容。

（3）工作任务：是工作说明书的核心部分，列明该工作的任务。其目的主要是告诉员工，该做什么，如何去做，为何去做。

（4）领导关系：包括接受与给予监督，指出其上司与部属，以及在组织中的地位和联系，与其他职位或工作的关系等。

（5）与其他职位和工作的关系：指出某项工作与本部门其他工作，或其他部门工作之间的关系，并指出升迁程序与关系。

（6）工作条件：列明工作地点的环境，如卫生设备、热度、户外工作、有无危险等。

（7）所使用的工具：指出本工作所必须使用或操作的工具。

（8）所使用词汇的定义：一些专门或不常见的术语的定义。

（9）备注：如有需要，对上述说明再作补充解释。如，对于一些专业名词或内行人才懂的名词应尽可能加以注释。

（10）签署与认可：由领导与员工分别签名，认同工作说明书的内容。

（二）工作说明书的格式

工作说明书的格式举例如下。

职务名称：秘书

隶属：经理

职务摘要：履行一般秘书工作，包括口述的笔录、打字、处理书信文件、安排约会事项。

任务：

1. 笔录口述的信息或录音的信息。

2. 抄写或用计算机打出信件、备忘录或报告文件。

3. 在会议上负责记录工作。

4. 拆阅外来文件并分送各有关单位。

5. 为经理从事电话联系及私人联系。

6. 接听电话并录下信息。如经理忙碌之际，应分辨电话的重要程度以决定立即转请经理接听或暂缓传递信息。

7. 处理零用金。

8. 招待顾客并安排约会。

9. 申领与保管办公用品。

10. 处理机密性文件。

机器设备：电脑及录音笔。

工作环境：一般办公室所具有的环境。

危险事物：无。

（三）对工作说明书编写的要求

工作说明书在组织管理中的地位极为重要，不仅可以帮助任职人员了解其工作，明确其职责范围，而且还可以为管理者的某些决策提供参考。因此，编写工作说明书时，必须注意以下几点要求：

（1）工作说明书的详略与格式不尽相同，每个组织都可能有不同的写法，有些较详细，有些较简单。对于一些技术水平低或简单的工作，工作说明书可以简短而清楚地描述。而对于一些高技术、性质与内容复杂的工作，工作内涵却不易详细而具体列明，只能用若干含义极广的词句来概括。

（2）工作说明书的叙述要清晰、完整，文字力求简单、精确，形式必须统一。

（3）各项工作活动以技术或逻辑顺序排列，或依重要性、所耗费时间多少顺序排列。

（4）必须列明工作或职务最起码要做到的范围。

所有工作说明书的一个潜在问题就是它们可能会过时。工作说明书通常不能定期更新以反映工作中发生的变化。通常的实践是让工作承担者及其主管人员每年查看最近期的工作说明书，并确定这个说明书是否需要更新。

（四）工作说明书案例

下面是一个企业销售部经理的工作说明书案例。

销售部经理工作说明书

职务名称：销售部经理
职务编号：1135－112
1. 工作活动和工作程序
通过对下级的管理与监督，实施企业的销售、计划、组织、指导和控制；指导销售部门的各种活动；就全面的销售事务向上级管理部门做出报告；根据对销售区域、销售渠道、销售定额、销售目标的批准认可，协调销售分配功能；批准对推销员销售区域的分派；评估销售业务报告；批准各种有助于销售的计划，如培训计划、促销计划等；审查市场分析，以确定顾客需求、潜在的消费量、价格一览表、折

扣率、竞争活动，以实现企业的目标；亲自与大客户保持联系；可与其他管理部门合作，建议和批准用于研究和开发工作的预算支出和拨款；可与广告机构就制作销售广告事宜进行谈判，并在广告发布之前对广告素材予以认可；可根据销售需要在本部门内成立相应的正式群体；可根据有关规定建议或实施对本部门员工的奖惩；可以调用相关交通工具。
2. 工作条件和物理环境 75％以上的时间在室内工作，一般不受气候的影响，但可能受气温影响；湿度适中，无严重噪音，无个人生命或严重受伤危险，无有毒气体。有外出要求，一年有 10～20％的工作日出差在外；工作地点在本市。
3. 社会环境 有一名副手，销售部工作人员有 25～30 人；直接上级是销售副总经理；需要经常交往的部门是生产部、财务部；可参加企业家俱乐部、员工乐园各项活动。
4. 聘用条件 每周工作 40 小时，固定节假日放假；基本工资 2000 元，超额完成部分再以千分之一提取奖金；本岗位是企业中层岗位，可晋升为销售副总经理或分厂总经理。每年工作以 4～10 月份为忙季，其他时间为闲季；每三年有一次出国进修机会；每五年有一次为期一个月的公休假期，可以报销 2000 元旅游费用；企业免费提供市区二房一厅(35 平方米以上)住宅一套。

二、工作规范

工作规范根据工作内容，拟定员工资格，列明适合从事该项工作的员工所必须具备的资格条件、个人特质与所受训练，以供招聘之用。

(一) 工作规范的内容

工作规范的内容主要应包括以下各项：

(1) 任务(做什么？如何做？为什么做？)；

(2) 责任；

(3) 经验；

(4) 教育；

(5) 训练；

(6) 判断能力；

(7) 主动性；

(8) 体力动作；

(9) 体力技能；

(10) 沟通信息技能；

(11) 情绪特性；

(12) 嗅觉、视觉、听觉的要求。

(二) 确定工作规范的要求

1. 确定工作规范的要求

确定工作规范的要求，可从以下几个方面来考虑：

(1) 工作性质。根据工作性质所需要的知识、技能和经验等不同，工作规范可分为技术类、行政管理类。而技术类中又分为工程类、化学类等。在工程类中又可分类为电力工程类、机械工程类、土木工程类。根据工作性质，可了解需用人员的来源，处理工作所需要的学识、技能和经验等。

（2）工作繁简难易。根据工作繁简难易程度的高低，工作规范可分为若干层次，凡工作越繁而难者，处理工作所需要的知识、技能和经验的水平也就越高。

（3）工作责任的轻重。根据工作责任轻重程度的高低，工作规范也可分为若干层次，凡工作责任越重者，处理工作所需要的学识、技能和经验的水平也就越高。

2. 工作规范的格式

工作规范的格式举例如下：

秘书的工作规范

职务名称：秘书
隶属：经理
教育程度：大学毕业或同等学力。
专业训练：至少半年的秘书实践训练，包括打字及速记训练。
技巧：双手及手指的正常活动足以胜任计算机的操作。每分钟打字速度不少于40字。
适应能力：必须能适应经常工作的变化，例如打字、草拟文件、接待、访客、翻阅档案等工作。
判断能力：有足够能力判断访客的重要性、事情的轻重缓急，并决定是否立即呈报上司或延缓为之。
仪表谈吐：必须仪表端正，谈吐文雅。

招聘专员的工作规范

职务名称：招聘专员　　　所属部门：人力资源部 职务代码：XL－HR－021　　工资等级：9～13 直接上级职务：人力资源部经理
一、知识和技能要求 1. 学历要求：本科及以上 2. 工作经验：3年以上大型企业工作经验 3. 专业背景：从事人力资源招聘工作2年以上 4. 英文水平：达到国家四级水平 5. 计算机水平：熟练使用 Windows 和 Office 系列
二、特殊才能要求 1. 语言表达能力：能够准确、清晰、生动地向应聘者介绍企业情况；准确、巧妙地解答应聘者提出的各种问题； 2. 文字表述能力：能够准确、快速地将希望表达的内容用文字表述出来，对文字描述很敏感； 3. 观察能力：能够很快地把握应聘者的心理； 4. 处理事务能力：能够将多项并行的事务安排得井井有条
三、综合素质 1. 有良好的职业道德，能够保守企业人事秘密； 2. 独立工作能力强，能够独立完成布置招聘会场、接待应聘人员、应聘者非智力因素评价等任务； 3. 工作认真细心，能准确地把握同行业的招聘情况
四、其他要求 1. 能够随时出差； 2. 假期一般不超过一个月

三、工作说明书与工作规范的区别

工作说明书与工作规范两者既相互联系，又存在一定的区别。我们可以从以下两个方面来分析：其一，从编制的直接目的来看，工作规范是在工作说明书的基础上，解决"什么样的人员才能胜任本岗位的工作"的问题，并为组织员工的招聘、培训、考核、晋升、任用提供标准；而工作说明书则是以"事"为中心，对工作岗位进行全面、系统、深入的说明，并为组织人力资源管理提供依据。其二，从内容范围来看，工作说明书的内容范围比较广泛，既包括对工作岗位各事项性质、特征等方面的说明，又包括对担任该项工作岗位人员要求的说明；而工作规范的内容比较简单，主要涉及人员的任职资格条件等方面的问题。从这个意义上讲，工作规范是工作说明书的一个重要组成部分。

四、工作分析的潜在问题

在工作分析过程中，往往会出现很多问题。一些问题是由人类的本能行为引起的，另一些则根源于工作分析过程的本质。最常遇见的一些与工作分析有关的问题如下：

（1）失去最高管理层的支持。最高管理层至少应该使所有员工都清楚，他们全力以赴和真诚的参与对工作分析过程极为重要。但是这种信息常常没有传达出去。

（2）仅仅利用单一手段和单一来源收集数据。正如本章所讨论的，收集数据有许多被验证的方法。在很多地方经常出现的情况是，当多种方法结合起来可以提供更好的数据时，工作分析却仅仅依赖其中的一种方法。

（3）主管人员和工作承担者没参与到工作分析过程的设计中，而唯独对项目承担责任的人计划和实施了过多的分析。工作承担者及其主管人员应该在项目规划的初期参与进来。

（4）对工作承担者没有进行培训或激励。工作承担者是工作信息的一个潜在的巨大来源，但他们很少为工作分析提供高质量的数据。而且，工作承担者不能意识到数据的重要性，并且几乎从不会因为提供了高质量的数据而受到奖励。

（5）不给予员工足够的时间来完成工作分析。通常工作分析就好像是一个应急计划那样来进行，没有给员工足够的时间来进行彻底的工作分析。

（6）活动可能被歪曲。没有恰当的培训和准备，员工可能会有意或无意地歪曲数据。例如，如果员工知道自己正在被注视，他们就可能加快速度。员工在这个项目一开始就参与是使这个问题最小化的一个好方法。

（7）没有对工作进行评价。许多工作分析并没有超出工作承担者当前在做什么这个初级阶段，而这些数据极具有价值，分析不应该停留在这里。所以应该对工作进行评价，以确定工作分析是否在正确地进行，或者是否可以做出改进。

第五节　工 作 设 计

一、工作设计的动态性

组织战略制订和战略执行的过程决定了组织如何在市场上进行竞争。组织战略常常对组织所做的任何事情都能起到激励和指导作用。战略执行是将战略规划通过组织成员的活动演变为现实的过程。战略形成中的许多中心问题都是处理如何完成工作这一任务，即个人所需完成的工作设计，以及将个人工作与他人工作作为一个整体的组织结构来进行工作设计。一家企业进行竞争的方式对于工作设计的方式以及通过组织结构将工作联系在一起的方式都会产生深刻的影响。反过来说，企业的组织结构和环境之间的匹配又会对企业在竞争中能否获得成功产生重要的影响。例如，一家企业希望通过低成本战略来进行竞争，它就需要最大限度地提高效率。效率的最大化可以通过把所有的工作都分解为能够由低工资、低技能的工人来完成的那些细微而简单的工作要素来实现。效率的提高还可以通过精简任何多余的支持性服务来实现，这样一来，所有的工作就可以按照职能块被组织在一起，在每一个职能块中工作的工人都完成类似的工作任务。例如，所有的市场营销人员在同一个部门中工作，所有的工程人员也都在同一个部门中工作，如此等等。在每一职能块内部共同工作的人们可以学到大量关于如何运用该种职能的知识，从而将他们的技能转化持续不断的生产力，进而实现效率的提高。另一方面，如果一家企业希望通过创新战略来进行竞争，它就需要最大限度地提高自己的灵活性。灵活性的最大化可以通过把工作组合成一种需要由高工资、高技能工人才能完成的并且范围较大、内容较为完整的工作模块来实现。灵活性还可以通过赋予每一工作单位确立它们自己的支持系统的权力以及决策的权力，从而使它们能够抓住特定地区或特定产品市场上的机会而得到加强。在这些跨职能工作块中共同工作的人们产生了大量富有创造性的新思想，这些新思想往往能够带来跃迁式的和革命性的进步。这种类型的组织结构和工作设计就是90年代初克莱斯勒公司所采用的，这种组织和工作设计方式在不断变化的竞争环境中可能是非常有效的。

　　因此，设计工作和组织结构方面并不存在某种所谓的"最好方式"，而是需要在以下两个方面之间实现更好的匹配：一个方面是它所处的环境、它的竞争战略以及它的哲学理念；另一方面是它的工作以及组织设计。工作分析和工作设计的目的是为了创建工作以及建立起不同工作之间的联系。工作分析和工作设计两大领域之间存在很多交叠，尽管在过去它们通常会受到不同的对待。工作分析的主要任务是对现有的工作进行分析，从而为其他的人力资源管理实践如甄选、培训、绩效评价及薪酬等搜集信息；而工作设计的主要任务则是对现有工作进行重新设计，以使它们更富有效率或者对承担工作的人更富有激励性。此外，工作分析比较消极，是以搜集信息为导向的；而工作设计在改变工作方面有着更为积极的导向性。然而，两者之间还存在着内在的联系。

　　尽管我们易于把工作看成是静态的和稳定的，但是实际上，工作总是随着时间而不断发生变化的。那些从事相应的工作或者管理着这些工作的人经常会对工作进行细微的日积月累的调整，其目的是使工作能够适应环境条件的变化，或者适应个人在工作方面的偏好。尽管在工作分析的过程中出现误差的来源有许多，但事实却是，大部分不精确的情况很可能都仅仅是因为工作描述变得过时的缘故。基于这种原因，工作分析过程除了要对工作进行静态的界定以外，还应当探查工作性质所发生的变化。

　　事实上，许多研究者和实践人员已经指出在组织出现了一种所谓的"工作废除"（Dejobbing）趋势。这种趋势的内容就是把组织看成是一个需要被人完成的工作领域，而不是一系列由个人所占据的零零散散的工作集合。比如在英特尔公司，个人往往是首先被安排到一个项目之中去。这个项目会随着时间的变迁而发生变化，同时个人所扮演的角色以及工作对他的要求也在发生相应的变化。在一个项目完成之前,一个人可能已经被安排到另外一个项目或者另外一些项目之中去了。因此,除了要担负起新职责之外,这名雇员还被要求在许多不同的团队领导人手下进行工作,管理各种不同的目标和工作时间表,同时还要在各种不同的团队位置以及不同团队成员的多种工作时间表之间进行协调。这就要求组织取消传统的层级式结构安排,而代之以更为灵活、便利,更具有流动性的组织结构和工作过程。

这些"项目本位制"的组织结构要求组织通过工作流程分析来得出对工作的一种更为宽泛的认识。由于工作变化的速度如此之快,因此每周都重新编写工作描述已经变得不可能了,同时,这种组织结构要求组织在编写工作描述和工作规范的时候需要保持更大的灵活性。然而,法律要求可能会限制组织编写比较灵活的工作描述。因此,寻求将自己的员工当成获得竞争优势的一个来源的组织必须在灵活性需要和法律条款要求之间进行平衡。而这代表着人力资源部门在今后几年中所面临的一个重大挑战,面临这种挑战,组织将不再采用消极的工作分析方法,而是要采取如本章下一节所要讨论的积极的工作设计方法。

二、工作设计的基本要求

工作设计(Job Design)是指对工作完成的方式以及某种特定工作所要求完成的任务进行界定的过程。而工作再设计则是指改变某种已有工作中的任务或者改变工作完成方式的一个过程。为了有效地进行工作设计,必须全面地了解工作的当前状态(通过工作分析来了解)以及它在范围更广的工作单位内部的整个工作流程中的状态(通过工作流程分析来把握)。只要获得了工作单位以及工作本身所需要完成的任务的详细知识,管理者就可以选择多种方式来对工作进行设计。

工作设计说明工作将怎样做、由谁来做和在什么地方做这些基本问题。工作分析和工作设计直接联系在一起。实际上,大多数工作分析是在以前已经设计过的现存工作的基础上来进行的。然而,根据新近的工作分析结果来对工作进行重新设计也是常见的。例如,工作分析可能显示目前完成某项工作的方法(工作设计)无效或包含不必要的任务。

工作设计过程主要包括以下几个阶段:

(1) 对工作任务进行详细说明,回答必须完成什么样的工作任务的问题。

(2) 对需要完成的各项工作任务做出说明,即应该如何完成每项任务。

(3) 说明各种工作任务应如何进行组合并分配到每个人。

正如前面所讨论过的,工作分析和工作设计是具有内在联系的。工作分析常常表明一项工作何时需要重新设计。通常情况下,一家公司是想通过工作再设计来使其变得更富有效率或更有效。为了对工作进行再设计,必须首先获得与现有工作有关的详细信息,即工作分析过程。工作分析不仅需要确定工作要求,而且也需对做该工作所需的技能做出概括。对工作进行再设计实际上与分析一种并不存在的工作是很类似的。

三、工作设计的方法

(一) 激励型工作设计法

工作设计的激励型方法在组织心理学和管理学文献中可以找到其深厚的基础。它所强调的是可能会对工作承担者的心理价值以及激励潜力产生影响的那些工作特征，并且它把态度变量(比如满意度、内在激励、工作参与)以及像出勤、绩效这样的行为变量看成是工作设计的最重要结果。激励型的工作设计方法所提出的设计方案往往强调通过工作扩大化、工作丰富化等方式来提高工作的复杂性，它同时还强调要围绕社会技术系统来进行工作的构建。与此相对应，一项对 213 种不同工作所进行的研究发现，工作的激励特征与这些工作对工作承担者的智力要求是正相关的。

激励法的例子之一是赫茨伯格的双因素理论，该理论指出，相对于工资报酬这些工作的外部特征而言，个人在更大程度上是受到像工作内容的有意义性这类内部工作特征激励的。赫茨伯格指出，激励员工的关键并不在于金钱刺激，而在于通过对工作进行重新设计来使工作变得更有意义。

关于工作设计如何影响员工反应的一个比较完整的模型是"工作特征模型"。根据这种模型，可以由五个方面的特征来对工作进行描述，即技能多样性、任务完整性、任务重要性、自主性、反馈。其中，技能多样性是指工作要求任职者运用多种技能来完成任务的程度。任务完整性指的是一种工作要求任职者从头到尾完成某件"完整"工作的程度。任务重要性指的是一种工作对他人生活所产生影响的重要程度。自主性是指工作允许个人在工作完成方式方面进行自我决策的程度。反馈是指每个人能够从工作本身获得关于自己完成工作的有效性程度的明确性信息的程度。

这五种工作特征通过影响三种关键的心理状态，即"经验性意义"、"责任"以及"对结果的认识"——来决定工作的激励潜力。根据这一模型，当核心工作特征(以及关键的心理状态)非常强时，个人就会受到较高水平的内在工作激励。而这种状态会带来较高的工作数量和质量，同时也会带来较高水平的工作满意度。

强调激励的工作设计方法通常倾向于强调提高工作的激励潜力。工作扩大化(增加所需完成工作的类型)、工作丰富化(增加工作的决策权)以及自我管理工作团队等管理实践都可以在激励型的工作设计方法中找到自己的渊源。尽管针对这些工作设计方法所进行的大多数研究都表明它们提高了员工的满意度和绩效质量，但是它们却并非总能带来绩效数量的增加。

（二）机械型工作设计法

机械型工作设计法是扎根于古典工业工程学之中的。机械型工作设计方法强调要找到一种能够使得效率达到最大化的最简单方式来构建工作。在大多数情况下，这通常包括降低工作的复杂程度从而提高人的效率。也就是说，让工作变得尽量简单，从而使任何人只要经过快速培训就能够很容易地完成它。这种方法强调按照任务专门化、技能简单化以及重复性的基本思路来进行工作设计。

科学管理是一种出现最早同时也最为有名的机械型工作设计方法。根据这种方法的思想，只要在工作设计的过程中采用科学的方法，就能够使生产率达到最大化。科学管理首先要做的是找出完成工作的"一种最好方法"。这通常需要进行工时和动作研究，从而找到工人在工作时所可以采用的最有效运动方式。一旦找到了完成工作的最有效方式，就应当根据潜在工人完成工作的能力来对他们进行甄选，同时按照完成工作的这种"最优方式"的标准来对工人进行培训。最后，还需要对工人提供金钱刺激，从而激励他们在工作中发挥出自己的最大能力。

　　科学管理方法在随后的若干年中得到进一步的确立，这导致一种机械型的工作设计方法的产生，这种工作设计方法要求将工作设计得越简单越好，从而使得工作本身不再具有任何显著的意义。如果按照这种方法来进行工作设计，组织就能够减少它所需要的能力水平较高的雇员数量，从而减少组织对单个工人的依赖。一个人是很容易被替代的，也就是说，新雇员经过快速而低费用的培训就能够胜任工作了。

（三）生物型工作设计法

　　生物型工作设计法主要来源于生理机械学（也就是对身体运动进行研究的科学）、工作心理学、职业医学，它通常被说成是人类工程学。人类工程学所关注的是个体心理特征与物理工作环境之间的交互界面。这种方法的目标是：以人体工作的方式为中心来对物理工作环境进行结构性安排，从而将工人的身体紧张程度降低到最小。因此，它对身体疲劳度、痛苦以及健康抱怨等方面的问题十分关注。

　　生物型工作设计法已经被运用到了对体力要求比较高的工作进行再设计时所采用的那些手段之中，这种工作再设计的目的通常是降低某些工作的体力要求，从而使得每个人都能够去完成它们。此外，许多生物型工作设计法还强调，对机器和技术也要进行再设计，比如调整计算机键盘的高度来最大限度地减少职业病（比如腕部血管综合征）。对于许多办公室工作来说，座椅和桌子的设计符合人体工作姿势的需要也是非常重要的，这也正是生物型方法运用到工作设计之中的另一个例子。比如，一项研究发现，让员工参与一项人类工程学工作再设计计划的结果是累积性精神紊乱发生的次数和严重程度、损失的生产时间以及受到限制的工作日数量都出现了下降。

（四）知觉运动型工作设计法

　　知觉运动型工作设计法是扎根于对人性因素进行阐述的文献之中的。生物型工作设计法所注重的是人的身体能力和身体局限，而知觉运动型工作设计法所注重的是人类的心理能力和心理局限。这种工作设计法的目标是，在设计工作的时候，通过采取一定的方法来确保工作的要求不会超过人的心理能力和心理界限之外。这种方法通常通过降低工作对信息加工的要求来改善工作的可靠性、安全性以及使用者的反应性。在进行工作设计的时候，工作设计者首先看一看能力最差的工人所能够达到的能力水平，然后再按照使具有这种能力水平的人也能够完成的方式来确定工作的要求。与机械型的工作设计方法类似，这种方法一般也能起到降低工作的认知要求这样一种效果。

（五）不同工作设计方法的优势与不足之比较

　　最近的一系列研究都是以理解这些不同的工作设计战略之间的优缺点以及它们所产生影响力为内容的。许多研究者都提出应当运用激励法来进行工作设计，从而使得工作变得越来越具有心理上的意义。尽管如此，有一项研究还是针对各种工作设计方法与各种各样的工作结果之间的关系进行了研究。这项研究表明，在职者们对于在激励型工作设计法中得分较高的工作表达出较高程度的满意水平。此外，在生物型工作设计法中得分较高的工作往往是在职者们认为体力要求较低的工作。最后，激励型工作设计法和机械型工作设计法是负相关的，这表明以实现效率最大化为目的来设计工作很可能会导致工作中所包括的激励成分较少。

许多研究还考察了不同的工作设计方法与薪酬之间的关系。基于工作评价确定工作对于组织价值的过程能够将工作设计与市场力量联系在一起这样一个基本假设，研究者们考察了各种工作设计方法与工作评价结果以及薪酬之间的关系。他们发现，那些在激励型工作设计法中得分较高的工作通常也有着较高的工作评价得分，这表明这些工作有着较高的技能要求以及更高的薪酬水平；而在机械型工作设计法和知觉运动型工作设计法中得分很高的工作往往只有很低的技能要求，从而也只能获得相应的较低工资率；最后，在生物型工作设计法中得分较高的工作对于体力的要求比较低，但是它同工资率之间的相关关系比较弱。因此，得出下列结论似乎是合理的：以提高激励潜力为目的而进行的工作再设计会导致组织在能力要求、培训以及薪酬等方面不得不承担更高的成本。

总而言之，在进行工作设计的时候，理解仅仅使用一种工作设计方法所可能产生的内在优缺点是非常重要的。管理者如果希望按照某种能够使得任职者和组织的各种积极结果都达到最优化的方式来进行工作设计，他们就需要对这些不同的工作设计方法都有充分的认识，理解与每一种方法相联系的成本和收益，在它们之间进行适当的平衡，从而为组织谋取一种竞争优势。

四、工作设计的应用

（一）工作扩大化

工作扩大化是指在横向水平上增加工作任务的数目或变化性，使工作多样化，但工作的难度和复杂程度并不增加。例如，邮政部门的员工可以从原来只专门分检邮件增加到也负责将邮件分送到各个邮政部门。通常这种新工作同员工原先所做的工作非常相似。这种工作设计会提高效率，是因为没必要把产品从一个人手中传给另一个人而节约时间。此外，由于完成的是整个产品，而不是在一个大件上单单从事某一项工作，这样在心理上也可以得到安慰。该方法通过增加某一工作的工作内容，使员工的工作内容增加，要求员工掌握更多的知识和技能，从而提高员工的工作兴趣。

一些研究表明，工作扩大化的主要好处是增加了员工的工作满意度和提高了工作质量。IBM 公司报告工作扩大化导致工资支出和设备检查的增加，但因质量改进，职工满意度提高而抵消了这些费用；其他一些公司则通过实行工作扩大化提高了产品质量，降低了劳务成本，也使工人满意度得到了提高，生产管理变得更有灵活性。

（二）工作丰富化

所谓的工作丰富化，是指在工作中赋予员工更多的责任、自主权和控制权，是对工作内容和责任层次基本的改变，旨在向知识员工提供更具挑战性的工作。工作丰富化与工作扩大化、工作轮调都不同，它不是水平地增加员工工作的内容，而是垂直地增加工作内容。这样，员工会承担更多重的任务、更大的责任，员工有更大的自主权和更高程度的自我管理，还有对工作绩效的反馈。

工作丰富化是对工作责任的垂直深化，它使得知识员工在完成工作的过程中，有机会获得一种成就感、认同感、责任感和自身发展。但在实施充实工作内容过程中，应遵从下列五个原则：增加工作的责任和难度；赋予知识员工更多的责任；赋予知识员工自主权；将有关工作业绩及时反馈给知识员工；对知识员工进行必要的培训。

　　工作丰富化实际上是双因素理论的一种应用。工作丰富化的建立可以鼓励内在动机，因为它可以赋予员工执行工作中更多的控制权、责任和自由决定权，促进了员工的成长和自我实现。因为动机不断增强，绩效就会提高。

　　目前流行的设计工作丰富化的方法主要是观察法、面谈法、分析工作流程法、结构线索法和调查问卷法。当然，工作丰富化绝不可以无限制地任意实施，否则，整个组织将会遇到不可克服的矛盾，诸如：技术问题，任何组织绝对不能容许某个职工为了使工作丰富化而改乱一条专业生产自动线，因为这是一种较大的工作，是远非一个人可以完成的，必须有组织地集中大量的人力来进行；成本问题，如果工作丰富化的成本太高，而产生的价值不大，并且见效太慢，也是不能允许进行的；对于职工的过分要求，如对工作的保障条件要求过高，或不满意合理的规章制度，不愿意接受必要的监督等，则不能迁就，更不能作为"丰富化"看待，这种情况下，应当采取一定措施。

零与零的加减乘除——职务丰富化激励过程中的四个常见错误

　　0＋0、0－0、0＊0、0/0，主管们通过工作丰富化来激励员工的过程中经常会犯这些错误。一位外企主管曾抱怨：她手下有三位员工长期负责一些琐碎事物，为了更好地激励他们工作，并且使其有成长的空间，决定将其分管的工作对调，以进行"职务丰富化"。她希望此举能大大提高工作积极性，并且为今后挑选接班人做准备。但是，出乎她意料的事情发生了，大家居然都不愿意进行工作掉换，宁愿在原来的位置上重复每天发邀请函这一类枯燥的工作。"我真的是想不通，他们难道就不明白我的这番苦心？""这些你想让他们对调的工作是不是在权限、范围上差不多，但是工作内容不一样，就像是往餐桌上摆盘子和摆刀叉的分工。你调换了一下，你还是那个检查盘子刀叉有没有摆好的人？""是啊，可是他们如果永远只摆自己那一点，今后怎么能成长为能够检查别人盘子和刀叉的人？"以上的事例，正是反映了我们的管理人员在对待员工职务丰富化过程中常见的一种错误：把那些原本就需要丰富化的工作重新在员工中组合分配，等于用一个零代替另外一个零。在运用职务丰富化的手段、提高员工积极性与自主性的过程中，管理人员常常只是成功地将职务分解，但并没用在他们熟悉的工作中为他们创造真正成长的机会。因此，只是完成了水平的职务"扩大化"，并非真正意义上垂直的职务"丰富化"，甚至是增加了工作的无意义性。

　　真正的职务"丰富化"不仅包含水平扩大，更重要的是将责任、成就、承认、学习与发展等激励因素通过垂直扩大的方式加入新的工作中。这是我们进行工作设计和丰富化过程中必须注意的。

　　一、四个错误

　　可以用以下四个公式来总结我们在试图用工作丰富化来激励员工的过程中犯下的错误：

　　（1）零加上零：增加毫无意义的日常办公室工作，这等于零加上零，例如在前台的工作中加上原本没有的预订机票的任务。

　　（2）零减去零：去掉工作中一些困难的工作，使员工得以轻松完成更多的不那么有挑战性的工作，等于减掉了员工成就和辅导更多责任与发展的希望，例如让一个不善于演讲的研究人员，放弃演讲的工作，专门负责案头工作。

（3）零乘以零：提高对员工的工作定额要求，发出更高的挑战，但并不对工作方式产生改变，这等于零乘以零，例如将某位记者每周撰写的新闻稿件数量增加120%，并不提供额外的帮助。

（4）零代替零：把那些原本就需要丰富化的工作重新在员工中组合分配，等于用一个零代替另外一个零，例如我们上面故事里的那位主管。

让我们回到第一个故事，看看如何改变才可以使这三位下属在垂直方向上扩大职务范围，并且能够达到激励的效果。这三个人的分工是协助办理这个跨国公司人员在境内外的出入手续：发邀请信、办签证、进行数据库录入。我们可以采用水平和垂直方向上的职务扩大方法，在激励的原则里实际上包含了责任、个人成就、内部承认、成长与学习这些激励因素，将它们加入到新的工作分配方式中，从而对员工绩效产生影响，真正达到激励与成长的目的。以上原则是由"激励-保健双因素理论"创立者——弗雷德里克·赫茨伯格教授1968年提出的，他运用这些原则对秘书工作进行了严格的实验。实验证明，垂直方向上的激励因素的获得才是最终提高工作积极性、促使员工成长的根本所在。这些结果不仅仅适用于基础岗位，对于各种层级上的岗位都是适用的。我们运用赫茨伯格的双因素激励理论，根据这些原则，对该案例中的一些运用方法进行了诠释。

二、六项注意

有这样六个事项必须注意：

（1）要正确选择那些工作丰富化的方式。当丰富化后的管理成本增加，或员工对其中某项工作内容非常抵触时，这些方式就是不适合的。

（2）尽可能多地列出方案，剔除与薪酬、福利等保健因素相关的内容。

（3）详细定义什么样的责任或者权限将被下放，以免日后不知不觉回到老路。

（3）避免犯"零与零的加减乘除"的错误。

（5）沟通。与下属进行交流，告诉他们变革的目的，让他们明白你的初衷，将成长和激励明确地告诉他们，而不是单纯地实施方案。

（6）进行必要的控制和指导，以免由于承担不熟悉的工作或任务导致工作效率反而降低。

另外，还需消除两项"心魔"：

（1）消除员工的"心魔"。沟通的目的在于，消除下属害怕由于熟悉的工作改变而工作表现更糟的忧虑，并且通过适当的方式让其真切地感受到，上级在为他们提供一个真正的成长和学习的机会，并希望他们能够努力去抓住这个机会。

（2）消除你自己的"心魔"。既然你认为应该通过工作丰富化来提高工作效率，就不要过多地去考虑诸如"责任下放了，我的权力和控制能力就减少了"，甚至是"万一成长后的员工会抢了我的饭碗"之类的问题，员工效率的提高正是作为管理者的你的工作能力提高和工作效果提升的表现！请记住，正确地运用这些激励因素和原则进行工作丰富化，可以在薪酬水平不扩大，保持工作效果的基础上使你和你的组织变得更有朝气；重要的是，能够让组织变得更有效率。

（三）工作轮换

工作轮换（Job Rotation）是将员工由一个岗位调到另一个岗位以扩展其经验的培训方法。这种知识扩展对完成更高水平的任务常常是很有必要的。轮换培训项目也可以帮助新员工理解他们工作领域内的各种工作，但是这种方法也有一些潜在的问题。新员工从事每件工作的时间如此短，以至于他们觉得自己更像是某个部门的参观者而不是该部门劳动力中的一员。由于他们的工作水平往往不高，所以可能降低整个工作小组的效率。此外，在其他员工观摩某个轮换到他们部门的人或与该人一同工作时，可能会对其产生不满，而将来这个人可能会成为他们的老板。

工作轮调是让员工先后承担不同的但是在内容上很相似的工作，其本意是不同的工作要求员工具有不同的技能，从而可以增强员工的内在报酬，但是实际上效果非常有限。

工作轮换是让员工在能力要求相似的工作之间不断调换，以减少工作的枯燥单调感。现在有些组织从长期培养员工的角度出发，在录用新员工后的一至两年内会让员工在组织主要的部门都工作一段时间。这种方法能非常有效地提高员工的能力。

工作轮换被认为是最好的人才培养方式。在《21世纪经济报道》所做的一次调查中，经理们认为使潜在的领导者轮换不同的职责和海外任务是最有价值的领导才能发展技巧。组织要培养出能够独当一面的复合型人才，内部的岗位轮换可以说是一种经济又有效的方法。

定期改变中层管理者的工作部门或岗位，让他们到各个部门或岗位去丰富工作经验，扩大对组织各个工作环节的了解，以使他们对组织的经营管理或其他岗位的职责有更全面的了解，对中层管理者提高工作的分析能力和内部的沟通协调能力都十分有帮助。不同地域之间的岗位轮换可以增进员工对不同文化的理解；部门之间的岗位轮换，可以提高部门之间的协作，减少部门摩擦。工作轮换的具体形式可以是只在每个部门做观察员，但更有效的方式是让受训者实际介入所在部门的工作，通过实际去做了解所在部门的业务，包括销售、生产、财务和其他业务，使中层管理者"通才化"。

据了解，目前在一些大型的高科技企业和著名外企中实行轮岗制的较多，华为、西门子、爱立信、柯达、海尔、北电网络、联想、明基等企业也都在企业内部或跨国分公司之间进行了成功的岗位轮换。他们在具体的实行中，各自的方法又有所不同。

华为为了在人力资源管理中引入竞争和选择机制，在企业内部建立了一个劳动力市场，目的是促进人才的合理流动，通过岗位轮换实现人力资源的合理配置和激活潜力。他们还明确规定，中高层管理者必须强制轮换。

爱普生的工作轮换制度

爱普生公司是一家1997年才成立的公司，刚成立的前五年每年的业绩增长都在40％以上，最终在国内打印机市场占有率达到40％。爱普生中国公司信息产品营业部经理认为，爱普生公司这几年的飞速发展，正是得益于中层管理者的工作轮换制度。爱普生中国公司一般要求中层管理者每两年左右轮一次岗。例如，市场开拓部经理张锋刚来公司时是做公关工作，后来派到武汉工作，用了一年半的时间，把武汉办事处从无到有办成一个优秀的办事处，回来以后做喷墨打印机的产品经理，干了一段时间后又做公关经理。经过这么多次的轮岗，就会对公司的所有工作都比较清楚，不仅自己的工作效率得到了提高，也能与其他部门进行很好的合作。

　　经过跨部门的工作或者培训之后，员工对其他部门的工作流程、工作方式都会有比较深刻的理解，进而明确其他部门提出来的要求，部门间的合作也变得更加默契，更为有效。

　　部门之间的隔阂还有可能来自于感情因素，这时候巧妙利用长期轮换就能顺利解决问题。有这样一个案例：某企业的营销部与销售部配合不好，原因是营销部原老总对销售部有偏见，这种情绪影响着营销部的所有员工，久而久之就成为了营销部对销售部的一种偏见。后来企业利用长期轮换的方法，从销售部里提升了一个人作为营销部的老总，这样就堵住了偏见的源头，部门之间的隔阂就慢慢消失了。

本章小结

　　工作分析和工作设计是创立和维持竞争优势的最重要因素之一。如果不对工作流程分析、工作分析和工作设计予以充分的、全面的重视，战略事实上是不可能得到执行的。管理者需要了解自己所在部门的全部工作流程，才能确保这一过程能够达到效率和有效性的最大化。为了理解这个过程，管理者还必须掌握与本部门中所有工作相关的明确而详细的信息，而获得这些信息的方式就是工作分析过程。在理解了工作流程和现有的工作以后，管理者们就可以对工作进行重新设计，以此来保证本部门的目标能够得到实现，同时确保部门中的员工能够在各种工作结果范畴，比如激励性、满意度、安全、健康以及成就感等中受益。学习本章后，应能正确区分工作、职位和职业的含义；掌握工作分析的过程，以及工作说明、工作规范的定义；理解工作分析在组织管理中的地位和作用；清楚工作分析的过程和步骤；识别与工作分析相关联的几个常见问题；对工作范围和工作深度进行定义；解释工作设计的方法并区分下列可选择的工作时间安排种类：弹性办公时间、远程办公、工作分担和紧缩工作周。

思考题

　　1. 简述工作分析的作用。

　　2. 简述工作分析的各类方法。

　　3. 工作分析的访谈法主要从哪几个方面提问？

　　4. 工作分析的问卷法包括哪几个部分？

　　5. 岗位说明书的主要内容和格式要求是什么？

　　6. 请针对你所在高校的楼长、清洁员、辅导员三个职位，进行工作分析，可以采用访谈法、问卷法等方法进行，汇总分析结果，并编写三份岗位说明书。

　　7. 什么是工作设计？它与工作分析有什么异同？

　　8. 工作设计的目的是什么？

　　9. 为什么工作设计对组织变革的成功具有重要意义？

　　10. 列举2～4种常用的工作设计方法，并举例说明其应用。

　　11. 什么是人员配备？什么是定编定员？

　　12. 人员配备应遵循什么基本原则？

 **案例讨论**

S公司的工作分析

1. S公司进行工作分析的背景

S公司创业之初以资本额为100万元的创业基金作为公司创业资本，当时员工只有38人。但是经过全体同心协力，业绩大幅扩张，分支机构一一增设，同时陆续购入自有办公场所，继而奠定了日后蓬勃发展的坚实基础。S公司目前主要营业项目有存放款、代收、汇兑、信托、信用卡、外汇等。鉴于我国在加入WTO后，势必要面对外商公司可自由来中国开展业务的竞争威胁，加上国内其他同行相较于本公司的优势及本身所遇到的瓶颈，企业所处的环境竞争更加激烈，若仍采用现存经营方式将无法在多变、不确定的环境变动中求生存，更谈不上永续发展。因此，为了提升竞争力，S公司积极投入各项改善方案的规划以适应环境潮流，期望以最有效率的方式引领组织迎接未来的挑战。在此计划下，公司进行了一连串的问题分析及诊断，发现在营运上若继续采用守株待兔而非主动出击的方式招揽客户，在竞争对手强势激进的行销手法下，将会丧失许多客户。鉴于此，公司决定改变以往被动的做法，而以实际行动来主动争取客户，并在人员管理上以个人工作表现为未来晋升及调薪的基准，借以激励员工勤奋努力，创造出高品质的服务来满足客户需求。但是若要达到公司所规划的目标，现行人力资源管理制度并无法支持公司新政策的推行，所以必须对公司的人力资源管理政策进行调整。

2. 目的

此次进行工作分析的目的，主要是为了配合公司进行制度制订与修正。而此目的的达成必须有各职位相关正确资料，因此，由工作分析来了解各职位的工作内容、职责与权力、工作环境及担任此职位所必须具备的知识、技术、能力，以便利于公司进行人力资源管理制度修正。

3. 重要性

工作分析的重要性体现在以下几个方面：

(1) 薪资制度上：为建立合理、公平的薪资给出重要参考依据。

(2) 在工作分配上：由工作分析可了解各职位间工作内容有无重复、疏漏及各职位的工作负荷是否平均，重新进行工作的调整与分配。

(3) 在招募遴选上：可依照工作分析决定任用资格来甄选新进人员。

(4) 在绩效考核上：工作分析清楚地制定各职位的工作职责，让主管与员工充分地了解工作的内容是什么，同时可根据各职位的工作内容、职责及权力来决定绩效考核的项目与方法。

(5) 在训练与晋升发展上：新进员工可依据职务说明书的引导，加速其适应该职位。员工可以依据职务说明书上任用资格规范的知识、技术与能力了解自己必须提升及培养的能力有哪些，进而提升员工参与训练的意愿，同时，也可依据担任各职位所需具备的资格条件，根据自己的兴趣与能力来规划自己的未来发展路径。

4. 工作分析方法

工作分析方法有工作表现法(Job Performance)、实地观察法(Observation)、面谈法

(Interview)、关键事件法(Critical Incidents)、问卷调查法(Structured Questionnaires)，但主要以问卷调查法为主，辅以必要的面谈法。

问卷内容有：

(1) 部室代码。

请参照公司部门代码再填写。

(2) 单位名称。

请填写服务单位的名称，例如"人力资源部"。

(3) 具体职务。

请填写自己的职称级数。

(4) 工作特征。

① 主要职责：以两到三句话简单叙述所担任职位的主要工作内容。例如：人力资源部经理的主要职责为"负责公司人事制度规章、员工福利及教育训练等相关事务的督导、规划与执行工作，以达到人力资源工作顺利执行的目的"。

② 工作项目：可参考"总行各项事务分层负责表"中各部室的事务项目。由于部室主管所负责的事务项目较为重要，因此，部室主管填写纲要事务项目，而其他同事填写详细的各部室的事务项目。以国外事业部为例，国外部主管工作项目填写"进口信用证签发及修改"，而国外事业部的同事请填写"信用证的签发"、"各项财务的处理"，若"总行各项事务分层负责表"中的项目不足，请自行填写工作项目。

③ 工作方式：请在工作方式的选项中选择最合适者打"√"，若无合适者请在"其他"处说明；可复选。

工作方式说明如下：

督导：指负责此项工作项目人员作业、进度执行、费用使用的监督、指导与管理。

规划：指负责此项工作项目进度、执行流程与费用预先计划。

拟定：指负责此项工作项目相关制度、规章与办法的制定。

管控：指负责此项工作项目预算与费用支出的管理和控制。

维护：指负责此项工作项目相关资料的保护与关系的维持。

评估：指负责此项工作项目各项作业、绩效的评核与分析。

执行：指负责此项工作项目实际作业的实施与完成。

协助：指对于此项工作项目提供负责者必要的配合措施与帮忙。

其他：上述方式无法适切表示，请提出说明。

(5) 责任与职权。

① 保管资料：为担任此职位所必须保管的资料。例如：员工手册。

② 保管资产：为担任此职位所必须保管的资产。例如：个人文具用品、计算机。

③ 经办财务、预算或费用：为担任此职位所必须经办或负责的财务、预算或费用。例如：编列部门预算、保管部门零用金。

④ 应准备报告：为担任此职位所必须提出的"定期"与"不定期"报告、报表、资料。例如：员工出缺勤报表(定期)、旷工原因报告(不定期)。

⑤ 工作往来对象：填写担任此职位，因职务所需必须往来的"部门或对象"、"接触的方式"(如亲洽或电话询问)、"接触目的"及"频繁度"(如每日一次或每月二次)。

⑥ 职务权限：担任此项职位，拥有的职位权责、权限（提报、审核、核决）。例如：报送出勤异常人员名单、审核员工出差旅费报告、核决 2000 元以下的出差费用。

（6）担任此职务的资格条件。

① 教育程度：请填写担任此职务所需具备的教育程度，如"研究生及以上"、"本科"、"专科"、"高中（职）"、"初中"、"不限"。

② 科系限制：请填写担任此职务的专业限制。

③ 性别：请填写担任此职务的性别限制，如"男"、"女"或"不限"。

④ 年龄限制：请填写担任此职务的年龄限制，如"30 岁以下"或"不限"。

⑤ 生理条件：请填写担任此职务的生理条件限制，如"四肢健全"或"不限"。

⑥ 相关经历：请填写担任此职务所需的相关经历，如"5 年以上金融业主管经验"或"不限"。

⑦ 专业知识：因工作执行上需要，而必须具备的专业性知识。例如：人力资源部经理须具备人力资源管理、管理学等专业知识；会计人员需具备会计学、财务管理等专业知识。

⑧ 专业技术：指在此职位，因工作执行上需要，必须具备的技术。例如：业务人员需具备营销技巧。

⑨ 能力：指在此职位，因工作执行上需要，必须具备的能力。例如：管理人员需具备良好的领导、协调、沟通能力。

⑩ 训练：指在此职位，因工作执行上需要，必须受过的训练课程名称与时数。例如：担任培训科科长需受过内部讲师训练、管理人员需受过管理相关课程。

⑪ 证照：指在此职位，因工作执行上需要，必须拥有相关执照与证书。例如：担任培训科科长需拥有内部讲师证照。

填表人请于 8 月 11 日前填写完毕（请在填表人栏签章），然后交由所属单位各级主管审核（请特别注意审核工作职称及担任此职务的资格条件的填写内容），若有填写错误之处，主管请直接在问卷上更改，审核无误后（请在审核人栏签章），交由下属将此资料依照规定格式附于电子档案，存于磁盘中，将磁盘并同原始书面问卷一并于 8 月 18 日前交回人资部。

5. 流程

工作分析的流程如下：

填写个人工作分析问卷

↓

完成后交由部门各级主管复核

（主管复核后请在问卷最后一页签章）

↓

各级主管复核后交由员工将问卷输入计算机

↓

输入完成后连同磁盘与原始书面问卷交由人资部门作最后复核

（填写不完整者，退回补填）

6. 各单位主管配合事项

各单位主管配合事项主要有：

（1）将工作分析问卷交由单位内同事填答（含部室经理、科长及其他员工），若有部分的同事担任的为相同职位（即其工作内容是完全相同的），请主管依工作内容的重要性选择其中一人填写问卷即可。

（2）请各位主管协助同事填答工作分析问卷，请特别注意，工作分析所要了解的是担任"该职位"的工作内容及必须具备的任用资格等，而非目前担任该职位"同事"的工作内容或资格。重点是"工作本身"，而非"人"。

（3）同事问卷填答完后，请各级主管负责复核工作，检查看看同事是否有漏填或填答错误部分（特别是工作职称及担任该职位的资格条件），同时，在问卷上进行更正，审核无误后，请发还同事存盘。

（4）同事建档完成后，请交回人力资源部。

7. 结果

工作分析的结果是工作说明书，例如如下所示的人力资源部经理工作说明书。

（1）负责公司的劳资管理，并按绩效考评情况实施奖罚；

（2）负责统计、评估公司人力资源需求情况，制定人员招聘计划并按计划招聘公司员工；

（3）按实际情况完善公司《员工工作绩效考核制度》；

（4）负责向总经理提交人员鉴定、评价的结果；

（5）负责管理人事档案；

（6）负责本部门员工工作绩效考核；

（7）负责完成总经理交待的其他任务。

资料来源：罗永泰. 人力资源管理. 北京：经济科学出版社，2009

案例讨论题

1. 结合本案例，你认为企业在什么条件下要进行工作分析？工作分析的核心内容是什么？工作分析对于企业的人力资源管理有什么意义与价值？你所在的企业又是怎么做的？

2. 结合本案例，你认为工作分析应该包括哪些步骤？工作分析的计划又应该由谁来倡导？由谁来管理执行？

3. 你认为这个人力资源部经理工作说明书内容科学吗？为什么？

第六章　招聘与甄选

　　人力资源管理的一项重要功能就是要为组织获取合格的人力资源，尤其是在人才竞争日趋激烈的今天，能否吸引并选拔到优秀的人才已成为组织生存和发展的关键，而人力资源管理的吸纳功能是通过招聘与甄选来实现的。科学的招聘与甄选是以人力资源规划和工作分析为前提和基础的。通过前面对人力资源规划和工作分析内容的学习，我们已经知道，通过人力资源规划，组织可以预测未来的人力资源需求和供给，从而决定组织是否需要进行招聘以及需要招聘的空缺职位是什么；而招聘的标准，即需要什么样的人来填补空缺职位，则需要进行工作分析、编写工作说明书。在现实中，如果我们留心观察，不难发现组织发布的招聘信息，很多时候其实就是一个比较简单的工作说明书。因而人力资源规划和工作分析是招聘与甄选的前提和基础。按照人们的习惯思维，招聘与甄选是一项活动。其实不然，它是由招聘和甄选这两个相互独立又彼此紧密联系的活动组成的。

本章学习重点

▶招聘的基本内涵与原则
▶影响招聘活动的因素
▶招聘的渠道和具体方法
▶招聘过程的管理
▶员工甄选的内涵与原则
▶员工甄选的程序
▶员工甄选的测试

阅读资料

思科与众不同的招聘策略

　　在市场竞争日趋激烈的今天，一个企业要想生存和发展，除了产品和服务以外，拥有高级人才是不可缺少的。因此，有效的招募策略就成了一种强有力的战略性武器。这在硅谷表现得更为突出，因为硅谷除了要有独特的新思想外，还要有独特的招募人才的新策略。在招募人才方面表现的最突出的是思科（Cisco）系统公司。其招聘的原则为：因事择人、公平、平等竞争、用人所长。

　　Cisco 系统公司 1984 年成立，总部在美国加州圣荷塞，是一家标准硅谷模式的高科技公司，创始人是来自斯坦福大学的一对教授夫妇。一开始两位教授的电脑互相不能"交谈"，1986 年他们做了第一个 Route（路由器），这是 Cisco 的核心产品。1990 年 Cisco 公司上市，市值达到 4000 亿美元。1990 年的 1 美元 Cisco 股票现在价值 1000 多美元。Cisco 创业资本是高技术专利，公司很快实现了财富的积累，也聚集了大量高技术，目前 Cisco 全球有 2 万多名员工。1999 年 Cisco 系统公司营业额 121.5 亿美元。Cisco 系统公司已成为全球领先的网络解决方案供应商。

1997 年 Cisco 被评为美国《工业周刊》100 家最佳公司，并名列第一；1999 年 Cisco 被评为 100 家网上最受欢迎的公司第一名；2007 年，《财富》杂志将 Cisco 公司列为美国 100 家工作场所的第 4 名。这只是有关 Cisco 系统公司的枯燥数据，当进入 Cisco 公司内部时，发现一个充满全新理念的企业就在我们身边。

Cisco 的招聘广告是：我们永远在雇人。思科公司主要通过内部招聘和外部招聘两种方法招聘工作人员。

企业内部候选人的来源主要有：公开招募、内部提拔、横向调动、岗位轮换、重新雇佣或召回以前的雇员等。

外部招聘的人员来源较多，例如熟人介绍来到的、自己找上门来的、职业介绍机构介绍来的、合同机构和学校推荐来的等等。

Cisco 非常重视面谈的开始和结束，Cisco 强调面试人员需要一个完整的过程。面试者不只是懂得问什么问题，还要给应聘者一个愉快的环境，让应聘者不要等得太久。面试员的一个责任是在面试程序上做总结，所有面试员面试结束后会问应聘者，有什么环节 Cisco 做得不好，希望他们对面试提出意见。如果应聘者多次对人员在某些方面的意见都是一致的，例如说了一个小时，时间太长，Cisco 内部会针对应聘者提出的问题做修正。Cisco 美国公司做得更细致，对那些应聘者有一个跟踪电话，并附给他们正式表格，让应聘者谈对上次面试有什么看法，这样公司可以对自己进行监督。

思科系统公司为了赢得竞争优势，制定了自己与众不同的招聘策略，使公司能及时获得所需的高级人才。招聘和选拔是人力资源开发与管理中非常重要的一环，与组织其他的人力资源管理活动之间存在着密切的联系。它是人力资源规划的具体实施，是人力资源管理系统正常运转的前提，也是企业高速运转的保证。

资料来源：王芳. 浅析思科的招聘策略. HR 案例，2005,10

第一节　员工招聘

一、招聘的内涵、意义与原则

在人力资源管理的各项具体活动(包括人员招聘与选拔、绩效评估、人员培训、职业发展等)中人员招聘与甄选是其他各项活动得以开展的前提和基础。能否将符合组织各项工作要求且有兴趣致力于本组织工作的人员吸引到组织中来，是组织人力资源工作持续有效进行的根本。我们将在本章对人力资源招聘和人力资源甄选进行详细的论述。

(一) 招聘的内涵

招聘是指在企业总体发展战略规划的指导下，制定相应的职位空缺计划，并决定如何寻找合适的人员来填补这些职位空缺的过程，它的实质是让潜在的合格人员对本企业的相关职位产生兴趣并且前来应聘这些职位。

准确地理解招聘的含义，需要把握以下几个要点：

（1）招聘活动的目的是为了吸引人员，也就是说要把相关的人员吸引到本企业来参加应聘，如何从这些应聘者中挑选合适的人员，并不是招聘工作的内容，而是后面要讲到的选拔录用要完成的任务，因此招聘活动并不要求对应聘人员进行严格的挑选。在理解招聘的含义时，这也是最容易出现错误的地方，人们往往将招聘和录用这两个活动混淆在一起。

（2）招聘活动所要吸引的应当是企业需要的人员，也就是说要把那些能够从事空缺职位的人员吸引过来，这可以看做对招聘工作质量方面的要求。

（3）招聘活动吸引人员的数量应该适当，并不是说吸引的人员越多越好，而是应当控制在适当的范围内，既不能太多也不能太少，与上一点相对应，这是对招聘工作数量方面的要求。

（二）招聘的意义

人员招聘是一项重要而复杂的工作，对于形成和增强组织的竞争优势有着非常重要的意义，这主要表现在以下几个方面：

（1）人员招聘关系到组织的生存和发展。对于一个现代组织来说，员工素质的高低，通常是影响其生产经营效果的最终决定因素。面临日益激烈的市场竞争和飞速的知识更新，组织在利用有限的物质资源进行生产方面可作为的空间正在不断缩小，只有人这种活的资源的可利用性还存在着巨大的潜力。组织如果能够招聘到高素质的人员并保留住他们，使他们在组织技术创新和发展方面充分发挥作用，就为组织在竞争中获胜取得了一定的保障。同时，从成本的角度来看，招聘到优秀的人员也相当于为组织节约了培训的费用，而且还可能具有原有人员经培训也达不到的效果。

（2）人员招聘是组织工作的基石。合理而有效的组织结构总是建立在一定数量和质量的人员结构之上的。按照组织战略规划和具体经营的需要，将不同层次、不同素质的人员安排到一定组织结构要求的岗位上，并随着组织结构的调整而不断进行调整，才能保证组织的高效运行。而这一切的前提都是组织能够吸引到足够数量符合组织要求的职位申请人。

（3）招聘还可以保证员工队伍的稳定。每一个组织都不希望自己所招聘的人员经常出现"跳槽"行为，所以在招聘过程中，招聘人员一般都会注意审查应聘人员的背景和经历，以断定他们不会很快离开并给组织造成损失。因此，招聘工作从一开始就可消除不稳定因素。

（4）招聘工作也是一项树立组织形象的对外公关活动。招聘，尤其是外部招聘，从一开始就要准备招聘材料，这些材料中包括很多组织的基本情况介绍、发展方向、政策方针等。同时通过各种广告形式，将这些内容扩散出去，除了申请应聘人员以外，其他人也会注意到招聘内容，从而招聘也就成了组织对公众宣传的大好时机。

（三）招聘的原则

员工招聘不仅有经济性，而且有很强的社会性、政策性和法律性。员工招聘应遵循以下原则：

（1）信息公开原则。这一原则一方面是给求职者公平竞争的机会，另一方面也使招聘工作置于社会的公开监督之下。

（2）公正平等原则。在人员招聘过程中对应聘者应当一视同仁，不得人为地制造各种不平等的限制或条件（如性别歧视）和各种不平等的优先优惠政策。这样既可以为组织选出优秀人才，提供可靠、及时的人力保障，同时又可激励其他人员积极向上，树立良好的组织形象。

（3）科学性原则。人力资源的有效招聘体现于对所招聘人员未来工作绩效的准确预期，要实现这一目标，需要坚持科学原则，遵循科学道理，制定一套科学而实用的操作程序。人员招聘管理中的科学性主要体现在三方面：一是标准化。每一项测试必须有自身的标准程序，而每一次进行同一项测试时都必须遵循这些程序；二是可比性。不同应聘者的测试结果要具有可比性，否则无从选择；三是客观性。能够真实地反映被测者的情况，不受评分者的主观判断或偏见影响。

（4）效率优先原则。这一原则旨在灵活选择招聘形式，降低招聘成本。

（5）全面原则。全面原则指对报考人员从品德、知识、能力、智力、心理、过去工作的经验和业绩进行全面考试、考核和考察。因为一个人能否胜任某项工作或者发展前途如何，是由其多方面因素决定的，特别是非智力因素对其将来的作为起着决定性作用。

（6）双向选择原则。组织和求职者双方均有对对方的选择权。双向选择原则一方面能使组织不断提高效益，改善自身形象，增强自身吸引力；另一方面，还能使劳动者为了获得理想的职业，努力提高自身的知识水平和专业素质，在招聘竞争中取胜。

二、影响招聘活动的因素

近年来，在许多组织中，招聘的重要性日益上升。在现实中，对于招聘工作的影响因素也很多，为了设计出高效率的招聘过程，首先必须对影响招聘工作的因素进行综合的分析。招聘既受外部环境的制约，也受组织内部环境的影响。知己知彼，百战不殆。只有掌握了各方面的情况，在进行招聘时，才能胸有成竹。影响招聘活动的因素主要有外部因素和内部因素两大类。

（一）外部影响因素

1. 国家的政策及法规

国家的政策及法规从客观上对组织（单位）的招聘活动进行了限制。例如，西方国家中的《人权法》规定，在招聘信息中不能有优先招聘哪类性别、种族、年龄、宗教信仰的人员表示，除非这些人员是因为工作岗位的真实需要。

2. 劳动力市场

劳动力市场是实现人力资源配置的地方，它通过劳动力供给和需求相互选择而达到配置人力资源的目的。劳动力市场主要从如下两个方面对招聘产生作用：

（1）市场的供求关系。我们把供给小于需求的市场称为短缺市场，而把劳动力供给充足的市场称为过剩市场。一般来说，在劳动力过剩的情况下，组织（单位）对外招聘活动比较容易；相反，某类人员的短缺可能引起价格的上升，并迫使组织扩大招聘范围，从而使招聘工作变得错综复杂。由于我国的高级人才仍十分短缺，组织为了聘用到一位理想的高层次人才，往往要投入巨大的人力和物力。

（2）市场的地理位置。根据某一特定类型的劳动力供给与需求状况，劳动力市场的地理区域可以是局部性的、区域性的、国家性的和国际性的。通常，那些不需要很高技能的人员可以在局部劳动力市场上招聘，比如，一般的生产工人、文职人员。而区域性劳动力市场可以用来招聘具有更高技能的人员，如计算机程序员。专业管理人员应在国家和劳动力市场上招聘，因为他们必须熟悉组织的环境和文化。最后，对某类特殊人员，如科学家、跨国公司中高层管理者，除了在国内招聘外，还可以在国际市场上招聘。

3. 竞争对手

在招聘活动中，竞争对手也是非常重要的一个因素。竞争对手的综合实力及其人力资源政策，如薪酬政策、培训政策、职业发展计划等，都对本组织的招聘工作产生直接影响。长期以来国内用人单位由于受传统人事制度及僵化的用人体制的束缚，在人才竞争方面一直处于劣势。现在，国内企业开始与世界知名大公司同台竞争，并且充分显示了企业的实力。所以组织在制定招聘计划时要尽可能多地了解竞争对手的实力，以及他们的人力资源政策，这样才能在人才竞争中扬长避短。因此，在招聘过程中，取得超越竞争对手的比较优势是非常重要的。

（二）内部影响因素

尽管宏观经济形势、劳动力市场的供求关系等外部因素影响着组织的招聘工作，但是许多内部因素对组织招聘起着决定作用。

1. 企业自身的形象

一般来说，企业在社会中的形象越好，对招聘活动就越有利。良好的形象会对应聘者产生积极的影响，引起他们对企业空缺职位的兴趣，从而有助于提高招聘的效果。例如，在美国《财富》杂志 2000 年的一次排名中，Cisco 公司就当选为信息产业"最吸引员工的公司"；在国内，一些形象良好的企业，比如青岛海尔、联想集团、南方报业集团等，往往成为大学生毕业后择业的首选。而企业的形象又取决于多种因素，如公司的发展趋势、薪酬待遇、工作机会、企业文化等。

2. 组织内部的人事政策

组织内部的人事政策决定了组织的招聘政策和招聘活动。组织高层的认识政策不同，对组织招聘的影响也就不同。有的组织高层觉得通过招聘会、网上招聘、校园招聘等可以更大范围的获取所需要的人才；有的组织高层则更信任公司的内部员工，希望从组织内部挑选和提拔优秀人才；有的组织高层觉得招聘费时费力，干脆把招聘事宜全部外包给相关的专业机构。随着网络技术的发展，越来越多的组织开始采用电子招聘。有些公司甚至规定公司只接受网上申请。美国宝洁中国公司一直是校园招聘的积极参与者；另一些公司更愿意招聘有若干年工作经验的求职者。此外，组织的薪酬政策、培训政策等都直接决定了组织在劳动力市场的竞争力。IBM 中国公司除了向员工提供极具竞争力的薪金外，还制定了完善的福利计划，包括带薪假期、住房补助、进修资助、医疗及退休保障计划以及各类保险计划等。上海贝尔有限公司建立了完善的员工培训体系，鼓励员工接受继续教育，如MBA、硕士或博士学历教育，公司为员工负担学习费用。此外，公司还为员工购房买车提供无息贷款。所有这些政策都将提高公司在劳动力市场上的竞争力。

3. 组织的福利待遇

不同的福利待遇会对组织的招聘工作产生重要影响。一个组织（内部）工资越高，内部的工资制度越合理，各项待遇越好，就越容易吸引高素质的人才，使组织（单位）招收到满意的员工。在我国，有一点与其他国家不同，这就是组织能否解决户籍问题。户籍问题在我国组织招聘中一直占据很重要位置，虽然现在作用大为下降，但仍不能忽视。

4. 招聘的成本和时间

由于招聘目标包括成本和效益两个方面，各招聘方法奏效的时间也不一样，所以，成本和时间上的限制会明显地影响招聘效果。一个组织对于招聘资金投入数额的大小对招聘活动有着重要影响。充足的招聘资金可以使组织在招聘方法上有更多的选择，可以花大量费用做广告，所选择的传播媒体可以是在全国范围内发行的报纸、杂志及电视等；相反，较少的招聘资金使组织在招聘活动时面临的选择减小，只能采用费用较低的招聘方法，从而对组织(单位)的招聘活动产生不利影响。时间上的制约也影响着招聘方法的选择。按照成本最小化原则，组织(单位)应避开人才供应的谷底(通常每年1月至2月)，而应在人才供应的高峰时入场招聘(3月至6月)，这时招聘的效率最高。同样，到农村招聘体力劳动型工人最好在农闲时节。

三、招聘的渠道

按照组织总目标制定的人力资源计划大致规划了组织一定时期所需人员的数量和种类，加之对组织内部空缺职位进行的工作分析以及组织外部环境的分析，从而决定到底是从组织内部进行人员选拔还是从外部吸引人员来填补一定的空缺职位。同时，招聘人员还可以在相应于内部或外部招聘可采用的方法中选取最有效的方法综合利用，力求在保证人员质量的前提下，以低成本取胜。

人员的招聘有两种：内部招聘和外部招聘。内部招聘又包括提拔晋升、工作调换、工作轮换、内部公开招聘；外部招聘又包括熟人推荐、职业介绍机构、校园招聘、猎头公司等渠道。

下面我们通过图6-1对人力资源招聘的渠道进行详细说明。

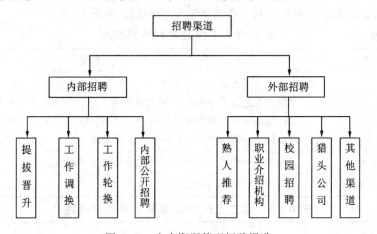

图 6-1　人力资源管理招聘渠道

（一）内部招聘渠道

1. 招聘的内部环境

尽管劳动力市场和政府施加了重要的外部影响，但组织自己本身的实践和政策也会影响招聘。那些未来想在招聘并留住有才能的员工方面获取成功的国际和国内公司，必须创造一种有利的内部环境，使员工能够全身心地投入到公司，并发挥出他们全部的潜力。百事可乐公司就认为这是通向全球的长期性成功的最佳途径。

人力资源计划是有助于招聘的一个重要内部因素。大多数情况下，公司不可能在一夜之间就吸引足够数量、具有所需技术的所希望的员工。检查招聘来源备择方案，并决定最有效的方法是要花时间的。在确定出最佳选择后，人力资源经理就可以制定适当的招聘计划了。组织的提升政策也对招聘有着非常重要的影响。组织可以着重于一种从内部提升的政策。当然，这要视具体情况而定。

2. 内部招聘的手段

管理部门应能够识别在现有具备资格的员工中谁有能力填补职位的空缺。对于内部招聘，有用的手段包括：

1）管理人才和技能的储备

随着计算机应用技术的扩展，组织也建立了管理人力资源的信息系统，将员工有关的信息存储在计算机中统一进行管理。一个典型的计算机管理的人力资源技能信息库，通常包括组织内各种工作的名称和代码，工作人员的基本情况、教育程度、兴趣爱好、接受培训项目以及工作业绩评估状况等。当管理人员要寻找人员填补空缺职位时，可以通过将相关信息输入计算机中进行查询，看组织内部是否有合适的人选。

管理人才和技能的储备有助于组织发现目前的员工是否具有填补职位空缺的资格。作为招聘的手段，这些人才和技能的储备与保持对组织是极其有价值的。它有利于留住内部有才能的人，并支持了从内部提升的观念。

2）工作公告

工作公告是一种向员工通报现有工作空缺的方法。工作公告是一种允许那些自认为具备所需资格的员工申请公告中工作的自荐技术。表 6-1 表明了一个中等规模的组织可能采用的程序。大公司经常把每周的工作空缺清单提供给员工，以鼓励任何有资格的员工参与申请。在建立工作公告体系时有一些需要注意的问题，见表 6-2。

表 6-1　工作公告和投标程序

责　任	需 做 的 事 情
人力资源助理	一旦接到人力资源申请表，向每一位合适的基层主管起草一份通知书，说明现在的工作空缺。通知书应包括工作的名称、报酬水平、工作范围、履行的基本职责和需要的资格（从工作描述/工作规范中获取资料），并确保这份通知书张贴在公司的所有布告栏里
基层主管	确保每一位胜任该职位的员工能清楚地了解空缺的工作
感兴趣的员工	与人力资源部门联系

表 6-2　建立工作公告体系应注意的问题

问　题	具 体 事 项
计　划	进行可行性分析； 确保员工接受计划； 考虑法律标准
基本资格要求	在本公司工作的最低年限（一般为一年）； 在现职位工作的年限（半年或一年）； 良好的工作纪律与出勤率

问　　题	具 体 事 项
公告工作的类型	大约80％的公司对蓝领工作进行公告； 大约50％的公司对职业技术工作进行公告
公告中应该包括的信息	工作名称和工作部门； 所需要的特定技能； 必备资格； 薪水范围； 有关申请该工作的信息； 工作时间安排
工作公告置于何处	公告板置于易接触、可见之处； 指定的公告中心； 员工杂志
公告的时间限制	公告的时间长度（通常为一周）； 通知员工有关雇用决策的时间（通常为三周）； 考虑接受新工作并离开原来工作的时限（一个月至六周）
建立申请人核查程序	人力资源部门初选； 公告工作的上级面试； 雇佣决策（通常建立在过去的业绩评估结果、出勤率、公司服务年限、上级推荐和面试结果之上）
向申请人反馈	书面决定； 对被拒者的候选人的理由陈述； 尽快通知每一个候选人； 提供相关的职业咨询，包括：拒绝原因，补偿； 措施，如培训等； 关于申请工作程序的信息

工作公告和投标程序能最大限度地减少在许多公司里常听到的抱怨，诸如，这些公司的内部人员直到空缺被填补之前，还从未听说有过这样一个职位空缺，而贯彻工作公告制度能够避免这类问题。它反映了一种被大多数员工普遍尊重的公开性原则。另外，这种制度有助于在大学里进行招聘工作。一个提供选择自由并鼓励职业增长的组织，要比其他的组织有明显的优势。

但是工作公告制度也存在一些消极的特征。一种有效的制度总需要花费大量的时间和资金。当投标者没有成功时，必须有人向他们解释他们为什么没有被选中。如果在确保选中最合适申请者方面不够细致，这项制度就失去了可信度。而且即使成功地贯彻这种制度，也不可能完全的排除抱怨。

3. 内部招聘的方式

管理者应该明白一点，出现岗位空缺时，内部招聘是一种很有用的招聘方式。从理论上讲，内部招聘的来源有三种：一是下级岗位上的人员；二是同级职位上的人员；三是上级职位上的人员。内部招聘的方式有四种，表6-3列出了几种内部招聘方式的比较。

表6-3 内部招聘方式比较

内部招聘方式	说　明	优　点	缺　点
提拔晋升	在公司内部选择优秀适合人员来担任空缺岗位	这种做法给员工以升职的机会,会使员工感到有希望、有发展的机会,对于激励员工非常有利。从另一方面来讲,内部提拔的人员对本单位的业务工作比较熟悉,能够较快适应新的工作	可能使少部分员工心理上产生"他还不如我呢"的思想。因为任何人都不是十全十美的。一个人在一个单位待的时间越长,别人看他的优点越少,而看他的缺点越多,尤其是在他被提拔的时候
工作调换	工作调换是在内部寻找合适人选的一种基本方法	这样做的目的是要填补空缺,但实际上它还起到许多其他作用,如可以使内部员工了解单位内其他部门的工作,与本单位更多的人员有更深的接触、了解。这样,一方面有利于员工今后的提拔,另一方面可以使上级对下级的能力有更进一步的了解,也为今后的工作安排做好准备	由于工作调换后,员工要重新学习,甚至从头开始,容易造成公司资源的浪费
工作轮换	工作轮换和工作调换有些相似,但又有些不同。如工作调换从时间上来讲较长,而工作轮换则通常是短期的,有时间界限的。另外,工作调换是单独的、临时的,而工作轮换是两个以上的、有计划进行的	工作轮换可以使单位内部的管理人员或普通人员有机会了解单位内部的不同工作,给那些有潜力的人员提供以后可能晋升的条件,同时也可以减少部分人员由于长期从事某项工作而带来的烦躁和厌倦等感觉	工作轮换处理不好,很容易导致资源(人力、物力、财力和时间)的浪费
内部公开招聘	对公司一些空缺岗位进行公司内部公开招聘	可以发现一些有一定能力但没被领导发现的潜在人才;也对应聘员工的了解更全面一些,为以后工作的安排提供更好的依据	容易造成应聘员工之间的相互诋毁,不利团结和日后工作的开展

(二) 外部招聘渠道

1. 招聘的外部环境

像人力资源的其他职能一样,招聘过程并不是发生在真空里,组织的外部因素对组织的招聘工作会产生显著的影响。在劳动力市场上,专业技术人才的需求和供给特别重要。如果对某一特殊技术人才的需求大于供给,则在招聘工作上就需要做出一番不同寻常的努力。

当某一组织的劳动力市场失业率很高时，组织的招聘过程就比较简单了。通常主动向组织申请工作的人很多，于是不断增大的劳动力储备提供了一个更好的吸引合格申请者的机会。相反地，随着失业率的下降，组织就必须对招聘工作付出更多的努力，并要开辟新的招聘来源。

地方劳动力市场的条件对招聘多数非管理人员、众多的基层管理人员，甚至是一些中层领导人员都起着非常重要的作用。但对于高级管理者及专业岗位的招聘，则常常要扩展到全国或国际市场。

公司的企业形象是另一个影响招聘的重要因素。如果员工相信他们的雇主能公平地对待他们，那么他们这种表现在口头上的积极支持对公司也是非常有益的。这有助于建立与未来员工之间的相互信任。通过这种方式赢得良好信誉，会吸引更多和更好的合格申请者来公司求职。如果公司被员工交口称赞，那么未来的员工会更倾向于对组织的招聘努力做出积极的反应。具有积极的公共形象的公司，被认为是一个"工作的好地方"，它的招聘成果也会因此被大大宣扬。

2. 外部招聘的渠道

由于外部招聘的来源都在组织外部，因此外部招聘方式的选择显得非常重要。

1）熟人推荐

许多组织在招募人员时会利用其现有员工提供的帮助。他们发现，员工将自己的熟人或者朋友介绍到公司来，不仅仅省去了公司寻求其他中介服务的麻烦和由此产生的费用，而且这些由介绍来的人员与公司的联系更加紧密，忠诚度较高。通过组织员工的介绍，应聘者本人能够对空缺职位有更全面的了解，同时组织也可以通过员工对候选人有比较深入的了解。这种方法也存在潜在的缺陷，大量熟人之间形成的关系网会给组织带来不利的影响。

2）职业介绍机构

职业介绍机构是专门为企事业单位提供劳动者有关信息，同时也为劳动者提供有关用人单位信息的机构。通常这类机构都存有大量各类应聘人员的信息，以便提供给寻找人员的单位。在提供服务的同时收取一定的费用。组织利用职业介绍机构进行招聘的好处在于能节省时间，候选人信息面广，尤其对那些没有设立人力资源部门的小组织，能利用其得到专业的服务和咨询。不足之处在于要花费一定的费用，而且对职业介绍机构进行招聘的过程不能实施有效的控制。

职业介绍机构的种类很多，有全国性的大型职业介绍机构，也有地方或区域的中小型职业介绍所，还有一些非赢利性的就业服务机构。随着我国市场经济的不断发展，人员流动的加速，职业介绍机构的活动也必将进一步得以发展，为组织进行外部人员聘用服务。

3）猎头公司

猎头公司，顾名思义，是指专门为组织选聘有经验的专业人士和管理人员的机构。作为一个迅速发展的行业，越来越多的组织开始利用猎头公司为其搜寻中、高级管理人员。猎头公司区别于其他职业中介机构的特点是，它一般不为个人服务，而且每次服务无论组织是否招聘到中意的候选人，都必须向猎头公司付费。另外，猎头公司通常与它们的顾客保持密切的关系，只有熟知所服务组织的目标、结构、组织文化以及所空缺的职位，才能为组织找到真正合适的人选。

4）校园招聘

大中专院校常常是企业进行外部招聘最直接、最主要的途径。据对美国企业的一项调查，少于三年工作经验的管理人员和专业人员中有50％是通过校园招聘而来的。在大中专院校中，企业可以发现潜在的专业技术人员和管理人员，经过组织的培养，他们往往成为组织未来的栋梁。成功的校园招聘，需要组织付出一定的努力。如与大学建立友好的关系，支持学校的建设，定期到学校作招聘宣传，组织学生到公司参观等等。同时不可忽视的是，派往大中专院校进行招聘的人员要有足够的能力吸引到优秀的人员。能否积极地与学生沟通，能否辨别受聘人员的素质差异以及做出准确的判断，决定了校园招聘成功的程度。为此，企业经常对派往学校的招聘人员进行一定的培训，使他们能在招聘过程中尽量做到态度友好，和蔼可亲并能积极地向学生推荐自己的企业。

5）其他渠道

组织进行外部聘任时可利用的其他途径包括自荐者、失业人员、转业军人以及退休人员等等。作为可供选择的劳动力队伍的一部分，组织不应忽视这些潜在的人力资源供给，尤其是在劳动力市场供不应求的情况下，有效地利用这些资源，可以为组织缓解人员招聘中竞争的压力。

3．外部招聘的渠道比较

综上，组织在利用以上各种途径进行外部聘任时，一定要考虑各种方法的利弊之处（方法间比较见表6-4），加之空缺职位的具体特点综合进行权衡。

表 6 - 4　外部招聘渠道的比较

招聘渠道	适用工作类型	招聘速度	地理位置	成本
熟人介绍	各种	快	全部	低
职业介绍机构	职员/蓝领/低层管理	中等	当地	中等
猎头公司	高层管理	慢	全国/地方	高
校园选聘	大中专毕业生	慢	全国/地方	中等/高

（三）两种招聘渠道的利弊分析

组织在考虑为空缺职位填补人员时通常首先考虑内部人员的提升或调动，但有时也会直接到组织外部寻找合格的候选人。总的来说，内部招聘有利于提高员工的士气，令员工感到有一定的发展前途，同时组织也因此省去外部寻找人选的麻烦和产生的相关费用。但是，不断提升和任用组织现有人员的做法给组织带来的弊端也显而易见，习惯于组织各种做法的员工很难在进一步的工作中有所突破，尤其是组织旧有的一些不良做法，将会被视而不见，使组织的未来发展受到阻碍。而由外部聘任来的人员，尤其是竞争者原来的员工，能为组织带来很多新思维、新的做法，不断为组织输入新鲜的血液。所以，组织在权衡两种招聘途径时，往往必须在吸引外部优秀人才和为此付出的招聘费用及新员工适应组织所需代价间取得平衡，并力求保持内部人员的士气不受到损伤。关于两种招聘途径的利弊分析如表6-5所示。

表 6-5　两种招聘渠道的利弊分析

招聘渠道	优　势	劣　势
内部招聘	有利于提高员工的士气和发展期望	容易引起同事间的过度竞争，发生内耗
	对组织工作的程序、组织文化、领导方式等比较熟悉，能够叙述地展开工作	竞争失利者感到心理不平衡，难以安抚，容易降低士气
	对组织目标认同感强，辞职可能性小，有利于个人和组织的长期发展	新上任者面对的是"老人"，难以建立起领导声望
	风险小，对员工的工作绩效、能力和人品有基本了解，可靠性较高	容易产生近亲繁殖问题，思想、观念因循守旧，思考范围狭窄，缺乏创新与活力
	节约时间和费用	
外部招聘	为组织注入新鲜的"血液"，能够给组织带来活力	对内部人员是一个打击，感到晋升无望，会影响工作热情
	避免组织内部相互竞争所造成的紧张气氛	外部人员对组织情况不了解，需要较长的时间来适应
	给组织内部人员以压力，激发他们的工作动力	对外部人员不是很了解，不容易做出客观的评价，可靠性比较差
	选择的范围比较广，可以招聘到优秀的人才	外部人员不一定认同组织的价值观和组织文化，会给组织的稳定造成影响

四、招聘的方法

（一）内部招聘的方法

1. 工作公告法

一般组织都有自己的宣传媒体，如广播台、厂报或杂志、宣传栏等。组织在明确了空缺职位的职责、性质和所要求的条件等内容之后，就可以通过内部媒体公开空缺职位，吸引人员来应聘。然后，由人力资源管理部门通过科学而公平的方法来选拔。这种途径既为有才能的员工提供成长、发展的机会，又体现公平竞争的原则，使员工意识到绩效与晋升、加薪之间的密切关系，从而得到较强的激励。

2. 内部推荐法

内部推荐是指由上级主管人员向人力资源管理部门推荐候选人，通过对候选人的审查、考核（候选人数多于招聘人数时还要进行筛选）、岗前培训等一系列程序，把符合条件的人员安排在新的工作岗位上。对候选人的个人信息获取，除了由推荐人提供相关材料以外，还可以通过查阅档案记录来了解该员工是否符合招聘职位的条件。人力资源部门大多都备有员工的个人档案。档案通常记录员工的教育、经历、技能、培训、绩效等有关情况。员工档案对于帮助组织了解并确定符合某空缺职位要求的人员是非常重要的。推荐选拔的步骤是通过在组织的各部门发布某空缺职位的招聘信息，先由各主管人员负责推荐符合条件的候选人，再经过对各候选人的综合评定并征集各部门的意见，最后确定该职位的最佳人选。

3. 档案记录法

利用人力资源管理部门的员工个人档案或人事记录，来帮助组织了解并确定符合某些职位要求的人员。组织人事记录通常包括了所有员工的背景资料，如教育背景、工作经验以及兴趣爱好和技能等,选拔人可以通过对这些资料的查询,初步确认人员资格,以便进一步考察和任用。组织人才技能库是专门记录具有特殊技能的员工资料,如需要某种特殊技能的人员,则可以通过查询人才技能库便捷地实现。这种方法常常与内部媒体法结合使用,以起到相互补充的作用。这一方法的缺点是透明度小,影响力小,员工参与也较少,而且要求档案记录必须准确、可靠、并力求详细。

(二) 外部招聘的方法

1. 广告招聘

组织可以利用在报纸、杂志或电视上投放广告的方法来招聘外部求职者。通过一定的媒体以广告的形式向特定的人群传播有关组织空缺职位的消息,并以此吸引他们,是组织最常用的外部聘任方法。借助广告进行招聘,组织需要考虑两个方面的因素,一个是如何选择媒体,也就是说要决定是在报刊、杂志上刊登广告还是利用广播电视进行招募宣传;另外一个需要精心策划的工作是广告本身的制作,能够引人注意、有吸引力的广告才能达到好的招聘效果。

广告媒体的选择,因组织所处行业、地理位置的不同、招聘职位的层次以及招聘时限的长短而异。总的来说,适于招募专业技术和管理人士的专业类期刊杂志通常需要一个较长的提前时间,因为这类期刊杂志通常都是月版或更长一些时间才出版。而一般的报纸则发行频率高,适于用来招募那些比较大众化的人员。在选择报纸或杂志刊登广告时还要注意其地区性,按照人员的可能来源地区选择一定区域发行的报纸或杂志。另外,利用广播、电视等视听媒体进行广告宣传的费用较高,但制作精良的广告视听效果可以深深吸引人们的注意。缺点是信息短暂,缺乏持久性。近几年迅速发展的电脑网络也为组织进行外部人员招募提供了新的方法。利用网络招聘方便快捷,而且能取得很好的动态效果。表 6 - 6 列出了几种广告媒介的优缺点,以供组织选择媒体进行广告时参考。

表 6 - 6 几种广告媒体的优缺点及适用

媒体类型	优 点	缺 点	适 用
报 纸	成本低;发行广泛常集中于某一区域;分类广告清晰易辨	受众不确定性;易被忽视;制作效果差	潜在的候选人集中于某一区域并通常阅读报纸找工作;几乎适用于各类职位
杂 志	阅读人群主要为专业人士;印刷质量较高,富有创意;相对时限较长	发行等待时间较长,易使广告内容过时	适于招募各类专业人员
广 播 电 视	更易引起人们注意;灵活性强;能为受众提供更为主动的信息	传递信息短暂,不能持久;成本高;无法选择特定的候选人群	印刷广告效果不佳时使用;可用于扩大组织形象;可用于迅速引起注意
电脑网络	速度快;无地理限制;动态性	取决于上网求职人员的数目	各种类型的人员;跨国企业的全球招募

有创意的广告设计一般都符合 A—I—D—A 原则,即 A(Attention)——引起注意,I(Interest)——激发兴趣,D(Desire)——唤起愿望,A(Action)——导致行动。首先,广告的设计应能够引起人们的注意,逐渐对广告的产品或品牌产生认识和了解。其次,受众注意到广告所传达的信息之后,对产品或品牌发生了兴趣,想要进一步了解广告信息。然后,

感兴趣的广告浏览者对广告通过商品或服务提供的利益产生"占为己有"的企图，仔细阅读广告内容，最后受众把兴趣转换为符合广告目标的行动，产生可能的购买行动等。

2．外出招聘

外出招聘是指由组织的招聘人员直接外出到学校和参加各种招聘会来进行招聘。与其他招聘方法相比，外出招聘具有非常明显的优势：首先，这种招聘是由组织自己的招聘人员直接实施的，因此可以有效避免信息传递过程中的"漏斗现象"和失真现象，使潜在的应聘人员能够得到真实的信息；其次，招聘人员可以和应聘人员直接见面交流，这实际上是一种初步的筛选机制，在一定程度上可以减轻选拔录用的负担；第三，通过这种招聘方法组织可以很好地进行自我形象的宣传。但是外出招聘也存在一些缺点：招聘的费用比较高，需要投入大量的人力、物力；由于学生毕业是有周期的，招聘会也是定期召开的，因此这种招聘方法在时间上会受到很多限制，组织不能自主掌握。

3．实习

实习是一种特殊的招聘方法，它是指给学生安置一个临时性的工作。按照这种安排，公司不必承担永久性雇用学生的义务，学生毕业后也不必接受公司的固定职位。较典型的实习是，在假期里做临时工或在学期中做兼职。在实习期间，学生可以了解到商业实践，同时他们通过执行必需的任务而对公司做出贡献。通过这种关系，学生能决定公司是否是自己所期望的雇主；同样的，公司对学生的工作表现能有一个相对较长时期的观察，并能够对学生的个人资料做出较好的判断。此外，还有其他好处，如实习为学生在商业理论与实践间架起了桥梁。

4．专业协会

金融、销售、会计和人力资源专业协会为其会员提供招聘和安置服务。例如会计师协会为其会员寻找新职位和为待补充职位的雇主提供工作介绍服务。

5．自荐求职者

如果一个组织具有"工作的好地方"的名声，即使没有做深入的招聘工作，也能够吸引合格的应聘者。一些非常合格的员工会主动地寻找这样的公司去申请工作。那些因为倾慕公司的名声而主动提出的求职者，常被证明是很有价值的员工。

五、招聘过程的管理

为了保证招聘工作科学规范，提高招聘工作的效果，招聘活动一般要按一定的程序来进行。

（一）确定职位空缺

组织的招聘活动是为了解决组织内部的职位空缺对人员的需求，因此确定职位空缺是整个招聘活动的起点。只有明确组织里有哪些空缺职位以及每个空缺职位的具体要求，才能够开始进行招聘。而职位空缺的确定，要以人力资源规划和工作分析为基础。通过人力资源规划，预测组织人力资源的需求和供给，通过比较需求和供给，就可以确定组织内有没有职位空缺；对每个空缺职位，通过工作分析编写工作说明书，对每个空缺职位的要求做出规定。当组织发展中出现职位空缺，这时一般由需要增加人员的用人部门提出申请，然后由人力资源开发管理部门审核，最后由最高管理层决定。

（二）选择招聘渠道

一般来说，组织的招聘渠道有两个：一是外部招聘；一是内部招聘。由于这两种渠道各有利弊，因此组织是选择内部招聘还是外部招聘，没有标准的答案。有些组织倾向于从外部进行招聘，有些组织则更倾向于从内部招聘，例如通用电气公司几十年来一直都从内部选拔 CEO，而 IBM、惠普等公司的 CEO 则大多从外部招聘。一般来说，组织往往是将这两种方法结合起来使用的，对于基层的职位从外部进行招聘，对于高层的或关键的职位则从内部晋升或调配。由于这两种渠道各有利弊，因此组织在选择到底是内部招聘还是外部招聘时，往往需要综合的考虑这些利弊才做出决策。

（三）制定招聘计划

招聘渠道确定之后，接下来就是制定招聘计划。由于内部招聘是在组织内部进行，相对比较简单，因此招聘计划主要是针对外部招聘而制定的。一般来说，招聘计划的内容主要包括：招聘的规模、招聘的范围、招聘的时间和招聘的预算。

1. 招聘的规模

招聘的规模是指组织准备通过招聘活动吸引多少数量的应聘者。招聘活动吸引的人员数量既不能太多也不能太少，而应当控制在一个合适的规模。一般来说，组织是通过招聘录用的金字塔模型来确定招聘规模的，即将整个招聘录用过程划分为若干个阶段，以每个阶段参加的人数和通过的人数比例来确定招聘的规模。常用的金字塔模型见图 6 - 2。

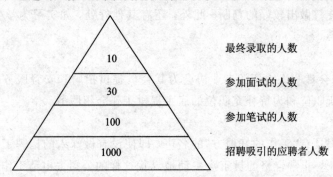

图 6 - 2　招聘录用的金字塔模型

金字塔模型确定的招聘规模，一般是按照从上到下的顺序来进行的。例如在图 6 - 2 中，组织的职位空缺为 10 个，面试与录用的比例为 3∶1，那么就需要 30 人来参加面试；而笔试与面试的比例为 10∶3，因此就需要 100 人来参加笔试；应聘者与参加笔试的比例为 10∶1，所以组织需要吸引 1000 名应聘者，招聘的规模相应就是 1000 人。

利用金字塔模型确定的招聘规模，主要取决于两个因素：一是组织招聘录用的阶段，阶段越多，招聘的规模相应就越大；二是各个阶段通过的比例，每一阶段的比例越高，招聘的规模就越大。

2. 招聘的范围

招聘的范围是指组织要在多大的地域范围内进行招聘活动。从招聘的效果考虑，范围越大，效果相应就越好；但是随着范围的扩大，组织的招聘成本也会增加，因此对于理性的组织来说，招聘的范围应当适度，既不能太大也不能太小。

组织在确定招聘范围时，总的原则是在与待聘人员直接相关的劳动力市场上进行招聘。通常要考虑以下两个主要的因素：一是空缺职位的类型。一般来说，层次较高或性质特殊的职位，需要在较大的范围内进行招聘；而层次较低或者比较普通的职位，在较小的范围内进行招聘即可。二是组织所在地的劳动力市场状况。如果当地的劳动力市场比较紧张，相关职位的人员供给比较少，那么招聘的范围就要扩大；相反，当劳动力市场宽松时，在本地进行招聘就可以满足需求。例如，某家企业在进行不同职位招聘时，招聘的范围是有区别的，见图6-3。

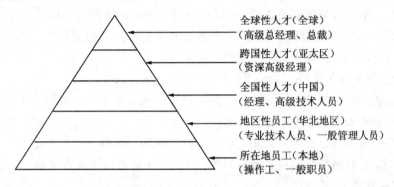

全球性人才（全球）
（高级总经理、总裁）

跨国性人才（亚太区）
（资深高级经理）

全国性人才（中国）
（经理、高级技术人员）

地区性员工（华北地区）
（专业技术人员、一般管理人员）

所在地员工（本地）
（操作工、一般职员）

图6-3 不同职位招聘时考虑的招聘范围示意图

3. 招聘的时间

我们知道，招聘工作本身需要耗费一定的时间，再加上员工甄选和岗前培训的时间，因此填补一个职位空缺往往需要相当长的时间。为了避免组织因缺少人员而影响正常的运转，组织要合理地确定招聘时间，以保证空缺职位的及时填补。

确定招聘时间的最常用方法是时间流失数据法（Time Lapse Data，TLD），该方法显示了招聘过程中关键决策点的平均时间间隔，通过计算这些时间间隔可以确定招聘的时间。例如，组织计划在未来6个月内招聘录用30位销售人员，根据金字塔模型确定的招聘规模为3000人。TLD分析表明，根据以往的经验，在招聘广告刊登10天内征集求职者的简历；邮寄面试通知需要5天；进行个人面试安排需要5天；面试后组织需要4天决定录用决策；得到录用通知的人需要在10天内做出是否接受工作的决定；接受职位的人需要在10天内才能到组织报到。按照这样估计，组织应在职位出现空缺之前40天内就开始进行招聘。在使用TLD法确定招聘时间时，要考虑两个因素：整个招聘录用的阶段和每个阶段的时间间隔，阶段越多，每个阶段的时间越长，那么招聘开始的时间就要越早。

4. 招聘的预算

在招聘计划中，还要对招聘的预算做出估计，招聘的成本一般由以下几项费用组成：

（1）人工费用，指公司招聘人员的工资、福利、差旅费、生活补助以及加班费等；

（2）业务费用，包括通信费（电话费、上网费、邮资和传真费）、专业咨询与服务费（获取中介信息而支付的费用）、广告费（在电视、报纸等媒体发布广告的费用）、资料费（公司印刷宣传材料和申请表的费用）以及办公用品费（纸张、文具的费用）等。

（3）其他费用，包括设备折旧费、水电费以及物业管理费等。

（四）选择招聘来源和方法

招聘来源是指潜在的应聘者所存在的目标群体。招聘方法是指让潜在的应聘者获知组织招聘信息的方式和途径。

招聘来源和招聘方法的选择，对于招聘活动的效果具有非常重要的影响。如果选择的招聘来源不当，目标群体中的人员并不适合从事空缺职位，那么招聘活动就无法吸引到合适的应聘者。例如，组织本来准备招聘熟练的技术工人，但是选择的渠道来源却是学校，由于学校的学生普遍缺乏实际操作经验，因此招聘的效果就会不理想；招聘方法同样如此，如果组织选择的招聘方法并不能让潜在的应聘者及时获知招聘信息，那么也无法吸引到应聘者。例如组织要招聘一般的勤杂人员，选择的招聘方法却是互联网，招聘的效果就可想而知。对于不同的招聘渠道来说，招聘的来源和招聘的方法是不同的。

组织确定了具体的招聘来源和方法，并通过有关的途径把招聘信息发布出去后，接下来就是回收应聘资料，以便进行下一步的甄选工作。

（五）初步筛选应聘资料

招聘人员在回收应聘资料的过程中，并不只是被动地收取，一般情况下，人力资源部对于受到的应聘资料进行整理、分类，定期交给主管经理。主管经理根据资料进行初步筛选，剔除那些明显不符合要求的人员，从而减轻甄选的工作量。然后确定面试人员，发出"初试通知单"。不合格的应聘材料及时归档，归档一年后可销毁或者退回。

（六）测试筛选

组织员工招聘测试中种类很多，目前比较适用我国企业的有以下几种：

（1）心理测试或智力测试。心理测试是指通过一系列的心理学方法来测量被试者的智力水平和个性方面差异的一种科学方法。通过心理测试可以了解一个人所具有的潜在能力，了解一个人是否符合该组织某一岗位的需要。

（2）知识考核。知识考核是指主要通过纸笔测验的形式，对被试者的知识广度、知识深度和知识结构进行全面了解的一种方法。

（3）情景模拟。情景模拟是指根据被试者可能担任的职务，编制一套与该职务实际情况相似的测试项目，将被试者安排在模拟的、逼真的工作环境中，要求被试者处理可能遇见的各种问题，用多种方法来测评其心理素质、潜在能力的一系列方法。

（4）面试。面试是指一类要求被试者用口头语言来回答主试者提问，以便了解被试者心理素质和潜在能力的测评方法。

（七）评估招聘效果

整个招聘过程的最后一个步骤就是评估招聘的效果，即组织通过对招聘时间、招聘成本、录用人员的数量、甄选测试方法的效果等等进行评估。通过招聘效果的评估，可以帮助组织发现招聘过程中存在的问题，对招聘计划以及招聘方法和来源进行优化，提高以后招聘的效果。一般有两方面的评估，一类是招聘结果的成效评估，另一类是招聘方法的成效评估。

1. 招聘结果的成效评估

招聘结果的成效评估可从以下三个方面进行：

（1）招聘收益成本比。这既是一项经济评价指标，又是一种对招聘工作的有效性进行考核的指标。招聘收益成本越高，说明招聘工作越有效。招聘收益成本计算公式如下：

$$招聘收益成本 = \frac{所有新员工为组织创造的总价值}{招聘总成本}$$

（2）甄选人数的评估。主要从录用比、招聘完成比、应聘比三方面，计算公式如下：

$$录用比 = \frac{录用人数}{应聘人数} \times 100\%$$

$$招聘完成比 = \frac{录用人数}{计划招聘人数} \times 100\%$$

$$应聘比 = \frac{应聘人数}{计划招聘人数} \times 100\%$$

（3）录用人员质量评估。录用人员质量评估，即在人员录用后对其的实际工作进行考核，进一步评估能力、潜力和素质。

2. 招聘方法的成效评估

一般招聘方法的效果的评估可以从五个指标考虑：标准化，客观化，规范化，可靠性，有效性。

第二节 员工甄选

一、员工甄选的内涵、原则与意义

（一）员工甄选的内涵

员工甄选又称员工选拔，是指综合利用心理学、管理学等学科的理论、技术和方法，对候选人的任职资格和对工作的胜任程度，进行系统的、客观的测量和评价，从而做出录用决策的过程。

没有合格员工，一个组织就处于弱势。鉴于招聘鼓励人们向组织求职，那么人员甄选过程的目的就是辨别并雇用条件最适合某一特定职位的人。甄选是从一组求职者中挑选最适合特定岗位要求的人的过程。组织的招聘工作对选择过程的质量影响很大。如果符合条件的申请人很少，组织可能不得不雇用条件不十分理想的人。关于人力资源的招聘已经在上一节详细说明，本节我们将主要学习人力资源甄选的相关内容。

大多数管理者承认，员工甄选是最困难、也是最重要的决策之一。正如彼得·杜拉克(Peter Dmeker)曾说过的，"没有其他决策后果会持续作用这么久或这么难做出。但是总体说来，经理所做的提升和职员配备决策并不理想。按照一般的说法，平均成功率不大于0.333。在大多数情况下，1/3 的决策是正确的；1/3 有一定效果；1/3 彻底失败。"但是，如果一个组织雇用了太多平庸的或较差的人，那么即使有完善的计划、合理的组织结构和协调的控制系统，组织也不会获得长期成功。这些组织的各种要素不会自动发挥作用。为确保组织目标的实现，必须有能够胜任各项工作的人员。

员工甄选创造巨大价值

美国劳工部(the U. S. Labor of Department)预计，雇用一名工人的平均成本是 4 万美元。当你增加了隐性成本时，诸如劳动生产率低和加班加点，替换一名主要员工的成本接近他(她)年工资的两倍。对于上述整个过程的另一个预计价值高达每人 500 万美元。虽然这个数字似乎过大，但是对高能力员工和低能力员工之间生产率差别的考虑是非常重要的。这种差别估计高达 3∶1。一个选拔了合格员工的组织，可以获得很大的益处，只要这些员工还列在组织的工资单上，这种益处就会不断延续下去。

（二）员工甄选的原则

1. 因事择人原则

因事择人就是以事业的需要、岗位的空缺为出发点，根据岗位对人员的资格要求来选用人员。只有这样，才能做到事得其人，人适其事，防止因人设事、人浮于事的现象出现。

2. 能级对应原则

不同的企业有不同的文化和价值，形成了各自的"水土"。因此，与企业文化和管理风格不能相融的人，即使很有能力和技能，对企业的发展也会有不利之处。此外，由于人的知识、阅历、背景、性格、能力等方面存在着差异，人力资源选择应量才录用，不一定是最优的，但要尽量选到最合适的。要做到人尽其才，用其所长。

3. 德才兼备原则

德才兼备是我们历来的用人标准。司马光曾说过：德才兼备者重用，有才无德者慎用，无德无才者不用。通用公司前总裁韦尔奇在他的"框架理论"中也提到过。他以文化亲和度（品德）为横坐标，以能力为纵坐标，在坐标图上画十字，就把员工分成四类。在谈到对这四类不同员工的政策时，韦尔奇唯独对有能力、缺少文化亲和度（品德）的人提出了警告。因为无德无才的人没有市场和力量，并不可怕，唯独有才无德的人是最有迷惑力和破坏力的，许多企业失败都与错用这种人有关。为此，在招聘选人过程中，必须对有才无德的人坚持不用。

4. 用人所长原则

人各有优缺点、长短处。在招聘过程中，要克服求全责备的思想，树立主要看人的长处、优点的观念。知人善任，用人之长。俗话说："垃圾只是放错了地方的财富。"同样，每个人都有其闪光之处，在招聘活动中，必须把寻找人的长处和优点作为选人的目标。看一个人，主要看他能做什么，看他的资格条件是否符合空缺岗位的资格要求。当然，在用人之长的同时，也要正确对待其短处。如果短处直接影响其长处的发挥，则要采取积极的措施和态度，使其在发挥所长的过程中，把短处的干扰降到最低限度。

5. "宁缺毋滥"原则

可招可不招时尽量不招，可少招可多招时尽量少招。招聘来的人不一定能充分发挥其作用，企业是创造效益的集合体。因此，制定招聘决策时一定要树立"宁缺毋滥"的观念，一个岗位宁可暂时空缺，也不要让不适合的人占据。

（三）员工甄选的意义

甄选过程影响其他人力资源职能，同时也受其他人力资源职能的影响。例如，如果人员甄选过程只提供给组织基本合格的工人，组织将不得不加强培训工作。如果报酬条件低于组织竞争对手的条件，吸引条件好的求职者可能十分困难，甚至是不可能的。

甄选过程的目的是使人员与工作岗位相适应。如果员工的条件过高、过低或者由于各种原因与工作岗位或组织不相适应，他们很可能会离开组织。虽然某些员工流动对一个组织有积极作用，但是代价很高。高的流动率使组织几乎不可能有好的业绩。例如，产品研究开发被延误、制造过程缺乏效率、市场营销渗透缓慢。并不是有形的招聘、调换岗位和培训这些费用，而是这些流动的隐藏性后果构成了主要成本。大约十年前进行的两项研究表明，虽然很少测量这些费用，但它却占人员流动成本的80％以上。

工作分析为准备工作描述和工作规范提供依据，接下来工作描述和工作规范对于做出好的甄选决策也是必不可少的。但是，当选择标准与岗位需求不同时，就会出现一个十分现实的问题，人力资源经理必须不断修改工作描述和工作规范，以确保只有符合条件的人员才会被招聘且必须通过甄选。

二、员工甄选系统的标准

员工甄选系统的标准有：

（1）员工甄选的程序应该标准化。

（2）员工甄选的程序应以有效的顺序排列。

（3）员工甄选的程序要能提供明确的决策点。

（4）员工甄选的程序应能保证充分提供可以确定应聘者能否胜任空缺职位的信息。

（5）员工甄选的程序应防止了解应聘者背景情况时出现意外的重复。

（6）员工甄选的程序应能突出应聘者背景情况重要的方面。

（7）员工甄选的程序应放置在提供组织和工作信息时以避免出现不必要的重复。

三、员工甄选的程序

对某一申请者进行筛选处理一般必须包括一系列步骤。组织的规模、所要填补工作的类型、数量以及就业市场的外部压力，都会影响组织甄选的进展。大多数组织在选择过程都采用多重限定技术。在运用这种技术的过程中，必须通过一系列的审查手段，诸如申请表、面试及测试，来证明申请者是令人满意的。如果采用其中的任何一种方法判断申请人不令人满意，则对其不予考虑。其具体程序如图 6-4 所示。

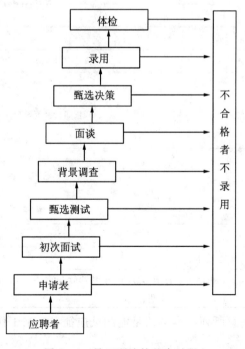

图 6-4　员工甄选的基本过程

（一）递交申请表

　　填写申请表一般是大多数组织甄选过程的第一步。这种表格提供了可在以后的甄选步骤中使用的基本信息，并能用来筛选不合格的申请人。例如，如果空缺职位需要申请人具有用英文交流的能力，但申请人不具备这种能力，就不必对其进一步考虑。职位申请表举例如表6-7所示。

表6-7　A公司职位申请表举例

应聘志愿一：　　（公司）　　　　　　　　　　　　（岗位）

应聘志愿二：　　（公司）　　　　　　　　　　　　（岗位）

个人信息	姓名		性别		出生日期			相片
	籍贯		民族		身高			
	政治面貌		学历		是否服从分配	□是　□否		
	毕业院校				所学专业			
	本人联系电话				电子邮箱			
	紧急情况联系人			与本人关系			电话	

家庭成员	姓名	关系	工作单位	职务	联系电话

教育经历	起止日期	毕业学校	专业	联系电话

获奖情况	

实践经历	

工作特长及个人兴趣爱好：

希望薪酬：	其他要求：	如获录用，可报到日期：

上述所填内容全部属实，如有不实之处，愿接受公司辞退处分并承担一切后果。

签名：　　　　　　　　　　日期：

　　设计申请表时，应注意所列内容必须是能测试应征者未来工作表现的有关内容。

（二）面试及测试

　　由面试人员与应征者进行短时间的面谈，以观察了解应征者的外表、谈吐、教育水平、工作经验、技能和兴趣等。最常用的测验是笔试和实际操作，更现代的测验是人员素质测评，通过测验可以判断应征者的能力、学识和经验。

（三）背景调查

对经过上述程序筛选的合格者，人力资源部门要对其背景和资格进行审查，包括审查其学历和工作经验的证明文件，如毕业证书、专业技术资格证书等，通过查阅人事档案或向应征者过去的学习、工作单位调查其各方面的表现等。

（四）详细面谈

应征者测验合格后，要再做一次深入的面谈，以观察和了解应征者的态度、进取心，以及应变能力、适应能力、领导能力、人际关系能力等。

（五）甄选决策

甄选过程的最后一步是为某项工作选择某人。它的假设是符合条件的人不止一个。如果真是这样，必须根据前面几个阶段收集的所有信息做出价值判断，以选出最合适的人。如果前面的步骤实施得当，做出成功判断的可能性会极大地提高。

不同的组织赋予不同的管理层做出最后选择决策的职责。在许多组织中，人力资源部门负责处理完成申请表，组织初步面试、测试、核实证明材料以及安排体检等工作。最后的选择决策一般留给职位空缺部门的管理者负责。这种制度将管理者从筛选不合格和不感兴趣的申请者这些费时的责任中解脱出来。在这种制度下，人力资源部门给职位空缺部门管理者提供3至5个合格的申请者名单，该部门管理者根据人力资源部门提供的所有信息，挑选他(她)认为最好的员工。然而，在有的组织中，则由人力资源部门处理选择过程的所有步骤，包括最后的决策。在小规模组织中，常常由所有者做出最后选择。另外一种方法是让同事参与最后决策。同事参与决策主要用于高层管理者及专业人员的选择。同事参与决策很自然地使新员工更易于被工作小组所接受。

（六）录用

经过上面几个程序，若组织已经决定录用应聘者，人力资源部就会通知候选者，让其去指定地点进行体检。

（七）体检

通过体检，来判断候选者在体能方面是否符合岗位工作的要求。体检合格者，则发录取通知书。体检一般仅限于将获得职位的人。由于费用方面的考虑，体检通常放在选拔过程中靠后的部分进行。体检程序之所以放在最后，是因为在大批不合格者被淘汰之后，只对少数录用者进行体检可以大大节约费用。

四、员工甄选的测试

测试是人员选拔中十分重要的环节，由人员招聘与选拔的基本程序可以看出，通过制定招聘决策、发布招聘信息的过程，潜在的申请人了解到组织的用人需求，主动向组织提出职位申请；组织在收到申请人的申请后，一项重要的工作就是采用一定的科学方法进行测试，对候选人的各个方面进行衡量，从而做出正确的选择，最终确定合适的人选。人员招聘与甄选中的测试过程之所以重要，在于测试往往是一个组织招聘与甄选人员质量的最终保障，只有把住测试这道关口，筛选出真正优秀的候选人，组织人员的整体素质才能得以不断提高。同时，候选人未来在岗位上为组织可能做出的贡献或可能带来的危害应该尽可能通过测试程序予以预测，从而促使其发挥优势或防范弱点，提高组织的用人效率。

（一）测试中的两个特征

对于任何一项测试，我们通常要问两个关键问题：第一，这项测试是测量什么的？第二，这项测试的结果究竟能否可信，是否能真正反映要测试的内容？

而第一个问题又是这两个问题中更重要的一点，因为如果连测试的是什么都不清楚，就谈不上测试结果的反映问题。显然前者是后者的前提。这里我们称这两个问题为测试的两个特征，前者称之为测试的有效性（Validity），反映了测试内容本身与工作的相关程度；后者称之为测试的可靠性（Reliability），反映测试结果的一致程度。

1. 测试的有效性

测试的有效性是对测试的基本要求，如果招聘与选拔中的测试不能表明候选人是否具有完成某项工作的能力，那么这项测试就显得毫无意义。换句话说，如果在测试中得分较高的候选人不能在工作中表现出好的业绩，则这项测试的有效性较低。有效性常常是组织进行测试时最关注的问题。有效性通常用相关系数来表示，测试分数与业绩指标之间的相关系数可在 +1（完全正相关）或 −1（完全负相关）之间，也可以为 0（不相关）。研究表明，相关系数通常在 0.3～0.6 之间，在 0.3～0.4 之间可以接受，如果达到 0.5～0.6 就相当好了。

测试的有效性还可以分为标准有效性和内容与结构有效性。

1）标准有效性

标准有效性是通过比较测试分数与工作业绩之间的相关性来说明测试有效性的一种类型。在一项测试中得分高的候选人，若在实际工作中表现也好，则认为标准有效性高。

建立标准有效性的两种主要方法是预测有效性与一致有效性。

预测有效性（predictive validity）是通过确定预测因素，比如某种测试，对所有的申请者实施测试，然后不考虑测试分数而雇用他们填补空缺岗位而建立的。一段时间后，将测试分数与工作成功判别标准相联系，观察得分高的人是否明显比得分低的人做得好。例如，假如一个公司希望确定预测生产工人未来绩效的某种测试的有效性。在这个例子中，测试分数将是预测因素。再假设公司保留着每个工人的产量记录，并以此作为工作成功判别标准。在预测有效性研究中，公司对所有的申请者实施测试，但是在雇用员工时不考虑其测试得分，公司为新员工提供同样的基本上岗引导和培训。一段时间后（例如一年），将测试分数与产量相联系。如果二者之间存在公认的相关性，这种测试可视为有效的，并可用于选择未来员工。

因为成本高和时间长，预测有效性不被经常使用。要采用这种方法，必须在同一时间要雇用大量新员工而不考虑其测试分数。组织既可能雇用了好的员工，也可能雇用了差的员工。而且，为了预测判别标准，所有新员工必须接受同样的上岗引导及培训。

一致有效性（concurrent validity），是由通过确定预测因素，比如某种测试，对目前的员工实施测试，然后将测试分数与目前员工的工作绩效联系起来而决定的。这种测试可用于选择未来的员工。

一致有效性的一个缺点是，对于从事某项工作的在职员工来说，工作较差的员工更有可能被解雇，而工作最好的员工更有可能经常被晋升。显而易见，在这种情况下得出的相关系数会产生误导作用。

2）内容与结构有效性

内容有效性（content validity），是建立在完成实际工作或任务的基础上的有效性。其关键在于，如何选定对工作绩效最关键的工作内容和工作行为，而这取决于认真的工作分析和翔实的工作说明书。例如某种测试是否代表了工作表现的重要方面。因此，虽然打字测试不能完全检测出成为一个好秘书所要求的全部技能，但是在雇用秘书时，此项测试的内容是有效的。尤其是在申请者人数不多、不适宜采用经验有效性测试法时，采用内容有效性测试方法是非常有用的。采用这种方法，雇主必须制定某项具体工作的准确的绩效要求，并围绕需要完成的工作样本，制定选择程序或选择方法。

结构有效性（construct validity），是指选择程序或方法在多大程度上能测量出对申请者工作表现起重要作用的公认特性。与工作有关的特性可能包括语言能力、空间想象力以及感知速度。例如，如果某项工作要求图纸阅读能力，在做出雇用决策时，空间想象力测试就是结构有效的。

这两种非经验有效性测试方法都取决于对测试的判断。但是，在许多有效性测试中，它们可能是唯一的有效选择。

2. 测试的可靠性

选择测试的另一个重要考虑是可靠性。可靠性是指预测因素所提供结果的一致性。例如，在某种程度上，同一个人在不同时期在同样的工作条件下测试结果大体一致，这种测试在某种程度上是可靠的。如果某人某一天测试不及格，但一星期后同一测试得了 A，那么这种测试结果就不可靠（当然假设在这一星期内考试者没有学习）。

有三种方法可用以证实预测因素的可靠性。假如指定采用某种测试，证明测试可靠的其中一种方法是测试-再测试（test-retest）。这种方法是对一组人进行测试，随后，大约两星期以后，再对这些人进行同样的测试。这两次测试得分的相似程度决定了这种测试的可靠性。很明显，参加测试的人在两次考试之间是否进行了学习会影响测试结果。第二种证明测试可靠性的方法是并列形式（parallel forms），即在同一时间提供两种分开但相似的测试形式，测试结果的吻合程度决定了测试的可靠性。第三种方法是均分法（split halves），即将一个测试分成两半，以确定两部分的效果是否相类似，而相似程度决定了可靠性。

一项测试或预测因素可靠，但有可能无效。但是，如果它不可靠，则一定无效。因此，预测因素的可靠性在决定其有效性中起了重要作用。

（二）测试的种类及内容

人员选拔中测试的内容是多方面的。包括认知能力测试、运动和体能测试、个性测试、工作知识考试以及面试和工作模拟等。

1. 认知能力测试

认知能力测试是一组测定候选人归纳推理能力和记忆能力等完成一项工作的能力测试。它又分为一般认知能力（如智力的高低）和特殊认知能力（如语言理解能力、推理能力等）。

智力（IQ）测验的结果是一个商值，等于智力测量所得的智力年龄值除以实际年龄值，然后乘以 100 后所得的结果。智力测验是一种间接测量，它通过一套事先设计好的由浅入深的题目的回答进行积分，然后与平均智力分数比较反映出不同人智力能力的高低。测量智力常用的测试有斯坦福-比奈测验（Stanford-Binet）和威克斯勒（Wechster）测试等。

特殊认知能力测验又称能力倾向测验，是测量候选人在某一方面所具有的特殊工作能力倾向的测验，如对候选人的机械推理能力、抽象推理能力、空间关系能力或者数字推理能力等的测试。

2. 运动和体能测试

运动和体能测试包括手指灵活性测试、运动协调能力测试、敏捷性测试以及力量（包括静态力量和动态力量）和耐力测试等。常用的测试技术有明尼苏达操作速度测验和普渡拼板测试（Purdue Peg Board）等。

3. 个性测试

个性是指一个人比较稳定的心理活动特点的总和，它是一个人能否施展才能，有效完成工作的基础，某人的个性缺陷会使其所拥有的才能和能力大打折扣。个性可以包括性格、兴趣、爱好、气质、价值观等。个性是由多方面内容组成的，因此，我们不能希望通过一次测试或一种测试，就把人的所有个性都了解清楚，而是分别进行测试了解，以准确、全面地了解一个人的整体个性。在招聘中可通过个性测验，了解一个人个性的某一方面，再结合其他指标来考虑这个人适合担任哪些工作。

一个人的个性对工作的影响可能并非是直接的。但经研究发现，个性因子对人们的工作表现和人际处理的确存在影响。所以，个性测试常被用来预测候选人的未来表现。个性测试常采用投射（Projective）测验的方法，其发源于弗洛伊德的深层心理学原理，具体做法是给受测者以某种模糊刺激，让观察者凭借过去的经验、自身的情绪和动机对刺激做出反映，给予解释，从而反映出个性的差异。著名的罗夏墨迹图在投射测验中经常使用，即让受测者对一团墨迹进行解释。主题统觉测试（Thematic Apperception Test）也是个性测试中常用的方法。这里须注意的是投射测验的结果解释，通常必须由心理专家对受测者的结果进行解释，推断出受测者的个性，如内向或者外向、情绪稳定性、动机等，用来分析其中某些个性因子与未来工作业绩之间的关系。

4. 工作知识考试

工作知识考试是对候选人所掌握的与工作相关的基本知识进行测试，常采用笔试的形式，也可以采用口试的形式，如对一名市场营销候选人的测试要考核其有关市场营销学、广告学以及经济学等的相关知识。工作知识考试以工作分析为基础，同时必须针对具体的某项工作。

5. 面试

面试是最常用的测试技术之一。通过测试人员与候选人面对面的交流，使测试人员能够以主动而灵活的方式考核候选人，观察候选人的反应和表现，达到其他测试手段无法实现的效果，使面试成为一种有效的招聘与选拔手段。面试的种类很多，各有优缺点，面试人员在使用时应结合具体职位、选聘人员数量等灵活应用，并掌握一定的面试技巧，获取有关候选人的准确信息（关于面试我们将在接下来的部分详细说明）。

6. 工作模拟

工作模拟也称实地测试，是组织用来测试候选人在某一领域是否具有一定的能力水平时采用的测试方法。这种方法测试的内容直接与候选人即将从事的工作相关，测试人员为候选人提供一种有代表性的模拟工作场景，让候选人完成一定的工作任务，考察候选人在对工作任务的安排、一般业务处理和紧急情况的应对等方面的能力。工作模拟测试通常设定时间限制。还要注意测试时候选人的状态，过于紧张或其他影响因素可能会使测试结果失真。另外，工作模拟的测试手段虽然是在与工作相关的情景中进行实地考核，但并不全面，应结合其他种类的测试方法一起应用才有利于选拔真正优秀的人才。

（三）如何使测试有效

是什么使得 GRE 之类的测试对大学招生有用处？

是什么使机械理解测试对招募机械工作的应征者有益处？

上述两个问题的答案通常是：人们的测试分数被证明能预测他们的工作表现。因此，在其他条件一样的情况下，GRE 考分高的学生也会在学习中表现出色。机械理解测试分数高的候选人投入工作后，其绩效更好。

为了使选拔测试有用，必须确保测试分数以一种可预见的方式与工作绩效相联系。换句话说，你必须在使用测试前确保测验有效，必须确保测试分数是工作绩效之类的效标的良好预测因子。使测试生效的过程需要工业心理学家的专业知识和人力资源部门的协调。直线经理的贡献则在于清楚地描述工作及其要求。这样的话，工业心理学家对工作、对人的要求，以及工作的绩效标准就十分清楚了。使测试有效的过程包括五个步骤。

步骤一：分析工作

第一步是分析工作，撰写职位说明书。这里要规定胜任工作所必需的个人品质和技能。例如，候选人必须具有进取性吗？是否需要速记？候选人必须能够将细小的、琐碎的要素组织起来吗？这些要求就是测试的预测因子。它们是被认为能够预测个体工作绩效的个体品质和技能。在第一步中，还必须定义什么是成功地执行工作。成功的标准称为效标。效标可以是生产相关效标（Production-Related Criteria），如数量、质量等；也可以是人事数据，如缺勤、服务期等，或（监督人员等的）判断。对于装配线工作岗位，预测因子可能包括手工灵巧性和耐性。

人们往往仔细挑选预测因子，却忽视选择好的绩效效标。一项对某天然气设备公司的212 名雇员的研究说明了这一问题。在这一研究中，研究者发现，用作预测因子的一组测试与两个绩效效标之间存在显著关系，这两个绩效效标是监督者的评定和客观生产率指标。但是，这组测试与客观质量指标或雇员自我评定之间几乎没有任何关系。

步骤二：选择测试

接着要选能够测量对胜任工作来说很重要的特征（预测因子）的测试。通常根据经验、以往的研究和"最佳猜测"选择几个测试组成测验组。这样做的目的是测量许多可能的预测因子，例如进取性、外向性和数字能力等。

步骤三：实施测试

用挑选的测试来测试雇员，有两种检验测试有效性的方法供选择：一种是用选择好的测试方法对目前在岗的雇员施测，然后比较其测试分数和目前的工作绩效，这称做同时验证（Concurrent Validation）法。同时验证法的主要优点是绩效数据可即时获取，其缺点是目前在岗雇员可能无法代表新的候选人。例如，目前在岗雇员已经接受了在职培训并且是通过现有甄选技术挑选出来的。

使测试有效的最可靠方法是预测有效化（Predictive Validation）法。在这里，我们对尚未雇用的候选人施测。然后仅利用现有选择技术来雇用这些候选人，而不是根据开发的新测试的实测结果来雇用。在这些被雇者工作一段时间后，测量其工作绩效并与早先的测验分数相比较。现在,可以确定他们的测验表现能否用来预测他们以后的工作绩效。

步骤四:将测试分数与效标联系起来

接下来一步是确定测试分数(预测因子)与绩效(效标)之间是否有显著关系。我们通常通过相关分析来确定测试分数与工作绩效之间的统计关系。如果测试分数与工作绩效有关,可以开发期望图表(expectancy chart)。期望图表以图形的形式表现测试与工作绩效间的关系。制作期望图表时,要依据测试分数将被试者划分为不同组,例如分五组,包括测试分数最高的 1/5 组;测试分数次高的 1/5 组等。然后,计算每组中高工作绩效者的百分比,并将数据列在期望图表中。这样做可以表明每个分数组的人成为高绩效者的可能性。

步骤五:交叉验证与重新验证

在正式将测试投入使用之前,你可能希望通过对新的雇员样本执行步骤三和步骤四这种交叉验证方法来检验测证。至少专家要定期对测试进行重新验证。值得注意的是,用来证明内容效度的程序不同于用因素证明效标效度的程序。内容效度倾向于强调判断。在这里,必须通过细致的工作分析来界定需要的工作行为。然后挑选一个工作行为样本用于测试,这个测试应当具有内容效度。打字和速记测试就是一例。测试是对实际的、可观察的工作行为的代表性取样,这个事实使测试具有内容效度。效标效度通过前面的五个步骤来确定。

五、员工甄选的面试

面试是最常用的选拔工具之一。面试给予面试官亲自评价候选人,并以测试所不能达到的方式提问的机会。面试使面试官有机会对候选人的热情和智力做出判断,并给面试官机会评价候选人的主观方面——面部表情、仪表、紧张程度等。面试因此成为一项有效的选拔工具。面试能否发挥其最大的优势,关键在于主试者本身的素质与能力。如果主试者本身很紧张,没有问相关的问题,这会在很大程度上影响面试的效果。面试的有用性如何?许多早期的研究认为,甄选面试的信度和效度很低。但是,近期的研究表明,面试是一种有效的选拔工具,面试的有用性取决于正确地实施面试的方式。因此,我们将讨论影响面试有效性的因素,以及如何避免面试错误等问题。不过,我们首先要学习一下面试的基本类型。

(一)面试的含义及种类

1. 面试的含义

面试是通过测试人员与候选人面对面的双向交流,使测试人员能够以主动而灵活的方式考核候选人,观察候选人的应对和表现,能够达到其他测试手段无法实现的效果。面试在我国的应用可谓源远流长,魏朝的刘邵著有影响深远的《人物志》,对于如何知人识人有深刻精辟的论述。当今社会,面试已在企事业单位得到了广泛的应用,其中国家机关人员录用中面试的采用率已达到 100%。

2. 面试的分类

面试的种类很多,按照不同的分类标准,可以有不同的分类结果。具体的分类结果见表 6-8。

表 6-8　面试的分类

分类标准	结构	内容	目的	其他
种类	结构化面试 非结构化面试	情境式面试 工作相关式面试	压力面试 业绩评估面试 离职面试	系列式面试 小组式面试

1) 结构化面试与非结构化面试

结构化面试（Structured Interview）是指按照事先设计好的结构化面试表格中问题的次序提问。结构化面试表格中通常列出面试中需要了解的候选人的所有问题，由面试人员按候选人的不同而进行有选择的使用。结构化面试为面试人员提供了指南，既能避免一些重要问题的遗漏，又能使面试过程紧凑而有秩序，尤其适用于经验并不丰富的面试人员。

非结构化面试（Unstructured Interview）不需要面试人员按照预先确定好的问题顺序向候选人提问，可以在面试过程中随机地发问，谈话内容可以任意地展开。面试通常以同一题目开始，然后由面试人员根据进行程度对不同候选人提出不同的问题，尤其是深入了解那些对不同人而言关键的方面。采用非结构化面试要求面试人员素质较高，并掌握高度的谈话技巧，能够通过候选人的自由发挥了解情况，达到面试的目的。这种面试方法常用于高级管理人员的招聘与选拔。

鉴于结构化和非结构化面试的优缺点，组织在实践中常常将两种方法结合起来应用，即使用半结构化的面试技术，在面试的过程中先遵循一定的面试指导，将必须要了解的有关候选人的内容按照一定的顺序发问，然后按照面试人员想要进一步了解的重点内容深入进行交流。这样，既避免了结构化面试的僵化，也保证了对非结构化面试中可能疏漏的问题进行提问。

2) 情境式面试和工作相关式面试

按照面试所提问题的内容可以将面试分为情境式面试和工作相关式面试。其中情境式面试所提问题主要集中于在某一给定情境下候选人可能采取的行动计划。根据分析候选人的回答来考察候选人的工作能力。情境式面试中的问题也可以是事先确定好的结构化问题，让候选人选择可能采取行动的方案。

与情境式面试不同，工作相关式面试试图评估候选人与工作有关的过去的行为，如候选人所学习过的与工作有关的知识内容等。但大多数问题并不一定是情境式的，即不是设想的有关工作的情境。

3) 压力面试

压力面试是考核候选人对工作中压力的承受能力的一种特殊面试方法，主要应用于某些经常要承受较大压力的工作的人员选聘中。在压力面试中，面试人员故意设计一系列令人难以接受的问题，将候选人置于尴尬的境地，甚至激怒候选人，观察候选人的反应，以考核候选人的应变能力、心理承受能力以及人际关系处理能力等。

4) 系列式与小组式面试

组织在对候选人进行面试选拔时，常常由几个面试人员同时参加面试。面试人员的数目应避免为偶数，人数也不宜太多或太少。一个面试人员进行面试的情况下，不利于对候选人全面发问，如果有几个面试人员互为补充，则容易全面掌握候选人的情况。面试人员过多也不利于产生积极的面试结果，因为候选人在面对众多的面试人员时常常会产生紧张情绪，致使不能发挥真实的水平。面试人员通常以 3～5 人较为合适。当几个面试人员分别对一个候选人进行面试，然后综合各个面试人员对候选人的看法，再进行下一个候选人的面试过程时，称为系列式面试。小组式面试则是由面试人员与所有的候选人同时在一起进行面试，每个面试人员均可向几个候选人提问，一个候选人也同时接受几个面试人员的发问。

（二）面试的误区

面试的有效性取决于面试实施人员的经验和技巧。而面试人员由于受到各方面的影响而常犯的一些错误会削弱面试的效果。所以，为避免走入误区，首先了解这些可能发生的错误是十分必要的。

1. 匆匆下结论

面试人员常常对候选人很快地下结论。他们等不到面试结束，有的甚至在面试开始后很短时间内就已经下定决心。而且研究表明，这种面试人员并不在少数。通过候选人的简历和推荐书做出的判断，为面试人员做决定打下了基础，当一见到候选人，也就是面试一开始，面试人员基本就做出了最后的决定。这不仅使面试过程失去了意义，更重要的是丧失了面试带给每一个候选人的公平机会，最终会导致招聘与选拔过程有效性的降低。

2. 雇用压力

当组织急需人员时，面试人员也会在这种潜在的招聘压力下做出不恰当的判断。一项实例表明，在强大雇用压力下进行面试的人员在进行人员选聘时比没有雇用压力的面试人员设立的招聘标准要低，这对保证组织人员的整体素质非常不利。

3. 晕轮效应

晕轮效应指的是一种类似遮盖的效果，即对候选人某些突出的方面十分了解，从而掩盖了候选人其他方面的品质或特征。晕轮效应通常由以下几种情况造成：

（1）面试官自己的偏好。对于面试官按照自己偏好评价人，在很多组织的招聘面试中时有发生，也最难避免。比如面试考官很看重学历，他对高学历者一定是青睐有加，在面试开始之前，学历稍低者就铁定已失一分。或者另一位面试官是做市场、搞销售出身，对能言善辩者就常有几分好感，而忽略了目前组织所招聘岗位的特点和要求。

（2）先入为主。所谓先入为主，就是面试官在面试刚一开始就对应聘者有了一个比较固定的印象。这种印象很难在短时间内改变。比如说：面试官对应聘者的第一印象是诚实和友善的，那么当发现应聘者的第一个谎言时，会认为是无心之过或是过分紧张，是可原谅的；而如果面试官对应聘者的第一印象是油滑和伪善的，那么当发现应聘者的第一个谎言时，会认为是习惯使然或是有意为之，是不可原谅的。

（3）以点概面。面试官常常会由于应聘者的某一项突出的优点，而草率做出整体的判断。比如在招聘项目开发负责人时，某位应聘者显示出高超的软件开发能力，面试官就有可能误认为他是项目开发负责人的合适人选。但实际上，担任项目开发负责人一职，更为重要的是要具备团队协调能力和项目管理能力，而不仅仅是有软件开发能力。

4. 工作知识贫乏

对所面试人员欲填补的工作职位缺乏了解，是面试人员素质不够全面的一种体现。可以说，面试人员对所面试的工作的了解是提高面试有效性的基础之一。这份工作是做什么的，包含哪些基本职责，对候选人有哪些基本要求，面试人员应该做到心中有数，并结合候选人的潜力进行分析，才能形成清晰的鉴别。

5．体态语言的影响

面试人员常不自觉地受到来自候选人体态语言的影响。体态语言，是候选人做出的非口头的各种表示，包括目光的移动、头部转动、手势和微笑等。研究发现，在面试过程中表现出更多的体态表示的候选人更容易取得高的面试评价。也就是说，面试人员更倾向于给除口头语言外更多身体语言的候选人以积极的评价。因此，候选人的能力常常受到来自不恰当体态语言的负面抵消作用。

（三）组织提高面试有效性的方法

1．做好面试的准备工作

面试前的准备工作有时显得十分重要。确定面试所要采用的方式，例如利用结构化面试还是非结构化面试；确定面试的基本程序；候选人基本情况的掌握等都是面试成功的必要前提。另外，对于面试中要提问的关键问题、面试的时间与地点、通知候选人等事项也应安排周详。

2．缓解紧张的气氛

面试人员应尽量使面试以一个轻松的话题展开，使候选人缓解紧张情绪，再展开具体的面试过程，这样有利于使候选人正常发挥，达到较好的面试效果。影响面试气氛的因素是多方面的。面试人员的态度，如是否以微笑欢迎候选人的到来，谈吐是否礼貌，以及面试场所周围的环境是否安静、和谐，都能影响整个面试的气氛，以致影响候选人的能力的发挥。

3．围绕中心提问

无论是结构化面试还是非结构化面试，面试人员在向候选人提问的过程中都不应该偏离主题，即使面试人员可以在一定范围内有所发挥，可以引导候选人自由谈话，但其交流的中心思想都应建立在工作说明的基础上，围绕候选人的资格特点进行讨论，同时减少不必要的废话、套话。

4．避免长时间发问

面试过程中面试人员如果滔滔不绝，留给候选人发言的机会就会相对减少。面试是一个双向交流、互相了解的过程，候选人通过面试人员了解有关组织和工作职位的情况，同时面试人员通过候选人的回答了解其各方面的情况。所以，给候选人适当的发言机会，使之有足够的时间表现自己，这样才能做到对候选人有充分的了解，达到面试的目的。

5．重视每一位候选人

真诚地欢迎每一位候选人，在面试中始终以诚恳的态度对待候选人，使他们感到来自组织的重视，这样不仅能感动候选人，吸引优秀人才留下，而且为提高组织形象起了重要作用。

6．做好面试记录

从组织人员招聘与选拔工作的长期性来看，面试工作的不断改进是组织提高整体员工素质的重要方面之一。认真将每一次面试的具体过程和结果记录下来，为今后面试工作的不断改进提供参考，显得十分必要。

（四）被面试者的注意事项

在进行求职时，被面试者往往会经过层层的选拔和面试才能找到满意的工作。以下是一些对取得优异面试成绩的有益的提示。

被试者要理解的第一件事是，面试主要是用来帮助雇主了解被试者是怎样的一个人。换句话说，被试者怎么与他人相处和你的工作意图的信息在面试中是最重要的；被试者的技能和技术专长通常可通过测试和对其教育和工作经历的调查得到最好的评价。主试者首先寻找的是干脆清晰的回答，特别地，被试者回答是否简洁、回答问题时是否充分合作、是否对有关问题表达个人的观点、是否围绕主题是影响主试者决策的最重要的因素。

要在面试中胜人一筹，应该注意以下 7 件事情：

（1）准备最关键。在面试前，尽可能了解雇主、工作以及进行招募的人。在图书馆，可以查阅工商企业期刊，发现雇主一方都有些什么事情发生。谁是竞争者？他们在怎样做？要努力发现雇主存在的问题。准备好解释你为什么认为你能解决这些问题。引用你的一些具体成就来支持你的观点。

（2）发现主试者的真正需要。尽可能少花时间回答主试者的第一个问题，而尽可能多花时间让主试者说明自己的需要。确定主试者希望达成什么目标，主试者认为什么类型的人是需要的。你可以采用诸如问"你能告诉我更多的情况吗"这种开放性问题。

（3）与主试者的需要联系起来。一旦知道主试者需要的人员类型，主试者需要解决的问题类型，被试者就处在一个从主试者角度说明自己成就的良好位置。通过谈论如下事情开始："你所说的对你很重要的问题之一与我曾经面临的一个问题类似"。然后，讲述这个问题，说明自己的解决办法以及最终结果。

（4）先思考后回答。回答一个问题应当是一个三步的过程：停顿-思考-回答。停顿是为了确信自己理解了主试者的意思，思考是关于如何组织自己的答案，然后予以回答。在你的回答中，努力强调如果雇用你将如何有助于主试者解决他（她）的问题。

（5）仪表和热情很重要。得体的服装、良好的修饰、有力的握手以及表现出控制力都是十分重要的。

（6）留下良好的第一印象。记住，研究表明，在多数情况下，主试者在面试的第一分钟就对求职者形成了判断。良好的第一印象可以在面试中变坏，但一般不大可能。差的第一印象则几乎不可能在面试中改变。一位专家建议求职者注意以下关键的面试因素：

① 得体的服装；

② 良好的修饰；

③ 有力的握手；

④ 表现出控制力；

⑤ 恰当的幽默和微笑；

⑥ 对雇主活动的真诚关注和对主试者讲话的高度注意；

⑦ 对过去绩效的自豪；

⑧ 对雇主需要的了解和愿意效力的意识；

⑨ 提出有道理的思想观点；

⑩ 当雇主在面试工作上失败时控制局势的能力。

（7）非言语行为可能比语言内容传递更多关于被试者的信息。在这里，保持目光接触非常重要。此外，说话要有热情，用点头表示同意，记住花一点时间组织答案（停顿、思考、回答），使回答声音清晰而流畅。

本章小结

人员招聘是人员选拔、绩效评估、人员培训、职业发展各项活动得以开展的前提和基础，能否将符合组织各项工作要求且有兴趣致力于本组织工作的人员吸引到组织中来，是组织人力资源工作持续有效进行的根本。人员招聘工作是组织人力资源管理活动的一部分，人员招聘活动应在组织经营和社会规范要求的条件下尽量取得成本——效益的最合理化，即以尽量少的投入获得尽量符合要求的人员。本章在对人员招聘概括论述的基础上，详细说明了人员招聘的步骤、途径和方法，并对人员招聘策略方面进行了说明。

本章后半部分从人力资源甄选对组织的重要性出发，以人力资源甄选的基本程序为线索，详细说明了组织进行人力资源甄选时测试和面试的各项内容。包括测试的两个特征——有效性和可靠性；测试和面试各自的种类和内容；并从实践的角度对于如何使测试和面试更加有效给出了详细的指导以及指出了面试中常见的误区。本章还从被面试者的角度对可能参加面试的人员提供了建议。

思考题

1. 什么是员工招聘？员工招聘有什么意义？
2. 组织招聘人员的一般程序是什么？
3. 内部招募和外部招募各有哪些渠道？
4. 什么是猎头公司？猎头公司的工作程序是怎样的？
5. 网络招聘的实现渠道有哪些？网络招聘的优势和劣势体现在哪些方面？
6. 内部招聘和外部招聘各有何利弊？组织在选择招聘渠道时受到哪些因素的影响？
7. 招聘计划如何制定？
8. 招聘策略如何制定？
9. 员工甄选的方法有哪些？
10. 面试有哪些步骤？组织该如何提高面试效果？
11. 如何评估组织招聘活动？
12. 如何更好地发挥互联网在员工招聘中的作用？

案例讨论

案例 6-1 哈林斯(Harlin's)百货商店的招聘

哈林斯(Harlin's)百货商店在美国各地有 36 个销售点。人力资源职能由 9 个人组成的人力资源班子来行使，这个人力资源班子负责每个店的经理的雇用。当一个新的店铺开张时，一位人力资源职员出差到店铺所在地为其雇佣一名经理，然后这位新店铺的经理才被赋予为该店铺雇佣必要人员的责任。

一位人力资源专业人员迈克·巴克最近为一家在佐治亚州迈肯市新开业的店铺挑选了卢·约翰逊作为经理。在开始经营的前六个月，店铺中人员流动率达 120%。助理经理的职位已经换了 3 茬，一般的销售人员平均只呆两个月。迈克被派往迈肯市调查这个问题。

迈克询问并让卢描述他在挑选人员时所用的雇佣实践，卢做了以下答复："我做出的挑选是依靠我个人对每个求职者的面试。我向所有的求职者提问某些基础问题，如他们是否乐意在周末工作并且是否乐意加班。除此之外，我并不是按事前确定的问题顺序去发问。在面试之前，我反复阅读了求职者的简历与申请表格以便熟悉他们的背景与过去的经历。通过这方面信息，我确定他们是否符合工作的最低资格，然后我才开始对那些至少满足最低资格的人进行面试。在面试过程中，我试着确定该求职者是否喜欢与别人一道工作的性格外向的人。当面试助理经理时，我也寻找他有无领导技能。"

然后迈克问卢，他是如何确定哪一位求职者可以被雇佣的，卢做了如下陈述："求职者给我的第一印象是相当重要的。一个人如何介绍自己、如何开口谈论以及他的服饰都很重要，并且确实对我的最后决策有一些影响。然而，可能最具影响因素的是与求职者目光的接触，当与某个人目光接触时，那就是他在聆听并且是诚恳的信号。微笑、一次坚定有力的握手、两脚平放地面的笔直的坐姿也都是我做出决策的重要因素，最终，如果一个求职者得到雇佣，他必须对为哈林斯工作感兴趣。我的第一个问题是：'你为什么想要为哈林斯工作？'，我对那些已知道很多哈林斯事情的求职者印象很深。"

迈克现在必须对卢的雇佣实践做出评价以确定它们是否是影响流动问题的关键因素。

资料来源：罗永泰. 人力资源管理. 北京：经济科学出版社，2009

案例讨论题

1. 假如你是迈克，对卢的雇佣实践的健全性，你会得出什么结论？
2. 关于如何能改善其挑选程序，你会向卢提出什么建议？
3. 卢的雇佣实践对我们有什么启示？

案例 6-2　美国丰田汽车公司的招聘程序

美国丰田汽车公司招聘的整个过程大约需要 20 小时，包含六个阶段，分别在 5～6 天内完成。

第一阶段由雇佣中心的 K 部门负责。在那里，应征者填写申请表，记载经验和技术能力，然后观看介绍丰田工作环境以及甄选制度的纪录片。这一阶段大约需要 1 小时。许多人在这个阶段就退出了。

第二个阶段也是由这个部门负责，其目的在于评估应征者的专业知识和潜能，包括一般性测验、学习潜能、职业偏好、实际操作。这一阶段结束后将结果交给公司总部。

第三个阶段，公司总部接手筛选程序，其目的是为了评估应征者的人际关系以及决策的技巧。所有的应征者都要参加一个由他们举办的为期 4 小时的活动，内容是问题解决以及群体讨论。活动在一个与外界隔绝的地点举行，公司的甄选专家们可以仔细地观察他们活动的情节。

解决问题的活动通常是个别执行的，用来评估每位应征者解决问题的能力，如洞察力、弹性、创造力。典型的方式是应征者接到一个关于生产问题的简短描述以后，由自己去整理问题，并向一位扮演员工角色的顾问找出问题，最后填写一张报告单，里面包含他认为出现问题的原因是什么，找出解决的建议方案，并且陈述其理由。

　　小组讨论则是显示应征者如何与他人互动。一般参加者是公司员工扮演的，讨论主题是为下年度的汽车生产找出新的特色，然后一起讨论，并且须对各特色重要性的优先次序达成共识。

　　同样在第三阶段，应征生产线职位的应征者还需参与一个 5 小时的生产线模拟讨论。其中的一段是由应征者扮演公司的管理人员或生产人员，在经过讨论后，小组成员必须决定应该生产哪些产品、如何生产以及如何有效地分派人手、原料并熟悉生产预算。

　　第四阶段是 1 小时的群体面谈，由应征者与面谈人员讨论他们过去的成就，在这个阶段公司了解应征者的工作动机。还提供一个观察每个人与他人互动情形的机会。

　　第五阶段是那些从第四阶段脱颖而出的人接受两个半小时的身体与药物检查。

　　第六阶段是对新员工简短的训练，以观察其在此后 6 个月的新进人员训练过程中，发展其技术与潜力的能力。

　　美国丰田汽车公司董事长说："你也许会惊讶，我们的甄选过程以及雇用程序是如此的费力，它的目的并非为了迅速弥补人员替补空缺，而是要为这些职位找到合适的人。我们把招聘团成员所花的努力作为对未来的投资，我们实在不愿意仓促地雇用一个不适当的人，只为以后开除他。"

资料来源：罗永泰. 人力资源管理. 北京：经济科学出版社，2009

案例讨论题

　　1. 该公司的招聘程序有哪些优点？

　　2. 作为一个完美的招聘程序，该公司的招聘程序有哪些不足？

　　3. 该公司的招聘程序对我们有什么启示？

第七章 培训与开发

苏洵《荐朱长文札子》："博求人才，广育士类。"遍访各色各类人才，广泛培育读书优秀的人才。求才不是为了占有，而是要对人才进行培育，为己所用，给人才充分施展才能的空间，那是求才的最终目的。员工是组织生存发展必备的要素，现代组织对人的素质要求越来越高，人们的个体发展需求也越来越强烈，这两方面的因素使培训与开发的重要性达到前所未有的程度。培训是人力资本投资的重要形式，是发现人力资源和提高人员素质的基本途径。招聘到合格优秀的员工并不代表组织拥有了优秀的员工，作为组织的管理者，应该能够清楚认识到通过组织学习来帮助员工获得成功的信息与技能，以及提高员工工作的自觉性与自主性的重要性。培训开发的目的是引导员工的行为，改进员工的素质，使员工更好地为实现组织目标服务。在现代组织中，及时地、有计划地对员工进行培训与教育，是改善员工队伍状况、增进组织活力的有效途径。

📖 本章学习重点

▶ 培训与开发的内涵及意义
▶ 培训与开发的原则及分类
▶ 培训与开发的程序
▶ 培训与开发的方式
▶ 培训与开发的方法
▶ 不同类型员工的培训与开发

阅读资料

企业培训难道是"为她人做嫁衣"

B公司是一家中外合资服装生产企业，年初曾经投资3万美元送6名中方经理到其欧洲公司总部接受近六个月的培训。回国后，这六名经理负责管理公司生产，他们的月薪高达4000美元。可是，"他们在同一天同时请了病假，然后再也没有回来。"该公司人力资源部经理说，"一家在中国东北新建立的中资服装生产企业以每人每月8000美元挖走了他们。"

这家合资公司花了巨额的培训费，却损失了中国目前接受过最佳专业训练的管理队伍。不仅如此，企业订单和销售渠道也跟着流失了，公司由于骨干员工出走而造成的职位空缺，因一时难以补充合适人才而使其生产陷于瘫痪状态。该公司不禁感叹：企业培训，原来是一笔"花钱买流失"的赔本买卖。

而此前该公司人事经理还提到公司一年前曾有两名销售人员辞职，辞职原因是他们认为该公司缺少一套切实可行的员工培训计划，在这里干下去，看不到发展的希望。为此，企业才不惜加大培训投入，不曾想导致如此局面。公司负责人深感困惑：企业正是为了留住人才才耗费巨资进行培训的，为什么培训反而加剧了人才流失呢？有的企业人事经理甚至感叹："不培训是等死，怎么培训了反而成找死呢？"

受训员工离职是一个令人头痛的普遍问题，也是培训发展的一大障碍。但是，在当今这个快速发展、激烈竞争的社会，组织对所属员工不进行任何培训是不现实的。但是怎样才能实施有效的培训呢？

资料来源：侯光明. 人力资源管理. 北京：高等教育出版社，2009

第一节 培训与开发概述

在当今经济快速发展、技术不断更新的时代，变化是永恒的主题。组织生存与发展的首要准则是适应当今这个快速变化的时代，招聘优秀员工并及时进行相关的培训，这是组织增强应变能力与竞争力的必要手段。

我国的一些国有大中型企业和垄断行业已经逐渐开始重视员工培训，但是在数量众多的中小企业，特别是中小民营企业中，员工的培训工作常常处于被忽视的境地。从已经开展培训工作的组织来看，大多数组织的培训工作做得并不到位：很多组织是为了培训而培训，缺乏前期的培训需求分析和后续的培训效果评估；很多组织的管理者甚至认为，培训不可能在短时间内取得成效，常常是为别人做"嫁衣"。这些表明在现阶段，我国组织对培训的认识还并不深刻和全面，从长远发展来看，全面认识和发展员工培训具有重大的意义。

一、培训与开发的内涵及意义

（一）培训与开发的内涵

培训与开发是指组织通过各种方式使员工具备完成现在或将来工作所需要的知识、技能，以改变他们的工作态度，改善员工在现在或将来职位上的工作业绩，并最终实现组织整体绩效提升的一种计划性和连续性的活动。在人力资源管理中，培训和开发是经常放在一起使用的两个概念。培训与开发有着密切的联系：首先，培训与开发的目的是一致的，两者的目的都是为了实现组织的战略和目标；其次，培训与开发的主体和客体都是统一的；再次，从本质上来讲，开发是目的，培训是手段，即培训是人才开发的重要途径和方法，开发是培训的基本目标和重要内容。而二者在内涵上的差别表现在：培训是帮助培训对象获得目前工作所需的知识和能力，以便使其能够更好地完成现在所承担的工作。比如，通过示范教一名工人使用一台机器，或者教一名生产主管如何安排日常的生产活动等；人力资源开发则是针对员工在未来的职务（晋升或者岗位轮换后）所需的知识、技能、能力以及态度而进行的教育，它强调的是一种面向未来的人力资本投资活动，培训与开发的比较如表7-1所示。人力资源管理中员工培训和人员开发不仅不可分割，而且从发展的趋势来看，组织越来越重视培训的开发功能。人力资源从业人员必须树立长远意识和发展观念，在员工培训中注意加强对人才的开发，丰富组织人力资本的储备，提升组织的核心竞争力。

表 7 - 1 培训与开发的比较

项目	范围	重心	期限	参与方式	工作经验	产出效益
培训	全体	目前工作	较短	强制	使用度低	短期见效
开发	部分	未来需要	较长	自愿	使用度高	长期见效

我们应该从以下几个方面来理解和把握培训与开发的内涵：

（1）培训是组织的一项十分重要的投资而不仅仅是费用；

（2）培训是一项有计划有组织的活动而不是盲目随意的行为；

（3）培训是塑造和传播组织文化、培养价值观的共识行为，这是针对组织的使命和愿景而言的；

（4）培训是改变员工的工作态度、工作行为、工作模式、工作方法并最终提高员工工作绩效的活动，这是针对员工当前工作需要而言的；

（5）培训应该灵活多样，包括培训的时间、周期、形式、方式以及手段等；

（6）培训是组织培养和储备人才的重要途径，这是针对组织未来的发展战略和目标而言的；

（7）培训贯穿于员工整个职业生涯而不是一次性活动。

（二）培训与开发的意义

人是生产力诸要素中最重要、最活跃的因素，而组织发展最基本、最核心的制约因素是人力资源。一个国家、一个地区、一个单位的命运，归根结底取决于其工作人员素质的高低。个人素质的提高，一方面需要个人在工作中的钻研和探索，更重要的是有计划、有组织的培训。适应外部环境变化的能力高低是组织具有生命力与否的重要标志。要增强组织的应变能力，关键是不断提高人员的素质，不断地培训、开发人力资源。员工培训与开发的重要意义有如下几点：

1. 培训与开发有助于全方位培养员工

从本质上说，新技术革命在改变社会劳动力的成分，不断增加对专业技术人员的新的需求。组织通过对个人在知识、技能、态度等各方面全方位的培训，可适应这种技术革命。比如，对于生产型组织来说，销售环节是其重要的组成部分，而销售人员技能的高低、心态的自我调整能力的高低、素质的高低则是决定销售活动成败的核心因素。由于目前我国高校对营销专业学生的培养专注于对专业知识的传授，而专业技能方面的培养比较欠缺；另一方面，鉴于目前国内对销售人员的培训无法满足市场的需求，很多销售人员都是非专业出身。这就注定了现有的销售人员不是缺乏系统理论的掌握就是缺乏实际经验。通过系统的培训能够全方位提高销售人员素质，解决组织对优秀销售人员的需要。

2. 培训与开发有助于提高组织的竞争力

通用汽车公司前总经理艾尔弗雷德·斯隆曾经说过："把我的资产全拿走，但是请把我公司的人才留给我，五年后，我将使拿走的一切失而复得。"随着中国市场经济的逐步完善和发展，市场竞争越来越激烈。而取得和维持市场竞争优势的关键还是人才。通过培训与开发，一方面可以营造出鼓励学习的良好氛围，这有助于提高组织的学习能力，增进组织竞争优势；另一方面也可以使员工及时掌握新的知识、新的技术，确保组织拥有高素质的人才队伍。所以从长远看，组织通过培训，能使组织的员工掌握前沿科学技术、管理技术，能够适应不断变化的工作内容，使组织更具生命力，更能适应竞争的需要。

3. 培训与开发有助于提高员工的满意度

组织中人员虽然因学历、背景、个性的不同而有不同的主导需求，但就其大多数而言，都渴求不断充实自己，完善自己，使自己的潜力充分发挥。越是高层次的人才，这种需求就越迫切。对员工进行培训与开发，可以提高他们的知识技能水平，而随着知识技能水平的提高，员工的工作业绩能够得到提升，这有助于满足员工的自我实现的需要，这是满意度的一个方面。此外，可以使他们感受到组织对自己的重视和关心，激发出员工深刻而又持久的工作动力，这会提高员工对组织的满意度。

4. 培训与开发有助于培育组织文化

在竞争日益激烈的市场环境里，企业家们越来越意识到文化管理同样是组织管理的一个重要部分。韩国著名企业家郑周永说："一个人，一个团体，或者一个组织，它克服内外困难的力量来自哪里？来自自身，也就是说来自它的精神力量，来自它的信念，没有这种精神力量和信念，就会被社会淘汰。"研究表明，良好的组织文化对员工具有强大的凝聚力、规范、导向和激励作用。在有着悠久文化传统的社会主义中国，组织更需要重视文化培育。组织文化培育不是孤立的，特别是离不开人力资源管理活动。组织文化作为组织成员共有的一种价值观念和道德准则，必须得到全体员工的认可，这就需要对员工进行宣传教育，培训与开发就是培育组织文化的一种非常有效的手段。

5. 培训与开发有助于员工尽快适应工作环境和工作岗位

组织经常会由于新的工作需要或者人员岗位的变动而出现一些工作岗位上的新人。如果新任员工不能尽快胜任工作岗位的要求，就会给组织的正常运营带来困扰。组织通过系统的培训全面提高员工的技能，尽快消除员工的种种担心和疑虑，让他们尽快适应新的工作和环境，使组织能够尽快达到或维持正常运转状态。

二、培训与开发的原则及分类

（一）培训与开发的原则

员工培训与开发是组织生产经营活动中的重要内容，对组织的生存和发展有很重要的意义。为了高效率地开展培训工作，必须使培训与开发工作同组织的发展目标、管理方法、生产特点密切结合，应该遵循以下原则，以保证并充分发挥培训与开发的效果。

1. 服务组织战略和规划原则

人力资源战略是组织总体战略的分解和落实，它应该为组织战略的实现服务。培训与开发工作的实施，应当从组织战略的高度来进行，绝不能将两者割裂开来为培训而培训，这是很多组织在进行培训与开发最容易忽视的一个问题。培训与开发的战略性原则包括两层含义：其一，培训要从自身的战略角度考虑，要以战略的眼光组织培训，不能局限于某一个培训项目或者某一培训需求；其二，组织培训要服从或服务于组织的整体发展战略，最终目的是为了实现组织发展目标。

2. 全员培训和重点提高相结合原则

组织在进行员工培训时，应该将全员教育培训和重点培训提高相结合，点和面都要兼顾。组织要有计划、有步骤地对所有员工进行教育和训练，提高组织员工的整体素质。全员教育培训并不意味着平均分配培训资源。为了提高培训投入的收益率，培训必须有重点，这个重点就是对组织的兴衰有着更大影响力的管理和技术骨干，特别是高层管理人员。对于年纪较轻、素质较高、有培养前途的第二、第三梯队干部，更应该有计划地进行培训。

3. 主动性原则

组织员工培训与开发要提高培训质量和效果，并将培训内容与工作实际紧密结合起来，要发挥员工的主动性，让员工积极参与到组织的培训中。人力资源部门和部门主管应该让员工根据自己的岗位工作对技能的要求、自己的技能状况并结合行业发展趋势，提出培训需求；组织人力资源部门和部门主管综合考虑员工的需求制定相应的培训计划和培训方案。主动性是员工培训取得成功的一个重要基础，只要结合了员工的工作需求，调动了员工的主动性，员工就会克服工作、生活中的各种困难，积极参与到培训中来，从而提高培训的质量。

4. 考核与奖惩相结合原则

培训工作与其他工作一样，严格考核和奖惩是必不可少的管理环节。严格考核是保证培训质量的必要措施，也是检验培训质量的重要手段。同时，考核与奖惩相结合，可以根据考核结果设置相应的奖项，并把培训结果计入员工档案中，在以后的晋升、评优中体现。鉴于很多培训只是为了提高素质，并不涉及录用、提拔或安排工作问题，因此对受训人员择优奖励就会成为调动其积极性的有力杠杆。

5. 实用性原则

由于培训与开发的目的在于员工个人和组织的绩效改善，因此培训与开发应该讲究实用，不能只注重培训的形式而忽略了培训的内容。组织员工培训具有强烈的针对性，一定要从本组织的实际出发，根据组织的实际需要安排培训，使培训和生产经营实际紧密结合，这样有助于绩效的改善。要注重培训迁移，学以致用，培训结束后组织应当创造一切有利条件帮助员工实践培训的内容，要将培训和工作结合起来。

6. 经济性原则

舒尔茨认为：在人力资本投资与人的经济价值不断提高之间存在很强的关联性。人力资本不是一般的商品，而是一种投资商品，人力资本的投资作为一种对人的投资，包括教育、培训、健康、迁移等方面，是未来满足和未来收益的源泉。所以培训也应讲究经济性原则，也要考虑投资的产出效益、近期效益问题。在费用一定的情况下，要使培训的效果最大化；或者在培训效果一定的情况下，使培训的费用最小。在实施培训活动过程中，在确保培训效果的前提下，必须考虑培训的方式方法，采取适当的培训措施，以期获取最佳的培训效益。

7. 长期性原则

培训工作是组织的一项长期的工作，不能一蹴而就。培训与开发不仅要关注眼前的问题，更要立足长远的发展，从未来的角度出发进行培训与开发，这样才能保证培训与开发工作的积极主动，而不是仅仅充当临时"消防员"的角色。由于员工的流动，员工的入职培训需要经常开展；而经营环境的变化、员工技能的提高和绩效的改善也为员工培训提供支持；而员工的职业生涯规划的实施更需要组织给予指导，需要组织开展相应的培训活动，从而要求组织制定一个短期、中长期的培训计划，并综合考虑各个方面的因素。

> **海尔的培训原则、方针和目标**
>
> 　　培训原则：瞄准母本，找出差距，需要什么学什么，缺什么补什么，急用先学，立竿见影；培训方针：以海尔的文化为基础，OEC(Overall Every Control and Clear)基本上岗资格为中心，以提高员工实际岗位技能为重点，以市场终极效果为目标，建立国际化人才的培养机制，使每个人均成为 SBU(Strategy Business Unit)；培训目标：建立内部培训教材库和内部培训案例库，为后续培训工作提供充足的资源；培养高级、中级、初级及新入员工，保证所有人全部合格上岗；重点推进一线员工的技能培训，为保证产品质量提供人力资源；每年进行岗位资格认定，所有的岗位在 3 年内全部认定一遍。

（二）培训与开发的分类

在实践中，培训与开发具有各种不同的形式，对这些类型的辨别有助于我们加深对培训与开发的理解。按照不同的标准，可以将培训与开发划分为不同的类型。

（1）按培训与工作岗位关系分类，可以将培训与开发划分成岗前培训、在岗培训和脱岗培训三大类。

岗前培训，也称新员工导向培训或职前培训，指员工在进入组织之前，组织为新员工提供的有关组织背景、基本情况、操作程序和规范的培训活动。新员工在进入组织前，每个人的工作经历、价值观念、文化背景等各不相同，与组织的文化也不完全一致。组织招进的新员工对工作环境的期望与他们在组织的实际工作还有相当大的差距。因此，在新员工到组织报到后，必须进行岗前培训教育，帮助职工积极适应新环境。

在岗培训也称在职培训、不脱产培训，是指组织为了使员工具备有效完成工作所需的知识、技能和态度，在不离开工作岗位的情况下对员工进行培训。在岗培训的目的是发展能力、更新知识、改变态度、传递信息。

脱岗培训是指离开工作或工作现场进行培训。有的培训在其他地方培训，有的培训在本单位内进行。这种培训能使受训者在特定时间内集中精力于某一特定专题的学习，如参加研讨会、去国外优秀组织短期考察、到高等院校进修或者出国进修等。

（2）按培训对象的不同，可以将培训与开发划分为高层管理人员培训、基层管理人员培训、普通员工培训、专业人员培训四大类。

高层管理人员培训，一般来说，公司经理有丰富的工作经验和杰出的才能，因此高层管理人员培训是有特殊意义的。第一，帮助经理提高和完善工作中的技能，如主持会议、沟通、授权、处理人际关系等方面的技能。第二，帮助经理总结经验，使之不断提高工作水平，有效运用自己的经验，更好地发挥自己的才能。第三，帮助新聘用的经理迅速了解公司的经营战略、目标、方针、公司内外关系等，以使他们尽快适应工作。第四，帮助经理及时发现和理解公司外部环境和内部环境的变化，了解经济、法律、技术发展趋势等。

基层的管理人员，承担着部门工作的分配、监督、协调职责，同时他们又参与实际工作，与普通员工接触紧密。对他们的培训主要是先进的生产技术、各种管理原理和方法、沟通技巧、时间管理和协调艺术。基层管理人员培训的目的在于提高工作能力的同时提高基层的管理能力。基层管理人员培训可以采用集中聘请商学院的教授进行讲授的方式或参加在职高级研修班的形式。

普通员工培训重点在于技能和技巧的提高以及行为规范的调整，是为受训者当前工作所需的知识与技能设计的。培训内容分为 5 个层次：知识更新、技能开发、观念转换、思维方式拓展、心理训练。普通员工培训可以采用现场培训和讲授法培训相结合的形式。

专业人员培训，公司有工程师、会计师等各类专业技术人员。专业人员参加培训的目的是紧跟时代的发展，不断更新业务知识，及时了解各自领域内的最新动态和最新知识。不仅如此，现代组织中团队工作方式日益普遍，如果各类专业人员局限于自己的专业领域，可能妨碍团队合作。专业人员培训的另一个目的在于，促进各类人员之间的沟通协调，使他们从整体出发开展业务工作。

（3）按照培训内容的不同，可以将培训与开发划分为知识性培训、技能性培训和态度性培训三大类。

知识性培训是指以业务知识为主要内容的培训；技能性培训指以工作技术和工作能力为主要内容的培训；态度性培训则是指以工作态度为主要内容的培训。这三类培训对于员工个人和组织绩效的改善都有非常重要的意义，因此在培训中都应当给予足够的重视。此外，按照其他的标准，培训与开发还可以划分为其他的不同类型。

海尔的新员工培训四部曲

海尔作为一个世界级的名牌企业，每年都招录上千名大学生，但是其离职率很低。那么，海尔是怎样进行新员工培训的呢？

第一步：使员工把心态端平、放稳。在海尔，公司首先会肯定待遇和条件，让新人把"心"放下，做到心里有"底"。公司还为新员工与公司的老员工交流提供平台。公司领导还与员工就如何进行职业发展规划以及升迁机制、生活等问题进行沟通，让员工真正把心态端平、放稳。

第二步：让员工把心里话说出来。海尔给新员工发"合理化建议卡"，鼓励员工对公司提出自己建议和看法。对于合理化建议，海尔会立即采纳并实行，并有一定的奖励。对于不适用的建议也积极回应，让员工有被尊重的感觉，以后也更乐于说出自己的心里话。

第三步：使员工把归属感"养"起来。"海尔人就是要创造感动"，在海尔感动每时每刻都在发生，领导对新员工的关心真正到了无微不至的地步。海尔所做的一切帮新员工找到了"家"的感觉。

第四步：使员工把职业心树立起来。海尔通过树立典型的形式积极引导员工把自己的目光转移到自己的工作岗位上来，把企业的使命变成自己的职责，为企业分忧，想办法解决问题，而不是单纯地提出问题。

第二节　培训与开发的程序

培训的实施是一个复杂的过程，培训的效果取决于这个过程中每一步的完成状况。一个完整的培训程序从需求分析开始，经过培训方案的制定、培训方案的实施及管理、培训成果转换及效果评估等环节，如图 7-1 所示。实践中，上述四个环节之间并非泾渭分明。

例如，在培训方案的制定阶段，就要根据培训目标确定在培训效果评估阶段使用的评估标准；培训计划中要涵盖包括培训内容、培训者、培训课程、培训方法等方面的内容，而这些也是培训组织与实施过程中的关注焦点。

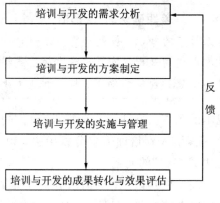

图 7-1 培训与开发的程序

一、培训与开发的需求分析

在组织的生产经营活动过程中，由于组织内外环境的变化，以及主客观多种因素的影响，使组织面临一系列的新困难和新问题，当它们只有通过培训才能更好地解决时，培训需求就应运而生。在实施培训与开发之前，必须对培训的需求做出分析，这是整个培训与开发工作的起点，它决定着培训活动的方向，对培训的质量起着决定性的作用。如果前期的培训需求分析出现了偏差，那么培训工作的实施可能就会南辕北辙，达不到预期的目的。培训与开发的失败或低效往往是由于忽视培训与开发的需求分析或需求分析做得不到位引起的。

（一）培训需求分析的定义

培训不能盲目、随意地进行，必须建立在科学的培训需求分析的基础上。概括地讲，需求分析就是帮助组织员工确定存在的问题，找出已有知识技能与胜任岗位工作所需能力之间的差距，并进一步从这些原因中找到那些可以通过培训来解决的员工态度、能力、知识和技能方面的问题，为进一步开展培训活动提供依据。具体地讲，培训需求分析是为组织解决培训工作的"5W"、"2H"而进行的分析。"5W"是指：为什么要培训（Why）、谁需要培训（Who）、需要培训什么（What）、何地进行培训（Where）、何时需要进行培训（When）；"2H"指的是如何进行培训（How）、对多少人进行培训（How many）。

（二）培训需求分析的意义

培训需求分析有很强的指导性，是确定培训目标、设计培训计划、有效地实施培训的前提，是现代培训活动的首要环节，是进行培训效果评估的基础，对组织的培训工作有至关重要的意义，是使培训工作准确、及时有效的重要保证。培训需求分析的意义主要有：

（1）有助于找出解决问题的方法。解决需求差距的方法很多，可以是培训的方法，也可以是与培训无关的方法，例如新员工吸收、人员变动、工资的改变等，或者是这几种方法的综合。目前组织面临的问题很复杂，因此最好将这几种可供选择的解决问题的方法综合起来，制定多样的培训策略。

（2）有助于找出差距，确定培训的目标。进行培训需求分析时，首先确认培训对象的实际情况同理想状况之间的差距，明确培训的目标与方向。

差距确认的"三部曲"

第一步：明确培训对象目前的知识、技能和能力水平；

第二步：分析培训对象理想的知识、技能和能力标准或模型；

第三步：对培训对象的理想和现实的知识、技能和能力水平进行对比分析。

（3）有助于进行培训成本的预算。当进行培训需求分析并找到了解决问题的方法后，培训管理人员就能够把成本因素引入到培训需求分析中去，预算成本，回答"不进行培训的损失与进行培训的成本之差是多少"的问题。

（4）有助于促进组织各方面达成共识。培训需求分析收集了有关制定培训计划、选择培训方式的大量信息，为确定培训的对象、目标、内容、方式提供了依据，促进了组织各方达成共识，有助于培训计划的制定和实施。例如，组织相关部门的员工支持建立在真实需求分析基础之上的培训计划，因为他们实际参与了培训需求分析的过程，亲自感受到培训的必要性和紧迫性。

（三）培训需求分析的思路

对于培训需求的分析，最具代表性的观点是麦吉（McGehee）和赛叶（Thayer）于 1961 年在《企业与工业中的培训》一书中提出的通过组织分析、任务分析和人员分析这三种分析来确定培训的需求，要求对每一个层面进行测量和分析，每一层次的需求分析反映了组织中不同侧面的需求。直到现在，国内外的学者和管理者一直沿用该理论开展培训需求的分析工作。分析步骤如图 7-2 所示。

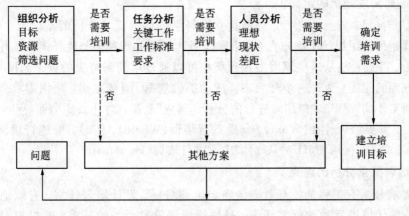

图 7-2　培训需求分析

资料来源：侯光明. 人力资源管理. 北京：高等教育出版社，2009

1. 组织分析

组织分析指的是确定组织范围内的培训需求，通过考察组织战略、资源以及资源分配情况，确定培训的重点，以保证培训计划符合组织的整体目标与战略要求。组织层面培训需求分析的任务是确定为了保证组织的有效运作和实现发展战略所必须进行的一系列活动，即分析组织还缺乏哪些功能，能否通过培训来提供或提升这些功能，组织可能提供的培训资源的数量和质量如何，也就是发现组织中的哪些部门和工作存在问题，问题产生的原因是什么，并确定培训是否是解决此类问题的有效手段。

组织今后的培训重点和培训方向，主要根据组织的经营发展战略来制定，组织的发展战略不同，经营的重点也不同，因此培训的重点和方向也不相同。除此之外，组织的经营战略、竞争战略也会影响到组织今后的培训重点和培训方向。表7-2列出了在三种不同的发展战略下，组织经营的重点以及培训的重点。

表 7 - 2 不同发展战略下组织培训与开发的重心与方向

战略		经营重心	达成途径	关键点	培训重心
集中战略		・增加市场份额 ・降低运作成本 ・建立和维护市场地位	・改善产品质量 ・提高生产率 ・技术流程创新 ・产品客户化	・技能先进性 ・现有员工队伍的开发	・团队建设培训 ・跨职能培训 ・专业化培训计划 ・人际关系培训 ・在职培训
成长战略	内部成长战略	・市场开发 ・产品开发 ・创新 ・合资	・现有产品营销 ・增加分销渠道 ・全球市场扩展 ・修正现有产品 ・创造新产品 ・合资扩张	・创造新的工作和任务 ・创新	・支持或促进高质量产品价值沟通 ・文化培训 ・帮助建立鼓励创造性思考和分析的组织文化 ・工作中的技术能力 ・反馈与沟通方面的管理者培训 ・冲突谈判技能
	外部成长战略	・横向一体化 ・纵向一体化 ・集中多元化	・兼并在产品链条上与组织处于相同阶段的组织 ・兼并能够为组织供应原料或购买产品的组织 ・兼并其他组织	・一体化 ・人员富余 ・重组	・确定被兼并组织员工的能力 ・培训系统的一体化 ・合并后组织中的办事方法与程序 ・团队培训
收回投资战略		・精简规模 ・转向 ・剥离 ・清算	・降低成本 ・减少资产规模 ・获取收入 ・重新确定目标 ・出售所有资产	・效率	・激励、目标设定、时间管理、压力管理、跨职能培训 ・领导能力培训 ・人际沟通培训 ・重新求职的帮助 ・工作搜寻技巧培训

资料来源：[美]雷蒙德・A・诺伊，等. 雇员培训与开发. 北京：中国人民大学出版社，2001

组织层面的培训需求反映的是某一组织的员工在整体上是否需要进行培训。假设组织在推进办公自动化过程中给办公系统装备了计算机系统，那么就需要考虑相关的员工整体是否具备应有的计算机知识。

组织分析可以使用组织整体分析法、前瞻性培训需求分析法、头脑风暴法、关键因素法、绩效分析法、档案资料法、访谈法等。

2. 任务分析

任务分析的对象是某项任务。通过查阅工作说明书、调查等方法，首先确定要高效完成的某项工作和任务以及员工所必需的态度、能力、知识、技能的类型、水平结构；然后以此为标准，找出任务或拟任员工实际状况与此要求的差距。任务层面的培训需求分析涉及工作复杂程度的研究、工作饱和程度的了解和工作内容与形式变化程度的把握等。

任务分析的四个步骤：

（1）选择有效的方法，列出一个职位要求的工作任务的初步清单。

（2）对列出的清单进行确认，这包括以下几个方面：任务的执行频率如何？成功完成这些任务的重要性和意义是什么？完成每项任务所花费的时间是多少？学会这些任务的难度有多大？

（3）对每项任务需要达到的标准做出准确的界定，尽量用可以量化的标准来表述，例如"每天执行这项任务 5 次"。

（4）确定完成每项任务的 KSAO，K（Knowledge）就是知识，S（Skill）就是技能，A（Ability）就是能力，即完成任务所需的脑力和体力的综合，O（Others）就是其他方面的因素，包括员工的态度、个性、兴趣等。

任务分析的主要方法有工作职位分解法、绩效差距分析法、错误分析法、访谈法、档案资料法等。

3. 人员分析

员工个人是组织形成的基本细胞，组织的培训要落实到每个员工身上。在做培训需求分析时，首先应该分析员工的结构、专业与专长、兴趣爱好、工作能力、工作现状和不足之处以及职业生涯规划，并考虑在职员工的工作性质与特征、工作的饱和程度、工作的内容、形式及其变化。培训部门、部门主管和岗位任职人员通过这些分析，确定受训人员和培训内容。

培训部门、部门主管和岗位任职人员还应该对员工的基本情况进行分析，即确定员工接受培训的基本能力和动机。有些员工确实需要进行培训，但是却不具备接受培训的基本能力或主观动机，这种情况下强行实施培训，效果并不会很好。通常情况下，组织可以通过以下几个方面的工作来确保受训人员对培训做好充分的准备：受训人员具备进行学习的一些基本能力，例如认知能力、阅读能力等；要使受训人员明白为什么要参加培训以及参加培训所能带来的收益，这样会有利于强化他们的学习动机；要使受训人员相信自己能够学会培训的内容，要让员工建立起充分的自信等。

人员分析可以使用绩效分析法、员工自我申告法、观察分析法、档案资料法、访谈法、问卷调查法、基于胜任力的培训需求分析法等。

在实践中，组织分析、人员分析并不是按照某种特定的顺序进行的。但是，由于组织分析关注的是培训与开发是否与组织的战略目标相匹配，解决的主要是组织层面的问题，因此进行培训需求分析时往往首先进行组织分析，其次才是任务分析和人员分析。

三个层面培训需求分析的区别或分工，见表7-3。

表7-3　培训需求分析的层次

分析的层面	分析的任务
组织	影响组织生存与发展的障碍是什么，能否通过培训来弥补组织潜在和现有的可用于培训的资源与条件是什么
任务	有效完成任务的知识、技能、态度、能力的要求有哪些
人员	哪些员工需要进行培训，员工需要进行哪方面的培训

（四）培训需求分析的方法

进行培训需求分析的方法很多，在实际工作中培训部门、培训部门主管与岗位管理人员通常使用一种以上的方法，因为采用不同的方法研究目标员工和他们的工作时，分析的准确度会显著提高。

（1）访谈法。访谈法是通过访问的方式来获取信息进行培训需求分析的方法，访谈可以是面对面的，也可以借助其他媒介；可以是集体访谈，也可以是单独访谈。访谈法是一种十分有效的需求分析方法，有助于发现培训需求的具体问题及其产生的原因和解决办法。但是访谈法也存在一些缺点，访谈员工需要耗费大量的时间，对收集到的信息分析的难度较大，访谈法需要高水平的专家参与进来。

（2）观察法。观察法是一种培训者亲自到员工身边了解员工的具体情况，通过与员工一起工作，观察员工的工作技能、工作态度，了解其在工作中遇到的困难，从而搜集培训需求信息的方法。观察法是一种最原始、最基本的需求调查工具之一，它比较适合生产作业和服务性工作人员，而对于技术人员和销售人员则不太适用。观察法有助于培训部门得到有关工作环境的信息，观察者置身工作环境中，能够将分析活动对工作的干扰降至最低。观察法也存在一些缺陷，例如观察者必须熟悉被观察对象所从事的工作程序及工作内容，这对观察者提出了较高的要求；在进行观察时，被观察对象可能故意做出假象。

（3）问卷调查法。问卷调查法也是培训组织者较常采用的一种方法。培训部门首先将一系列的问题编制成问卷，发放给培训对象填写之后再收回分析。问卷调查发放简单，可以节省培训工作者和培训对象双方的时间，同时其成本较低，又可针对许多人实施，资料来源广泛。但问卷调查法也存在一些缺陷，如调查结果是间接取得的，无法断定其真实性，而且问卷设计、分析工作难度较大。

（4）资料档案收集法。资料档案收集法是指利用组织现有的有关组织发展、职位工作和工作人员的文件资料来综合分析培训需求的方法。资料档案收集法有助于了解员工现有的技术职称资格，同时可以了解员工已受过哪些培训，资料数据收集比较简单。但资料档案收集法也存在一些缺陷，收集到的资料不一定能反映员工现有的真实技术水平。

另外，还可以使用关键事件法、绩效分析法、工作职位分解法、头脑风暴法等常用的方法来分析培训需求。

二、培训与开发的方案设计

经过需求分析，明确了培训内容以后，即可确定培训目标和计划。培训的目标确定为培训提供了方向和框架,培训与开发的方案设计则可以使目标变为现实。组织根据培训需求,结合本组织的战略目标来制定培训计划。

(一)确定培训计划的类型

组织针对不同层次的要求,设计一系列培训方案,包括根据本组织战略目标设计的长期培训计划,每年制定的年度计划以及具体到每一门培训课程的课程设计。一般而言,长期培训计划的设计基于掌握组织架构、功能与人员状况,了解组织未来几年的发展方向与趋势,了解组织发展过程中员工的需求,并结合组织现阶段工作重点与需求,同时明确哪些资源可用;年度培训计划是组织在一年中的总体培训安排所做的计划,这种计划具有较强的约束性,基本确定组织本年度的主要培训活动和培训开支计划。课程计划是在年度培训计划的基础上,对某一培训课程的目标、内容、组织形式、培训方式、考核方式、培训时限、受训对象等内容的细化。课程目标应明确完成培训后培训对象所应达到的知识、技能水平。切实可行的培训目标既可为培训指明方向,又可成为衡量培训效果的指标。

(二)确定培训计划的目标

培训目标就是培训活动所要达到的结果。建立在需求分析基础之上的培训目标,才能为培训计划提供方向、方针、架构和信息输入,才能将培训对象、内容、时间、方法和教师要素相结合,才能为衡量培训效果评估提供依据。

培训目标的要素包括:

(1)内容要素:组织期望员工做什么事情。

(2)标准要素:组织期望以什么样的标准来做这件事情。

(3)条件要素:即在什么条件下达到这样的标准。

例如,"完成培训之后,员工能够在一分钟内打 120 个字,并能够准确回答培训者提出的相关问题",在这个培训目标中,"完成培训之后"是条件要素,"打字"、"回答问题"是内容要素,"一分钟内 120 个"、"准确"是标准要素。

(三)确定培训对象与内容

准确地确定培训对象,有助于降低组织培训成本,强化培训目的,真正提高组织绩效。组织可以运用绩效分析方法确定培训对象,也可以运用工作任务与能力分析方法,或根据组织发展需要并结合员工职业生涯发展的方法来确定培训对象。培训内容与培训对象是相辅相成的,选择了什么样的培训对象,就要进行相应内容的培训。培训可以针对员工的操作技巧、技能培训,也可以针对人际关系、沟通能力、管理能力、组织文化等方面进行培训。

(四)确定培训者

培训者的选择是培训实施中的一项重要内容,培训者的选择恰当与否对于整个培训的活动效果和质量有着直接影响,优秀的培训者往往能够使培训工作更加富有成效。培训者的来源一般有两个渠道:内部渠道和外部渠道。从这两个渠道选择的培训者各有利弊,表 7-4 就是对各自的利弊所做的一个简单比较。

一般来说,专业性的培训可以从内部选择培训者,而通用性的培训则从外部选择培训者。现在,有很多组织将这两种方法结合起来使用,具体的做法就是长期从外部聘请相对固定的培训者,这样在一定程度上弱化了从单一渠道选择培训者的缺点。

表 7 - 4　两个渠道选择培训者的利弊比较

渠道	优　点	缺　点
内部渠道	对组织情况比较了解，培训更有针对性； 责任心比较强； 费用比较低； 可以与受训人员进行更好地交流	可能缺乏培训经验； 受组织现有状况的影响比较大，思路可能没有创新； 员工对培训者的接受程度可能比较低
外部渠道	培训比较专业，具有丰富的培训经验； 没有什么束缚，可以带来新的观点和理念； 与组织没有直接关系，员工比较容易接受	费用较高； 对组织不了解，培训的内容可能不实用，针对性不强； 责任心可能不强

资料来源：董克用. 人力资源管理概论. 3 版. 北京：中国人民大学出版社，2011

（五）确定培训的形式和方法

培训的形式和方法主要根据培训内容、培训目的、培训资源、培训对象和培训者的特点确定，恰当的培训形式和方法将提高培训的效果。

（六）确定培训的时间

培训时间选择得及时合理，就能保证组织目标和岗位目标的实现，提高劳动生产率。培训时间的选择要考虑员工的工作状况、培训时间的长短及培训方法的运用等。

（七）确定培训的地点和设施

培训地点就是指培训要在什么地方进行，培训地点的选择也会影响培训的效果，合适的地点有助于创造有利的培训条件，建立良好的培训环境，从而增加培训的效果。培训地点的选择，最主要的是考虑培训的方式，应有利于培训的有效实施，例如，如果采取讨论法，就应当在会议室进行；如果采取授课的方法，就应当在教室进行；如果采取游戏法，则应当选择有活动空间的地方。此外，培训地点的选择，还应考虑培训人数、培训成本等因素。

此外，在培训计划中，还应当清楚地列出培训所需的设备，如文具、屏幕、投影仪、座椅、音响等，准备好相应的设备也是培训顺利实施的一个重要保证。

（八）确定培训的经费预算

培训费用是培训工作得以开展的经济基础，包括两个部分：整体计划的执行费用和每一个培训项目的执行费用。培训的经费预算包括培训成本预算和培训收益分析两个部分。培训成本又分为直接成本和间接成本，如：交通费、培训项目管理费、培训对象受训期间的工资福利、培训者费用、培训的各项支出。培训收益分析多为潜在收益，如生产成本的降低、员工生产效率的提高等方面。

（九）确定考评方式和方法

为了提高培训的效果，每次培训必须进行适当形式的考评。考评形式有操作、笔试、面试等。组织要规定相应的培训激励方式，将培训考评结果充分运用到员工日常的奖金发放、职位晋升、优秀和先进的评选等工作中。

（十）编写培训与开发的方案

在以上工作全部落实后，一份培训方案的基本内容也就确定了，就可以编写培训计划，经主管领导签字后实施。培训计划应该给相关部门都保留一份，以便工作的安排和协调。

中粮集团的员工培训

让培训成为员工发展的核心动力。中粮集团的培训体系与经理人的评价体系相结合，围绕着"人才发展主线"，集团的人力资源部起到了主导作用。

1. 培训，重在同一思想、熔炼团队

中粮集团将培训作为一种工具方法引入组织和团队建设中来。集团董事长宁高宁认为培训不单纯是进行纯知识和专业技能的培训，而是要通过培训来促进组织的发展，促进团队的建设，启迪大家的思维，挖掘大家的潜力，最后达成共识。因此，培训的过程也就成为统一思想、熔炼团队的过程。对于中粮集团的很多培训课，培训现场很活跃，大家分成小组进行研讨，不拘泥形式，而注重培训效果。

2.《企业忠良》和"忠良书院"

中粮集团有一本内刊——《企业忠良》，这本内刊也可以说是中粮集团的一种独特的培训方式。中粮集团的各种培训、员工的思想活动以及对企业发展的看法，都会在内刊上有所展现。尤其引人注意的是，董事长宁高宁对内刊格外重视，其在内刊开设了专栏，每期都会有他的文章。依托这本刊物，中粮集团的培训达到了课程培训方式起不到的效果。

现在，中粮集团正在建立自己的企业大学——"中粮书院"，目前已经在中粮集团原来的培训中心龙泉山庄建立了具有深厚中粮集团文化特色的校区。在不远的将来，中粮集团各级经理人的培育和成长都要通过"忠良书院"进行，"忠良书院"将成为中粮经理人的摇篮，成为中粮集团思想的发源地。

资料来源：孙健敏. 人力资源管理. 北京：科学出版社，2010

三、培训与开发方案的实施及管理

培训与开发的方案设计好之后，就进入了方案实施及管理阶段。在这个阶段，首先是发出培训通知，告知受训人员培训的目的、时间、地点和要求，同时还要通知管理层以及其他相关部门和人员，在受训人员做好准备、安排好工作的同时，又易于得到管理层及其他相关部门人员的支持和配合。其次是要落实和布置好培训场地和培训所需要的各种设备和仪器。最后还要提前按照培训者的要求准备好各种培训所需的资料，将需要发放的资料发到受训者手中。

培训过程的实施是针对不同的培训项目而言的，不同的项目需要工作人员从事不同的工作内容和工作流程。在下一节中我们将会详细介绍培训可以采用的方法。

行动指南：公司内部培训准备清单

课程名称：　　　　　　　　　　　　　　　　日期：

公司内部请示审批程序完成确认

主题设计

> 邀请演讲者
> 学员人数确定
> 租用培训场地/宿舍
> 设备准备(计算机/投影仪/白板/水笔)
> 教材准备
> 学习用品准备(白纸、笔、其他用品)
> 证书准备
> 培训日程表准备
> 车辆(接送培训师)
> 车辆(接送学员)
> 学员宿舍分配
> 下发培训通知
> 进一步了解学员培训需求
> 就餐准备
> 姓名标签
> 培训评估问卷准备
> 布置场地
> 分组名单准备
> 晚间娱乐项目准备

资料来源：朴愚. 人力资源制度范例与解释. 北京：电子工业出版社，2007

四、培训与开发成果转化及效果评估

(一) 培训与开发成果转化

培训成果转化就是指受训者持续而有效地将其在培训中所获得知识、技术、行为和态度运用于工作当中，从而使培训项目发挥其最大价值的过程。

关于培训与开发成果转换有三种主要的理论，这里做简单的介绍。

(1) 同因素理论。该理论认为，培训成果转化取决于培训任务、材料、设备和其他学习环境与工作环境的相似性。如果培训内容和实际工作内容完全一致，那么受训者在培训过程中只是简单的训练工作任务，并且会有较好的培训成果转化效果。

(2) 推广理论。推广理论认为促进培训成果转化的方法是在培训项目设计中重点强调那些最重要的特征和一般原则，同时明确这些一般原则的适用范围。当工作环境(设备、问题、任务)与培训环境有所差别时，受训者具备在工作环境中应用学习成果的能力。

(3) 认知转换理论。认知转换理论关注的是受训者的能力，该理论认为培训与开发成果转换的可能性取决于受训者使用新技能、新知识的能力。它认为可以在培训中向受训者提供有价值的材料、指导等，帮助他们将培训内容掌握得更牢固，从而提升员工运用所学知识的能力。受训者的转化能力提升了，也就能促使培训成果的转换。表7-5给出了培训与开发转换的三种理论的比较。

表 7 – 5　培训成果转化的三种理论

理论	强调重点	适用条件
同因素理论	培训环境与工作环境完全相同	工作环境的特点可预测并且稳定，例如设备使用
推广理论	一般原则运用于多种不同的工作环境	工作环境的特点不可预测并且变化剧烈，例如谈判技能的培训
认知转化理论	有意义的材料可增强培训内容的存储和回忆	各种类型的培训内容和环境

资料来源：[美]雷蒙德·A·诺伊，等. 雇员培训与开发. 3版. 北京：中国人民大学出版社，2007

　　培训转化包括将培训内容推广到工作中，也包括对所学内容的维持。推广能力是指受训者将所学技能应用于现实工作的能力；维持能力是长时间应用新获得技能的能力。培训与开发的转化模型如图 7 – 3 所示。

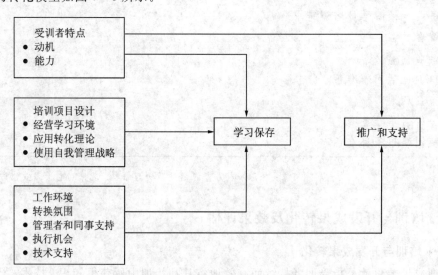

图 7 – 3　培训成果转化过程模型

资料来源：[美]雷蒙德·A·诺伊，等. 雇员培训与开发. 3版. 北京：中国人民大学出版社，2007

　　要促使培训成果转化为生产力，要制定一系列制度与措施，要把培训与考核相结合，把培训与使用相结合，把培训与工作报酬相结合，把培训与员工职业生涯相结合。

　　一般来说，培训成果的有效转化，至少需要具备以下几个基本条件：

　　（1）良好的转化氛围。这是培训成果转化的环境因素，良好的外部氛围将有助于员工培训成果的转化。表 7 – 6 列举了一些有利于培训成果转化的环境特征。

　　（2）建立信息技术支持系统。信息技术支持系统是一种能够按照需要提供技能培训、专家建议等信息的计算机应用软件系统，受训者在工作中运用所学知识、技能遇到问题时，可以随时通过此系统取得所需电子信息，如操作程序等，从而支持知识运用与学习成果的保存和积累。

　　（3）自我管理。受训者应按照人力资源管理部门或培训师的要求做好在工作中运用新技能的自主管理准备，包含三方面内容：一是让受训者制定在工作中运用新技能的目标，分析无法实现该目标的原因，明确在工作中运用新技能的积极与消极两种后果；二是让受训者清楚在工作中运用新技能遇到困难的必然性以及放弃应用的后果；三是提醒受训者如果在工作中运用新技能无法得到上级和同事支持时应建立自我奖罚系统，并主动要求上级和同事提供反馈。

表 7 - 6　有助于培训成果转化的良好氛围

特　征	举　例
上级与同事鼓励受训者积极运用在培训中所学的新技能及行为，并为他们确定目标	受训者与他们的上级以及其他管理者一起讨论如何将他们在培训中所学到的技能运用到实际工作中去
任务提示：受训者从事的工作特征推动或提醒受训者运用在培训中学到的新技能和行为	对受训者的工作进行重新设计，使他们能够将培训中所学到的技能和行为运用到工作中去
反馈结果：上级支持受训者把培训中所学的新技能与行为运用到工作中去	上级提醒受训者运用他们在培训中所学到的知识与技能
惩罚限制：不能让受训者因为运用了在培训中所学的新技能和行为而受到公开打击	刚刚接受完培训的受训者在运用培训内容失败时，对他们不要责备
外在强化结果：受训者因为运用了在培训中所学新技能和行为而得到加薪等外在奖励	刚刚接受完培训的受训者如果能够成功地将培训内容加以运用，会得到加薪奖励
内在强化结果：受训者因为运用在培训中所学的新技能和行为而得到如上级和同事的赞赏等内在奖励	刚刚接受完培训的受训者在工作中按照培训要求去做会受到上级和其他管理者的表扬

资料来源：［美］雷蒙德·A·诺伊，等. 雇员培训与开发. 北京：中国人民大学出版社，2001

（二）培训与开发效果评估

培训是组织一项重要的投资，不仅需要金钱成本，还有时间成本和机会成本，当然还包括劣质培训给组织文化、产品质量、员工士气等带来的负面影响。因此，培训与开发的效果是组织最为关注的指标，做好培训效果评估也就成为培训的关键环节之一。

1. 培训效果评估的含义

培训效果是培训活动给培训的对象、学习主管、培训组织部门和培训的投资方带来的正面效应。对于学员来说，通过培训，掌握了新的知识或提高了工作的技能；对于学员主管来说，通过培训，其下属的工作行为改善，绩效提高；对于培训的组织部门来说，每一期培训活动都是一次经验积累的过程，可以提高部门地位，带来部门利益；对于培训的投资方——组织来说，培训提高了产品或服务的数量和质量、提高了顾客的满意程度或者留住了更多的骨干人才，也就是说，投资有了回报。

培训效果评估至少包括谁来评估、评估什么、如何评估、为什么评估四个要素。针对一个具体的培训项目，培训的投资方或组织，通过系统地收集和分析资料，对培训效果的价值及其价值的程度、对培训质量的好坏等做出判断，其目的在于指导今后的培训决策和培训活动。

2. 培训效果评估的标准

培训效果的评估标准是指从哪些方面来对培训进行评估，也可以说是评估的内容。最有代表的观点是美国人力资源管理专家柯克帕特里克的四层评估模型，如表7-7所示。

表7-7　柯克帕特里克四层评估标准

层次	名称	问　题	评　估　方　法
第一层次	反应层	喜欢此次培训吗？对培训者和培训方式满意吗？课程有用吗？有何建议？	问卷、面谈
第二层次	学习层	受训者在接受培训之后知识和技能的掌握是否提高以及有多大程度的提高？	笔试、绩效考核
第三层次	行为层	受训者在接受培训之后是否改进了以前的行为？是否运用了培训的内容？	由培训者、上级、同事、下级以及客户进行评价
第四层次	结果层	组织和员工的绩效是否得到了改善与提高？	员工流动率、生产率、利润率等指标考核

反应层是培训评估的第一个层次，主要是了解受训者对培训方式、培训项目、培训人员是否满意。这种评估在一次或一天的培训结束之后进行最为有效。

学习层的评估是可以量化的。一般来讲，了解受训者知识掌握程度的最佳方法就是笔试，对于一些技术性的工作，可以通过绩效考核知晓受训者提高的程度。

行为层的评估一般是在培训结束之后进行的。这种评估需要各部门的配合，不断获取受训者行为变化的相关信息。如果受训者的行为没有发生变化，说明对该受训者的培训是不成功的。

结果层的评估主要是指组织和员工的绩效是否由于培训而得到改善，是否有助于达到组织既定的目标，因而培训评估最有意义的就是结果。培训结果评估可以通过组织的一些指标进行分析。

另外，培训评估的标准还可以从两个方面来考虑：一方面是培训的效果，即培训是否实现了组织预期的目标，这可以将培训的效果与培训的目标进行比较，从而得出结论，培训的效果评估是培训评估最基本的要求，主要是针对受训者而言的；另一方面是培训的效率，即培训是否以最有效的方式实现了组织预期的目标，包括评估费用成本、时间成本，在同样的培训效果下，费用最低、时间最短的培训是最有效的，通过对培训效率的评估，可以对培训方法进行优化，效率评估更多的是针对培训本身而言的。

3. 培训效果评估的方法

培训效果评估的方法很多，在进行反应层的评估时，可以采取问卷调查法、面谈法、座谈法等方式；在进行学习层的评估时，可以采取考试法、演讲法、讨论法、角色扮演法、演示法等方式。对行为层和结果层的评估，更多的是要采取评价的方法。

4. 培训效果评估的方式

（1）参与者评估。参与者评估指参与者对培训内容、培训者的传授能力、培训方法、学习环境等表达意见，特别是对培训者的工作绩效进行评估。

（2）对受训人员进行培训前后的对比测试。这种方式需要进行两次测试，在培训前和培训后分别对人员进行一次测试，然后将两次测试的结果进行比较，从而对培训的效果做出评估。培训前后比较评估如图7-4所示。

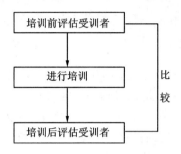

图7-4 培训前后比较评估

（3）时间序列法。评价者在培训前和培训后的一段时间里，按照一个既定的时间间隔来搜集培训效果方面的信息，在使用时间序列法的时候也同样可以使用对照组。这种方法的优点之一，就是能够分析培训结果在一段时间内的稳定性。

（4）横向比较评估法。横向比较评估将随机抽样选出来的员工分为两组，一组称为对照组，另一组称为实验组，只对实验组进行培训。进行培训前，须先证明两组原先无特定差异，培训结束后，再对两组进行评估，然后比较评估结果。只有当实验组较之对照组有显著改变时，才能证明培训有效。培训横向比较评估如图7-5所示。

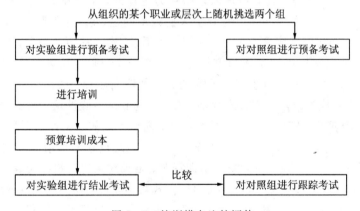

图7-5 培训横向比较评估

5. 培训有效性的评估步骤

培训的有效性评估应始于培训目标，根据培训目标提炼出培训评估的指标，进行适当的设计，最后实施评估并反馈结果。培训效果评估步骤如图7-6所示。

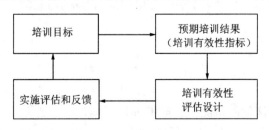

图7-6 培训效果评估步骤

第三节　培训与开发的方式与方法

一、培训与开发的方式

员工的培训与开发主要有两种方式，即代理性培训方式与亲验性培训方式。

代理性培训方式是指在代理性培训过程中，培训者不是靠自身实践阅历和亲身体验来直接获得知识、经验或结论，而是经过别人整理加工后，再传授给他们的间接经验、知识和结论。例如，以讲座形式举办的培训活动，授课人的课堂讲授和以教材为主的知识传递等就是以代理性培训为主体的培训形式。代理性培训的优点是它在传授知识、借鉴他人经验方面效率较高。因为，在知识经济时代，人们不可能事事亲历，依靠直接的实践、体验、积累来获得所有的知识。代理性培训的缺点是对培训的内容感受不深，缺乏亲身体验，培训过程中信息单向交流，培训对象比较被动等。

亲验性培训是指通过培训者的亲身体验、"活学活用"来掌握知识和技能的培训方式。与代理性培训不同，在亲验性培训过程中，培训者获得的经验、知识和结论不是通过别人整理加工后再传递，而是经过自己的亲身经历、实际体验和直接经验来掌握的，往往能够内化为个人能力。培训与开发中的案例讨论、现场实习、模拟性练习、职务轮换、角色扮演、管理竞赛、心理测试等方法，均是以亲验性为主体的培训方式。亲验性培训有助于人们掌握隐性知识和"如何做"的知识，有利于人们处理问题、解决问题、完成工作等实际能力的培养，可以弥补代理性培训的不足。人们在生活、工作、社会活动中，相当多的知识和技能如果仅仅依靠代理性培训是无法掌握的，必须依赖亲验性培训才能掌握和运用。比如，人们学习开车，学会游泳的经历，即反映了这种培训原理。然而，由于个人的客观条件、实践机会、实践成本以及时间、精力等多方面的限制，亲验性培训方式在培训时，存在着培训成本高、培训效率较低、知识接触面较窄、简单重复前人工作等不足。

在培训与开发工作中，应当从实际出发，实事求是地把这两种培训方式与所培训的知识、技能、态度等内容，以及培训目标、培训资源、培训对象等有机结合起来，恰当选择和匹配代理性培训与亲验性培训方式，使这两种方式相辅相成，发挥最大的效应。

在具体的实践中，培训可以采用在职培训、课堂培训和基于计算机技术的培训方式。不同的方式下有许多种培训的方法，而且其发展和创新的速度也相当的迅速。在培训的过程中，选择一种适宜的培训方法至关重要。一方面，不同的培训方法存在各自的优点和缺点；另一方面，不同的培训方法的适用范围不同，所针对的培训对象也不同。所以，组织应综合考虑具体的培训需求、受训者的特点、培训的内容等来选择最恰当的培训方法。

二、培训与开发的方法

（一）在职培训

在职培训也叫在岗培训，是指为了使员工具备有效完成工作任务所必需的知识、技能和态度，在不离开工作岗位的情况下对员工进行培训。该培训方式的最大特点就是：员工的工作不会受培训的影响，在培训的同时可以进行工作；培训的知识和技能可以在工作的时候得到快速运用，实用性好；培训费用较低，不用购买设备。缺点是：工作可能会因培训受到影响,降低了工作的效率与效果。在职培训方式包括了以下几种方法。

1. 指导培训

指导培训是在职培训的一种形式,是指培训者对员工在工作场所进行的一系列指导过程,同时,培训者与受训者均需要完成其工作任务。指导培训包括四个步骤:受训者准备、呈现任务、联系与实践及跟踪。成功的指导培训取决于培训者对不同培训过程的适应能力,特别是培训者是受训者的同事或主管时。在正式培训之前,培训者就应该支持受训者的培训需求。在培训过程中,培训材料太难或太简单都不利于培训,这就要求培训者根据受训者的情况及时调整培训材料。

2. 工作轮换

工作轮换是指根据培训要求安排员工在不同的工作部门工作一段时间,通常时间为一两年,通过职位的变换以丰富员工的工作经验,拓展他们的知识和能力,使他们可以了解其他职位的工作职责,从而能够胜任多种类型的工作。在为员工安排工作轮换时,应考虑培训对象的个人能力、需要、兴趣和职业偏好,从而选择与其匹配的工作。工作轮换时间长短取决于培训对象的学习能力及学习效果,而不是机械地规定某一段时间。现在,许多组织采用工作轮换培养新进入组织的年轻管理人员或有管理潜力的人员。

3. 导师制

导师制是对过去师带徒培训技术的丰富和发展,它使师带徒培训从手工艺领域扩展到所有知识、技能等领域,导师对员工的指导不仅仅是知识和技能的指导,也包括品行、态度、员工个人的职业发展等方面的指导。

一般而言,导师制培训的有效性取决于三个方面的因素:导师、员工和组织。导师一般是组织年长或有经验的员工,可以是组织中任何职位的人,具备较强的沟通能力,监督和指导能力;作为员工则应积极努力学习,不懂就问,和导师建立良好的工作关系;组织应为员工选择适合的导师,并对导师的培训工作给予充分的支持与肯定,为员工和导师创造良好的环境,同时对优秀员工的导师给予必要的奖励。

(二)课堂培训

课堂培训是指所有正式工作场所之外的培训,在这个意义上,课堂的含义是指任何工作场所之外的空间,可以是会议室、礼堂等。一些大的公司投资设立培训中心,如摩托罗拉、麦当劳等。这些培训中心像企业大学那样运作,提供丰富的培训内容。课堂培训方式常用的方法有课堂讲授法、讨论法和案例分析法等。

1. 课堂讲授法

课堂讲授法是传统模式的培训开发方法,也称课堂演讲法,是一种将大量知识通过语言进行表达,使抽象知识变得具体形象、浅显易懂,一次性传播给众多听课者的培训方法。这种方法的优点在于:培训者可以同时对很多的受训人员进行课堂讲授培训,培训费用低;培训者在课堂上将知识和信息直接传授给各学员,让学员进行接受性的学习,避免了学员认识过程中许多不必要的曲折,使学员能够在短时间内获得大量系统的知识。这种方法的缺点是:缺少受训者的参与和反馈,与工作实际环境联系不密切,这些会阻碍学习和培训成果的转化;该方法在吸引受训者注意时有一定的困难,因为它强调的是信息的聆听,并且很难迅速有效地把握学习者对培训内容的理解程度。

2. 讨论法

讨论法是一个双向沟通的过程,包括培训者与受训者之间、受训者与受训者之间的交流与沟通。这种方法鼓励受训者积极参与,给受训者提供参与、反馈、肯定及分享各自观点的机会,因此,它能够克服传统讨论的局限性与不足。讨论的有效性取决于培训者激发和管理课堂讨论的能力。讨论的参与者在讨论时有可能出现偏离主题的现象,此时要求培训者进行有效的控制。讨论的过程中同时要避免个别成员滔滔不绝的发言,当受训者人数越多,对讨论的管理难度也就越大。如果能有充分的资源和时间,同时培训者与受训者均有积极的态度和较高的动机,那么,培训者与受训者在体验讨论法趣味和活力的同时,也会收到良好的培训效果。

3. 案例分析法

案例分析法是把实际工作中出现的问题作为案例,向受训者展示真实的背景,提供大量背景资料,由受训者依据背景资料来分析问题,提出解决问题的方法,从而培养受训者的分析能力、判断能力、解决问题能力及执行业务能力。

案例分析培训法有三个步骤:一是案例的遴选。培训者选择案例要有真实性,必须是社会经济生活中确实存在的案例,切忌哗众取宠而虚构案例;案例还要有启迪性,启迪受训者阐述自己的看法,分析问题并提出解决问题的手段。二是实际角色分析案例。培训者将案例发给受训者并提出问题让他们预习案例,在粗略提示中引而不发,含而不露;然后要求学员进入角色,在独立分析思考问题的基础上拿出解决问题的方案和办法;随后进行课堂发言,在交流中培训者引导发言,鼓励交锋,提倡创新,控制课堂局面。三是进行案例的点评和升华。培训者在进行案例评点时要注意激发学员去思考,去探索,去创新;在点评中,要结合受训者的实践,要注意每一方案的闪光点,要启发受训者去联想、对比、创新,不要把结论约束在某一方案的窄巷里。

案例研究法是一种双向性信息交流的培训方法,将知识传授与能力提升结合在一起,是目前培训界应用最多的培训方法之一。案例研究法特别适合于开发受训者在分析、综合、推理、评判等深层次的智力技能,提高受训者对复杂因素和不确定结果等风险的承受和应对能力。

在案例研究法的实践过程中,需要注意的是:所选择的案例要有真实性,不能随意捏造,尽可能从受训者所在的组织中选取,这样有利于受训者工作能力的提高;案例中应包含一些管理问题,否则没有学习与研究价值;案例研究始终要有个主题,即"你将怎么做"。

4. 角色扮演法

角色扮演法是指在一个特定的情境中让受训者扮演分派给他们的角色,在扮演结束后组织大家展开讨论,以各自对某一扮演角色的看法发表自己的意见,通过这样一个过程来深化受训者对于角色的体会,进而达到培训的目的。这样受训者能够了解到自己的行为对他人产生的影响。一般情况下,反馈的问题包括四个方面:扮演者的行为中,哪些地方做得对?哪些地方做得不对?他的行为对其他人造成什么影响?怎样更有效地处理该情况?通过扮演他人所处的角色,受训者可以提高自己的交际能力,帮助他们学习怎样从不同角度思考问题,体验各类人物的心理感受,训练其自我控制能力和随机应变能力,从而使受训者尽快熟悉工作环境和业务流程,掌握必要的技能,迅速适应实际工作的环境。

角色扮演法在很多组织中被广泛采用,并被证明是一种非常有效的培训方法,它为受训者体验各种行为并借此对这些行为进行评价提供了一种有效的工具。这种方法能增进人们之间的理解与合作。另外，还可以使受训者在遇到困难时对过去的行为进行反思，同时，获得信息反馈的机会，从而促进新策略的产生。角色扮演法可用于开发涉及任何人际互动领域的技能。该方法可以让受训者有机会实践所学到的技能。因此它比案例法更前进了一步，案例法只要求受训者就如何处理某一情形做出决策。这两种方法经常结合起来加以运用，即在分析了某个案例或建议了某个方案之后，还要请受训者以角色扮演的形式实施解决方法。这种方法的缺点是活动所花费的时间长，对有过角色扮演失败体验的人，往往不愿再参加这种活动。

5. 游戏法

游戏法是指由两个或两个以上的受训者在遵守一定规则的前提下，相互竞争以达到培训目标的训练方法。游戏可分为普通游戏与商业游戏两种类型。

普通游戏是指经过精心设计，包括许多与员工工作有密切关系的培训活动。受训者一般都比较喜欢普通游戏法这种培训方法，因为它本身的趣味性不仅可以调节培训气氛，还可以使受训者通过娱乐形式，活泼多样地进行互动学习，在放松身心的同时，可以体验和理解其他培训方法难以达到的培训效果，是一种比较好的培训方法。普通游戏法的缺点是它的设计与使用要求比较高。

商业游戏包括管理游戏，主要用于开发受训者的经营决策能力和管理技能。商业游戏不仅可以按市场设计，也可以按组织设计，还可以按职能部门设计。受训者被分成若干小组，每个小组2～7人，受训者根据设计的场景和给定的条件就管理实践中的各方面问题如产品的定价、生产计划、资金筹集、原材料的订购、市场营销、财务管理、劳工关系等进行信息收集并对其进行分析，然后做出决策，每个小组决策的结果与其他小组的决策结果相互进行比较，由此确定最终哪个小组获胜。各小组按照商业竞争规则，运用计算机记录各种决策及变化信息，最后计算出结果，时间跨度可以是半年、一年或几年，实际操作时间则在半小时到两个小时之间。这种方法常常用于管理技能开发，能够将团队成员迅速培训成一个凝聚力很强的群体。对于受训者来说，游戏比课堂讲授更有吸引力，也更有意义。

6. 团队培训法

团队培训是指通过协调团队成员个人的活动和绩效来促进团队绩效的提高，从而有效实现团队的共同目标。团队培训旨在协调为达成共同目标而努力工作的不同个人之间的绩效。在个体之间必须分享信息、分享知识以及个体的行为将会影响群体的整体绩效的情况下，这种培训是非常有效的。团队培训重点强调团队绩效，而团队绩效取决于团队的知识、态度和行为。这三种因素不仅是个体层面的要求，更是系统层面的决定因素。行为要素要求团队必须采取适当的行为进行沟通、协调、提高凝聚力并实现目标。态度要素要求团队的成员彼此之间要信任、要相互理解，并对团队充满信心。知识要素要求团队有不断学习的能力，同时具备应变能力与创新能力。

团队培训一般包括交叉培训、协作培训与领导技能培训三个方面。交叉培训是指让团队成员熟悉并实践其他队员所掌握的工作技能，以便在有人离开团队时，其他人能够接替并承担起相应的工作。协作培训是指促使团队成员共享信息、分担决策责任、协调工作，从而实现团队绩效最大化。团队领导技能培训的主要对象是团队领导者，培训内容包括：如何协调团队成员的活动；如何解决内部冲突；如何培养各种团队技能；如何实现团队绩效最大化等。

（三）基于计算机技术的培训

这种方式可以根据学习者的个人情况制定相应的培训，如个人控制在什么时候、以何种方式和进度进行培训。所以基于计算机的培训属于自设进度的培训，包括计算机辅助教学和网络教学。

1. 计算机辅助培训法

计算机辅助培训的过程是指受训者在特定的软件环境下，向计算机提出有关学习项目的请求，计算机接受信息后，通过显示装置向受训者提供其所需要的信息，受训者依此评估自己对学习材料的掌握程度，了解需要进一步学习的内容。计算机辅助培训软件可以包括各种各样的题目，而且一旦开发出来，成本是很低的。它所包含的内容从基本的阅读和打字，到高级的技术培训、工程设计和机械维护等，直至目前已开发出许多管理行为、决策行为等模拟程序。

与传统培训方法相比，计算机辅助培训的优点在于：可以根据学习者的水平提供不同层次的学习材料，可以自设进度，从而提高学习者的自我效能；学习者可以在内部学习系统中获得资料，或者从网络下载学习材料；同时，计算机辅助培训本身就带有教学管理功能，能实现指导和教学的管理、记录，自动将学习者的进度、学习材料使用情况、学习成绩和问题记录在案。这种方法虽然可以在线与其他人进行互动，但缺乏面对面的人际交流，而面对面的人际交流对学习来说是必需的，例如培训者和受训者之间，受训者和受训者之间都需要面对面的交流。

2. 网络培训法

在组织中，网络培训课程采用的是一种员工自主式的学习，员工可随时上网，学习那些已经由培训总部在网上设计好的培训课程。网络培训最大的特点是其灵活性，在工作十分紧张的情况下，要员工抽出大量时间去参加培训势必会影响工作，许多人没有时间到外地参加培训。而网络培训恰恰利用了通信的优势，使员工能在公司、家中、车上、餐厅随时利用零散时间进行学习，使参加培训不再是员工的一种负担。而且员工可以选择学习内容，学习对他最为有用的内容，跳过一些他比较熟悉的课程内容，这就给予员工极大的自由，不必在自己已经学会的内容上浪费时间。同样，这种方法也存在缺点：由于需要建立良好的计算机网络系统，因此培训的成本比较高；有些内容无法使用这种方法培训，如设备的操作培训、人际关系交往能力的培训等。

第四节　不同类型员工的培训与开发

一、管理人员的培训与开发

（一）基层管理人员培训

基层管理人员的培训对象是组织中基层的管理干部，如班组长、工长等，他们是在工作现场对作业工人进行监督指导的关键人物，是上下左右联系的纽带。基层管理人员培训的目的是培训开发他们的领导能力、管理能力、组织协调能力和工作技能，提高他们工作的观察力和想象力，培育他们诚实正直的人品。培训的主要内容包括各职能部门的专业知识和技能、基本的监督技能、激励员工工作的方法、与员工的合作精神、对员工职业生涯的规划、职业道德等。管理学家罗伯特·卡茨提出管理人员培训内容结构三成分模式，认为管理人员的培训内容为技术能力培训、人际关系能力培训和创新能力培训。他指出，基层管理人员的技术能力培训、人际关系能力培训和创新能力培训比例为50：38：12。

（二）中层管理人员培训

中层管理人员即所谓的"管理层"，在组织内部起着"上请下达"和"下请上传"的枢纽作用，需要进行大量的协调工作。中层管理人员培训的目的是：把握组织的经营目标、方针；培训、开发其相应的领导能力和管理才能，以形成良好的协调、沟通能力与和谐的人际关系；让没受过正规管理学习的管理人员掌握必要的管理技能；学习新的管理知识和先进的管理技能。中层管理人员培训的主要内容包括各职能部门专业知识的变化、规定和监视群体水平上的绩效指数、部门工作计划的制定和实施、设计和实施支持合作行为的奖励系统、部门间的协调与沟通、设计和实施有效的群体和群际工作、信息技术的应用等。按照罗伯特·卡茨的模式，中层管理人员的技术能力培训、人际关系能力培训和创新能力培训的比例为35：42：23。

（三）高层管理人员培训

高层管理人员即所谓的"经营层"和"最高领导层"。这类培训不应仅仅局限于现任的任职者，更应把重点放在那些有希望进入经营层的人员。培训应侧重于培养他们的领导素质，包括思想理念和境界的升华、人脉的拓展、驾驭全局的战略意识和领导能力、创业精神、人格完善，以及商业道德和法律意识，目的在于使高层管理人员成为组织的专家、改革者和领导者。高层管理人员培训的主要内容包括全球政治经济形势、国内政治经济形势、竞争与组织发展战略、资本市场发展和运作、财务报表和财务控制、国内和国际市场营销、组织行为和领导艺术、创业管理、投资项目和效益评价。罗伯特·卡茨将高层管理人员的技术能力培训、人际关系能力培训和创新能力培训的比例定为18：43：39。

基于胜任力的管理人员培养三步骤

基于胜任力的管理人员培养过程可分为三个步骤——定标准，找差距，促培养。"定标准"是能力素质模型建立的基础性工作，将创造40％的价值；"找差距"是能力素质模型的落地阶段，将创造30％的价值；"促培养"阶段则能使能力素质模型得到使用与升华，将创造30％的价值，三个步骤不可偏废。

年初，Y公司提出战略转型计划，但Y公司现有中高级管理者无论是专业知识、思维方式，还是转型意愿都与战略需求存在一定差距。为此，Y公司针对现有高管人员及有潜力的中层干部，紧扣定标准，找差距，促培养三大步骤，实施了基于胜任力的管理人员培养计划。

定标准：定标准阶段，需要解决以下问题：作为管理者，必须具备什么关键素质，才能实现未来战略？具备哪些标准行为，才能衡量管理者是否达到这些关键素质？

因此，本阶段重点将放在梳理、建立核心能力素质和领导能力素质上。

确定核心胜任素质：核心胜任素质是由公司的企业文化、价值观和发展战略推导而出，同时也需通过与公司高层的访谈，来找到他们对全体员工的管理期望。

对于正在二次创业阶段的 Y 公司来说，其核心胜任素质可归纳为：创业精神、勇担责任、学习创新。

确定领导胜任素质：Y 公司的项目组采用了问卷调查法、行为事件访谈法和集体研讨评议法等方法，对高层领导的能力素质进行了分析与预判，初步建立了包括 15 项能力素质在内的能力素质库。

找差距： 在找差距阶段，需要回答如下问题：如果需要综合应用多种测评手段，那么这些手段彼此间关系如何？应该用怎样的形式描述、表现被测评人的实际表现？

确定测评原理与手段：在本次测评活动中，项目组运用多种测评手段给以被测评管理人员更全面的观测及表现机会。其中，通过心理测验考察了基本素质，运用公文筐、无领导小组讨论、陈述演讲等环节考察了管理技能，通过 360 度评估量表评估了工作行为。

通过导入多类型、多层次的测评手段，项目组掌握了更为全面的个人信息，从而可以更为客观地预测个人发展潜力及职业优势。

对于通过多种测评手段而得出相悖的结论，项目组则进行了深入探究。如某人员在 360 度评估中，表现出极强的风险识别意识与能力，但其在公文筐测评中却呈现出较低的预测能力和工作条理性。针对这一矛盾，项目组对其个人及相关同事进行了深入访谈，了解其虽位居高位，但其思维模式习惯于风险管控风格。

此外，项目组还需针对测评出的弱项逐个了解，再有的放矢制定改善措施。

描述评估结论： 本次胜任力测评项目有三大目的——明确个人的能力排序、测试不同评估对象的差异情况、了解个体的职业优势。因此，针对以上三点，项目组采用雷达图的形式进行了描述。

第一，呈现组织整体水平。综合全体被测评人的成绩，描述组织的最优特质和最次特质，从而掌握公司的整体情况。

第二，呈现个人与组织的差距。根据综合测评结果，找出被测评对象与组织整体水平的差距，进而制定有针对性的职业发展规划和各项保障措施。

第三，呈现个人最优特质与最次特质的差距。

所有的描述，其核心目的在于最大限度地寻找被测评人的优势特质以及优势特质发挥的可能性与可能领域。因为，用好人的基础是"识人之所长"与"用人之所长"，而不是要求被测评人克服弱点，除非这一弱点深刻地影响到了优势的发挥。

促培养： Y 公司的核心目标是培养出若干适应变革思路、具备专业技能的公司高层。基于此培养思路应考虑以下几点：

利用模型选对人： 根据测评结果，项目组在分析每个人的性格特质、擅长领域、思维方式等因素基础上，以职业锚理论为基础，将被测评人区分为"管理型"、"技术/职能型"、"创新型"、"服务型"等。并根据未来岗位需要，将不同类型的人安排至合适的位置，更好地发挥其所长。

确保素质模型深入人心： 由于素质模型是新鲜事物，很多公司员工对其并不熟悉，更谈不上熟记并应用。针对这一现状，Y 公司采用了"学、考、比"的方式，加快了管理人员对能力胜任模型的运用。

所谓"学"，即针对中高管，深入地讲解每条素质模型的由来、内含、标准行为、不当行为与具体案例等。并且将高层和中层分开培训，高层单独沟通，中层集中培训。

所谓"考"，即将能力素质项及典型行为做成书签等形式。同时，配合举办以能力素质项为主题的知识竞赛和主题演讲活动等。

二、科技人员的培训与开发

科技人员一般都掌握了必要的知识与技能，而且具备一定的工作经验与学习能力。科技人员由于工作性质的原因，造成他们在处理人际关系和积极协调组织方面经验的不足。这就要求组织必须使科技人员处于互相支持和合作融洽的氛围中，增加他们的团队精神和对组织的归属感。为达到这个目标，在现代许多高科技组织中，通过设立技术研发中心这种集科研、开发和培训于一体的特殊的组织和培训方式来营造一个和谐的工作氛围，提高员工的技术素质和人文技能，加强组织内部的凝聚力，充分调动科技人员工作和学习的进取性和积极性。我国深圳华为技术公司等高科技企业的实践证明这种方法是一种行之有效的培训方法。

科技人员培训与开发的目的主要有：为符合知识经济时代的要求不断更新专业知识，开发出适合市场需求的新产品，从而使组织战略目标能够顺利地实现；提高科技人员的实际研发能力，努力完成各项科研任务。科技人员培训的内容除了专业知识以外，还应增加提高科技人员综合素质的内容，比如：创造性思维训练、财务培训、营销培训、时间管理、沟通、职业道德、团队建设、员工指导、消费心理学等。

科技人员培训的方法主要有研讨法、讲授法、案例研究法、视听法等。

三、营销人员的培训与开发

营销人员的培训是指为提高员工工作积极性和能力，改善员工行为方式，帮助员工更好地完成其承担的工作而进行的有计划、有组织地获得或学习与营销工作要求密切相关的态度、知识、能力与技能的知识的培养训练，应该注意的是，组织对营销人员的培训不只是针对新招聘的营销工作人员，有经验的营销人员和那些最成功的营销人员也要参加培训。

(一) 培训的工作步骤

第一，培训需求评估。这一步骤关键是要确定营销系统工作绩效上的问题和将来的工作需要是否可以通过员工培训来加以解决或满足。第二，明确培训目标。培训目标应能详细说明圆满完成培训计划后受训者总体上能够确立什么样的思想认识、工作态度，能够达成何种工作要求和水准。培训目标是受训者和培训者双方共同努力的方向，也为制定和评价培训计划是否合理提供了基准。确定培训目标不能只重视员工知识的增长、技能的提高而忽视工作态度的激励、改进，还需要注意的是，目标的设立应与培训效果、评价标准的确定密切相关。第三，培训工作计划的制定。培训计划包括的主要内容有：培训的项目名称、目的；培训的有关人员，如培训工作的管理部门及负责人、训练人、受训人；培训工作实施的具体安排。第四，培训工作实施。这一阶段工作做得怎样，直接关系到培训目标和培训计划能否得到有效落实。组织措施到位、必要的资源配备、及时的控制，是培训工作实施中的几个重要内容。第五，培训效果评价。这一阶段工作的重点是比较接受培训前后的员工工作绩效、能力和工作的积极性、态度。

（二）营销人员的培训方法

营销人员的培训可分为在职培训与脱产培训两种。在职培训是一种使员工通过实际完成工作任务来进行学习的培训方法。一般说来，组织内部营销人员常用的在职培训方法有：有计划地提升、定期轮换工作、设立"助理"职位、临时性晋升、"传帮带"等。脱产培训是指由组织选择员工脱产到国内外对口公司、高校、科研单位、公司内部培训中心进修的培训方法。脱产培训的方法主要有：使用有关营销知识和组织产品的音像、光盘教学、演讲、一对一教学、角色扮演、安全研究、敏感性训练、程序教学、行为模拟教学、管理对策等方法。不同培训方法的特点有很大差别，应根据培训的内容、对象、条件等权变地加以选择。

 **本章小结**

培训与开发是指组织通过各种方式使员工具备完成现在或者将来工作所需要的知识、技能并改变他们的工作态度，以改善员工在现有或将来职位上的工作业绩，并最终实现组织整体绩效提升的一种计划性和连续性活动。培训与开发有助于全方位培养员工，有助于提高组织的竞争力，有助于提高员工的满意度，有助于向员工灌输组织文化和有助于使员工尽快适应工作环境和工作岗位，因此做好培训工作对组织具有重要的意义。组织在进行培训与开发时要遵循一些原则，如服务组织的战略和规划、全员培训和重点提高相结合、主动性、实用性等原则。按培训与工作岗位关系分类，可以将培训与开发划分成岗前培训、在岗培训和脱岗培训。按培训对象的不同，可以将培训与开发划分为高层管理人员培训、基层管理人员培训、普通员工培训、专业人员培训。按照培训内容的不同，可以将培训与开发划分为知识性培训、技能性培训和态度性培训。培训要按一定的程序来进行，培训与开发的需求分析、培训与开发的方案设计、培训与开发的方案实施及管理、培训与开发的成果转换及效果评估。

培训需求分析分三个层次：组织分析、任务分析和人员分析。培训需求分析的方法有访谈法、观察法、问卷调查法、资料档案收集法等。经过需求分析，明确了培训以后，即可确定培训目标和计划。培训目标的确定为培训提供了方向和框架，培训与开发的方案设计则可以使目标变为现实。组织根据培训需求，结合本组织的战略目标来制定培训计划。

培训与开发的方式分为在职培训、课堂培训和基于计算机技术的培训。在职培训也叫在岗培训，是指为了使员工具备有效完成工作任务所必需的知识、技能和态度，在不离开工作岗位的情况下对员工进行培训。课堂培训是指所有正式工作场所之外的培训，在这个意义上，课堂的含义是指任何工作场所之外的空间，可以是会议室、礼堂等。基于计算机技术的培训可以根据学习者的个人情况制定相应的培训，如个人控制在什么时候、以何种方式和进度进行培训，所以基于计算机的培训属于自设进度的培训。

不同类型员工的培训与开发，这里简单介绍了管理人员的培训与开发、科技人员的培训与开发、营销人员的培训与开发。

思考题

1. 培训与开发的含义是什么？有什么意义？
2. 培训与开发需要遵循什么原则？如何进行分类？
3. 培训与开发的内容包括哪几个方面？
4. 培训与开发的步骤有哪些？
5. 如何进行培训与开发的需求分析？
6. 培训成果转化的条件有哪些？
7. 培训与开发的方法有哪些？主要内容是什么？
8. 结合自己体会，谈谈如何评价员工培训？

案例讨论

海尔公司的员工培训

海尔集团从一开始至今一直贯穿"以人为本"提高人员素质的培训思路，建立了一个能够充分激发员工活力的人才培训机制，最大限度地激发每个人的活力，充分开发利用人力资源，从而使企业保持了高速稳定发展。

海尔的价值观念培训

海尔培训工作的原则是"干什么学什么，缺什么补什么，急用先学，立竿见影"。在此前提下首先是价值观的培训，"什么是对的，什么是错的，什么该干，什么不该干"，这是每个员工在工作中必须首先明确的内容，这也是企业文化的内容。对于企业文化的培训，除了通过海尔的新闻机构《海尔人》进行大力宣传以及通过上下灌输、上级的表率作用之外，重要的是由员工互动培训。目前海尔在员工文化培训方面进行了丰富多彩的、形式多样的培训及文化氛围建设，如通过员工的"画与话"、灯谜、文艺表演、找案例等，用员工自己的画、话、人物、案例来诠释海尔理念，从而达成理念上的共识。

"下级素质低不是你的责任，但不能提高下级的素质就是你的责任！"对于集团内各级管理人员，培训下级是其职责范围内必需的项目，这就要求每位领导亦即上到集团总裁、下到班组长都必须为提高部下素质而搭建培训平台、提供培训资源，并按期对部下进行培训。特别是集团中高层人员，必须定期到海尔大学授课或接受海尔大学培训部的安排，不授课则要被索赔，同样也不能参与职务升迁。每月进行的各级人员的动态考核、升迁轮岗，就是很好的体现：部下的升迁，反映出部门经理的工作效果，部门经理也可据此续任或升迁、轮岗；反之，部门经理就是不称职。为调动各级人员参与培训的积极性，海尔集团将培训工作与激励紧密结合。海尔大学每月对各单位培训效果进行动态考核，划分等级，等级升迁与单位负责人的个人月度考核结合在一起，促使单位负责人关心培训，重视培训。

海尔的实战技能培训

技能培训是海尔培训工作的重点。海尔在进行技能培训时重点是通过案例、到现场进行的"即时培训"模式来进行。具体说，是抓住实际工作中随时出现的案例（最优事迹或最劣事迹），利用当日的时间立即（不再是原来的停下来集中式的培训）在现场进行案例剖析，针对案例中反映出的问题或模式，来统一人员的动作、观念、技能，然后利用现场看板的形式在区域内进行培训学习，并通过提炼在集团内部的报纸《海尔人》上进行公开发表、讨论，达成共识。员工能从案例中学到分析问题、解决问题的思路及观念，提高员工的技能，这种培训方式已在集团内全面实施。

对于管理人员则以日常工作中发生的鲜活案例进行剖析培训，且将培训的管理考核单变为培训单，利用每月8日的例会、每日的日清会、专业例会等各种形式进行培训。

海尔的个人生涯培训

海尔集团自创业以来一直将培训工作放在首位，上至集团高层领导，下至车间一线操作工人，集团根据每个人的职业生涯设计为每个人制定了个性化的培训计划，搭建了个性化发展的空间，提供了充分的培训机会，并实行培训与上岗资格相结合。

在海尔集团发展的第一个战略阶段(1984-1992年)，海尔集团只生产冰箱，且只有一到两种型号，产量也控制在一定的范围内，目的就是通过抓质量、抓基础管理、强化人员培训、从而提高了员工素质。

海尔的人力资源开发思路是"人人是人才"、"赛马不相马"。在具体实施上给员工搞了三种职业生涯设计：一种是对管理人员的，一种是对专业人员的，一种是对工人的。每一种都有一个升迁的方向，只要是符合升迁条件的即可升迁入后备人才库，参加下一轮的竞争，跟随而至的就是相应的个性化培训。

1."海豚式升迁"

这是海尔培训的一大特色。海豚是海洋中最聪明最有智慧的动物，它下潜得越深，则跳得越高。如一个员工进厂以后工作比较好，但他是从班组长到分厂厂长干起来的，主要是生产系统；如果现在让他干一个事业部的部长，那么他对市场系统的经验可能就非常缺乏，就需要到市场上去。到市场去之后他必须到下边从事最基层的工作，然后从这个最基层岗位再一步步干上来。如果能干上来，就上岗，如果干不上来，则就地免职。

有的经理已经到达很高的职位，但如果缺乏某方面的经验，也要派他下去；有的各方面经验都有了，但处事综合协调的能力较低，也要派他到这些部门来锻炼。这样对一个干部来说压力可能较大，但也培养锻炼了干部。

2."届满要轮流"

这是海尔培训技能人才的一大措施。一个人长久地干一样工作，久而久之形成了固化的思维方式及知识结构，这在海尔这样以"创新"为核心的企业来说是难以想象的。目前海尔已制定明确的制度，规定了每个岗位最长的工作年限。

3."实战方式"

这是海尔培训的一大特点。比如海尔集团常务副总裁柴永林，是80年代中期在企业发展急需人才的时候入厂的。一进厂，企业没有给他出校门进厂门的适应机会，因为时间不允许。一上岗，在他稚嫩的肩上就压上了重担，从国产化、引进办，后又到进出口公司的一把手，领导们看得出来他很累，甚至压得他喘不过气来。有一阶段工作也上不去了，但领导发现，他的潜力还很大，只是缺少了一些知识，需要补课。为此就安排他去补质量管理和生产管理的课，到一线去锻炼(检验处长、分厂厂长岗位)，边干边学，拓宽知识面，积累工作经验。在较短的时间内他成熟了，担起了一个大型企业副总经理的重任。由于业绩突出，1995年又委以重任，接收了一个被兼并的大企业，这个企业的主要症结是：亏损、困难较大、离市场差距较远。他不畏困难，一年后就使这个企业扭亏为盈，企业两年走过了同行业二十年的发展路程，成为同行业的领头雁，也因此成为海尔吃"休克鱼"的典型，被美国哈佛大学收入其工商管理案例库。之后他不停地创造奇迹，被《海尔人》誉为"你给他一块沙漠、他还给你一座花园"的好干部。

培训环境

海尔为充分实施全员的培训工作，建立了完善的培训软环境（培训网络）。在内部建立了内部培训教师师资网络。

首先对所有可以授课的人员进行教师资格认定，持证上岗。同时建立了内部培训管理员网络，以市场链 SST 流程建立起市场链索酬索赔机制及培训工作考核机制，每月对培训工作进行考评，并与部门负责人及培训管理员工资挂钩，通过激励调动培训网络的灵活性和能动性。

其次，在外部建立起了可随时调用的师资队伍。目前海尔以青岛海洋大学海尔经贸学院的师资队伍为基础依托，同时与瑞士 IMD 国际工商管理学院、上海中欧管理学院、清华大学、北京大学、中国科技大学、法国企业管理顾问公司、德国莱茵公司、美国 MTI 管理咨询公司等国内外 20 余家大专院校、咨询机构及国际知名企业近百名教授建立起了外部培训网络，利用国际知名企业丰富的案例进行内部员工培训，在引入了国内外先进的教学和管理经验的同时，又借助此力量、利用这些网络将海尔先进的管理经验编写成案例库，成为 MBA 教学的案例，也成为海尔员工培训的案例，达到了资源共享。

海尔集团除重视"即时"培训外，更重视对员工的"脱产"培训。在海尔的每个单位，几乎都有一个小型的培训实践中心，员工可以在此完成诸多在生产线上的动作，从而为合格上岗进行了充分的锻炼。为培养出国际水平的管理人才，海尔还专门筹资建立了用于内部员工培训的基地——海尔大学。海尔大学目前拥有各类教室 12 间，可同时容纳 500 人学习及使用，有多媒体语音室、可供远程培训的计算机室、国际学术交流室等。为进一步加大集团培训的力度，使年轻的管理人员能够及时得到新知识，海尔国际培训中心第一期工程 2000 年 12 月 24 日在国家风景旅游度假区崂山仰口已投入使用，该中心建成后可同时容纳 600 人的脱产培训，且完全是按照现代化的教学标准来建设，并拟与国际知名的教育管理机构合作，举办系统的综合素质培训及国际学术交流，办成一座名副其实的海尔国际化人才培训基地，同时向社会开放，为提高整个民族工业的素质做出海尔应有的贡献。

资料来源：徐芳. 培训与开发理论及技术. 上海：复旦大学出版社出版，2005

案例讨论题

1. 海尔集团是如何将各种培训方法和技术有效地结合起来以实现企业的战略目标？
2. 海尔集团是如何提升员工参与培训的积极性的？
3. 从组织的角度看，海尔集团是如何支撑培训系统有效运转？

第八章　职业生涯规划与发展

　　筛选、培训以及绩效评价等诸如此类的人事活动在组织中实际上扮演着两种角色。首先，从传统意义上来讲，它们的重要作用在于为组织找到合适的工作人选。另外一个角色，就是确保雇员的长期兴趣受到组织的保护，其作用尤其表现在鼓励雇员不断成长，使他们能够发挥出自己的全部潜力。人力资源管理的一个基本假设就是，组织有义务最大限度地利用雇员的能力，并且为每一位雇员都提供一个不断成长以及挖掘个人最大潜力和建立成功职业的机会。许多组织正在越来越多地强调职业规划与职业发展的重要性。组织从更具有献身精神的雇员所带来的绩效改善中获利，雇员则从工作内容更为丰富、更具有挑战性的职业中获得收益。组织管理不仅要满足组织单方面需求，还要使员工与组织彼此受益，因此人们从组织的角度提出了职业生涯管理问题。

本章学习重点

▶职业生涯内涵

▶职业生涯规划的意义

▶职业生涯发展的相关理论

▶个人及组织的职业生涯规划

▶不同阶段的职业生涯发展

阅读资料

惠普公司的个人职业生涯培训

　　惠普公司在科罗拉多（Colorado）一个分部开发了一个为期三个月的个人职业生涯培训项目，主要有两个内容：员工的自我评估及其在职业生涯发展途径中的实际应用。

　　自我评估的目的是帮助员工发现在组织中适合其发展的各种机会并建立朝着这一方向努力的激励动力。它包括六个具体内容：

　　（1）通过专门设计的问卷调查、面谈及小组讨论了解学员以往的生活经历和今后的打算。这类自传式的资料便成为以后进一步分析的核心数据。

　　（2）明确员工个人的兴趣爱好，例如，偏爱的职业、学术领域以及所属类型等。惠普将人们的兴趣偏好归纳为325项，由员工挑选填写，并要求他们和相同类型的在不同职位工作的已成功人士进行比较，从而找到发展这种兴趣特长的努力方向。

　　（3）惠普将价值观的有关内容，包括理论的、经济的、审美的、政治的和宗教的，总结为25项内容，要求每个学员从中做出选择，对自己的价值观强度做出评价。

　　（4）要求每个学员记录其在某个工作日以及某个非工作日的全部活动。这一信息用于检验上述几个步骤中所获信息的准确性。

（5）每一个学员要求会见至少两个以上的熟人，如朋友、配偶、亲戚或同事，征求他们对自己的主要看法。

（6）在完成上述内容的基础上，学员用文字、照片、图形等各种方式描绘自己的特征全貌。

惠普通过上述步骤不断积累资料数据，并进行归纳处理。学员从这些数据中可以进一步获得职业生涯自我管理的有用信息。自我评价完成以后，部门经理会见每个学员，了解他们的职业目标，并应用自我评价中的资料对他们的个人情况及他们在组织中的现有工作位置做成档案材料。这一材料对于高级管理层制定整个组织的人力资源计划，明确人员的技能要求，以及细化实施这一计划的时间表具有重要的价值。当组织对人力资源的未来需求与员工个人的职业目标一致时，部门经理就可以帮助员工设计在本组织内实现这一目标的具体安排，如培训、不同岗位的锻炼机会等。同时，员工的职业发展目标可以转换成将来工作绩效的一个评估标准。部门经理对于员工职业生涯进展的实际状况要及时做出评价，并给予各种可能的支持。

惠普的这一培训项目取得了显著成效。公司对于员工的流动管理具有比以往更大的弹性，并使目标更为明确。公司能有更充分的理由向员工解释为什么安排他现在这个工作岗位、为什么决定要对他的工作岗位做出变动，或者帮助他离开公司寻求新的发展工作岗位，而 40% 预定计划的岗位变动也在以后的半年中得以顺利实施，岗位变动的员工中有 74% 的员工认为这种变动得益于这一培训项目。这一项目在实施以后的一年中，科罗拉多分部的人员流动率开始下降，由于中层管理人员流失所导致的替换成本节约了 40000 美元。

资料来源：杨文健. 人力资源管理. 北京：科学出版社，2007

第一节　职业生涯概述

一、职业生涯的内涵

1908 年，弗兰克·帕森斯（Frank Parsons）在波士顿创办了职业咨询所，1909 年，他又撰写了《选择一个职业》一书，在世界范围内第一次运用了"职业指导"（Vocational Guidance）这一专门学术用语，标志着职业指导活动的历史性开端。帕森斯提出的人职匹配理论开启了职业指导理论的先河，构建了帮助青年学生了解自己、了解职业，使人的特点与职业要求相匹配的职业指导模式。1937 年，美国职业指导学会对职业指导做出了进一步的界定：职业指导是帮助个人选择职业、准备就业、安置就业并在职业上获得成功的过程。1951 年，美国生涯理论专家萨帕（Donald E. Super）对职业指导做出了全新的定义：职业指导是协助个人发展并接受完整而适当的自我形象，同时发展并接受完整而适当的职业角色形象，从而在现实世界中加以体验并转化为实际的职业行为，以满足个人的需要，同时也是造福社会的过程。20 世纪 60 年代以后，职业生涯的内涵开始发生变化。人们在关注职业选择与发展的同时，开始关注个人工作以外生活的选择与发展。麻省理工学院的埃德加·施恩（Edgar H. Schein）的"职业锚"理论和萨帕的"生涯"概念被先后提出。

通常，人们对职业生涯大致有两种观点：一种观点是从某一类工作或某一组织出发，把职业生涯看做其中一系列职位构成的总体，如米切尔·阿瑟（Michael Arthur）、道格拉斯·霍尔（Douglas Hall）和芭芭拉·洛伦丝（Barbara Lawrence）认为，职业生涯就是个人长期从事一系列工作的经历；另一个观点则把职业生涯看做个人的一种功能，而不是某种工作或某一组织的功能，这种观点认为，每个人实际上都在追求一个独特的职业生涯，如著名管理学家诺斯威尔曾指出："职业生涯设计就是个人结合自身情况以及眼前制约因素，为自己实现职业目标而确定行动方向、行动时间和行动方案。"职业生涯，又称职业发展，是指一个人在其一生中遵循一定道路（或途径）所从事工作的历程，是指与工作相关的活动、行为、价值、愿望等的综合。

职业生涯分为外职业生涯和内职业生涯。外职业生涯是指由接受教育开始，经工作直至退休的活动；内职业生涯是指个人对职业追求的一种主观愿望以及期望的职业发展计划。

职业生涯（Career）的概念还包含多种意思。从一种前进的视角来看，职业生涯最普遍的含义可能是个人对选择工作路线的一种反映——赚更多的钱；肩负更多的责任；获得更高的地位、威望和权力。尽管职业生涯的概念通常限定在有收益的工作范围内，但是它也能运用到其他的生活追求中。例如，我们可以把家庭主妇、父母和义务工作者也看做是职业，因为他们处理责任更大的问题的智慧和能力随着时间和经历的增加而增长，从这种意义上来说，他们也是前进的。当孩子还在幼儿园的时候，他们的父母便担负起不同于其他人的更重要的角色。

格林豪斯从强调事业的重要性的角度给出了职业生涯的一种精确定义：职业生涯是与工作有关的经历（例如职位、职责、决策以及对工作相关事件的主观解释）和工作时期所有活动的集合。这个定义强调，在评价个人时"职业生涯"并不暗示成功或失败，职业生涯包括态度和行为，它是总处在发展变化中的一系列与工作有关的活动。虽然职业生涯的概念表面上是与工作有关，但是必须明白离开工作时的生活和角色也是职业生涯的重要组成部分。例如，处于职业中期的 50 岁的经理人，对于包含更多责任的晋升的态度与即将退休的经理的态度有很大的不同。同样，对于调动工作地点的晋升，一个单身的人的反应与一个学龄儿童的父亲或母亲的反应是不同的。

随着时间的推移，社会价值观在改变，因而一个人对职业的反应也可能改变。如今，越来越多的管理层和专业人员似乎减少了对晋升、持续的成功和频繁加薪的热衷，而家庭的需要和多些时间与心爱的人在一起，越来越成为个人思考、讨论的主题。

美国各年代人对工作需求的不同

大约 4.1 亿"X 一代"（出生在 1962—1975 年之间的人）对于职业的看法和选择倾向不同于他们的父母。婴儿潮出生的一代人大约有 7.6 亿（出生在 1946—1961 年之间），他们努力平衡工作和家庭生活。"X 一代"目睹了企业规模缩小、改组和提早退休的现象，这些是他们父母面临的主要问题。然而，"X 一代"向往灵活的工作时间、有更多的机会接受培训和教育、获得更多的钱和收益、有更多的晋升机会。他们倾向于跳槽，并不注重忠诚。"X 一代"希望努力工作并迎接下一个挑战。忠诚对于"X 一代"的意义是，只要公司的老板给予同他们价值相当的回报的话，他们就愿意待在一个公司。满足"X一代"对学习和个人发展的要求的方法是指导和培训，帮助他们感觉到仿佛自己在成长、学习和发展，而实际上是老板需要他们成长。另一种吸引"X一代"的关键是灵活的工作时间。他们希望在自己控制的时间表下灵活地完成要求的工作。严格的工作时间、严密的组织管理层级和完整的工作保障并不能给"X一代"好印象。对于他们而言，自由、冒险、自我实现和持续的个人成长意味着更多价值。

如果老板想要激励和留住"X一代"，那么他们需要提供灵活性、独立性、成长和培训的机会。大约7亿出生在1976—1995年之间的"Y一代"现在正加入劳动大军。他们对理想的职业途径有很强的观点，对晋升缺乏兴趣。他们也开始了自己的职业生涯，他们想要得到更高的起步薪金，通过多个工作机会的挑选来获得明确的奖金。"Y一代"也设想过经常变换工作，这导致了他们站在短期职业的视角，对其所在的公司没有长远发展的目标。尽管"Y一代"有着专业技术、企业家的个性和深厚的社会意识，但是他们将会对"现实"的管理世界中所要学习的东西感到惊讶。对于"Y一代"的管理者和人力资源管理来说，接下来的巨大挑战则是满足下一代对自身发展的更高需要。

资料来源：Julie Wallace. After X Comes Y. HR Magazine，2001：192；Shelly Reese. The New Wave of Gen X Workers. Business & Health，1999：19-23；Harry S. Dent. The Roaring 2000s，1998（New York：Simon & Schuster）

二、职业生涯规划的意义

对员工个人而言，参与职业生涯规划的重要性体现在三个方面：

（1）员工通过参与职业生涯规划，可以增强对工作环境的把握能力和对工作困难的控制能力。职业生涯规划既能使员工了解自身的长处和短处，养成对环境和工作目标不断分析的习惯，又可以使员工合理计划、分配时间和精力完成任务、提高技能。这都有利于提高员工把握环境和战胜困难的能力。

（2）员工通过参与职业生涯规划，有利于更好地安排职业生活，处理好职业生活和家庭生活、社会生活的关系。良好的职业生涯规划可以帮助个体从更高的角度看待工作中的各种问题和选择，将各种独立的事件结合起来，服务于总体的职业目标，从而使职业生活更加充实和富有成效。它能够考虑职业生活同个人追求、家庭目标等其他生活目标的平衡，使员工避免陷入顾此失彼、两面为难的困境。

（3）员工通过参与职业生涯规划，可以实现自我价值的不断提升和超越。人们的最初目的可能仅仅是找一份养家糊口的工作，进而追求财富、地位和名望。职业生涯规划帮助人们对职业目标进行多次提炼，从而使自己的工作目标超越财富和地位之上，追求更高层次的自我价值实现。

第二节　职业生涯发展理论

一、择业动机理论

美国心理学家佛隆（Victor. H. Vroom）通过对个体择业行为的研究认为，个体行为动机的强度取决于效价的大小和期望值的高低，动机强度与效价及期望值成正比。1964 年在《工作和激励》一书中，他提出了解释员工行为激发程度的期望理论。

员工个体行为动机的强度取决于效价大小和期望值的高低。效价越大，期望值越高，员工的行为动机就越强烈，就是说为达到一定目标，他将付出极大努力。如果效价为零乃至负值，表明目标实现对个人毫无意义。在这种情况下，目标实现的可能性再大，个人也不会产生追逐目标的动机，不会为此付出任何积极性，付出任何的努力。如果目标实现的概率为零，那么无论目标实现意义多么重大，个人同样不会产生追求目标的动机。

佛隆将这一期望理论用来解释个人的职业选择行为，具体化为择业动机理论。该理论的应用，即个人如何进行职业选择，分两步走：

第一步，确定择业动机。

用公式表示为：择业动机＝职业效价×职业概率。式中，择业动机表明择业者对目标职业的追求程度，或者对某项职业选择意向的大小。职业效价是指择业者对某项职业价值的评价，取决于：

① 择业者的职业价值观；

② 择业者对某项具体职业要求如兴趣、劳动条件、工资、职业声望等的评估。即职业效价＝职业价值观×职业要素评估。

职业概率是指择业者获得某项职业可能性的大小，通常主要取决于四个条件：

① 某项职业的需求量。在其他条件一定的情况下，职业概率同职业需求量呈正相关。

② 择业者的竞争能力，即择业者自身工作能力和求职就业能力，竞争力越强，获得职业的可能性越大。

③ 竞争系数是指谋求同一种职业的劳动者人数的多少。在其他条件一定的情况下，竞争系数越大，职业概率越小。

④ 其他随机因素。

因此，职业概率＝职业需求量×竞争能力×竞争系数×随机性。择业动机公式表明，对择业者来讲，某项职业的效价越高，获取该项职业的可能性越大，择业者选择该项职业的意向或者倾向越大；反之，某项职业对择业者而言其效价越低，获得此项职业的可能性越小，择业者选择这项职业的倾向也就越小。

第二步，比较择业动机，确定选择的职业。

择业者对几种目标职业进行价值评估并获取该项职业可能性的评价，最后对几种择业动机进行横向比较。择业动机是对职业的全面评估，一般多以择业动机分值高的职业作为自己的选择结果。

佛隆的择业动机理论可以帮助求职者权衡各种动机的轻重缓急，反复比较利弊得失，评定其社会价值，帮助求职者确定主导择业动机，使之顺利地引导行为，这是职业指导咨询及职业指导教育的重要内容。

在实际生活中，职业需要是多种多样的，并且处在不断的发展和变化过程中。因此，在同一时间内往往存在几种不同的择业动机，甚至是彼此冲突的动机，构成择业动机体系。在这个体系中，那种最强烈而稳定的择业动机称为优势择业动机或主导择业动机。个体进行职业准备、选择和确定职业的过程都是由主导动机所支配的。各种择业动机之间存在着矛盾，在职业定向过程中，是选择待遇高的职业，还是选择最能发挥自己特长的职业，只有通过动机斗争才能过渡到行为。

择业动机和职业目标是两个既有区别又有联系的概念。在简单情况下，二者通常是一致的。但在更多的情况下，择业动机和职业目标又是不一致的。同一择业动机，可能做出不同的职业选择。职业目标是由择业动机产生的，在行为面前有目标吸引，在行为背后有动机驱策，因而使择业行为获得了极大的推动力。在职业目标之间也常存在着矛盾和斗争，不及时解决职业目标冲突，往往会导致心理冲突。正确选择职业目标是解决冲突的途径。职业目标的矛盾所引起的心理冲突有以下几种类型：

① 双趋式冲突。当个体面临两个具有相同吸引力的职业目标，但只能选择一个，又不知如何选择时，就出现了双趋式冲突。职业定向不确定、无兴趣中心的人，尤其容易发生这种现象。

② 双避式冲突。当个体发现两个目标可能同时具有威胁性，即使个体产生了都要逃避的动机，但必须从中择一时就形成了双避式冲突。

③ 趋避式冲突。当个体遇到单一目标同时怀有两个动机时，一方面好而趋之，另一方面又恶而避之，个体由于矛盾而形成的精神痛苦，即起于趋避的心理冲突。

④ 双重趋避式冲突。这是双趋式冲突与双避式冲突的复合形式，也可能是两种趋避式冲突的复合形式。即两个目标或情境对个体同时有利和有弊，面对这种情况，当事人往往陷入左右为难的痛苦取舍中，即双重趋避式冲突。

解决求职者职业目标冲突，首先要以树立正确的择业动机为基础。择业动机斗争常常是造成人在不同的职业目标之间游离的原因。其次，要帮助求职者，面对现实权衡利弊，分析自身知识状况、能力水平、身体素质、目标远近以及其他主客观原因。不能好高骛远，要从实际出发考虑自己的职业理想和职业目标是否合乎实际。在职业目标冲突面前，要以最重要的期望为选择目标，做出迅速果断的选择。

择业动机对人的择业行为概括地说有三种功能：一是始发功能，它能引发一个人产生某种择业行为。二是指向与选择功能，它使人的择业行为沿着特定的方向发展。三是强化和保持功能，良好的择业行为结果会使动机得到加强，不好的择业行为结果会使这种行为动机受到削弱以至不再出现。择业动机对择业行为的作用程度取决于动机的强度，但并不是动机越强烈择业行为效果就越好。

佛隆的择业动机理论发现，动机水平过低，主体得不到足够的能量去从事应该进行的活动。当动机水平过高时，由于主体处于高度紧张状态，正常的认识和思维受到干扰，进而使行为效果受到影响。只有保持中等的动机水平，行为的有效性才最高。这时主体既得到了足够的行为动力，又能保持冷静的头脑和灵活的思维，使行为效果达到最佳。心理学家的研究发现，动机水平和行为效果的关系与活动的复杂程度有关。简单的活动常因动机水平的增强而提高行为效果，复杂的活动则随动机水平的增强而降低行为效果。个体择业动机的强度除了受个体职业需要的强度和动机性质影响外，还受行为目标的影响。动机引导行为指向目标，随着目标的实现，这种动机在动机结构中的强度就会不断减弱，其他动机就会不断加强，并逐渐成为左右人行为的主导动机。

职业需要有不同的层次，择业动机也有不同的水平，二者决定了选择何种职业。一个为生理性职业需要所控制的人，他的择业动机是获得满足生理需要的物质。在职业选择上必然把待遇的高低作为选择职业的标准。生理需要一旦满足，择业动机会随之发生变化，随之而来的就是职业的再选择。各种不同水平的择业动机有各自不同的职业标准，只有同高尚的社会性职业需要相联系的高尚的社会性择业动机，才能推动人去选择那些最能实现自己价值的职业，从而找到最能发挥自己潜能的位置。择业动机还决定着一个人实现职业目标的方式和途径。选择什么方式和途径去实现自己的职业目标，是由择业动机的性质所决定的。决定实现个体职业目标的方法和途径，需要对各种可能的方法途径进行比较，既要考虑主观必要性、又要考虑客观可能性；既要考虑最好效应的有效原则，又要考虑是否符合社会道德、法律规范，有计划地实现职业理想和目标。

二、个性与职业兴趣相匹配理论

约翰·霍兰德(John Holland)是美国约翰·霍普金斯大学心理学教授，也是美国著名的职业指导专家。他于1959年提出了具有广泛社会影响的个性与职业兴趣相匹配理论。在此理论提出之前，关于职业兴趣测试和个体分析的研究是孤立的，霍兰德将二者有机结合起来。他认为人的人格类型、兴趣与职业密切相关，兴趣是人们活动的巨大动力，凡是具有职业兴趣的职业，都可以提高人们的积极性，促使人们积极地、愉快地从事该职业，且职业兴趣与人格之间存在很高的相关性。霍兰德暗示职业的选择是一种个性的表现，尽管机遇充当了重要的角色，但是它并不是一个随机现象，而且他相信一个人在多大程度上成功以及能从职业中获得什么都取决于这个人的性格对工作环境的适应程度。霍兰德认为每个人在一定程度上都可归到6种性格类型中的一类。霍兰德选择职业的倾向如图8-1所示。

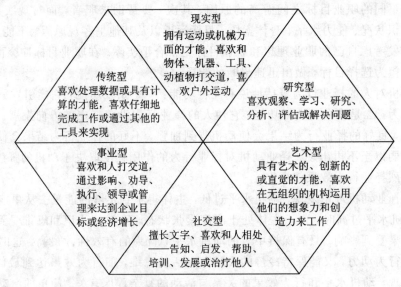

图8-1 霍兰德选择职业的倾向(霍兰德的六角形)

资料来源：Richard Bolles. What Color is Your Parachute? Berkeley, CA: Ten Speed Press, 2002:80

(1) 现实型。这类人偏好于动手做，包括对机器和工具的操作，例如机械师。

(2) 研究型。这类人的特点是善于分析，有好奇心，具备系统性和精确性，例如研究型的科学家。

(3) 艺术型。他们的特点是有表现力的、不按常规的、新颖的和好反省的，例如室内设计师。

（4）社交型。他们喜欢与其他人一起工作并且帮助别人，他们刻意地避免涉及设备和机器的系统性活动，例如学校顾问。

（5）事业型。这类人喜欢通过自己去影响他人来达到活动的目标，例如律师。

（6）传统型。他们喜欢对数据、文档记录或再生产的材料进行系统的分析，例如会计。

一个人越是类似于其中的一类，他将越有可能表现出和此类关联的性格和特点。霍兰德暗示无论一个人的性格是哪种类型主导，他都可以通过一系列的策略来处理和周围环境的关系，并且许多策略适用于两个或更多性格类型。霍兰德运用一个六角形来说明 6 种性格类型之间的联系和差距。

霍兰德通过研究确定两种性格的倾向在六角形中排列得越紧密，那么性格类型越接近。因此，他认为邻近的性格类型（例如，现实型——研究型和社交型——事业型）是相似的，而不邻近的性格类型（例如，现实型——社交型和艺术型——传统型）是不相似的。按霍兰德的分析和逻辑可以得出结论：如果一个人的主导性格和次要性格倾向相似，则在职业选择上将花相对少的时间；另一方面，主导性格和次要性格倾向如果不相似的话，选择职业可能会遇到困难。

经过多年的发展，职业兴趣测验已在教育、培训、组织管理等领域有了越来越多的应用。组织招聘时，通过对应聘者职业兴趣的测试判定其属于哪种类型，由此决定录用职位。在组织的日常管理中，如果出现员工和职位不匹配的情况，可测试出员工的职业兴趣，再安排与其职业兴趣相匹配的岗位。霍兰德的职业兴趣理论对于个人升学就业具有重要的指导作用，已成为众多职业咨询机构的重要工具。另外，霍兰德于 1982 年编撰完成的霍兰德职业兴趣代码字典对美国职业大典中的每一个职业都给出了职业兴趣代码。这种职业兴趣量表可直接应用于职业辅导和咨询。

三、职业生涯阶段理论

（一）萨柏的职业生涯阶段理论

在人一生的发展过程中，人的价值观、工作动机和处世态度会发生变化，相应地，每个人的职业发展也具有阶段性。每一阶段都有独特的职业活动，同时，人们所处的每一具体的职业阶段会影响一个人的知识水平以及对各种职业的偏好程度。从国外对职业生涯发展的研究状况来看，萨柏（Donald Super）的职业生涯发展理论比较具有代表性。他根据人的生长发展，把职业发展划分为五个阶段，如表 8 - 1 所示。

表 8 - 1 萨柏职业生涯五阶段理论

阶段	成长阶段 从出生～14 岁	探索阶段 15～24 岁	确立阶段 25～44 岁	维持阶段 45～60 岁	下降阶段 60 岁以上
主要任务	认同并建立起自我概念，对职业好奇占主导地位，并逐步有意识地培养职业能力	主要通过学校学习进修自我考察、角色鉴定和职业探索，完成择业及初步就业	获取一个合适的工作领域，并谋求发展。这一阶段是大多数人职业生涯周期中的核心部分	开发新的技能，维护已获得的成就和社会地位，维持家庭和工作两者间的和谐关系，寻找接替人选	逐步退出和结束职业，开发社会角色，减少权利和责任，适应退休后的生活

资料来源：廖泉文. 人力资源管理. 北京：高等教育出版社，2011

1. 成长阶段(Growth Stage)(从出生～14岁)

在这一阶段，个人通过家庭成员、朋友以及老师的认同以及他们之间的互动，逐渐形成了自我的概念。这一阶段的儿童，通过扮演某些职业角色，尝试各种不同的行为方式，逐渐建立起人们如何对不同的行为做出反应的印象，并且逐渐形成一个独特的自我概念和个性。到这一阶段结束时，进入青春期的儿童开始对各种可选择的职业进行带有某种现实性的思考。

2. 探索阶段(Exploration Stage)(15～24岁)

在这一阶段，个人将积极认真地探索各种可能的职业选择，他们试图将自己的职业选择与自己对职业的了解以及在学校教育、社会活动和工作中获得的个人兴趣和能力匹配起来。这一阶段的个体往往做出一些带有试验性质的、较为宽泛的职业选择。他们在进行职业选择时既会考虑到自己的兴趣，也会结合社会需要。然而，随着个人对所选择职业及对自我的进一步了解，这种最初选择往往会被重新修订。处于这一阶段的人，还必须根据所选择职业的可靠信息来做出相应的教育决策。到这一阶段结束时，人们已经做好了开始工作的准备。

3. 确立阶段(Establishment Stage)(25～44岁)

这一阶段是大多数人工作周期的核心部分。大多数人会在这期间找到合适的职业，并随之全力以赴地投入到有助于自己在此职业中取得永久发展的各种活动之中。通常人们愿意将自己早早锁定在某一个选定的职业上，然而，在大多数情况下，在这一阶段人们仍然在不断地尝试与自己最初的职业选择所不同的各种能力和理想。这一阶段又可以进一步分成三个子阶段。尝试子阶段，大约处于一个人的25～30岁之间。在这一时期，个人需要判断当前所选择的职业是否适合自己，如果不适合，他或她就需要做出一番调整，根据自己的经历重新选择职业。稳定子阶段，通过一段时间的职业经历后，进入30～40岁这一年龄段，这时人们往往已经定下了较为坚定的职业目标，并制定出较为明确的职业计划来确定自己晋升的潜力、工作调换的必要性以及为实现这些目标需要开展的知识、技能以及其他方面的准备等。而随着职业稳定一段时间后，在大约30～40多岁的某个时间，人们可能会进入一个职业中期危机阶段，在这一阶段，人们往往会根据自己最初的理想和目标对自己的职业情况作一次重要的重新评价。他们可能会发现，自己并没有朝着自己最初梦想的目标发展，或者在完成他们自己预定的任务之后发现，自己过去的梦想并不是自己所想要的。通常情况下，在这一阶段的人们第一次不得不面对一个艰难的抉择，即确定自己到底需要什么，什么目标是可以达到的以及为了达到这一目标自己需要做出多大的牺牲和努力。

4. 维持阶段(Maintenance Stage)(45～60岁)

这是职业生涯发展的后期阶段，由于组织所需要的专业知识和经验的积累，员工已经成为组织的骨干，在自己的工作领域中为自己创立了一席之地。他们往往在工作中承担了更多的责任，对新员工施加更多的影响。这一时期许多人的大部分精力主要放在保持现状和拥有现有位置上了。

5. 下降阶段(Decline Stage)(60岁以上)

在这一阶段，人的健康状况和工作能力都在逐步衰退，职业生涯接近尾声。许多人都不得不面临这样一种现实：权力和责任不断减少和最终退出组织。这时人们需要学会接受一种新角色，成为年轻人的良师益友和业务顾问，利用自己的经验继续发挥作用。而现在的情况也有所变化，随着医疗保健技术的进步，人们的平均寿命延长，职业生涯需要做出进一步的调整，或者以另一种方式保持工作状态，从而使职业生涯继续发展。

（二）金斯伯格的职业生涯阶段理论

美国著名的职业指导专家、职业生涯发展理论的先驱和典型代表人物——金斯伯格（EliGinzberg）研究的重点是从童年到青少年阶段的职业心理发展过程。他将职业生涯的发展分为幻想期、尝试期和现实期三个阶段，如表8-2和表8-3所示，揭示了初次就业前人们职业意识或职业追求的发展变化过程。

表8-2　金斯伯格职业生涯三阶段理论

阶段	幻想期（11岁之前）	尝试期（11～17岁）	现实期（17岁以后）
主要心理和活动	对外面的信息充满好奇和幻想，在游戏中，扮演自己喜爱的角色。此时期的职业需求特点是：单纯由自己的兴趣爱好所决定，并不考虑自身的条件、能力和水平，也不考虑社会需求和机遇	由少年向青年过渡，人的心理和生理均在迅速成长变化，独立的意识、价值观形成，知识和能力显著提升，初步懂得社会生产与生活的经验。开始注意自己的职业兴趣、自身能力和条件、职业的社会地位	能够客观地把自己的职业愿望或要求，同自己的主观条件、能力，以及社会需求密切联系和协调起来，已有具体的、现实的职业目标

表8-3　金斯伯格职业生涯三阶段理论中的后两个阶段的子阶段

主阶段名称	子阶段名称			
尝试期	兴趣阶段（11～12岁）	能力阶段（13～14岁）	价值观阶段（15～16岁）	综合阶段（17岁）
	开始注意并培养其对某些职业的兴趣	开始以个人的能力为核心，衡量并测验自己的能力，同时将其表现在各种相关的职业活动上	逐渐了解自己的职业价值观，并能兼顾个人与社会的需要，以职业的价值性选择职业	将上述三个阶段的职业相关资料综合考虑，以此来了解和判定未来的职业发展方向
现实期	试探阶段	具体化阶段	专业化阶段	
	根据尝试期的结果，进行各种试探活动，试探各种职业机会和可能的选择	根据试探阶段的经历做进一步的选择，进入具体化阶段	依据自我选择的目标，做具体的就业准备	

资料来源：廖泉文. 人力资源管理. 北京：高等教育出版社，2011

（三）格林豪斯的职业生涯阶段理论

萨柏和金斯伯格的研究侧重于不同年龄段对职业的需求与态度，而美国心理学博士格林豪斯的研究则侧重于不同年龄段职业生涯所面临的主要任务，并以此为依据将职业生涯划分为五个阶段：职业准备阶段、进入组织阶段、职业生涯初期、职业生涯中期和职业生涯后期，如表8-4所示。

表 8 - 4　格林豪斯职业生涯五阶段理论

阶段	职业准备阶段 (0～18岁)	进入组织阶段 (18～25岁)	职业生涯初期 (25～40岁)	职业生涯中期 (40～55岁)	职业生涯后期 (55岁至退休)
主要任务	发展职业想象力，培养职业兴趣和能力，对职业进行评估和选择，接受必需的职业教育和培训	进入职业生涯，选择一种合适的、较为满意的职业，并在一个理想的组织中获得一个职位	逐步适应职业工作，融入组织，不断学习职业技能，为未来职业生涯成功做好准备	努力工作，并力争有所成就。在重新评价职业生涯中强化或转换职业道路	继续保持已有的职业成就，成为一名工作指导者，对他人承担责任，维护自尊，准备隐退

日本的职业生涯发展计划

日本的职业技术教育发展很快。近年来，日本推行了"职业生涯发展计划"，力图通过教育培训的连续性，因人制宜地培养职工成为一专多能、适应科学技术不断发展需要的人才。推行这种计划的企业，一般把职业生涯分为四个阶段：第一阶段从进入企业到28岁左右，由于刚进入社会，有求知的欲望；第二阶段是30岁左右，能积极应用学得的技术；第三阶段是从35岁到40岁上下，已经进入成熟期，能充分发挥所积累的实力，领导若干下属人员一起工作；第四阶段是45岁以上的职工，作为企业的管理者，活跃在企业的各个部门。

对于这四个阶段的不同对象，各企业采用不同的教育方法。

日本东洋工程技术公司，对处于第一阶段的职工，采取准备教育、现场实习、集体教育等多种方法使他们掌握多方面的知识。对进入第二阶段的职工，则以情报整理法为中心进行教育，实行"骨干阶层普遍继续提高的进修"。在第三阶段，对开始担任管理职务的人员，马上实行新任管理职务的进修。进修一年后实行函授教育，三年后实施 MDP(管理、发展、计划)教育，为进入第四阶段创造条件。在管理人员达到45岁左右的时候，对其适应性作出评论，目的是确定其属于哪种类型的人，是适合于当经理还是当专业人员。对于适合担任经理的人员，实行"骨干经理进修"和"高级经理进修"，对专业人员则选送到大学进修或到研究所作专题研究。

这样的"职业生涯发展计划"，把"全员培训"同"继续教育"结合起来，使之制度化、规范化；把职工的当前工作同终生发展结合起来，有利于调动职工的积极性，增强企业的凝聚力；把职工个人的发展同企业的发展结合起来，保证了企业不断开拓前进的"后劲"。这称得上是一个高瞻远瞩的计划。

四、职业锚理论

"职业锚"是由美国著名心理学家施恩教授提出来的。职业锚是指一个人不得不做出职业选择的时候，不会放弃的职业中的那种至关重要的态度价值观。施恩认为，职业生涯设计实际上是一个持续不断的职业探索过程。在这一探索过程中，个体会根据自己的天资、能力、动机、需要、态度和价值观等慢慢地形成一个较为明晰的与职业有关的自我概念。随着个体对自己越来越了解，他就会逐渐形成一个明显的占主要地位的职业锚(Career

Anchor)。职业锚就是人们选择和发展自己的职业时所围绕的中心。一个人的职业锚是在不断发展变化的,它实际上是一个不断探索而产生的动态的结果。有些人可能一直不知道自己的职业锚是什么,直到他的工作面临某些重大变化时,其过去的工作经历、兴趣、资质等才会整合起来形成一个富有意义的模式(职业锚),这个模式会指明什么东西是最重要的。施恩根据对大学毕业生的研究,提出了五种职业锚,如表 8-5 所示。

表 8-5　施恩的职业锚理论

职业锚	表　现
技能或功能型	不喜欢一般性管理活动,喜欢能够保证自己在既定的技术或功能领域中不断发展的职业
管理型	有强烈的管理动机,认为自己有较强的分析能力、人际沟通能力和心理承受能力
创造型	喜欢建立或创设属于自己的东西
自主与独立型	喜欢摆脱依赖别人的境况,有一种自己决定自己命运的需要
安全型	极为重视职业的长期稳定和工作的保障性

1. 技能或功能型职业锚

这一类型的人在做出职业选择和决策时的主要精力放在自己正在干的实际技术内容或职业内容上。那些具有较强的技术或功能性职业锚的人总是倾向于选择那些能够保证自己在既定的技术或功能领域中不断发展的职业,而不愿意选择那些带有一般惯例性质的职业。其特点主要表现在:强调实际技术或某项职能的业务工作;拒绝一般的管理工作;技术能力区的职业技能不断提高;在特定的条件下也可能改变。

2. 管理型职业锚

这一类型的个体在职业实践中相信自己具备胜任管理所必不可少的技能和价值观。他们根据需要在一个或多个职能区展现能力,但他们的最终目标是管理本身。有些人愿意承担较高责任,具有从事管理工作的强烈动机。“他们的职业经历使得他们相信自己具备被提升到那些一般管理性职位上去所需要的各种必要能力以及相关的价值倾向。”当追问他们为什么相信自己具备获得这些职位所必需的技能时,许多人回答说,由于他们认为自己具备以下三方面的能力:分析能力,尤其是在信息不完全以及不确定的情况下发现问题、分析问题和解决问题的能力;人际沟通能力,能够在各种层次上影响、监督、领导、操纵以及控制他人的能力;情感能力,面临情感和人际危机时,只会受到激励而不会受其困扰和削弱的能力,以及在较高的责任压力下不会变得无所作为的能力。其特点主要表现在:追求承担一般性的管理工作;具有强烈的升迁动机;具有卓越的管理才能。

3. 创造型职业锚

创造型职业锚的个体时时追求建立或创造完全属于自己的成就。有许多大学生在毕业之后逐渐成为成功的企业家。在施恩看来,这些人都有这样一种需要:建立或创设某种完全属于自己的东西——一件署着他们名字的产品或工艺、一家他们自己的公司或一批反映他们成就的个人财富等。其特点主要表现在:有强烈的创造需求和欲望;意志坚定,勇于冒险;能力结构的多元性。

4. 自主与独立型职业锚

这类个体追求的主要目标是随心所欲地制订自己的步调、时间表、生活方式和工作习惯,尽可能少地受组织的限制和制约。有些人希望自己能够决定自己的命运,他们希望摆脱那种因在大企业中工作而依赖别人的情况。他们不喜欢在大企业中,个人的晋升、工作调动、薪酬等诸多方面都要受别人摆布。这些人也具有强烈的技术或功能导向,但不是到某个组织中去追求这种职业,而是决定去成为一位咨询专家,要么是自己独立工作,要么是作为一个相对较小的组织的合伙人来工作。其特点主要表现在:最大限度地摆脱组织的约束;有较强的自我认同感;与其他类型的职业锚有明显的交叉。

5. 安全型职业锚

具有安全稳定型职业锚的人,他们极为重视长期的职业稳定性和工作保障性,愿意选择能够提供有保障的工作、体面的收入、可靠的未来生活的职业。他们选择的职业往往有良好的退休计划和较高的退休金,使自己能够终生有所依托。另外,对于喜欢稳定工作的人,他们往往不愿意因为工作而变动生活环境。其特点主要表现在:追求职业的稳定和安全;对组织具有较强的依赖性;没有太大的抱负;个人职业生涯的开发与发展往往受到限制。

在个体的职业选择阶段,首先应该确定自己的目标,然后根据自己的长远目标考虑可能的组织和可供选择的工作。在个体的职业发展阶段,其职业生涯设计需要个体与组织共同努力和互相协作,个体需要在职业生涯设计过程中承担以下责任:第一,要对自己的个性、能力、职业兴趣和价值观念进行客观公正的评价;第二,分析可供自己选择的职业资源;第三,确定自己将来的长期和短期发展目标;第四,向管理人员说明自己的职业倾向;第五,与管理人员协商,确定双方都可以接受的达到目标的实施方案;第六,执行双方商定的行动方案。

第三节　职业生涯规划

职业生涯规划也称职业生涯设计,是指通过对员工的工作及职业发展的设计,协调员工个人需求和组织需求,实现个人和组织的共同成长和发展,包括做出个人职业的近期和远景规划、职业定位、阶段目标、路径设计、评估与行动方案等一系列计划与行动。职业生涯设计的目的绝不只是协助个人按照自己的资历条件找一份工作,达到和实现个人目标,更重要的是帮助个人真正了解自己,为自己订下事业大计,筹划未来,拟订一生的方向,进一步详细估量内、外环境的优势和限制,在“衡外情,量己力”的情形下设计出各自合理且可行的职业生涯发展方向。职业生涯规划主要包括两种:一是由组织主动实施的职业生涯管理,为组织职业生涯管理(Organizational Career Management);二是由个人主动进行的职业生涯管理,称为个体职业生涯管理(Individual Career Management),也称自我职业生涯设计。职业生涯规划不仅可以使个人在职业起步阶段成功就业,在职业发展阶段走出困惑,到达成功彼岸;对于组织来说,良好的职业生涯管理体系还可以充分发挥员工的潜能,给优秀员工一个明确而具体的职业发展引导,从人力资本增值的角度达成组织价值最大化。

一、个人职业生涯规划

个人职业生涯规划即个人职业生涯设计，指一个人对其一生中所承担职务的相继历程的预期和计划，这个计划包括一个人的学习与成长目标，及对一项职业和组织的生产性贡献和成就期望。个体的职业生涯规划并不是一个单纯的概念，它和个体所处的家庭以及社会存在密切的关系，要根据实际条件具体安排。而且因为未来的不确定性，职业生涯规划也需要确立适当的变通性。

(一) 影响个人职业生涯的因素

影响个人职业生涯的因素概括起来有以下五个方面：

1. 教育背景

获得不同教育程度的人，在个人职业选择与被选择时，具有不同的能量，这关系着职业生涯的开端与适应期是否良好，还关系着他(她)以后在职业发展、晋升方面是否顺利；人们所接受教育的专业、职业种类，对于其职业生涯有着决定性的影响，在大多数情况下成为其职业生涯的前半部分乃至一生的职业类别；人们所接受的不同等级教育、所学的不同学科门类、所在的不同院校及其接受的不同的教育思想，会导致受教育者的不同思维模式与意识形态，从而使人们以不同的态度对待自己和社会、对待职业的选择与职业生涯的发展。

2. 家庭影响

家庭也是培养人的素质以致影响个人职业生涯的主要因素之一。首先，家庭的教育方式影响个人对外界的认知方式；其次，父母的价值观、态度、人际关系等会影响个人对职业的选择；再者，父母的职业技能也是个体进行模仿的对象。

3. 个人的需求与心理动机

人们在就业时出于对不同职业的评价和价值取向，需要从社会众多的职业中选择其一，就业后也要从若干种个人发展机会中进一步做出职业生涯的调整，从而使自身获得较好的归宿，取得他人与社会的认可。

4. 机会

机会，是一种随机出现的、具有偶然性的事物。这种机会，既包括社会各种就业岗位对一个人提供的随机性的岗位，也包括一个人所在的组织给个人提供的培训机会、发展条件和向上流动的职业情境。

5. 社会环境

社会环境，首先是指社会的政治经济形势、涉及人们职业权利方面的管理体制、社会文化与习俗、职业的社会评价等大环境。这些环境因素决定着社会职业岗位的数量、结构，决定着其出现的随机性与波动性，进而决定了人们对不同职业的认定和步入职业生涯、调整职业生涯的决策。

因此，在制定个人生涯规划时，一般需要先明确以下问题：

(1) 个人情况。包括个人的兴趣、爱好与特长、性格、能力与价值观、个人目标与需求、个人生理与健康状况、工作经验、社会阶层与教育水平、性别、年龄、负担状况以及智商与情商等因素。

(2) 自我评估。它是指对个人能力、兴趣、潜力、职业生涯需要及追求目标进行评估，即对个人优势与劣势、个人职业发展目标的设定及设定的原因、达到目标的途径与所需的教育培训措施、达到目标可能遇到的助力和阻力等进行分析和评估。

（3）个人外部环境分析。它包括社会的需求、企业和组织的需求、家庭的期望、技术的发展、经济的兴衰、政策法规的影响以及个人与组织在职业生涯选择、规划与机会方面的沟通情况等。

（二）个人职业生涯规划步骤与方法

在综合这些情况的基础上，职业生涯规划通常需要五个步骤来完成，如图 8-2 所示。

1. 自我剖析与定位

对自己进行全面、理智的自我分析，内容包括以下几点：

（1）测评自身综合素质，包括自己的兴趣、特长、爱好等。例如，兴趣是人们认识某种事物或从事某项活动时的心理倾向，有直接和间接之分。如果缺乏直接兴趣，会使工作成为一种沉重的负担；如果缺乏间接兴趣，又会丧失工作的目标和恒心。在工作过程中，两种兴趣都是必要的，从事自己感兴趣的职业是迈向成功职业生涯的第一步。一个人对某种职业感兴趣，他在学习和工作中就能全神贯注、积极热情、富有创造性。从职业兴趣的发生和发展来看，一般要经历"关注——偏好——投入"三个过程。

（2）分析自己的性格和气质。心理学上说的个性是指个人带有倾向性的、本质的和比较稳定的心理特征（需要、兴趣、能力、气质、性格等的总和），主要体现在态度特征、认知特征、意志特征及情绪特征四个方面。一个不好的性格对某个人的职业生涯也许是致命的。性格在很大程度上靠后天的培养。研究性格和职业的关系时，一般根据对外界的态度把性格分为外向型和内向型两种，还可以根据对外部世界的感知和认识分为敏感型、感情型、思考型、想象型四种。如：是否喜欢与人打交道？是喜欢挑战性的工作还是安稳的工作？

（3）分析自己的能力（包括潜能等）。分析自己在择业过程中具有哪些优势和劣势，该如何扬长避短，分清主次，明确你更看重自身的发展机会还是工作报酬、工作环境或其他方面等。要明确自己的需要，心理学认为，没有需要就没有人的一切活动；需要越强烈、越迫切，由它所引起的活动就越有力。还要明确自己的能力，即认为顺利完成某种活动所必须具备的个性心理特征以及为了成功地完成某种活动应具备的多种能力的有机结合。

2. 生涯机会评估

分析内外环境因素对自己职业生涯发展的影响。

3. 职业生涯目标与路线的设定

明确职业生涯发展的方向与目标，选择与自己的最佳才能、最优性格、最大兴趣和最有利的环境相匹配的职业生涯发展方向和职业生涯目标，并确定短期和长期目标（短期目标设立一般是素质能力的提高；长期目标一般是以后职业规划的顶点）。

4. 职业生涯策略的制定

职业生涯目标确定以后，需要明确为争取实现这些目标所采取的行动和措施。

5. 职业生涯规划的反馈与修正

在职业生涯规划实施过程中，由于环境在不断地发生变化，应及时检查自己的职业定位和职业方向是否仍然合适，及时修正对自我和社会的认识，纠正最终职业目标和分阶段职业目标的偏差，保证职业规划的有效性。职业规划修正的内容包括职业的重新选择、生涯路线的选择、生涯目标的修正、实施策略计划的变更等。

图 8-2　个人职业生涯规划步骤

二、组织职业生涯规划

（一）组织职业生涯管理的意义

从组织的角度看，对员工的管理体系能否保证员工在合适的时间改变其在组织中的相对地位，这将对组织的生产效率和效益产生非常重要的影响。人力资源管理的一个基本假设就是，组织有义务最大限度地利用员工的能力，并且为每一位员工都提供一个不断成长以及挖掘个人最大潜力和建立成功职业的机会。而职业管理是从组织角度出发，将员工视为可开发的增值而非固定不变的资本，通过激发员工对职业目标的努力，谋求组织的持续发展。

通过组织职业生涯管理，一方面通过全体员工的职业技能的提高带动组织整体人力资源水平的提升；另一方面是在职业生涯管理中心的有意引导下，可使那些与组织目标方向一致的员工脱颖而出，为培养组织高层经营、管理或技术人员提供人才储备。因此，组织职业管理对组织和个人的发展都具有十分重要的意义。职业生涯管理对组织的作用主要表现在：第一，使员工与组织同步发展，以适应组织发展和变革的需要；第二，通过职业生涯管理，一旦组织中出现了空缺，可以很容易在组织内部寻求接替者，以减少填补职位空缺的时间；第三，从组织内部选择的员工在组织适应性方面比从外面招聘的强；第四，满足员工的发展需要，可增强员工对组织的承诺，从而留住人才、凝聚人才，使组织能够长盛不衰。对个人的作用主要表现在：第一，通过组织职业生涯管理，员工能够更好地认识自己，为发挥自己的潜力奠定基础；第二，通过职业生涯管理活动，员工可以在组织中学到各种有用的知识，从而增加自身的竞争力；第三，能满足个人的归属需要、尊重需要和自我实现的需要，进而提高生活质量，增加个人的满意度；第四，通过职业生涯管理，可以充分发掘员工的潜力，使组织最终达到人岗匹配。

（二）组织职业生涯规划方法

1. 组织职业生涯规划视角

组织职业生涯规划视角与个人职业生涯规划视角是不同的，如表 8-6 所示，要注意区别。

表 8-6　组织职业生涯规划和个人职业生涯规划的视角对比

组织职业生涯规划的视角	个人职业生涯规划的视角
• 确定组织未来的人员需要 • 安排职业阶梯 • 评估每个员工的潜能与培训需要 • 在严密检查的基础上，为组织建立一个职业生涯规划体系	• 确认个人的能力与兴趣 • 计划生活和工作目标 • 评估组织内外可供选择的路径 • 关注随着职业与生命阶段的变化，在兴趣和目标方面的变化

2. 组织职业生涯规划方法

与组织的其他制度不同，职业生涯管理的目的既要满足组织发展的需要，也要满足个体发展的需要，通过着眼于帮助员工实现职业生涯计划来达成组织发展的目的。因此，要实行有效的组织职业管理，必须了解组织的现状是什么，组织面临的问题有哪些，组织的结构与组织目的是什么；同时还要了解关于员工的信息，比如，员工在实现职业目标过程中会在哪些方面碰到问题，如何解决这些问题，员工的漫长职业生涯是否可以分为有明显特征的若干阶段，每个阶段的典型矛盾和困难是什么，如何加以解决和克服。组织在掌握这些情况之后，才可能制定相应的政策和措施帮助员工找到职业发展的方向。从组织角度来说，为了使员工能够不断地满足组织的要求，职业管理工作主要是提供组织的职业需求信息及职业提升路线或策略，使组织了解自己的资源储备，并有针对性地开发组织内部的人力资源。

（1）给员工提供自我评估的工具和机会。具体方法有：

① 职业设计讨论会。员工通过参与讨论，了解自己的优缺点、价值观、职业目标及相关信息，为个人发展提供方向，并掌握实现目标的策略和方法。

② 提供职业规划手册。有些员工没有时间参加或不愿意参加集体活动，组织需要给这些员工提供帮助其认识自我、学会制定目标和实现目标的文字性资料，使员工学会做职业设计。随着计算机的普及，有些组织专门设计了结构化的职业管理系统，以帮助员工做职业设计。

③ 退休前讨论会。主要为退休员工很好地适应退休后的生活而进行的职业辅导活动。

（2）个别咨询。通过前面的活动，员工可能还有一些解决不了的问题，组织可提供个别咨询。具体有三种形式：一是经过人力资源部门的管理人员与员工讨论个人职业设计；二是其直接上级帮助员工确定个人职业发展；三是通过职业咨询师予以帮助。

（3）实施发展项目。实施发展项目是指为了使组织能跟上时代发展，使组织中的人员具有组织所必须具备的竞争力而实施的人才培养计划。具体包括：

① 工作轮换，员工在不同岗位上积累经验，为晋升或工作丰富化打好基础。这种措施既可用于对专业人员的培训与开发，也可作为高级管理人员的培训与开发项目。

② 利用公司内、外人力资源发展项目对员工进行培训，选派员工到大学学习、鼓励员工继续教育、管理指导和建立师徒指导关系等。

③ 参加有关学术或非学术的研讨会。

④ 专门对管理者培训或实行双重职业计划（管理方向和专业技能方向）。

要在一个组织成功地实施职业生涯管理，必须克服来自多方面的阻力，并采取合理的步骤。实施职业生涯管理的阻力可能来自个人，也可能来自组织。要想获得成功的职业管理，首先要循序渐进，需要组织与个人密切配合。图 8-3 说明了职业管理系统所包含的步骤以及组织和员工双方应该承担的责任。

• 自我评价

自我评价有助于员工确定自己的兴趣、价值观、资质以及行为倾向。自我评价通常包括一些心理测验，比如人格测验、兴趣测验、自我指导研究等。兴趣测验帮助员工了解自己的职业和工作兴趣；自我指导研究则可以帮助员工确认自己在不同类型的环境下从事工作的偏好。这些测验有助于员工思考他当前正处在职业生涯的哪一个位置上，并且还可以

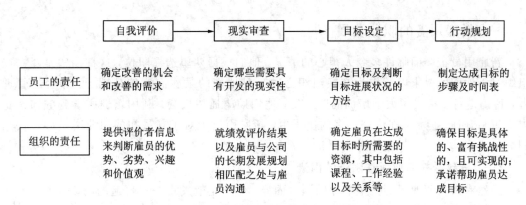

图 8-3　职业管理过程中所包含的步骤以及雇主和雇员双方的责任

资料来源：［美］雷蒙德·Ａ·诺伊，等. 刘昕译. 人力资源管理：赢得竞争优势. 3 版. 北京：中国人民大学出版社，2001

帮助个人评估自己的职业发展规划与他当前所处的环境以及与可能获得的资源是否匹配。通过自我评价，就可以确定员工将来的开发需求。

· 现实审查

在这一过程，员工获得公司对他们的技能和知识的评价以及他们是否与公司的规划（潜在的晋升机会、横向流动等）相符等方面的信息。通常情况下，这些信息是由员工的上级管理者作为绩效评价过程中的一个组成部分提供给员工的。员工与管理者在绩效审查之后还要进行单独的面谈，以讨论员工的职业兴趣、优势以及可能参与的培训开发活动。

· 目标设定

在职业规划的这一阶段，员工需要确定他们的短期和长期职业目标。这些目标通常与期望的职位（比如在三年内成为销售经理）、应用的技能水平（比如运用某人的预算能力改善组织的现金流量问题）、工作的设定（比如在两年之内进入公司的影响部门）或者技能的获得（比如学会如何运用公司的人力资源信息系统）联系在一起。这些目标通常都要与上级管理人员进行讨论并写入员工的开发计划当中。

· 行动规划

在这一阶段中，员工需要决定如何才能达成自己的短期和长期的职业目标。在行动计划中可以包括本章中所讨论的任何一种或多种开发方法的组合。如增加培训课程研讨会、获得更多的评价、获得新的工作经验或者找到一位导师或者教练。

第四节　职业生涯发展

在职业生涯的各个阶段中，职业规划是很重要的，然而，对于典型的职业来说有三点似乎是尤为重要。"新雇用者"通过特殊的工作开始一份职业，第一个任务的经历对于他们以后职业的塑造有着重要的影响。"中期职业生涯"的人面临的压力和责任不同于新雇用者，但是他们也有个转折点——备受关注的停滞点。最后，"退休前"的员工面临一个经济、社会和人际关系立场方面都不确定的未来。下面将具体描述各阶段存在的问题和解决办法。

一、新雇用者的职业发展

新雇用员工会面临许多令人担心的情况。他们根据期望选择职位，这种期望是建立在组织对于他们的要求以及作为交换组织必须满足他们的某些需要的基础上。年轻的管理者，特别是对于接受了大学培训的毕业生，他们期望抓住机会，利用培训所学到的知识获得赏识和升迁。但是，在许许多多的例子中，新雇用员工对于其最初的职业决定会很快感到失望。

（一）导致最初职业面临困难的因素

虽然对最初职业感到失望的原因因人而异，但还是能发现一些普遍的原因。关于年轻管理者最初职业面临的困难的一些研究发现，经历挫折的人成为了"现实冲击"的牺牲者，这些年轻的管理者感到他们所想的组织和实际的不一致。有一些原因导致了现实冲击，让年轻的管理者和他们的上级认识到这些原因是十分重要的。

1. 最初工作的挑战

通常年轻管理者的第一份工作提出的要求比他们所能达到的要求要低。结果，年轻的管理者认为他们不能够在工作上充分地展现自我，并且在某种程度上认为自己被抑制了。如果招聘者在"销售"组织时过分热情的话，这种因素将尤为具有破坏性。然而，一些年轻的管理者即使被委派的只是日常性的工作时，也能把它变为具体挑战性的任务。他们思考各种方法，用不同途径更好地完成工作。他们也能够说服上级安排更多的工作，给予更大的工作幅度。不幸的是许多年轻的管理者不能够创造挑战。典型的是，他们在学校经历的挑战是老师给予的，这些挑战是专为他们设计的，而不是他们自己创造的。

2. 最初工作的满足

有着大学培训经历的新雇用的管理者通常认为自己能完成比最初分配的任务更高水平的工作，毕竟他们接受过最新的管理理论和技术方面的教育，在他们看来，至少他们已经做好了管理一个公司的准备。当他们发现自我评价不能被组织的其他人接受时，肯定会感到失望和不满。一般来说，不现实的渴望和最初工作的平庸导致很低的工作满意度，特别是对于成长和自我实现需要的满意度很低。

3. 最初工作的表现评估

绩效的反馈是很重要的管理职责，然而许多管理者没有完成好这项职责，他们完全不知道如何评估下级的绩效，对新管理者来说这种管理缺陷特别具有损害性。他们在组织无法和前辈以及其他员工融为一体，而且并不确定组织希望他们所做的事情、持有的价值观或者期望他们表现出的行为。在最初的阶段，他们会很自然地关注其管理者如何管理和指导他们，但是，一旦其管理者不能精确评价他们的绩效时，他们将对自己是否达到组织的要求感到迷茫和混乱。

（二）如何抵消最初职业的困难

不是所有的年轻管理者经历的问题都与其最初的工作相关，但是遇到挫折后离开组织的那些人代表着一种人才和资金的浪费。工作的调动和改变可以是有益的也可以是一个好的决定，但是流失掉潜在的成功员工会造成很大的损失，这个损失往往比设计一个优良的职业生涯管理计划耗费得更多。职业生涯管理计划能够帮助新雇用者避免这些困难。

研究表明，许多不同的管理培训有助于留住和发展年轻的、有才华的员工。早期的职业培训大部分是聚焦在发展的管理者身上，但是没有理由相信其他的员工不能从相同的培训计划中受益。如今，许多组织已经认识到蓝领工人也是有价值的资产，需要同管理者相似的职业生涯发展培训。组织各级水平的工人通过经验来累积技术，因此他们也需要接受系统的职业生涯发展培训。

1. 现实的工作展望

最大程度地降低现实冲击并提高新雇员的长期工作绩效的有效途径就是，在招募时就向被招募者提供较为现实的关于未来工作的描述，使他明白，如果自己到组织中来工作，预计能够得到哪些方面的利益。雇员（以及组织）在初进组织阶段所面临的一个最大问题就是获得（关于对方的）精确信息。在面试阶段，招募者和求职者往往都会发出不真实的信息（急于将自己优秀的一面表现给对方）。很自然地，在发出不真实信息的同时，他们也都会接收到对方所提供的不真实信息。对未来的工作进行较为现实的展望所能起到的重要作用表现在，它显著地提高了那些被雇用来从事相对较为复杂工作的雇员（比如销售人员）长期留在组织中的比率。

通过现实的工作预展，新员工不仅能获得了解他们希望的利益的机会，还能了解到可能遇到的障碍。研究显示，聘用的员工中接受工作预展的和没有接受工作预展的比例相同，更重要的是，接受工作预展的员工更有可能留在原岗位，而且与不接受工作预展的员工相比，他们的工作满意度更高。

2. 挑战最初的任务

应该鼓励新雇员工的管理者把最适合的工作安排给新员工。成功地实施这项政策需要管理者承担一定的风险，因为管理者对下属的工作表现负有责任。如果分配的任务超过下属员工的能力范围，管理者和下级将共同承担失败的损失。因此，除非在下级证明其能力之后，管理者才会愿意通过日益增加更难和更有挑战性的工作来慢慢地培养他们。虽然新雇的管理者在工作方面存在潜能，但是还没有得到证明，因此将很有可能失败的任务交给他们是危险的。然而研究表明，经历了最初工作的挑战的管理者，在其之后的工作中效率更高了。

3. 强化最初的任务

大多数专家都认为，组织能够做的最重要的事情之一就是争取做到为新雇员提供的第一份工作是富有挑战性的。比如，在一项以美国电报电话公司（AT&T）的年轻管理人员为对象的研究中，研究者发现，这些人在公司的第一年中所承担的工作越富有挑战性，他们的工作也就显得越有效率、越成功，即使是到了五六年之后，这种情况依然存在。霍尔根据自己的研究指出，提供富有挑战性的起步性工作是帮助新雇员取得职业发展的最有力的却并不复杂的途径之一。然而在大多数组织中，提供富有挑战性的工作似乎并不是一种普遍的事实，反倒更像是一种例外情况。另外一些组织则完全不同，他们通过赋予新雇员以较多的责任而不是在一开始就增加工作的挑战性。在萨顿公司和丰田公司，即使是流水线上的工人也会被立即分配到由具有高技能和强大工作动力的同事所组成的自我管理工作组之中，在这些自我管理小组中，他们必须快速地学会变成一位具有高生产率的小组成员。

工作强化是激励对成长和成功有强烈愿望的员工的一种基本方法。如果分配的工作的性质不是天生具有挑战性的，新雇管理者的上级可以将任务强化。通常强化任务的方法包括给新的管理者更多的权力和责任、允许新管理者直接与顾客和消费者沟通以及让新管理者实现自己的想法（而不是单纯将想法推荐给老板）。

4. 严格要求新雇员

在新雇员与其上级之间往往存在一种"皮格马利翁效应（Pygmalion Effect）"，换言之，你的期望越高，你对自己的新雇员越信任、越支持，那么你的雇员干得就越好。因此，正如两位专家所说，"不要将一位新雇员安排到一位陈腐的、要求不高的或不愿提供支持的主管人员那里。"相反，在一位新雇员开始探索性工作的第一年中，应当为他或她找到一位受过特殊训练、具有较高工作绩效并且能够通过建立较高工作标准且对自己的新雇员提供必要支持的主管人员。这类管理者给年轻的管理者灌输这样一种思想：期望优秀的业绩并且给予奖励，同等重要的是老板总是乐意通过指导和咨询的方式来帮助年轻的管理者。富有挑战的、强化的早期经历不仅仅受益于职业的早期阶段。很显然，成功经历了早期挑战的个人也做好了在职业中期和后期为组织做贡献的准备。而且，成功设置最初阶段能够有助于避免工作停滞等很多问题。

5. 提供阶段性的工作轮换和职业通路

新雇员进行自我测试以及使自己的职业锚更加具体化的一个最好办法是去尝试各种具有挑战性的工作。通过在不同的专业领域中进行工作轮换（从财务分析到生产管理再到人力资源管理等），雇员们获得了一个评价自己的资质和偏好的良好机会。同时，组织也得到了一位对组织事务具有更宽的多种功能视野的管理者。工作轮换的一种扩展情形被称为"工作通路"，它是指认真地针对每一位雇员制定他们的后续工作安排计划。

6. 以职业发展为导向的工作绩效评价

主管人员必须明白，从长期来看，向上级提供关于自己所属雇员的工作绩效评价的有效信息是十分重要的，不能因为保护直接下属的短期利益而提供不实的信息。主管人员需要将有关被评价者的潜在职业通路的信息加以具体化——换句话说，主管人员需要弄清楚自己正在依据何种未来工作性质来对下属人员的工作绩效进行评价，以及下属雇员的需要是什么。

7. 鼓励进行职业规划活动

组织还应当采取步骤，提高雇员们对他们自己的职业规划和开发活动参与的积极性。比如，有些组织正在尝试开展一些活动来使雇员意识到规划自己的职业以及改善自己的职业决策的必要性。在这些活动中，雇员可以学到职业规划的基本知识、一个人的职业生涯可以划分为哪几个基本阶段，并有机会参与各种以明确自己的职业锚为目的的活动以及形成较为现实的职业目标等。类似地，组织还越来越多地举行一些职业咨询会议（有时有可能是作为工作绩效评价面谈会的一个组成部分），在这种会议上，雇员和他们的主管人员（或者是人力资源管理负责人）将根据每一位雇员的职业目标来分别评价他们的职业进步情况，同时确认他们还需要在哪些方面开展职业开发活动。

> 丰田公司等一些企业坚持向新雇员展示他们未来的工作是什么样子以及在企业中工作中的环境条件是怎样的。抵消新员工不合现实的期望的一种方法是在招聘的过程中提供真实的信息。这种做法是帮助新员工预期到在工作和企业中遇到的坏的和好的事情。在古德曼·萨奇斯公司（Goldman Sachs），管理者们总是期望公司的年轻专业

人员能够比较快地做出贡献，并希望他们能够通过在承担富有挑战性项目的工作小组中工作而迅速地找到自己的位置。正如该公司的一位管理者所说：当某个项目小组与客户会谈时，即使该小组负责人手下全是一帮刚进公司的雇员，他也往往不充当第一个发言的人——第一个发言的往往是最新进公司的雇员；新雇员担负这种责任，整个小组则全力支持。这正是许多人被吸引到古德曼·萨奇斯公司来的重要原因，因为你可以在工作初期就能够获得决策能力。

二、职业生涯中期的职业发展

达到发展中期阶段的管理者和其他员工是他们所在组织中有代表性的关键人物。从逻辑上分析，他们当前占据了组织的关键位置，通常在经济上看是相当成功的。尽管有着这些成功的指示，但是严重的危机常常和职业中期相联系，包括面对成功更高层次的压力、与中年危机和调动相联系的个人和家庭的问题，及面对一生中最有成就的年月即将过去的问题。在努力解决所有压力时会导致工作退步、物质滥用和心情沮丧。与此同时，如果适当地安排了有效的职业生涯发展规划，此阶段是能够受益的。培训是用于发展职业中期的管理者的一个重要方法。提高技能、提高知识以及帮助员工成长的培训给参加培训者传递了一个信号：他们是有用的。公司对员工表现出兴趣的这个简单事实被称为"霍索恩"效应。培训代表了被培训者是被需要的、有价值的和对公司仍然有吸引力的信号，在职业生涯中期从组织中接受到这种信号对员工来说是非常重要的。

（一）中期职业生涯平原

管理者在成熟阶段和职业的维持阶段会遇到"中期职业生涯平原"（Midcareer Plateau）状态。在此时，额外向上提升的可能性通常很小。解释平原状态有两个原因：第一，组织高层的职位相当少，即使管理者的能力达到了更高职位的水平，但是没有空缺的职位；第二，有空缺的职位，但是管理者可能缺乏能力、技能或担任此职位的欲望。

管理者发现自己对当前工作感到窒息的时候，会想方设法去解决问题。他们忍受沮丧、很差的健康状况以及来自下级的恐惧和敌对。最后，他们从工作中"隐退"或者是永远地离开组织。任何人处理这些问题都会导致个人工作绩效下降，当然还有组织表现下降。

在小说、电影、戏剧和心理研究中都有对中期职业生涯平原、中年危机的描述，虽然每个人的故事都是不同的和独特的，但是故事情节中有很多共同的特点。各个故事的研究表明，中期职业生涯危机是真实的，它会带来心理影响，通常还有身体的影响，如果不正确处理，这些影响将会变得很危险。

但是也有很多故事是关于焦急等待和好像处在平原状态或者还没有认识到这种状态的人们。通常一些人或事是需要一系列改变和机会触发的。约翰·库里甘在达到平原状态后耐心地等待；托马斯·德里克则改变职业；乔伊斯认为年龄并不是自己的弱点，在加入劳动大军时流露出自信、机智和成熟。每个人使用自己特制的应付职业生涯平原期的战略，通过妥善处理平原状态使得职业耗竭能够最小化，在有些情况下甚至能够被消除。

（二）如何消除职业中期问题

消除管理者在职业中期面对的问题涉及两个方面：提出忠告和提供可选择途径。

1. 职业生涯中期咨询

组织雇用专职的心理医师帮助员工处理职业、健康和家庭问题。这里的咨询是指给管理者在处理可能会遇到的沮丧和压力时提供专业的帮助。因为职业生涯中期的管理者通常接受了良好的教育，思维清晰，一般来说他们只需要与一个善于倾听他人诉说的人进行交流。通常，职业中期的管理者向一位客观的听众描述他们的问题的过程就足以帮助他们认识到自己的问题并且有建设性地解决这些问题。

2. 职业中期的可供选择的办法

要想有效解决职业中期至关重要的问题，则需要有现实存在的可以接受的选择方案。不能期望组织提供个人和家庭问题方面的咨询，但是当问题主要是由于职业相关因素累积产生的，组织能够成为一种提供选择的重要资源。在许多案例中，组织仅仅需要完成职业调动的任务，这在通常的角度看来是不能接受的。对于职业生涯中期的管理者，三种职业调动在抵消这些问题方面有着潜在的帮助：平级调动、向下调动或退回原职。"平级调动"是指在同一组织中从一个部门调到另一个部门，而且职业的等级相同。例如，在生产领域处于平原状态的管理者可以调至销售、工程或其他领域的相同等级的职位。这种调动需要管理者很快地学习新岗位的所需的技术知识，并且在学习过程中将会出现一段绩效下降的时期，然而，一旦能够胜任，管理者在做决定时将会具备两个领域共同的视角。"向下调动"在我们社会中等同于失败，一个有效的管理者绝对不会认为向下调动是一种值得推崇的选择。然而，在许多案例中，向下调动不仅值得推崇而且是完全可以接受的，特别是存在以下一种或多种情况时：

（1）管理者从地域的角度考虑生活质量时，可能会为了定居在一个地方或移居到另一个地方而想要向下调动。

（2）管理者把向下调动看做为将来升迁奠定基础。

（3）管理者面对两种选择：解雇或向下调动。

（4）管理者希望在非工作的活动中获得自治和自我实现，例如宗教的、公民的或政治的活动，为了这些原因可能乐意接受更低职位。

"退回原职"是减少平级调动和向下调动风险的一种办法。这种做法是在提前认识到被调离的管理者如果不能胜任新的职位可以被调回的情况下使用。因为提前认识到有退回原职的可能，组织会让与此相关的所有人知道调动的风险，但是也会让他们知道组织愿意为此承担一部分责任，并且退回原来的工作也不会被看成是"失败"。例如赫布莲（Heublein）、宝洁等公司，这些公司都采用退回原职的方法来减少平级调动和向下调动的风险。这种做法看来对高级专业技术人员和专一人员初次转向一般的管理职位有着一定的保护职业的承诺。

组织开始采用这些做法和程序来帮助管理者度过职业中期的危险时刻并不是暗示着管理者就能完全推卸责任。一个诚实的、有建设性的面对自己生活和职业的人会早早地采取措施，尽可能减少自己变得孤立或多余的可能性，使风险降到最低。在管理生涯刚刚起步时，他们就能够开始规划自己的职业路径。通常，在这个过程中他们会得到来自雇用他们的组织的帮助。

三、退休前期的职业发展

(一) 退休前期的问题

随着人们寿命越来越长，保护年长的工人免受年龄歧视的法律法规越来越多，可是许多组织并没有做好准备去帮助退休人员建立真正无忧的退休。如何为退休带来的巨大转变做好准备仍是一个需要关注的问题。随着员工退休越来越早，加之许多组织正在通过减少退休福利来降低开支，这个问题就变得越来越重要了。

(二) 如何使退休调整的问题最小化

为了有效解决退休问题，组织需要关注以下问题：

(1) 员工计划何时退休？

(2) 谁愿意提早退休？

(3) 员工计划在退休后做些什么？组织能否帮助他们为这些事做些准备？

(4) 退休员工是否计划了第二职业？组织能否给予帮助？

(5) 组织需要考虑让哪些员工去帮助新的员工？

这些问题以及类似的问题可以从即将退休员工的咨询和教育方案中找到答案。一些人对退休感到恐惧，另一些人则很期待。咨询和教育方案能够使得工作到退休的转换变得更平稳。

在大部分案例中，退休的人必须学会接受一个下降的角色，去管理一个没有以前那么固定模式的生活，并且根据家庭和社区建立新的膳宿。参加教育工作室、研讨班和咨询方面的会议都是很有价值的途径，它帮助即将退休的人完成从工作到退休的转变。这些活动是由人力资源部门发起的。

IBM 尝试着给刚退休头三年内参加的任何科目的课程给予学费来帮助转折期的员工。IBM 许多退休的员工利用这个方案为第二职业做准备（学习新技术、专业和小型企业的管理）。阿道夫·库尔斯公司采用了不同的方法。它实施了一个退休计划方案，设计这个方案来帮助员工更好地做出关于他们退休的经济方面的决定。这个方案包括给每个人提供经济计划的计算机软件、发展个人退休方案以及帮助员工更好地认识退休现实的全面的教育方案。

在规模缩小时期，公司发现许多优秀的员工提早退休。有越来越多的公司发现他们需要那些退休的员工重新回来工作，退休工作方案也在工厂中出现了。除了退休员工会遇到调整的问题，组织也有许多主要的问题。旅行者保险公司聘用一些退休人员以满足临时工作的需要。这些人不需要另外培训，他们熟悉环境，了解这个系统，了解组织的文化。因为新员工和组织要求之间的技术代沟促使更多的组织需要退休员工回来工作或再次雇工他们成为可能。

四、职业生涯发展方案中存在的问题

采取职业生涯发展方案的组织在这个过程中一定会遇到一些问题，以下的问题是基于一些公司的实际经验。

(一) 职业生涯发展和人力资源计划相结合的问题

职业生涯发展和人力资源计划的关系是显而易见的。职业生涯发展提供了才能和能力的供给；人力资源计划设计才能和能力的需求。一般的组织开展一方面的活动时也会进行另一方面的活动。如果培养人员却没有安排职位给他们，这是毫无意义的；或者给员工设计各种需要，却不提供培训也同样没有意义。而实际上一些组织只做了其中一方面的工作。

(二) 解决双职工问题

随着越来越多的女性加入劳动力大军从事各种职业，组织面临的双职工问题将与日俱增。过去，公司不太会同时聘用丈夫和妻子。现在，有很多夫妇在同一个部门工作，所以组织积极地寻找方法解决同单位双职工家庭成员面临的压力。

带来困难的一个非常明显的源头是给双职工家庭中的一个成员提供需要调动工作地点的升迁机会。这使得个人处在一个很困难的局面，因为升职对于许多管理者而言是相当大的成功。但是，如果一个组织具有很大的流动性，那么它将会失去很多有才能的人，因此许多组织正在实施为双职工夫妇提供专门的职业生涯规划方案。实际上，为配偶的职业调动提供咨询是许多方案中的重要部分。当再安置是处理员工重新配置的唯一途径时，雇主越来越多地提供支持服务以帮助夫妇适应新的工作场所。这些公司甚至在新场所雇用其配偶或为其在另一家公司谋职。有时，当其他公司雇用其配偶时，公司同意支付部分的工资或福利，并在合理的某一时点提供同样的互惠。当这些安排无法实现时，可以为其配偶提供专业的工作咨询。

现在，双职工夫妇的人数和比例都在增加。有数据表明工作女性中29％的人收入超过自己的丈夫。在高层收入的女性中，所占的比例更大。其中一些原因是：女性接受了比以前更好的教育；全职工作的女性越来越多；平等权利的法律消除或减少了女性工作的障碍。

以下为组织解决双职工夫妇问题提供了一些线索：

(1) 组织应该对员工进行调查，收集现有的和计划招生的双职工的数据和信息。这个调查决定了：

① 现在有多少是双职工夫妇；

② 面试的人中有多少是双职工的情况；

③ 组织中双职工所处的位置；

④ 当前这些职工面临了哪些问题；

⑤ 双职工是否了解公司为他们的职业和他们配偶的职业提供帮助的政策和措施。

(2) 招聘人员应该想办法事先实际地预测组织给双职工夫妇提供的措施。人力资源部门开展的定向会议应该包含帮助这些夫妻认识潜在问题的信息。

(3) 关于职业发展和工作调动的政策必须相应地调整。因为通常这些政策是建立在传统的单职业家庭的基础上，所以他们不适用于双职工的情况。关键是提供更多的灵活性。

(4) 公司应该在职业管理方面给双职工夫妇提供专门的帮助。这些夫妇对于处理双职业问题时有没有做好准备。当妻子的收入多于丈夫时，通常婚姻会面临紧张的状态，需要进行调整。

（5）一个组织可以和其他组织建立合作性的安排。当一个组织希望为双职工中一人重新部署工作时，合作组织就能成为安排双职工中另一人工作的地方。

（6）最重要和最紧急的步骤是建立灵活的工作时间表。允许夫妇优先安排他们的工作时间表，这样能协调家庭的需要，从而有效地解决一些双职工面临婚姻问题。

认为双职工问题仅仅存在于结婚的和专业的员工中的想法是错误的。未婚的员工也是双职工家庭的成员。管理者在给这些人安排加班和调班时也会遇到问题。

当配偶被调往国外的时候双职工的问题变得尤为困难。回家探亲、延长休假、家庭文化的培训和通过电子邮件进行联系，这些因素都是必须考虑到的。当结婚的双方都遇到工作调动的问题时，在工作开始前安排好分居两地的问题是非常重要的。除非双方都同时调动到国外并且是同一个地方，否则适应、压力和距离都是需要认真解决的问题。在安排工作前，创造性地解决双职工分居两地的问题是必须考虑的。

（三）减小规模和工作失误

尽管公司的规模在不断上升，这对于他们的员工来说是一个重要的资产，但是持续的缩减规模并没有因此减弱。表面上看，当公司去除不必要的职位，减少官僚机构而进行的缩小规模是合理的。但是，一些专家认为缩减规模具有负面影响，因为这会去除组织的储备和对价值的判断。当认识到缩减规模并不总是会增加价值时，一些公司更多在人力选择方面进行开发。在这些公司里，他们具有保留、横向调动职员以及安排临时工作的选择权。

> Rhino 食品公司并不希望缩减规模，而是采取了退休和调动的方法。Rhino 公司帮助一些员工安排搭配它的最大的客户工作。这些员工学习新的技能、获得同样或更好的薪酬并保留他们在 Rhino 公司的津贴和资历。当生意好转时，他们又回到 Rhino 公司。

当以下三种情况出现时存在"临时解雇"（Job Layoff）的问题：① 暂时没有工作可做，员工只能回家；② 管理者预期没有工作的情况只是暂时的；③ 管理者希望招回员工。另一方面，失业意味着员工永远地失去工作。公司对于裁员不具有免疫力，商业领域的一些顶尖公司都进行过裁员。如 AT&T，美国航空公司，ITT 等。

1. 失业的影响

调查显示失业导致了个人压力的危险性的增加。例如，在失业带来的影响方面，社会学家哈维・勃伦纳（Harvey Brenner）的工作提供了令人信服的证据。他展示了越高水平的失业与越高水平的社会秩序混乱、精神病人数以及自杀人数相关。如此的相关引出了许多重要的问题，失业导致的压力对哪些人是最具有攻击性能的？一些因素例如来自家庭和朋友的支持，对于减轻失业影响有多重要？

Cobb 和 Kasl 对 100 名失业前后的员工进行了两年半的调查，研究失业的影响。他们发现：

（1）失业产生压力，对个人来说需要几个月的时间去调整。

（2）失业与沮丧、社会混乱已经有可能相关。

（3）在失业的最初阶段，请病假和药物的服用非常频繁，在最后会下降，在第六个月的时候再度上升。

（4）失业时间越长，获得的社会支持越少，承受的压力越大。

尽管 Cobb 和 Kasl 的研究设计得很好，但是还是存在很多局限。样本的数量只有 100 人，而且，样本大部分是中年男性白人。然而，这个研究和其他相似的研究得出了许多试验性的结论：

（1）否定或不相信是对失业谣言的典型的最初反应。

（2）当谣言传开并且一些人失去工作时，剩下的员工会产生高度的忧虑。

（3）对于乐观主义的人来说，失业后的几个星期会有一段放松和调剂的时期，并且会精力旺盛地去寻找新的工作。

（4）朋友和家庭扮演了支持的主要角色。

（5）失业后的四个月或更长的时间仍没有找到工作的人会经历一段怀疑期——这段时间一些人会感到惊慌、情绪激动或有不稳定的行为。

一个人经历所有阶段的可能性取决于失业持续的时间（他或她的职业暂停的时间），个性和环境的不同（例如年龄和财产的储备情况）会改变失业影响的时间和强度。

2．临时解雇和失业的管理反应

一直保持高业绩是一条有效防止临时解雇或失业的方法。一套高效的业绩评估系统能够帮助管理者查明低业绩并开始调整。即使管理者使用绩效评估系统，仍可能出现其他一些无法控制的事件，例如市场需求的减少、可提供的资源减少以及竞争使得厂家收入减少。

准备临时解雇或裁员的最好时机是当公司效益好的时候。裁员标准的建立是很重要的步骤，资历是最常使用的标准。但是，如果适当使用经过评估的和可靠的业绩评估系统，能够帮助组织做出更好的决定。有些公司从组织外部招聘管理者组成评估小组，来决定谁将被解雇、谁将留下。为可能的解雇或裁员进行准备的另一条有价值的途径是在人力资源管理部门建立新职介绍服务或者聘请新职介绍顾问。"新职介绍"（Outplacement）是由多种工作安排服务组成的，这是组织提供给被要求离开的员工的服务。这些服务包括帮助制作简历、在讨论和任何培训中也包括了失业的配偶、使用公司的电话联系潜在的雇主、介绍信、推荐信、支付安置费用以及职业咨询。在一些案例中，当人们为了在别的地方重新开始同样的职业或进入新的职业领域而学习必要的技能时，公司可能会支付给员工再培训的费用。通过给员工安排新职介绍，公司能够获得团体的支持，从而交换关于工作空缺和工作感受的信息。

除了安排新职介绍以外，组织在员工工作转换期间仍然支付工资以使个人能够获得一些资金来源加以利用。最常用的就是安置费，它是根据员工在公司的工龄决定的。

因为解聘或失业一直被认为在未来将会发生，所以管理学必须研究问题，进行实验，找出解决方法。我们对于当人们暂时或永久停止他们的职业时会发生什么事情仍然存在理解上的差距，我们需要更多的信息：

（1）女性员工和少数民族员工对待解聘和失业的反应；

（2）失业的长期影响；

（3）如何通过个性预测失业的反应；

（4）新职介绍的效用。

职业挑战(总结)

吉姆·卢斯奥仔细考虑了他的目标、现在的职位和它在耐尔公司的将来后，做出了离开公司的决定。这对于吉姆来说并不容易，他也有过一些担心，但是他的确认为第二份职业更适合自己。他没有草率决定，他知道中期职业危机的含义，他的一些非常亲密的朋友做出了草率的职业决定，但是几个月之后他们就开始后悔了。

吉姆决定去追求自己一直渴望的事情：他自己的公司。他考虑了自己的需要、在耐尔公司将会有怎样的发展以及他所获得的技能和在以后几年需要发展的技能。如今，他是俄亥俄州汉密尔顿一家数据库管理系统公司的合伙人，他现在感觉良好，睡眠也很好，并且满腔热情投入到他的第二份职业中。诺伯特以及耐尔公司的每一个人都希望得很好。甚至他的同事还为他开了一个宴会，让吉姆明白他们关心他，他们希望作为一个公司的所有者的吉姆能够在新的职业中感到快乐。

本章小结

本章讨论了职业生涯规划和发展的重要性。总结本章的要点如下：

随着时间的推移，社会价值观的改变，人们对职业的认识也发生了变化。对职业生涯的涵义也有多种理解，主要有两种观点：一种观点是从某一类工作或某一组织出发，把职业生涯看做其中一系列职位构成的总体；另一个观点则把职业生涯看做个人的一种功能，而不是某种工作或某一组织的功能，每个人实际上都在追求一个独特的职业生涯。

职业生涯发展理论主要有职业生涯阶段理论、职业锚理论、个性与职业相匹配理论、职业兴趣理论。影响个人职业生涯的因素有很多，每个人要使个性与职业形成很好的匹配才能进行有效的个人职业生涯规划。区别组织职业生涯规划与个人的职业生涯规划视角的不同，了解组织的职业生涯规划方法。

职业生涯的各个阶段中职业规划是很重要的，新雇用者、中期职业生涯、退休前期的员工面临的困难和解决的方法不同，因此其职业发展的规划也不同。采取职业生涯发展方案的组织在这些过程中遇到一些问题，比如职业生涯发展和人力资源计划相结合的问题、双职工问题、失业等。

思考题

1. 职业生涯的概念。
2. 简述职业生涯阶段理论。比较不同学者阶段理论的异同。
3. 举例说明职业锚理论、职业兴趣理论的运用。
4. 个人职业生涯如何规划？在各个发展阶段应注意哪些问题？
5. 简述组织职业生涯规划的方法。
6. 新雇佣者面临的困难有哪些？应如何规避？
7. 什么是中期职业生涯平原？如何消除职业中期的问题？
8. 简述职业生涯发展方案中的问题。

案例讨论

万科员工的职业生涯管理

　　万科集团的前身是深圳现代科教仪器展销中心，1988 年完成股份制改造，1993 年改名为万科企业股份有限公司。2003 年年底，公司总资产为 105.61 亿元，净资产为 47.01 亿元。公司的房地产业务遍布全国 16 个城市，形成上海、深圳、北京三大区域管理中心。

　　万科是中国房地产行业的领跑者；是国内首批公开上市的企业之一；是中国"房地产界的黄埔军校"；是房地产企业中为数不多的公开宣称只赚阳光利润的企业。它是一个受人尊敬的企业，曾入选《福布斯》评选的全球最优秀 200 家中小型企业，是 2003 年普华永道评选的中国最受尊敬的 6 大上市公司之一；在北大光华管理案例中心和《经济观察报》联合推出的"中国最值得尊敬的企业"评比中，万科连续两年名列前 20 名。在其辉煌成就和迅猛发展的背后，是其独具特色的人力资源管理体系。而万科对员工职业生涯的关注与重视也是其人力资源管理的重点之一。

万科的人才理念

　　1991 年，万科正式提出了"人才是万科的资本"的人才理念。基于这个理念，万科在制定人力资源政策时以尊重人为前提，尊重员工的选择权和隐私权，避免裙带关系，举贤避亲，努力为员工提供公平竞争的环境。1995 年，万科进一步深化人才理念的内涵，提出了"健康丰盛的人生"的口号，其内涵主要有：理解人的社会性本质，不能仅仅从企业与个人的经济交换关系来看待人，不能以牺牲人为代价为企业换取利润。

　　企业要为人创造健康的动作环境、丰富的工作内容与和谐的工作氛围。人生最宝贵的时间是在工作中度过的，工作本身应该给员工带来快乐和成就感。感兴趣地工作、志趣相投的同事、健康的体魄和开放的心态、乐观向上的精神，这是万科追求的价值观。

　　人非圣贤，每个人都会因错误而造成生活不幸。企业作为健康人的集体，有责任关心、爱护每位成员，在充分尊重个性的前提下，倡导健康的工作生活道德规范。

　　通过企业，个人不仅要满足基本生活要求，还要实现其理想的生活方式和奋斗目标；通过个人，企业不仅要实现自身的增值和发展，还要完成其承担的社会职责。这一理念指引着万科的人力资源管理进一步深化。

万科的培训体系

　　万科注重培训的系统化，从董事长到打字员的所有员工都被包括在培训体系之内，形成完善的动态系统。"这种完善的培训体系是大部分小公司难以模仿的"，万科用这样的体系来管理、传承自己的知识系统，逐步构建自己不可替代的竞争力。

　　万科建立了完善的培训制度，例如，《公司派遣外出学习管理规定》、《个人进修资助规定》、《双向交流管理规定》、《后备干部培养办法》、《第一负责人赴任培训规定》、《培训积分管理办法》等。

　　万科培训课程丰富，并建立了"E 学院"。公司治理结构、业务流程、财务管理、品牌战略、销售力训练、创新管理等课程应有尽有，常规课程教学所需资料、师资全部虚拟化。新员工通过网上的多媒体教学进行学习并完成在线测试，这不仅使员工能尽快了解并认同万科的理念与文化，而且可以学习基本的业务知识。加上"新动力"的两周训练，新员工深刻体会到来到万科，感觉它更像一个大课堂。万科与北京大学合办的 MBA 班，采用卫星基地站支持远程在线教学，使得随时随地的培训成为可能，这比较符合万科地域流动性大的工作特点。

万科认为，"借助外脑"、"邀请外部培训机构"是很划算的。惠普的"管理流程"、摩托罗拉的"职业生涯规划"及其他根据不同管理层面需求设计情境领导、管理才能发展等专题培训，充分体现了万科的超前性。

万科不断挖掘和培养内部讲师，创立了以自我设计、自我培训、自我考核为核心的"3S培训模式"。内部师资更加关注企业自身的东西，比如，万科优秀的职业经理的标准，万科的经营观、市场观，如何防范房地产经营风险等。

公司要求每一位管理者都要成为教练、讲师，成为专业骨干和培训力量，肩负起工作指导、培训推广的责任。老总亲自带头，言传身教，将开会、交谈、工作交流等方式作为培训员工的机会，不遗余力地向下属传授管理思想和经验。

对员工的培训和企业文化的灌输，实际上是一个"万科化"的过程。

万科的后备人才培养体系

万科反对在企业使用"空降兵"，强调独立培养自己的职业经理。经统计，万科 84.2% 的干部是从内部培养提拔的，空降兵的比例在 15% 左右。自己培养的干部熟悉公司情况，忠诚度好，具有良好的素质、较高的业务能力和市场经济的观念，是公司非常重要的力量。

因此，万科设立了"万科人才库"，输入每一位员工的教育背景、工作业绩、管理类型、心理需求、群众威信、业务能力、培训成绩、发展潜力等数据，以备人才选拔。自 2000 年起，万科开始有意识地实行两个计划。

一是 TPP 计划（Talent Promotion Project），关注有潜力员工向管理岗位的提升，根据其历年业绩、素质测评的结果以及上司认可度，优先任用。将一批思想活跃、素质优良的年轻业务骨干集中起来，成立管理研讨班，对公司发展战略经营管理问题进行经常性的探讨，并提出可行性方案供决策层参考。对新上任的经理采用实习制，"先做队员，再做教练"。

二是 MPP 计划（Manage Promotion Project），关注一线公司或总部职能部门高级管理层的后备人选的培养问题。对高层后备人选，公司每年控制在 50 人以内，就像惠普的"狮子计划"一样，给他们提供包括出国考察、工作轮换、集中培训等机会。

万科的职业通道与职业生涯规划

万科关注员工的职业生涯发展。按照万科的理解，若鼓励一个人终身做不适合自己的事情，就是对双方不负责任的表现。不如引导和帮助他，寻求更适合个人发展的职业空间。公司强调"个人自主选择性"和"企业对人的可替换性"。

一边是员工的个人职业发展规划，一边是企业的人力资源规划，当两者吻合或产生交集时，才能实现双赢。万科在"职工工作坊"系列培训课程里设置了职业生涯规划一课。

万科推行管理与技术并行的双重职业发展道路，员工可以在一个或几个专业领域里持续深入发展；也可以通过协调、组织团队成员工作，完成团队目标，发展自己在管理方面的能力。

员工在企业里的职业生涯推进，往往是以其在企业中的岗位变迁为标志的。2002 年以后，万科人力资源部开始描绘公司的岗位地图，试图对全集团所有岗位进行描述，包括职责描述和入职能力描述。员工通过各种测评手段进行自我优势测评之后，对照地图上的岗位描述，就可以找出自己与目标岗位入职要求之间的差距，从而决定个人的职业发展路径。岗位地图使主动的职业发展规划成为可能，同时也使企业高效地进行内部培养成为可能。对照公司的岗位地图，员工可以主动选择自己的方向，万科也可以根据企业发展的步伐，有针对性地对员工进行职业发展引导，同时提高职业发展所需的增值机会，包括各种培训和挂职交流。

万科尊重员工的选择权。公司根据个人能力、工作表现和业务需要征求个人意愿后安排工作和流动。员工在满足了一定工作年限要求后，有选择在不同地域、不同公司，甚至跟随不同上司工作的权利。

"几进几出"不设障碍。"外面的世界很精彩，外面的世界很无奈。"出去转了一圈，很多员工发现：在万科是不断学习，不断提高，眼界不断开阔；而到外面，往往只是不断付出，个人进步速度却减慢了。每年都有人员回流到万科，他们同样得到公司的认可和相应的发展空间。

万科在基层管理人员的选拔上采取竞聘形式。让员工"有意愿，讲出来；有勇气，跳出来"。从"服从命令"到"主动请缨"，从"要我去"到"我要去"，充分尊重了员工职业发展的自主选择权。

2003 年 3 月，万科在中华英才网首届"中国大学生心目中最佳雇主企业"评选中，与IBM、微软、索尼等跨国公司共同入选"中国大学生心目中最佳雇主企业五十家"之列。持续不断的专业团队建设使万科形成了和谐而富有激情的工作氛围，并得以吸引一大批优秀人才来到这个拥有健康丰富人生的地方。心怀远大理想，引领万科持续超越，这正是万科这个散发人本主义精神的企业之魅力所在。

资料来源：吴冬梅. 人力资源管理案例分析. 2 版. 北京：机械工业出版社，2011

案例讨论题

1. 万科的人才培养运用了哪些职业生涯发展理论？
2. 万科的个人职业生涯是如何规划的？
3. 万科的个人职业生涯与组织生涯规划如何结合？

第九章　绩效评估与管理

《孟子·梁惠王上》："权，然后知轻重；度，然后知长短。"绩效管理是帮助企业维持和提高生产力、实现企业目标的最有效手段之一。20世纪80年代人力资源管理模式提出后，人们逐步意识到员工对企业的价值，并努力使员工对企业的贡献达到最大化。绩效管理作为评估和改善员工表现的一种有效手段已经建立起一套完整的理论体系，它为企业的管理者及其下属人员提供了一个机会，使大家能够坐下来对下属人员的工作行为进行一番审查，使得管理者及其下属人员通过制定计划来改进在工作绩效评价过程中所揭示出来的那些低效率行为，同时帮助管理者们强化下属人员已有的正确行为。另外，它能够用于企业雇员的职业发展规划的制定过程，更重要的是绩效评价所提供的信息有助于企业判断应当做出何种晋升或工资方面的决策。

本章学习重点

▶绩效、绩效评估、绩效管理的内涵
▶绩效考核的内容
▶绩效指标体系设计的具体步骤以及设计原则
▶绩效考评的标准、周期
▶常用的绩效指标设计方法
▶绩效评估的方法
▶绩效评估的组织与实施

阅读资料

绩效考核——三只老鼠的故事

三只老鼠一同去偷油喝。他们找到了一个油瓶，但是瓶口很高，够不着。三只老鼠商量一只踩着一只的肩膀，叠罗汉轮流上去喝。当最后一只老鼠刚刚爬上另外两只老鼠的肩膀上时，不知什么原因，油瓶倒了，惊动了人，三只老鼠逃跑了。回到老鼠窝，他们开会讨论失败的原因。

第一只老鼠说："我没有喝到油，而且推倒了油瓶，是因为我觉得第二只老鼠抖了一下。"

第二只老鼠说："我是抖了一下，是因为最底下的老鼠也抖了一下。"

第三只老鼠说："没错，我好像听到有猫的声音，我才发抖的。"

于是三只老鼠哈哈一笑，看来都不是自己的责任了。

这样的情况，在公司里好像也是有所耳闻的。在一次企业季度绩效考核会议上，营销部门经理 A 说："最近的销售做得不太好，我们有一定的责任，但是主要的责任不在我们，竞争对手纷纷推出新产品，比我们的产品好。所以我们也很不好做，研发部门要认真总结。"

研发部门经理 B 说："我们最近推出的新产品是少，但是我们也有困难呀。我们的预算太少了，就是少得可怜的预算，也被财务部门削减了。没钱怎么开发新产品呢？"

财务部门经理 C 说："我是削减了你们的预算，但是你要知道，公司的成本一直在上升，我们当然没有多少钱投在研发部了。"

采购部门经理 D 说："我们的采购成本是上升了 10%，你们知道为什么吗？俄罗斯的一个生产铬的矿山爆炸了，导致不锈钢的价格上升。"

这时，A、B、C 三位经理一起说："哦，原来如此，这样说来，我们大家都没有多少责任了。"

人力资源部门经理 F 说："这样说来，我只能去考核俄罗斯的矿山了。"

这个问题之所以有趣，就是在我们的企业中这种情况似乎总在发生，而老板、主管们却似乎总是找不到问题的症结所在，最终就只能归咎到中国人的通病：一出事情，大家首先想到的是推卸责任，而不是去思考如何解决问题。

第一节 绩效、绩效评估与绩效管理

有效地调动组织与个人的积极性和创造潜力，持续地提高他们的绩效水平，是任何组织都必须关注的问题。绩效管理作为人力资源管理的核心，在实现企业战略目标方面也起着举足轻重的作用，这已经是业界的一个共识。绩效管理是一个完整的系统，在这个系统中，组织、经理和员工全部参与进来。经理和员工通过沟通的方式，将企业的战略、经理的职责、管理的方式和手段以及员工的绩效目标等管理的基本内容确定下来，在持续不断沟通的前提下，经理帮助员工清除工作过程中的障碍，提供必要的支持、指导和帮助，与员工一起共同完成绩效目标，从而实现组织的远景计划和战略目标。为了更好地理解绩效管理的概念，我们首先要从理解绩效的概念入手。

一、绩效

广义的绩效概念中包括了组织绩效和个人绩效两个层次。英文中的 Performance 翻译成中文有履行、执行、成绩、性能、表演、演奏等涵义。从字面上理解，绩效就是业绩和效能。然而业绩与效能又是如何表现的呢？不同的职位、员工之间以及员工与团队、组织之间是否具有相同的绩效涵义呢？通常的理解有四种：

(1) 绩效就是结果，即对企业具有效益、具有贡献的结果。财务人员比较热衷于这种量化程度高的观点。结果有长期、中期、短期之分，在财务上通常是以年为周期的，但是对于股东而言，基业长青更胜于当期利润。所以无论是长期、中期还是短期的结果都是绩效管理关注的对象，长期结果无法在当期体现，只能通过组织倡导的行为方式来推动。

（2）绩效的目标是行为，而不是结果。但是如果行为不能带来结果，比如很高的出勤率并不能代表企业效率的提高，那么这种所谓的绩效对于企业而言没有任何意义。

（3）个体特征可以反映绩效水平。工业心理学家的研究结果认为员工的个性特征，比如性格、技能与能力等综合因素可以转化为可量化的工作成果。我们不能否定技能对于提高生产效率的意义，但是一个技能很高的建筑工人，并不等同于他的工作效率比别人高。

（4）绩效管理的对象是战略的实施过程。绩效管理是一个从设定目标、实施计划到绩效考核、结果运用的完整流程，绩效考核只是其中一环而已。绩效管理所关注的对象也就是管理的过程——在工作的各个阶段和环节对管理对象进行监控、支持。采用这种论点的组织比较强调辅导、反馈等管理环节。

对于绩效，不能指望管理人员自己去定义。具体到每一个行业，每一个企业，每一个职位，它的绩效含义是什么，应当根据具体情况来确定，也许包括了以上四个答案，也许只是其中一个。另一个问题是，组织、团队与个人绩效含义是否一致？如果一个组织的职责权利结构清晰，那么组织的一把手就应当对组织绩效负责。从这个意义上而言，组织绩效与个人绩效是有机联系的。组织绩效建立在个人、团队绩效的基础上，并且是可以重合考量的。

在绩效管理的具体实践中，应采用较为宽泛的绩效概念，即包括行为和结果两个方面，行为是达到绩效结果的条件之一。这一观点在布卢姆布里奇（Brumbrach）1988年给绩效下的定义中得到很好的体现，即"绩效指行为和结果。行为由从事工作的人表现出来，将工作任务付诸实施。行为不仅仅是结果的工具，行为本身也是结果，是为完成工作任务所付出的脑力和体力的结果，并且能与结果分开进行判断"。这一定义告诉我们，当对个体的绩效进行管理时，既要考虑投入（行为），也要考虑产出（结果）；绩效包括应该做什么和如何做两个方面。

二、绩效评估

所谓绩效评估，是指运用数理统计、运筹学原理和特定指标体系，对照统一的标准，按照一定的程序，通过定量、定性对比分析，对项目一定经营期间的经营效益和经营者业绩做出客观、公正和准确的综合评判。

绩效评估（Performance Appraisal）又称绩效评价、员工考核。绩效评估是一种正式的员工评估制度，它通过系统的方法、原理来评定和测量员工在职务上的工作行为和工作成果。绩效评估是企业管理者与员工之间的一项管理沟通活动。绩效评估的结果可以直接影响到薪酬调整、奖金发放及职务升降等诸多员工的切身利益。

（一）绩效评估的原则

绩效评估应遵循如下三个原则：

（1）与企业文化和管理理念相一致。考评内容实际上就是对员工工作行为、态度、业绩等方面的要求和目标，它是员工行为的导向。考评内容是企业组织文化和管理理念的具体化和形象化。在考评内容中必须明确：企业鼓励什么，反对什么，给员工以正确的指引。

（2）要有侧重。考评内容不可能涵盖该岗位上的所有工作内容，为了提高考评的效率，降低考核成本，并且让员工清楚工作的关键点，考评内容应该选择岗位工作的主要内容进行考评，不要面面俱到。

（3）不考评无关内容。绩效考评是对员工的工作考评，对不影响工作的其他任何事情都不要进行考评，譬如员工的生活习惯、行为举止等内容不宜作为考评内容。

（二）绩效评估的类型

常见的绩效评估的类型有：

（1）效果主导型：考评的内容以考评结果为主。效果主导型的重点在结果而不是行为。由于它考评的是工作业绩而不是工作效率，所以标准容易制定，并且容易操作。目标管理考评办法就是这种考评。它具有短期性和表现性的缺点，对具体生产操作的员工比较适合，但不适合事务性人员。

（2）品质主导型：考核的内容以考评员工在工作中表现出来的品质为主，着眼于"他怎么干"。由于其考评如忠诚、可靠、主动、有创新、有自信、有协助精神等品质，所以很难具体掌握，操作性与效果较差，适合于对员工工作潜力、工作精神及沟通能力的考评。

（3）行为主导型：考核的内容以考评员工的工作行为为主，着眼于"如何干"、"干什么"，重在工作过程。考评的标准容易确定，操作性强，适合于管理性、事务性工作的考评。

三、绩效管理

所谓绩效管理，是指各级管理者和员工为了达到组织目标共同参与的绩效计划制定、绩效辅导沟通、绩效考核评价、绩效结果应用、绩效目标提升的持续循环过程。绩效管理的目的是持续提升个人、部门和组织的绩效。

绩效管理在人力资源管理中处于核心地位。首先组织的绩效目标是由公司的发展规划、战略和组织目标决定的，绩效目标要体现公司的发展战略导向，组织结构和管理控制是部门绩效管理的基础，岗位工作分析是个人绩效管理的基础；其次，绩效考核结果在人员配置、培训开发、薪酬管理等方面都有非常重要的作用。如果绩效考核缺乏公平公正性，上述各个环节工作都会受到影响，而绩效管理落到实处将对上述各个环节工作起到促进作用；最后，绩效管理和招聘选拔工作也有密切联系，个人的能力、水平和素质对绩效管理影响很大，人员招聘选拔要根据岗位对任职者能力素质的要求来进行。通过薪酬激励激发组织和个人的积极性，通过培训开发提高组织和个人的技能水平，从而带来组织和个人绩效的提升，促进企业发展目标的实现。

组织和个人的绩效水平直接影响着组织的整体运作效率和价值创造。因此，衡量和提高组织、部门以及员工个人的绩效水平是企业经营管理者的一项重要常规工作，而构建和完善绩效管理系统是人力资源管理部门的一项战略性任务。

对组织进行绩效管理的目的是为了实现组织目标。因此对雇员的绩效管理总是发生在一定的组织背景中，离不开既定的组织战略和组织目标；而对组织的绩效进行管理，也离不开对员工的管理，因为组织的目标是通过员工来实现的。

从心理学的学科性质看，我们更多关注的是个体的绩效。而从组织角度进行绩效管理的目的看，是为了提高组织绩效，达到组织的总体目标。所以我们可以把绩效管理定义为在特定的组织环境中，与特定的组织战略、目标相联系的对雇员的绩效进行管理，以期实现组织目标的过程。

第二节　绩效评估的指标体系设计

一、绩效考核的内容及指标体系设计

(一) 绩效考核的内容

完整的考核内容包括业绩考评、能力考评、态度考评、工作潜力评价和适应性评价。在实际操作过程中，由于各企业所处环境不同，完成目标管理工作中具体的特点不同以及经营者的偏好不同，可能使考评偏重于其中一项或几项。比如，企业管理工作的重心在于提高工作效率，其考评内容偏重于业绩考评；而如果需要提升一些有才干者来补充岗位空缺，则考评就偏重于能力考评。

1. 业绩考评

企业希望每一个员工的行为都能有利于企业经营目标的实现，希望通过考评掌握员工的价值以及对企业贡献的大小；而员工则希望自己的业绩得到公正、公平的评价，贡献得到企业的认可。业绩考评是对员工当期履行职务职责或对工作结果的考评，是对组织成员工作贡献程度的衡量和评价，直接体现员工在企业中的价值大小，是绩效管理的核心内容。业绩考评的主要项目如表9-1所示。

表9-1　业绩考评项目表

考评维度	考评项目	重点观察内容
业绩	任务完成度	是否以公司的战略方针为准则，依照计划目标将业务完成，使其成果的质与量均达到要求的标准
	工作质量	业务处理的过程或成果是否正确，是否达到了要求的标准，是否可以信赖
	工作数量	规定期间内的业务处理量或数额是否达到标准或计划内容要求，工作的速度或时效的把握情况如何

资料来源：侯光明. 人力资源管理. 北京：高等教育出版社，2009

2. 能力考评

能力考评是考评员工在岗位实际工作中发挥出来的能力，是根据被考评者表现的工作能力，参照能力考评标准，对被考评者所担当的职务与其能力匹配程度做出评定的过程。能力与业绩有显著的差异，业绩是外在的，是可以把握的；而能力是内在的，难以衡量和比较。这是能力考评的难点。但是，能力也是客观存在的现象，可以感知和察觉，可以通过一系列手段去把握能力的存在以及不同员工之间的能力差异。

绩效管理中的能力考评与招聘中的能力测量不同。绩效管理中的能力考评重在考评员工在岗位工作过程中显示和发挥出来的履职能力，如员工在工作中判断理解指令时是否正确、迅速，协调上下级关系时是否得体、有效，等等。能力考评的主要项目如表9-2所示。

表 9-2　能力考评项目表

考评维度	考评项目	重点观察内容
能力	知识	业务所需要的"实际知识"、"相关知识",以及"社会常识"的掌握程度
	经验阅历	生活、生产、社会的经验阅历如何,知识与经验丰富的程度如何,思想认识水平的高低,对外界事物分析、判断、理解的能力如何,目光是否远大
	技能熟练程度	执行本岗位工作的技能熟练程度,感知力、识别力、耐力要求
	计划能力	为了达到目标,能对理论与实际的结合方式进行密切的分析,提出具有创造性的方案或结合工作环境和条件提出计划
	协调能力	是指根据工作任务,对资源进行分配,同时控制、激励和协调群体活动过程,使之相互融合,从而实现组织目标的能力。一般包括:组织能力、授权能力、冲突处理能力、激励下属能力
	理解力	以知识、经验为依据,能把握业务中发生的事情的本质,能充分理解其内容,以至对将来可能发生的变化有从容应对的能力及程度
	创新能力	经常保持不断探索的心态,灵活运用业务上的知识经验并能改善业务,对业务的发展有自己独到见解和创意的能力及程度
	改善力	能面对目前的有关问题,研究改善、提升效率或创造新的业务处理方式,以及采用何种手段、方法等的思考能力及程度

资料来源:侯光明.人力资源管理.北京:高等教育出版社,2009

3. 态度考评

一般来说,能力越强,业绩就可能越好。可是在企业中常常见到这样一种现象:一个人能力很强,但出工不出力;另一个人能力不强,却兢兢业业,干得很不错。两种不同的工作态度,就产生了截然不同的工作结果,这与能力无直接关系,主要与工作态度有关。所以,需要对员工的"工作态度"进行考评。

工作态度是对某项工作的认知程度及为此付出的努力程度。工作态度是工作能力向工作业绩转换的"中介",在很大程度上决定了能力向业绩的转化效果。但是,即使态度不错,能力也未必能发挥出来,并转换为业绩。这是因为从能力向业绩转换的过程中,还需要除个人努力因素之外的一些"辅助条件"。有些是企业内部条件,如分工是否合适、指令是否正确、工作场地是否良好等;有些是企业外部条件,如市场的供求关系、产品的销售状况、原材料保证程度等。

工作态度考评要剔除本人以外的因素和条件。如果是由于工作条件好做出了好成绩,就需要剔除这种"运气"因素,否则就难以保证考评的公正性和公平性。相反,由于工作条件恶化使业绩受挫,并非个人不努力,绩效管理时也必须予以充分考虑。这是态度考评的不同之处。态度考评的主要项目如表 9-3 所示。

表 9-3 态度考评项目表

考评维度	考评项目	重点观察内容
态度	积极性	是否经常主动地完成各种业务工作,不用指令或命令,也能自主自发地努力工作,不断改善工作方法
	热忱	是否在执行业务之际,以高度的热忱面对挑战,认真而努力工作,表现出不达目的决不罢休的态度
	责任感	是否能自觉地尽职尽责工作,在执行公务时,无论遇到何种困难都能不屈不挠、永不停止;对自己或下属的工作或行为,应自始至终地表现出负责的态度
	纪律性	是否遵守有关规定、惯例、标准或上级的指示,忠于职守、表里一致、有秩序地进行工作
	独立性	是否在职权范围之内,能进行自我管理,不依赖上级或同事,能在准确判断之下,独立自主、自信地处理业务
	协调性	是否能以普通一员协调好上下级、同级以及与外界的关系,并能创造和谐的工作环境,圆满完成上级指派的工作

资料来源:侯光明.人力资源管理.北京:高等教育出版社,2009

4．工作潜力评价

潜力相对于"在工作中发挥出来的能力"而言,是"在工作中没有发挥出来的能力"。在企业中,人力资源部门除了要了解员工在现任职务上具有何种能力以外,还要关注员工未来的发展空间,也就是说,员工是否具有担任高一级职务或其他类型职务的潜质。对员工潜力的开发是企业人力资源开发的重要内容,有助于实现"人事相符",使企业的人力资源配置达到最优化。因此,考评员工绩效也包括对员工潜力的考评。

对员工潜力的考评可以求助于专业咨询机构对企业员工的工作潜力进行测评,也可以用下述四个方面的综合评价方法来进行:

(1)参照"能力考核"的结果进行推断;

(2)根据其工作年限及担任各职务工作的业绩等表现来推断,这是一个综合反映员工"经验"多寡的指标;

(3)通过考试、测验和面谈等方式来进行员工潜力查证和判断;

(4)通过员工的受教育证明、培训研修的结业证明和官方的资格认定证明等判断其应具有的潜力,不过这种手段往往只能作为参考。

5．适应性评价

从员工个人的发展来看,每个人都有自己的成就感和价值倾向,希望随着年龄增长,在自己的职业生涯中富有成就,减少职务工种选择与安排上的机会损失。所以,当员工所从事的工作与其禀赋、能力、兴趣、志向等方面不相符时,员工工作能力的发挥也会受到影响。这就需要对员工的适应性进行评价。

对员工适应性的评价通常涉及两方面内容:一是人与工作之间,即员工的能力与其工作要求是否相称;二是人与人之间,即员工与合作共事者之间在个性特征方面的差异是否会影响其工作能力的发挥。把这种"适应"或"不适应"的问题反映出来，在若干个评价过程结束之后，从整体上把握所有员工适应性的状态，一旦企业内部有调整机会，就可不失时机地做出合理的调整。

（二）指标体系设计

完整的绩效考核体系应当包括以下几方面：

1. 绩效考核目的

绩效考核作为企业重要的管理手段之一，在企业人力资源管理活动中发挥着重要作用。

（1）为员工培训工作提供依据。有效的员工培训必须针对员工目前的表现、业绩和素质特征与其所在岗位的岗位规范、组织发展要求等方面的差距来进行，并以此合理地确定培训目标、培训内容，选择相应的培训方法。通过绩效考评，可以发现员工的长处和不足、优势与劣势，从而根据实际需要制定培训计划。

此外，在员工培训结束后，企业要对培训效果进行评估。培训工作是否提高了员工的工作能力，是否有助于企业的经营发展，也就是说企业在员工培训中的投资是否有回报，往往体现在受训员工的工作表现和工作业绩上。而这些信息可以通过定期的绩效考评来获得，因此，绩效考评还有助于企业对员工培训效果进行评估。

（2）为薪酬管理提供依据。企业向员工支付报酬要遵循"按劳分配"的原则。薪酬制度是否公平合理直接影响着员工的工作积极性。定期的、规范的绩效考评可以为员工报酬的确定提供客观有效的依据，使工资、奖金等物质报酬的高低与员工的贡献大小相联系，从而使员工感到公平合理，以激励其为企业的发展多做贡献。

（3）为企业内部的员工流动提供依据。员工在企业内部的流动通常也要以员工的业绩和能力作为依据。例如，在企业中，具备晋升要求的人数往往多于可能得到晋升的人数，因此，较为合理的做法就是依据客观的绩效考评结果择优晋升。同样，企业在做出员工工作调动（包括平级调动或降级调动）或辞退决策时，往往也要以绩效考评的结果作为依据。

（4）为员工的奖惩提供依据。以奖励为主，惩罚为辅，奖惩结合，这历来是企业管理中的激励原则。对于那些忠于职守、踏实工作、业绩优异的员工要给予物质或精神上的奖励。而对于那些不负责任、偷工减料、业绩低劣的员工则要给予相应的惩戒。只有如此，才能鼓励员工向优秀者学习，防止不良行为在企业中蔓延。这种对员工的奖惩通常也要以绩效考评的结果作为依据。

（5）为员工的自我发展明确方向。对于员工在工作中取得的成绩以及员工在某一方面的卓越能力，通过绩效考评，可以得到组织的认可与肯定；而对于员工在工作中存在的不足以及工作能力方面的缺憾，通过绩效考评也可以使员工有清楚的认识，从而明确其未来的方向，鞭策员工不断地进行自我完善。

（6）促进上下级之间的沟通与交流。在绩效考评过程中，上级主管要通过面谈等方式将考评结果反馈给员工。通过这种途径，主管人员可以了解员工的反应和潜力，员工也可以通过与主管人员的交谈明确自身的不足以及组织对自己的工作期望，并与主管人员一起商定下一步的努力方向及奋斗目标，从而增进上下级之间的沟通与交流，使管理人员与员工之间的工作关系得到改进。

2. 绩效考核原则

企业在建立绩效考核制度和具体实施考评时，需要遵循一定的原则，以保证考核工作的顺利进行。

（1）建立绩效考核制度的基本原则。

① 公开与开放的原则。公开和开放是建立绩效考核制度的基本原则。公开与开放的考评系统包括两方面的涵义：一是指评价上的公开性和绝对性，即所建立的考评制度要取得企业上下员工的一致认同，从而推行绩效考评；二是指考评标准必须十分明确，上下级之间可以通过直接对话、面对面沟通来进行考核工作。

② 定期化与制度化的原则。企业的绩效考评是一项连续性的人力资源管理工作，因而必须定期化、制度化。绩效考评既是对员工过去和现在的工作表现、能力等方面的考核和评价，也是对其未来发展的潜力、工作表现的预测。因此，只有使绩效考评工作定期化和制度化，才能较为全面地掌握员工的工作情况，发现组织中存在的问题，从而进一步改善组织管理。

③ 反馈与完善原则。绩效考核的主要目的就是要通过考核肯定员工的优点，发现员工的不足，以促使员工不断地进行自我完善和提高，更好地满足组织的期望，同时也能发现企业管理中存在的问题，并加以解决。因此，如果考评结果没有及时反馈给相关人员，考评工作就失去了意义。由此可见，在绩效考评体系中，应该建立完善的反馈机制。

④ 可行性和实用性原则。所谓可行性，是指任何一次考评都要考虑到企业的实际情况，即量力而行，所需要的时间、人力、物力、财力要为企业的客观环境条件所允许。因此，在制定考评方案时，应根据具体考评目标合理地加以设计，并在充分考虑各种限制性因素的前提下，对考评方案进行可行性分析。

绩效考评制度的实用性包括两层涵义：一是考评工具和方法应适应不同考评目的的要求，要根据考评目的来选择考评方式；二是所设计的考评方案应适应不同行业、不同部门、不同岗位人员的素质特点和要求。

（2）实施考评的基本原则。

在绩效考评的具体实施过程中应该遵循以下原则：

① 客观考评与主观考评相结合。所谓客观考评与主观考评相结合，是指在考评过程中要尽可能采用客观的考评手段与方法，但又不能完全忽略主观性综合评定的作用。同样，也不能仅仅依靠主观性的评定就下结论。要最大限度地发挥考评方法的客观性和考评主体的主观能动性的作用，使其相互融合，彼此互补。

② 定性考评和定量考评相结合。定性考评是指采用经验判断和观察的方法，侧重于从行为的性质方面对员工进行考评；而定量考评则是指采用量化的方法，侧重于从行为的数量特点对员工进行考评。

在企业的考评活动中，如果仅仅是定性考评，往往是一种模糊的印象；而如果仅仅强调定量考评，则又有可能忽视员工行为的性质特征，容易流于形式。因此，在实施考评时，要将定性与定量的考评方法相结合，才能全面考评员工的绩效。

③ 动态考评与静态考评相结合。静态考评是对被考评者已形成的能力、行为的分析和评判，是以相对统一的考评方式在特定时空下进行的考评，而不考虑被考评者前后的变化；动态考评则是从能力和行为形成发展的过程而不是结果，从前后变化的情况而不是当

前所达到的标准，来进行人员考评的。

静态考评便于进行横向比较，可以较为清晰地了解企业员工之间的相互差异或评定员工是否达到某一标准，但却忽略了被考评者原有的基础与今后的发展趋势。动态考评则有利于人力资源管理部门激发被考评者的进取心，但不同的被考评者之间的考评结果不便于比较。因此，将动态考评与静态考评相结合，可以使二者相互补充，全面地考评员工绩效。

3．绩效考核的对象和主体

考核体系将对两大块进行考核。

首先是部门考核。部门考核将主要考核部门的财务指标和非财务性指标。具体的考核方法将使用目标管理法，所有的指标必须进行量化，可以用数字进行表示，并用分数的形式进行考核得分，考核贯穿全年，结合年终考核。

其次是个人考核，将主要考核以下人员：公司高层管理者、公司中层管理者、公司技术开发人员、公司财务人员、公司一般营销人员、公司生产人员等。所有的考核将分为月度考核和年度考核，考核贯穿全年。考核将根据员工个人工作目标、工作业绩等进行考核。

考核主体是指对员工进行考核的人员。我们知道，被考核者的考核内容是由一系列考核指标组成的，不同的主体对不同的考核指标的了解程度是不同的。如果让不了解某项考核指标的主体来对这项指标进行评价，那么考核的结果是值得怀疑的。为了保证绩效考核的客观公平，应当根据考核指标的性质来选择考核主体，选择的考核主体应当是对考核指标最为了解的。由于每个职位的绩效目标都由一系列的指标组成，不同的指标又由不同的主体来进行考核，因此每个职位的评级主体也应该有多个。此外，当不同的考核主体对某一个指标都比较了解时，这些主体都应当对这一指标做出考核，以尽可能地消除考核的片面性。

4．绩效考评周期

绩效考核周期也叫绩效考核期限，就是多长时间对员工进行一次绩效考核。

（1）分为定期考核（每周、旬、月度、季度、半年、年度）和不定期考核。

（2）基层人员考核周期短、较为频繁；中高层考核周期则较长，多达3～4年。

由于绩效考核需要耗费一定的人力、物力，因此考核周期过短，会增加企业管理成本；绩效考核周期过长，又会降低绩效考核的准确性，不利于员工工作绩效的改进，从而影响绩效管理的效果。

一般而言，基层生产或销售人员必须进行月度考核、季度考核（将通过综合该季度每月员工考核成绩产生）以及年度考核。

中层管理人员则实行季度考核结合年终考核，高层管理人员将实行年终考核。

5．绩效考核的步骤

绩效考核通常可以分为以下几步：

（1）制定考评计划。考评计划是实施考评时的指导性文件。计划的内容包括：考评的目的、对象、内容、时间和方法等。

（2）界定绩效考核的考核标准。考评标准的合理性直接决定着考评工作的有效性。首先，要有较为客观的考核标准以便考核主体对被考核者做出正确的评价；其次，合理的考评标准能够最大化地保证考核的公正与公平。因此，根据考核目标和考核内容确定考评标准是绩效考评的重要环节。

（3）选择和创建绩效考核的方法。绩效考核的方法有很多种，不同的方法可以适用于不同的情况，企业要根据实际需要来进行选择。本章第三节的内容将对考核方法进行较为详细的介绍。

（4）实施绩效考核。这一阶段是绩效考核的具体实施阶段。通常考评者要在考评计划的指导下，以考核标准为依据对被考评者各个方面的表现进行评价，得出考评意见。然后再根据各指标的权重进行汇总，最后得出考核结果。

（5）考核结果的反馈。这是绩效考核工作的最后阶段。在考评工作结束后，企业有关部门要将考评结果通过一定的方式反馈给被考评者。这种反馈一般有绩效考评意见认可和绩效考评面谈等形式。目前，绩效考核面谈是一种较为有效的反馈方法。

二、制定绩效考核标准

（一）绩效指标

绩效指标是指绩效的维度，就是说要从哪方面来对员工的绩效进行考核。绩效指标的设置应当注意以下几个方面：

（1）指标应当实际，就是说绩效指标应当根据员工的工作内容来确定。在企业中，每个员工的工作内容都不一样，因此他们的绩效指标也应当是不同的。

（2）绩效指标应当有效，就是说绩效指标应当涵盖员工的全部工作内容，这样才能准确地评价员工的实际绩效。

（3）绩效指标应当具体，即指标要明确指出到底是考核什么内容，不能过于笼统，否则考核主体就无法进行考核。

（4）绩效指标应当明确，即当指标有多种不同的理解时，应当清晰地界定其含义，不能让考核主体产生误解。

（5）绩效指标应当具有差异性，包括两层涵义：一是指对于同一员工来说，各个指标在总体绩效中所占的比重应当有差异，因为不同的指标对员工绩效的贡献不同；二是指对不同的员工来说，绩效指标应当有差异，因为每个员工从事的工作内容是不同的。此外，即便有些指标是一样的，但权重也应当不一样，因为每个职位的工作重点不同。

（6）绩效指标应当具有变动性，这也包括两层涵义：一是指在不同的绩效周期，绩效指标应当随着工作任务的变化而变化；二是指在不同的绩效周期，各个指标的权重也应当根据工作重点的不同而有所区别。

（二）绩效标准

绩效标准就是明确员工的工作要求，也就是说对于绩效内容的界定，员工应当怎样来做或者做到什么程度。确定绩效标准时，应当注意以下几个问题：

（1）绩效标准应当明确，按照目标激励理论的解释，目标越明确，对员工的激励效果就越好。因此在确定绩效标准时应当具体清楚，不能含糊不清，这就要求尽可能地使用量化的标准。

（2）绩效标准应当适度，就是说制定的标准要具有一定的难度，但员工经过努力是可以实现的。这同样源自于目标激励理论的解释，目标太容易或者太难，对员工的激励效果都会大大降低，因此绩效标准的制定应当在员工可以实现的范围内确定。

（3）绩效标准应当可变，这包括两个层次的涵义：一是指对于同一个员工来说，在不同的绩效周期，随着外部环境的变化，绩效标准有可能也要变化；二是指对于不同的员工来说，即使在同样的绩效周期，由于工作环境的不同，绩效标准也有可能不同。

三、绩效考核指标体系设计的方法

（一）常用的绩效指标设计

不同的企业目标与性质不同，绩效指标也就不同。而且由于不同工作岗位的工作性质差异，更加导致了不同岗位绩效评估的内容与指标体系的迥异。此外，许多企业的绩效指标体系更被赋予了强化企业文化的色彩。一般而言，每个岗位的指标体系由工作数量、质量、时间以及成本四个方面构成。表9-4列举了一些常用的绩效指标。

表9-4 常用绩效考评指标举例

常用指标类别	举 例
数量	• 每月、每季度顾客的数量 • 每周、每月处理的项目数量 • 每月、每季度处理的诸如咨询、投诉事件数量 • 在具体项目中，员工参与的百分比 • 每月、每季度由于旷工而消耗的劳动时间
质量	• (部门、计划等的)差错率 • 由于严重失误而造成的生产时间损耗 • 正确无误的订单比例 • 员工流失的比率 • 重复检测的百分比 • 返工或完全报废的百分比 • 故障或停产时间的百分比
时间	• 错过截止期的百分比或数量 • 铃响三声之内应答电话的百分比和数量 • 完成工作的天数 • 月末或季度末还需工作的天数 • 每月/季度某一事件的发生频率 • 流失的时间
成本	• 与预算偏差的百分比 • 预算中的生产开支 • 比上期或上个季度节省的金额

资料来源：侯光明. 人力资源管理. 北京：高等教育出版社，2009

企业关键业绩指标（KPI，Key Performance Indicator）是通过对组织内部流程的输入端、输出端的关键参数进行设置、取样、计算、分析，衡量流程绩效的一种目标式量化管理指标，是把企业的战略目标分解为可操作的工作目标的工具，是企业绩效管理的基础。KPI可以使部门主管明确部门的主要责任，并以此为基础，明确部门人员的业绩衡量指标。建立明确的切实可行的 KPI 体系，是做好绩效管理的关键。关键业绩指标是用于衡量工作人员工作绩效表现的量化指标，是绩效计划的重要组成部分。例如，某企业采购部经理的关键绩效指标如表 9-5 所示。

表 9-5　某企业采购部经理的 KPI

指标名称	存货周转率/次	指标编号	×××
指标诠释	反映企业存货的流动性及合理性，深刻地揭示了企业对市场的预测能力、采购能力、营销能力、运营能力等各种能力的协同性		
指标目的	降低库存、增加商品的销售量、向市场提供畅销对路产品和最新产品		
指标测量	销售成本/平均存货成本		
测度时间	季度或半年测度		
备注	—		
指标名称	单位采购成本	指标编号	×××
指标诠释	反映了企业供应商管理的水平，最终体现为企业对成本的控制能力		
指标目的	评估采购的效率及采购方式的科学性		
指标测量	采购总费用/采购数量		
测度时间	月度或季度测度		
备注	采购成本基准值为一定时间内的采购成本平均值		
指标名称	人均成本贡献率	指标编号	×××
指标诠释	反映了给予组织目标的最大费用支付能力，以及组织以最低的代价取得的最大效益		
指标目的	设立此目标是为了将成本费用控制在适度的范围内，以支持业务的实现		
指标测量	采购支出/部门费用/人；营销费用/部门费用/人；IT 支出费用/部门费用/人		
测度时间	季度或半年		
备注	——		

资料来源：侯光明. 人力资源管理. 北京：高等教育出版社，2009

（二）确定指标权重

指标权重的具体确定方法很多，这里我们主要介绍以下三种。

1. 主观经验法

主观经验法是一种主要依靠历史数据和专家直观判断确定权重的简单方法。这种方法需要企业有比较完整的考评记录和相应的评价结果，而且它是决策者个人根据自己的经验对各项评价指标重要程度的认识，或者从引导意图出发，对各项评价指标的权重进行分配，也可以是集体讨论的结果。此方法的主要优点在于决策效率高、成本低，容易为人接受，适合专家治理型企业；主要缺点是由此方法获得的数据的可信度和效度不高，且具有一定的片面性，对决策者能力要求很强。

2. 等级序列法

等级序列法是一种简单易行的方法，通常请一个评价小组对各考评指标的相对重要性进行判断，根据各考评要素的重要性从大到小进行排序。例如，要对销售员这个岗位的六项考评要素 A、B、C、D、E、F 进行权重分配，就请考评者分别对这六项指标从最重要到最不重要进行排序，再将得到的排序转变为权重。

3．对偶加权法

对偶加权法是将各考评要素进行比较，然后将比较结果进行汇总比较，从而得出权重的加权方法。对偶加权法在比较对象不多的情况下，比等级序列法更准确可靠。与等级序列法一样，这种方法得到的结果也是次序量表资料，要把它转化成等距资料才能分辨出不同指标间的相对重要性大小。

第三节　绩效评估的方法

所谓绩效评估方法，是对员工在工作过程中表现出来的工作业绩、工作能力、工作态度以及个人品德等进行评价，并用之判断员工与岗位的要求是否相称的方法。主要有两种评估法：定性评估法和定量评估法。在评估过程中，评估者不仅要对明确的、可直接把握的因素进行评价，而且还要对一些较为模糊的因素进行评价。这样，选择一种科学合理的考核方法，对于评估结果的可信度和评估过程的可操作程度来说至关重要。

一、定性评估法

定性评估法包括：排列法、选择排列法、成对比较法、强制分步法、关键事件法、行为锚定等级评价法、行为观察法、目标管理法、绩效标准法、直接指标法、关键业绩指标法。

（一）排列法

排列法也称排序法、简单排序法，是绩效考评中比较简单易行的一种综合比较方法。它通常由上级主管根据员工工作整体表现，按照优劣顺序依次进行排列。有时为了提高其精度，也可以将工作内容做适当的分解，分项按照优良的顺序依次进行排列，再求总平均的次序数，作为绩效考评的最后结果，见表 9-6。

表 9-6　排　列　法

顺　序	等　级	员工姓名
1	最好	王××
2	较好	钱××
3	一般	赵××
4	较差	张××
5	最差	李××

这种方法的优点是简单易行、花费时间少，能使考评者在预定的范围内组织考评并将下属进行排序，从而减少考评结果过宽和趋中的误差。在确定的范围内，组织可以将排列法的考评结果作为薪资奖金或一般性人事变动的依据。但是，由于排序法是相对对比性的方法，考评是在员工间进行主观比较，不是员工工作的表现和结果与客观标准相比较，因此具有一定的局限性，不能用于比较不同部门的员工，而且当个人取得的业绩相近时很难进行排列，也不能使员工得到关于自己优点或缺点的反馈。

（二）选择排列法

选择排列法也称交替排列法，是简单的排列法的进一步推广。选择排列法利用的是人们容易发现极端、不容易发现中间的心理。在所有员工中，首先挑出最好的员工，然后挑出最差的员工，将他们作为第一名和最后一名，接着在剩下的员工中再选择出最好的和最差的，分别将其排列在第二名和倒数第二名，以此类推，最终将所有员工按照优劣的先后顺序全部排列完毕，见表9-7。

表9-7 选 择 排 列 法

顺　　序	等　　级	员 工 姓 名
1	最好	王××
2	较好	钱××
3	一般	赵××
3	差	张××
2	较差	李××
1	最差	胡××

选择排序法是较为有效的一种排列方法。采用本法时，不仅上级可以直接完成排序工作，还可以将其扩展到自我考评、同级考评和下级考评等其他考评的方式之中。

（三）成对比较法

成对比较法亦称配对比较法、两两比较法等。其基本程序是：首先，根据某种考评要素如工作质量，将所有参加考评的人员逐一比较，按照从最好到最差的顺序对被考评者进行排序；然后再根据下一个考评要素进行两两比较，得出本要素被考评者的排列次序；以此类推，经过汇总整理，最后求出被考评者所有考评要素的平均排序数字，得到最终考评的排序结果，见表9-8。

表9-8 成 对 比 较 法

对比人 姓名	A	B	C	D	E	F	排序
A	0	＋	＋	＋	＋	＋	6
B	－	0	＋	＋	－	＋	4
C	－	－	0	－	－	＋	2
D	－	＋	＋	0	－	＋	3
E	－	＋	＋	＋	0	＋	5
F	－	－	－	－	－	0	1
排序	－5	－1	＋3	＋1	－3	＋5	

注：纵列员工与横行员工对比，优者划"＋"，差者划"－"。

（四）强制分布法

强制分布法也称强迫分配法、硬性分布法。假设员工的工作行为和工作绩效整体呈正态分布，那么按照正态分布的规律，员工的工作行为和工作绩效好、中、差的分布存在一定的比例关系，在中间的即绩效中等的员工所占比重最大，绩效最好的和差的是少数。强制分布法就是按照具体百分比，可根据需要确定，既可以是 10%、20%、40%、20%、10%，也可以是 5%、20%、50%、20%、5%等百分比。

采用这种方法，可以避免考评者过分严厉或过分宽容的情况发生，克服平均主义。当然，如果员工的能力分布呈偏态，该方法就不合适了。强制分布法只能把员工分为有限的几种类别，难以具体比较员工差别，也不能在诊断工作问题时提供准确可靠的信息。

（五）关键事件法

关键事件法也称重要事件法。在某些工作领域内，员工在完成任务的过程中，有效的工作行为取得成功，无效的工作行为导致失败。重要事件法的设计者将这些有效或无效的工作称为"关键事件"，考核者要记录和观察这些关键事件，因为他们通常描述了员工的行为以及工作行为发生的具体背景条件。这样，在评价一个员工的工作行为时，就可以利用关键事件作为考评的指标和衡量的尺度。

这种方法强调的是选择具有代表最好或最差行为表现的典型和关键性活动事例作为考评的内容和标准，因此，一旦考核评价的关键事件选定了，其具体方法也就确定了。

采用本方法具有较大的时间跨度，可以贯穿考评期的始终，与年度、季度计划密切结合在一起。本方法可以有效弥补其他方法的不足，为其他考评方法提供依据和参考。其主要特点是：为考评者提供了客观的事实依据，考评的内容不是员工的短期表现，而是一年内的整体表现；以事实为依据，保存了动态的关键事件记录，可以全面了解员工是如何消除不良绩效、如何改进和提高绩效的。关键事件法的缺点是：对关键事件的观察和记录费时费力；能做定性分析，不能做定量分析；不能具体区分工作行为的重要性程度，很难使用该方法在员工之间进行比较。

（六）行为锚定等级评价法

行为锚定等级评价法（Behaviorally Anchored Rating Scale，BARS）也称行为定位法、行为决定性等级量表法或行为定位等级法，是由美国学者史密斯（P. C. Smith）和德尔（L. Kendall）于 20 世纪 60 年代提出的。行为锚定等级评价法是一种将同一职务工作可能发生的各种典型行为进行评分度量，建立一个锚定评分表，以此为依据，对员工工作中的实际行为进行测评记分的考评办法。行为锚定等级评价法实质上是把关键事件法与评级量表法结合起来，兼具两者之长。行为锚定等级评价法是关键事件法的进一步拓展和应用，它将关键事件和等级评价有效地结合在一起。通过一张行为等级评价表可以发现，在同一个绩效维度中存在一系列的行为，每种行为分别表示这一维度中的一种特定绩效水平，将绩效水平按等级量化，可以使考评的结果更有效、更公平。行为锚定等级评价法的目的在于：通过一个等级评价表，将关于特别优良或特别劣等绩效的叙述加以等级性量化，从而将描述性关键事件评价法和量化等级评价法的优点结合起来。其倡导者宣称，它具有比我们所讨论过的所有其他种类的工作绩效评价工具都更好和更公平的评价。

行为锚定等级评价法的具体工作步骤是：

（1）进行岗位分析，获取关键事件，由主管人员做出明确简洁的描述。

（2）进行等级评价。一般分为 5～9 级，将关键事件归并为若干绩效指标，并给出确切定义。

（3）对关键事件重新加以分配。由另一组管理人员对关键事件做出重新分配，把它们归入最合适的绩效要素指标中，确定关键事件的最终位置，并确定出绩效考评指标体系。

（4）对关键事件进行评定。审核绩效考评指标登记划分的正确性，由第二组人员将绩效指标中包含的重要事件由优到差、从高到低进行排列。

（5）建立最终的工作绩效评价体系。

表 9 – 9　行为锚定等级评价法实例：员工在工作行为中行为表现考评表

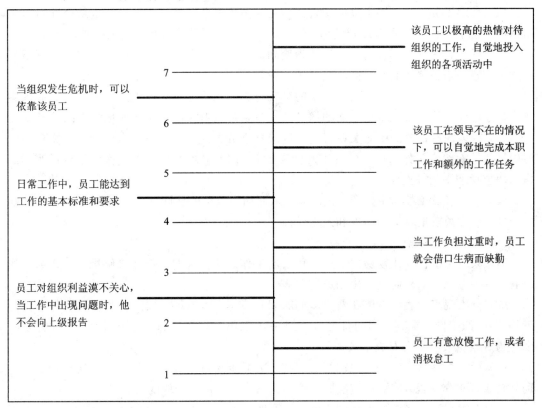

行为锚定等级评价法的优点：

（1）对员工绩效的考量更加精确。由于参与本方法设计的人员众多，对本岗位熟悉，专业技术性强，所以精确度更高。

（2）绩效考评标准更加明确。评定量表上的等级尺度是与行为表现的具体文字描述一一对应的，或者说通过行为表述锚定评定等级，使考评标准更加明确。

（3）具有良好的反馈功能。评定量表上的行为描述可以为反馈提供更多必要的信息。

（4）具有良好的连贯性和较高的可信度。使用本方法是对考评者使用同样的量表，对同一个对象进行不同时间段的考评，能够明显提高考评的连贯性和可靠性。

（5）考评的各绩效要素的相对独立性强，有利于综合评价判断。

缺点：设计和实施的费用高，比许多考评方法费时、费力；而且考核某些复杂的工作时，特别是对于那些工作行为与效果的联系不太紧密的工作时，管理者容易着眼于对结果的评定而非依据锚定事件进行考核。

（七）行为观察法

行为观察法也叫行为观察量表法，是根据各项评估指标给出一系列有关的有效行为，将观察到的员工的每一项工作行为同评价标准比较进行评分，统计该行为出现的频率的一种评估方法，它将每一种行为的得分相加，得出总分结果之后进行比较。这种方法的优点是有一个比较有效的行为标准，可以帮助建立工作岗位指导书；缺点是观察到的工作行为可能带有一定的主观性。

行为观察法的优点：

（1）有助于员工对考评工具的理解和使用。它基于系统的工作分析，是从企业对员工所做的系统的工作分析中设计开发出来的，因此，有助于员工对考评工具的理解和使用。

（2）行为观察量表法有助于产生清晰明确的反馈。因为它鼓励主管和下属之间就下属的优缺点进行有意义的讨论，因此避免了一般化。

（3）从考评工具区分成功与不成功的员工行为的角度来看，行为观察量表法具有内容效度。考评者必须对员工做出全面的评价而不只是强调考评他们所能回忆起来的内容。

（4）行为观察量表法中对关键行为和等级标准的描述一目了然。由于行为观察量表法明确说明了对给定工作岗位上的员工的行为要求，因此其本身可以单独作为职位说明书或作为职位说明书的补充。

（5）它允许员工参与工作职责的确定，从而加强员工的认同感和理解力。

（6）行为观察量表法的信度和效度较高。

行为观察法的缺点：

（1）只适用于行为比较稳定、不太复杂的工作。只有这类工作才能够准确、详细地找出有关的有效行为，从而设计出相应的量表。

（2）行为观察量表法需要花费更多的时间和成本。因为每一项工作都需要一种单独的工具（不同的工作要求有不同的行为），除非一项工作有许多任职者，否则为该工作开发一个行为观察量表将不会有成本效率。

（3）行为观察量表法过分强调行为表现，这可能忽略了许多工作真正的考评要素，特别是对管理工作来说，应更注重实际的产出结果，而不是所采取的行为。

（4）在组织日益趋向扁平化的今天，让管理者来观察在职人员的工作表现，这似乎不太可能，但却是行为观察量表法所要做的。

（八）目标管理法

目标管理法（MBO，Management by Objectives）是指由下级与上司共同确定具体的绩效目标，并且定期检查目标进展情况的一种管理方式，由此而产生的奖励或处罚则根据目标的完成情况来确定。目标管理法属于结果导向型的考评方法之一，以实际产出为基础，考评的重点是员工工作的成效和劳动的结果。目标管理体现了现代管理的哲学思想，是领导者与下属之间双向互动的过程。目标管理法由员工与主管共同协商制定个人目标，个人的目标依据企业的战略目标及相应的部门目标而确定，并与它们尽可能一致。该方法用可观察、可测量的工作结果作为衡量员工工作绩效的标准，以制定的目标作为对员工考评的依据，从而使员工个人的努力目标与组织目标保持一致，减少管理者将精力放到与组织目标无关的工作上的可能性。

目标管理法一般经过以下四个步骤：① 制定目标，包括制定目标的依据、对目标进行分类、符合 SMART 原则、目标须沟通一致等；② 实施目标；③ 信息反馈处理；④ 检查实施结果及奖惩。

MBO 不是用目标进行控制，而是用来激励下级。MBO 方式通常有 4 个共同的要素，它们是：明确目标、参与决策、规定期限和反馈绩效。MBO 通过一种专门设计的过程使目标具有可操作性，这种过程一级接一级地将目标分解到组织的各个单位。组织的整体目标被转换为每一级组织的具体目标，即从整体组织目标到经营单位目标，再到部门目标，最后到个人目标。在此结构中，某一层的目标与下一级的目标连接在一起，而且对每一位员工而言，MBO 都提供了具体的个人绩效目标。因此，每个人对他所在单位的成果贡献都很关键。如果所有人都实现了他们各自的目标，则他们所在单位的目标也将达到，而组织整体目标的完成也将成为现实。

目标管理法的优点：目标管理法的评价标准直接反映员工的工作内容，结果易于观测，所以很少出现评价失误，也适合对员工提供建议，进行反馈和辅导。由于目标管理的过程是员工共同参与的过程，因此，员工工作积极性有了很大提高，也增强了责任心和事业心。目标管理有助于改进组织结构的职责分工，因为组织目标的成果和责任力图划归一个职位或部门，容易发生授权不足与职责不清等缺陷。缺点是目标管理法没有在不同部门、不同员工之间设立统一目标，因此难以对员工和不同部门之间的工作绩效横向比较，不能为以后的晋升决策提供依据。

（九）绩效标准法

绩效标准法与目标管理法基本接近，它采用更直接的工作绩效衡量指标，通常适用于非管理岗位的员工，衡量所采用的指标要具体、合理、明确，要有时间、空间、数量、质量的约束限制，要规定完成目标的先后顺序，保证目标与组织目标的一致性。绩效标准法比目标管理法具有更多的考评标准，而且标准更加具体详细。依照标准逐一评估，然后按照各标准的重要性所确定的权数，进行考评分数汇总。

由于被考评者的多样性，个人品质存在明显差异，有时某一方面的突出业绩和另一方面的较差表现有共生性，而采用这种方法可以克服此类问题。绩效标准法为下属提供了清晰准确的努力方向，对员工具有更加明确的导向和激励作用。绩效标准法的局限性是需要占用较多的人力、物力和财力，需要较高的管理成本。

（十）直接指标法

直接指标法采用可监测、可核算的指标构成若干考评要素，作为对下属的工作表现进行评估的主要依据。该方法属于结果导向型的绩效考评方法。

（1）对于非管理人员，可衡量其生产率、工作数量、工作质量等。工作数量指标有工时利用率、月度营业额、销售量等。工作质量指标有顾客不满意率、废品率、产品包装缺损率、顾客投诉率、不合格品返修率等。

（2）对管理人员的工作评估可以通过对其员工的缺勤率、流动率的统计来实现。

直接指标法简单易行，能节省人力、物力和管理成本。运用本方法时，需要加强企业基础管理，建立健全各种原始记录，特别是一线人员的统计工作。

（十一）关键业绩指标法（KPI）

企业关键业绩指标（KPI, Key Performance Indicator）是通过对组织内部流程的输入端、输出端的关键参数进行设置、取样、计算、分析，衡量流程绩效的一种目标式量化管理指标，是把企业的战略目标分解为可操作的工作目标的工具，是企业绩效管理的基础。KPI 可以使部门主管明确部门的主要责任，并以此为基础，明确部门人员的业绩衡量指标。建立明确的切实可行的 KPI 体系，是做好绩效管理的关键。关键业绩指标是用于衡量工作人员工作绩效表现的量化指标，是绩效计划的重要组成部分。

基于 KPI 的绩效考核体系与一般绩效评估体系的区别见表 9-10。

表 9-10　基于 KPI 的绩效考核体系与一般绩效评估体系的区别

	基于 KPI 的绩效评估体系	一般绩效评估体系
假设前提	假定人们会采取一切积极的行动，努力达到事先确定的目标	假定人们不会主动采取行动以实现目标，假定人们不清楚应采取什么行动来实现目标，假定制定与实施战略与一般员工无关
考核目的	以战略为中心，指标体系的设计与运用都为组织战略目标达成服务	以控制为中心，指标体系的设计与运用来源于控制的意图，也是为更有效地控制个人的行为服务
指标产生	在组织内部自上而下对战略目标进行层层分解产生	通常是自下而上根据个人以往的绩效与目标产生
指标来源	基于组织战略目标与竞争要求的各项增值性工作产出	来源于特定的程序，即对过去行为与绩效的修改
指标构成及作用	通过财务与非财务指标相结合，体现关注短期效益、兼顾长期发展的原则。指标本身不仅传达了结果，也传递了产生结果的过程	以财务指标为主，非财务指标为辅。注重对过去绩效的评价，且指导绩效改进的出发点是过去的绩效存在的问题，绩效改进行动与战略需要脱钩

KPI 法符合一个重要的管理原理——"八二原理"。在一个企业的价值创造过程中，存在着"80/20"的规律，即 20% 的骨干人员创造企业 80% 的价值。而且在每一位员工身上"八二原理"同样适用，即 80% 的工作任务是由 20% 的关键行为完成的。因此，必须抓住 20% 的关键行为，对之进行分析和衡量，这样就能抓住业绩评价的重心。

目前常用的方法是鱼骨图分析法和九宫图分析法，这些方法可以帮助我们在实际工作中抓住主要问题，解决主要矛盾。鱼骨图实例见图 9-1。

鱼骨图分析的主要步骤如下：

(1) 确定个人/部门业务重点。确定哪些因素与公司业务相互影响。

(2) 确定业务标准。定义成功的关键要素，满足业务重点所需的策略手段。

(3) 确定关键业绩指标，判断一项业绩标准是否达到的实际因素。

依据企业级的 KPI 逐步分解到部门，再由部门分解到各个职位，依次采用层层分解、互为支持的方法，确定各部门、各职位的关键业绩指标，并用定量或定性的指标确定下来。绩效是具有一定素质的员工围绕职位应负责任所达到的阶段性结果及在过程中的行为表现。其中职位应负责任的衡量通过职位的 KPI 体现出来，这个 KPI 体现了员工对部门/公司贡献的大小。

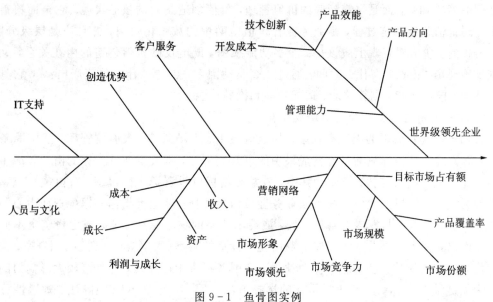

图 9-1 鱼骨图实例

确定关键业绩指标是 KPI 体系建立的核心部分，大致可以分以下几大步骤进行。

1. 明确 BSC 和价值树

BSC 即平衡记分卡，它从财务、客户、内部流程和学习与发展四个不同的侧面将企业愿景和战略转化为目标和考核指标，从而对企业绩效进行全方位的监控和管理。BSC 四个层面的指标可以概括为效益类、营运类和组织类三大类。效益类指标是体现公司价值创造的直接财务指标，可以全面衡量创造股东价值的能力；营运类指标是实现公司价值增长的重要营运结果与控制变量，利用最有效的营运指标可以衡量和确保战略及财务目标的完成能力；组织类指标是实现积极健康的工作环境与公司文化的人员管理指标，可以用来衡量推动企业价值观建立与人员组织竞争力的能力。

价值树示意图是一种用于呈现理念的工具，具有四个维度分解：因素、责任、时间和数值，形式上从高到低，从前到后，横贯一体。其核心是建立了层级之间的链接关系，以及与上下价值树的关系，如图 9-2 所示。

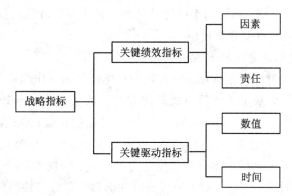

图 9-2 价值树示意图

不同的组织需要不同的 KPI，每一个责任中心，无论业务和职能部门，都要建立一棵"价值树"，每个成员都要成为价值树的枝权。这棵树，不是一般的目标管理，也不是岗位责任制的简单翻版，而是贯穿到底的价值管理，价值创造是它的核心灵魂。它全面覆盖和展示公司价值创造的全过程，是业务流程价值范畴中的数字化映像，并且应是层级分明、无缝链接的。价值树直观上应该是一个多功能视图，既能反映价值创造的内在关系，又能直观地展现出"由谁？在什么时间？通过什么驱动因素，创造了什么价值产出？"，它具有覆盖功能、描述功能、测算功能、适配功能和检验功能。

2. 找出具有重大影响的关键绩效指标

影响企业经营成果的因素有很多，如经营决策、市场条件、政府监管、自然资源条件等等，但关键业绩指标只衡量经营成果中的可影响部分，即关键业绩指标的衡量领域主要包括企业的经营决策与执行部分。其中，效益类指标以投资资本回报率、自由现金流和利润总额为核心，但根据职位影响力及业务性质做出选择；营运类指标根据各责任中心的核心任务而定，如考虑与发展战略相一致，或突出战略的核心驱动因素，或由投资资本回报率推演而出，分为销售收入类、成本费用类和投资控制类（固定资产、营运资本）等。选择时应优先考虑有明确计算方法和数据来源、在财务报表中已存在，并且有较大影响力的指标作为关键绩效指标。关键业绩指标的选择方法有很多，包括 KPI 矩阵法、敏感性分析法、结合关键成功因素法等，或综合使用以上的多种方法以达到优势互补。在这些方法中，敏感性分析法是一种易于操作并效果显著的方法，被很多企业采用。所谓敏感性分析法，就是先依据经验或历史数据确定若干个较为重要的指标，然后给各个指标增加 10%，对引起资产贡献率变化最大的指标即可选定为关键绩效指标。

3. 给各部门、岗位确定关键绩效指标

选定关键绩效指标后，就需要将指标层层分解到各部门或各相关人员，具体工作可以以访谈或分析历史资料、不断沟通反馈的方法进行，并保证指标分解后的有效性、可控性和指标的可测性。

4. 赋予权重

权重设定是 KPI 体系构建中一个很重要的环节，依据企业经验，过高的权重易导致员工抓"大头扔小头"，对其他与工作质量密切相关的指标不加关注；且过高的权重会使员工考核风险过于集中，万一不能完成指标，则整年的奖金、薪酬均会受很大影响，因此 KPI 权重一般在 5%～30% 之间。另外出于简化计算难度的考虑，所取的权重一般取 5 的整倍数，并且得分一般利用线性变化算比例。

5. KPI 与工作目标设定(GS)的配合使用

工作目标设定和关键绩效指标都是一种针对目标岗位的工作职责与工作性质设定，由公司战略目标分解得出，基于关键价值驱动因素并反映关键经营活动效果的绩效考核体系。不同点在于 GS 衡量定性的效果，而 KPI 衡量定量的结果；GS 是以行为为导向，而 KPI 以结果为导向；GS 由主管经理评分得出，而 KPI 由客观计算公式得出；GS 考察无直接控制力的工作，而 KPI 通常考察有直接控制力的工作。因此说，GS 是对 KPI 考核体系的一个充分且必要的补充。通常，对于公司支持性部门或部分定性指标的考核采用工作目标设定(GS)的方法进行。一个好的 GS 应该可以衡量在该岗位成功所需的技能、品质、价值观等难以定量的业绩组成，应尽量减少与 KPI 指标的重复，并且定义评价标准，最大程度地减少评估中的主观因素。

6. 生成业绩合同

业绩合同是中层以上管理人员与上级就应实现的工作/业绩订立的正式书面协议，它定义了公司各管理层的主要考核方面及关键业绩指标、工作目标设定，确定了各主要考察内容的权重，并且参照历史业绩及未来策略重点设定业绩需达到的标准，参与决定合同受约人的薪酬与非物质奖惩。业绩合同的制定是通过上下级业务之间和同级各部门之间的共同沟通反馈完成的。业绩合同组成部分包括：KPI 类别、KPI 指标、权重与目标，并且要对比实际完成业绩与预算目标，依各考核项目的重要性以不同权重加权平均来计算综合业绩分数。业绩合同中目标值的设定要求是符合实际、可达到的，同时具有一定的挑战性并基于统一的数据库原则。业绩分值计算方法根据各 KPI 性质的不同而不同，以反映公司战略意图，并体现激励作用。业绩总分与薪酬、股票期权等激励政策密切挂钩，并作为职位晋升参考，其作为经营业绩总体评价，应定期回顾并转化为改进的行动。

以上 KPI 体系的构建对于大型企业有很高的实用价值，但对于部分中小企业来说，其管理模式不规范或管理结构较为简单，复杂的程序会造成大量的管理成本支出。因此中小型企业建立 KPI 体系，应从企业自身特点出发，对部分步骤简化处理，从而建立一套真正适合自己的绩效考核体系。

KPI 的优点：第一，目标明确，有利于公司战略目标的实现。KPI 是企业战略目标的层层分解，通过 KPI 指标的整合和控制，使员工绩效行为与企业目标要求的行为相吻合，不至于出现偏差，有力地保证了公司战略目标的实现。第二，提出了客户价值理念。KPI 提倡的是为企业内外部客户实现价值的思想，对于企业形成以市场为导向的经营思想是有一定的提升的。第三，有利于组织利益与个人利益达成一致。策略性的指标分解使公司战略目标成了个人绩效目标，员工在实现个人绩效目标的同时，也是在实现公司总体的战略目标，达到两者和谐，公司与员工共赢的结局。

同时 KPI 也不是十全十美的，也有不足之处，主要有以下几点：第一，KPI 指标比较难界定，KPI 更多是倾向于定量化的指标，这些定量化的指标是否真正对企业绩效产生关键性的影响，如果没有运用专业化的工具和手段，不好界定。第二，KPI 会使考核者误入机械的考核方式，过分地依赖考核指标，而没有考虑人为因素和弹性因素，会产生一些考核上的争端和异议。第三，KPI 并不是针对所有岗位都适用。

二、定量评估法

定量评估法包括：加权选择量表法、平衡计分卡法、成绩记录法。

(一) 加权选择量表法

本方法是行为量表法的另一表现形式。其具体的形式是用一系列的形容词或描述性的语句，说明员工的各种具体的工作行为和表现，并将这些语句分别列在量表中，作为考评者评定的依据。在打分时，如果考评者认为被考评者的行为表现符合量表中所列出的项目，就做上记号，如划"√"或者划"×"，见表 9-11。

加权选择量表法的具体设计方法是：① 通过工作岗位调查和分析，采集涉及本岗位工作人员有效或无效行为表现的资料，并用简洁的语言做出描述；② 对每一个行为项目进行多等级(9～13)评判，合并同类项目，删去缺乏一致性和代表性的事项；③ 求出各个保留项目评判分的加权平均数，将其作为该项目等级分值。

表 9 - 11 加权选择量表法实例

如果该员工有下列行为描述的情况则打"√"，否则打"×"	考评结果
(1) 布置工作任务时，经常与下级进行详细的讨论	☐
(2) 识人能力差，不能用人所长	☐
(3) 在做出重要的决定时，尽可能地征求下属的意见	☐
(4) 不但对工作承担责任，也能放手让下属独立地进行工作	☐
(5) 经常深入工作一线，观察员工，并适时地予以表扬	☐
(6) 对下级进行空头允诺	☐
(7) 能耐心听取别人提出的批评或下属的意见和建议	☐
(8) 在做出重大决策之前，不愿意听取其他人的意见	☐
(9) 为保住自己的面子，不考虑下级会有何感受	☐
(10) 明明是自己的失误，错怪了下属，也不向下属道歉	☐

加权选择量表法具有打分容易、核算简单、便于反馈等优点，其主要缺陷是适用范围较小。采用本方法时，需要根据具体岗位的工作内容，设计不同内容的加权选择考评量表。

（二）平衡计分卡法

平衡计分卡是从财务、客户、内部运营、学习与成长四个角度，将组织的战略落实为可操作的衡量指标和目标值的一种新型绩效管理体系。设计平衡计分卡的目的就是要建立"实现战略导向"的绩效管理系统，从而保证企业战略得到有效的执行。因此，人们通常称平衡计分卡是加强企业战略执行力的最有效的战略管理工具。平衡计分卡的基本框架如图9-3所示。

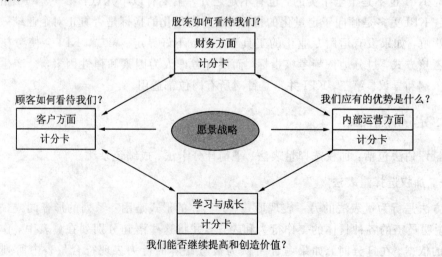

图 9 - 3 平衡计分卡基本框架

平衡计分卡的核心思想就是通过财务、客户、内部流程及学习与成长四个方面的指标之间相互驱动的因果关系展现组织的战略轨迹，实现绩效考核——绩效改进以及战略实施——战略修正的战略目标过程。它把绩效考核的地位上升到组织的战略层面，使之成为组织战略的实施工具。

平衡记分卡方法的引人改变了企业以往只关注财务指标的考核体系的缺陷，仅关注财务指标会使企业过分关注一些短期行为而牺牲一些长期利益，比如员工的培养和开发、客户关系的开拓和维护等。平衡记分卡最大的优点在于，它从企业的四个方面来建立衡量体系，包括财务、客户、业务管理和人员的培养和开发。这四个方面是相互联系、相互影响的，其他三类指标的实现，最终保证了财务指标的实现。同时平衡记分卡法设立的考核指标既包括了对过去业绩的考核，也包括了对未来业绩的考核。

一个结构严谨的平衡计分卡，应包含一连串联结的目标和量度，这些量度和目标不仅前后连贯，而且互相强化。就如同飞行仿真器一般，包含一套复杂的变量和因果关系，包括领先、落后和回馈循环，并能描绘出战略的运行轨道和飞行计划。建立一个战略为评估标准的平衡计分卡须遵守三个原则：一是因果关系；二是成果量度与绩效驱动因素；三是与财务联结。此三原则将平衡计分卡与企业战略联结，其因果关系链代表目前的流程和决策，会对未来的核心成果造成一些正面的影响。这些量度的目的是向组织表示新的工作流程规范，并确立战略优先任务、战略成果及绩效驱动因素的逻辑过程，以进行企业流程的改造。

平衡计分卡的实施步骤：

(1) 定义远景；

(2) 设定长期目标(时间范围为 3 年)；

(3) 描述当前的形势；

(4) 描述将要采取的战略计划；

(5) 为不同的体系和测量程序定义参数。

在构造公司的平衡记分卡时，高层管理人员强调保持各方面平衡的重要性。为了达到该目的，可口可乐瑞典饮料公司使用的是一种循序渐进的过程，采取三个步骤。第一步是阐明与战略计划相关的财务措施，然后以这些措施为基础，设定财务目标并且确定为实现这些目标而应当采取的适当行动。第二步，在客户和消费者方面重复该过程。在此阶段，注重的问题是"如果我们打算完成我们的财务目标，我们的客户必须怎样看待我们?"第三步，公司明确向客户和消费者转移价值所必需的内部过程，然后公司管理层问自己的问题是"自己是否具备足够的创新精神? 自己是否愿意为了公司以一种合适的方式发展和变革?"经过上述过程，公司为了确保各个方面达到平衡，并且所有的参数和行动都能向同一个方向变化，公司决定在各方达到完全平衡之前有必要把不同的步骤再重复几次。

将平衡记分卡的概念分解到每个员工的层面上很关键。在可口可乐瑞典饮料公司，重要的是只依靠那些个人能够影响到的计量因素来评估个人业绩。这样做的目的是，通过测量与他的具体职责相关联的一系列确定目标来考察他的业绩，根据员工在几个指标上的得分而建立奖金制度，从而保障公司控制或者聚焦于各种战略计划上。

平衡计分卡反映了财务与非财务衡量方法之间的平衡、长期目标与短期目标之间的平衡、外部和内部的平衡、结果和过程的平衡、管理业绩和经营业绩的平衡等多个方面，所以能反映组织综合经营状况，使业绩评价趋于平衡和完善，利于组织长期发展。平衡计分卡法因为突破了财务作为唯一指标的衡量工具，做到了多个方面的平衡。平衡计分卡与传

统评价体系比较,具有如下特点:

(1)平衡计分卡为企业战略管理提供了强有力的支持。随着全球经济一体化进程的不断发展,市场竞争的不断加剧,战略管理对企业持续发展而言更为重要。平衡计分卡的评价内容与相关指标和企业战略目标紧密相连,企业战略的实施可以通过对平衡计分卡的全面管理来完成。

(2)平衡计分卡可以提高企业整体管理效率。平衡计分卡所涉及的四项内容,都是企业未来发展成功的关键要素,通过平衡计分卡所提供的管理报告,将看似不相关的要素有机地结合在一起,可以大大节约企业管理者的时间,提高企业管理的整体效率,为企业未来成功发展奠定坚实的基础。

(3)注重团队合作,防止企业管理机能失调。团队精神是一个企业文化的集中表现,平衡计分卡通过对企业各要素的组合,让管理者能同时考虑企业各职能部门在企业整体中的不同作用与功能,使他们认识到某一领域的工作改进可能是以其他领域的退步为代价换来的,促使企业管理部门考虑决策时要从企业出发,慎重选择可行方案。

(4)平衡计分卡可提高企业激励作用,扩大员工的参与意识。传统的业绩评价体系强调管理者希望(或要求)下属采取什么行动,然后通过评价来证实下属是否采取了行动以及行动的结果如何,整个控制系统强调的是对行为结果的控制与考核。而平衡计分卡则强调目标管理,鼓励下属创造性地(而非被动)完成目标,这一管理系统强调的是激励动力。因为在具体管理问题上,企业高层管理者并不一定会比中下层管理人员更了解情况,所做出的决策也不一定比下属更明智,所以由企业高层管理人员规定下属的行为方式是不恰当的。另一方面,目前企业业绩评价体系大多是由财务专业人士设计并监督实施的,但是,由于专业领域的差别,财务专业人士并不清楚企业经营管理、技术创新等方面的关键性问题,因而无法对企业整体经营的业绩进行科学合理的计量与评价。

(5)平衡计分卡可以使企业信息负担降到最少。在当今信息时代,企业很少会因为信息过少而苦恼,随全员管理的引进,当企业员工或顾问向企业提出建议时,新的信息指标总是不断增加。这样,会导致企业高层决策者处理信息的负担大大加重。而平衡计分卡可以使企业管理者仅仅关注少数而又非常关键的相关指标,在保证满足企业管理需要的同时,尽量减少信息负担成本。

(三)成绩记录法

成绩记录法是一种以主管人员的工作成绩记录为基础的考评方法。它是新开发出来的一种方法,比较适合于从事科研教学和科研工作的教师、专家们,及具有相同工作性质的人员。他们每天的工作内容不尽相同,无法用完全固化的衡量指标进行考量。

成绩记录法需要从外部请来专家参与评估,因此,人力、物力耗费很高,时间也很长。

成绩记录法的具体步骤:

(1)由被考评者把自己与工作职责有关的成绩写在一张成绩记录表上。

(2)由其上级主管来验证成绩的真实准确性。

(3)由外部的专家评估这些资料,从而对被考核人的绩效进行评价。

表9-12是一张成绩考核卡,实际应用时可作参考。

表 9 - 12 成 绩 考 核 卡

	单位	姓名	职务	时间
项目				
工作目标				
完成情况				
与去年同期相比				
本月主要工作				
存在哪些主要问题				

第四节 绩效评估的组织与实施

绩效评估是人力资源管理职能的一项重要任务。在管理中要进行绩效评估的主要有以下几个方面：

（1）绩效评估在公司绩效管理中扮演着重要的角色。管理者可以通过定期检查员工的绩效来确定员工任务的完成情况、公司总体目标的完成状况以及所出现的偏差。

（2）绩效评估可以使管理者和员工一起研究应对评估过程中所反映的问题，同时也可以进一步巩固员工的成功经验。

（3）绩效评估可以很好地反映员工的优势与劣势，帮助公司评估员工的职业计划。

（4）绩效评估也是管理者进行激励的有力依据。

一份有效的员工工作绩效评估应当能提供以下三方面的信息：第一，能为组织提供员工在提升、调动、加薪等方面的健全信息；第二，能够提供关于员工行为、绩效、优点、缺点的信息，为绩效反馈提供依据；第三，能够提供关于组织期望的信息，使员工对获得较高的评价而需要做出的努力有清晰的认识。

综上所述，只有对组织和个人的工作绩效做出公正的鉴定和评价，奖罚分明，才能充分调动员工的积极性，为组织战略和组织目标服务。由于绩效评估结果是企业实行激励政策的直接依据，同时绩效评估本身带有一定的主观性，受人为因素影响较大，因此，除了需要科学的评级方法和技术之外，制定切实可行的评估计划和程序也是保证绩效评估有效性的前提条件。

一、计划绩效

当我们在组织和实施绩效评估工作时，首要的问题就是设计一个完整的绩效评估计划。绩效评估计划是评估者和被评估者双方对员工事先的工作绩效进行沟通的过程，它将沟通的结果落实并订立正式书面协议，也即绩效计划和评估表。它是双方在明晰责、权、利的基础上签订的一个内部协议。绩效计划的设计从公司最高层开始，将绩效目标层层分解到子公司以及部门，最终落实到个人。

（一）确定绩效评估的目的、内容以及实施者、被评估者

在进行绩效评估之前，我们必须考虑以下几个问题：我们为什么要进行绩效评估（目

的），绩效评估的内容和标准是什么（内容、标准），绩效评估的对象是谁（明确绩效评估对象），谁来进行绩效考评（绩效评估者）等。这些都是进行绩效评估的前提，员工的行为必须符合公司的战略发展要求。只有这样，进行绩效评估才会有意义，才能指导员工更好地改进自身的工作。

1. 确定绩效评估的目的

从大方面来说，绩效评估是企业绩效管理过程中的一个重要组成部分，同时也是纠正工作错误、进行奖惩的有力依据。而从单一的绩效评估角度来说，评估的目的是保证员工行为符合公司利益。因此，在进行绩效评估之前，必须明确绩效评估的目的。而在明确绩效评估的目的之前，我们必须保证员工的行为是符合公司战略目标的。因此，在绩效评估之前，管理者与企业员工都需要重新回顾企业的目标，保证双方熟悉企业的目标。

当企业所有人员熟悉企业战略目标之后，就要明确一个意识形态，那就是绩效评估是为完成企业战略目标而实施的。然后，将公司总体目标逐级分解成为部门、个人目标，然后根据分解后的目标进行绩效评估，确保个人的行为符合个人目标，从而依此确定是否需要对员工行为进行必要的激励。

2. 确定绩效评估的内容和标准

在进行绩效考核之前，管理者必须明确绩效评估的考核项目与评分标准。为了便于进行绩效评估，评估的内容最后都将通过评估表来体现。在这份评估表格中，必须对评估的项目、内容以及评价标准、员工的行为标准及评价尺度做出明确规定。并且这种评估项目都是评估者与被评估者事先约定并认可的，评估的结果会直接影响被评估者的薪资、聘任、培训调动等方面。

3. 确定绩效评估对象以及绩效评估的具体实施者

传统意义上，一般是公司全体人员、部门是绩效评估对象，员工的直接上级来进行绩效评估工作。但目前绩效评估实施者的选择越来越多，实施方式也更为广阔，例如绩效评估小组总体评估、员工自行评估、360°评估等。

（二）确定绩效评估的具体程序

明确绩效评估程序是保证评估工作公开、公平、公正和顺利进行的必要条件，是民主管理的重要形式，也是保证绩效评估有效性的关键环节。如果没有按照既定程序进行绩效评估，就会产生成效不明显，评估的信度，效度大打折扣等问题。目前较为普遍的绩效评估程序主要是以下几个步骤：

（1）确定绩效评估的目标、内容以及评分标准，并让被评估者熟悉这些内容。

（2）对评估者进行一定的培训，统一绩效评估的标准和尺度。

（3）被评估者依据个人目标以及评估要求对自身的工作绩效和表现进行自我评估。

（4）评估者对于被评估者的自我评估进行审定，并对其工作绩效和表现做出评价，得出最后结果。

（5）评估结束后，管理者与下属进行一次必要的沟通，将最后结果告知各个被评估者，包括评估意见、评估期望以及存在问题等，被评估者可以发表意见，如有需要可以进行再次评估。

（三）确定绩效评估的具体工具

在前面的叙述中，我们介绍了许多绩效评估的方式。目前，我们使用较多的绩效评估方法主要有等级排序法、行为锚定法、强制分布法、目标管理法、关键事件法、平衡计分卡法等。

二、监控绩效

绩效评估虽然现在得到了广泛的应用，但是在实际的应用中，由于受到各种主客观因素的制约以及陷入各种误区，往往导致绩效评估结果不能 100% 准确。

（一）影响绩效评估的因素、误区

1. 第一印象

在绩效评估中，如果评估人员不熟悉被评估人员，评估人员往往对于被评估人员的第一印象最为深刻，尽管这种印象可能是片面的、存在很大的误差，可是形成之后却很难改变。因此，在这种情况下，评估者对被评估者的第一印象往往对于最后的结果有很大的影响。

2. 晕轮效应

晕轮效应简单地讲就是以偏概全、以点代面，将对别人某一个方面的看法扩大到整个人的身上，从而看不到真实的品质。在绩效评估中，如果员工有什么很显著的优点或缺点，往往会影响评估者对被评估者做出真实和准确的评估。例如，一个员工在绩效评估期间业绩平平，那么被评估者往往会在潜意识中认为这个员工可能之前也是如此，认为他工作能力一般，而可能会忽视这名员工优秀的创造力、市场开发能力以及以往取得的成就等，使得这名员工在绩效评估中获得一个较低的分数。

3. 近因误差

一般来说，人们对于近期发生的事情印象比较深刻，而对较长时间以前的事情则经常印象模糊。因此，在绩效评估的过程中，评估人员往往只注重评估阶段中被评估者的表现，以近期被评估者的表现作为绩效评估的最后结果，从而使得结果存在着一定的误差。

4. 从众心理

绩效评估中存在一种情况，评估者迫于众人的压力往往不能给被评估者真实的评价。例如，一名被评估者在公司中表现良好，超过了其他所有员工，但是由于他与其余员工的关系非常不好，都说他不行。在这种情况下，即使该员工完成了今年的任务，成绩突出，评估者也迫于其他员工的压力不敢给他高分，这就是从众心理。从众心理直接影响到绩效评估的真实性。

5. 感情因素误差

绩效评估在很大程度上依赖于评估者对于被评估者的感觉，这种感觉是在评估过程中慢慢形成的。这种感觉是带有主观性的，正因为如此，感情因素的影响在评估过程中难以完全消除，从而给评估结果造成一定的误差。例如，在绩效评估过程中，评估者往往对于与自己兴趣爱好相同或者相近的被评估者给予较高的分数，对于老乡、校友这种被评估者也会充满亲切感，给予较好的评估结果。

6. 个人偏见误差

在绩效评估过程中，由于评估者对于被评估者的偏见所造成的误差，就是个人偏见误差。偏见也被称为刻板印象，是指一个人用某种固定的模式去判断他人或者以一种典型的特征对某些人或者事情下结论。举例来说，我们常常认为男生比女生更适合学数学；认为中国人都很保守，美国人都很开放；认为犹太人都很狡猾很善于经商。这些都属于我们的认识误区，会给绩效评估造成一定的不准确性。

（二）减少影响的方法

如果在绩效评估中出现这样或者那样的问题，就会使员工很难接受这种评估结果。因此，在绩效评估过程中，评估者一定要注意减少这些问题对于评估结果的影响。

1．认清绩效评估过程中可能出现的各种问题

无论是评估者还是被评估者，都需要对绩效评估过程中易于出现的各种问题有一个清楚的了解，只有这样才有助于及时解决绩效评估过程中遇到的各种问题。

2．选择正确的评估工具

每一种评估工具都有各自的优缺点，见表 9 – 13。比如，等级排序法能避免居中趋势，但是在所有员工的绩效确实都应该被评定为"优"的情况下，这种评价法会引起员工的不良感受。

表 9 – 13　各种绩效评估工具的主要优点和缺点

工具	优点	缺点
等级排序法	能避免居中趋势，使得评估结果较为准确	在所有员工的绩效确实都应该被评定为"优"的情况下会引起员工的不良感受
行为锚定法	能够为评价者提供一种"行为锚"，评价结果非常精确	设计较为困难
强制分布法	在每一绩效等级中都会有固定数量的人数	评价结果取决于最初确定的分布比例
目标管理法	有利于评估者与被评估者对工作绩效目标的共同认可	耗费时间
关键事件法	有助于确认员工的何种绩效为"优秀"，何种绩效为"错误"，确保主管人员对员工的当前绩效做出评价	难以对员工之间的相对绩效进行评价或者排序

3．对评估者进行培训，并减少外部因素的限制

对评估者进行相关培训可以减少诸如晕轮效应、近因误差等问题对于绩效评估结果的影响。例如，对评估者进行培训时，主讲人可以先为评估者放映一部关于员工实际工作情况的录像，然后要求他们对这些员工的绩效做出评价。接着，主讲人将不同评价者的评价结果放在粘贴板上，并逐一讲解在工作绩效评估中可能出现的问题。

对评估者进行培训并不能完全消除这些问题的影响。从实用的角度来说，其他一些因素可能比培训对绩效评估结果所产生的影响更大，这些因素包括绩效评估结果与工资联系在一起的程度、工作压力的大小、员工流动率的高低、时间约束的松紧以及对绩效评估的公正性要求高低等。这就意味着绩效评估精确度的改善不仅需要加强对评估者的培训力度，而且还需要努力减少工作压力和时间约束这样一些外部因素给绩效评估所带来的限制。

4．记录工作日志

评估者通过在绩效评估期间记录被评估者积极和消极的关键事件，来减少那些在绩效评估中出现的问题所带来的负面影响。从这个角度来说，记录工作日志比起依靠记忆确实是一个更好的办法。但同时，这种方式可能破坏了绩效评估的客观性。因此，作为评估者，必须时刻清楚自己所要面对的问题，找到合适的解决办法。

三、考核绩效

考核绩效是绩效评估的具体实施过程。它是指在明确考核目标、标准的基础上，采用科学的方法，绩效评估的具体实施者对于被评估者进行绩效评估的整个流程。同时，在此期间不断对评估过程中出现的问题进行纠正，保证绩效评估的公正公平，从而顺利完成公司的既定目标，并以此为依据对员工进行激励，促进企业与员工的共同成长。

（一）考核绩效种类

1．按时间划分

（1）定期考核。企业的考核绩效的时间可以是一个月、一个季度、半年、一年。考核时间的选择要根据企业文化和岗位特点进行。

（2）不定期考核。不定期考核主要有两个方面的涵义：一方面是指组织中对人员的提升所进行的考核；另一方面是指主管对下属的日常行为表现进行记录，发现问题及时解决，同时也为定期考核提供依据。

2．按考核内容划分

（1）特征导向型。这种考核的重点是员工的个人特质，如诚实度、合作性、沟通能力等，即考量员工是一个怎么样的人。

（2）行为导向型。这种考核的重点是员工的工作方式和工作行为，如服务态度、服务质量、待人接物的方式等，即对工作过程的考量。

（3）结果导向型。这种考核的重点是工作内容和工作质量，如产品的产量和质量、劳动效率等，侧重点是员工完成的工作任务和生产的产品。

3．按主观和客观划分

（1）客观考核法。客观考核法是对可以直接量化的指标体系所进行的考核，如生产指标和个人工作指标。

（2）主观考核法。主观考核法由绩效评估的实施者根据一定的标准设计的考核指标体系对被评估者进行主观评价，如工作行为和工作结果。

（二）考核绩效原则

1．公平原则

公平是确立和推行员工绩效评估的前提，不公平的绩效评估不但不能达到预定目的，还会很大程度地伤害员工的工作积极性以及工作满意度。

2．严格原则

考核绩效如果不严格、不按规定进行，就会流于形式，形同虚设。考核绩效如果不严格，不仅不能全面地反映员工的真实情况，而且还会产生消极的后果。考核绩效的严格性包括明确的考核标准、严肃认真的考核态度、严格的考核制度与科学、严格的程序方法等。

3. 单头考核原则

对各级职工的绩效评估，都必须由被评估者的"直接上级"进行。直接上级相对来说最了解被评估者的实际工作表现（成绩、能力、适应性），也最有可能反映真实情况。间接上级（被评估者直接上级的上级）对直接上级做出的评估结果进行点评，但不应当擅自修改。单头考核明确了考核责任所在，并且使绩效评估系统与组织指挥系统取得一致，更有利于加强经营组织的指挥职能。

4. 结果公开原则

绩效评估的结果应该对本人公开，这是保证评估结果公平的重要手段。这样做，一方面可以使被评估者了解自己的优点和缺点，长处和短处，从而使评估成绩好的人再接再厉，继续保持先进，也可以使评估结果不好的人心悦诚服，分析上进。另一方面，还有助于防止绩效评估中可能出现的偏见以及种种误差，以保证绩效评估的公平与合理。

5. 奖惩结果原则

绩效评估的结果，应该根据工作成绩的大小、好坏，有奖有惩，有升有降。而且这种奖惩、升降不仅要与精神激励相联系，而且还必须通过工资、奖金等方式同物质利益相联系。只有这样，才能达到绩效评估的真正目的。

6. 客观考核原则

绩效评估应当根据明确规定的考核标准，针对客观考核资料进行评价，尽量避免掺入主观性和感情色彩。

7. 反馈原则

绩效评估的结果一定要反馈给被评估者本人，否则就起不到绩效评估的教育作用。在反馈评估结果的同时，应该向被评估者就结果进行解释说明，肯定成绩和进步，说明不足之处，提供今后努力的参考意见等。

8. 差别原则

绩效评估结果的等级之间应该有鲜明的差别界限，针对不同的评估结果在员工的工资、晋升等方面都应体现出这种明显的差别，使绩效评估带有刺激性，鼓励员工的上进心。

（三）考核绩效内容

考核分为工作业绩、工作能力、工作态度三大部分，不同部门和不同职位的员工，其考核权重也不同，各部门应根据各职位的要求来确定其权重所占比例的大小。

1. 工作业绩

（1）任务绩效，与具体职务的工作内容或任务紧密相连，是对员工本职工作完成情况的体现，主要考核其任务绩效指标的完成情况。

（2）管理绩效，主要是针对行政管理类人员，考核其对部门或下属人员管理的情况。

（3）周边绩效，与组织特征相关联，是对相关部门服务结果的体现。

2. 工作能力

一般来说，能力包括必备的知识、专业技能、一般能力等。与能力测评不同，考核工作能力，是考核员工在工作中发挥出来的能力，考核员工在工作过程中显示出来的能力，需要根据标准或要求，确定其能力发挥得如何并作出评定。同时，绩效考核不是考核能力的绝对值，其根本点在于考核能力提高速度和幅度的相对值。通过考核要求员工在本来岗位上、在原有的基础上快速、大幅度地提高能力。工作能力的项目如表 9-14 所示。

表 9-14 工作能力的项目

能力	能力阐释	适用层次
领导力	• 影响力：在团队中有影响力，提议能够获得支持、信任、具有说服力 • 主动性、积极性：无论你是否是真正的团队领袖，都应该积极主动地表现出自己的领导愿望，并能够通过自己的行动推动团队向前发展 • 果断性：能够迅速做出决定，并对结果负责，相信自我的判断力，积极采取行动 • 建立关系：建立融洽的工作关系和内外部广泛的联系，平易近人，理解他人的观点	总监、经理、主管
学习能力	• 市场总是在不停变化的，必须读懂这些变化，要从中不断学习，不断提升自己 • 每个人做职业规划，随着职业生涯的发展，只有不断地学习，才能适应新的岗位 • 不只是从书本中获得知识，还必须从领导、同事身上学习，但是更重要的是在工作实践中学习，养成不断学习的习惯，让自己成为自己的企业教练	职员、主管、经理、总监
专业的计划分析能力	• 能对信息资料作出正确评价，从不同的资料中整理出数据，找出主要问题，分析发展趋势，做出合理决定 • 制定出相应的明确目标和计划，优化组织资源，监督进度直到完成任务	主管、经理、总监
解决问题的能力——执行力	• 要从现实中剥离问题，并用排序法罗列出主要问题，运用各种资源解决问题 • 问题解决的过程就是体现执行力强弱的过程，执行力的强弱直接决定问题解决的效率和结果	主管、经理、总监
时间管理，抓住重点的能力	• 有效地管理好自己的时间，确保不使之白白浪费 • 有效地分配自己的时间，抓住重点，通过排序法，将时间进行合理分配	职员、主管、经理、总监
企业家精神	• 有责任感：忠于企业、部门以及个人，对所从事的事业有强烈的责任感 • 有足够的商业意识和专业技能，能够应用商业原理，在经营上有全局观念，为顾客着想，密切关注并跟踪市场和专业领域的动态	主管、经理、总监
团队管理培训能力	• 领导并激励员工，督促工作，提供建设性的意见，帮助员工发展，提供支持，具有创建团队精神 • 一个好的团队领袖必须是一个好的培训师，他应该通过示范、实地工作等多种方式对团队成员进行相应的培训，并督促其向前发展	主管、经理、总监
改革创新	• 首先应该具有不断改革创新的意识、不断进取的精神 • 寻找改善制度和工作程序的方法，提倡并支持改进意见，鼓励创新行为	职员、主管、经理、总监

续表

能力	能力阐释	适用层次
专业能力	• 能够按照要求处理本职位所需要的各项专业工作,并能有效地解决专业性问题 • 对日常工作发生的问题,知道如何分析,并探究其真正原因,提出应对方案 • 能够多渠道地收集和整理工作所需信息,并对业务领域的工作内容进行钻研和分析 • 能够吸取及掌握专业发展的最新趋势,并将其应用在工作改善以及专业革新方面	职员、主管、经理、总监
沟通能力（初级）	• 语言通畅、表达清晰、书写准确、注意语言语调、使用专业语言、注意倾听、随时通报情况	职员
职业修养	• 在日常工作中诚信本分,敢于坚持原则,廉洁自律 • 在日常工作中注意节约,自觉控制费用,合理利用公司各种资源 • 主动深入理解公司和部门的各项政策和决定,对本职工作认真负责,能够主动承担责任	职员、主管、经理、总监
沟通协调能力	• 合理有效地调配各种资源,顺利启动各项工作并驱动各项工作任务顺利完成 • 涉及多方面工作关系时,能够合理协调处理,在工作流程遇到阻碍的情况下,能够及时了解处理并使工作恢复顺畅	主管、经理、总监
书面表达能力	• 书面形式的表述,容易让其他人明白你的意思,且不会因个人的表达障碍(如方言、拘谨、漫不经心、误听等)造成具体执行上的偏差,利于节约时间、提高成效 • 要求文字描述要言简意赅、精练简洁。文字较多时,要首先明确主题或重点,然后再一层层进行阐述	职员

3. 工作态度

工作态度主要考核员工对待工作的态度和工作作风,其考核指标可以从工作主动性、工作责任感、工作纪律性、协作性、考勤状况五个方面设定具体的考核标准。

4. 附加分值

附加分值主要是针对员工日常工作表现的奖惩记录而设立的。

（四）考核绩效步骤

企业的考核绩效,应当分作六个具体的行动步骤组织实施。把每一个步骤列为一个作业单元,在行动前精心组织操作培训和专项辅导,并进行必要的模拟演练。

1. 确定考核周期

根据企业的实际情况(包括管理形态、市场周期、销售周期和生产周期),确定合适的考核周期,工作考核一般以月度为考核周期。每个周期进行一次例行的重点工作绩效考核。对需要跨周期才可能完成的工作,也应列入工作计划进行考核。可以实行时段与终端相结合的考核方法,在开展工作的考核周期,考核工作的进展情况;在完成工作的考核周期,考核工作的终端结果。

2. 编制工作计划

按照考核周期，作为考核对象的职能部门、业务机构和工作责任人，于周期期初编制所在部门或岗位的工作计划，对纳入考核的重点工作内容进行简要描述。每一项重点工作都要明确设置工作完成的时间指标和绩效指标。同时按照预先设定的计分要求，设置每一项重点工作的考核分值。必要时，附加开展重点工作的保障措施。周期工作计划应按照时间要求编制完成，并报送考核执行人确认，然后付诸实施。

3. 校正量效化指标

考核绩效强调要求重点工作的开展和完成必须设置量效化指标。量化指标是数据指标，效化指标是成效指标。重点工作的量效化指标，反映了重点工作的效率要求和价值预期。另外，在实际工作的操作中，并不是所有的工作结果或成效都可以用数据指标进行量化的；而效化指标则比较难以设置和确定，需要一定的专业素质和及时的信息沟通。因此，考核绩效执行人应会同考核对象，对重点工作的量效化指标进行认真校正并最终确定，保障重点工作的完成质效。

4. 调控考核过程

在管理运转中，存在并发生着不确定性因素，容易造成工作变数，考核绩效也是如此。当工作的变化、进展和预置的计划发生冲突时，首先应该对变化的事物进行分析，准确识别变化的原因和走向，然后对工作计划和考核指标做出及时、适当的调整改进。

5. 验收工作成效

每个周期期末，在设定的时间内，考核执行人依据预置或调整的周期工作计划，对考核对象的重点工作完成情况进行成效验收。按照每项工作设置的量效化指标和考核分值，逐项核实工作成效，逐项进行评分记分，累计计算考核对象在考核周期重点工作完成情况的实际得分，并就工作的绩效改进做出点评。

6. 考核结果运用

考核的目的是改进绩效、推进工作、提高效率。考核对象重点工作完成情况的实际得分即为考核结果。如何运用考核结果，会直接影响考核的激励作用。要切实结合企业管理资源的实际情况，充分考虑企业文化的负载能力，在这个基础上选择和确定考核结果的运用方式。在这里简单介绍几种考核结果的运用方法。

（1）考薪挂钩。就是考核结果与薪资收入并轨，按照考核得分计算薪资实际收入。这个薪资可能是职能、职务、薪酬或岗位工资，也可能是独立设立的绩效工资，还可能是效益奖金。

（2）考职挂钩。把考核结果与考核对象的职位挂钩。考核对象由于主观因素，在较长时间内不能按计划完成重点工作或者不适于承担所在岗位的工作职责，应合理地调整其岗位或职务，避免重点工作遭受损失。

（3）信息整合。通过考核，可以反映、整合并有效利用多个方面的考核信息，如资源配置信息、岗位设置信息、管理损耗信息、工作问题信息和人才信息等。考核结果的信息运用，能够为企业的工作决策、管理运转和人才的培养使用提供重要的信息支持。

四、反馈绩效

反馈绩效就是将绩效评估的结果反馈给被评估对象，并对被评估对象的行为产生影响。它主要通过评估者与被评估者之间的沟通，就被评估者在评估周期内的绩效情况进行面谈，在肯定成绩的同时，找出工作中的不足并加以改进。反馈绩效的目的是为了让员工了解自己在本绩效周期内的业绩是否达到所定的目标，行为态度是否合格，让管理者和员工双方达成对评估结果的一致看法。双方共同探讨绩效未达标准的原因所在并制定绩效改进计划。同时，管理者要向员工传达组织的期望，双方对绩效周期的目标进行探讨，最终形成一个绩效合约。反馈绩效是绩效评估工作的最后一环，也是最关键的一环，能否达到绩效评估的预期目的，取决于反馈绩效的实施情况。

（一）反馈绩效的重要性

1. 反馈绩效是绩效评估公平、公正的基础

由于绩效考核与被考核者的切身利益息息相关，考核结果的公正性就成为人们关心的焦点。而考核过程是考核者履行职责的能动行为，考核者不可避免地会掺杂自己的主观意志，导致这种公正性不能完全依靠制度的改善来实现。绩效反馈较好地解决了这个矛盾，它不仅让被考核者成为主动因素，更赋予了其一定权力，使被考核者不但拥有知情权，更有了发言权。同时，通过程序化的绩效申诉，有效降低了考核过程中不公正因素所带来的负面效应，在被考核者与考核者之间找到了结合点、平衡点，对整个绩效管理体系的完善起到了积极作用。

2. 反馈绩效是提高绩效的保证

绩效考核结束后，当被考核者接到考核结果通知单时，在很大程度上并不了解考核结果的来由，这时就需要考核者就考核的全过程，特别是被考核者的绩效情况进行详细介绍，指出被考核者的优缺点，特别是考核者还需要对被考核者的绩效提出改进建议。

3. 反馈绩效是增强竞争力的手段

任何一个团队都存在两个目标：团队目标和个体目标。个体目标与团队目标一致，能够促进团队的不断进步，反之，就会产生负面影响。在这两者之间，团队目标占主导地位，个体目标属于服从的地位。

（二）反馈绩效的原则

1. 经常性原则

绩效反馈应当是经常性的，而不应当一年一次。这样做的原因有两点：首先，管理者一旦意识到员工在绩效中存在缺陷，就有责任立即去纠正它。如果员工的绩效在1月份时就低于标准要求，而管理人员却非要等到12月份再去对绩效进行评价，那么这就意味着企业要蒙受11个月的生产率损失。其次，绩效反馈过程有效性的一个重要决定因素是员工对于评价结果基本认同。因此，考核者应当向员工提供经常性的绩效反馈，使他们在正式的评价过程结束之前就基本知道自己的绩效评价结果。

2. 对事不对人原则

在绩效反馈面谈中双方应该讨论和评估的是工作行为和工作绩效，也就是工作中的一些事实表现，而不是讨论员工的个性特点。员工的个性特点，比如个人气质的活泼或者沉静，不能作为评估绩效的依据。但是，在谈到员工的主要优点和不足时，可以谈论员工的某些个性特征，但要注意这些个性特征必须是与工作绩效有关的。例如，一个员工个性特征中有不太喜欢与人沟通的特点，这个特点使他的工作绩效受到影响，这样关键性的影响绩效的个性特征还是应该指出来。

3．多问少讲原则

发号施令的经理很难实现从上司到"帮助者"、"伙伴"的角色转换。我们建议管理者在与员工进行绩效沟通时遵循 20/80 法则：80％的时间留给员工，20％的时间留给自己，而自己在这 20％的时间内，可以将 80％的时间用来发问，20％的时间才用来"指导"、"建议"、"发号施令"，因为员工往往比经理更清楚本职工作中存在的问题。换言之，要多提好问题，引导员工自己思考和解决问题，自己评价工作进展，而不是发号施令，居高临下地告诉员工应该如何做。

4．着眼未来原则

绩效反馈面谈中很大一部分内容是对过去的工作绩效进行回顾和评估，但这并不等于说绩效反馈面谈集中于过去。谈论过去的目的并不是停留在过去，而是从过去的事实中总结出一些对未来发展有用的东西。因此，任何对过去绩效的讨论都应着眼于未来，核心目的是为了制定未来发展的计划。

5．正面引导原则

不管员工的绩效考核结果是好是坏，一定要多给员工一些鼓励，至少让员工感觉到："虽然我的绩效考核成绩不理想，但我得到了一个客观认识自己的机会，我找到了应该努力的方向，并且在我前进的过程中会得到主管人员的帮助。"总之，要让员工把一种积极向上的态度带到工作中去。

6．制度化原则

绩效反馈必须建立一套制度，只有将其制度化，才能保证它能够持久地发挥作用。

（三）反馈绩效的内容

1．通报员工当期绩效评估结果

通过对员工绩效评估结果的通报，使员工明确其绩效表现在整个组织中的大致位置，激发其改进现在绩效水平的意愿。在沟通这项内容时，主管要关注员工的长处，耐心倾听员工的声音，并在制定员工下一期绩效指标时进行调整。

2．分析员工绩效差距与确定改进措施

绩效评估的目的是通过提高每一名员工的绩效水平来促进企业整体绩效水平的提高。因此，每一名主管都负有协助员工提高其绩效水平的职责。改进措施的可操作性与指导性来源于对绩效差距分析的准确性。所以，每一位主管在对员工进行过程指导时要记录员工的关键行为，按类别整理，分成高绩效行为记录与低绩效行为记录。通过表扬与激励，维持与强化员工的高绩效行为。还要通过对低绩效行为的归纳与总结，准确地界定员工绩效差距。在反馈绩效时反馈给员工，以期得到改进与提高。

3．通过协商制定下一个绩效评估周期的工作任务与工作目标

反馈绩效既是上一个绩效评估周期的结束，同时也是下一个绩效评估周期的开始。在绩效评估的期初明确绩效指标是绩效管理的基本思想之一，需要各主管与员工共同制定。各主管不参与会导致绩效指标的方向性偏差，员工不参与会导致绩效目标的不明确。另外，在确定绩效指标的时候一定要紧紧围绕关键指标内容，同时考虑员工所处的内外部环境变化，而不是僵化地将季度目标设置为年度目标的四分之一，也不是简单地在上一期目标的基础上累加几个百分比。

4. 确定与任务、目标相匹配的资源配置

反馈绩效不是简单地总结上一个绩效周期员工的表现，更重要的是要着眼于未来的绩效周期。在明确绩效任务的同时确定相应的资源配置，对主管与员工来说是一个双赢的过程。对于员工，可以得到完成任务所需要的资源；对于主管，可以积累资源消耗的历史数据，分析资源消耗背后可控成本的节约途径，还可以综合有限的资源情况，使有限的资源发挥最大的效用。

（四）反馈绩效的注意事项

鼓励员工参与反馈绩效。绩效评估人员要鼓励被评估者积极参与到绩效反馈过程中。评估者可以有三种方法对员工进行绩效考核结果反馈。第一种是应用最多的一种方法："讲述-推销法"，即评估者告诉考核对象他们的考核结果，然后让受测者独自接受这种结果；第二种是"讲述-倾听法"，即评估者告诉被评估者考核的结果，然后让他们谈一谈对自己的这种结果持怎样的看法；最后一种方法是"解决问题法"，即评估者和被评估者在一种相互尊重和相互鼓励的氛围中讨论如何解决绩效考核结果反映出来的问题。事实证明，第三种方法，即让员工参与的方法是效果最好的。当公司与员工对考核结果意见不同时，公司要多多听取员工的意见，并适时地提出具体的评分依据或记录，让员工明白绩效考核的客观性。

1. 正面激励

坚持正面激励就是要多赞扬肯定被评估者的优点和长处，尽量少批评。人们通常认为，反馈绩效过程的焦点应当集中在找出员工能力、素质和工作业绩方面所存在的问题上，他们往往把反馈绩效看成是一个对员工进行批评惩罚的机会，然而事实却并非如此。

反馈绩效的目的是提供准确的绩效评估结果，以扬长避短。这其中既包括查找不良工作作风和业绩，也包括对优良作风和有效业绩的认可。赞扬员工的优良作风和有效业绩有助于强化他有利于组织的行为。此外，它能使员工意识到人力资源工作者不仅仅是为了寻找自己的问题，也是为了找到自己的优势和潜力，从而增加了员工对绩效考核结果的接受程度和可信度。

2. 注重改进发展

对绩效评估结果的武断解释和反馈会打击员工的信心，形成不良的心理暗示效应，影响他的终生职业生涯发展。因此绩效评估者在反馈被评估者绩效的同时必须明白，绩效评估的目的并不是拼个你输我赢，而是要在双方心平气和的氛围中找到共同进步的方向和措施，让员工的工作表现更有绩效，让企业的发展更为健全，为明年的工作带来新的启示。对于绩效评估结果所反映的问题，要注重改进与发展。对于员工未能达到绩效目标的部分或能力与素质不足的部分，可以和员工共同商议下一年度改进的方向与计划，对员工表现优秀的部分或专长，可以和主管一起讨论未来的规划与发展，并适当规划配套的培训以帮助员工发展。

3. 勿忘参照

绩效评估的实质是一种评价，这种评价的有效性必须考虑它的常模团体和不同的评估条件。在反馈绩效过程中，我们不能根据评估的直接结果给予员工反馈，要根据从最相近的团体和最匹配的情景中获得的资料来解释结果。在绩效评估的过程中，由于员工的工作环境、工作对象和工作内容的区别，分数往往有很大的差异。例如，基层者的绩效评估中，参与评估的往往是普通职工，可能对管理者的意见很大，因而导致他们的得分很低、而办公室管理人员的绩效评估中，参与评估的往往是同事，大家一团和气，可能导致得分虚高。因此，必须将不同团体的得分分开比较和反馈，才能真实地反映员工的实际情况。在进行反馈时，不能拿不同岗位、不同职级的评估结果直接反馈，要关注评估对象的整体背景和个人经历，不能因为某个指标得分低就横加指责，也不能因为某个指标得分高就大力表扬。

4. 适度保密

坚持保密性原则，就是在反馈绩效的过程中尊重和保护考核对象的隐私。这是直接关系到结果反馈效果的一条重要的原则。首先，只有为评估对象保密，才能给评估对象提供一种心理安全感，减轻他们的心理负担，愿意敞开心扉。其次，员工的隐私又往往正是个人问题所在，只有顺利深入地了解问题的原因，才能提供有效的解决问题的方法。保密性原则涉及的内容很多。比如，不在任何场合对任何人谈论评估对象的结果，除特许的本部门的专业人员以及有关司法部门人员外，不允许其他人查阅绩效评估结果等。

本章小结

绩效的评估与管理有效地调动组织与个人的积极性和创造潜力，持续地提高他们的绩效水平，是任何组织都必须关注的问题。绩效管理作为人力资源管理的核心，在实现企业战略目标方面也起着举足轻重的作用。对于绩效的定义有广义和狭义之分，但在绩效管理的具体实践中一般采用较为宽泛的绩效概念，即包括行为和结果两个方面，行为是达到绩效结果的条件之一。绩效评估，是指运用数理统计、运筹学原理和特定指标体系，对照统一的标准，按照一定的程序，通过定量、定性对比分析，对项目一定经营期间的经营效益和经营者业绩做出的客观、公正和准确的综合评判。绩效管理，是指各级管理者和员工为了达到组织目标共同参与的绩效计划制定、绩效辅导沟通、绩效考核评价、绩效结果应用、绩效目标提升的持续循环过程，绩效管理的目的是持续提升个人、部门和组织的绩效。

绩效评估需要设计一定的指标体系，完整的考核内容包括业绩考评、能力考评、态度考评、工作潜力评价和适应性评价。绩效评估体系中应该包含绩效考核目的、绩效考核原则、绩效考核的对象与主体、绩效考核周期以及绩效考核步骤，并且这些指标体系必须在一定的标准下实施。

绩效评估方法，是对员工在工作过程中表现出来的工作业绩、工作能力、工作态度以及个人品德等进行评价，并用之判断员工与岗位的要求是否相称的方法。主要有两种评估法：定性评估法和定量评估法。定性评估法主要包括排列法、强制分步法、关键事件法、行为锚定等级评定法、目标管理法、关键业绩指标法，而定量评估法主要包括加权选择量表法、平衡记分卡法、成绩记录法等。

绩效评估的组织与实施主要分为四个部分。计划绩效是评估者和被评估者双方对员工事先的工作绩效进行沟通的过程，它将沟通的结果落实并订立正式书面协议，即绩效计划和评估表；监控绩效则用于在绩效评估过程中防止出现各种误差以及减小误差影响；考核绩效则是在明确考核目标、标准的基础上，采用科学的方法，绩效评估的具体实施者对于被评估者进行绩效评估的整个流程，同时，期间不断对评估过程中出现的问题进行纠正，保证绩效评估的公正公平，从而顺利完成公司的既定目标，并以此为依据对员工进行激励，促进企业与员工的共同成长；反馈绩效就是将绩效评估的结果反馈给被评估对象，并对被评估对象的行为产生影响。它主要通过评估者与被评估者之间的沟通，就被评估者在评估周期内的绩效情况进行面谈，在肯定成绩的同时，找出工作中的不足并加以改进。

思 考 题

1. 绩效、绩效管理、绩效评估的概念是什么？
2. 绩效考核的内容主要有哪些？
3. 绩效考核的目的是什么？
4. 绩效考核的原则都有什么？
5. 绩效指标、绩效标准的概念是什么？如何设计绩效指标？
6. 简述行为锚定等级评定法、目标管理法、关键业绩指标法（KPI）的概念、内容、实施步骤、适用范围以及优缺点。
7. 简述平衡记分卡法的概念、内容、实施步骤、适用范围以及优缺点。
8. 绩效评估的组织与实施分为哪几步？
9. 简述计划绩效的内容。
10. 为什么要进行监控绩效？绩效评估过程中容易出现哪些错误？

案 例 讨 论

利用平衡计分卡走出绩效考评怪圈

某公司主要从事文化产业的商业连锁零售，在全国范围内拥有 60 多家连锁店，并建立了较为完善的人力资源管理体系。但在具体操作运行中发现分公司的绩效考核方案存在一定的问题，并且开始影响到公司的战略实施。

问题主要表现在，既有绩效考核的方案，偏重于短期财务考核，只关注销售额、店面数量的增长，尽管这样适应了公司初创期快速占领市场的需要，但却忽略了长期竞争力等无形资产的定量考核，产生了很多问题。比如，某分公司为追求店面数量的增长，曾创下了一周内有三家店面开张的记录。尽管开店的质量不错，运营状况较好，但货物占压资金较大，超出了原先对该分公司的预算投资额，造成总部不得不在预算外追加投资，打乱了公司的总体部署。再比如，某分公司为追求销售额的增长，将连锁店开进了一家大型商场，该店的销售额的确非常大，但由于商场的场地租金很高，几乎没有利润，并且商场汇款不及时，大量占压分公司的流动资金，以至于分公司不得不经常向总部借款救急。这些状况，导致公司总部在一段时期内完全成为了给各分公司"救火"的消防员。

面对这种失控局面，总部出台了一系列的开店管理办法，制止乱开店。但这又压抑了分公司的创业热情，分公司管理人员不愿负责任，将问题上推，造成一段时间内店面增加迟缓，销售增长缓慢。在这种缺乏战略导向的管理控制体系下，公司陷入了"一抓就死，一放就乱"的怪圈，难以对各下属部门进行有效授权。

为了改变这种为考核而考核，未从愿景、战略的角度出发考虑问题的状况，公司尝试利用平衡计分卡法来重新设定公司的绩效考核体系。

公司采用了八个步骤来建立新的绩效考核体系。

一、准备

公司首先成立工作推进小组并界定平衡计分卡的管理对象。经公司经理会讨论，确定由公司董事长、总经理、人力资源部经理与外部咨询专家组成平衡计分卡项目推进小组（以下简称推进小组）。推进小组经讨论认为，拥有销售渠道并直接面对消费者的各分公司是公司的业务中心、利润中心，为之建立平衡计分卡。所以本次绩效考核的对象就确定为各分公司，具体责任人就是分公司的总经理和财务总监。

二、访谈

推进小组将关于平衡计分卡的背景资料以及调查公司的愿景、使命和战略的内部文件发至公司董事长、总经理、副总经理、财务总监等高层管理人员，并对每位高管人员进行访谈，掌握他们对公司战略目标的了解情况，且对公司愿景、使命、战略进行澄清。

三、讨论会

在外部专家的协助下，公司高层管理者首先充分讨论现阶段公司的主要使命和战略。大家一致认为，公司现处于企业生命周期三阶段（成长期、保持期、收获期）中的成长期，公司应努力追求销售业绩和市场占有率等近期指标的完成，但也应当多关注以完善服务为基础的品牌建设等长期利益的实现，为今后的长远发展打好基础。据此战略，讨论会就公司实现战略目标的关键因素达成一致看法，这些因素是：市场占有程度、服务完善程度、对顾客把握程度、自身管理水平等。

四、草案设计

根据高层讨论的结果，推进小组在平衡计分卡的框架下，根据公司的实际运营模式，就关键因素的评价提出了可能考核的参考指标。参考指标共有60个，其中财务指标18个，客户指标20个，内部流程指标12个，学习和成长指标10个。为了解这些指标的适用性、重要程度以及具体标准，推进小组设计了一份含60道题目的调查问卷。该问卷由公司中、高层管理人员和各分公司总经理、财务总监分别填写并统一回收，共回收有效问卷20份。根据对问卷结果的分析整理，推进小组确定了35个适用性强、比较重要的指标作为草案的考核指标，并根据各自的重要程度设定了权重，由此初步制定了考核方案的草案。其中开店数量等3个指标为原先没有列出而又被调查者做问卷时建议的指标。问卷结果表明，被调查者对于指标的考核标准分歧较大，推进小组分析后认为这与各分公司情况不同，甚至有些分公司间情况差别很大有直接的关系。为此，推进小组决定在草案中对各分公司不设置统一的指标考核标准，而是在实施考核时由考核小组与各子公司协商确定具体的考核标准。

五、就草案征求意见

推进小组将在定量化的问卷调查基础上制定的平衡积分卡草案发给高层管理人员和各分公司总经理及财务总监，征求他们对草案的意见或者建议。

六、形成最终方案

在充分收集各方面意见的基础上，推进小组确定了正式实施方案。推进小组进一步删掉了8个较不重要的指标，对留下的27个指标根据重要程度重新设计了权重。这样该方案便清晰地表述了公司的考核方向、指标和各指标的重要程度。

该绩效考核方案最终确定的绩效考核指标分解如表9-15所示。

表 9 - 15　绩效考核指标表

财务指标及权重		客户指标及权重		内部经营指标及权重		学习和成长指标及权重	
销售额	10%	品牌认知度	5%	存货库存天数	4%	平均培训投入	5%
净收益	10%	顾客投诉率	4%	应收账款回收期	3%	员工建议度	5%
现金流量	10%	顾客满意度	2%	顾客数据库	2%	员工满意度	3%
人均收益率	4%	顾客忠诚度	2%	劳动率使用率	2%	内部流通程度	3%
总成本	4%	顾客关系持续时间	2%	计划准确性	2%	员工流动比例	2%
负债	4%			退货率	1%	工作环境比例	1%
负债权益比	4%			缺货率	1%	员工学历状况	1%
开店数量	4%						
合计	50%		15%		15%		20%

　　另外，在给各指标加权时，权重向重点指标倾斜，尤其向重点财务指标倾斜。财务方面指标的加权总数为 50%，这与公司所处的行业特点、该行业目前的经营环境以及公司的资本结构与运作需要等方面是基本相符的。

　　七、实施

　　公司以业务副总为组长，组建了由业务部、财务部、人力资源部共同参加的绩效考核小组。小组设计出实施计划，包括在全公司内宣传平衡计分卡，根据各分公司的具体情况制定合理的考核标准以及实施办法，根据考核结果实施奖惩的办法等。

　　八、定期考察

　　在小组设计的实施计划中，公司将以平衡计分卡进行季度考核和年度考核，所以考核小组将在每季度末为公司高层提供考核结果，并与各分公司就结果进行反馈和讨论，为总部和各分公司的抉择提供信息。年末还将在下一年的年度计划、目标设定和资源分配程序中，重新检查平衡计分卡指标并向高层提交必要的修改意见，以制定新一年度的绩效考核方案。

　　　　　　　　资料来源：吴冬梅，等.人力资源管理案例分析. 2 版. 北京：机械工业出版社，2011

案例讨论题

　　1. 你认为该公司开始阶段为什么在经营过程中出现了各种各样的问题？

　　2. 你认为该公司实施的平衡计分卡方法能否改善公司绩效考评？

　　3. 你认为该考评方案是否仍然存在问题？能否进一步加以改进？

第十章　薪酬管理

现代企业管理中，薪酬管理是企业人力资源管理中最主要、最敏感的环节之一，直接影响着企业未来的竞争力。近年来，随着企业经营机制的逐步转换和建立现代企业制度的需要，企业内部的工资分配制度逐渐由政府转变为企业的自身行为。当企业真正获得了生产经营自主权之后，如何客观、公正、公平、合理地报偿为企业做出贡献的劳动者，如何正确处理好企业利润在自我积累与员工分配之间的关系，从而既有利于企业的发展，又能保证员工从薪酬中获得经济上的保障、心理上的满足，从而激发员工的积极性与创造性，已成为企业自身必须解决好的问题。市场经济条件下，在新的薪酬管理制度取代传统工资制度、人事管理向人力资源管理演变的过程中，有必要重新认识薪酬管理及其制度，这也是树立全新的人力资源管理理念，进行现代人力资源管理不可或缺的一步。

本章学习重点

▶薪酬及薪酬管理的内涵
▶薪酬管理的意义和原则
▶影响薪酬管理的主要因素
▶基本薪酬的内涵及设计步骤
▶个人激励薪酬的形式
▶群体激励薪酬的形式
▶福利的内涵与分类及原则
▶福利的决策与管理
▶福利管理的发展趋势

 阅读资料

振华人寿保险公司的烦恼

振华人寿保险公司是国内一家有名的保险公司，在全国有十几家分公司，每年的保费收入达几十亿元。下属员工有几千人，除了一些内勤人员外，主要员工以外勤业务人员为主。由于公司强调业务导向、业绩挂帅，公司许多决策都以业绩为主要的考虑因素。公司为外勤业务员设计了一套下不保底、上不封顶的薪酬制度，也就是说没有业绩就没有报酬，有业绩才有报酬，报酬额度无上限，除了上缴国家规定的税收外，公司将按比例全额支付。奖励计算方式以当月业绩的具体保单险种分类计算：意外险以保费的20％左右计算；寿险以保费的30％～35％计算；其他特殊险种按公司规定计算。公司进行这样的设计，一来可节省公司大笔的固定人事费用，二来是鼓励外勤业务人员能冲高业绩获得高报

酬。公司除了薪酬设计外，还经常举办各类业务竞赛，如国内外免费旅游竞赛、万元圆桌会议竞赛、荣誉会达标竞赛等，来奖励那些销售成绩优异的业务员。这一薪酬奖励机制在全国各分公司推行后，在很长一段时间里的确改变了原来销售不佳的窘境，也为公司带来了可观的业绩。

但是在实施一段时间后，公司的领导发现了许多弊端：其一，公司奖金计算方式以当月新保单保费按比例累加计算，这使得业务员想尽办法让客户买完保险后，对于后续客户处理与售后服务就变得不那么积极，许多客户经常打电话过来抱怨说没有得到相应的服务，如此长期下去，恐怕有损公司品牌和经营形象。其二，业务员之间的竞争开始激化，甚至有些业务员为了抢客户，彼此产生不和与矛盾，不利于组织的发展和健全。其三，业绩不佳的员工，也会迫于压力而不能更好地去工作，造成不安全感，甚至还会影响各业务部门办公室的工作气氛。其四，那些业绩好的业务员，好像只对如何提高个人业绩感兴趣，对公司的许多规章制度经常熟视无睹，只重视个人奋斗而不注意团队建设，对公司一些新政策的响应力不高，致使公司许多政策在很长时间里都难以真正推行。

资料来源：张培德. 现代人力资源管理. 2 版. 北京：科学出版社出版，2010

第一节　薪酬管理概述

企业薪酬系统的规范和设计是企业薪酬管理的首要任务。在市场经济条件下，薪酬是企业对为其目标实现付出劳动的员工的回报与酬谢。企业经营目标的实现依赖于薪酬系统功能的发挥，而要使薪酬系统具有企业所期望的功能，薪酬系统就必须在充分考虑企业内、外部因素及不同职位具体任职要求的基础上，遵循公平、竞争等原则确立。

一、薪酬管理的内涵、意义与原则

（一）薪酬的内涵

最容易与薪酬（Compensation）发生混淆的就是报酬（Rewards）。报酬是指员工从企业那里得到的作为个人贡献回报的他认为有价值的各种东西，一般可分为内在报酬（Intrinsic）和外在报酬（Extrinsic）两大类。报酬的构成如图 10 - 1 所示。

（1）内在报酬。通常是指员工由工作本身所获得的心理满足和心理收益，如有发展的机会和空间、工作具有挑战性、有成就感、能发挥才华、有晋升的机会等。

（2）外在报酬。通常指员工所得到的各种货币收入和实物，包括两种类型，一种是货币报酬（Financial Rewards），另一种是非货币报酬（Non-Financial Rewards），如弹性工作制、舒适的工作条件、融洽的工作氛围、荣耀的头衔、特定停车位等。

货币报酬又分为两类：

（1）直接报酬（Direct Rewards），如工资、奖金、津贴、补贴、利润分享、股票增值分享、股票期权、净资产增值分享、职位消费货币化等。

（2）间接报酬（Indirect Rewards），如社会保险、医疗保障、离退休保障、带薪休假、住房补贴、教育培训、福利及福利设施等。

薪酬是指员工从企业那里得到的各种直接的和间接的经济收入，简单地说，它相当于报酬体系中的货币报酬部分。在企业中，员工的薪酬一般由三个部分组成，一是基本薪酬；

二是激励薪酬；三是间接薪酬。

（1）基本薪酬。指企业根据员工所承担的工作或者所具备的技能而支付给他们的比较稳定的经济收入；

（2）激励薪酬。指企业根据员工、团队或者企业自身的绩效而支付给他们的具有变动性质的经济收入；

（3）间接薪酬。指给员工提供的各种福利。与基本薪酬和激励薪酬不同，间接薪酬的支付与员工个人的工作和绩效并没有直接的关系，往往都具有普遍性。

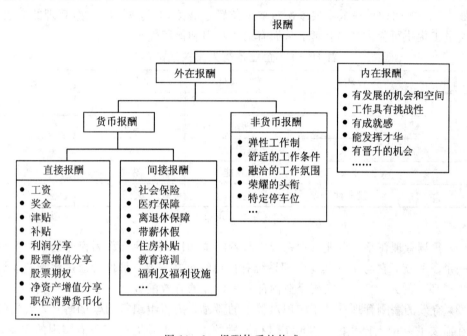

图 10-1　报酬体系的构成

（二）薪酬管理的内涵

所谓薪酬管理，其实就是对组织支付给员工的那部分报酬进行计划、实施、调整、管理的过程，具体而言，也就是对那些支付给员工的货币性报酬和非货币性报酬确定相应的支付标准，确定发放的形式、时间、对象，确定适当的结构以及如何因时、因地、因人做相应的调整的动态过程。薪酬管理不仅要符合国家的法律法规，而且必须与组织的整体战略相一致，更要求考虑到员工的切身利益和心理需求。因而，它既是一门科学，又是一门艺术。

全面理解薪酬管理的涵义，需要注意以下几个问题：

（1）薪酬管理的内容不单是及时、准确地给员工发放薪酬，这只是薪酬管理最低层次的活动。薪酬管理涉及一系列的决策，是一项非常复杂的活动。

（2）薪酬管理要在企业发展战略和经营规划的指导下进行。作为人力资源管理的一项重要职能，薪酬管理必须服从和服务于企业的经营战略，要为战略的实现提供有力的支持，绝对不能狭隘地进行薪酬管理。

（3）薪酬管理的目的不仅是让员工获得一定的经济收入，使他们能够维持并不断提高自身的生活水平，而且还要引导员工的工作行为，激发员工的工作热情，不断提高他们的工作绩效，这是薪酬管理更重要的目的。

（三）薪酬管理的意义

薪酬管理是企业工资的微观管理，也是企业在国家的宏观经济控制的工资政策允许范围之内，灵活运用各种方法与手段，制定各种激励措施与规章制度，在员工中贯彻按劳分配原则的过程。薪酬管理的核心就是如何科学、合理地实施按劳取酬，制定公平、公开、公正的薪酬标准。合理有效的薪酬管理对企业管理有重要作用。

（1）合理有效的薪酬管理是组织吸引、保留人才，不断提高员工队伍素质的重要手段。薪酬管理在组织人力资源管理中扮演着重要角色。一项调查显示，在企业各类人员所关注的问题中，薪酬问题排在最重要或次重要的位置，如表 10 - 1 所示。薪酬管理的有效实施，能够给员工提供可靠的经济保障，从而有助于吸引和保留优秀的员工。

表 10 - 1　企业各类人员关注的问题

排序	管理者	专业人员	事务人员	钟点工
1	薪酬	晋升	薪酬	薪酬
2	晋升	薪酬	晋升	稳定
3	权威	挑战性	管理	尊重
4	成就	新技能	尊重	管理
5	挑战性	管理	稳定	晋升

资料来源：［美］迈克尔·比尔，等. 管理人力资本. 北京：华夏出版社，1999

（2）薪酬管理在整个企业管理系统中起着配置和协调作用。薪酬管理是企业管理系统中的一个子系统，它与企业其他管理系统有机地结合在一起，管理者通过薪酬变动调节企业各生产环节的人力资源，实现企业内部各种资源的有效配置。

（3）有效的薪酬管理有助于实现对员工的激励。按照组织行为学的解释，人们的行为都是在需要的基础上产生的，对员工进行激励的支点就是满足他们没有实现的需要。马斯洛的需求层次理论指出，人们存在着五个层次的需求，有效的薪酬管理能够不同程度地满足这些需求，从而可以实现对员工的激励。员工获得的薪酬，是满足其生存需求的直接来源；没有一定的经济收入，员工就不可能有安全感，也不可能有与他人交往的物质基础。此外，薪酬水平的高低也是员工绩效水平的一个反映，较高的薪酬表明员工具有较好的绩效，这可以在一定程度上满足他们自我尊重和自我实现的需要。

（4）有效的薪酬管理有助于塑造良好的企业文化。合理且富有激励性的薪酬制度有助于企业塑造良好的企业文化，或者对已经存在的企业文化起到积极的强化作用。若薪酬的计算和发放以小组或团队为单位，则会强化员工的合作精神和团队意识，使得整个组织更具有凝聚力，从而形成一种团队文化。事实上，许多公司的文化变革往往都伴随着薪酬制度和薪酬政策的变革，甚至是以薪酬制度和薪酬政策的变革为先导。这从一个侧面反映了薪酬对于企业文化的重要影响。

当然，薪酬管理并不是万能的，企业中存在的很多问题是薪酬管理所不能解决的，必须依靠人力资源管理的其他职能来解决。薪酬管理的意义很大部分在于对员工的吸引、维持和激励作用，如果把握得不好，薪酬可能不但不会产生激励作用，甚至出现负效应。

（四）薪酬管理的原则

根据人力资源管理理论，薪酬管理应遵循以下几项基本原则。

1. 合法性原则

企业的薪酬制度必须符合国家法律、法规和政策的要求。这是最基本的要求，特别是国家有关的强制性规定，企业在薪酬制度设计中是不能违反的。比如，国家有关最低工资的规定、有关职工加班加点的工资支付问题的规定等，企业都必须遵守。如果企业的薪酬制度与现行的国家政策和法律规则、企业管理制度不符合，则企业应该迅速地进行改进使其具有合法性。

> 2013 年 1 月 10 日，小王入职时，公司告知他有三个月的试用期，但是没有与小王签订书面的劳动合同。2013 年 3 月 15 日，公司通知小王，由于他在试用期表现不佳，所以公司决定辞退他。小王觉得很委屈，因为在试用期内他确实努力工作而且自认为表现是很好的。在这种情况下，小王应该怎么办？
>
> 分析：
>
> 公司应当在 1 月份之内与小王签订书面的劳动合同。根据《劳动合同法》第十条规定：建立劳动关系，应当订立书面劳动合同。已建立劳动关系，未同时订立书面劳动合同的，应当自用工之日起一个月内订立书面劳动合同。由于公司截止到 3 月 15 日，仍然未与小王签订书面的劳动合同，因而违反了上述法律规定，根据《劳动合同法》第八十二条规定：用人单位自用工之日起超过一个月不满一年未与劳动者订立书面劳动合同的，应当向劳动者每月支付二倍的工资。所以公司应当向小王支付 2 月份的双倍工资。
>
> 由于公司与小王之间没有订立书面劳动合同，根据《劳动合同法》第十九条第四款规定：试用期包含在劳动合同期限内。劳动合同仅约定试用期的，试用期不成立，该期限为劳动合同期限。所以公司与小王口头约定的试用期是无效的。在此情况下，公司无权以小王在试用期表现不佳为由进行辞退。所以，公司辞退小王是一种违法的行为，按照《劳动合同法》第四十八条的规定，用人单位违反本法规定解除或者终止劳动合同，劳动者要求继续履行劳动合同的，用人单位应当继续履行；劳动者不要求继续履行劳动合同或者劳动合同已经不能继续履行的，用人单位应当依照本法第八十七条规定，即依照本法第四十七条规定的经济补偿标准的二倍向劳动者支付赔偿金。所以，小王可以要求继续履行劳动合同，如果小王不要求继续履行劳动合同，用人单位应当按照经济补偿标准的二倍向小王支付赔偿金。

2. 公平性原则

公平是薪酬设计的基础，只有在员工认为薪酬设计是公平的前提下，才可能产生认同和满意，才可能感受到薪酬的激励作用。公平原则是制定薪酬体系首要考虑的一个重要原则，因为这是一个心理原则，也是一个感受原则。

员工对公平的感受通常包括五个方面的内容：第一，与外部其他类似企业或类似岗位比较产生的感受；第二，员工对本企业薪酬体系分配机制和人才价值取向的感受；第三，将个人薪酬与公司其他类似职位或类似工作量的人的薪酬相比较所产生的感受；第四，对最终获得薪酬多少的感受；第五，对企业薪酬制度执行过程中的严格性、公正性和公开性的感受。

薪酬系统是否公平，会直接反映在员工工作的努力程度和工作态度上。当员工对薪酬系统感受公平时，会受到良好的激励并保持旺盛的工作热情和积极性；当员工对薪酬系统感觉不公平时，通常会采取消极的应对措施，如减低对工作的投入和责任心，不再珍惜这份工作，对企业的亲和力降低，寻找低层次的比较对象以求暂时的心理平衡或辞职等。

3. 竞争性原则

当今市场竞争的焦点是人才竞争，要想吸引人才，薪酬标准就要具备足够的吸引力。根据调查，高薪对优秀人才具有不可替代的吸引力。因此，企业在市场上提出较高的薪酬水平，无疑会增加企业对人才的吸引力。但是企业的薪酬标准在市场上应处于一个什么位置，要视企业的财力、所需人才的可获得性等具体条件而定。竞争力是一个综合指标，有的企业凭借企业良好的声誉和社会形象，在薪酬方面只要满足外部公平性的要求也能吸引一部分优秀人才。

4. 经济性原则

经济性是指企业支付薪酬时应当在自身可以承受的范围内进行，所设计的薪酬水平应当与企业的财务水平相适应。虽然高水平的薪酬可以更好地吸引和鼓励员工，但由于薪酬是企业一项很重要的开支，因此在进行薪酬管理时必须考虑自身承受能力的大小，超出承受能力的过高薪酬必然会给企业造成沉重的负担。有效的薪酬管理应当在竞争性和经济性之间找到恰当的平衡点。

5. 激励性原则

对于一般企业来说，通过薪酬系统激励员工的责任心和工作积极性是最常见的方法。一个科学合理的薪酬系统对员工的激励是最持久也是最根本的，因为科学合理的薪酬系统解决了人力资源所有问题中最根本的分配问题。

简单的高薪并不一定能有效地激励员工。一个能让员工有效发挥自身能力和责任的机制，一个努力越多回报就越多的机制，一个不努力就只有很少回报甚至没有回报的机制，一个按绩效分配而不是按"劳动"分配的机制，才能有效地激励员工，也只有建立在这种机制之上的薪酬系统，才能真正解决企业的激励问题。

二、影响薪酬管理的主要因素

在市场经济条件下，企业薪酬管理活动会受到内外部多种因素的影响，为了保证薪酬管理的有效实施，必须对这些因素有所认识和了解。一般来说，影响企业薪酬管理各项决策的因素主要有三类：一是外部环境因素；二是组织内部因素；三是员工自身因素。

（一）组织外部环境因素

1. 政府的政策、法律和法规

政府法律法规与政策对于企业的行为具有强制性的约束作用，因此企业在进行薪酬管理时应当首先考虑这一因素，在法律法规与政策允许的范围内进行薪酬管理。《中华人民共和国劳动法》第四十八条设立了关于"国家实行最低工资保障制度"的规定，任何单位支付劳动者的工资不得低于当地最低工资标准，并为工资率的测算制定了严格的方法。

2. 文化和风俗习惯

在中国，企业在很长一段时间里使用统一的薪酬结构，工人实行 8 级工资制，技术人员实行 16 级工资制，行政人员实行 26 级工资制，并且几十年不变，但人们并没有因此而感到困惑和不公平，这就是文化的影响力。

3．生活水平

生活水平是人们收入状况、消费指数以及生活质量的具体表现。某一地区生活水平提高了，那么人们对生活的期望也就会相应提高。要提高生活质量、扩大消费指数，就必须增加收入，这样就会给该地区的组织造成薪酬压力，影响组织的薪酬设定。

4．劳动力市场状况

在企业需求一定的情况下，如果劳动力市场紧张，造成劳动力资源供给减少，劳动力资源供不应求，劳动力价格就会上涨，此时企业要想获取必要的劳动力资源，就必须相应地提高薪酬水平；反之，如果劳动力市场趋于平缓，造成劳动力资源供给过剩，劳动力资源供过于求，劳动力价格就会趋于平缓或下降，此时企业能够相对容易地获取必要的劳动力资源，因此可以维持甚至降低薪酬水平。

（二）组织内部因素

1．企业的经营战略

薪酬管理应当服从于企业的经营战略，不同的经营战略下，企业的薪酬管理也会不同，如表 10-2 所示。

表 10-2　不同经营战略下的薪酬管理

经营战略	经营重点	薪酬管理
成本领先战略	•一流的操作水平 •追求成本的有效性	•重点放在与竞争对手的成本比较上 •提高薪酬体系中可变薪酬的比重 •强调生产率 •强调制度的控制性及具体化的工作说明
创新战略	•产品领袖 •向创新性产品转移 •缩短产品生命周期	•奖励在产品以及生产方面的创新 •以市场为基准的工资 •弹性/宽泛性的工作描述
客户中心战略	•紧紧贴近客户 •为客户提供解决问题的方法 •加快营销速度	•以顾客满意度作为奖励的基础 •由顾客进行工作或技能评价

资料来源：刘昕．薪酬管理．2 版．北京：中国人民大学出版社，2007

2．企业的发展阶段

企业处于行业的不同时期（导入期、成长期、成熟期、衰退期），其赢利水平和赢利能力是不同的，这些差异会导致薪酬水平的不同。一般来说，处于成熟阶段的企业薪酬水平相对比较稳定。

3．企业的财务状况

薪酬是企业的一项重要成本开支，因此企业的财务状况会对薪酬管理产生重要的影响，它是薪酬管理各项决策得以实现的物质基础。良好的财务状况，可以保证薪酬水平的竞争力和薪酬支付的及时性。

（三）员工自身因素

（1）工作表现。员工的薪酬是由个人的工作表现直接决定的，因此在同等条件下，高薪酬来源于高的工作绩效。

（2）工作年限。工龄长的员工薪酬通常高一些，主要是为了补偿员工过去的投资并减少人员的流动。连续计算员工工龄工资的企业，通常能通过年资起到稳定员工队伍，降低流动成本的作用。

（3）工作技能。在科技进步、信息发达的今天，企业竞争已经从传统的产品战演变到行销战、策略战等全面性的竞争。企业之争便是人才之争，掌握关键技能的人已经成为企业竞争的利器，这类人才也成为了企业高薪聘请的对象。对既有的员工来说，企业往往愿意支付高薪给两类人，一类是掌握关键技术的专才，另一类则是阅历丰富的通才，因为通才可以有效地整合企业内高度分工的各项资源，形成综合效应。

第二节　基 本 薪 酬

在企业的薪酬体系当中，基本薪酬是最基础的部分，对于大多数职工来说，这也是他们所获得的薪酬中最主要的部分。基本薪酬有技能薪酬体系、职位薪酬体系两种体系，每一种体系关注的重点不一样，一个关注"人"，一个关注"职位"，但是从基本薪酬设计的思路来看，这两者基本是一致的。现在大部分企业采用的是职位薪酬体系，因此我们这里主要介绍职位薪酬体系的设计。

基本薪酬的设计一般按照以下的步骤来实施：

首先，进行职位分析。界定各职位的工作职责和任职资格要求；

其次，进行职位评价。确定各个职位相对的价值大小；

再次，进行薪酬调查。确定同地区或同行业的薪酬水平；

最后，确定薪酬等级。通过薪酬曲线确定薪酬等级。

职位分析的有关内容在前面已经作过详细的介绍，这里不再赘述。

一、职位评价

职位评价是指借助一定的方法，确定企业内部各职位相对价值大小的过程。职位评价是确保薪酬系统达成公平性的重要手段。职位评价有两个目的：一是比较企业内部职位的相对重要性，得出职位等级序列；二是为外部薪酬调查建立统一的职位评估标准。

职位评价可以采取不同的方法。目前，职位评价的方法一般有四种：排序法、分类法、因素比较法、要素分级计点法。

（一）排序法

排序法是根据一些特定的标准，例如工作的复杂程度、对企业的贡献大小等，对各个职位的相对价值进行整体比较，进而将职位按照相对价值的高低排列出一个次序的职位评价法。

排序时基本采用两种做法：第一种是直接排序，即按照职位的说明根据排序标准从高到低或从低到高进行排序；第二种是交替排序法，即先从所需排序的职位中选出相对价值最高的排在第一位，再选出相对价值最低的排在倒数第一位，然后从剩下的职位中选出相对价值最高的排在第二位，接下来再选出剩下的职位中相对价值最低的排在倒数第二位，依此类推。

（二）分类法

职位分类法是指先将组织所有职位进行划分，划分成若干个类型，每一类职务再分成若干个等级，在每个等级职位中再选一个关键性的职务，配上经工作分析后得到的工作说明，各类型、各等级都形成一个可供参考的标准，然后将组织中有待评价的职位与已定标准的关键职位进行比较，得到相应的级别，以此再确定待评价职位的薪酬等级。

职位分类法适用于拥有大量工厂或机构的组织，随着组织规模的不断扩大，工作种类的不断增多，这一方法越显得实用客观。但由于此法往往是采用单因素分析来确定标准的，所以很难进行精确的评价，且存在一定的主观性。

（三）要素比较法

要素比较法是一种精确、系统、量化的职位评价方法，它实际上是对排序法的一种改进，所不同的是排序法是从整体的角度对职位进行比较和排序，要素比较法则是将影响职位价值的因素提炼为若干个因素，一般包括智力、技能、体力、责任、工作条件等。评价时将各因素区分为多个不同的等级。然后根据职位的内容将不同的因素和不同的等级对应起来，等级数值的综合就为该职位的职位价值。

要素比较法一般按照下面的步骤进行。

1. 获取职位信息，确定报酬要素

要素比较法要求评价者必须仔细、全面地做好职位分析，要有标准、规范的职位说明书，同时还需要确定对职位进行比较的依据或尺度，即报酬要素。比如，在要素比较法中我们选择使用以下几种报酬要素：工作强度、技术要求、所承担的职责、工作条件等。

2. 选择典型职位

在要素比较法中，一般不可能对所有的职位都作出比较，因此要选取典型的职位进行评价，其他职位的价值可以与典型职位的报酬要素比较后加总得出。典型职位的选取要覆盖到各个类别和各个级别，数量也要根据企业内部的职位数量来确定。

3. 根据典型职位内部相同报酬要素的重要性对职位进行排序

职位评价者根据工作强度、技术要求、所承担的职责、工作条件分别对典型职位进行排序。排序过程以职位描述和职位规范为基础，通常由评价小组的每位成员分别对职位进行排序，然后再讨论或是以计算平均值的方法来决定每个职位的序列值。例如，假定最终得出对 M、N、P、Q 四个职位的评价结果如表 10 - 3 所示。从该表中我们可以看出，从所承担责任的角度来说，承担责任最大的职位是 M，承担责任最小的职位是 N(1 为最高分，4 为最低分)。但是从工作条件方面来看，工作条件最艰苦的是职位 Q，工作条件最舒适的是职位 N。

4. 确定每一典型职位各报酬因素的工资率并且进行再次排列

首先，确定每一报酬要素在该职位总体价值中所占的比重，比重可以通过经验或者统计的方法得出。然后，按照比重将该职位的薪酬分配到各个报酬要素上去。例如，在职位 Q 中，工作强度的权重为 30%，技术要求的权重为 40%，承担的责任的权重为 20%，工作条件的权重为 10%；职位 Q 的小时工资为 8 元，因此各报酬要素的工资率分别为 2.4 元、3.2 元、1.6 元和 0.8 元。最后，按照典型职位在各报酬要素上的工资率对它们再进行一次排序，如表 10 - 4 所示。

表 10 - 3　对典型职位的报酬要素进行排序

职位＼要素	工作强度	技术要求	承担责任	工作条件
职位 M	1	1	1	2
职位 N	3	3	4	4
职位 P	2	2	2	3
职位 Q	4	4	3	1

表 10 - 4　典型职位的工资率排序

职位＼要素	小时工资	工作强度	技术要求	承担责任	工作条件
职位 M	10.8	3.2(1)	4.2(4)	2.8(3)	0.6(2)
职位 N	7.6	2.6(3)	3.4(2)	1.4(2)	0.2(3)
职位 P	9.2	3.0(2)	3.8(2)	2.0(2)	0.4(3)
职位 Q	8	2.4(3)	3.2(4)	1.6(2)	0.8(1)

5. 淘汰不适用的典型职位

将第三步和第四步得到的结果进行比较，从理论上讲，对于每一报酬要素来说，两种比较得到的顺序应当是一样的。如果不一样，说明这一职位不能作为典型职位使用，应当剔除，再重新选择典型职位进行比较。

6. 建立职位薪酬等级

在确定典型职位后，将其他非典型职位的报酬要素与典型职位的进行比较，分别确定出各报酬要素的工资率，然后加总就可以得出该职位的薪酬。一般先根据典型职位的排序建立比较等级表，然后再将非典型职位与典型职位进行比较，以确定薪酬水平。要素比较等级表如表 10 - 5 所示。

表 10 - 5　要素比较等级表

小时工资	工作强度	技术要求	承担责任	工作条件
0.2				职位 N
0.4				职位 P
0.6				职位 M
0.8				职位 Q
1.0			(职位 R)	
1.2				
1.4			职位 N	
1.6			职位 Q	
1.8				
2.0			职位 P	

续表

小时工资	工作强度	技术要求	承担责任	工作条件
2.2				
2.4	职位 Q(职位 R)			
2.6	职位 N			
2.8		(职位 R)	职位 M	
3.0	职位 P			
3.2	职位 M	职位 Q		
3.4		职位 N		(职位 R)
3.6				
3.8		职位 P		
4.0				
4.2		职位 M		

例如,对于某一非典型职位 R,将其各个报酬要素与典型职位的报酬要素进行比较,可以确定出小时工资率分别是 2.4 元、2.8 元、1.0 元和 3.4 元,那么职位 R 的小时工资率就是 9.6 元(2.4＋2.8＋1.0＋3.4＝9.6)。

要素比较法的优点主要表现在两个方面:第一,要素比较法是一种比较精确、系统、量化的职位评价方法,其每一个步骤的操作都有详细的说明,将职位特征具体到报酬要素的做法相对于排序法和分类法而言,更加有助于做出正确的判断;第二,很容易向员工解释这种职位评价方法。这种方法的缺点是:第一,评价过程非常复杂;第二,适用于不同行业和组织中的职位评价的统一报酬要素很难确定。

(四) 要素计点法

要素计点法,又称要素加权法,就是在选定评价要素(如技术和职责)的基础上,对每个评价要素进行定义、确定权重、分等和赋点,然后依据各要素的内涵、等次及点值对职位加以评价的方法。要素计点法一般按照下面的步骤进行:

1. 选取关键薪酬要素

首先选取能代表各岗位的关键的薪酬要素,并给这些要素确定一定的权重,然后以此为基础,设计一个结构化量表。例如,要建立一个总点数为 1000 的结构化量表,其中包含工作技能、工作强度、工作责任、工作环境四个方面。接着把各薪酬要素分成若干个子因素,如工作技能方面,可分为知识技术要求、操作复杂程度、看管设备复杂程度及处理事故复杂程度四个子因素。

2. 划分关键因素等级

将每个关键因素划分等级,如对"知识技术要求"这一因素,划分为 5 级。如对工作经验进行分级,可分为 5 级:

1 级:一个月之内

2 级:一个月至三个月

3 级:三个月至一年

4 级：一年至三年

5 级：三年以上

3．赋值

如果要建立一个总点数为 1000 的结构化量表，其中包含工作技能、工作强度、工作责任、工作环境四个方面。确定的权重分别为工作技能（40％，400 点）、工作强度（15％，150点）、工作责任（30％，300 点）、工作环境（15％，150 点），如表 10－6 所示。

表 10－6　等 级 赋 值 表

关键薪酬要素	子因素	权重	点数（总点数为 1000）
工作技能	知识技术要求	10％	100
	操作复杂程度	10％	100
	看管设备复杂程度	10％	100
	处理事故复杂程度	10％	100
工作强度	脑力劳动强度	5％	50
	体力劳动强度	10％	100
工作责任	质量责任	10％	100
	产量责任	10％	50
	安全责任	5％	50
	管理责任	5％	100
工作环境	高温危害程度	10％	100
	危险性	5％	50

资料来源：孙玉斌. 薪酬设计与薪酬管理. 北京：电子工业出版社出版，2010

对每个因素的不同等级也要进行配点，如知识技术要求，点数为 100。不同的等级配置不同的点数，如表 10-7 所示。

表 10－7　不同等级配置的点数

等级	1 级	2 级	3 级	4 级	5 级
点数	20	40	60	80	100

4．明确要素的相对值

关键薪酬要素、要素分级赋值完成后，即进入评价计分环节。对照评分表对需要评价的职位进行各个薪酬因素的计分，将其汇总，得到需要评价的总点数，即得出该职位的相对值。

5．评定职位等级

根据所有职位的计分结果，按照分数的高低，划分出公司的职位等级，并将得分相近的岗位归并到同一职位等级里面。

与前面三种方法相比，要素计点法的优点体现在：它是一种量化的方法，可以对不同性质的职位进行横向比较，评价的结果更准确，也更容易让员工接受；此外，它除了可以比较出各职位相对价值大小之外，还可以衡量出价值大小的差距，更有利于进行基本薪酬的设计。这种方法的缺点是：尺度的设计比较麻烦，操作起来也比较费时，而且这种方法也不能完全消除主观因素的影响，要素指标的选择、权重和点数的分配也会受到主观判断的影响。

二、薪酬调查

职位评价的结果确定了企业内部各个职位价值的相对大小，这就解决了内部公平性的问题，但是单凭这一结果还不能确定出各个职位具体的薪酬水平，这就需要借助薪酬调查来实现。

薪酬调查就是通过各种正常的手段，来获取相关企业各职务的薪酬水平及相关信息。对薪酬调查的结果进行统计和分析，使其成为企业薪酬管理决策的有效依据。

（一）薪酬调查的渠道

第一，企业之间的相互调查。由于我国的薪酬调查系统和服务还没有完善（许多的薪酬指导数据还是企业预算内的），所以最可靠和实用的薪酬调查渠道还是企业之间的相互调查。相关企业的人力资源管理部门可以采取联合调查的形式，共享相互之间的薪酬信息。这种相互调查是一种正式的调查，也是双方受益的调查。调查可以采取座谈会、问卷调查等多种形式。

第二，委托专业机构进行调查。现在，在沿海一些城市均有提供薪酬调查的管理顾问公司或人才服务公司。通过这些专业机构调查会减少人力资源部门的工作量，省去了企业之间的协调费用，但它需要向委托的专业机构支付一定的费用。

第三，从公开的信息中了解。有些企业在发布招聘广告时，会写上薪金待遇，调查人员稍加留意就可以了解到这些信息。另外，某些城市的人才交流部门也会定期发布一些岗位的薪酬参考信息，同一岗位的薪酬信息，一般分为高、中、低三档。由于它覆盖面广、薪酬范围大，所以对有些企业参考作用不大。

第四，从流动人员中了解。通过其他企业的到本企业应聘的人员可以了解一些该企业的薪酬状况。

（二）薪酬调查的实施步骤

第一，确定调查的职位。薪酬调查首先就要选择需要调查的典型职位。为了简化调查的复杂程度，典型职位应当从那些同地区或同行业大多数企业都普遍存在的代表性职位中选取。由于某些职位的名称虽然相同或者类似，但实际的工作职责却差别很大，如果不考虑工作的内容，调查的结果就会与实际不相符，因此在确定了典型职位之后，还要对典型职位进行职位分析，形成职位说明书。

第二，明确调查的范围和项目。明确调查的范围是指明确在什么范围内来收集相关信息。为了保证薪酬水平的外部公平性，调查的范围应当根据职位的招聘范围来确定。不同类型的职位，应该有不同的调查范围。虽然薪酬调查的目的是确定职位的基本薪酬，但是调查的项目却不能只包括基本薪酬，因为有些企业给予某个职位的基本薪酬可能不高，但是可变薪酬和福利却很高，而员工进行薪酬比较时针对的往往是总体薪酬，因此调查的项目应当包括薪酬的各个组成部分，这样确定基本薪酬水平时才会比较合理。

第三，进行实际的调查。前期的准备工作结束之后，就可以着手进行实际的调查。为了保证调查的效果，一般需要设计出调查问卷，问卷除了要包括薪酬方面的信息外，还应当包括企业本身和职位本身的一些信息。

第四，分析调查结果。薪酬调查的最后是对调查结果进行分析，首先要剔除那些无效的问卷，然后对有效的结果进行统计分析，得出市场薪酬的平均水平。

2009 中国 CEO 薪酬大调查

调研结果显示：2009 年的 5～6 月是个分水岭，前半年的全行业薪酬增长仅在 2%～3% 之间，低于整体物价指数增长，说明在考虑通胀前提下，2009 年度上半年是市场受经济危机冲击最为严重的时期，包括员工在内的高管层的实际收入缩水。但是，进入下半年以来，随着中国内地经济的整体反弹变化，企业在年中薪酬调整方面也呈现出一些积极的变化，最终 2009 年度全行业的薪酬增长率在 9% 左右。这一增长比率为 2007 年以来的最低点。

保险业：高管收入增长低于 5%

受金融危机影响，全国大部分保险公司的保费在 2009 年的前半年均出现不同程度负增长，而后半年，受益于经济回暖才出现回升，但也因此暂时遏止了其高管在该年的收入增长。根据京沪深三地高管年度总薪酬变动情况看，均不超过 5% 的增长率。

消费品行业：上海高管领跑

由于下半年的刚性消费需求增长，各地高管的收入保持了微量增长。从北京、上海、广州、深圳的 CEO/总经理收入变化看，平均实现 3% 左右的增长。上海 CEO/总经理以 138.5 万的年度薪酬仍领跑该行业，其他三地则维持了以往的排次，依次为深圳、北京、广州。

汽车业：上海 CEO 薪酬最高

受国家关于汽车产业振兴计划、汽车下乡等政策的推动，汽车行业整体发展较为稳定。高管薪酬均出现 9% 左右的平均增长率。但不同地域的 CEO 涨幅有所不同。汽车制造基地北京、上海、广州、重庆四地 CEO/总经理职位的年度薪酬涨幅比较，上海以接近 12% 夺得第一，其次分别为北京（接近 10.2%）、广州（接近 10%），重庆则维持了 2008 年的水平。

IT 行业：高管收入未能跑赢 9%

电脑硬件制造及配件业，以及互联网同业并没有实现预期增长。行业优势越来越集中在少数企业手中，同时在大危机中加速了该行业的洗牌。

从中国最集中的北京、深圳 IT 行业所获取 CEO/总经理级别的高管收入情况看，仅实现了 2% 左右的增长率。可见，IT 行业习惯性地大起大落，对于高管收入具有很大的冲击。

房地产薪酬：深圳居首

虽然去年地产商业绩大增，但受 2009 年薪酬变革的影响，多数地产商对高管薪酬增长依然执行严格的约束机制。不过，即便如此，地产高管的薪酬水平仍与最高水平的金融业媲美。深圳地产高管薪酬继续领先于其他城市，其中 CEO/总经理年度总薪酬为 264.3 万，而副总裁/副总经理年度总薪酬为 187.8 万，它们都比去年上升了 3.8%，而北京、上海、广州等地的地产高管薪酬也近这一比率。受益于过去的高额基数，即使呈微弱增长，深圳地产高管薪酬依然领先于北京、上海、广州。

二线城市：杭州地产CEO赚得最多

在杭州、大连、苏州、长沙、青岛、成都等6大城市中，地产领域高管薪酬水平远高于其他行业。其中杭州地区CEO为最高（135.6万），其次是成都地区CEO（123.2万），后面依次为大连（110.7万）、苏州（103.7万）、青岛（97.5万），和去年调查的杭州地区CEO最高93.6万的薪酬相比，2009年有45％的增长差距，说明和一线城市一样，作为拉动经济的房地产业，是城市的主要经济项目，在地产领域的高级管理层也因此成为了最大的受益群体。

（三）薪酬调查应注意的事项

第一，调查工作的透明度的高低问题。在企业中对于员工公开的内容，只是调查结果的一小部分，不能体现所有的薪酬调查内容。调查过程、样本信息、调查问卷、调查技术、调查内容、调查意见、调查建议等涉及调查信任度和效益度的部分一般均不对外公布，员工也无法了解这些调查的可信任程度。

第二，统计方法仍然比较简单。除了平均数和比例之外，一般没有别的统计指标来支持调查结论。

第三，调查指标定义不统一，调查结果可比性不强。仅"年薪"这个指标，各个企业的定义就有很大的差别，导致调查结果不能直接进行比较。

三、薪酬等级

薪酬等级是根据员工工作复杂程度和责任大小进行划分的，不同的等级体现出工作要求的差异。薪酬等级是在工作分析和职位评价的基础上建立起来的，通常将价值相近的职位归入同一个薪酬等级。

为了建立薪酬等级，首先需要将职位划分成不同的等级，划分的依据是职位评价的结果。每一等级中的职位，其职位评价的结果应当接近或类似。如果使用的是排序法，就应当包括几个邻近等级的职位；如果使用的是因素比较法，就应当包括薪酬范围的职位；如果使用的是要素计点法，就应当包括一定点值范围的职位。

职位等级确定之后，接着就要确定各个等级的薪酬变动范围，也叫薪酬宽带。薪酬宽带反映同一薪酬等级在职员工因工作性质以及对企业的影响不同而在薪酬上的差异。薪酬等级的宽带随着层级的提高而增加，即等级越高，在同一薪酬等级范围内的差额幅度就越大。

宽带与薪酬等级数量之间有着密切的关系，通常等级越多，各等级带宽越小；等级越少，则各等级带宽越大。

重叠度指相邻两个薪酬等级的重叠情况，能够反映企业的薪酬战略及价值取向。一般说来，较低的薪酬等级之间重叠度较高，较高的薪酬等级之间重叠度较低。

四、基本薪酬的调整

基本薪酬方案一经建立，就应严格执行，发挥其保障、激励作用。在实施过程中，基本薪酬设计者还有一项重要的职责，就是对制定出来的薪酬制度进行调整，这是基本薪酬设计的最终环节。在实施的过程中，根据组织经营环境的变化和组织经营战略调整，对基本薪酬方案进行适当的调整，有利于发挥薪酬的真正功能。如奖励性调整，即根据员工的工作表现进行绩效鼓励性调整；效益调整，当组织收益提高、利润增长时给整个组织的全体员工提高薪酬；生活指数调整，组织用来补偿员工因生活指数提高、物价指数上升而导致的实际收入无形减少的损失。

五、基本薪酬的发展趋势

科学进步日新月异，知识经济飞速发展，薪酬体系设计一方面要在基本原则指导下保持相对稳定，另一方面又要根据环境变化适时调整，与时俱进。与传统的薪酬体系相比较，21世纪的薪酬体系设计呈现出新的发展趋势，最主要的是宽带薪酬的出现。

宽带薪酬也称薪酬宽带、宽波段或宽带薪酬设计，它在组织内用少数跨度较大的工资范围来代替原有数量较多的工资级别的跨度范围。具体到企业，就是将原来十几甚至二十几、三十几个薪酬等级压缩成几个级别，但同时将每一个薪酬级别所对应的薪酬浮动范围拉大，从而形成一种新的薪酬管理系统及操作流程。宽带中的"带"是指工资级别，宽带则指工资浮动范围大，其实质就是从原来关注岗位薪酬转变为注重绩效薪酬。注重绩效，职级减少，多个岗位被归到同一职级中，将带宽拉大，使员工薪酬有更灵活的升降幅度。宽带薪酬的特点有以下几点：

(一) 鼓励员工重视绩效的提高

在宽带薪酬体系的设计中，员工职位的晋升与其报酬待遇没有严格的对应关系，这样，员工就不会把所有的注意力都集中在职位的高低上，而是把更多的时间投入到如何提高工作绩效上，从而会加大对自身人力资本的投资，提高个人的能力和素质，这样有助于营造学习型组织，在员工创造良好向上的组织文化的同时带来了企业效益和绩效的提升。同时，企业需要相应地进行双阶梯或多阶梯的员工职业生涯设计管理，为员工价值的实现创造多种途径。

(二) 能密切配合劳动力市场的变化

宽带薪酬是以市场为导向的，一是使企业的员工成本效益更为有效；二是使员工由注重内部公平转向更注重个人发展空间以及自身在市场的价值内外均衡等方面。宽带薪酬的工资水平是以市场调查的数据以及企业的工资定位来确定的。因此，薪酬水平的定期核对与调整使企业更能把握其市场竞争力；同时，可以通过组织内部的岗位轮换、团队内部员工的薪酬提升周期的缩短和薪资水平的及时调整，缓解变迁因素对企业的冲击。

(三) 有利于管理人员及人力资源专业人员的角色转变

采用宽带薪酬，部门经理在薪酬决策方面拥有更多的权利和责任，可以对下属的薪酬定位给予更多的意见和建议。这种让部门经理与人力资源专员共同决策的模式，有利于部门经理利用薪酬杠杆来引导员工达成企业目标，也能让人力资源专业人员摆脱一些附加值不高的事务性工作，更好地扮演战略伙伴和咨询顾问的角色。

(四) 支持扁平型组织结构

宽带薪酬打破了传统薪酬结构所维护和强化的等级观念，减少了工作之间的等级差别，有利于企业提高效率以及创造参与型与学习型的企业文化，同时有助于企业保持自身组织结构的灵活性和对外部环境的适应性。

采用宽带薪酬，薪资预测和管理的难度会加大。浮动范围扩大使得预测值的误差扩大，导致人工成本控制难度的增加。因此，企业在决定引进宽带薪酬时，一定要事先做好各方面的准备工作，以避免带来负面影响。

第三节　激励薪酬

激励薪酬，又称为可变薪酬、绩效薪酬，是指企业按员工、团队、部门或者企业的绩效为依据支付给员工个人的薪酬，它是对员工个人、团队业绩的补偿。激励薪酬的目的在绩效和薪酬之间建立起一种直接的联系，这种联系既可以是员工个人的业绩，也可以是企业中某一业务单位、员工群体、团队甚至整个企业的业绩。因此，激励薪酬对于员工具有很强的激励性，对于企业绩效目标的实现起着非常积极的作用。在动态环境下，激励薪酬更容易通过调整来反映组织目标的变化，还能够针对员工和团队所面临的变革和较为复杂的挑战做出灵活的反应，以一种积极的方式将员工和企业联系在一起，从而为双方之间建立起伙伴关系提供便利，同时还能起到鼓励团队合作的效果。激励薪酬有助于企业强化员工个人、员工群体乃至企业全体员工的优秀绩效，从而达到节约成本、提高产量、改善质量以及增加收益等目的。

激励薪酬有很多类型，根据支付对象的不同，一般可以分为个体激励薪酬与群体激励薪酬。下面我们将对个体激励薪酬、群体激励薪酬的具体形式分别进行详细的介绍。

一、个体激励薪酬

个体激励薪酬是指主要以员工个人的绩效表现作为基础而支付的薪酬，这种支付方式有助于员工不断地提高自己的绩效水平，但是由于它的支付基础是个人，因此不利于团队相互合作。个体激励薪酬主要有以下几种形式。

（一）计时制

计时制是把时间作为奖励尺度，鼓励员工努力提高工作效率，节省人工和各种制造成本。计时制有两个优点：第一，直接以劳动时间计量报酬，适应性强；第二，考核和计量容易实行，具有适应性和及时性。但是计时制有明显的不足，即不能反映劳动强度和劳动效果。根据工资计算方法的不同，计时制又可分为以下两种形式。

第一种是标准工时制。这是最基本的工时制，在这种工资制度下，企业首先确定某项工作的标准工时以及相应工资率，然后根据这个标准工资率来统一支付工人工资。这里的标准工时是指在正常技术水平和熟练程度下工人完成某种工作所需的时间。例如，某工人修理一台机器的标准工时是 2 小时，标准工资率是 3 元/小时。那么如果某工人实际修理耗时 1 小时，他的实际工资仍为 6 元。

标准工时制类似于"任务包干"制度，其重点在于激励员工提高劳动效率，节约劳动时间。但是对企业来说，以工作任务计算的直接劳动成本没有变化。还以修理机器为例，无论工人实际修理时间是多少，一台机器的实际修理费始终为 6 元。

第二种是差别工时制。在实践中，员工因节约时间而形成的收益是要在员工和企业之间进行分配的，不可能全部都给予员工，因此标准工时制也有两种变形，一是哈尔西 50—

50 奖金制，就是指通过节约工作时间形成的收益在企业和员工之间平均分享。此方法的特点是员工和公司分享成本节约额，通常进行五五分账，若干个员工在低于标准时间内完成工作，可以获得的奖金是其节约工时的工资的一半。即 $E=T×R+P(S-T)R$，其中，E 代表收入，R 代表标准工资率，S 代表标准工作时间，T 代表实际完成时间，P 代表分成率，通常为 50%；二是罗恩制，就是指员工分享的收益根据其节约时间比率来确定，即 $E=T×R+[(S-T)/S]T×R$，其中 E 代表收入，R 代表标准工资率，S 代表标准工作时间，T 代表实际完成时间。例如，某项工作的标准工时为 10 小时，如果实际耗时 8 小时，工人可提取成本节余的 20% 作为奖金，如果实际耗时 7 小时，工人可提取成本节余的 30% 作为奖金。

（二）计件制

第一种是直接计件工资制。这是运用最广泛的一种奖励计划。薪酬收入直接根据员工的产出水平变化而发生变化的报酬计划。先确定在一定时间内应当生产出的标准产出数量，然后根据单位产出数量确定单位时间工资率，最后根据实际产出水平算出实际应得薪酬。

这种奖励计划的优点是简单明了，容易被工人了解和接受。其主要缺点是标准很难确定。在生产领域需要进行时间研究，但是时间研究所得出的计件标准的准确性要受到观察次数、选定的观察对象、对正常操作速度的界定等各方面因素的影响。

第二种是差额计件工资制。这是直接计件工资制的一种变体，又称泰勒制。这种工资制度是由科学管理理论的创始人泰勒最先提出的。其主要内容是使用两种不同的计件工资率：一种适用于那些产量低于或等于预定标准的员工；另一种则适用于产量高于预定标准的员工。

泰勒的差别计件制计算公式：

$E=N×RL$　　　　　　　　　　　当完成量在标准的 100% 以下时

$E=N×RH$　　　　$RH=1.5RL$　　　　当完成量在标准的 100% 以上时

其中，E 代表收入，N 代表完成的工作件数或数量，RL 代表低工资率，RH 代表高工资率，通常为工资率的 1.5 倍。

这种计件制将工人分成了三个以上的等级，随着等级变化，工资率逐级递减 10%，中等和劣等的工人获得合理的报酬，而优等的工人则会得到额外的奖励。这种计件制首先要制定标准的要求，然后根据员工完成标准的情况有差别地给予计件工资。

梅里克和泰勒的计件制的特点在于用科学的方法加以衡量，高工资率要高于单纯计件制中的标准工资，对高效率的员工有奖励作用，对低效率员工改进工作效率也有一定刺激作用。

（三）绩效工资

绩效工资就是指根据员工的绩效考核结果来支付相应的薪酬，由于有些职位的工作结果很难用时间和数量进行量化，不太适用上述的两种方法，因此就要借助绩效考核的结果来支付激励薪酬。绩效薪酬有绩效调薪、绩效奖金、特殊绩效认可计划三种主要的形式。

1. 绩效调薪

绩效调薪是指根据员工的绩效考核结果对其基本薪酬进行调整，调薪的周期一般按年来进行，而且调薪的比例根据绩效考核结果的不同也应当有所区别，绩效考核结果越高，调薪的比例相应就越高。

进行绩效调薪时，应该注意两个问题：一是调薪要在该职位或员工所处的薪酬等级对应的薪酬区间进行，即员工基本薪酬增长或减少不能超出该薪酬区间的上限或下限；二是调薪不仅包括加薪，还包括减薪，这样才会更具激励性。

2. 绩效奖金

绩效奖金，也称一次性奖金，是指根据员工的绩效考核结果给予的一次性奖励，奖励的方式与绩效调薪有些相似，只是对于绩效不良者不会进行罚款。绩效奖金根据支付的周期，可以划分为年度绩效奖金、半年度绩效奖金、季度绩效奖金和月度绩效奖金。在实践中，企业往往会同时考虑个人的绩效、部门或团队的绩效，以及组织的绩效。即员工的绩效奖金会以员工个人的绩效奖金计算基数为依据，再根据个人绩效、部门或团队、组织绩效所决定的系数共同确定。员工个人绩效奖金的计算基数可以根据员工的基本薪酬来确定，也可以根据企业所规定的基数来确定；至于具体的系数为多大，每个企业也可以根据自己的实际情况来确定。

虽然绩效奖金支付的依据是员工的绩效考核结果和基本薪酬，但它与绩效调薪还是存在明显的不同。第一，绩效调薪是对基本薪酬的调整，而绩效奖金则不会影响到基本薪酬。例如，某员工的基本薪酬为 2000 元，第一年绩效调薪的比例为 6%，那么第二年他的基本薪酬就是 2120 元，如果下一年度绩效调薪的比例为 5%，那么他第三年的基本薪酬就是2226 元；如果是绩效奖金，那么第一年绩效奖金的数额就是 120 元，第二年就是 100 元。第二，支付周期不同，由于绩效调薪是对基本薪酬的调整，因此不可能过于频繁，否则会增加管理成本和负担；而绩效奖金则不同，由于它不涉及基本薪酬的变化，因此周期可以相对较短，一般按季或月来支付。第三，绩效调薪的幅度要受到薪酬区间的限制，而绩效奖金则没有这一限制。

3. 特殊绩效认可计划

特殊绩效认可计划是指在个人或部门远远超出工作要求，表现出特别的努力而且实现了优秀的绩效或做出重大贡献的情况下，组织额外给予的一种奖励与认可。其类型多种多样，既可以是在公司内部系统上或者办公室布告栏上提及某个人，也可以是奖励一次度假的机会或者一定的现金。

二、群体激励薪酬

群体激励薪酬是指以团队或企业的绩效为依据来支付薪酬。群体激励薪酬可以促进团队成员间的合作精神，同时也可以增加团队压力，防止或减少个别员工工作标准与团队标准不一致的情况的产生，群体激励薪酬甚至还可以节省行政费用和时间。但是它也存在一个明显的缺点，那就是容易产生"搭便车"的行为，因此还要辅以对个人绩效的考核。群体激励薪酬绝对不意味着进行平均分配。

群体激励薪酬主要有以下几种形式。

(一) 利润分享计划

利润分享计划的设计思想是，如果组织利润达到并超过了预先设定的最低水平，员工们就可以获得奖金，奖金数量是超额利润的某个百分比。这种制度是以组织利润作为调节员工薪酬的杠杆，也就是在组织利润的基础上为员工支付一定数量的即期或延期薪酬的计划活动。这意味着组织的盈利水平决定员工的薪酬水平，组织的利润越高，员工获得的额外收益也就越多；反之亦然。但员工的基本薪酬的构成和总体水平不会因为组织的利润水平而受到影响。因此，不管组织处于盈利还是亏损状态，员工都可以获得既定数量的基本薪资，以维持自身生存和发展的需要。

利润分享计划有两个优势：一是组织可以在不增加固定成本的情况下，为员工提供养老金和其他福利，因为这些费用只发生在获利的当年，当组织经营困难时，劳动力成本就会降低。二是它能促使员工更加关心组织，激励员工以实现组织目标为己任。但是，利润分享计划也存在明显的不足：第一，付出努力与获得奖励之间的时间差距太大，而支付利润的周期长短对员工的士气有着明显的影响；第二，有时员工了解利润分享计划有难度，因为组织利润等数据并不是每一个员工都有机会了解的；第三，很多员工认为延期利润分享计划会使他们的福利和养老金失去保障。针对利润分享计划的不足，有些企业将利润分享设计成只有工资上升而没有下降的机制以降低风险，但这样又无法达到降低劳动成本的目的。

利润分享计划一般采取现金现付制、递延制或二者相结合的方式，分享的利润可以在财政年度里直接支付给员工，即现金计划，也可以延期支付，如把钱纳入退休、死亡或养老基金中，这样可以积累到较高的数额，为员工增添保障。在某些国家，若员工离开公司时尚未退休，则这笔奖金不会发给员工，这就对员工的跳槽形成了约束。

（二）员工持股计划

在股份制繁荣发展的今天，对员工的激励衍生出了新的形式，就是让员工部分拥有公司的股票或者股权。虽然员工持股计划是针对员工个人来实行的，但是由于它和公司的整体绩效紧密联系在一起，因此我们还是将它归入群体激励薪酬中。

目前，常见的员工持股计划有期股计划、现股计划和期权计划三种形式。

1. 期股计划

期股计划是指公司和员工约定在未来某一时期员工要以一定的价格购买一定数量的公司股票，购买价格一般参照股票的当前价格确定，如果未来股票价格下跌，那么员工就会有损失。如员工获得了以每股 12 元的价格购买本公司股票的权利，一年后公司的股票上涨到 18 元，那么他以当初的价格买入股票，每股就可以获得 6 元的收益；相反，如果股票的价格下跌到 8 元，那么他以当初的价格买入股票，每股就要损失 4 元。

2. 现股计划

现股计划是指公司通过奖励的方式向员工直接赠与公司的股票或者参照股票当前的市场价格向员工出售公司的股票，使员工立即获得现实的股权，这种计划一般规定员工在一定时间内不能出售所持有的股票，这样股票的价格变化就会影响员工的收益。通过这种方式，可以促使员工更加关心企业的整体绩效和长远发展。

3. 期权计划

期权计划是指公司和员工约定在未来某一时期员工拥有以一定价格购买一定数量公司股票的权利，购买价格一般参照股票的当前价格确定。它与期股计划比较类似，不同的是公司给予员工在未来某一时期以一定价格购买一定数量公司股票的权利，但是员工到期既可以行使这项权利，也可以放弃这项权利。

（三）收益分享计划

收益分享计划是企业提供的一种与员工分享因生产率提高、成本节约和质量提高等而带来的收益的绩效奖励模式。通常情况下，员工按照一个事先设计好的收益分享公式，根据本人所属部门的总体绩效改善状况获得奖金。收益分享部分的分发可以按年度、半年、季度或月份进行，具体情况取决于高层的管理理念和对工作业绩的衡量方式。额外收益分享越频繁，员工对奖励的感受度越高。

常见的收益分享计划有斯坎伦计划与拉克计划。

1. 斯坎伦计划

斯坎伦计划的目的是在不降低产出的前提下降低劳动力成本，是组织对成本降低方面做出贡献的员工进行奖励的一种激励计划，它由约瑟夫·斯坎伦在1937年首次提出。斯坎伦计划与其他激励计划的最大不同在于，它强调员工的权利——组织更乐于将员工看成是合伙人而不是仅仅完成任务的劳动工具。这是一种新的经营哲学理念，也是更为人性化和具有重大现实意义的管理模式。它消除了管理人员和员工之间的严格差别，代之以合作与信任、认可与鼓励以及"大家都是在为同一个组织服务、为共同的目标奋斗"的理念。

斯坎伦计划积极寻求机会对有助于降低生产成本的建设性创意进行奖励。该计划规定，当劳动成本占该成本所产生的销售额的比率低于某一标准时，组织和员工就可以共享节约所得。例如，假设每月的劳动成本是销售总额的30%，那么这就意味着当销售额是30万元时组织要承担9万元的成本，假设采纳并实施某个员工或员工集体建议后，当销售额为40万元时，劳动成本降低到了8万元，而按原来标准比率，劳动成本应支付12万元，那么这项建议就为组织节省了4万元，这4万元就成为组织奖励员工的基数。奖励办法通常是扣除成本备用金后，25%归组织、75%在员工中分配。斯坎伦计划实现了组织和员工的知识共享，员工参与组织管理决策的热情高涨，而且愿意尝试新的工作方式，更乐于接受新的技能训练，以提高工作能力。

2. 拉克计划

拉克计划的奖金分派计划与斯坎伦计划类似，也是建立在员工参与的基础上，也有一个以增加的价值为基础的奖金制度，但它不像斯坎伦计划那样激进，因而常常受到那些试图改变传统的管理风格，而又希望通过逐步引入员工参与来实现这一目标的公司的青睐。拉克计划与斯坎伦计划不同点在于，它的价值增加制度是使员工从节省与生产相关的材料和供应品中获利。拉克计划设立了一个储蓄基金，以备在生产率较低的年份发放，如果储蓄基金当年没用完，在年末就会以另外的奖金形式发放给员工。

拉克计划的基本假设是员工的工资总额保持在一个固定的水平上，然后根据公司过去几年的记录，以其中工资总额占生产价值的比例作为标准比例，确定奖金的数额。具体的计算方法是：计算每单位工资占生产价值的比例，如每生产1元的产品，消耗的物质成本是0.5元，价值增值为0.5元，其中劳动成本0.2元，那么劳动成本在增值部分的比重就是40%，这也表示员工对价值增值的贡献率。这里，还需引入预期生产价值的概念，它等于经济生产力指数（EPI）与劳动成本的乘积，其中经济生产力指数是劳动成本价值在增值中所占比重的倒数，在前例中等于2.5（即1/0.4）。如果实际生产价值超过了预期生产价值，则说明出现了节约。例如，假设实际生产价值为400万元，预期生产价值380万元，那么节约额就为20万元。由于员工对价值增值的贡献率为40%，因此可以分享的增值总额为8万元。在实际分配时，同样要按一定的比例进行提留，扣除提留以后的才是实际可以分配的净值。如果提留的比例为20%，员工可以分配的净值就是6.4万元。

> **TCL**
>
> 　　TCL 集团创办于 1981 年，是一家从事家电、信息、通讯等产品研发、生产及销售的特大型国有控股企业。从 2008 年 3 月 4 日到 3 月 19 日，TCL 通讯（2618HK）先后分 11 次在二级市场回购股票总数量达到 5063 万股，耗资超过 1600 万元。这些被回购股票的用途与 TCL 通讯于 3 月 11 日公布的大规模股权激励紧密相连。
>
> 　　据称，TCL 集团更大规模的员工股权激励计划方案仍在酝酿中，该计划将覆盖 TCL 集团旗下的四大产业集团和两大业务群，这个庞大的股权激励计划有望在 2008 年底前全面落实。而在此次 TCL 通讯展开股权激励前，TCL 多媒体已于 2008 年 2 月通过回购超过 2% 的股权来激励其 200 名经理。
>
> 　　如此大规模的股权激励计划，被外界视为 TCL 集团向员工派发"金手铐"。

第四节　福　　　利

　　随着社会经济条件的变化、权利意识的觉醒、人的需要的高级化和多样化，社会公众对员工福利的关心程度日益上升。同时，员工福利作为现代企业全面薪酬体系的一个有机组成部分，充分体现了"以人为本"的管理思想和理念。近年来，福利成本在企业总成本中所占比重不断增长，员工福利已不是"小额优惠"。员工福利管理也不再是企业人力资源管理中可有可无的议题，其重要性正在日益上升。

一、福利的内涵与分类

　　福利是指企业根据国家有关法律法规及自身需要，向全体或部分员工及其家属提供的直接薪酬以外的各种实物和服务等，用以提高或改善员工的物质及精神生活质量。根据福利的这一定义，我们可以从以下几方面来理解福利：第一，福利旨在提高员工的满意度和对企业的归属感；第二，福利可以采取多种形式发放，服务、实物和货币都可以是福利的支付形式；第三，福利是整个薪酬系统中的重要组成部分，是除了基本薪酬和可变薪酬之外的那部分薪酬；第四，福利的提供方是企业，而接收方是员工及其家属。

　　组织中的福利五花八门、不胜枚举。每个组织除了法律政策规定的福利以外，可以提供任何有利于组织和员工发展的福利项目。但是，一般来说，可以将福利的项目划分为两大类：一是公共福利；二是企业自主福利。

（一）公共福利

　　公共福利指依照国家法律、法规为员工提供的标准福利。我国的法定福利包括社会保险、住房公积金、休假制度等。

　　1. 社会保险

　　社会保险是以国家为主体，通过立法手段，设立保险基金，通常包括养老保险、医疗保险、工伤保险、失业保险、生育保险等，也就是企业通常所说的"五险"。

　　2. 住房公积金

　　住房公积金计划是依据国家的政策法令所建立起来的一项由国家所承办的、单位和个人共同承担缴费责任的强制性住房储蓄计划。根据住房公积金的这一定义，我们可以从以下三个方面来理解住房公积金：第一，住房公积金是由国家承办的；第二，员工个人每月按规定从工资中扣除一部分作为住房公积金；第三，单位每月按规定为员工个人缴存一部分作为住房公积金。

3. 休假制度

自 2008 年 1 月 1 日起，我国实行新的《全国年节及纪念日放假办法》，该办法对元旦、春节、清明节、国际劳动节、端午节、中秋节、国庆节放假日期做出规定。同日生效的还有《员工带薪年休假条例》。以上办法和条例中涉及的节假日是员工应当享受的法定福利。

各国休假制度

我国的员工带薪年休假制度（节选）第一条，为了维护员工休息休假权利，调动员工工作积极性，根据劳动法和公务员法，制定本条例。

第二条，机关、团体、企业、事业单位、民办非企业单位、有雇主的个体工商户等单位的员工连续工作一年以上的，享受带薪年休假（以下简称年休假）。单位应当保证员工享受年休假。员工在年休假期间享受与正常工作期间相同的工资收入。

第三条，员工累计工作已满 1 年不满 10 年的，年休假 5 天；已满 10 年不满 20 年的，年休假 10 天；已满 20 年的，年休假 15 天。国家法定休假日、休息日不计入年休假的假期。

法国：一年 1/3 时间在度假

法国《劳动法》规定，正常工作满 1 年后，就可以享受 5 周的年假，除年假及周末两天的休息日以外，法国人每年还有 11 天的法定假日——元旦、五一、国庆、第一次世界大战停战日、第二次世界大战停战日以及 6 个宗教节日。

瑞典：提倡自愿脱离岗位休假

瑞典提倡在职人员自愿脱离岗位休假。根据该国 2002 年开始试行的自愿休长假制度，自愿脱离工作岗位休假 12 个月的员工，可以在休假期间领取 85％ 的失业保险金。

日本：带薪假期随着工龄"涨"

日本《劳动基本法》规定，出勤率在 80％ 以上或连续工作 6 个月以上者，每年可享受 10 天的带薪休假。6 年工龄以上者，每年可以有 20 天的带薪假期。企业还自己规定有婚丧期、产期、临时停产期、志愿者休假等有薪假日，日本公务员带薪休假时间一般在 30 天以内。

（二）企业福利

企业福利是与公共福利相对应的一种福利类别划分。与公共福利相比，企业福利具有以下三个方面的特征：

（1）企业福利的资金来源于企业赢利。企业福利水平主要取决于企业的经济效益，形形色色的企业福利计划在一定程度上反映了企业的兴衰。

（2）企业福利针对特定人群。企业福利的直接效用是保障员工一定生活水平和提高其生活质量，只有在本单位就业的员工及其家属才能享受。

（3）一般采取普惠制。企业福利一般按照普惠制向员工提供，某一些企业或某些项目也可能依据员工供职时间长短和贡献大小规定其享受待遇的高低差别。企业福利的主要职能是以共同消费的形式满足需求，其发展趋势是以集体福利为主，它不是劳动者谋生的手段，仅是工资收入的补充，一般情况下不体现按劳分配的要求。

企业福利具体的项目也没有一定的标准，企业可以根据自身的情况灵活决定。在这里，我们只简要介绍以下几种。

1. 企业补充养老金

企业补充养老金是企业及其职工在依法参加基本养老保险的基础上，自愿建立的补充养老金。它与法定强制的社会基本养老保险和个人商业保险以及个人商业储蓄养老保险共同构成了我国养老保险制度体系的"三大支柱"。

2. 集体人寿保险计划

人寿保险是市场经济体制国家的一些企业所提供的一种最常见的福利。大多数企业都要为员工提供团体人寿保险。因为这是一个适应于团体的寿险方案，对企业和员工都有好处，企业可以享受法律上的税收优惠政策，而员工作为一个群体可以以较低的保险费率购买相同的养老保险。

3. 员工援助计划

员工援助计划是由企业组织为其成员设置的一项系统的、长期的服务项目，旨在解决员工及其家人的心理和行为等问题，促进员工个人成长，提高组织绩效，实现组织目标。员工援助计划的内容丰富多彩，涉及工作压力、理财问题、法律纠纷、危机事件、心理健康等多个方面，但是它的核心内容还是解决员工及其家人的心理和行为问题。

4. 对特殊工种劳动者的保护与福利

所谓特殊工种，在我国是指在特别环境下从事体力劳动，如从事井下采掘、地质勘探、高山野外作业等。这些员工除享受一般员工的劳动安全保护和福利条件外，还应享受特殊的营养补贴及津贴。

以人为本——伊利注重员工福利

是什么力量引领伊利这艘中国乳业旗舰破浪远航，顺利抵达成功的港口？是什么样的凝聚力给予伊利强大的抗风险能力，让接掌帅印的董事长潘刚率领伊利取得骄人业绩？

美国管理大师米勒说：在未来的全球性竞争时代中，企业唯有发展出一种能激励员工在竞争中获胜的企业文化，才能立于不败之地。

伊利人认为，目标的实现关键是企业文化赋予伊利团队的凝聚力。

为此，伊利在其发展初期制定过一个奋斗目标，即伊利产品走出内蒙古，走向全国。围绕这个目标，公司提出了"伊利靠我发展，我靠伊利生存"的理念，以期建立企业与员工的融洽关系。

伊利集团董事长潘刚先生指出，伊利的企业文化和公司所坚持的良心品质、健康产业息息相关，因此才有可能锻造出一支真正以事业而不是以职业为重的优秀团队。基于"创新、合作、效率、诚信和服务"这一套完备的企业核心价值观，伊利塑造了多元发展而又共同进取的企业文化，"伊利团队"也因此锻就。

　　为了普及企业文化，伊利的人力资源管理引入了市场竞争机制。能者上，庸者下，平等竞争已成为伊利公司人力资源的一大特色。倡导员工终身学习，并为员工提供培训条件和机会，创建了平等、竞争、健康的用工环境。

　　伊利打破地域界线，积极倡导人才本地化和社会化，每年通过社会招聘和校园招聘吸引不同地区、不同专业的优秀人才组成多元化的团队，这支团队在共同的伊利企业文化背景下彼此融合，相互合作，伴随伊利迅速成长。

　　伊利在要求员工敬业的同时，也为员工提供优厚的福利。在呼和浩特市金川开发区伊利工业园生活区的倒班楼，住在4人间的单晓燕兴奋地告诉记者，"这样的住宿环境我们每个月只交25元钱！"带薪休假、子女商业保险、子女入托补贴、回族员工节日贺金等，都是极具伊利特色的福利待遇。目前，伊利员工享有的各种形式的福利项目，除法定福利项目外，还包括带薪年休假、形式多样的生日、婚礼祝福、员工子女营养关怀、男员工护理假、外派人员探亲假、夏季高温防暑补贴、健康体检、管理人员交通补贴等多项企业自定福利项目。

二、福利的决策与管理

（一）福利的决策

福利决策是指企业对所实施的员工福利进行规划和安排，也就是对员工福利各个模块的设计。企业在进行福利决策时，要考虑企业的外部因素和内部因素。企业的外部因素主要包括国家的法律法规和相关政策，社会物价水平，劳动力市场状况以及竞争对手的福利状况；企业的内部因素包括企业的发展阶段，经济实力以及员工的需求，绩效和工作年限等员工个人因素。

一般来说，一个相对完备的福利决策需要考虑7个方面的主要内容：Why，企业为什么要向员工提供福利；How much，要向员工提供多少的福利；What，要向员工提供什么样的福利；How，以什么样的形式来向员工提供福利；Who，由谁来向员工直接提供福利；Whom，要向哪些员工提供福利；When，在什么时间向员工提供福利。

（二）福利的管理

福利管理是指为了保证员工福利按照预定的轨道发展，实现预期的效果而采取的各种管理措施和手段，即为达到员工福利的工作目标，对员工福利各方面进行设计、实施、调整和控制的各种活动。

1. 福利管理的目标

福利管理的目标是指通过控制和调节员工福利的发展过程，保证员工福利能够按部就班地发展，实现各个阶段的目标。

2. 福利管理的原则

从管理角度看，为提高资源利用率，更好地为人力资源管理目标服务，员工福利的管理必须充分重视以下原则。

（1）必要性原则。国家和地方规定的福利条例，组织必须严格执行。此外，组织提供的福利应当最大限度地与员工要求保持一致。

（2）公平的群众性原则。福利应以全体员工为对象，即员工只要符合企业的相关规定条件，就有权享有其合理合法的福利。

（3）经济性原则。所有的福利都意味着组织的投入或支出，因此，福利设施和福利项目应在规定的范围内，力求以最小费用达到最大效果。

（4）协调性原则。组织在推行福利制度时，必须考虑到与社会保险、社会救济、社会优抚的匹配和协调。

3．福利管理的方式和方法

（1）福利管理的方式。

从权限关系来划分，福利管理可以分为集中管理和民主管理。

集中管理是指福利的诸多问题都由高层管理人员做出决定，权限集中于组织高层。民主管理就是员工福利事物的决策权分散于中下层管理人员手中。

集中与民主并不是绝对的，而是相辅相成的，关键在于把握集中与民主的程度，即在多大程度上集权和多大程度上分权。集中管理协调统一，但员工参与程度较低，而民主管理员工参与意识较高，但协调相对困难，集中管理与民主管理各有利弊。企业不是在两者之间必居其一。集中管理与民主管理都存在一个度的问题。这个度受制于企业的诸多因素，如企业战略、企业规模、企业文化、企业所有者身份和历史传统等。

（2）福利管理的方法。

在福利管理中，企业结合员工福利管理的具体问题，应用现代科学技术和管理方法，可以大大提高员工福利管理的科学性、定量性、系统性和有效性。在现代福利管理中应用的新方法主要有：在现代心理学和社会学基础上发展起来的行为科学管理方法；在运筹学基础上发展起来的各种规划方法；在计量经济学的基础上，结合计算机科学的发展起来的各种资料统计和数据分析法等。在员工福利管理过程中使用这些现代的管理方法，绝不是追求形式上的先进和科学，而是通过现代化的管理方法提高企业员工福利管理的水平。

三、福利管理的发展趋势

依照惯例，企业提供的福利都是固定的，向所有员工提供一样的福利内容，但是不同员工的实际需求其实并不完全一样，因此固定的福利模式往往无法满足员工多样化的需求，从而削弱了福利实施的效果。从20世纪90年代开始，弹性福利模式逐渐兴起，成为福利管理发展的一个趋势。

企业弹性福利制又称自助餐式的福利，即员工可以从企业所提供的一份列有所有福利项目的"菜单"中，自由地选择其所需要的福利。需要指出的是，弹性福利并不意味着员工可以完全自由地进行选择，有一些项目还是非选项，如法定的社会保险。

从目前的实践来看，发达国家企业实行的弹性福利主要有以下五种类型：

（1）附加型弹性福利。该种福利就是指在现有的福利项目之外，再提供一些福利措施或提高原有福利的标准，供员工自己选择。例如，原来的福利项目包括住房资助计划，带薪休假、交通福利等。企业在实行弹性福利计划时，在执行上述原有福利的基础上，额外提供附加福利，如人寿保险、培训、法律咨询等。

（2）核心加选择型弹性福利。该计划是由一个"核心福利"和"弹性选择福利"所组成。"核心福利"是每个员工都可以享有的基本福利计划，不能自由选择。可以随意选择的福利项目则全部放在"弹性选择福利"之中。这部分福利项目都附有价格，可以让员工选购。员工所获得的福利限额，通常是未实施弹性福利制之前所享有的福利总值减去先行"核心福利"的价值后的余额。如果员工所购弹性福利项目的总值超过了其所拥有的限额，超出的部分必须自付，如总值低于限额，差额可以折发现金。

（3）弹性支用账户。弹性支用账户是指员工每年可以从其税前收入中拨出一定数额的款项作为自己的"支用账户"，并以此账户去选购各种福利项目的福利计划。由于拨入该账户的金额不必缴纳所得税，因此对员工具有吸引力。为了保证"专款专用"，一般都规定账户中的金额如果本年度没有用完，不能在来年使用，也不能以现金形式发放，而且已经确认的认购福利款项也不得挪作它用。

（4）选择性弹性福利。该福利是指提供几种项目不等、程度不一的"福利组合"给员工作选择，以组织现有的固定福利计划为基础，再规划数种不同的福利组合。这些组合的价值和原有的固定福利相比，有的高，有的低。如果员工看中了一个价值较原有福利措施还高的福利组合，那么他就需要从薪水中扣除一定的金额来支付其间的差价。如果他所挑选的是一个价值较低的福利组合，他就可以要求雇主发给其间的差额。

（5）福利"套餐"。福利"套餐"是由企业同时推出不同的、固定的福利组合，每一种组合所包含的福利项目和优惠的水准都不一样，员工只能自由选择某种福利组合，而不能选择每种组合所包含的内容。企业一般根据本企业员工的背景情况（如年龄结构、婚姻状况、住房需求等）规划此种弹性福利制度。

此外，从发达国家的实践来看，福利管理还出现了货币化和社会化趋势。

福利管理的货币化是指企业将本应提供给员工的福利折合成货币，以货币的形式发放给员工。这种方式可以大大降低福利管理的复杂程度，减轻企业的管理负担。但是，以货币形式发放福利就改变了福利原有的性质，从而削弱了福利应有的作用。

福利管理的社会化是指企业将自己的福利委托给社会上的专门机构进行管理，这样企业的人力资源管理部门就可以摆脱这些琐碎的事物，集中精力从事那些附加值高的工作。此外，由于这些机构是专门从事这项工作的，因此提供的福利管理更加专业化。但是，由于外部机构对企业的情况可能不太了解，企业需要与其进行大量的沟通，否则提供的福利就会失去针对性。

本章小结

薪酬管理是人力资源管理活动的重要组成部分。本章从薪酬管理的概述开始，转而对基本薪酬和激励薪酬以及福利进行了重点介绍。

薪酬管理，其实就是对组织支付给员工的那部分报酬进行计划、实施、调整、管理的过程，具体而言，也就是对那些支付给员工的货币性报酬和非货币性报酬确定相应的支付标准，确定发放的形式、时间、对象，确定适当的结构以及如何因时、因地、因人做相应的调整的动态过程。企业在制定薪酬管理政策时应当遵循一些基本原则，如合法性、公平性、竞争性、经济性、激励性等原则。

基本薪酬设计的基本步骤：首先进行职位分析，界定各职位的工作职责和任职资格要求；接着要进行职位评价，确定各个职位相对价值大小；然后进行薪酬调查，将调查的结果和职位分析的结果结合起来，确定薪酬等级。在薪酬的实施过程中，还要根据实际情况对基本薪酬进行调整。

激励薪酬和福利是薪酬的重要组成部分。激励薪酬包括个体激励薪酬和群体激励薪酬，前者主要有计件制、计时制和绩效工资等形式；后者主要有利润分享计划、员工持股计划、收益分享计划等。作为企业付给员工的间接薪酬形式，福利有着不同于直接薪酬的一些特点和优势，同时也存在一些问题。福利主要有公共福利和企业自主福利。

思考题

　　1. 薪酬管理的内涵是什么？有什么意义？

　　2. 有效的薪酬管理需要遵循什么基本原则？

　　3. 影响薪酬管理的因素有哪些？

　　4. 确定基本薪酬的程序是什么？

　　5. 职位评价的方法有哪些？每一种方法的主要特点是什么？

　　6. 什么是激励薪酬？激励薪酬有哪些类型？

　　7. 福利有哪些类型？如何进行福利管理？

　　8. 福利的发展趋势是什么？企业采用多种薪酬形式的原因有哪些？

案例讨论

深兰公司的薪酬管理

12 月 28 日，对深兰公司而言是一个特殊的日子。

跟往年不同，今年的 12 月 28 日，就是拥有数十亿资产、近三百名员工的深兰公司组建十周年的庆典了。无疑，这将是深兰公司的一场盛会。

"今天的董事会，请各位董事赶过来，一项主要议题是布置一下公司十周年庆典的事。"王锐董事长顿了顿继续说道，"我们深兰公司经过十年的发展，能取得今天这样的成绩，很不容易。当然，这是与在座各位董事这些年来的大力支持和艰苦努力分不开的。再过一个月，就到公司的十周年庆典，大家要好好庆贺一番。我看花个几十万都没关系。这样吧，会后就由公司行政部和公关部拿个方案，……"公司董事戴明举手示意发言："王董事长，我看公司庆典是不是可以从简、低调。另外，我听说公司的中期年报就已出现了亏损，而且年初的 GH 投资项目潜在亏损很大，我们是不是有必要设置一个合理的止损点，甚至在必要的时候，要即时终止 GH 项目的继续运作。"深兰公司董事郑雷补充到："王董事长当初决策这个 GH 项目时比较仓促，是该认真讨论讨论这个项目的可行性了。"

也许再也没有什么比发生在深兰公司总部董事会上这一幕上的事更能真实反映深兰公司目前的状况了。显然，在这个由许多公司内部人员所组成的公司董事会中，王锐（深兰公司董事长兼总裁）是绝对位居第一的人物。而深兰公司总经理戴明（深兰公司董事）和兰迪公司总经理郑雷（深兰公司董事），显然对公司目前的状况感到不满。（深兰公司董事会构成如图 10 - 2 所示。）

王锐之所以在公司拥有至高无上的权力，主要原因在于他在过去 9 年中所取得的辉煌业绩：在他 50 岁开始领导深兰公司的大部分时间里，股东们几乎没有什么可抱怨的；而且

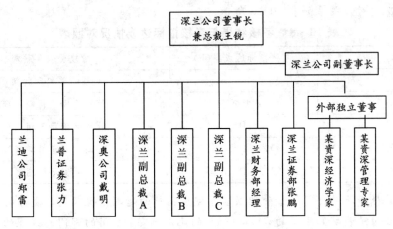

图 10-2 深兰公司董事会构成图

王锐事必躬亲，不辞劳苦，深兰公司的老员工们都非常敬重并爱戴他。他在 20 世纪 90 年代将深兰公司一手创建并振兴起来，股东总收益平均达到 30%，王锐成为金融投资行业内的一颗明星。尽管公司现在的增长已经不再那么激动人心，过去两年中公司的年股东收益只有 14.5%，但他依然拥有良好的声誉。

事实上，尽管王锐过去实现了非凡的业绩，但是一些感到不快的股东——深奥公司总经理戴明和兰迪公司总经理郑雷等董事都私下一致认为：深兰公司的董事会实质上是一个由掌握至高权力的领袖领导着的忠诚者俱乐部！"董事会正变得越来越臃肿，逐渐被老年人所控制，没有什么民主决策和流动率。"证券部总经理张鹏也常常抱怨不止。

深兰公司是金融行业一家投资公司，在最初成立几年时间里，由于整个金融行业比较景气，市场形势一片大好，所以公司也获得了长足的发展，员工人数从最初的几十个人发展到近三百人。并且在过去几年中，员工收入水平都以比较快的速度增长。但是近两年以来，受国家宏观经济形式的影响，金融行业的竞争越来越激烈，企业经营形势也逐渐严峻。目前，最令公司董事会头痛的是公司全面分红制奖金计划面临危机。

分红制计划是前些年深兰公司在销售额和利润猛增时，依据对员工态度的调查，他们宁愿要奖金分红而不愿要其他形式的福利而制定的。公司的薪酬计划提供的基本工资比当地类似工作的工资水平低 20%，但是公司每季度分配的奖金平均为基本工资的 50% 以上，这使得公司的平均薪酬比该地区高出 20%。由于薪酬较高，深兰公司一直是当地很受欢迎的公司，应聘者颇多。因此，公司将福利水平保持在最小值，没有什么补贴，只有极其有限的社会保险和带薪假期。然而因为平均薪酬高，员工认为还是比较合算。但是今年公司的利润显著下降，按利润分配的奖金估计还不到历史平均水平的一半。在不久前的总经理办公会议上，公司总裁王锐宣布，由于公司人工成本比较高，企业打算普遍小幅度地降低员工奖金水平，以帮助公司渡过经营难关。

在深兰公司，深兰公司的经营管理层（公司总裁、副总裁、部门总经理）的报酬采用年薪制，深兰经营管理层年薪收入由基本年薪 ＋ 奖励年薪 ＋ 超值年薪三部分构成。其中经营管理层基本年薪水平分别为 10 万元/年、8 万元/年、6 万元/年，按月发放，此外不再享受适用于公司其他员工的工资性收入。奖励年薪根据深兰公司经营管理层的最高奖励年薪额和关键业绩指标的达成情况共同确定。考核结果分为 A、B、C、D、E 五个等级，与考核指标达成情况的对应关系如表 10-8 所示。

表 10-8　考核结果与考核指标达成情况对照表

考核结果等级	考核指标达成率(P)	对应奖励年薪额
A	≥100%	最高奖励年薪额
B	90%≤P<100%	最高奖励年薪额×4/5
C	80%≤P<90%	最高奖励年薪额×3/5
D	70%≤P<80%	最高奖励年薪额×2/5
E	60%≤P<70%	最高奖励年薪额×1/5

　　超值年薪根据深兰公司经营管理层当年完成指标的超额情况确定。公司副总裁的奖励年薪水平按公司总裁奖励年薪的50%～30%的比例确定,公司的部门总经理的超值年薪水平按该公司总裁奖励年薪的30%～10%的比例确定。公司自实行年薪制的三年来,总裁的年薪总额基本都在一百万元以上,而公司部门总经理的年薪没有超过30万元的。这种状况显然引起了大多数部门总经理的不满。

　　深兰公司员工的主要收入是工资加奖金。公司一直把员工的工资问题作为人事管理的根本工作,公司领导一致认为:在工资上如有不合理的地方,会使职工对公司感到失望,影响职工的干劲,因此,一开始就必须建立完整的工资体系。于是深兰公司根据各个部门的不同情况,根据工作的难度、重要性将职务价值分为A、B、C、D、E五个序列,在五个序列中又分别规定了工资最高额与最低额。其中,A序列是属于最单纯部类的工作,而B、C、D、E则是困难和复杂程度依次递增的工作,当然其职务价值也愈高。在工资序列上,A序列的最高额并不是B序列的最低额。A序列的最高额相当于B系的中间偏上,而又比C序列的最低额稍高。这就使得做简单工作领取A序列工资的人,他可以从A序列最低额慢慢上升,当他们的工资超过B序列最低额的水准时,就有机会向B序列晋升。即使不能晋升,也可继续升到A序列的最高额。各部门的管理人员可以对照工资限度,努力向价值高的工作挑战。但是不同序列的工资标准差别并不大。例如:职能部门员工(比如人力资源专业人员、财务人员、审计人员、网络维护员等)属于B序列,他们的平均月工资一般介于2000元和2500元之间,而操作类岗位员工(比如保安、接待员、收发员、物品保管员、生产线上的工人等)属于A序列,他们的平均月工资一般介于1800元～2400元。所有的操作类岗位员工都表示对自己的收入非常满意,但是同时,几乎所有的职能部门员工都对自己的收入不满意。对此,能够听到的最普遍的答案是:操作类岗位员工的工作环境比较差,比如经常出差、工作场所没有空调等,同时工作也更加辛苦;而职能部门员工在行政大楼内办公,不仅工作环境好,而且比较"清闲"。

　　而员工每月的奖金是按所在岗位的重要性分级,根据工作表现支付的。如果员工的工作没有什么大的失误,就基本上可以获得全额奖金,只有触犯了企业的规章制度,或者出现了工作失误或事故,才会扣除部分或全部奖金。但是一般来说,如果员工按部就班地做自己的工作,违反规章制度或者出现工作事故的可能性不大,所以,员工几乎都能足额获得月度奖金。显然,在同一部门中,岗位相同或者相似的员工无论工作业绩出色或工作业绩平平,薪酬都没有太大的差别。

　　因此,公司打算普遍小幅度地降低员工奖金水平,以帮助公司渡过经营难关的消息一经传出，马上遭到了员工的强烈反对，员工们认为自己的工作比以前更辛苦了，不应该降低收入水平。因此，大家对降薪的事议论纷纷。

"正好各位公司董事今天都在，下面我们接着评议今年年终分红的事。"董事会继续在开。王锐接着说："大家都知道，今年公司出现了亏损。公司原有薪酬制度，工资预算和人事费用控制的概念不强，尤其是没有处理好积累和分配的关系，使得过去几年员工工资的增长速度与公司利润的增长速度没有很好匹配（参见图 10 - 3）。

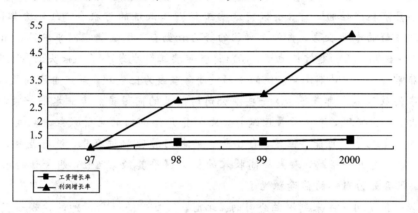

图 10 - 3 工资与利润增长对比图

目前，我们公司经营上出现一些困难，很多员工缺乏进一步做出努力和投入来推动公司进一步成长的动力，不能理解自身的薪酬待遇和企业的经营状况之间息息相关的关系，因此，我们明年打算调整工资方案，引入人事费用的概念和工资预算的思想，使员工的工资报酬能够随着公司的利润的增长而增长，建立企业与员工的命运共同体和利益共同体。今年的年终奖金，经营管理层暂时取消，我带头。明年调整完薪酬制度，公司赚取利润后，该分多少的分多少，一分都不少分配。"

显然，大家似乎对一个月后的公司庆典已然没有多少兴趣，这次董事会当然以不欢而散而告终。

最近赵亮也一直在为几个工作评价的事头痛不已。赵亮是深兰公司人力资源部总经理，由于近来公司效益不佳，公司对一些岗位进行了调整，赵亮在执行公司薪酬计划方面遇到了难题。

作为公司工作评价委员会的主任，上周赵亮召集了一次考虑对几份工作重新评价的会议。这些工作已经分级，定为 A 序列。但因为接待员张萍的工作没有定为较高级别，作为工作评价委员会成员的行政部总经理林云提出：我部门员工个人成绩大小、重要与否，是由公司年终考核评价结果而确定的。去年张萍同志的考核结果是优秀，而且张萍在深兰公司已做了 8 年的接待员，平时工作十分认真，还多次评为公司的"优秀员工"。而赵亮认为公司年终考核结果通常由直属上级负责对员工工作表现情况进行评定，与工作价值评价并没有直接联系。赵亮坚持应根据工作本身，排除个人因素来评价，这令行政部总经理林云颇为恼火。无奈，赵亮只好请示王总定夺。

王总听完赵亮的汇报后，略微思考，对赵亮说："张萍同志是老员工，学历差点，能力还可以，又是公司的接待员，可以考虑定高点。我们要考虑老员工所做的历史贡献嘛。我看就定到 B 序列吧。"赵亮还想解释些什么，却被王总摆手示意不用再考虑了。赵亮不情愿地离开了王总办公室。

为了有准备地迎接公司十周年庆典，公司许多部门近来都利用下班时间在紧张排练晚会节目。小张精心准备的是拿手的独唱曲目。但自从听说公司打算降低员工奖金水平的事后，小张便无心排练了。小张是大学毕业后就应聘到深兰公司工作的。他学的专业是会计。毕业时，同学们都认为他找了一个好工作，收入也不错。在最初进入深兰公司的几年，小张也这么认为，因为在这里工作不仅收入挺高，而且财务部总经理对他也很器重，经常分配给他一些具有挑战性的工作。小张将这些工作当作锻炼的好机会，每一次都认真对待。由于他受过良好的专业教育，再加上自己的努力和勤奋，很快就在同事中显示出自己的实力。由于工作出色，经理更信任他了，部门许多重要工作也落在了小张头上。刚开始时，小张做得也非常卖力，但是渐渐地，他的干劲就小了。因为他发现，虽然自己的收入不错，但是部门同事的收入水平都差不多，一些在公司时间长的同事虽然专业水平一般，但是收入却在他之上。小张发现，除非做管理工作，比如晋升为部门的主管或经理之类的职位，否则提高收入水平几乎不可能。但是，自己所在的部门管理职位有限，没有空缺，自己怎么能升职呢？除了晋升一条路，看来提高收入的机会微乎其微，况且，想晋升的人还不止他一个呢！小张开始为自己的前途担忧了。

林顿和小张是同一年来到深兰公司的。此前，任公司高级分析师的林顿一直对公司很满意，他用了五年时间才达到现在的工资水平。然而，林顿听说他的部门雇用了一位刚毕业不久的硕士研究生作分析师，底薪几乎和自己的工资一样高。他向赵亮询问了此事，赵亮歉疚地承认了实情，并努力解释公司的处境，公司恰好在分析师市场十分紧俏时急需一名分析师，为了吸引合格人选，公司不得不提供一种溢价底薪。林顿认为自己在公司里被欺骗，感到前途渺茫，私下里开始寻找合适的工作机会，决定等公司十周年庆典一结束，就递交辞呈。显然，深兰公司在庆祝公司成立十周年之际，也蕴藏着深深的危机。

附件：深兰公司工资情况

一、职务/岗位与薪资水平关系图（见图 10-4）

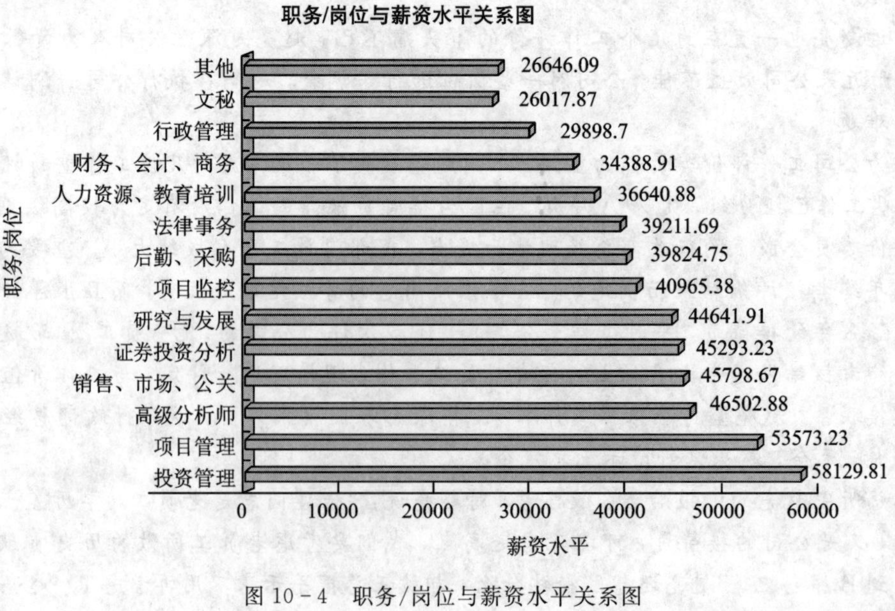

职务/岗位与薪资水平关系图

职务/岗位	薪资水平
其他	26646.09
文秘	26017.87
行政管理	29898.7
财务、会计、商务	34388.91
人力资源、教育培训	36640.88
法律事务	39211.69
后勤、采购	39824.75
项目监控	40965.38
研究与发展	44641.91
证券投资分析	45293.23
销售、市场、公关	45798.67
高级分析师	46502.88
项目管理	53573.23
投资管理	58129.81

图 10-4 职务/岗位与薪资水平关系图

二、不同学历人员的年平均薪资一览图（见图 10 - 5）

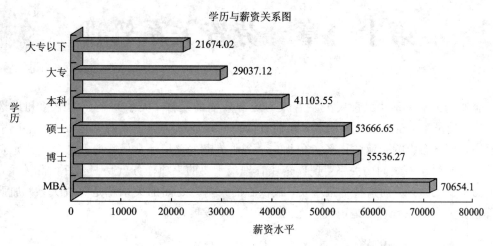

图 10 - 5　不同学历人员的年平均薪资一览图

图 10 - 6 基本上反映了在深兰公司学历与薪资之间的关系。其中，累进增长率分别为 34.0%、41.6%、30.5%、34.8%、27.2%，如表 10 - 9 所示。

表 10 - 9　累进增长率

学历对比	大专—大专以下	本科—大专	硕士—本科	博士—硕士	MBA—博士
累进增长率	34.0%	41.6%	30.5%	34.8%	27.2%

资料来源：王少东，吴能全，余鑫. 薪酬管理. 北京：清华大学出版社，2009

案例讨论题

1. 深兰公司高管层实行的年薪制合理吗？若不合理，高管层需要建立怎样的一套激励约束机制？

2. 为什么深兰公司的报酬在当地处于中上水平还不能令员工满意？

3. 你认为深兰公司目前的薪酬制度主要存在哪些问题？

4. 如果深兰公司的薪酬改革工作交给你来做，你将如何设计？

第十一章　劳资关系管理

　　企业的劳资关系状况直接关系着人力资源效能的发挥，关系到企业的形象和诉讼成本，关系到员工的劳动态度和行为，从而直接或间接地影响到企业的劳动成本、生产率和利润率，最终会影响企业的市场竞争地位。企业劳资关系最经常最普遍的表现形式是企业内部员工与管理者之间的关系。现代企业管理最重要的一项任务就是调整好人际关系，发挥人力资源的效用，而这其中最重要、最核心的人与人之间的关系就是劳资关系。加强和改善企业劳资关系管理乃是现代企业的立身之本、发展之基。

本章学习重点

▶劳资关系的内涵、构成与类型
▶劳资关系的表现形式
▶改善劳资关系的意义及途径
▶企业劳资关系的制度及分析框架
▶中国劳资立法的实践
▶中国的劳资关系
▶集体谈判的制度

阅读资料

福特 HR 改革劳资关系化敌为友

　　一提起汽车装配线上的工人，人们就会浮现出电影《摩登时代》中查理·卓别林所扮演的工人形象。作为流水线的始作俑者，福特公司今天格外强调员工的可持续发展。

　　成立于 1903 年的福特汽车公司在 2003 年迎来了百年"寿诞"。在福特工作了 20 多年的福特汽车(中国)有限公司副总裁安德鲁·杰克逊(Andrew Jackson)在接受《财经时报》采访时表示，人力资源管理(HR)在公司管理中极为重要，福特的百年历史极好地证明了这一点。

劳资关系化敌为友

　　据介绍，福特的劳资关系一度十分紧张，员工曾以对管理层强硬而闻名，对管理层极为不信任。而管理层对员工的各种要求也很少关注，双方关系可以用"水火不容"来形容，由此导致生产效率低下，并产生巨额亏损。

　　福特二世上任后，首先从拙劣的企业人力资源管理入手，努力改善管理者与员工(工会)的关系。经过数年努力，工会由对立面转为联手人，化敌为友，福特公司的转机也由此开始。

　　在福特(中国)，每位员工都有充分的空间表达其想法。公司有面向全体员工意见的"脉动调查(Pulse Survey)"，通过这份包括 55 个核心问题的详尽调查，员工能够毫无保留地表达个人观点，而且不必担心身份被泄漏；管理层则可从中掌握并仔细研究和探讨更多工作中的信息，包括问题、机会和障碍等，从而更好地与员工互动。目前，福特公司内部已形成了一个"员工参与计划"。员工投入感、合作性不断提高，福特现在一辆车的生产成本减少了 195 美元，大大缩短了与日本的差距，而这一切的改变就在于公司上下能够相互沟通。领导者关心职工，也因此引发了职工对企业的"知遇之恩"，从而努力工作促进企业发展。

全员参与决策

除加强管理层和员工沟通外，公司还采取了更为"激进"的措施——"全员参与制度"，它赋予员工参与决策的权力，进而缩短员工与管理者的距离，员工的独立性和自主性得到尊重和发挥，积极性也随之高涨。"全员参与制度"的最主要特征是将所有能够下放到基层管理的权限全部下放，对职工抱以信任态度并不断征求他们的意见。这使管理者无论遇到什么困难，都可以得到职工的广泛支持。那种命令式的家长作风被完全排除。

在福特公司经常可以看到，在员工要求下召开越级会议(Skip Level Meeting)，员工可以直接与高于自己几个级别的管理者进行会谈，表达自己的意见，而管理者会尽快给予解决方案。"全员参与制度"的另一项重要措施就是向员工公开账目，每位员工都可以就账目问题向管理层提出质疑，并有权获得合理解释。

"这种做法对员工来说无疑产生了强大凝聚力，它使职工从内心感到公司的盈亏与自身利益息息相关，公司繁荣昌盛就是自己的荣誉，分享成功使他们士气更旺盛，而且也会激起他们奋起直追的感情。"安德鲁·杰克逊说。

可持续发展

据安德鲁·杰克逊介绍，员工的个人发展已成为公司整体发展的一个重要组成部分，目前用于员工发展的投资占到公司总支出的 10%。在福特公司，对员工持续发展的投入分两个部分：一是对员工健康与安全的投入；二是对员工教育、培训的投资。

福特(中国)特别设立了员工健康服务项目并确定其使命是：保障员工安全和健康，使之免于受伤和生病。公司为此专门设立了许多专门职位，如产业卫生工程师、有毒物品工程师、生物工程师和医生、护士等，在各个领域发展和执行健康与安全项目。与其他生产型企业相比，福特汽车公司为员工提供了更为全面的教育、培训机会和资源，如网站上的电子课程、面授课程、领导和管理技巧培训以及其他业务相关技能培训。公司还大力资助员工进行后续学历的学习，平均每年都会选出多名员工，为其出资进修 MBA 课程。

福特在重庆的合资企业长安福特汽车有限公司在建立不久即做出详尽的员工培训计划，培训课程根据不同工作的具体要求而制定，使员工能更快成为各自岗位的专家。到正式投产时，员工的平均受训时间达到 340 小时，远远超过行业平均水平。

第一节　劳资关系概述

劳资关系，是指劳工和资方之间的权利和义务的关系，这种关系透过劳资双方所签订的劳动契约和团体协约而成立。劳资关系或称为劳雇关系，一方面是受雇主雇用从事工作获得工资者，另一方面是雇用劳工的企业主、企业经营负责人或代表企业主处理有关劳工事务之人，其彼此间的关系即属劳雇关系。劳资关系的基础是雇佣劳动制度，前提是劳动者与生产资料相分离，以及相应的劳动力成为商品。由于各国社会制度和历史传统不同，对劳资关系的称谓也不同，如称做雇佣关系、雇员关系、劳工关系、劳使关系、产业关系等。

一、劳资关系的内涵

劳资关系也有广义和狭义之分：广义的劳资关系主要涉及三方利益主体，即劳方、资方和政府，三方各有自己的特定利益，其中劳资双方之间的博弈是形成特定类型劳资关系的基础，而政府作为调解双方利益的中立者在劳资关系中发挥着重要的作用。狭义的劳资关系指的是劳动者个人与其受雇用的企业之间的关系，又称为劳雇关系。它是指受雇主雇佣从事工作获得工资者和雇佣劳工的事业主、事业经营之负责人或代表事业主处理有关劳工事务之人彼此间的关系，即属劳雇关系。一般认为，资方的利益，一是追求资产的安全性；二是追求利润最大化，当企业总收益既定时，资方借助于企业的组织权力追求分配给劳方和政府的利益尽可能少；三是作为大股东尽量掌握对企业的控制权。劳方的利益，一是追求工资与福利的最大化（包括工作条件、福利、社会保险等），当企业总收益既定时，借助于劳动力市场的讨价还价和工会组织与资方的集体谈判，希望分配给资方和政府的尽可能少；二是追求良好的工作环境与人际关系；三是追求工作的成就感。政府维护国家利益和预算最大化，当企业总收益既定时，借助于行政权力，希望分配给资方和劳方的尽可能少。狭义的劳资关系是雇主与劳动者个人及团体之间的关系。

一般来说，劳资关系具有以下几个特征：

一是劳资关系的一方固定为劳动力的所有者和支出者，即劳动者，另一方固定为生产资料的占有者和劳动力的使用者，即雇主；

二是劳资关系的内容以劳动者提供劳动、雇主提供劳动力生产和再生产为必要的物质条件；

三是劳资关系是人身关系和财产关系的结合，一方面，劳动者提供劳动力，其人身在一定限度内交给雇主，另一方面，雇主要支付相应的物质待遇；

四是平等性和隶属性兼有的关系。以合同形式确立劳资关系，是平等主体之间的合同关系，但劳资关系确立后，要服从雇主的管理。表面看来劳资关系各方利益主体十分明确，但实际上各利益方有很大的差别，从而形成了劳资关系的复杂性。劳资关系的这些特征可以用图 11-1 更清晰地表示。

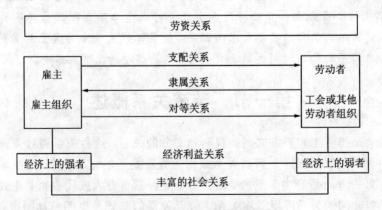

图 11-1　劳资关系特征示意图

资料来源：郭庆松．企业劳动关系管理．天津：南开大学出版社，2001

　　劳动关系的实质是合作与冲突。冲突和合作如同矛盾的两个方面，在劳动关系中交替出现。当前我国的劳动关系正从利益一体型的劳动关系（即计划经济体制下的国有企业模式）向利益协调的劳动关系（即市场经济体制下的现代企业模式）转变，劳动关系主体双方矛盾的加剧和冲突的上升。在经济全球化条件下的中国，构建社会主义和谐劳动关系中，各方主体都试图在这种实质关系中寻求一种"中庸平衡"之道，即通过集体协商构建平稳共赢的劳资关系。

二、劳资关系构成

（一）劳资关系构成

　　大多数企业劳资关系都要涉及管理者、劳动者和工会三个方面。也就是说，三方利益格局是市场经济下企业劳资关系的外在形式。工会是代表劳动者的一种组织。劳动法规定，劳动者有权依法参加和组织工会的权力。工会代表应维护劳动者的合法权益，依法独立自主地开展活动。企业的法人代表，其基本职能是依法进行生产经营活动，并负责出资人的保值增值。劳动者作为劳动力的所有者，可以任意支配自己，以换取自己赖以生存和发展的物质资料。

　　企业管理者和劳动者是企业劳资关系的主体。企业管理者在实现资产保值增值的过程中，作为劳动力的需求主体、用工主体，构成企业劳资关系的一方，在劳动过程中处于支配者的地位；劳动者在出让自己劳动力的过程中，作为劳动力的供给主体、劳动主体，构成企业劳资关系的另一方，在劳动过程中处于被支配的地位。无论在市场经济的过渡阶段或是成熟阶段，劳资关系的存在，必须以企业管理者和劳动者双方主体的存在为前提条件，二者缺一不可。

（二）劳资关系系统

　　在劳资关系系统中存在着三个子系统，即技术子系统、经济子系统和政治子系统，见图 11 - 2。

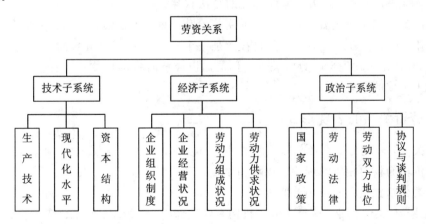

图 11 - 2　劳资关系系统

资料来源：卢福财. 人力资源管理. 湖南：湖南大学出版社，2009：168

　　技术子系统的构成包括生产技术、现代化水平、资本结构等因素。经济子系统即经济体制和市场结构，构成因素包括企业组织制度和经营状况、劳动力的组成状况以及市场上劳动力的供求状况等，比如市场竞争加剧，公司的获利不确定等，这些必然影响工人的报酬、福利和就业。政治子系统的构成包括国家政策、劳动法律、劳动双方权利地位、协议与谈判规则等因素，核心是权力机构，比如在市场经济发展的起始阶段，工人和雇主对各自目标的强烈要求更多地表现为矛盾与冲突，进入现代市场经济阶段以后，政府对劳资关系发展的影响越来越大。

三、劳资关系类型

从不同的角度我们可以将劳资关系进行分类：

（1）按实现劳动过程的方式来划分，劳资关系分为两类：一类是直接实现劳动过程的劳资关系，即用人单位与劳动者建立劳资关系后，由用人单位直接组织劳动者进行生产劳动的形式，当前这类劳资关系占据绝大多数；另一类是间接实现劳动过程的劳资关系，即劳资关系建立后，通过劳务输出或借调等方式由劳动者为其他单位服务实现劳动过程的形式，这类劳资关系目前居少数，但今后会逐年增多。

（2）按劳资关系的具体形态来划分，可分为常规形式（即正常情况下的劳资关系）、停薪留职形式、放长假的形式、待岗形式、下岗形式、提前退养形式、应征入伍形式等。

（3）按用人单位性质分类，可分为国有企业劳资关系、集体企业劳资关系、三资企业劳资关系、私营企业劳资关系等。

（4）按劳资关系规范程度划分，可分为规范的劳资关系（即依法通过订立劳动合同建立的劳资关系）、事实劳资关系（是指未订立劳动合同，但劳动者事实上已成为企业、个体经济组织的成员，并为其提供有偿劳动的情况）和非法劳资关系（比如招用童工和无合法证件人员，无合法证照的用人单位招用劳动者等情形）等。

（5）根据劳资关系双方对立和冲突的程度，可以把劳资关系分为三种类型：一是对立和冲突，工会和雇主处于公开的冲突中，每一方都有挑战对方的行为动机，不存在合作，经常发生严重的罢工，资本主义早期的劳资关系通常属于这种情况；二是协调状态，在这种状况下，每一方都尊重对方，承认对方的合法权益，经常换位思考，并且试图通过讨价还价来解决或力图避免公开的冲突；三是劳资合作，每一方都承认对方在财富创造过程中的重要作用，尊重对方的需要，将企业看做是一个实现雇主和雇员共同利益的合作团队。其中，劳资合作是一种理想的劳资关系，它是知识经济时代的产物，当前它只存在于少数由知识员工组成的企业中。

四、劳资关系的表现形式

劳资关系，表现为受雇者与雇主间的冲突与合作，其进一步深入的内涵还包括雇佣关系中为了价格与权力相争的理论、技术和制度。它不仅涉及工人、工会组织与雇主，也同政府和各类公众直接或间接相关联。

（1）国营与集体企业。这类企业的机构有管理部门、党组织、职工代表大会与工会。管理人员包括经理、厂长，都是国家的雇员，因此与工人享有同等的参加工会的权力。

（2）私营企业。在这里，雇员与企业之间的关系完全靠合同来维系。工会存在率不高，特别在面对中国目前劳动力买方市场的情况，资方有绝对的讨价还价的谈判能力。有些中小私营企业员工的利益、就业安全、改善待遇的要求等得不到规范的管理和保障。甚至有些私有企业以家族式经营管理为主，家长式的权威使得劳资关系不但复杂、难以确定，而且劳方的利益与保障也难以实现。

（3）外资企业。外资企业有两类：一是指中欧、中美合资或独资企业，它们与工会、党支部和中方经理一起，结成了统一战线，企业的管理层与工人的关系并非是对抗性的；二是东亚、东南亚国家投资的企业，这里工人的报酬微薄，工作条件相对较差，事故发生频繁，劳资冲突屡有发生。

五、劳资关系管理的原则

处理企业劳资关系应当遵循的基本原则有：

（1）兼顾各方利益的原则：要使企业内各方保持和谐合作的关系，就必须兼顾各方的利益，不能只强调一方，损害另一方。

（2）以协商为主解决劳动争议原则：企业发生争议，应以协商的方法解决，双方都不宜采取过激的行为，如怠工、罢工或开除等，避免形成对立，造成较大损失。另外，在能够通过协商调解的方法解决争议时，就不应上法庭解决，避免诉讼费用和感情伤害。

（3）以法律法规为准绳的原则：正确处理企业内部劳资关系，一定不能随心所欲，要以国家有关法律为依据，减少因不合理要求造成的争端。

（4）劳动争议以预防为主的原则：不要等矛盾激化了才去处理，应当随时掌握企业劳资关系状况，了解职工的思想动态和情绪，预见可能发生的问题，采取措施，积极疏通，使矛盾及时得到解决。

（5）明确管理责任的原则：劳资关系是经营管理工作中的一个重要方面，应当明确主管这方面工作的责任部门和责任人员，如有必要，可设立专门的机构负责。

六、改善劳资关系的意义与途径

劳资关系既是人们在社会生活和社会生产中的重要联系之一，也是企业中人与人之间最重要的关系之一，劳资关系在企业经营管理中起着关键作用。

（一）改善劳资关系的重要意义

劳资关系的和谐与否对劳动者、劳动力使用者（企业等用人单位）和整个社会都有着深刻的影响。

（1）对劳动者而言，劳资关系状况会影响其岗位任务、工作条件、劳动强度、劳动报酬、劳动安全、劳动保险与生活保障等利益攸关的重要事项，决定着个人的就业机会、职业发展机会、生活水平、个人尊严、社会地位以及身心健康。

（2）对企业等用人单位而言，劳资关系状况会影响企业内部的人际关系和工作秩序，影响不同人群或群体的冲突与合作关系，影响人们对企业的承诺和工作的积极性，影响人们的工资福利水平、工作绩效和对工作的满意度，从而直接和间接地影响到企业的劳动力成本、生产效率和产品质量，最终影响到企业的生存。

（3）对企业等用人单位以外的社会大系统而言，劳资关系状况会通过劳动者与劳动使用方之间的冲突、合作、谈判、罢工、裁员、停产、关厂等相互作用的矛盾运动形式，或通过双方的亲友、家庭和各种利益关系相关者把影响波及社会，影响政府的立法、干预和监督，影响社会的秩序与安定团结，影响社会的经济政治环境和投资意愿，进而直接或间接地影响到社会的经济增长、失业率、通货膨胀率、社会收入的总量与分配等，最终影响到社会成员的整体生活质量。

劳资关系的状况还会直接或间接地影响企业的市场竞争地位。良好的劳资关系能够使企业在以下方面受益并提高竞争优势：有利于提升企业形象而促进人才招聘和产品销售，有利于积极影响员工的态度和行为而改进工作绩效，有利于防止或减少劳资纠纷和法律诉讼而减少诉讼成本，有利于在管理层与员工之间建立合作关系、降低流动率、提高工作满意度进而提高企业的生产率与利润率，有利于有组织地提高员工工作环境的安全与身体的健康，通过降低事故发生率、医疗保险费用、赔偿金、生产延误来降低成本，提高生产率。

不断建设和维持一种积极健康的劳资关系，是企业经营管理的基本任务之一，也是企业管理者的重要工作方面之一。这是因为深刻理解、正确处理和不断改善企业劳资关系，能够给企业和企业管理者带来以下诸多好处：第一，保障劳动者的择业权和企业的择人权，实现生产要素的优化配置，发展企业和社会生产力；保障企业的合理投资回报和守法经营，保障相关各方的正当权益，吸引人才和资金，调动各方面的积极性，促进企业和社会经济的长远发展。第二，可以化解矛盾，减少纠纷，避免对抗性冲突和事态扩大，维护企业的安定团结，营造一个相互信任、相互合作、心情舒畅的工作环境，保证企业经营战略的落实、改革和发展目标的实现。第三，促进劳动者及其代表与所有者及其管理方以合作、协商的方式处理分歧、解决问题，减少由于对抗而给双方以及政府和社会带来的成本、避免"两败俱伤"，提高专业化管理水平和效率，实现各方"共赢"。第四，有助于维护正常的工作秩序和人际关系，并在此基础上正常和正确地处理日常管理问题，避免把一般矛盾和问题"上纲上线"，酿成事端，引发诉讼、停工停产、罢工、游行示威等严重破坏企业运作状况和盈利能力的事件。能否处理好劳资关系，维护正常的工作秩序和生产效率，也是衡量一个企业管理者能力和水平的重要指标，在很大程度上影响其地位与晋升。

（二）改善劳资关系的基本途径

改善企业内部劳资关系的基本途径主要有以下几条：一是要以法律为准绳，建立健全企业的相关法规制度，正式将企业内各方的责、权、利明确规定下来，做到"有法可依"；二是要通过合理的薪酬福利、改善工作条件、工作设计等方式，提高员工的工作和生活质量，这是改善劳资关系的根本途径；三是要培训和教育管理人员，提高其劳资关系意识和法律意识，改进工作作风以及与被管理者的关系，掌握处理劳动纠纷和员工意见的知识和技能；四是要处理好与工会和职代会等员工组织的关系，发挥它们的积极作用来协调劳资关系，避免事态失控；五是要推行民主管理，让员工或员工代表参与企业的一些重大决策，特别是在关系广大员工切身利益的决策时，应有员工代表的声音，促使企业在重大经营管理决策时充分考虑到对员工利益的影响，从根本上减少劳资对立。

劳资关系管理的最基本目的在于寻求雇员和雇主之间形成健康、良好关系的途径。劳资关系强调和解的过程，靠这种和解，参与的双方相互适应、相互合作与相互协调。基于此，有些学者把改善劳资关系的目标细分为：确保雇员和雇主双方的利益，增进互相了解；避免劳资冲突，劳资双方建立和谐的关系；减少高强度劳动，减少经常性旷工以提高生产水平；雇佣双方共同决定工资水平，改进工作条件，使雇员得到应得的实惠，减少罢工和封闭工厂事件；劳动合作关系不仅仅是为了享受所得，也是为了充分实现每个劳动者的潜能，因此劳动者必须有参与公共决策的空间，建立企业民主；由国家控制亏损的单位和工厂以及提供公共产品的部门肩负起改善劳资关系,建立起符合社会共同需要的、健康的社会秩序的责任。

七、企业劳资关系的基本框架

企业劳资关系是企业劳动者与企业劳动力使用者之间,在实现生产劳动的过程中所结成的社会经济利益关系,企业劳资关系最普遍的表现形式是企业内部员工与管理者之间的关系。现代企业管理的重要任务之一是调整好人际关系、发挥人力资源的效用,其中最重要最核心的就是人与人之间的关系,即劳资关系。加强和改善企业劳资关系管理乃是现代企业的立身之本,发展之基。企业劳资关系成立需满足的条件有以下三个:一是企业劳资关系是在企业实现劳动的过程中所发生的劳动力使用者或雇主与企业劳动者或雇员之间的关系;二是企业劳资关系的主体是劳动力使用者和劳动力所有者;三是劳动者成为用人单位的成员并遵守用人单位的规则。

(一) 企业劳资关系管理制度框架

1. 企业劳资关系管理制度特点

(1) 企业劳资关系管理的六种劳资关系调节形式。一是通过劳动法律法规对劳资关系的调节;二是劳动合同规范的调节;三是集体合同规范的调节;四是职工代表大会的调节;五是企业内部劳动管理规则的调节;六是劳动争议处理制度的调节。

(2) 制定主体的特定性。制定劳资关系管理制度的主体是企业,制度包括企业和劳动者共同的行为规范,这是企业经营权与职工民主管理权相结合的产物。

2. 劳资关系管理制度的基本内容

(1) 劳动合同管理制度。主要包括劳动合同履行的原则:员工招收录用条件、招工简章、劳动合同草案、专项协议草案审批权限;员工招收录用计划的审批;劳动合同续订、变更、解除事项的审批;试用期考察办法;员工档案管理办法;集体合同草案的拟定、协商程序;劳动合同管理制度修改、废止的程序。

(2) 劳动纪律。主要包括,时间规则:作息时间、考勤办法、请假程序;组织规则:企业各部门、权责、呈报系统;岗位规则:劳动任务、岗位职责、操作规范及职业道德;协作规则:工种、工序、岗位间关系、上下层次间连接、配合等原则;劳动岗位规范制定规则:岗位名称、岗位职责、生产技术规定、上岗标准。

(3) 劳动安全卫生制度。

(4) 其他制度:工资制度、福利制度、考核制度、奖惩制度和培训制度等。

(二) 企业劳资关系分析框架

企业劳资关系既是一种经济关系也是一种社会关系,其本质是劳资关系主体各方合作、冲突、力量和权力相互交织的产物与表现形式。

所谓企业劳资关系管理,主要是指以保障企业经营活动的正常开展为目标,以缓和企业劳资关系的冲突为基础,以促进企业劳动合作为手段,从而提高企业生产率和整体绩效的一系列综合性的组织管理措施和手段。

企业劳资关系管理的基本内容和研究分析框架如图 11-3 所示。

图 11-3 直观地表明了企业劳资关系管理所涉及的基本内容、环节及其相互作用和影响关系,该基本框架的逻辑关系如下:企业劳资关系管理必然要受制于思想文化环境、社

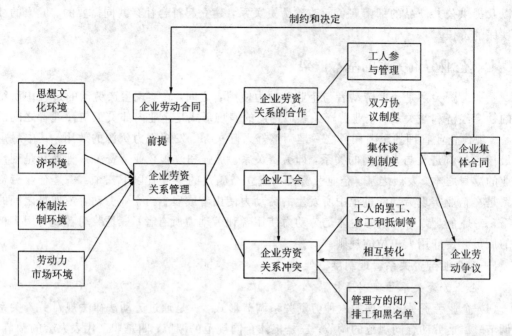

图 11-3　企业劳资关系管理的基本框架

资料来源：郭庆松. 企业劳动关系管理. 天津：南开大学出版社，2001

会经济环境、体制法制环境、劳动力市场环境等外部环境因素的影响，从而主要表现为企业劳资关系的合作与冲突两个方面的内容。其中，企业劳资关系的合作有三种典型表现形式：工人参与管理、双方协议制度和集体谈判制度。企业劳资关系的冲突则主要包括工人的罢工、怠工和抵制以及管理者的闭厂、排工和黑名单两个方面的内容。当然，这一切必须在劳资关系建立——企业劳动合同订立的前提条件下才能有效实施。企业集体谈判主要会产生两种后果：企业集体合同的签订和企业劳动争议的出现。企业劳动争议与企业劳资关系的冲突是一个事物的两个阶段，彼此是可以相互转化的，企业集体合同对企业劳动合同起到制约和决定的作用。此外，企业工会在企业劳资关系的合作和冲突当中起着不可替代的作用，没有企业工会的参与，工人参与管理、双方协议制度等企业劳资关系合作的形式就很难奏效，尤其会阻碍集体谈判制度的有效施行。

第二节　中国劳资关系历史、现状及发展

中国自 20 世纪 70 年代末以来，经过二十多年的改革开放，已经从传统的计划经济模式中解放出来，成功地转轨，建立了市场经济体制。然而在经济转型的重要时期，中国经济取得了举世瞩目成就的同时，也出现了劳资关系彻底的转型与变革，出现了日益尖锐复杂的劳资关系问题。

一、中国劳资关系立法实践

劳资关系发展是与社会经济制度的变迁密切相关的。我国春秋战国后，历朝历代都有关于奴隶与奴隶主、农民与地主之间关系的规定。这些关系不是严格意义上的劳资关系，

例如因为地主与农民之间的雇佣关系，地主拥有土地，农民受雇于地主，农民有相对的人身自由。旧中国时期中外资本家共同压榨着劳动者，产生了无限制地延长工作时间、给予劳动者低微的工资、缺乏劳动保护、没有安全卫生措施、伤亡事故不断发生、职业病丛生、在各个领域大量使用童工和女工的现象。中国的工人阶级不断壮大，为争取合理的权益不断斗争。1922年5月1日中国第一次全国劳动大会在广州召开。劳动者的斗争从自发到自觉，劳资关系从固定化向合同化转变，举行多次大罢工，争取劳动立法，保护其合法权益的斗争历程极其艰巨。

1914年颁布了《非常时期工会管制办法》、1928年6月9日公布了《劳动争议处理法》、1943年公布了《工会法》等资本主义性质的劳动法律。在土地革命时期就有劳动法，抗日战争时期和解放战争时期的劳动法有了进一步的发展。新中国也在不同时期有不同的劳动法律。随着改革开放、单一公有制的打破和多种经济成分的发展，企业组织形态、经营方式和分配制度的重大变革，劳资关系发生了深刻变化。劳资关系由过去的行政化、固态化向市场化、契约化转变；随着劳动力流动的加快和就业方式的日趋多样，劳动合同由过去的长期化、单一化向短期化、多样化转变；随着企业收入分配制度和经营管理方式的调整，劳资关系由过去的稳定化、简单化向冲突化、复杂化转变；劳资关系由行政控制逐步向市场调节转变、单一化向灵活多变的方向转变、稳定状态向变动冲突状态转变。

劳资关系发生的这些深刻变化，加之政策法规上的不尽完善使当前劳资关系领域在劳动就业关系、企业劳资矛盾、收入分配关系和民主平等关系中出现了新的矛盾和问题。国有企业劳资关系相对稳定，部分非公有制企业劳资关系相对复杂。在建立和完善社会主义市场经济体制过程中，我国致力于维护和谐稳定的劳资关系，逐步形成与社会主义市场经济相适应的劳资关系和法律文件。中国劳资关系的立法可以分为以下几个阶段：

1. 新中国成立前的立法活动及相关的法律文件

中国规范劳资关系的法律性文件可以追溯到1922年7月，中国共产党第二次全国代表大会通过的《关于工会运动与共产党的决议案》。它把"订立团体契约"作为工会工作最重要的任务之一。1924年孙中山以大元帅令的形式颁布了《工会条例》，确认工人有组织工会的权力，工会有权与雇主或雇主团缔结协议。1930年国民党颁布了《团体协议法》。这是中国历史上第一部专门的集体合同法。1931年11月在江西瑞金召开的中华苏维埃第一次全国代表大会通过了《中华苏维埃共和国劳动法》。1940年陕甘宁边区总工会制定了《陕甘宁边区工厂集体合同暂行条例》，并在边区普遍实行了集体合同制度。1949年7月5日，中共中央颁布《关于处理劳资纠纷问题的数点建议》，指出解决劳资纠纷的形式应以订立集体合同为主。1949年9月中国人民协商会议通过了《中国人民政治协商会议共同纲领》，指出私营企业应由工会代表工人与资方订立集体合同以实现劳资两利。

2. 新中国成立后的工会立法及相关法律文件

1949年11月2日中华全国总工会发布了《关于私营工商企业劳资双方订立集体合同的暂行办法》，规定了集体合同的订立原则、手续和合同的期限。1950年6月中央人民政府颁布了《中华人民共和国工会法》。该法规定在国营及合作社经营的企业，工会有代表受雇的工人、职员群众参加生产管理并与行政方面缔结集体合同的权力；在私营企业，工会有代表受雇的工人、职员群众与资方进行交涉、谈判、参加劳资协商会议并与资方缔结集体合同的权力。

3. 工会和劳资关系立法和实践的终止期

20 世纪 50 年代末到六七十年代，集体谈判和集体合同制度随着对资本主义工商业的社会主义改造的完成而终止。

4. 改革开放后立法实践的恢复和发展

1978 年后，集体谈判和集体合同制度又随着改革开放的开展和深入而得到恢复和发展。1983 年 10 月中国工会第十次全国代表大会通过了《中国工会章程》规定工会基层委员会有权代表本单位职工同行政方签订集体合同或专项决议。同年 9 月 20 日国务院颁发了《中华人民共和国中外合资经营企业法实施条例》，其中第 96 条规定：合营企业的工会是职工利益的代表，工会有权代表职工同合营企业签订劳动合同，并监督合同的执行。1986 年，国务院颁发的《全民所有制工业企业职工代表大会条例》规定：在职工代表大会上，可以由厂长代表行政、工会主席代表职工签订集体合同。1992 年第七届全国人民代表大会通过了《中华人民共和国工会法》。该法规定：工会可以代表职工与企业、事业单位在行政方面签订集体合同。1994 年 7 月，第八届全国人民大表大会常务委员会第八次会议通过了《中华人民共和国劳动法》，规范了集体合同的主体、内容、订立的程序、审查、生效条件、效力争议处理和无效的赔偿责任。为配合该法的实施，劳动部于 1994 年 12 月 5 日发布了《集体合同规定》。1995 年 8 月 17 日中华全国总工会制定了《工会参加平等协商和签订集体合同试行办法》。2000 年 11 月 8 日，劳动和社会保障部颁发了《工资集体协商试行办法》。2001 年 10 月 27 日，第九届全国人民代表大会第 24 次会议对 1992 年的《工会法》进行修订。修改后的《工会法》规定工会代表职工与企业以及实行企业化管理的事业单位进行平等协商，签订集体合同。2004 年 1 月，劳动和社会保障部颁发了《集体合同规定》，规定了协商代表的产生程序以及职责权限，明确了集体协商的具体步骤和程序，规定了集体合同审查及集体协商争议的协调处理。2008 年更堪称为我国劳动关系的立法年，《中华人民共和国劳动合同法》(以下简称《劳动合同法》)、《中华人民共和国就业促进法》、《中华人民共和国劳动争议调解仲裁法》陆续颁布、实施，此外社会保障法、安全生产法、职业技能开发法、劳动保护法、劳动监察法和工资法等单项法律和法规，也正在陆续制定或修订并将颁布实施。完整的劳动关系法律体系能够对保护劳动者的合法权益、调整劳动关系、建立和维护适应社会主义市场经济体制下的劳动制度、促进经济发展和社会进步起到重要而积极的作用。

二、中国的劳资关系

(一) 我国劳资关系的现状及成因

我国现阶段的劳动关系状况还处在不断变化过程中，具有以下特征：

(1) 劳动关系主体地位初步得到确立。非公有制企业的市场主体地位基本明确。国有企业在用人、分配等方面的自主权逐步扩大，已成为劳动关系的一方主体。劳动者拥有了较大的择业自主权，初步成为能够拥有并自主支配自身劳动力的独立主体。在劳动力市场中，劳动者与用人单位通过双向选择来建立劳动关系，劳动关系主体双方的地位和权益受到法律的保护。

(2) 劳动关系格局初步呈现多元化。传统的计划经济体制下单一的所有制经济结构发生了很大变化，以公有制为主体、多种经济成分并存的新格局已经形成。与此相对应，我国的劳动关系也呈现出多样化、复杂化，各种所有制经济的劳动关系相互交错，处在不断变化的过程中。

（3）劳动关系的建立初步实现契约化。随着劳动制度改革的不断深化，在企业用工的制度方面，通过推行劳动合同制度来替代固定工制度，使劳动关系逐步由过去的行政隶属关系向契约关系转变。

（4）劳动关系的运行初步实现市场化。劳动就业逐渐从过去的统包统配转向就业市场化和失业公开化，劳动关系的变更与终止逐渐从过去的行政管理方式转向市场调节方式，劳动关系主体的权利和义务主要由主体双方按照市场规则自行决定，市场机制对劳动力资源的基础调节作用开始得到发挥。

（5）劳动关系主体的利益逐步清晰化。企业与劳动者之间逐渐形成主体明晰、利益多元的新型劳动关系，企业产权所有者、经营者和劳动者在根本利益一致的前提下，局部利益的矛盾开始出现并且显形化，劳动争议逐渐增多。

改革开放 30 多年来，我国在经济社会发展中取得了辉煌成就，说明这一段时期我国的劳资关系在总体上是和谐稳定的。但随着市场经济的发展，劳资关系问题日趋多元化、复杂化，劳资纠纷案件呈上升的趋势，而且调节的难度加大。引发劳资关系问题如拖欠工资、工资水平达不到政府规定的最低标准、超时加班等多种因素，但主要的原因有两个方面：一是企业本身产生劳资矛盾，如一些企业为追求利润，则通过降低工资的方式达到降低成本、获得利润的目的。二是体制因素产生劳资矛盾，立法滞后，存在法律调整的空白，如调处老板逃匿、劳务诈骗等引起的劳资纠纷，往往无法可依；劳动部门的权力和责任不对等，缺乏必要的执法强制措施。

企业领导的素质不高，法律观念淡薄，"人治"替代"法治"，以言代法，以权压法，缺乏民主意识。一些企业领导只讲任期内的政绩，使企业存在短期利益行为。一些企业由于经营管理失误或受市场影响，导致经营陷入困境，无法维持正常的生产经营，资金出现短缺，又难以及时找到解决的出路，造成企业拖欠职工工资，不支付加班费或欠费社会保险，这种情况往往会涉及本企业大部分职工，是当前集体争议发生的一个重要原因之一。企业缺乏劳资关系的自我协调机制，集体合同的作用不强，企业调解委员会机构不完备，工会组织的作用未有效发挥。企业的集体合同普遍流于形式，千篇一律，内容空泛，作用得不到发挥；企业的调解委员会徒有虚名，没有发挥应有的作用，导致大量劳资关系矛盾在企业内部得不到调解，最终走向仲裁、诉讼的道路。工会干部有的惧怕企业行政领导，不敢较真，不敢真正地进行监督，这一奇怪现象在一些企业中相当普遍。用工制度的差别，导致企业部分职工利益受到侵害。国企中有相当部分的临时工不签劳动合同，企业不为其缴纳社会保险，临时工也很少能加入该企业的工会组织，企业辞退临时工不支付经济补偿金，身份歧视是造成这种情况的主要原因。部分改制企业职工身份未置换，劳资关系未能及时完全理顺，有些改制企业国有资本已经退出，但职工仍保留原有身份，没有建立起与之适应的新型劳资关系。

随着中国社会主义市场经济体制的建立和完善，企业劳资关系正在向平等协商型转变。但在此过程中，由于劳资关系主体不成熟、法律法规不健全与执法不严并存、劳动力市场供需失衡、工会的职能与独立性有待增强、非公有制企业经营管理者观念上的偏差和全民性的道德教育滞后等原因，造成资方主导劳资关系，工人的合法权益时常受到损害，而政府在劳资关系中持双重性态度的局面，从而导致企业劳资关系在整体走向规范与和谐的同时，仍存在一些矛盾和冲突，主要有以下几个方面：

（1）工作时间长，工作强度大，劳动报酬低且常被拖欠。中国非公有制企业劳动时间普遍过长，除少数按照国家相关法规实行 8 小时工作制以外，多数非公有制企业工人的劳动时间远远超过公有制企业。然而企业并未将劳动时间与劳动报酬挂钩，非公有制企业大多实行计件工资，制定较多的计件定额使工人无法在 8 小时内完成，只得超时加班。此外，非公有制企业工人工资待遇差距大，增速慢且常被拖欠。大多数非公有制企业对外地务工人员都按照本地最低工资标准计算报酬，看似符合《劳动法》的规定，其实工人的实际付出要远远大于所得的报酬。在当前劳动力供给过剩的情况下，劳动者也无可奈何。即便如此，非公有制企业还要以种种理由拖欠工人工资，产生了诸如农民工讨薪等一系列问题。

（2）工作环境差，缺乏劳动安全保护。一般来说，非公有制企业忽视生产卫生和劳动安全问题，其安全生产形势比较严峻。由于非公有制企业劳动保护资金投入不足，缺乏防护设施，生产工艺落后、设备陈旧，造成工人的工作环境恶劣，工人常年工作在有毒、有害的环境中，给他们的身心健康带来巨大伤害，这种现象在化工业、采掘业、纺织业、加工业中尤为突出。相当一部分非公有制企业受市场利润的驱动，为了降低成本，即使在生产稳步发展的情况下，也不愿在改进有害工艺、增加劳动保护设施上投资，直接导致中国受到职业病危害的人数居世界前列。

（3）劳动合同内容流于形式、签约率低且歧视性用工现象严重。劳动合同本来是劳资双方平等协商的产物，也是解决劳资矛盾的基本法律依据。然而，目前非公有制企业中，招工不签订合同的现象非常普遍，劳动合同签订率远低于公有制企业。即使签订劳动合同，合同内容在工作内容、劳动报酬、劳动纪律、劳动保护和劳动条件等方面仍存在大量违法条款，这与当前劳动力过剩的现状直接相关，侵犯劳动者的人身权利的现象时有发生，如民工与建筑施工队签订合同中规定的生死条款：发生死伤事故后，建筑施工队概不负责；非公有制企业中对女职工不实行"四期"（经期、孕期、产期和哺乳期）保护等。可见，这类劳动合同的签订更多的是强调雇主的权利和雇工的义务，并不能起到应有的保护劳动者合法权益的作用，一旦发生劳动争议，劳动者往往处于弱势地位。

（4）劳动保障覆盖率低，福利待遇差。劳动保障是指我国为满足公民基本生活而提供的安全性保护的公共福利计划、措施和行为的总称，通常包括社会福利、社会救济、社会保险以及公共医疗卫生保健。当前，非公有制企业员工的劳动保障、社会福利待遇与公有制企业员工有较大差距。一些非公有制企业遵守国家劳动保障法律法规的观念相对滞后，职工参保的覆盖率较低，参加社会保险面窄，参保的范围集中于养老保险，而参保生育、医疗、失业、工伤保险的很少。有些企业为职工只参保不投保，这样一旦出现变故，将给社会和职工带来沉重的负担。

（5）工会组织不健全，员工的民主权力得不到有效保护。在我国的非公有制企业中，企业内部劳资关系管理混乱，维护私营企业工人合法权益的工会组建率仅达到 53.3%。相当一部分企业没有建立工会组织机构，即使有些非公有制企业建立了工会组织，真正发挥作用的也不多，缺乏协调劳资矛盾的能力。集体合同制度、工资集体协商制度等还没有得到广泛推行。虽然我国《工会法》中明确规定工会的基本职责是维护职工合法权益，但是非公有制企业中不断出现的侵权行为和劳动争议表明，工会组织作用微弱。由于企业的经营管理权、决策权完全被资方掌握，劳动者很难真正参与到其中，更谈不上拥有基本的民主权力了。

（6）劳资关系主体观念偏差，全民性道德教育滞后。一方面，劳资关系协调主体，即政府部门、非公有制企业主及劳动者对劳动法的认识都有偏差。一些地方政府片面追求经济增长，因担心影响招商引资而有意无意地忽视履行保护劳动者合法权益，未真正执行通过劳动监察发现和查处企业违法违规行为等职能；一些处于原始积累时期的非公有制企业，为追求最大经济效益，有意违反劳动法规；一些劳动者，尤其是外地打工者，对劳动法认识不到位，担心签订劳动合同后走留不便，也不愿缴纳自己负担的社会保险等。另一方面，从社会的角度看，全民道德教育滞后。在市场经济大潮的冲击下，由于职业道德教育未能与时俱进、道德引导落后，法律法规不健全、措施不配套，以及一些企业主的价值取向和道德规范扭曲，从而在客观上给违法经营管理以可乘之机。

（二）劳资协调机制的完善

1. 加强劳动法律法规建设，制定完备的法律体系

加强劳动法规的宣传，让劳动法规人人皆知。要形成齐抓共管的良好氛围，从人力、物力、财力等方面给予保证；加强高素质的劳动执法队伍建设，为解决劳资关系问题提供保障；抓好劳动用工执法检查和信访协调。

在构建和谐社会的过程中，用法律保护劳工权力，协调劳资关系。政府要提供制度和规则，把劳资双方的行为限定在法律和制度的框架内，修订《劳动法》，尽早出台《劳资关系法》、《劳动合同法》、《集体合同法》、《社会保障法》等。可充分利用各种会议、提供咨询、送法上门等多种形式进行广泛的宣传；把理顺劳资关系列入各级各部门工作的重要日程。

目前，我国整个劳资关系管理过程都处在劳动者权益与管理权的博弈之中，政府的介入应增加权力规范方面的引导、制约、惩戒等措施。如建立合理的工资增长和发放机制；制定供企业参考的行业劳动定额标准等。完善政府的服务、监督职能。许多国家在劳资双方协商签订集体合同后要经政府有关部门依法予以确认方能生效。政府的确认方式为登记、备案、审查或批准。随着劳资关系的规范化运作，政府监督的作用会越来越强，既包括日常对双方履行协议情况的检查，也包括履行协议争议的处理和对违反协议一方的处罚。

2. 全面推进平等协商集体合同制度

全面推进平等协商集体合同制度，是建立和谐的劳动关系的需要。企业的劳动关系，是企业中处于主导地位的核心关系，直接影响着企业的发展、壮大。随着用工方式走向多元化，劳动关系日趋复杂，劳动争议明显增多。推行平等协商集体合同制度，有利于化解劳资冲突，减少劳资关系中的不稳定因素，协调和规范劳资关系，促进企业的可持续发展。

平等协商集体合同制度在坚持的同时必须进一步完善规则，并以法律的形式进行约束，这样有利于在集体谈判中保护劳动者的合法权益，平衡劳资力量。随着1994年12月5日《集体合同规定》的发布，2000年11月8日劳动部《工资集体协商试行办法》的实施，情况虽然有了很大的改观，但力度还不够，还应不断扩大集体合同的内容，把是否签订集体合同的选择权赋予处于弱势地位的劳动者。同时积极推进三方协调机制的建立，并通过法律予以固定。各级劳动行政部门应通过强有力的执法监督和社会监控手段，确保三方协商达成的各项决议能够被劳资双方自觉遵守，以维护国家法律，法规及政策的严肃性和有效性。

3. 把构建新型和谐劳资关系作为工作的重点

新型和谐的劳资关系，就是一些学者说的充分体现以人为本的，在健全的法治环境保障下的劳资双方平等、双赢关系，其实质就是人力资源型劳资关系。应该说这是我们构建新型和谐劳资关系的目标，要实现这一目标，就必须在完善现有的劳资关系协调机制的基础上，树立"以人为本"的管理思想，把劳动者的愿景和企业发展的愿景结合起来，相互促进共同发展。通过完善的激励机制和合理的分配机制调动劳动者的积极性，增强企业的凝聚力，提高经济效益。

4. 从我国工会实际出发，建立工会维权机制

《中华人民共和国企业法》和《私营企业暂行条例》等法律明确规定，非公有制企业必须依法建立工会组织。因此，相关部门要指导、督促非公有制企业依法建立工会组织，对有条件而不愿建立工会组织的企业要采取强制措施，对暂时不具备条件的企业要引导其加入社区工会、行业工会，对于已经建立工会组织的企业，要充分发挥其工会在维权中的作用。在发生劳资矛盾，劳方合法权益受损时，工会就应该履行维权的职责，通过依法维权、民主维权、科学维权的方式，把维权纳入规范化、制度化和法制化的轨道，引导劳动者以理性合法的方式表达利益诉求，依法规范自身的维权行为，减少和杜绝维权的随意性，提高维权的有效性，使劳动者的合法权益得到切实维护。

尽快改革工会制度，让工会摆脱用人单位控制。我国的《工会法》规定了工会在政治、经济、文化、社会生活中的地位，充分保证了职工的利益。《工会法》被作为全国人大常委会监督工作的重点，目的就是为了维护发展和谐、稳定的劳资关系。积极维护职工的劳动权益，要多渠道地为广大劳动者提供就业机会，积极促进就业；要进一步完善工会的组建工作，不断健全工会组织维护职工权益的制度机制，健全职工权益保障机制和合法用工机制；要推动企业建立稳定和谐的劳资关系，尤其在面对企业要做到不停产、不减员、不减薪，确保职工的劳动权益不受影响。

第三节　　集体谈判制度

早期的集体谈判活动是雇员用来与雇主和管理方展开斗争，保护自身利益的一种武器。现代集体谈判活动性质已发生一定变化，成为调整和缓和企业劳资关系，实现劳资合作的重要手段。集体谈判制度现已成为调整和改善企业劳资关系的基本法律制度之一，在世界各国尤其是市场经济发达国家中普遍建立。越来越多的企业经营管理者也认识到，利用集体谈判制度可以有效化解劳资分歧、增强劳资合作的基础和成效。

一、集体谈判的含义

集体谈判(Collective Bargaining)是指用人单位和员工代表通过谈判，旨在达成覆盖某一员工群体的协议，以决定就业条件与待遇，协调雇佣关系的一种方法。通常的情况是，以组织起来的工人为一方，以联合起来的用人单位如企业协会为一方，围绕工资、就业保障、其他待遇、工作条件等展开的集体的讨价还价。达成双方都能接受并且愿意遵守的集体协议，这是集体谈判的最终目的。

2001 年 10 月，第九届全国人大常委会第二十四次会议表决通过了《工会法(修改案)》，突出了工会维护员工合法权益的职责和义务，强化了员工参与和组织工会权利的法律保障，建立了工会干部对员工和会员负责的组织体制，推动了工会组织的民主化。同时，我国已于 1990 年加入了国际劳工组织公约，正式确认以第三方协商原则(政府、资方和工人代表)为争议处理的基本原则，并于 1996 年正式开始建立劳动争议仲裁的三方机制；同时重点建立平等协商和集体合同制度，以维护工人的合法权益。在我国的劳动法律法规中，均以"平等协商"或者"集体协商"来代替集体谈判，其实这是无法替代的，因为后者有经济罢工作为后盾。我国已签署了联合国《经济、社会及文化权利国际公约》，并于 2001 年 7 月实施。公约规定劳动者有罢工的权力，而我国在批准时也没有对该条规定提出保留，表明我国政府同意履行这一规定，因此，这一条实际上是为恢复罢工权铺平了道路。保持工会的一定独立性也是建立集体谈判制度的关键。只有当工会组织能相对独立于政府而与资方及其组织进行平等谈判时，集体谈判机制才算有效建立，职工或雇员的利益才可以得到最大化的保护。在全球化条件下，集体谈判制度的建立，将为我国工人阶级民主参与企业管理提供一种较好的途径，是新时期保护与维持工人阶级主人翁地位的有效手段。

二、集体谈判的内容与程序

集体谈判是指劳动者团体(经常是工会)为维持和改善雇员的劳动条件、劳动待遇等而与雇主或其团体所进行的交涉活动。集体谈判是市场经济国家劳资关系核心，它确立了以集体协议方式调整劳资关系的正式规则，是协调劳资双方共同关心事务的非正式过程，是确定和修改工作场所规章制度的正式程序。集体谈判是为了签订集体协议，规范劳资双方的权利和义务关系，使工作场所的劳资冲突问题得以协商、合作解决，是在企业中调整劳资关系的基本手段和主要方法。

我国现行法规文件，通常将集体谈判表述为集体协商、平等协商。集体协商是企业工会或职工代表与相应的企业代表，为签订集体合同进行商谈的行为。集体谈判区别于雇员个人为自己利益与雇主进行的个别谈判，它是工会与雇主或雇主协会之间针对工作报酬、工作时间及其他雇佣条件，在适当时间以坦诚态度所进行的协商和交涉。

集体谈判的目的是签订集体协议，规范双方的权利义务关系，解决工作场所共同关注的问题。集体谈判可以在不同层次上进行，涉及的问题范围也可以有宽有窄。集体谈判之所以能够成为调整劳资关系的重要机制，受到工人的推崇和喜爱，主要是因为它能够克服个别劳资关系的失衡状态，同时使雇主可以直接与雇员的代表进行集体交涉，而无需与每个雇员逐一谈判。集体谈判可以在单个雇主与单个工会之间展开，也可以在代表多个雇主的雇主组织与多个工会之间举行，谈判所达成的协议可以覆盖少量工人，也可以覆盖成百上千的工人。随着社会环境的变换，集体谈判在不断发展。最初雇主反对与工会进行谈判，国家法律只承认个人劳动合同，因而削弱了工会参与集体谈判的力量，阻碍了集体谈判的发展，直到 19 世纪末 20 世纪初，国家对集体谈判才在一定程度上放松了限制。由于长期以来工会对雇佣关系领域中平等地位与社会公正目标的追求，集体谈判逐步成为工人参与企业民主和社会决策过程的主要形式。

集体谈判有三种基本方法：分配谈判、一体化谈判和让步谈判。分配谈判(Distributive Bargaining)发生在劳资双方就某一问题发生冲突，而结果是你输我赢的结局。例如，工会在谈判中赢得每小时工资涨 4 元，那么资方就损失同等数目的利润。一体化谈判(Integrative Bargaining)发生在双方面临共同的问题，例如，工人中出现高旷工率现象，双方可能共同去解决问题并寻求双赢的结果。一体化谈判结果能照顾到双方的需要而并不增加成本或最终产生双赢的结果。让步谈判(Concession Bargaining)出现在向资方让出某些重要的东西。它包括减薪，终止和冻结以前经谈判要涨的工资和福利，裁员以及修改工作规章以提高管理的灵活性或类似的行为。

(一) 集体谈判的内容

集体谈判的内容多种多样，就发生频率来看，经常涉及以下内容：

(1) 工时谈判。缩短工作时间是工会组织多年奋斗的目标之一。工时集体谈判须依据国家关于工作时间、关于特殊岗位和工种缩短工作时间等规定，经常就不同岗位、不同工种的工作时间问题，特殊情况下工作时间的计算问题，延长劳动时间的工时计算问题等展开讨论。

(2) 工资谈判。工资集体谈判主要内容为：工资标准和工资水平，工资制度(工资、奖金、津贴的形式，工资支付的方式、时间、地点等内容)，工资差别关系(新老工人工资的差别和不同岗位、不同工种、不同职务、不同技术等级的工资差别等)。

(3) 保险福利谈判。保险福利的集体谈判主要涉及保险与福利的范围问题、保险与福利的标准问题、保险金的筹措问题，以及各种具体的保险和福利的特点及标准等内容。

(4) 休息休假谈判。休息休假集体谈判主要涉及两方面内容：第一方面是休息休假劳资双方需要在国家法规的基础上，具体协商工作日内的间歇时间、每周公休假日、每年节假日、探亲假以及婚丧假等问题，并与管理方达成符合法规规定的协议；第二方面是员工在休息休假时间工作的补偿问题。补偿的方式可以是金钱和时间。

(5) 劳动安全卫生谈判。劳资双方在这类集体谈判中经常的主题有：工作场所的环保和劳动条件的改善问题，员工劳动安全卫生教育、培训、监督问题，劳动用品和健康检查问题，劳动事故的赔偿问题，女工和特殊防护问题等。

(6) 工作生活质量谈判。工作生活质量的集体谈判经常涉及的内容有：保护和改善工作场所的环境，如工作环境污染问题、工业有害物质或有毒废料危及员工及其家庭生活环境等问题；员工尤其是女工的特殊利益要求，如卫生室、托儿所、食堂、体育娱乐设施、厂区园林绿化等问题。

(7) 解雇、裁员等其他有关职工权益的谈判。

(二) 集体谈判的程序

集体谈判是一个劳资双方相互交流、相互协商、讨价还价地解决双方利益和预期分歧的过程。集体谈判的一般过程是：劳资双方相互接触，提出各自的要求，劳资双方磋商，调整自己的要求(以交换对方的某些让步或交换其他利益)，双方组成联合小组或委员会寻找合理的解决方案，双方经谈判达成非正式解决方案并提交各自内部或上级审核批准，最后起草并签署正式协议。集体谈判的实际过程可分成接触、磋商、敲定和结尾四个阶段。

接触是集体谈判过程的起始阶段，常常是双方相互接触，也可能开几次会表明己方的立场、要求、建议和态度。此阶段双方的观点和要求仅仅是一种"初始要价"，着重在确定双方共同认可的谈判项目和范围，随着谈判的深入可能对之进行各种调整。

磋商是谈判双方正式坐在谈判桌前，认真仔细地讨论谈判项目，试图以让步、协作、威胁、利诱等各种策略和技巧说服对方，使对方重新调整预期，最终同意做出己方希望的让步，从而为己方获得有利条件协议而奠定基础的谈判阶段。这一阶段是集体谈判中时间最长、最费精力的阶段。

敲定是在磋商的成果基础上，双方再就一些关键问题、磋商中暂时回避或有意推后的棘手问题、集体谈判的重点和难点等进行谈判协商，确定双方都能够接受的条件、办法或解决方案。当双方能够敲定一个彼此认可的积极协议时，往往会签署一个包含拟达成协议内容框架、提纲要点的"协议备忘录"。

顺利结尾阶段是谈判各方代表将集体谈判协议要点汇报给本方决策主体，经双方决策主体按既定程序批准后，双方根据授权拟定和签署集体谈判的正式协议，并产生对劳资双方都有约束力的法律效力的阶段。当集体谈判的敲定或结尾阶段遇到障碍而不能进一步达成解决方案时，会发生僵持。僵局有时通过第三方以调停、调查和仲裁的方式介入和协调来打破。

集体谈判进程中的相关事务还涉及劳资双方对集体谈判代表的资格承认、劳资双方的集体谈判义务和集体谈判的常设机构、集体谈判的准备工作、具体谈判的程序进程，以及参与谈判代表的权力等问题。

三、集体谈判的特征

集体谈判从目的来看就是雇主与员工代表履行共同的义务，在适当的时候会晤，并诚心诚意地就工资、工时及雇佣待遇与雇佣条件等问题进行磋商，或谈判达成一个协议，或应任何一方的要求，就执行已达成协议的书面合同中出现的任何问题进行讨论；但是这种义务并不强迫任何一方同意某个建议，也没有要求他们作出让步。因此，集体谈判的主要特征有：

（1）集体谈判是一个很有弹性的决策机制，比立法、司法和行政制度都要有弹性。它可以适用于各种形式的政治经济制度，对于任何一个国家，它可以满足各种产业和职业的需要。另外集体协议的方式也是各种各样的，从十分简单的口头协议到十分复杂的总协议，还允许有附加条款，在内容上可由双方任意协定，只要不违反法律。

（2）集体谈判具有公平性，它作为一种方法，将平等和社会公正引入到工业社会和劳动力市场。

（3）集体谈判体现了工业民主的观念，它从一开始就成为工人参与工业社会决策过程的主要渠道之一。用人单位在很多重要问题上，不得不倾听员工的意见。在劳动关系上，用人单位与员工既有冲突，又有共同利益，尽管集体谈判不能完全消除双方冲突，但是它毕竟提供了一种机会，使双方能更好地了解对方的立场、目标和问题，以及他们的分歧与共同点；同时，也提供了一种有调理的程序，通过这一程序，双方有可能达成一个比较接近双方目标的共同协议。

（4）集体谈判具有稳定性和有效性的特点。集体谈判的结果是双方在平等公正的基础上签订集体协议，可以解决各自的问题，满足各自的需求，这就保证双方都乐意认真完全履行该协议，这最能体现出有效性。既然是双方合意，那就保证了稳定，稳定性在双方关系中是十分重要的。

四、集体谈判的参与者

集体谈判的主体有三方：员工及其组织（工会）、用人单位及其组织（企业协会）和政府。各谈判主体可以委托各自的代表来谈判与协商，但所代表的利益是他们的委托人的利益。这就使得可能有多方当事人直接或间接地卷入集体谈判过程。主要的参与者还是用人单位和工会代表，但也有第三方可能扮演重要的角色。

1. 企业

企业参与集体谈判可以采取几种形式中的一种。单个公司协议是最常见的。这种方法是，单个公司的代表同工会代表接洽并谈判合同。当然，一个公司可能有代表不同员工群体的多个工会。在这种情况下，公司的代表往往与各个工会谈判不同的合同。

2. 工会

在单个公司协议中，公司的规模决定了工会参与谈判的性质。对规模较小的公司来讲，在谈判中，地方工会通常同国际或全国工会的地区代表紧密合作。在这些情况下，国际工会的代表向地方工会提供建议和咨询，并且时常充当工会的主要谈判者。

3. 第三方

通常除非谈判一方或双方感到另一方没有出于诚意进行谈判，或者双方陷入谈判僵局，否则第三方是没必要参与谈判的。谈判的第三方在美国一般包括联邦劳工关系委员会、联邦机构僵局小组、联邦调节部等。在我国，第三方可以是政府指定的相关部门。

五、集体谈判的结构

集体谈判的结构是指不同层次、不同等级、不同类别的谈判单位的集中或分散程度，以及相互间的内在联系。在市场经济国家，集体谈判的结构通常分为正式谈判结构和非正式谈判。正式谈判结构是指为集体谈判的目的而设立并受到集体协议覆盖的实际谈判单位。非正式谈判结构反映的是正式谈判单位之间的相互关系，尤其是一个谈判单位的解决办法与其他谈判单位解决办法之间相互关联的趋势。非正式谈判结构主要有两种形式：协调性谈判和示范性谈判。协调性谈判是指不同的集体协议虽然分别由不同的组织谈判而成，但是所有谈判最终达成的协议，在具有可比性的内容上都差异不大，原因是行业之间相互影响，率先达成的协议对后来的协议起到了示范作用。示范性谈判是指行业内部的示范性谈判方式，它是一种谈判策略，类似于"擒贼先擒王"。例如，工会先选择与经济效益好、盈利能力强、预期能够做出重大让步的雇主进行及时谈判，以达成对工会最有利的协议，然后就可以以这个协议为最低标准，"要挟"其他雇主接受这个条件。当然，雇主也会实施这个谈判策略，"柿子先捡软的捏"，先从工会力量薄弱的企业开始，签订的协议可以作为随后与其他企业谈判的基础。

集体谈判的实践表明，多雇主的、集中的行业级别的谈判结构有可能会被单雇主的、分散化的企业级别的谈判协议所取代。在工业化发展初期，多雇主的谈判结构是最富有成效的，也是最受青睐的一种模式。尤其是在一些劳动密集型行业，或者由于地理位置集中而竞争激烈的企业之间，雇主为了避免无序竞争，常常联合起来形成多雇主谈判的模式，这种模式能有效避免工资水平的竞争，工资增长也不会与企业实际支付能力挂钩，因而有利于加强雇主的谈判力量。另外，行业范围的谈判，还使工会看起来更像一个独立于工作场所之外的组织。工会也认为，集体谈判和较大的谈判单位可以使工会拥有最大的谈判能力，使谈判力量不依赖于具体企业经济实力的强弱，或者某一技能在劳动力市场上的重要程度。通过缩小行业内部就业条件和待遇的差异，可以减少劳动者为就业而竞相压低工资带来的竞争风险。

但是，随着时代的发展，很多西方国家，由于政府政策的制定和实施，普遍朝着解除对劳动力市场管制的方向变化，竞争的加剧，以及技术变革和雇佣压力的变化等，企业的经营状况和经营策略产生了差异，一方面，劳动者更多地将就业条件和待遇的确定与提高与否，与所在企业的成功与否联系在一起；另一方面，企业要求有更大的灵活性，采用具体有效方法来利用、配置劳动力资源，合理规定适合本企业情况的就业条件待遇。1990 年在英国所做的"工作场所劳动关系调查"表明，即使那些英国雇主协会的成员，在雇主协会已对工资、工时、轮班和加班费作了基本规定的情况下，他们仍倾向于从整个行业的集体协议中退出，转而采用企业或工厂级别的谈判制度。整个欧洲的迹象表明，即使在那些保留行业和区域谈判的地方，实际上也为工厂和企业级别签订协议留下了更大的灵活性。

六、集体谈判结果的影响因素

谈判结果如何，在相当程度上取决于 3 个方面的因素：双方的谈判力量；利益、价值观和期望值；谈判技巧。

（1）双方的谈判力量。实际上是相对的谈判力量，主要取决于本方坚持自己利益导致自己的损失与造成对方损失的对比。例如，如果谈判不成导致罢工，工人面临的净损失是罢工前后的工资收入及其机会成本，罢工导致的失业、再就业的难度，罢工后复工被管理方报复等；管理方面临的净损失是因为罢工导致生产停顿造成的利润损失，由于罢工工人离职导致的人力资源重置成本，由于舆论压力造成的名誉损失等。如果相对来说，管理方的损失越大，则其接受工会的条件避免罢工的可能性越大。

（2）利益、价值观和期望值。如果管理方持有以资方观点为中心的一元论，那么他们就会在谈判中采取比较强硬的态度，寸步不让；如果管理方认为他们愿意自己承担一部分责任而做出让步以尽快结束这种旷日持久的谈判，或者他们能够转移出这种成本，则通常会采取"好商量"的姿态，作出一定的牺牲。同样，从员工方面看，如果员工和谈判代表受到压抑或挫折，或者对管理政策和实践严重不满，或者他们感觉雇主能够作出让步而不让步时，他们通常会坚持强硬的态度。通常情况下，双方还是希望达成合作协议。例如，谈判的议题是增加工资。而工资的过多增加，则可能产生两种后果：增大的劳动成本推进通货膨胀；劳动成本增大使资本所有者减少用工，导致失业加剧。而这两种后果对劳资双方都没有好处。所以，工会会采取克制的态度，不去争取那些不切实际的提高工资的目标。

（3）谈判技巧。谈判技巧不仅体现在对谈判力量、对方的价值观，以及对方的谈判底线等做出正确的判断，还体现在谈判桌上对对方心理和行为的观察、分析和判断，把握时机，以避免僵局或是打破僵局。

集体谈判过程和最终达成的协议受到很多因素的影响。图 11 - 4 显示了影响劳资双方代表的因素。例如，经济发展状况影响集体谈判，在经济不景气时工会督促涨工资的谈判就不可能成功，因为这样做会导致通货膨胀。企业代表同时还要考虑在给定的当期和预期的经济状况下公司能不能负担得起上涨后的工资水平。

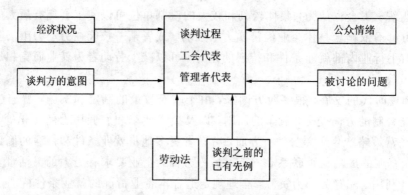

图 11 - 4　影响集体谈判的因素

资料来源：约翰 M·伊万切维奇（John M. Ivancevich），赵曙明，程德俊. 人力资源管理. 11 版. 北京：机械工业出版社，2011

七、集体谈判的作用和意义

集体谈判的作用和意义是双重的，对雇员来说，通过集体行动，可以有效抑制雇主一些不合理的、侵犯劳动者利益的行为发生，为劳动者争得平等的地位、必要的劳动条件和基本的生活保障等一些合法权益。对雇主来说，通过谈判的方式可以加强劳资双方的沟通与合作，促使雇主和员工都重新思考、改变想法，促进劳动关系的稳定，推动企业目标的实现和企业效益的提高。同时，集体谈判使雇主可以直接与劳动者代表进行集体交涉，而无须与每个雇员逐一谈判，因而也使沟通更加有效率。

市场经济条件下，集体谈判不是解决劳资冲突的唯一有效方式，因为劳资之间的对立与冲突是不可能根除的。集体谈判的双方，都有强制力量和破坏方式作后盾。对工人来说，集体谈判不成功，工会以罢工作为最后的解决手段；对雇主来说，某些谈判条件没有满足，也会以对工人代表施加压力相要挟。

随着劳资关系的性质和解决方式的改变，许多西方国家的企业也在尽量避免这种两败俱伤的解决方式，尽量采取相互让步和妥协的解决途径。

八、企业工会在集体谈判中应注意的事项

工会的形成始于西方国家，是依赖于工资生活的工人，基于自身利益的改善而借助集体组织的力量，与企业资方订立合理的劳动合同而逐渐发展起来的。工会问题一直是劳资关系研究中的热点，对工会的研究涉及经济、社会、政治、法律等诸多领域。目前，随着时代的发展和社会环境的变化，工会被赋予了更多新的内涵，其生存和发展受到了极大的挑战，为了更好地理解工会在劳资关系中的作用，下面我们将介绍工会的含义、工会的任务、工会的职权和中国的工会组织。

（一）工会的概念

作为维护劳动者权益的组织，工会在发达市场经济国家的发展已有 200 多年的历史。从工会发展的历史和现状来说，其涉及的领域和范围并不仅仅局限于企业内部，而是有更宽泛的概念。最经常被引用的工会定义，是韦布在《工会史》一书中指出的："工会是由工人组成的旨在维护并改善其工作条件的连续性组织。"詹姆斯认为"工会是工人的垄断性组织，

它使个体劳动者能够相互补充。由于劳动者不得不出卖自己的劳动力从而依附于雇主，因此，工会的目标就是要增强工人在与雇主谈判时的力量"。程延园从工会的性质、组织目标及其实现方式三个角度出发，将工会定义为："工会是由雇员组成的组织，主要通过集体谈判的方式代表雇员在工作场所及整个社会中的利益"。

企业工会是国家总工会的基层组织，是工会的重要组织基础和工作基础，是企业工会会员和职工合法权益的代表者和维护者。

（二）工会的任务

（1）代表和组织职工参与国家、社会事务管理和参与本单位的民主管理和民主监督。企业、事业单位工会委员会是职工代表大会工作机构，负责职工代表大会的日常工作，检查、督促职工代表大会决议的执行。

（2）执行会员大会或会员代表大会的决议和上级工会决定，主持基层工会的日常工作。

（3）参与协调劳资关系和调解劳动争议，与企业、事业行政方面建立协商制度，协商解决涉及职工切身利益的问题。帮助和指导职工与企业、事业单位行政方面签订劳动合同，代表职工与企业、事业单位行政方面签订集体合同或其他协议，并监督执行。

（4）组织职工开展劳动竞赛、合理化建议、技术革新和技术协作活动，总结推广经验。做好先进生产（工作）者和劳动模范的评选、表彰、培养和管理工作。

（5）对职工进行思想政治教育，鼓励支持职工学习文化科学技术和管理知识，开展健康的文化体育活动。办好工会文化、教育、体育事业。

（6）监督有关法律、法规的贯彻执行。协助和督促行政方面做好劳动保险、劳动保护工作，办好职工集体福利事业，改善职工生活。

（7）维护女职工的特殊利益，同歧视、虐待、摧残、迫害女职工的现象做斗争。

（8）搞好工会组织建设，健全民主制度和民主生活。建立和发展工会积极分子队伍。做好新会员的接收、教育工作。

（9）收好、管好、用好工会经费，管理好工会财产和工会的企业、事业。

（三）工会的职权

在工会建立和发展的 200 多年时间里，人们对工会基本职权的认识和理解一直存在着分歧和争议，这种分歧正是工会在实践中的不同作用和表现的反映。所谓工会的基本职权，就是工会的基本作用，是指它对自己的会员和社会究竟能做些什么。

工会的职权主要有：通过职工大会、职工代表大会等形式参与民主管理或与用人单位平等协商；代表职工与企业谈判和签订集体合同；对劳动合同的签订和履行进行监督；参与劳动争议的调解和仲裁；对用人单位遵守劳动纪律、法规的情况进行监督。

早在 19 世纪末，理查德·伊利（Richard·Ely）就在《美国劳工运动》中指出，劳动力的三个特征可以说明工人在劳动力市场中所处的不利地位：工人的谈判力量不对等、管理者的独裁主义以及工人的经济地位无保障。当一个职工面对雇主时，雇主具有绝对的谈判力量。但职工会发现，许多人的共同行动比个人单独行动加起来的力量往往要大得多，讨价还价的谈判优势会增强，工会组织正是基于这一目的而诞生的。劳动力市场上劳资双方实力、生产资料占有比例等构成的劳动力市场缺陷使得工资的决定过程产生不利于劳动者的倾向，在没有工会制度的个别谈判中，许多工人为谈判力量不对等而付出代价。工会组织成立并发挥作用以后，可以充分运用工人的团结权与雇主进行谈判。

在实践中，工会组织具有一定的经济和社会属性。作为一种经济组织，工会试图在一定程度上形成垄断，从而可以为劳动力提供更高的工资，工会自身也能在这一垄断中获得利益。作为社会组织，它存在的目的，在很大程度上是反映会员的呼声，把会员团结在一起，形成一股强大的力量，在西方一些国家，这一力量甚至可以影响其政党轮替及国家大政方针。

（四）中国的工会组织

1. 中国工会组织的性质和职能

中国工会是中国共产党领导的职工自愿结合的工会阶级群众组织，是党联系职工群众的桥梁和纽带，是国家政权的重要支柱，是职工利益的忠实代表。中国工会组织的社团法人资格是法定的，工会代表职工与企业以及实行企业化管理的事业单位进行平等协商、签订劳动合同。这些规定明确了工会作为集体谈判和集体协商的当事人的主体资格，强化了工会在集体谈判中的中心地位。

中国工会具有四项重要的社会职能，即维护、建设、参与、教育。维护职能是指工会通过各种有效途径维护职工合法权益的职能，包括职工的劳动经济利益和民主权力。建设职能是指工会吸引和组织群众参与经济改革，努力完成经济和社会发展任务的职能。参与职能是指工会代表和组织职工群众参与国家和社会事务管理，参与企事业单位的民主管理，发挥职工参政议政民主渠道的职能。教育职能是指工会通过教育的方式，帮助职工群众不断提高思想道德素质和科学文化素质的职能。

2. 中国工会组织的主要权利和义务

中国工会主要有代表权、维护权、参与权、协商谈判权、监督权等五项重要的权力。代表权是指工会有依法代表职工的权利。维护权是指工会有依法维护职工合法权益的权利。参与权是指工会有依法代表职工参与国家和社会事务的管理和参与企业的民主管理的权利。协商谈判权是指工会有依法代表职工与企业一方就劳动报酬、工作时间、休息休假、劳动安全卫生和社会保险福利等事项进行协商谈判、签订集体合同的权力。监督权是指工会对国家行政机关和企事业单位在执行国家劳动法律、法规、政策上有依法监督的权力。

中国工会的主要义务是：维护国家政权，支持协助行政工作；动员和组织职工参加社会主义经济建设；教育职工，提高职工素质。工会维护国家政权、支持协助行政工作的主要内容是：组织和教育职工依照宪法和法律的规定行使民主权力，发挥国家主人翁作用，通过各种途径和形式，参与管理国家事务、管理经济文化事务、管理社会事务；协助人民政府开展工作，维护以工人阶级领导的、以工农联盟为基础的人民民主专政的社会主义国家政权；工会支持厂长（经理）依法行使职权。工会动员和组织职工参加社会主义经济建设的主要内容是：教育职工以主人翁态度对待劳动，遵守劳动纪律，发动和组织职工努力完成生产和工作任务；开展社会主义劳动竞赛；开展群众性合理化建议、技术革新和发明创造活动；协助企事业单位办好职工集体福利事业，做好劳动工资、劳动保护和劳动保险工作。工会教育职工，提高职工素质的主要内容是：对职工进行思想政治教育，包括对职工进行爱国主义、集体主义、社会主义教育和纪律教育，提高职工的思想道德素质；对职工进行文化技术教育，包括进行科学、文化、技术教育，会同行政部门组织职工开展业余文化活动、技术学习和职业培训，提高职工的科学、文化和业务素质；做好职工群众文化工作，包括组织职工开展文娱活动，增进职工团结和身心健康，提高职工群众的精神文明建设水平。

3. 劳资关系变革对中国工会的影响

（1）对会员数量产生了一定的负面影响。入世带动了中国经济结构和产业结构的调整，特别是对国有企业的改革注入了新的动力。按以往经验，国企改制后，一般都会伴随大规模的裁员，导致企业用工人数的减少。即便是保留下来的国有独资公司和国有控股公司，劳动力结构也会继续被调整。由于传统上工会会员主要集中在公有制企业中，基层工会组织亦主要以公有制企业为主，因而结构调整对公有制企业的冲击将直接动摇工会的基层组织，大批职工下岗失业又必然造成会员的流失，这些因素对会员数量的负面影响是不可低估的。

（2）使工会维权的主体发生了变化。作为工会维权主体的职工队伍，以前主要集中在公有制部门，随着所有制结构调整力度的加大，私营企业、乡镇企业、外商投资企业或出口加工企业等私有制和混合经济部门的职工队伍已经大大超过了公有制部门，成为工会建立基层组织和发展会员的主要领域。另一方面，随着产业结构的调整和弹性生产方式、雇用方式的确立，工会维权的主体也需要从传统的第二产业转向兼顾第三产业，从以往的正规化部门向非正规化部门和弹性雇用部门转移。在体制变迁和结构调整的过渡时期，要特别注意把各类边缘劳工群体，比如，在城市打工的农民工群体，私营企业和个体工商业中的临时工、帮工，城市下岗失业职工群体，在正规化部门中就业的弹性雇用劳动者和阶段性雇用劳动者，自营职业者等，逐步纳入并作为工会的维权主体。

（3）对工会维权的内容和机制提出了新的要求。新一轮结构调整将使维护和保障职工权益的问题更加突出，这不仅表现在私营、外资企业与职工的关系原本就是利益对立的劳资关系，还表现在一些地方政府不能正确处理引资、促进经济增长与保护劳工权益的关系，有的甚至以牺牲劳工权益作为代价来完成经济增长的指标。因此，工会必须就结构调整对保障劳工权益带来的新课题，包括下岗失业职工的安置和权益维护、外来农民工群体和非正规就业劳动者的保护、我国劳动力整体素质亟待提高等问题有一个全面的认识。

（4）要求推进工会的组织体制改革，以形成对维权体制的有力支持。首先，入世和结构调整将促使政府机构改革和转变职能，也会推动企业治理更多地借鉴国际经验，因此，工会的机构设置和工作职能也要做出相应调整。其次，针对目前非公有制企业工会数量较少，已建立的工会也由于自身利益的制约和雇主的控制一般很难发挥作用，要充分发挥产业工会的作用，利用产业工会具有更大的独立性、更便于凝聚劳工集体力量、更适合于针对入世和结构调整对不同产业的不同影响制定维护劳工权益的策略等优势，帮助企业工会履行职能。最后，工会法的修订为发挥街道和乡镇工会这一中间环节的作用提供了强有力的法律保障，要抓紧这一级工会的建立工作，发挥其辐射效应，促进工会的逐步普及。

4. 工会与企业进行协商时的注意事项

由于我国是一个多种所有制并存的社会主义国家，政府在集体谈判中的角色往往比西方国家更多样化。一方面政府通过立法等宏观手段来协调企业与员工关系；另一方面政府以行政手段赋予工会组织较大权力来保护职工合法权益。因此，在中国的集体谈判制度中，工会处于一定程度的主导地位。这也使得工会成为有效保障企业职工合法权益实现的重要机构，为此工会与企业进行协商时应注意：

（1）注重依据程序法和实体法上的区别。工会调解劳动争议一是在程序上依法进行；二是在实体上、在判断争议的是非曲直上依法进行。前者所依据的是程序法，后者依据的是实体法。到目前为止，我国处理劳动争议的程序性法律规范如《劳动法》第十一章、《企业劳动争议处理条例》、劳动部颁发的《企业劳动争议调解委员会组织及工作规则》等；实体性法律规范如《劳动法》、《国营企业实行劳动合同制暂行规定》、《企业最低工资标准》等。在劳动权利和义务问题发生争议时，必须依照程序法规定的程序进行解决，但判断是非的依据是实体法的具体规定。两者相互依存、同等重要。

（2）正确把握受理劳动争议程序间的关系。《劳动法》第 79 条规定："劳动争议发生后，当事人可以向本单位劳动争议调解委员会申请调解；调解不成，当事人一方要求仲裁的，可以向劳动争议仲裁委员会申请仲裁。当事人一方也可以直接向劳动争议仲裁委员会申请仲裁。对仲裁裁决不服的，可以向人民法院起诉。"上述规定明确了处理劳动争议案件的调解、仲裁、起诉三程序，把握三个程序间的关系是很重要的。首先，调解委员会的调解不是劳动争议的必经程序。由于调解委员会是独立调解劳动争议的群众性组织，机构的性质决定了调解达成的协议完全靠当事人自觉履行，一方反悔或其他原因不履行协议，另一方当事人也不能向法院申请强制执行。其次，《劳动法》在劳动争议仲裁与劳动争议诉讼的关系上，将仲裁规定为提起诉讼的必经程序。劳动争议当事人只有经过仲裁委员会裁决后，对裁决不服的，才可以向人民法院起诉。否则，人民法院不予受理。这是现阶段劳动争议处理的法定程序。

（3）依法严格执行有关期限、时效的规定。《企业劳动争议处理条例》第 10 条规定："调解委员会调解劳动争议，应当自当事人申请调解之日起 30 日内结束；到期未结束的，视为调解不成。"上述规定将期限规定为两类：一类是对当事人行使调解的时间规定，即只有在规定的时间内申请才会被处理，超过时间规定，当事人就失去请求保护自己权益的申请权；另一类期限是对调解委员会调解劳动争议的时间规定，即要求调解委员会在当事人申请调解之日起 30 日内结束，督促调解委员会积极主动调解争议、提高工作效率，并为下一步劳动争议仲裁创造条件。时效，是当事人在法定时间内不行使权力就丧失了请求仲裁委员会保护其权力的法律制度。《劳动法》第 82 条规定："当事人申请劳动仲裁，应当自劳动争议发生之日起 60 日内向劳动争议仲裁委员会提出申请。"如超过此时效，就丧失请求保护的权力。在这里应注意劳动部颁发的 1995 年 309 号文件第 89 条规定："劳动争议当事人向企业劳动争议调解委员会申请调解，从当事人提出申请之日起，仲裁申诉时效中止。企业劳动争议调解委员会应当在 30 日内结束调解，即中止期间最长不超过 30 日，申诉时效从 30 日之后的第一天继续计算。"这就把劳动争议调解委员会调解的期间不算在向仲裁委员会申诉的 60 日时效之内，从时间上保证了当事人申请仲裁，维护了当事人的合法权益。

本 章 小 结

劳资关系，是指劳工和资方之间的权利和义务的关系，这种关系透过劳资双方签订劳动契约和团体协约而成立。劳资关系或称为劳雇关系，一方是受雇主雇用从事工作获得工资者，另一方是雇用劳工的企业主、企业经营之负责人或代表企业主处理有关劳工事务之人，彼此间的关系即属劳雇关系。由于各国社会制度和历史传统不同，对劳资关系的称谓也不同，如称做雇佣关系、雇员关系、劳工关系、劳使关系、产业关系等。大多数企业劳资关系都要涉及管理者、劳动者和工会三个方面。三方利益格局是市场经济下企业劳资关系的外在形式。工会是代表劳动者的一种组织。企业管理者和劳动者是企业劳资关系的主体。在劳资关系系统中存在着三个子系统，即技术子系统、经济子系统和政治子系统。

处理企业劳资关系应当遵循的基本原则有：兼顾各方利益的原则，以协商为主解决劳动争议原则，以法律法规为准绳的原则，劳动争议以预防为主的原则，明确管理责任的原则。劳资关系的和谐与否对于劳动者、劳动力使用者（企业等用人单位）和整个社会都有着深刻的影响。劳资关系的状况还会直接或间接地影响企业的市场竞争地位。不断建设和维持一种积极健康的劳资关系，是企业经营管理的基本任务之一，也是企业管理者的重要工作方面之一。中国劳资关系的立法可以分为几个阶段：新中国成立前的立法活动、新中国成立后的工会立法、工会和劳资关系立法和实践的终止期、改革开放后立法实践的恢复和发展。

集体谈判是指劳动者团体（经常是工会）为维持和改善雇员的劳动条件、劳动待遇等而与雇主或其团体所进行的交涉活动。集体谈判的内容多种多样，就发生频率来看，经常涉及以下内容：工时谈判、工资谈判、保险福利谈判、休息休假谈判、劳动安全卫生谈判、工作生活质量谈判、解雇、裁员等其他有关职工权益的谈判。集体谈判的实际过程可分成接触、磋商、敲定和结尾四个阶段。

工会是由雇员组成的组织，主要通过集体谈判的方式代表雇员在工作场所及整个社会中的利益。企业工会是中华全国总工会的基层组织，是工会的重要组织基础和工作基础，是企业工会会员和职工合法权益的代表者和维护者。工会与企业进行协商时应注意：注重依据程序法和实体法上的区别，正确把握受理劳动争议程序间的关系，依法严格执行有关期限、时效的规定。

劳动争议也称劳动纠纷，是指劳动法律关系双方当事人即劳动者和用人单位，在执行劳动法律、法规或履行劳动合同过程中，就劳动权利和劳动义务关系所产生的纠纷。劳动争议当事人可以有四条途径解决其争议：劳动争议协商、劳动争议调解、劳动争议仲裁、劳动争议诉讼。

思考题

1. 何谓劳资关系？劳资关系包括哪些内容？
2. 简述劳资关系的构成和类型。
3. 劳资关系管理的原则有哪些？
4. 改善劳资关系对企业的意义何在？
5. 请说明企业劳资关系的制度框架及研究分析框架。
6. 中国劳资立法分为哪些阶段？
7. 叙述中国目前劳资关系存在的问题。
8. 中国劳资协调机制应如何完善？
9. 集体谈判的方法和内容有哪些？
10. 简述集体谈判的过程。
11. 工会的主要任务包括什么内容？

12. 工会在谈判中应注意哪些事项？

 **案 例 讨 论**

本田零部件制造公司的劳资冲突

2010 年 5 月 27 日下午，广汽本田发出声明，由于该公司重要零部件供应商本田汽车零部件制造有限公司（南海本田）因劳资纠纷导致停工，受其影响，广汽本田重要零部件供应出现短缺，被迫停产。

广汽本田管理方表示，何时恢复生产，只能看南海本田劳资双方沟通的进展。与此同时，本田公司另两家合资整车企业东风本田、本田（中国）出口基地也已暂时停产，恢复生产日期未定。至此，日本本田在中国的合资整车企业全线停产，僵持了 10 多日的南海本田劳资争端影响进一步升级。

"薪水太低"引发工人停工

记者拨通本田（中国）新闻发言人朱林杰的电话，他说，因为位于佛山南海的本田汽车零部件制造有限公司劳资纠纷没有进一步结果，零部件公司已无零部件供应厂商，本田汽车在中国的生产企业全线受到影响。

本田汽车零部件制造有限公司位于广东佛山南海狮山工业园区，是日本本田全资子公司，也是日本本田在海外建立的第四家可全工序生产自动变速箱的工厂，该公司生产的变速箱直接提供给广汽本田、东风本田及本田（中国）出口基地。

2010 年 5 月 17 日，因对公司长期较低工资不满，在与资方协商无果的情况下，南海本田工人待工停工半日。南海本田员工对工资、福利、教育培训制度等方面的不满由来已久，在待工停工发生的当晚，有南海本田的员工晒出了工资清单：作为南海本田 I 级工资，基本工资加上所有补贴只有 1510 元，扣除养老保险、医疗保险、住房公积金等，到手的工资仅为 1211 元。若除去每月房租、吃饭 300 元、电话费 100 元、日用品等基本生活开销，每月仅剩 456 元。据介绍，目前在南海西樵、南庄，一个纺织厂、陶瓷厂的普通流水线上的工人，算上加班工资每月到手能达到 2000 多元，所以，南海本田 1000 多元的工资水平让工人很难接受。与此同时，同在一起上班的日方员工工资却是中方员工的数十倍，一个日方中层主管月薪达 5 万元人民币，与中方员工工资相比，差距太悬殊。

本田零部件公司不仅工资低，而且加薪缓慢。该公司的薪酬体系分为五大级别，一级是最低级别，五级是最高级别，每个大级别下面有 15 个小级别，共 75 个级别，每年评审一次，合格后就晋升一级，等于升一大级工资要 15 年。

和中国工人困难的生活状况相比，公司的日本支援者却享受着高工资高福利。在本田零部件公司，科长及以上级别管理人员均为日方人员，以部长为例，每月收入可达 10 万元人民币以上。正是这种巨大的薪酬差异，引起了工人们的强烈不满，举行了大规模的罢工，时间持续了十多天，进行了多次协商和谈判。

劳资双方理性协商，资方两个"提薪方案"被工人否决

2010 年 5 月 26 日下午 4 时，南海本田资方通过工厂广播宣布了新的加薪方案，按照该方案，实习满 3 个月的实习生每月在原来的基础上增加 477 元；一级员工和二级员工基本工资涨 200 元、生活补贴加 35 元、伙食补贴加 120 元，总计将增加 355 元。但该方案没有获得大多数工人的同意，争端还在继续。此前，资方提出的一个涨幅更低的涨薪方案也被工人否决。在厂方宣布工资调整方案后不久，上百名工人聚到厂门口，表示不接受该方案，将继续停工。工人们认为，涨幅应该更大一点，工人工资收入应该提高到 2000～2500 元/月，比照行业平均工资标准，这个要求并不过分。工人提出提薪、改革公司薪酬制度和变革公司管理制度三个要求，薪酬制度应更为合理，管理制度和财务要公开透明。

　　劳资双方协商的整个过程均在理性与和平的状态中进行。尽管上千工人参与到停工和表达诉求之中，但厂区秩序良好，劳资双方都没有出现过激行为和不理智举动。

　　工会和相关职能部门介入劳资争端，促成双方平等协商

　　从一开始，地方劳动部门、工会组织及相关职能部门就已介入南海本田劳资争端，主管部门表示，将积极促进双方平等协商，圆满解决劳资双方的争端。由于佛山当前执行的最低工资标准为 920 元，南海本田的最低基本工资线刚好跨过了这条线，没有违法，政府职能部门就不能强行干预。现在他们主要是推动工会出面，促成劳资双方的平等协商。

　　据估计，南海本田每天生产变速箱 2400 台，加上其他业务，一天产值达到 4000 万元。待工停工事件发生以来，南海本田损失产值已接近 4 亿元。本田在中国的三家合资整车企业产能达到 61 万辆，其中广本、东本无论影响力和盈利水平都在行业内可圈可点。按照去年产销水平和盈利状况推算，3 家整车厂每停工一日产值损失超过 2 亿元。

　　不过广汽本田表示，目前公司生产线上零部件断货，但特约销售服务店对变速箱均保有合理的库存，目前产品销售及服务均未受到影响。而生产线上的损失，待南海本田劳资双方达成协议并恢复供货后，广汽本田将在合适的时间安排补班挽回生产。

　　有学者表示，南海本田劳资纠纷实际上给各方出了一道考题：如何既要维护劳资双方的合法权益，又要确保社会的和谐稳定？答好这道题，需要当地主管部门与劳资双方的共同努力。

案例讨论题

　　1. 本田汽车零部件制造公司工人停工的导火线是什么？

　　2. 在整个事件的处理过程中资方持何种态度？

　　3. 造成这次劳资冲突的深层次的制度原因是什么？

　　4. 你认为应该建立怎样的集体谈判制度和工会组织才能解决当前中国的劳资关系问题？

第十二章　人力资源跨文化管理

　　随着经济活动在全球范围内展开，不同经济区域之间，不同国家之间以及不同国家内部企业之间的人际交往和经济交往越来越频繁，尤其是跨国公司的迅猛发展，使全球经济越来越不可分割。跨国公司在全球经营过程中，遇到的一个重要的问题是人力资源的跨文化管理问题。由于跨国公司在其经营所在地的雇员不可能全部由总公司派出，不同文化、不同制度、不同传统之间的差异往往造成许多管理上的冲突，很好地协调和解决这些冲突就是跨文化管理的重要内容。所谓跨文化管理，就是如何对于来源于不同文化背景的人力资源进行整合，所关注的问题就是一个带有文化特点的个体行为与另一种文化之间会发生的冲突，冲突的范围和影响，冲突产生的原因以及如何减少冲突的对策。在全球化的大形势下，经济交流日益扩大，我国的许多企业都面临着跨文化管理的问题。本章即是对这一问题进行研究，在认清人力资源跨文化管理内涵的基础上，分析文化差异、文化冲突的表现、影响和形成原因。

📖 本章学习重点

- ▶ 跨文化管理的内涵、特点和实质
- ▶ 跨文化冲突形成的原因、解决方式
- ▶ 跨国公司的跨文化冲突的表现
- ▶ 不同国家的价值观对人力资源管理的影响
- ▶ 跨国公司海外管理人员的培训

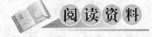

阅读资料

广州标致的跨文化瓶颈

　　广州标致是由广州汽车制造厂、法国标致汽车公司、中国国际信托投资公司、国际金融公司和法国巴黎国民银行合资经营的汽车生产企业。它成立于1985年，总投资8.5亿法国法郎，注册资本为3.25亿法郎。广州汽车集团公司占股份的46%，法国标致汽车有限公司占股份的22%（主要以技术入股），中国国际信托投资公司占20%，国际金融公司占8%，法国巴黎银行占4%。广州标致员工共2000余人，由广州汽车制造厂和法国标致汽车公司共同管理。合同规定，1994年以前的总经理由法方担任，公司任何一个部门的两名经理中，至少有一名是法方人员。广州标致的主要产品是标致504轻型小货车、505家庭旅行车和505轿车。截至1997年8月，广州标致累计亏损10.5亿元（人民币），实际年生产量最高时为2.1万辆，未达到国家产业政策所规定的年产15万辆的生产能力。除了中法双方在一些重大问题上的分歧外，未能解决文化的差异和冲突，是无法进一步合作的主要原因。

尊重文化差异与创造良好环境

为了在全球化部分中卓有成效地工作，从事跨国经营的经理们一般都重视对方国家员工的交流与融合，尽可能提升自身对异地文化的包容性，正如有的跨国经营经理人员所说："你不得不把自己的文化弃之一边，时刻准备接受你将面对的另一种观念。"当然，这种困难不仅反映在跨国经营经理人员一方，作为东道主国家一方的管理人员和其他员工也都存在着如何接受对方文化的问题。在这个方面，广州标致也做了大量的工作，如经常举行中外人员座谈会、联欢会，让中外人员有更多的机会进行交流，达成理解。此外，在工会的组织下成立了职工艺术委员会和职工体育协会，开展由中外员工参加的各种文化活动，给中外员工创造增进相互了解的良好环境。为此，公司投资 4350 万元加强硬件建设，创造良好的生活环境。

为了提高公司中方管理人员和普通员工的素质，培养跨文化管理人员，广州标致大力加强员工培训，招收的新员工一律实行上岗前培训，对在职员工也实施定期培训，并专门开设针对管理人员的跨文化管理技能的培训。语言是跨文化沟通的工具，在广州标致公司有计划地选派人员到广州外语学院脱产学习法语，定期开办公司内部的法语培训班，扩大受训人员的覆盖面。与此同时，组织中方人员与法国留学生进行联谊活动，在语言的培训过程中穿插法国文化、人文知识和企业文化知识的介绍，增进中方人员对法国文化、风土人情、人文知识和企业文化的了解。

在跨文化管理中，技术和管理技能的员工培训是一个重要的环节。广州标致公司每年都与各大专院校联系，对技术人员、管理人员进行专业培训，不断更新他们的知识，提高他们的技术开发能力和管理技能。此外，还外派技术和管理骨干到法国标致对口学习和培训。这些人通过亲临实地体察，对法国文化、法方人员的价值观念、思维方式、行为准则和法国标致的企业文化有了比其他人更深入的了解。

制度文化是企业文化的一个重要组成部分。制度化管理是统一不同的管理文化，形成统一管理风格的有效手段。为了保证中外双方人员融洽共事，协调和规范生产经营管理活动，公司制定了一整套科学管理制度，把各部门和车间的日常管理工作标准化和程序化，在实际工作中严格按照制度进行管理。

差异与冲突

外商投资企业的跨文化管理比单一文化形态下的管理存在更多的问题，更为复杂和更具有挑战性。不少外商投资企业都曾遇到过由于文化观念上的差异而使中方员工总体的文化素质相对比较低，甚至有某些积习难改的不良语言和行为习惯，与外方人员无论是观念上还是行为上都存在较大的差异和不和谐，在此基础上要达到管理上的统一，其难度可想而知。

在中法合资之初，广州标致公司从总经理、各部门经理到技术监督等重要管理岗位的重要负责人几乎都是法方人员，他们采用的是生硬的、强制的方式，推行全套的法式管理模式，由此引起中方人员的强烈不满，导致罢工事件，最后由中国政府和法国领事馆出面调解。事后，该企业的中方员工道出了心里话："法国人的管理方式我们接受不了，我们受不了洋人的气。"事件的实质是观念意识的冲突和文化的冲突。目前，外商投资企业的跨文化冲突主要有四种表现：一、双方对峙，冲突越来越大。二、外来文化被本国文化所同化。三、外来文化占上风。四、双方文化相互融合，形成"求大同存小异"的企业文化。第一种情况是由双方对对方的文化没有足够的认识，没有总结跨文化管理的经验和寻找解决文化冲突的办法所致。第二、三种情况在少数企业，或某一阶段发生，不可能长期维持，因为当一种文化完全压倒另一种文化时，被压倒的文化必然以某种方式表现出来，除非占上风的文化在某种程度上吸纳或包容另一种文化。第四种情况是比较理想的状态，大多数成功的跨国经营最后都会形成这样的结局，两种文化相互学习、取长补短，将冲突逐渐消融。

广州标致公司两种文化的冲突首先表现在各自不同的目标期望上，由于双方来自不同的利益主体，法方的主要经营目标是在短期内获得高额利润，而中方的主要经营目标是通过合资带动汽车工业乃至整个地区的产业发展，同时推进国产化进程。在这样的背景下，法方人员的决策带有明显的短期行为倾向，工作重点放在向中国出口技术、设备、零配件上，中方则以推动国产化进程为工作重点。法国管理人员敢于表达自己的意见，对不清楚的地方直截了当地指出来，而中方的管理人员的表达方式较为委婉，很少直接发表意见，这使得在中法合作中表现出法方人员占主导地位的现象，共同管理成为一句空话。

广州标致采用了法国标致的组织机构设置，实行层级管理，强调专业化分工和协作，同时采用法国标致的全套规章制度。法国标致的规章制度是总结了全球二十多个国家建立合资企业的经验而制定的，有一定的科学性和合理性。但由于文化背景的不同和企业管理的基础不同，生搬硬套沿用原来的规章制度就会出现问题。

（1）中方大部分员工都是从原国有老企业广州汽车制造厂中转过来的，中方员工长期在缺乏竞争的环境下工作和生活，部分员工对执行规章制度不够严格，带有一定的随意性，加上人员素质及机器设备等方面的原因，有些工作难以完全达到规定的标准。法方人员对中方人员的做法表示不理解并进行抗议，认为中方人员没有很好地执行有关部门的规定，而中方则认为自己的做法是有道理的，双方各执己见。法国的资金技术密集型产业的现代化大生产方式移植到中国后，面对大量低水平的手工劳动操作难以发挥其优势。

（2）受产业政策和市场政策的影响。中法在合资前就一直存在投资和经营管理指导上的分歧，法方人员要从习惯于高技术、大规模生产的管理过渡到中方现有的生产方式，需要有较长的心理调适过程，因为中方汽车制造技术起点低，一时上不了规模，也缺乏应有的物质文化基础。

（3）虽然中法两国的管理人员都对文化差异有一定的共识和心理准备，并且各自都在努力互相了解，但做出退让的多数是中方，法方容易在许多情况下以原有的管理方法和管理定式行事，使中方的管理人员产生逆反心理，引发更大的矛盾和冲突。

（4）在生产经营管理中，双方经常出现不一致的看法，法方总经理在意见不一致时会单方面做出决定。在这种情况下，为了保证政令的严肃性，就以法方的意见执行，而等到执行不下去的时候才去做修正。这种以事实为依据避免文化习惯上的不同而产生直接碰撞的做法，对解决跨文化管理的问题有值得肯定的地方，但有时也造成决策的延误。如对复印机的管理，法方习惯是随到随用，无需专人看管，没有必要增加办公室人员，坚决反对中方提出的专人看管的办法，沿用国外普遍采用的无人看管，机器放在办公室通道，用者随时自行打开复印机使用。结果，由于一些中方人员不当操作或大量复印私人东西，造成设备的损坏和纸张的大量浪费，最后不得不改用专人看管。

资料来源：林超群.跨国公司的跨文化冲突与管理——以广州标致公司为例.中小企业科技，2007：16-17

第一节　文化与文化差异

一、文化与跨文化的内涵

（一）文化与跨文化

我国著名的文学家季羡林老先生曾经把文化分为两类：狭义的文化和广义的文化。狭义指的是哲学、宗教、文学、艺术、政治、经济、伦理、道德等。广义指的是精神文明和物质文明所创造的一切东西，连汽车、飞机等都包括在内。周一良先生曾把文化分为三个层次：狭义的、广义的、深义的。前两者用不着再细加讨论，对于第三者，深义的文化，周先生有自己的看法。他说："在狭义文化的某几个不同领域，或者在狭义和广义文化的某些互不相干的领域中，进一步综合、概括、集中、提炼、抽象、升华，得出一种较普遍地存在于这许多领域中的共同东西。这种东西可以称为深义的文化，亦一个民族文化中最为本质或最具有特征的东西。"

而中国传统文化是以儒家思想为基本价值取向的，主要内容包括强调道德伦理、家长制观念，强调"中庸之道"和"以人为本"等。这样的传统文化对我国人力资源管理工作的影响是深刻的。第一，将人的道德性看做人的存在价值的主要标识，"德不称其任，其祸必酷"；第二，家长制观念带来家长式领导；第三，强调"中庸之道"，即注重人际关系的和谐；第四，与西方相比，我国古代就追求"天人合一，以人为本"。

从管理的角度看，文化是人们的生活方式和认识世界的方式，文化可以表现为人们的态度和行为，它是由一代代传下来的对于存在、价值和行为的共识。在管理活动中，管理者与被管理的对象都受到价值观和文化的影响和约束，即使是非人的管理对象也是人们依照自身价值观创造出来或加工过的产物。

随着世界经济一体化和区域经济集团化的不断深化，企业经营国际化已成为势不可挡的浪潮。当企业跨国经营时，各国企业的组织结构、技术方法、决策方式、控制程序正在相互借鉴融合。跨国企业面对的是与母国文化根本不同的文化以及由这种文化决定的不同的经济观念、态度和行为。跨文化（Inter-Culture）又叫交叉文化（Cross-Culture），是指两种或两种以上不同背景群体的文化之间的相互作用和相互影响。具体的跨文化包括三个层次的差异，主要是指：

（1）双方母国（或民族）文化背景差异。这是跨文化差异的宏观层次。学者们在研究跨文化管理时通常以一国为单位，以合资企业和跨国企业为研究主体。厦门大学人力资源管理专家廖文泉认为，这一层次的跨文化差异还包括双方母地区、母城市的文化背景差异。

（2）双方母公司自身特有的"企业文化"风格差异。这是跨文化差异的中观层次。这一特性在因兼并收购而重组的企业中特别明显，不同企业的文化相互交融，从而组成新的文化形式与内容。

（3）个体文化差异。这是跨文化差异的微观层次，体现在上级和下级、男性和女性、年长者和年轻者、不同部门员工之间等任何不同的两个人身上的文化差异。企业管理者应该能够鉴别并合理引导不同类型员工之间的这种文化差异，为企业管理提供服务。

> 2008 年的北京奥运会，天然地被赋予了东西方两大文明交流、对话与融合的历史意义。奥运会本来就是超越分歧、超越民族、超越宗教矛盾和社会制度差异的体育活动，奥运精神强调的是各种不同文化的沟通、交流，强调全人类的团结与和谐。
>
> 一百多年来，奥运会在地球村里已成为跨文化交流的平台，不同的文化在这个平台相互展示"差异之美"，而不是在这里表现"差异之争"。
>
> 应该说，奥运会并非中国人自己的体育盛事，而是北京奥组委与国际奥委会的合作，中国与世界各国的跨文化、跨地域合作，在这样的合作中，多方需要共同努力而达到共赢、和谐的局面。
>
> 奥林匹克精神已成为人类社会跨文化、跨民族、跨国度的优秀文化结晶，从北京奥运会举办前夕的一些事件出发，可以深入了解跨文化管理的要义所在。
>
> 圣火传递的波折作为另一种世界形态可能会改变许多中国人的看法。人们发现，原来世界并非我们想象得那样，百分之百的人都对奥运怀有崇高的敬意；人们发现，原来还有人对中国那么陌生。曾参与火炬传递、自认长期在中国和世界之间游走的中国驻英大使傅莹说："中国与世界之间的这堵墙太厚了。"
>
> 从文化角度来讲，中华民族文化属于"协调型"，主张人与自然和谐相处，而西方文化属于"驾驭型"，故奥林匹克精神强调"更高、更快、更强"，奥运会作为中国与世界进一步融合的标志，必然带来东西方文化的碰撞。在强大的商业性社会力量的影响下，"更高、更快、更强"的理念被简单地理解为体能和硬性竞争的指标。今天，在倡导人与自然和谐的主旋律中，奥运会正在逐渐摆脱偏重竞技运动的"游戏样式"，走向竞技运动与人文主题相荟萃的"新奥运"。
>
> 在变平的世界中，站出来说话的虽然经常是"资本"，而实际在幕后操纵的却经常是"文化"！资本的力量容易使人们走遍天下，而文化的困惑却常常带来步履维艰。
>
> 如果说，只有国际化的企业才涉及跨文化管理，这显然是一种误解。事实上，跨文化管理存在于跨国别、跨地域、跨行业、跨所有制等多种范畴，甚至在一家小公司里，在不同年龄层、不同部门之间，跨文化管理依然存在。
>
> 1978 年以来，中国在国际舞台上多数时候扮演的是一位听众的角色，体系是人家的体系，规则是人家的规则，话语是人家的话语，中国作为一个陌生的初来乍到者，在国际大家庭中长时期地扮演着"文化异邦"的形象。而今天的世界文明对话，需要平等对话的中国语境，中国需要从一位认真的听讲者演变成一位优秀的对话者。

（二）跨文化管理

美国著名管理学家彼得·德鲁克在《管理学》一书中，明确地阐述了管理和文化之间的联系。与部分学者将管理仅仅看做是一门学科不同，德鲁克在书中认为管理更应该是一种文化，因为在管理中有管理价值观的体现，有管理信仰的凝聚，有管理工具和管理语言的运用。作为一种社会职能，我们可以发现无论在价值中，人们的习俗和信念的传统里，还是在政府的政治制度中，都可以看到管理的影子。管理文化是某个地区、某个民族、某个社会的文化背景对管理过程的渗透和反映的过程，它反映了这个特定地区、特定民族、特定社会的特定文化。"管理文化"主要是指管理的指导思想、管理哲学和管理风貌，它包括价值标准、经营哲学、管理制度、行为准则、道德规范、风俗习惯等。

跨文化企业管理（Intel-Cultural Enterprises Management），是指与企业有关的不同文化群体在交互作用过程中出现矛盾和冲突时，在企业管理的各个职能、方面中加入对应的文化整合措施，有效地解决这种矛盾和冲突，从而实现高效的企业管理。在这个对跨文化管理的定义中需要强调的是：跨文化管理必须是在交叉文化的条件下进行的企业管理活动；跨文化管理的对象可以是完全不同文化背景的群体，如政府组织、公共团体、企业、管理人员等；当这些不同文化背景的群体在企业管理过程中产生矛盾和冲突时，跨文化企业管理的任务就是解决矛盾，最终实现高效的企业管理。

德国《世界报》2006 年 7 月 24 日发表了一篇题为"中国人往往败于文化"的文章（作者：塞巴斯蒂安·约斯特）更是反映了中国企业国际化进程中跨文化管理问题的严重性和迫切性：

中国企业往往不能胜任兼并西方国家的公司。这是波士顿咨询集团在专门向本报提供的一份研究报告中得出的结论。德国波士顿咨询集团兼并咨询业务主管亚历山大·罗斯说，中国的企业管理人员往往没有足够的经验使跨越国境的兼并获得成功。

来自中国的企业有一部分因选错收购对象而蒙受损失。兼并专家认为，它们往往看中已经开始走下坡路的商标。汉堡一位银行工作人员说："中国的管理人员有时太注重一家公司的过去，而对这家公司的未来考虑得太少。"

在许多案例中，兼并也因管理错误而遭失败。德国兼并和收购联邦协会主席凯·卢克斯说，中国人在欧洲兼并企业与欧洲人起初在中国兼并企业一样困难。波士顿咨询集团的罗斯认为，买主往往太着急地试图使新兼并的企业变成一家中国企业：他们让企业领导层的一个小圈子决定一切，从而使习惯于自己承担的西方经理们大为恼火。

中国联想集团是进行这种实践的典型例子，它在 2005 年 5 月收购了 IBM 个人电脑业务部门。联想集团在中国境外是在逐渐摆脱这家美国企业。例如 IBM 继续采购生产个人电脑的部件，为联想集团承担为期 5 年的服务。此外，新的所有者可以在长达一年半的时间里继续在计算机上贴 IBM 的商标。

虽然昂贵的调整费用出乎意料地使联想集团上一个营业年度的盈利迅速下滑，但业内人士对中国人如此迅速地使多年亏损的 IBM 个人电脑业务部门重新盈利做出积极的评价。

但更长的亏损期或许也能使联想集团保持镇静。波士顿咨询集团的罗斯说，与欧洲或美国的股东相比，中国股东给予被兼并的企业更多的时间重新调整。他认为这种耐心是来自远东的投资者的巨大优势之一。他说："五年计划的思想肯定对这个国家产生了影响。"

　　来自不同文化背景的人必然带有自己文化所特有的价值观念和价值取向，必然具有自己文化特色的思维模式和思维习惯，必然有不同的行为模式和行为表现。来自不同文化背景的人要在目标高度一致、行为高度协调、结果高度相关的微观经济主体中共事，不可避免地会发生文化的碰撞、理念的冲突和行为的摩擦。1996 年，美国学者曾指出，美国约有20％～25％的经理无法胜任海外企业管理，特别是在面对亚洲人、欧洲人和其他人群时，文化背景的差异使他们步履维艰。对企业的经营管理者来说，国际经营必须高度重视和首要处理好的就是跨文化的管理问题。

　　加拿大管理学家南希·爱德勒提出跨文化管理的三个战略：

　　① 凌驾。组织内的一种文化凌驾于其他文化而成为统治文化，按这种文化背景下的工作模式来运行公司的日常业务。当一种文化处于明显的优势地位时可以采用这种战略，其优势是可以在短期内形成统一的文化并纳入正常的经营和管理轨道。

　　② 折中。即不同的文化采取妥协与退让的方式，有意忽略、回避文化差异，从而实现组织内的和谐与稳定。这种策略可以避免文化的直接冲突。

　　③ 融合。即不同文化在承认、重视彼此差异的基础上，相互尊重、补充、协调，从而形成一种合二为一、全新的组织文化。这种文化不仅具有较强的稳定性，而且极具融合的跨文化优势。对大多数公司来说，通过融合的方法吸收异质文化中的精华，形成自身特有的企业文化和管理方式，是适应跨文化，降低文化障碍成本，提高企业经济效益的最佳选择。跨国公司可根据本公司目前所处的国际化发展阶段，与东道国当地文化的差异程度以及企业综合实力等具体情况选择具体的战略。但是无论采取哪种战略，都必须辅之以具体有效的措施。

　　（三）跨文化人力资源管理

　　所谓跨文化人力资源管理，也就是跨文化企业的人力资源管理。跨文化企业是指由来自不同文化背景的、存在跨文化差异的员工所组成的企业。具体地说，跨文化人力资源管理是指以提高劳动生产率、工作生活质量和取得经济效益为目的而对来自不同文化背景下的人力资源进行获取、保持、评价、发展和调整等一系列管理的过程。在跨文化人力资源管理中，由于企业或者公司是由两国或多国企业或国内的两个或多个合伙企业组成的跨地域、跨民族、跨政体、跨国体的跨文化经营管理的经济实体，所以文化因素对人力资源管理的影响是全方位、全系统、全过程的。

　　（1）文化"嫁接"。所谓文化"嫁接"，是指科学地将一个地方的"树苗"有生命力的那部分嫁接到另一种"植物"体上。跨国企业需要借助于对跨文化管理的积极参与、实践达到跨文化的真正融合，从而形成一种全新的管理模式。

　　不同的民族、国家有着不同的文化，不同的文化存在文化差异，这就要求有着不同的管理风格。跨文化人力资源管理要求管理者首先要全面而准确地把握相关国家的文化以及相应的管理风格。其次，在此基础上选用恰当的管理方式，运用文化协同方法来开展管理活动。

　　（2）文化"移植"。所谓"移植"，就是简单地将一个地方的"树苗"移植到另外一个地方的"土壤"中去，这是一种简单的"更换土壤"的思维方式。跨文化企业如果想当然地把带有母国文化的管理方式直接运用到合资企业中去，或者合资企业简单地照搬东道国的管理模式，其跨文化人力资源管理是低效的而且容易导致最终失败。

在文化"移植"的过程中，要合理地对人才进行培训与合理配置，这是跨国企业成功运营的条件。跨国企业的跨文化环境要求跨国企业人员必须具备一定的条件和素质，其中最重要的就是要具备跨文化地进行各项业务工作和管理活动的能力。而这些能力的取得，有赖于跨国企业根据自身需要和国际经营特点所进行的跨文化培训，并根据其能力安排能发挥其长处和潜能的岗位。培训和合理配置的目的就是使其克服文化冲击的影响，尽快适应新的文化，发挥所长，这是跨国企业效率提高的必要条件。

二、文化差异的主要体现

文化差异即文化的相对性，文化群体性决定文化只适用于一定的范围，由于历史、自然条件、经济水平、社会制度等的差异，形成了丰富的文化种类。然而无论哪一个国家或民族的文化，都具有一些共同的特征。也就是说文化的价值观、准则和信仰等必须为一个群体、一个社会的人们共同接受和遵循，即它具有共享性，才能成为文化。文化的共享性意味着，尽管任何文化中人的行为方式并非总是相同的，但文化在大多数情况下使得行为可以预期，因而处于一种文化的人们可以试着去了解另一种文化。文化的内容是不能遗传的，必须通过后天学习而获得。正是因为人们习惯了在本民族文化熏陶下习得的文化准则、行为规范与模式和价值观念，所以当人们看待外国文化现象时便总是不自觉把自身文化作为唯一的参照标准去理解、评价或选择吸收他人的文化，这就形成了文化差异与冲突。

而在实际的跨文化管理中，管理者还应注意到文化的继承性、多效性和地域性特征。不同的群体、地区、国家的文化互有差别。每个地区，每个企业都有自己的独特文化。跨国企业拥有不同国度、不同地区的子公司，它更是包含了许多不同的文化，因而企业内部文化差异的矛盾和摩擦是在所难免的。当企业跨国经营时，各企业拥有基本相同的组织结构、技术方法、决策方式、控制程序。但企业员工却具有不同的思维模式、行为方式。员工不同的文化背景使文化差异成为影响管理者管理效果的重要因素之一，从而给管理者的管理带来了难度。到具有不同的文化地域、背景的国家进行跨国经营的国际企业，必然会面临来自不同的文化体系的冲突，不同的文化环境必会形成较大的文化差异。所以说文化给企业开展国际经营带来了巨大挑战。由于文化的演变是一种漫长而缓慢的过程，这种文化差异对企业来讲，在一段时间内是不会消除的，并可在一段时间内保持稳定。许多研究表明，海外经理失败的比例一直很高，人们往往把失败原因归结为"适应能力差"，而实际上是他们没有给文化差异以足够的重视。

著名的比较管理学专家、荷兰文化协作研究所所长霍夫斯塔德（G·Hofstede）根据他对41个国家的企业工作人员所作的大量问卷、从管理心理学的角度将文化定义为在一个环境中的人的"共同的心理程序"。他认为，文化不是一种个体特征，而是具有相同的教育和生活经验的许多人所共有的心理程序，不同的群体、地域或国家的程序互有差异，这是因为他们的"心理程序"是在多年的生活、工作、教育下形成的，具有不同的思维。可见，文化是一个群体在价值观念、信仰、态度、行为准则、风俗习惯等方面所表现出来的区别于另一群体的显著特征。正是这种文化在群体上的差异性导致了跨国经营中的文化冲突。调查表明，由于文化差异的存在，中外企业在交流与合作中常存在以下问题：

（1）对双方的政治、经济、法律尤其是社会文化环境缺乏足够的了解，文化敏感性差，双方往往依据自身的文化对来自对方的信息做出分析和判断，从而产生不少误解和冲突。

（2）对对方的公司文化及管理方式缺乏了解，或完全照搬外方模式造成"水土不服"现象，或双方各持己见，互不相让，造成"双重指挥系统"现象。

（3）双方对合作中可能出现的困难的程度没有足够的思想准备，文化适应能力、解决文化冲突的技能都差强人意，同时未能建立起相互信任和理解的机制。

（4）由于语言上的障碍，严重影响了双方的准确交流，加之翻译不尽如人意，造成了许多误解。再者，由于高含蓄文化中（如中国、日本）许多信息的传递不是用明确的语言、文字符号，而是通过肢体语言、上下文的联系、场景等进行的。上述这些文化差异而产生的矛盾和冲突，使一些跨国经营企业最终走上了"解体"的不归路。

即使在我国的国内企业里，东部和西部地区也存在着各种各样的文化差异，其主要表现如表 12 - 1 所示。

表 12 - 1　　东西部地区企业文化差异

比 较 内 容	东 部 地 区	西 部 地 区
管理理念	开放、前沿	保守、谨慎
价值观念	生活质量、自我实现	官职晋阶、地位险要
自我保护	弱	强
生活期望值	生活富裕、紧追西方	均贫穷、只要小康
团队精神	自由主义、个人主义	集体主义、团体精神
职业期望	重商轻官	重官轻商
层级观念	追求民主	服从上级
性格	温和	豪放
融合度	易于与他国民族融合	与他国民族较难融合

资料来源：廖泉文. 人力资源管理. 北京：高等教育出版社，2011

第二节　跨文化的冲突及其处理模式

一、跨文化的冲突

从国内企业发展到国际企业，从国内经营转向跨国经营，企业的发展规模、经营模式、面临的背景及环境发生了较大的变化。尤其是企业的经营团队、经营活动氛围除了面对多元而复杂的国际经济环境外，同时面临着带有不同国家和地区强烈印记的独特的社会文化、地域文化，这些文化的根治性、文化的渊源、文化的背景的不同产生了较激烈的文化差异，从而形成了有着不同教育和文化背景以及价值观体系的企业决策者、职员之间的显著的文化差别，继而形成有着鲜明特征的文化冲突。

　　跨文化冲突是指不同形态的文化或者文化要素之间相互对立相互排斥的过程，它既指跨国企业在他国经营时与东道国的文化观念不同而产生的冲突，又包含了在一个企业内部由于员工分属不同文化背景的国家而产生的冲突。当企业跨国经营时各国企业的组织结构、技术方法、决策方式、控制程序已基本趋同。但员工的不同文化背景使文化差异成为一个影响管理者的管理效果的重要因素，从而给管理者的管理提供了难度。因此，跨文化冲突成为跨国企业经营过程中实施成长战略所不能回避的核心问题，面对跨文化冲突的风险，对国际企业的跨文化冲突进行背景、成因分析以及挖掘冲突的解决方案将有助于跨国企业推进深层的跨文化管理，对于跨国企业吸纳先进的企业文化，提高企业的核心竞争能力有重要意义。

二、跨文化冲突的解决模式

　　随着跨国公司的跨国经营活动的扩展，经济全球化愈益深化，各种文化的交流就会更加频繁，跨国公司的"本地化"经营产生的正面效应将会更加凸显。通过各种文化的优势互补，缩小文化的差异性，扩大文化的趋同性，从而产生新的文化认同。这种新的文化认同就是国际合作和发展的基础。跨国公司的经营活动必然面对复杂多样的文化环境，因此文化差异、价值观的矛盾、冲突也是不可避免的。成功的跨国公司总是在跨文化的环境中通过文化理解、适应、兼容来达到新的文化认同，从而创造合作与发展的机遇。然而，对跨国公司来说，最重要的不仅仅是承认文化差异的存在或者达到一定程度的文化认同，而是如何去适应另一种文化并促进二者的融合。因此，在东道国的投资经营活动能否成功，除了考虑产品、市场、技术等因素之外，对文化差异的分析同样至关重要。下面四种模式可以解决跨文化冲突：

　　1. 凌越模式

　　凌越模式是指组织内一种文化凌驾于其他文化之上而扮演着统治者的角色，组织内的决策及行为均受这种文化支配，而其他文化则被压制。该种方式的好处是能够在短时间内形成一种"统一"的组织文化，但其缺点是不利于博采众长，而且其他文化因遭到冲击极易使其成员产生反感，加剧冲突。

　　2. 折中模式

　　折中模式是指不同文化间采取妥协与退让的方式，有意忽略、回避文化差异，从而做到求同存异，以实现组织内的和谐与稳定。但这种和谐与稳定的背后往往潜伏着危机，只有当彼此之间文化差异很小时，才采用此法。

　　3. 融合模式

　　融合模式是指不同文化间在承认、重视彼此间差异的基础上，相互尊重、相互学习、相互协调，将各自先进、优秀的文化融入吸收进来，从而形成一种合一的、全新的文化。这种合一、全新的文化不仅具有较强的稳定性，而且极具"融合"优势。

　　4. 移植模式

　　移植模式是指简单的文化移植，"土地"不同了，但文化的"树"仍在。这种移植容易产生"水土不服"和文化的排斥。

　　各种文化冲突处理模式及其结果的比较如图 12-1 所示。

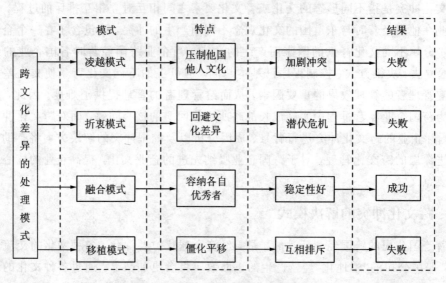

图 12-1　跨文化冲突处理的模式比较

资料来源：廖泉文. 人力资源管理. 北京：高等教育出版社，2011

广西企业跨国经营的跨文化管理研究（节选）

　　长期以来，广西企业在企业文化建设中的文化视角近视症，导致广西企业文化建设存在种种误区，也成为广西企业跨国经营进展不畅的重要原因。具体表现在：

　　(1) 企业文化是一种"装饰文化"。在相当多的企业中，企业文化建设仅仅停留在"形式主义"、"口号文化"上，企业文化仅仅是一种"装饰文化"，并没有真正发挥其重要的促进作用。企业重视提炼"八字方针"，却忽略了企业文化的长期积累，忽略了观念的革新和文化在组织行为方面的规范作用。

　　(2) 企业文化是一种"短视文化"。许多企业在企业文化建设中以短期文化导向为指导原则，一味注重眼前利益，却缺乏战略眼光，急功近利，导致企业文化无法适应经营环境的变化，甚至尚未建设好，就已经落后于时代了。

　　(3) 企业向外扩张中忽略文化的因素。广西企业走出国门，开展跨国经营时，往往忽视文化因素的影响，盲目进入市场，缺乏远见。广西企业一直强调广西的区域优势，强调与东盟各国最有渊源，强调广西是出口东盟的大通道、进军东盟的桥头堡，但是，却忽略了对东盟区各国企业文化的系统研究。

　　(4) 在跨国经营过程中没有充分挖掘广西企业文化的优势，寻找文化协同的切入点。与其他国家企业相比，广西企业与东盟各国企业在企业文化方面有很多共通的地方，只要找好切入点，可以实现文化的融合与升华。广西本土企业文化尽管存在一定的不足，但是也有一些非常优秀的特点，"全盘否定"或者"以偏概全"等做法都不利于广西企业跨国经营。

　　表 12-2～表 12-4 为中国企业文化的国际企业文化比较：

表 12 - 2 中国企业文化与东盟华商企业文化的比较

维 度	华商企业文化	中国企业文化
文化基础	儒家文化	儒家文化
建设态度	实用主义	形式主义
决策方式	集体决策，决策慢，但执行快	经济决策，层层上报，决策、执行缓慢
人事管理	论资排辈严重，流动性差	过于注重人事，流动性差
制度化重视程度	重视	忽视制度文化建设
质量意识	非常强	弱
人际关系	注重人际关系，偏重精神手段	介于重视与忽视之间
管理者的目标	经济效益与社会效益最大化相结合	注重利润最大化
管理模式	偏重家族式管理，关心人的 1·9 型管理	偏重混合式管理，1·9 型或 5·5 型居多
文化创新	中西融合，兼容并蓄	本土化
组织模式	充分关心人和生产，团队式管理	弱化生产
商品文化	外向型商品经济	逐渐迈向外向型

表 12 - 3 中国企业文化与日本企业文化的比较

维 度	日本企业文化	中国企业文化
文化基础	儒家文化	儒家文化
建设态度	实用主义	形式主义
决策方式	禀议制集体决策，决策慢，但执行快	经济决策，层层上报，决策、执行缓慢
人事管理	论资排辈严重，流动性差	过于注重人事，流动性差
制度化重视程度	重视	忽视制度文化建设
质量意识	非常强	弱
人际关系	注重人际关系，偏重精神手段	介于重视与忽视之间
管理者的目标	经济效益与社会效益最大化相结合	注重利润最大化
管理模式	充分关心人和生产的 9·9 型团队式管理	偏重混合式管理，1·9 型或 5·5 型居多
文化创新	终身雇佣、缓慢的考核和升迁、非专业化的事业历程	本土化
组织模式	中西融合，兼容并蓄	弱化生产
商品文化	外向型商品经济	逐渐迈向外向型

表 12 - 4　美国企业文化与中国企业文化的比较

维　度	美国企业文化	中国企业文化
文化基础	科学与法律	儒家文化
建设态度	实用主义	形式主义
决策方式	领导决策、决策迅速，但执行慢	经济决策，层层上报，决策、执行缓慢
人事管理	能力至上原则，流动性好	过于注重人事，流动性差
制度化重视程度	非常注重	忽视制度文化建设
质量意识	强	弱
人际关系	忽视人与人关系，重视物质手段	介于重视与忽视之间
管理者的目标	利润最大化	注重利润最大化
管理模式	关心生产的9·1型管理模式	偏重混合式管理，1·9型或5·5型居多
文化创新	典型西方文化，但开始注重吸收东方文化的精华	本土化
组织模式	短期雇佣、迅速的考核和升迁、专业化的事业历程、清楚的控制方法	弱化生产
商品文化	外向型	逐渐迈向外向型

第三节　跨国公司的跨文化人力资源管理

　　随着跨国公司跨国经营活动的扩展，经济全球化愈益深化，各种文化的交流更加频繁，跨国公司的"本地化"经营产生的正面效应更加凸显。各种文化的优势互补，缩小了文化的差异性，扩大了文化的趋同性，从而产生了新的文化认同。这种新的文化认同就是国际合作和发展的基础。跨国公司的经营活动必然面对复杂多样的文化环境，因此文化差异、价值观的矛盾、冲突也是不可避免的。成功的跨国公司总是在跨文化的环境中通过文化理解、适应、兼容来达到新的文化认同，从而创造合作与发展的机遇。

　　经济全球化为企业开拓了世界市场，与此同时，跨国企业却要面临千差万别的外部经营环境，因为不同的国家之间在社会文化、道德规范与价值观上所表现出来的差距会对跨国企业的管理产生重要的影响。而跨国企业母国与东道国之间不同的经济体制也会对跨国企业与东道国之间建立的业务来往有所影响。不同国家在公司法规与调控政策方面存在差异，在一定程度上限制了跨国企业的战略选择。所以不同国家之间的社会文化、政治、经济、法律、技术等方面的差异都会影响企业的投资、生产、融资和营销等活动。跨国经营管理过程中的跨文化包容问题是一个重要问题。由于跨国公司必须面对国际间的文化差异，所以跨文化包容就显得尤其重要。无视这一客观存在，势必会给跨国公司的经营活动带来困难甚至最终导致失败。跨国公司在跨国经营过程中寻找超越文化冲突的公司目标，以维系不同文化背景的员工有一个共同的行为准则，这是跨国公司从事国际化经营所必须解决的问题。所有这些都构成了跨国公司经营不同于一国经营的重大差异。

最近罗兰·贝格公司对中国 50 家国际化大企业的跨国经营进行调查，调查结果的其中一项表明：中国企业对经营海外业务人才的培养不够重视，受访的企业认为东道国语言和文化是海外经营区位选择中最次要的因素。这一结果很令人担忧。企业在跨国经营中对跨文化管理不重视导致付出的代价是沉重的，一个企业国际市场失败的后果不但是金钱损失，更重要的是所投资的时间和精力的损失，比如法国标志汽车在中国。如果缺乏跨国、跨文化交流和管理的知识和技巧，文化差异必然会带来新的问题。驾驭好文化差异是企业走向经济全球化时面临的巨大挑战。跨文化交流的能力不仅对友好的人际关系相当重要，对实现企业的全球经营战略目标来说也是相当重要的。在经济全球化的发展趋势下，有效的跨文化关系对企业内部改进工作表现和提高生产力具有重要意义，对外开拓市场也具有重大意义。

美国学者威廉·大内对美国和日本这两个文化差异较大的国家的文化对人力资源管理模式的影响进行了比较，如表 12-5 所示。从大内对美国和日本管理模式的比较可以看出，不同文化背景下的管理理念和管理模式有着很大的差异。

表 12-5　美国企业和日本企业人力资源管理模式的比较

维　度	美国企业（A 型组织）	日本企业（J 型组织）
基本的雇佣制度	短期雇佣制	长期（终身）雇佣制
决策制度	个人决策制	集体（共识）决策制
责任机制	项目负责人承担责任	项目参与者共同承担责任
控制机制	严格监督，依靠大量的规章制度以及计划、考评等措施进行控制	控制比较松散，倾向于放权，允许下属有较大的发挥空间
员工考评与提升	评估多而频，只着眼于工作业绩与业务能力，考核及提升周期多为半年到一年	评估极少，不仅着重业务，而且还看重人际关系交流能力。首次考评多在 5 年或者 8 年后
员工培训与发展	狭窄而专业的专才式培训	广博的通才式培养
对员工的关心	人际关系冷漠	人情味浓厚

一、跨国公司人力资源协调的复杂性

跨文化对人力资源管理的影响是多方面的。它常常在无形中发生作用，当人们还没有意识到它时，后果却已经形成。很多跨国企业在经营管理过程中由于忽视了文化因素的影响和作用，导致管理的困难，甚至出现经营失败。

跨国公司人力资源协调的复杂性主要有以下几点。

1. 员工的类型多，文化层次复杂多样

跨国公司的员工通常来自不同的国家，员工中有来源于子、分公司所在国的东道国公民，有来自母国的公民，有既不来自东道国也不来自母国的第三国公民。在公司中，母国和第三国员工通常是管理人员和专业人员，而非低层次的劳动力，这样导致公司文化多样性及公司人力资源管理难以协调。

2. 人力资源方式协调必须是立体的

一个有效的国际人力资源管理体系既包括公司范围内的人力资源管理政策与程序，也包括适应不同国家与地区的人力资源管理政策和程序。对跨国公司而言，甚至需要调整公司的人力资源管理方式，以适应东道国的传统、文化和社会制度。当涉及非管理职位的人员时，调整人力资源管理政策更是具有特殊的必要性。这些员工一般是东道国公民，他们期望跨国公司的人力资源管理方式符合当地的传统。

3. 人力资源协调过程的挑战

各国员工都习惯于自己国家的文化和人力资源法律，有时一句简短的问话可能就犯了"禁"。在人力资源的协调过程中，西方的人力资源法律和东方的文化习俗如果处理不当，后果不堪设想。

4. 母国员工会比他国员工更具优越感

优越感产生于这些员工与高层管理人员来自同一国家，同时，公司的主体文化和管理方式也是他们所熟悉的。这种自然滋生的优越感使人力资源的工作更具复杂性。

二、跨国公司跨文化冲突的表现

文化差异处理不好会引发文化冲突。文化冲突是指不同形态的文化或者文化要素之间相互对立，相互排斥的过程，它既指跨国企业在他国经营时与东道国的文化观念不同而产生的冲突，又包含了在一个企业内部由于员工分属不同文化背景的国家而产生的冲突。由于母国文化与东道国文化相互交叉，两者之间存在差距，相关方往往以自身文化作为评判标准来评价发自对方的文化信息，从而产生误解；在缺乏调查研究的情况下，完全照搬其中一方管理模式造成水土不服，或者相关方各执己见，互不相让，造成双重或多重指挥；针对既存的文化差异和文化障碍没有能够建立起相互理解与信任的协调机制和沟通机制，使误解得不到及时有效化解，所有这些都会引发文化冲突。跨文化冲突表现在国际企业管理的各个方面，其中某些特定的管理职能对文化更加敏感些，主要表现在管理理念、员工激励、协调组织、领导职权和人力资源决策等方面。

在管理理念方面，根植于不同的国家社会文化、受到地域文化影响，各国企业的管理理念有较大差异。中国及东南亚企业的管理中，带有中国传统古典哲学思辨与思想启蒙色彩的儒家、法家、道家等学说已深深地嵌入到属于东方文化体系的企业道德、企业哲学与企业精神体系中，形成独创的管理理念，而西方的管理理念形成，则是随着管理理论的发展步伐，更多地从管理大师们的管理思想中汲取营养，因此，西方企业管理理念中更多的渗透着科学管理与行为管理的思想精髓。这些差异在合资企业推行企业文化、制定企业战略过程中形成了较大的冲突。

在员工激励方面，由于文化背景、理念的不同，激励可能会表现为各种不同方式，比如在美国文化中，人们对工作的态度是积极热情的，而墨西哥文化中，对工作的态度则表现出为了维持所期望的生活水平而不得不采取的一种行为方式、一种谋生的手段，从而表现出各个国家由于文化不同而导致对员工激励方面的态度和政策不同。

在协调组织方面，文化背景不同可能会形成组织协调方式选择的不同，在日本的企业中，组织协调可能会采用"和风细雨"的商谈式方法，在美国企业中可能会采用严格的制度管理与约束方法。在领导职权方面，西方管理中往往对企业部门及负责人有较为严格、明确的职责、职权、职务解析，并按照科学管理的规则，遵循一系列授权规则使企业规范运行，形成有序、配套、系统的各职级行使原则。而在东方文化体系中，以人为本的理性追求、重视情感联系的信誉氛围、崇尚礼遇礼节的风尚，可形成具有自身特点的职权分配方式，难以形成与西方模式等同的领导职权分配与运用方式。

在人力资源管理方面，东方文化体系背景中，遵循"以人为本、以德为先"的原则，而在西方文化体系中，更多主张奉行一系列严格、科学的人事管理制度。在合资企业经营管理中尤其如此。

近年来，随着国际经济一体化发展，跨国公司在各国的合作模式与范围不断表现出新的形式。目前，跨国公司跨文化冲突主要表现出四方面特征：一是复杂性，不同质的文化在不同类型的企业中形成不同的企业文化模式、文化背景，常常表现出错综复杂的状态，因而表现出复杂性特征；二是渐进性，这类文化冲突一般都在心理、情感、思想观念等精神领域中进行，其结果是人们在不知不觉中发生变化。但是这种变化需要通过较长的时间才会表现出来，所以体现冲突的发生与演变是渐进型的；三是内在性，文化是以思想观念为核心的，因此，文化的冲突往往表现在思想观念的冲突上，因而这种冲突对于企业来讲是内在的、本质的；四是交融性，文化冲突与文化交融始终相伴而行。跨文化管理的任务在于从不同的文化中寻求共同的能体现各种文化精髓的东西，这样才能在各种文化环境中生存。

三、协调跨文化冲突的重要性

协调跨文化冲突的重要性主要表现在以下几个方面。

（一）文化冲突产生非理性反应

文化冲突影响了跨国管理者与当地员工之间的和谐关系，这使得管理者也许只能按照呆板的规章制度来控制企业的运行而对员工更加疏远。与此同时，员工则会对工作变得更加不思进取，管理者的行动计划实施起来也会更加艰难，结果是双方都不可能有所作为，他们之间的社会距离也会进一步加大，必然也将影响彼此间的沟通。当这个距离大到一定的程度，自上而下的沟通就会中断。结果是管理者无法了解真实的下属情况，企业的管理将变得更加困难，双方的误会也会越来越深。管理者如果不能正确理解不同文化存在的差异，就可能会对来自不同的文化背景的员工采取情绪化或非理性的态度。这种非理性的态度很容易招致员工的非理性报复，结果是误会越来越多，矛盾也越来越深，对立与冲突更趋剧烈，后果不堪设想。

（二）文化冲突导致市场机会的损失

由于人们的不同价值取向，必然导致不同文化背景的人采取不同的行为方式，而统一企业内部便会产生文化冲突。随着跨国企业经营区位和员工国际的多元化，这种日益增多的文化冲突就会表现在企业的内部管理和外部经营上。

（三）文化冲突导致工作低效率

在内部管理上，来自不同国度的员工有着不同的价值观、不同的生活目标和行为规范，这必然会导致管理费用的增大，增加组织协调的难度，甚至造成组织机构低效率运转；在外部经营中，由于文化冲突的存在，跨国企业不能以积极和高效的组织形象去迎接市场竞争，往往在竞争中处于被动地位，甚至丧失许多大好的市场机会。

（四）文化冲突导致全球战略的实施陷入困境

从一般的市场战略、资源战略向全球战略转变，是跨国企业在世界范围内提高经济效益、增强全球竞争力的重要步骤。全球战略是国际企业发展到高级阶段的产物，它对跨国企业的经营管理提出了更高的要求。为保证全球战略的实施，跨国企业必须具有相当的规模，以全球性的组织机构和科学的管理体系作为载体。但是，目前大多数跨国企业普遍采取矩阵式的组织机构，由于文化冲突和缺乏集体意识，导致一系列问题，如组织程序紊乱、信息阻塞、各部门职责不分、相互争夺地盘、海外子企业与母企业的离心力加大，这些使得母企业对子企业的控制难上加难，从而造成跨国企业结构复杂、运转不灵、反应迟钝，不利于全球战略的实施。

第四节　人力资源管理中的价值观

一、价值观对人力资源管理的影响

戈登（L. V. Gordon）认为，价值观是一种被构造的观念，它代表着一些被一般化的行为或事态，是为人们极为重视的。具体而言，价值观可以从三个层面加以分析：从其形式来看，价值观念是由人们对那些基本价值的看法、信念、信仰、理想等构成，思想形式是多种多样的；从其内容来讲，价值观念反映了主体的根本地位、需要、利益，及主体实现自己利益和需要的能力、活动方式等方面的主观特征，是以"信什么、要什么、坚持追求和实现什么"的方式存在的人的精神目标系统；从其功能来看，价值观起着评价标准的作用，是人们心目中用于衡量事物轻重、权衡得失的天平和尺子。价值观与需求不同，这可以因为很多行为而得到满足，而且不会以强迫的方式主宰行为。价值观的重要性在于它能影响一个人对情境和问题的看法，并影响他的偏好、期望和抉择。价值观，是人们日常生活的知识和经验在头脑中的积淀并形成的有关客观事物重要性、有用性的总评价和总看法。作为人们关于人生、世界的目标和信仰的观念，它使得人们的行为或思想总是带有个人的倾向性，渗透到整个社会的生产活动中，并形成相应的行为模式。

价值观既然表现为人们追求的目标，那么，在各个组织中必然反映到人际关系和工作关系中，同时，影响和制约着此关系。对于一个组织的管理者，尤其是人力资源管理者，其管理的思想和方法必须与当时、当地的人们的价值观相兼容，必须吸纳人们价值观精华，排斥价值观中的糟粕。源于现实又高于现实，带有指导意义和目标期望，使人们在这种追求中，工作更加努力，情操更为高尚，通情明理，宽容豁达。以东西方国家的价值观为例，它们之间最根本的差异在于"个人至上"和"集团主义"，因此，在西方国家，讲求"能力主义"，造成劳资双方对立的状况，温情的管理难以见效，表现在企业组织中，人员流动性较为频繁；相反，在东方，人们讲求"和谐"、"秩序"和"仁爱"、"礼让"等，企业组织中往往遵循各种无形的秩序，追求稳定。

我国北方和南方两地最根本的差异在于"重官轻商"和"重商轻官"。因为北方以北京为代表，是我国政治中心和文化中心，他们讲求政治，对"官"和"文化人"更重视，头脑中有轻商思想，认为"无商不奸"；在我国南方，以上海为代表，历史上就是商贸繁华之地，南方人重商，对成功的商人更重视。因此，在北方，有志的年轻人都喜欢读书当官；在南方，有为的青年喜欢下海经商，崇尚个人创业，办大企业。在企业里，北方的企业有学历的人担任大企业领导的居多；在南方，民营企业多，老板学历偏低，但都有爱拼才会赢的精神。体现在人力资源管理上，北方较讲究出身、学历、血缘、背景等；南方较讲究能力、拼搏精神、个人奋斗。在管理方法上，北方的管理较规范，时间概念强；南方的管理较松散，时间概念弱。

可以说，价值观贯穿于人力资源管理的全过程，它对人们的职业选择过程，企业的招聘活动、薪酬给付的方式、培训和考核的方法，以及劳资关系等方面都产生很大的影响。

二、不同价值观及其影响的比较分析

当今世界正处在日趋激烈的国际竞争和新技术革命挑战的时代，在这场竞争和挑战面前，谁能把握 21 世纪的教育与人力资源管理，谁就能在 21 世纪处于主动和领先地位。美国、日本经济强国的地位很大程度上依赖于其所拥有的较高素质的人力资源，得益于他们的人力资源管理机制，取决于其培养和开发人才、吸纳和使用人才方面先进的价值理念。通过认真比较和研究我国与美日两国企业在人力资源管理中价值观对人力资源管理实践的影响，借鉴其成熟的经验、策略，对于推进我国的人力资源管理实践，具有十分重要的战略意义和现实意义。

1. 中、日价值观比较

中国和日本两国的价值观大体同属于一种价值观体系，深受儒家文化的影响，但由于地缘文化、人种文化、制度文化、宗教文化的差异，各自也表现出不同的特点。这里对中日两国在忠诚、人际关系、失败等七个方面的不同作了比较，见表 12 - 6 所示。

表 12 - 6 中日价值观比较

项　目	中　国	日　本
关于忠诚	偏重于"仁"、"孝"，家庭的特点更明显，家庭和家人是第一位的	对于所属的大大小小团体，均强调"忠"，并且神圣化，小团体服从大集团
关于人际关系	更强调"情"和各种私人关系	更强调"理"，公应大于私
关于失败	"胜者为王，败者为寇"，"阿Q精神"起主导	决不允许失败，并集体负责，"不成功便成仁"思想突出
关于决策	"不在其位不谋其政"	集体决策，集体行动
关于历史	更重历史，喜爱缅怀过去	更愿意讨论未来
关于服从	服从的是个人	服从的是整体
关于等级	等级代表着权力	等级代表资历

资料来源：廖泉文. 人力资源管理. 北京：高等教育出版社，2011

2. 中、美价值观比较

中国以悠久的历史著称，价值观源远流长，独成体系，受到各国人民的尊重。中国的儒家思想以仁、义、礼、智、信见称于世，被日本推崇为"世界至高无上的精神财富"。而美国，正与中国相反，是一个十分年轻的国家，但却在短短的一个世纪中，创下了为世界各国所瞩目的业绩，其价值观也已自成体系。这里对中美价值观进行比较，特别提出对待个性、竞争、人际关系等九个方面的显著差别，详见表 12 - 7。

表 12 - 7　中美价值观比较

项　目	中　国	美　国
对待个性	个体在集体中定位，强调先有整体才有个体	个人主义，崇尚能力，提倡先有个体，才有集体
对待竞争	强调安定和稳定，尊重秩序	竞争意识强，讲究效率
人际关系	"和谐"，注重"人与人之间关系的微妙性"，"和为贵"思想起主导地位，其顺序为情、理、法	对立，人情关系淡薄，强调"法制"，顺序是法、理、情
对待忠诚	以感情为基础，全身心集中于某一群体	以自我为中心，没有稳定的忠诚团体
对待工作	提倡"勤奋"、"业精于勤"，但分工不够明确	分工明确，对个人范围内的工作极为认真，富有成就感
对待利益	义重于利，强调地位和等级，提倡"舍身而取义"	以金钱作为衡量一切的标准，追求社会地位
门第观念	门第观念强	不看重门第观念
实用性方面	强调声誉、面子	实用主义
对待教育	和功名相联系，"书中自有黄金屋，书中自有颜如玉"	追求实用性，可操作性，喜爱能立杆见效的教育
管理方法	较多采用层级管理	较多采用个性管理

资料来源：廖泉文. 人力资源管理. 北京：高等教育出版社，2011

三、各国价值观在人力资源管理中的具体表现

（一）日本

典型日本人力资源管理模式的最大特点是"终身"聘用制，它带有明显的儒家文化的特点。可以说日本企业的人力资源管理主要是建立在"人治"的基础上，这种管理制度极大地迎合了二战后日本人的文化价值观，也为日本经济的迅速崛起起到了重要的促进作用。企业中人与人之间形成一种相互合作、共同努力的氛围，员工与企业的目标和要求保持一致。长期稳定的就业政策不仅有利于提高工人的素质、提升技术水平以及增加知识的积累，而且劳资关系的全面合作也增强了员工的安全感和归属感，提高了员工对企业的忠诚度，这些都有助于企业的长远发展。

然而当外界环境发生变化时，过分强调和谐统一、注重集体意识和团队精神的管理方

法使员工丧失了更为宝贵的独立性和创新精神。当原有的人力资源管理模式表现出种种不足的时候，加上全球化对日本传统文化价值观的冲击，竞争至上的观念开始浮出水面，并很快得到广泛认同。之后，许多日本企业开始取消了终身雇佣制，逐步加强了美国式的契约管理。年功序列制也逐渐打破，原先的"按部就班，内部提拔"的规则也逐步发生了变化。企业开始建立起重视个人价值、尊重个人利益的竞争式管理体制，其中包括以业绩为基础的提升制度以及根据业绩和贡献来评定、聘用、晋升和选拔人才的制度。但是，信奉竞争至上并未持续太久，在20世纪80年代涌现出了大量的"新人类"，他们以青年学生为主体。有些人把这些青年称为"十三无族"。进入企业的"新人类"正在成为企业教育的一大难题，要把他们培养成忠诚的"企业战士"，让他们做到"灭私奉公"似乎不太容易。从目前情况来看，日本青年又开始对"竞争至上"产生怀疑，开始钟情于"温馨"工作环境的再回归，当然这种回归并不是完全地否定竞争。

（二）美国

典型的美国人力资源管理模式形成于20世纪初，其最大特点是以市场竞争为核心的。企业的人员进出主要通过市场机制进行调节，这种管理模式是适应当时美国人崇尚自由、强调以自我为中心的价值观取向。美国人类学家克鲁克·霍恩曾认为，任何社会都会出现某些根本性的问题，而在解决这些问题时，该社会的价值观念将会产生作用。征服自然是美国文化的一个根本价值观念，从这一价值观出发，产生出如努力工作、平等、个人主义、讲究实际、开拓进取，讲究效率和理性等许多相关的价值观。在这种价值观影响下，企业将薪酬直接与员工对公司经营所做出的贡献进行联系，企业与员工之间的买卖关系也为各方所认可。不可否认，这种市场配置模式实现了在全社会范围内人力资源的最优配置，并为美国的繁荣做出了重大贡献。

然而，美国的人力资源管理模式并非是一成不变的，而是随着各个不同时期人的文化价值观的变化不断发生着变化。由于没有充分关注到文化价值观的变化，被奉为人力资源管理典范的模式也带来了许多负面的效应。该种模式一方面忽视长远发展的短期行为影响了公司战略的实施，自由聘用和解雇政策也给许多员工带来了严重的不安全感，降低了他们对企业的忠诚度；另一方面由于过分地追求效率使员工工作压力不断加大，在物质上对于相对富足的美国人来说，这种激励作用正在大打折扣。从这个角度来看，美国人力资源管理模式已难以适应未来经济发展的要求。为克服管理中的不利因素，美国企业开始学习日本的企业人事制度、就业制度、劳资关系等管理的手段和方法。

（三）中国

中国是儒家思想的发源地，和日本一样，同样是强调和谐、秩序和纪律。在经济的现代化进程中，价值观念也相应得到更新和调整，并在改革开放过程中发挥了重要的作用。可以说，中国已经在过去的二十几年中，创造了"东方的奇迹"。但是，几千年的封建社会历史，也留下了许多陈腐观念的残迹，再加上新中国成立以来的曲折历程，严重影响着中国的社会主义建设。

在高度集中的计划经济体制下，通过对分配事项"统包统配"和子女"顶班"的就业制度来解决全面就业问题，以促进社会安定。在报酬分配上采取平均主义和"大锅饭"。"不患寡而患不均"的思想曾经非常严重。业绩考核和工资并无密切的联系，往往流于形式。因此，人们一般不强调个人表现，而是习惯于在特定的整体中确定个体的相对价值。在我国，由于把家庭的伦理推广到社会所有层面，这样，往往把各种关系归结为私人关系加以处理。在人员招聘和晋升时，容易造成较西方国家严重的"裙带关系"；另一方面，由于这些关系的存在，在解决冲突时不会产生尖锐的矛盾，可以通过协调和妥协，做出互惠的让步来调和矛盾。

（四）美国、日本人力资源管理对中国的启示

随着世界经济全球化步伐的加快，在全球范围内竞争日趋残酷的市场背景下，美国、日本在积极地借鉴他国人力资源管理上的成功经验的同时，结合本国的具体情况和发展趋势，完善本国企业的人力资源管理。他们在保持各自特色的同时，一个非常显著的现象就是两国的人力资源管理在逐步地相互渗透与融合，其融合的趋势对我国人力资源管理理论与实践的启发作用，具体体现在以下几个方面：

1. "以人为本"的人力资源管理理念已成为主流

随着社会的进步和人们教育程度不断提高，企业员工的素质发生了很大的变化。企业中"知识型员工"的比重越来越大，员工不再是为了生存而工作，他们渴望能力的充分发挥和更大的前途。人本管理迎合了当今社会发展的潮流，企业柔性管理是人本管理的一种实践形式。它是日本人力资源管理模式的一个重要特点，随着知识经济的到来，这一方式也融入到了美国人力资源管理模式中。

2. 员工甄选方式多元化，工时制度弹性化

（1）多元化。21世纪的企业人力资源服务既可以外包，也可以向外提供，而不再限于企业内部。例如，利用猎头公司协助企业实施招募人才的功能，借助社会上专门的培训机构或管理顾问机构为企业培训，并提供更广泛的交流机会。

（2）弹性化。突破传统的工时制度，针对技术研发人员工作的独特性，采取弹性工作制（Flexible Time）与工作分享（Job Sharing）等措施，允许他们执行调整工作时间，以此吸引人才和激发员工工作热情。

3. 营造企业与员工共同成长的组织氛围

企业最能吸引员工的措施，除了薪资福利外，就是为员工提供良好的发展机会。发挥团队精神，营造企业与员工共同成长的组织氛围，规划员工实现自我超越的职业生涯。为了避免员工羽翼丰满就跳槽离职的现象，企业应当根据自身的实际情况，关注员工职业生涯管理工作，营造企业与员工共同成长的组织氛围，充分发挥团队精神，规划企业的宏伟前景，让员工对未来充满信心和憧憬，与企业共同发展，为有远大志向的优秀人才提供施展才华、实现自我超越的广阔空间。

4. 注重建立动态目标管理的绩效评估体系

在竞争日益激烈的21世纪，绩效评估必须将侧重点由以往对员工的态度与特质评估，转向与动态目标管理相结合的评估体系，将其员工的个人目标和企业的经营目标完美地统一起来，从而激发员工更大的工作热情。

5. 激励导向式的薪资策略与自助式的福利政策相结合

传统上的薪资制度比较重视薪资的保健因素以及职务因素，而这两者只能消除员工的不满，却不能达到激励员工的目的。因此，要彻底改变传统的薪资设计理念，首先，薪资要与工作绩效挂钩，激励员工的工作动机，使企业在激烈竞争的环境中得以生存；其次，薪资也应作为激励员工学习动机的手段，鼓励员工学习更多、更广、更深的知识和技能，以

应付知识经济时代变化无常的挑战。所谓自助式福利政策，即由公司给予员工一定的福利点数，员工可在点数范围内随意挑选自己喜欢的福利项目，满足员工需求多元化，使福利效用最大化。企业管理者既要做到让股东满意、顾客满意，更应该做到令员工满意。

6. 全新的人力资源管理模式——学习型组织和组织学习

学习型组织是一种全新的组织模式。在今天组织环境动荡不安的时代，传统的组织结构因为其多层次、金字塔式的设计而开始被学习型的扁平化组织结构所取代。彼得·圣吉对企业组织作了大量研究后发现，在许多团体中，每个成员的智商都在 120 以上，而团体的智商却只有 62。这说明组织成员的能力并未得到充分发挥，也就是组织中的人力资源没有得到有效的开发和利用。因此，建立学习型组织的关键就是通过组织学习来有效地开发组织的人力资源。

四、价值观转变与人力资源管理对策

在改革开放之前，中国在很长的一段时间里也采取了类似日本"终身制"的管理模式，在发挥了重大作用后也逐渐表现出不足，而后实行的市场竞争模式对我国的企业成长又一次起到极大的促进作用。但从目前的情况来看，却有过分强调竞争至上而忽视人文关怀之嫌。

过去的一项调查表明，美国和日本的青年希望改变 20 世纪一致追求的"竞争至上"的状况，而转向了尽量考虑到他人和"温馨的社会"环境。然而在竞争与公平两个方面，中国青年显然赞成前者的比例明显高于日本和美国。可见，中国青年显然还未实现物质上的超脱。然而，这并不意味着竞争至上就占了上风。在改革开放的前二十几年中，人们经历了残酷的市场竞争之后，希望"和谐"的价值观念又开始回归。不管是政府提出建设"和谐社会"，还是青年人日渐追求稳定的就业意向都表明，完全青睐于市场竞争的价值观念正在悄悄地发生改变。

中国正处在向工业化、现代化发展的历史交叉点上，前现代、现代与后现代等多种文化价值观相互交叉和碰撞，形成了极为复杂的价值观念与文化形态，并显现出明显的多元化、多层次趋势。目前的文化价值观既不同于建国初期，又与西方发达国家存在较大差异，是在信息化、全球化影响下形成的一种有自身特色的价值观。虽然信奉"竞争至上"还将在较长的一段时间内存在，但又反对美国那种过于强调个人主义和竞争意识的做法，同时也不可能再接受日本"年工序列"、"论资排辈"的形式。

(一) 设计人力资源管理体系应遵循的原则

我国目前文化价值观的主要特点是：追求自由、稳定、自我实现，注重平等意识、公平竞争等。针对当前的文化价值观特点，企业在设计人力资源管理体系时应注意以下原则：

1. 跨文化原则

受全球化影响，我国企业中可能存在越来越多的跨文化员工。企业中不仅存在具有不同文化价值观的同一地区员工，而且又有越来越多具有他国文化价值观的国外员工。并且一个人、一个地区的文化价值观又是在不断演变的，企业只针对单一的文化进行管理已经无法实现有效管理。因此，企业既要针对员工文化价值观差异采取适当的差异化管理，又要有意识地加强各类员工对企业核心价值观认同的教育和引导。

2. 公平竞争原则

虽然越来越多的人渴望"和谐"的工作环境，但在中国信奉竞争至上的局面还将持续一段时间。在这种情况下，企业还应为员工提供良好的竞争环境并进一步关注员工职业生涯的管理工作，以满足员工自我实现的需要。在平等意识逐渐加强的今天，建立一个公平竞争的平台对有效激发员工工作的积极性是十分重要的。公平理论是美国心理学家 J. Stacey Adams 提出的，该理论认为，员工的工作动机不仅受到其绝对报酬的影响，而且受到相对报酬的影响。人们常常不自觉地将自己所得的报酬进行横向和纵向的比较，如果所得是合理和公平的，他就会感到满足、心情舒畅，否则就可能会产生被不公平对待的感觉，从而影响工作的积极性。

3. 灵活原则

面对竞争日益激烈的 21 世纪，传统的工作方式受到挑战，企业应该注重企业内部的协调、沟通与合作，因此需要加强柔性管理，减少管理中的刚性。随着信息技术的成熟，对员工尤其是知识型员工进行灵活的工作时间安排已为许多企业和员工所接受，这样不仅不会影响到企业的正常生产，而且还会极大提高员工工作的满意度，进而有效地提高工作的效率。

在分配中同样要注意灵活原则，许多行为学家的调查结果表明，大部分人不单单都是为了经济报酬而产生动机行为。著名的管理学家彼得·F·德鲁克强调，金钱不能购买责任感，金钱在现代工业社会中已不是积极动力的主要源泉。"我们需要的是用自己发自内心的动力来代替外加的恐惧心理的刺激，唯一能达到这一目的的是责任心，而不是其他。"因此，应该对传统的薪资设计进行改革，采取更为灵活的"自助式"福利政策，满足员工需求多元化以激发他们的责任心和事业心。

（二）开发跨文化技能的策略

在企业采取何种策略开发跨文化技能的问题上可以各显神通，但一般可以有以下几种策略：提供实践经历、培训；启用文化顾问；采取严格的聘用流程；施行多样化政策。

1. 强化海外商务旅行和工作经历

开发跨文化技能策略使员工可以通过实践经历和旅行获取应对其他文化的技能。内容包括开展与多文化生意伙伴的日常接触，在多文化团队工作，商务旅行和驻外任职。该策略类似学校不借助特别工具，单纯将学生浸入新语言和文化、"丢到水里学游泳"的学习法。例如，一些经理人认识到，这种"丢到水里学游泳"的方法令人痛苦，因为经理人必须自己努力去对付文化问题。一位国际经理人评论说："这种方法一开始肯定会造成许多文化上的误解，但最终会引发学习过程。这个过程比较漫长而痛苦。"如果经理人难以理解陌生的经营文化并在其中有效地工作，那么还可能造成危险或高昂的代价。由于缺乏可以提供帮助的培训和其他策略，被丢入目标文化的经理人可能在学习陌生环境经营的过程中犯下高昂的错误。更糟糕的是，经理人可能认为自己了解该文化，但实际上没有看到事情全然不妙的迹象。有些经理人认为，与来自其他文化的同事、供应商、客户和其他业务伙伴开展日常接触是发展跨文化能力的好办法。员工和业务伙伴通过电话、电子邮件、传真、电视会议或面谈方式进行沟通，开展业务。还有的经理人认为，在多文化团队中工作是员工发展跨文化理解能力的另一种有效策略。全球性企业越来越多地运用多文化团队来开展项目。在此过程中，他们发现，参与这类团队让经理人获得跟不同文化人群合作的经验。

当员工共同从事同一项目时，他们学会解决分歧和克服误解的方法。多文化团队协作能够增强信任、理解以及对不同文化成员的尊重。

2. 通过培训增强跨文化工作能力

在某些情况下，企业应该向员工提供跨文化内部培训。这些培训包括研讨会、课程、语言培训、书籍、网站、讨论和模拟演练。人力资源部门通过外地旅行、录像、特别课程和企业内部网提供文化培训。有些公司鼓励经理人通过角色演练与来自其他文化的客户接触的情形，以便事先预见到可能出现的一些差异或误解。一位在花旗银行（Citibank）工作的国际银行家相信，处理跨文化沟通问题的最佳方法，是让人们在不同国家与不同国籍的学员一起上课。通过在课堂中的彼此合作，人们最终会讨论文化差异、事情的现状和应该怎么做。

一般来说，企业会在员工赴海外就职前数周，提供为期两天的培训课程，还有学员到达后持续1~3个月的文化课程和语言课程。有些公司还提供远距离学习，或者利用外国本地的培训中心。在课程设计过程中，许多企业首先用书面问卷和电话调查，测评在海外特定文化中生活的一些家庭的经历。然后，讲师据此调整课程，以适应这些家庭的背景和知识。某些知名的全球性企业如 Andersen Consulting 咨询公司在经理人开始海外任职前，有一年的培训课程。在此课程中，他们会来到将要工作的国家和地区，其中一部分培训会涉及经营和文化差异。

3. 利用文化顾问培训和指导员工

企业的另一项策略是聘用文化顾问，指导经理人跨越不熟悉的文化领域。有些企业运用"文化翻译"帮助来自不同文化的人们解决问题。文化翻译有助于协调谈判，并解释出现的误解。另外要对员工进行跨文化培训，解决人力资源管理国际化的文化差异问题。跨文化培训主要是培养员工对文化的认识，对全球经济和世界文化的理解，增强文化的自我意识，提高跨文化交流、合作的技巧。向员工传授跨国公司先进的管理经验，培养他们主动的团队合作精神，向他们灌输以公司共同价值观为核心的企业文化等内容。跨文化培训计划的实施，可以最大限度地减少员工之间因文化的不同而引起的冲突，最大程度上加深员工对该组织文化的解读，有效避免水土不服的现象。

4. 聘用合适的人员赴海外任职

为了获得具备合意跨文化工作能力的经理人，企业采用的另一途径是聘用。通过聘用来自多样文化背景的员工或具备广泛国际经验的人员，企业可以增加拥有合意技能的员工人数，他们可以积极找寻在工作中所遭遇文化冲突的新人。然后，企业可以依靠这些新人对其他人做非正式的管理培训。企业应该选择对文化差异敏感的经理人。为尽量减少失败的风险，有些企业尝试用新策略帮助选择海外职位的人选。典型的情形是，当一家企业需要相当迅速地填补一个国外职位时，由业务单位经理决定谁去任职。合资项目的经理可能不会因为具备文化敏感度或技能、接受过发展这些技能的训练或帮助被选中，甚至不会因为在派驻国有先前的工作经历而被选中。事实上，在决定外派人选时，管理能力起着比跨文化技能更大的作用。

为减少代价高昂的失败任职的数量，摩托罗拉公司（Motorola）和惠普公司（HP）根据员工意见，运用不同方法帮助选择驻外经理。摩托罗拉公司的 Linda Kuna 通过自我选择工具，建立了驻外任职候选人信息库。她请对国际工作有兴趣地员工通过内部网将简历和其他相关信息发过来。随后，有兴趣的员工可以参与一个任职期望的练习。这种自我选择工具，让员工更加现实地看到在国外必须做出的文化调整。她的候选人库向管理层提供额外信息，帮助他们选择适合职位的候选人。被选中的候选人要运用文化适应性工具，该工具旨在提高员工对国外生活可能出现的问题的警惕。摩托罗拉公司向员工和其合作伙伴提供为期两天的文化入门培训，重点是如何在对方国家的环境中生活并开展业务。

5. 在企业文化中遵循多样化政策

惠普、福特和摩托罗拉等公司把跨文化培训融入其多样化政策。多样化已经成为企业战略的重要方面，因为它使员工队伍趋于多元，并鼓励员工重视工作场所的文化差异。这些企业把多样化视为全球经济竞争中重要的优势。它们的策略是建立多样化的员工队伍，反映并理解公司所服务的多种顾客。多样化政策影响公司的全球化努力。公司可以通过多样化企业政策，鼓励跨文化了解和对文化差异的积极态度。如果企业文化明确地重视并奖励多样化，员工更可能对文化差异有开放的心态，更好地察觉到那些差异，并对此宽容。文化理解更多地来自心态，而非知识基础或有关某国的一大堆事实。例如，惠普公司认为多样化是其经营战略的重要组成部分。正如惠普公司行政总裁 Lewis Platt 所言："我们重视多样化并不只是因为这样做正确，而是这样做聪明。"在惠普的网站中，公司叙述了大多数国家员工队伍结构的变化，据此说明为什么多样化对成功至关重要："劳动力短缺的时代即将到来。吸引并保有顶尖人才的竞争正在加剧。为确保经营成功，我们公司必须成为每个人的最佳工作场所。"另外，惠普公司这样强调其竞争优势："要成为创新、创造力、解决问题和组织灵活性方面的领袖，我们必须有多样化的视角、才能和团队，以更好地适应这个全球性挑战。"福特公司和摩托罗拉公司每年都花费巨资用于培训和发展其全球员工，企业要求每个员工年均至少参加 40 个小时的培训。

文化具有一种强大的力量。有些物质资源也许会枯竭，唯有文化可以生生不息，它是一种无形的生产力，一种潜在的生产力，它是无形的资产和财富。文化与企业发展是相互作用、相互依赖、密不可分的辩证关系。所以，只有做到互相协调、互相补充、互相促进，使两者同步进行，企业文化才会对企业的长远发展起到积极的不可估量的作用。

第五节　跨国公司海外管理人员的培训

跨国公司在选拔海外管理人员时有三种策略：任用最适当的人选而不考虑其国籍，即管理人员国际化策略；雇用所在国人员管理当地子公司，即管理人员当地化策略；重要的管理职位都由母国人员担任，即管理人员母国化策略。仅从表面上比较，管理人员国际化政策由于体现了"唯才是用"的管理理念，似乎是三种政策中最为有效合理的一个，但在绝大多数跨国公司中，由于来自母公司高级职员和东道国的抵制以及国际人才市场的不完善、管理目标的差异化等复杂因素，使得在目前采用这种政策的公司非常少。以下就着重探讨一下管理人员母国化与管理人员当地化这两种策略各自培训的侧重点。

一、母国管理人员的培训

从母国挑选的海外管理人员一般在国内工作较为出色，而且选用他们也具备相当的优势。例如，他们有尽忠于本企业的精神。在发生冲突时，其民族主义倾向能促使他们将本国利益放在第一位，亦利于加强母公司对子公司的控制等。但在海外任职往往要求他们具备更全面、更特殊的知识和技能。因此，跨国企业必须对这类人员进行有针对性的培训。

（一）培训目的

这种培训除了要让来自母国的外派管理人员获得国际经营管理的知识和经验外，主要进行的是文化敏感性培训。文化敏感性是跨文化管理能力的一项主要内容，对此进行培训的目的是使母公司的管理人员了解他们将赴任国家的文化氛围，充分理解东道国国民的价值观与行为观，迅速地增强对东道国工作和生活环境的适应能力，充当两种不同文化的桥梁。

（二）培训内容

1. 文化差异对管理人员的影响

研究表明，在不同文化背景下，管理人员的行为具有不同特征。例如，在管理风格上，美国企业的管理人员较为民主，鼓励参与，日本企业的管理人员则习惯于集权；在财务决策上，发达国家的管理人员偏爱高风险、高收益的策略，发展中国家的管理人员则奉行较为保守的原则；在处理事情时，西方发达国家管理人员比较讲究原则，亚洲许多国家的管理人员比较讲究交情等。这些特征在一定程度上反映出文化差异对工作带来的影响。因此，外派管理人员只有尽快适应东道国文化环境，才能与当地管理人员建立良好工作关系，保证管理工作的顺利开展与进行。

2. 进行文化敏感性培训

文化敏感性培训有两个主要内容：一是系统培训有关母国文化背景、文化本质和有别于其他文化的主要特点；二是培训外派管理人员对东道国文化特征的理性和感性分析能力，掌握东道国文化的精髓。实践证明，较为完善的文化敏感性培训可以在较大程度上代替实际的国外生活体验，使外派管理人员在心理上和应付不同文化冲击的手段上做好准备，减轻他们在东道国不同文化环境中的苦恼、不适应或挫败感。

目前许多大型跨国公司采用课堂教育、环境模拟、文化研讨会、外语培训等多种方式进行系统的文化敏感性培训。系统的文化敏感性虽然可以提高学员对东道国文化的敏感性和适应能力，但并不能保证他们能够在东道国有效应付不同文化的各种冲击。因此，外派管理人员必须学会以尊重和接受的态度对待异国文化。切忌用本国文化标准随便批评异国文化，更不能把本国的文化标准强加于东道国公民，即应努力做到克服自我参照习惯的干扰。在遇到挫折时，要善于忍耐和克制自己，把自己当作东道国文化的承受者，灵活地处理因文化差异产生的各种摩擦和冲突，在建立良好工作关系的过程中增强对不同文化的适应能力。对于这种外派人员的培训通常在两个阶段上展开，上述所言及的是派出前的准备培训。第二阶段是现场指导，即外派管理人员在海外上任后，企业总部及当地的辅导者要对他们给予支持。在海外子公司，前任者通常要对接任者进行几个月的指导。此外，需要引起注意的是，为了留住人才，让有能力的人安心工作，一些企业还对海外离任回国人员进行回国培训，以帮助他们减轻反向文化冲击、重新适应母国的企业文化，寻求进一步的发展。

（三）培训形式

跨国公司针对外派管理人员制定的培训计划主要有外部培训、内部培训和在职培训三种形式。

1. 外部培训计划

外部培训计划不是由某个跨国公司制定的，而是由独立的培训机构针对跨国公司的某一类管理人员设计的。例如，工商管理学院开设的国际管理课程，专业化培训公司提供的沟通技能和人际关系技能培训等。这类培训计划往往邀请有经验的或某个领域著名的专家授课，让学员从别人的经验中得到借鉴，或了解某些领域的最新发展。许多跨国公司喜欢把管理人员送到东道国培训。这样做可以使管理人员在承受工作压力之前，已经亲身经历了文化差异的影响。

2. 内部培训计划

内部培训计划一般是根据跨国公司自己的需要制定的。这种培训的效果通常较为直接和明显。培训计划的内容可以根据公司遇到的不同问题灵活地进行改变。现在许多知名的跨国公司都设立自己的公司大学，这是一种典型的内部培训方式。公司大学的主要任务是培训公司内部的管理人员等骨干力量。因此，这些外派的管理人员可以去公司大学进行培训，培训计划也可以根据受训人员需要灵活设计。如在出国前准备阶段，可请一位熟悉两国文化的人担任培训人员，帮助受训人员了解所在区域的环境因素，并对当地特有的管理问题进行探讨，为受训人员到任后有效地建立工作关系打好基础。

3. 在职培训

在职培训也是跨国公司内部设置的一种培训，培训对象是具有特殊工作需要的个别管理者。在职培训强调实践性，由更有经验的上级监督受训者在实际工作中的表现。由于在职培训可以在工作中进行，时间约束性小，更适合于文化差异的调节。

值得注意的是，跨国公司任命母国人员去海外工作遇到的最大问题是由他们的家属引起的。即使管理人员本人能适应并细化在海外的工作和生活，其家属则并不一定如此。如果其家属不乐意，会带来一系列麻烦问题。例如，管理人员不安心海外工作、家庭破裂等。于是在海外管理人员外派之前，很多公司都要努力估计管理人员的家属是否能适应国外的环境生活。因此，跨国公司在制订培训计划时，除了考虑培训计划的目标、课程的组织及其内容之外，还要帮助返回母国的管理人员及其家属重新调整回国后的职业与个人生活。例如，某公司海外任职者的部门领导要给其一封信，说明该海外分支机构保证其在返回时至少能得到与其离开总部时同级的工作。在外派管理人员计划返回母国之前，其新工作已由指导员安排稳妥。这样可解除外派管理人员的后顾之忧，增强他们的职业安全感。

二、东道国管理人员的培训

传统上，跨国公司培训的重点是母公司派往国外工作的管理人员。随着跨国经营规模的扩大和对高素质人力资源需求的增加，加之管理人员当地化策略体现出来的一些优势，如熟悉当地文化、有助于同当地建立良好关系、有利于发现存在的商业机会、因地制宜地开展工作等，使越来越多的如 IBM、P&G、麦当劳等大型跨国公司开始由管理人员母国化策略向管理人员当地化策略转换，跨国公司开始重视对东道国当地管理人员的培训，以使他们对生产经营各环节的管理上达到母公司要求。

(一) 培训目的

由于来自东道国的管理人员对母公司的跨国经营战略、管理风格和管理程度缺乏深入的了解，因而这种培训主要是针对管理方法、管理技能、技术和有关公司文化的培训。这种培训的目的是使东道国当地管理人员的管理水平尽快达到公司的要求，以提高母公司对子公司生产经营活动的协调和控制程度。

（二）培训内容

跨国公司对东道国管理人员的培训侧重于生产技术和管理技术方面。虽然有时也会设置有关公司文化的培训、但文化敏感性培训通常不是重点。

有关管理技能的培训，通常按管理的职能进行分类。对营销部门管理人员的培训侧重于各种营销、分销、广告和市场调查的管理技能。对财会部门管理人员的培训侧重于母国和东道国会计准则的差异、会计电算化方法、财务报表分析和外汇风险分析等。

有关生产技术的培训，一般侧重于从母国转移到东道国的生产技术。培训对象多数是生产部门和质量控制部门的管理人员。

在多数跨国公司中，培训与管理人员的晋升联系在一起。不同等级的管理人员接受不同类型的培训。此外，在培训东道国管理人员时需考虑到由于他们自小接受的教育、经历和文化熏陶，在管理活动中容易偏向民族利益这一状况。因此，必须加强对他们的忠诚培训，力图使他们站在较公正的立场上考虑与决策公司事务，使公司能实现跨国经营活动整体利益最大化的目标。

（三）培训形式

由于东道国管理人员缺乏公司经营业务和技术方面的知识，除了对他们进行一般性的培训以外，还有一些特别的培训，主要有两种形式。

1. 东道国受雇于母国工作

许多跨国公司为了解决东道国容易缺乏业务技术的问题，就雇用一些母国商业院校毕业的东道国学生。这些学生通常被送到跨国公司总部接受政策灌输和学习公司特殊的经营方法、管理程序，并在一些特别的职能部门财务、营销或生产部门里进行在职培训。

2. 东道国人员受雇于东道国工作

由于毕业于母国大学的东道国人员终究有限，跨国公司还必须选聘当地人担任管理职务。为弥补他们的知识缺陷，公司要做许多工作。让他们在东道国子公司参加小时培训计划；或者，送他们到东道国的大学里学习管理和业务课程；也可能送他们到母国商业院校学习；或者参加母公司的培训计划。此外，受训者还会被送到母公司总部、分部门和其他子公司，以使他们熟悉各种企业经营业务，单独会见其他管理人员，并同他们交流经验。

虽然对来自东道国的管理人员不需要进行昂贵的外语培训，也不需要着重解决文化适应方面的问题，但在培训时，也应认真制定培训计划、学习对自身文化心态的调整，积极参与各种社交活动，尽快融入到公司的文化氛围中。

本章小结

本章主要介绍了在跨文化的宏观环境下，跨国公司的人力资源管理所面临的冲突与解决模式。其中文化差异已经成为跨国企业必须要面对的严峻问题。跨文化企业，顾名思义，是指由来自不同文化背景的、存在跨文化差异的员工所组成的企业。具体说来，跨文化人力资源管理是指以提高劳动生产率、工作生活质量和取得经济效益为目的，而对来自不同文化背景下的人力资源进行获取、保持、评价、发展和调整等一系列管理的过程。在跨国公司的跨文化人力资源管理的过程中，要充分重视冲突，并且明确协调跨文化冲突的重要性，认识到价值观的协调才是最重要的协调。本章主要列举了日本和美国的不同的价值观在人力资源管理中的具体表现，并且与中国一一对比，从中可以通过不断的学习借鉴，提出价值观转变的人力资源管理对策。最后，跨国公司海外管理人员的培训在一定程度上解决了文化冲突的一些问题，可以使外派人员更好地适应当地文化，对于快速地展开工作有一定的促进作用。

因此，跨文化的管理者一定要客观地认识和理解文化差异的存在，深入、系统、全面地研究企业中的多元文化对人力资源管理的影响，善于在不同文化的结合点上创造出新的管理模式，以求实的态度、超前的意识和创新的思路不断开拓人力资源管理的新局面。

思考题

1. 什么是跨文化和跨文化管理？
2. 文化差异主要体现在哪些方面？
3. 跨文化冲突是什么？表现在哪些方面？主要有哪些处理模式？
4. 跨国企业的定义是什么？新形势下跨国企业的跨文化管理面临哪些方面的问题？其中最主要的问题是什么？
5. 试分析文化价值观对人力资源管理的影响。不同价值观之间的比较，请举例说明。
6. 试根据本章内容分析我国企业跨文化管理所存在的问题。
7. 跨国公司在海外选拔人员时有哪几种策略？
8. 东道国在培训形式上有什么特别之处？

 **案例讨论**

西门子有限公司跨文化人力资源管理策略

随着经济全球化进程的加速，跨国公司的跨文化交往活动日益频繁，不同文化背景人员的跨国往来日益剧增，跨国公司内部员工文化背景多元化趋势日益明显。在当今全球化的时代，跨国公司必须重视文化差异对企业跨国经营管理带来的影响。

（一）西门子有限公司招聘策略

西门子有限公司像其他公司一样，执行按需招聘的原则，招聘的人不是仅限于所聘岗位的要求，而是要求具备很大的发展潜力，至少高于应聘岗位一级到两级的要求，乍一看有点大材小用，但这恰是西门子公司用心良苦之处，他们希望所有员工都有一个更大的发展机会。西门子公司每遇有职位空缺时，总是先在企业内部张贴招聘广告，充分挖掘内部人才潜力，只有当企业在内部找不到合适人选时，才向外界招聘。西门子雇佣中国员工，不仅考虑他们的短期计划，更多考虑他们的长期规划，会给予他们更多的发展机会和空间，希望员工与西门子公司一同成长。在西门子公司，员工流动率中自愿离开公司的比率远低于市场水平。

（二）西门子有限公司培训策略

一般来说，一个人对新文化的适应过程大致分为五个阶段，驻外人员不接受或不理解所在国文化，是人力资源跨文化管理面临的又一困境。针对这一问题，西门子公司对外派人员采取跨文化敏感性培训。对不同文化的敏感性培训，又被称为跨文化交际能力。加拿大两位教授威廉·豪威尔和斯特拉·廷·图米发明了一种跨文化交际能力的五阶段模型。西门子文化敏感性培训的目的在于让受训者达到有意识有能力及以上阶段，主要包括两个内容：一是系统培训有关母国文化背景、文化本质和有别于其他文化的主要特点，此为知己；二是培训外派管理人员对东道国文化特征的理性和感性分析能力，此为知彼。

（三）西门子有限公司薪酬策略

西门子有限公司实行与业绩挂钩并随市场调整的薪酬策略，最好的员工、最突出的业绩才能拿到最高的工资。如果企业不能提供具有竞争力的报酬，可以选择其他的激励方式。如，企业可以向员工提供更多的培训或更多的晋升机会。

在员工福利方面，西门子采取自助餐式的福利计划，公司为每位员工提供同样的基本福利计划，如医疗保险和带薪休假等，但允许专业的技术人员从附加的福利中进行选择。

（四）西门子有限公司绩效策略

西门子的创始人维尔纳·冯·西门子（Werner Von Siemens）认为雇员的积极性是公司成功的基础，所以西门子注重激励机制的作用。为了确保每位员工都有公平的发展机会，西门子每年对全体员工进行一次员工发展评估。

在西门子公司，由于员工来自不同文化背景，看问题的角度不尽相同。为了保持考评的公正性，企业在进行评估时，尤其是对母国外派人员考评时，必须全方位进行，考评者不能单一化，而应有东道国被评估者的直接上级、下级、同事或客户，还有来自母国的上级。

从对西门子跨文化人力资源管理案例4PS活动流程分析中看到，西门子在4PS过程中采取的各项举措，一是注重融入到东道国文化中，二是强调员工个人的发展。而中国企业在跨文化人力资源管理过程中，往往忽视东道国文化，忽视其对员工个人价值的创造、激发员工的创新精神的重要作用。因此，对于即将或已经走向国际的企业，在跨文化人力资源管理过程中，应从西门子案例中吸取如下经验。

（一）开发人事功能

中国企业在参与国际竞争过程中，应先对人力资源的4PS活动进行完善。

1.融入业务部门

西门子公司执行按需招聘的原则，积极与各业务部门接洽，做业务部门的伙伴。而中国企业在这方面还比较欠缺，长期独立于各业务部门。所以，中国企业应该形成人力部门围绕公司发展目标，主动服务公司，做业务部门的伙伴的理念。

2.注重员工价值

中国企业由于受传统思想的影响，形成的高集体主义、高权力化的文化导致员工个人的思想及理念难以得到企业重视，特别是人力资源部门在制定各项考评政策时，直接听取领导的意见，员工的呼声难以得到实现。

在薪酬福利方面形成的职位等级制，更是对那些掌握有核心技术的人才造成打击，导致员工创新意识下降。

（二）跨文化融合

俞文钊教授、贾咏硕士在《共同管理文化的新模式及其应用》一文中，提出了跨文化管理的新模式，即共同管理模式（CMC，Common Management Culture），此模型尤其适用于中外合资企业的跨文化人力资源管理。

人力资源4PS活动是具体管理激励员工的措施和手段，如果这个整体管理活动因为企业文化的差异无法进行协调统一，甚至其中一个环节稍微出了点问题，就会导致员工工作的心情不畅，影响员工绩效，从而增大人力资源管理的成本，进而影响企业的整体经济效益。

跨文化人力资源管理的最终目标应与企业文化保持一致，反过来在企业文化的指导下建立指导思想一致的招聘、培训、薪酬和考评管理制度，管理制度的统一将有利于跨文化沟通的有效性。

案例讨论题

1. 西门子有限公司跨文化人力资源管理策略有什么特点？
2. 西门子有限公司跨文化人力资源管理有什么可借鉴之处？
3. 请思考德国与中国的人力资源管理有哪些相同与差异，如何解释？
4. 跨文化人力资源管理与本企业的企业文化如何能有效的融合？

第十三章 人力资源管理信息化

近年来，在信息化浪潮席卷全球的背景下，国内外很多企业纷纷引进各种先进的信息系统，积极探索能够适应不断变化的经营环境的信息系统解决方案。目前，许多中国企业在销售、生产、物流、客户服务、行政办公等方面已基本建立起了融合先进管理思想的信息系统，极大地提高了企业的管理效率。对人力资源的开发与经营成为信息时代企业最重要的任务。根据目前我国企业实际情况来看，借助信息技术可以大幅度提升企业人力资源管理的效率，有力地推动和加速企业战略目标的实现，提升中国企业的核心竞争力。在以人力资源为企业最宝贵资源的 21 世纪，与企业已有各信息系统相融合的人力资源管理信息系统已成为各界的新关注点。

本章学习重点

▶ 人力资源管理信息化的内涵
▶ 人力资源管理的内、外部信息化
▶ 电子化人力资源管理的优势
▶ 人力资源信息化在企业中的应用分析

阅读资料

江西润田饮料的人力资源信息化

江西润田饮料股份有限公司创建于 1994 年，是一家致力于生产经营天然饮料食品的中外合资企业，注册资本 2.1 亿元，总部位于江西南昌，在全国拥有 8 大生产基地，4200 多名员工，年销售额超过 13 亿元。润田拥有水饮料、果汁饮料、茶饮料、果奶饮料、碳酸饮料、运动饮料六大系列 30 多个品项。润田在全国建立了完善的分销网络，市场覆盖全国各省会及地级城市和 80％的县级城市。

随着润田公司产品品类的丰富和营销网络的全国渗透，坚定了润田做大做强的决心，确立了打造中国矿泉水第一品牌的企业发展战略。基于该战略，润田一方面要发现和寻找更多、更好的天然矿泉水源，另一方面还需要不断优化和提升管理。

润田是典型的快销饮品企业，生产基地和销售渠道遍布各地。经过长期实践，润田总结了分散生产经营、总部集中管控的管理模式。在人力资源管理方面，也是由总部人力资源部统一部署、统一规划、整体实施，保证公司人力资源政策和体系一致，确保公司的各项策略能层层落实。但是，润田的 8 大生产基地和销售网络遍布全国 15 个省市，人力资源跨地域管控非常困难。总部如何有效实现对全国人力资源的有效管控，如何将公司战略有效向下传递并监控执行，如何实现总部和下属单位人力资源的规范化、标准化、专业化管理，成为润田人力资源管理亟待解决的问题。经过长时间的思考和总结，润田意识到，人力资源管理信息化将是管理提升的有效手段。

2008年，通过对多家厂商的HR软件深入比较，润田选中了具有先进设计理念、能支撑跨地域人力资源管理的金蝶K/3战略人力资源管理系统（简称金蝶K/3 HR系统）。"金蝶K/3 HR能很好地打破地域、组织边界，解决我们的信息沟通问题。同时，金蝶K/3HR专业的设计理念、便捷的操作流程与我们的实际HR管理非常吻合。"润田人力资源部经理汤华平回忆了当时选择金蝶的原因。

第一，跨地域人力资源管控

润田的8大生产基地和销售渠道跨越全国15个省市，在每个基地和销售联络处都配备了HR专职人员，负责当地的人员招聘、入职、岗位异动、离职等人事管理，每月以报表形式将人事信息传回总部。每月底，总部为收集各类报表，往来的传真一天就多达一、两百张，报表格式五花八门，非常难以统计，更谈不上进行数据分析。更为严重的是，这种原始的传递手段，导致信息滞后，经常出现员工调动、入职离职等审批报告很多天都批不下来，严重影响到业务部门的工作开展。

通过K/3HR系统，润田总部人力资源部要求各地将人事业务统一纳入系统处理，包括员工档案信息，员工的入职、转正、调动、晋升、离职、请假等。现在，总部人力资源部通过系统，可以及时了解各地的人力资源状况，可以随时查询并导出全公司的人力资源报表，并且能在系统中及时审批各地的人力资源业务申请，有效解决了人力资源管控和人事信息滞后问题，为各地业务的开展提供了良好的人力资源支撑。

第二，薪酬管理

润田的薪酬坚持对内公平、对外具有竞争力的原则，根据对各岗位的评估分析，建立了宽带薪酬体系，并形成了岗位薪酬标准表。员工定薪调薪时，根据其岗位任职、工作能力、工作业绩、基础状况等方面综合考虑，结合薪酬标准表中规定的岗位薪酬范围，给予合理的定薪和调薪。同时，针对销售、技术、后勤等不同性质的工作岗位，设计了不同的工资项目组合，确保薪酬设计的科学和公平。

为进一步规范和落实薪酬管理，润田将宽带薪酬体系植入K/3HR系统中，形成薪酬等级标准表。各部门领导可以在系统中查看权限范围内的薪酬等级标准表，在标准表允许的范围内确定给员工定薪调薪的数额。如果调薪数额过高，超过了标准表的范围，系统可以设定无法提交工作流程，从而有效地控制定薪和调薪的随意性。同时，通过在系统中提交员工定薪或调薪流程，可以直接流转到人力资源部核准。

润田对薪酬发放设计了非常严格的审核控制，各生产基地核算并提交工资表后，需要部门领导、总部人力资源部、财务部等多级核准。针对润田的多级工资审核，K/3HR系统自定义了工资六级审核功能，从基地薪资专员提交工资表，到最后财务审核，层层把关，任何一级发现错误，都可直接撤回原级或上一级重新修改。严格的审核机制，保证了润田每月的薪资发放准确率都几乎为100%，并且通过系统流程审核，比原来的审核方式节省了大量时间。原来走完整个审核流程需要7天以上，现在两天即可完成。

第三，绩效管理

在润田，绩效考核是另一件让人力资源部头痛的事。之前，每月绩效考核时，都是通过传真或E-mail的方式，对数百张绩效考评表来回传递，非常麻烦。每次考核时，有的生产基地还私自更改绩效考核项目、考核目标值，或者使用旧的绩效考评表，很难进行有效的过程监管。每期考核完后，对考核表都采用纸质文档保存，长期下来文档成堆。而每年一次的360度考评更是工程浩大，考评分数的统计分析，评分的客观性等，都是非常棘手的难题。

利用金蝶K/3HR绩效管理系统，人力资源部统一将绩效考核的指标内容、指标权重、计算公式等输入系统，并设定好考核对象、评估流程、评估人等。考核开始后，各基地评估人员只能在统一格式的评估表中进行评分和填写评估意见，而不再允许随意更改考核项目或目标分值，有效提升了绩效考核体系的严谨性。在进行360度评估时，系统可以设置匿名评估，收到问卷的评估人打分时可以不用再碍于情面，保证了360度评分的客观性。评分结束后，系统可以自动统计出评估分数，有效提升360度评估效率。此外，所有的绩效考核记录，都会保存到系统中，形成员工的绩效考核历史，为员工的晋升、奖励等提供有效的参考依据。

金蝶K/3HR系统，帮助润田解决了跨地域人力资源管控问题，对人事管理、薪酬管理、绩效管理等业务实现了规范化、专业化管理，为公司战略的实现提供了有效的人力资源支撑。润田公司人力资源部经理汤华平对人力资源信息化给润田带来的变化做了如此评价，"金蝶K/3HR给润田的影响不仅仅是操作层面的转变，更是一种管理方法与理念的变革。它不仅提高了人力资源部的工作效率，也让更多的人参与到HR管理工作中，推动了公司人力资源管理的发展进步。"

第一节　人力资源管理信息化概述

一、人力资源管理信息化的内涵

人力资源管理信息化，即"eHR"（electronic Human Resource），是新经济时代下人力资源管理发展的趋势，是以网络技术的成熟与运用为基础，以ERP、ASP（Application Service Provider，应用程序服务提供商）等概念的出现和具体实施为存在和发展，以人力资本开发和增值的迫切性为终极原因，将先进的软件配上高速的硬件运用于人力资源管理，为企业建立的一种基于Internet的人力资源服务网络系统。

人力资源管理信息化是以信息技术和先进的人力资源管理思想相结合的应用为基础，依赖信息技术对企业人力资源进行优化配置的一种管理方式。它是提高人力资源管理水平的一个持续渐进的过程，不能简单地认为是一些软硬件的配套组合。它实际上指的是人力资源管理信息化的全面解决方案，是基于先进的软件和高速、大容量的硬件基础上的新的人力资源管理模式，通过集中式的信息库、自动处理信息、员工自助服务、外协以及服务共享，达到降低成本、提高效率、改善员工服务模式的目的。它通过与企业现有的网络技术相联系，保证人力资源与日新月异的技术环境同步发展。从某种意义上讲，人力资源管理信息化更像是一种观念、一种思想——一种在信息技术和软件系统支持下得以体现的管理思想，拥有这种思想和观念的人是人力资源管理系统的神经中枢。

与传统人力资源管理系统不同，eHR是从"全面人力资源管理"的角度出发利用Internet/Intranet技术为HR管理搭建一个标准化、规范化、网络化的工作平台。在满足HR部门业务管理需求的基础上，还能将HR管理生态链上不同的角色联系起来，使得eHR成为企业实行"全面人力资源管理"的纽带。eHR"助力人力资源管理"如图13－1

所示。

图 13-1　eHR"助力人力资源管理"

　　总的来说，现代人力资源管理与传统人力资源管理最大区别就在于：过去的人事管理是以工作为中心，即让人去适应工作，而现代人力资源管理则是以人为中心，总是力图根据人的特点和特长来组织工作，使人力资源的能量得到最大发挥。

　　人力资源管理信息化既是一套人力资源管理的信息系统，也是运用这套系统进行人力资源管理的过程。企业人力资源管理信息化主要包括以下三个方面：

　　1. 基于网络的人力资源管理流程化、自动化

　　人力资源管理信息化把分散的人力资源信息进行集中储存、管理并进行分析，优化人力资源管理流程，实现人力资源管理全面自动化，与企业内部其他管理系统进行匹配。在人力资源信息化的管理环境下，管理咨询服务、行政事务等工作被电子化和自动化的人力资源管理流程所取代。这样人力资源的流程就被极大地优化，并不是单纯地将人力资源工作人员从繁杂的工作中解脱出来。

　　2. 实现企业内部自助服务与无纸化

　　企业成员运用系统进行自助服务，使普通员工、直线经理、企业高层都参与 HR 活动，最终达到全面人力资源管理。让员工和部门经理参与企业的人力资源管理，体现 HR 部门视员工为内部顾客的思想，建立员工自助服务平台，开辟全新的沟通渠道，充分达到互动和人文管理。一方面，企业管理者可以迅速、准确地获得有关人员管理的信息，这对于进行正确的企业经营决策具有重要的意义，并且可以使高层管理者和部门经理掌握企业的人员状况、人才需求标准等，有利于提高对员工的管理水平；同时员工可以方便地获得有关自己的考勤、培训记录、薪资等信息，进行自我维护的同时还可以实现在线报销、申请休假、查询等。从而人力资源信息化可以明显降低企业的管理成本，而且能够有效地实现组织内部的有效实时沟通。

3. 获得人力资源管理外部服务

人力资源信息化使得企业的人力资源管理者能够有效利用外界的资源，并与之进行交易。充分利用外界资源，使人力资源管理各项职能可以获得专业的外包或帮助，人才网站、人才市场、咨询公司、猎头公司、培训机构、人事代理机构等人力资源服务提供商都可为企业提供专业的服务。

二、人力资源管理的内、外部信息化

传统的人力资源管理技术主要依靠纸、笔及以其为载体的档案文件，其中耗费了大量的人力资源和物质资源且效率低下。随着知识经济的到来，特别是以因特网技术为代表的信息技术的发展不断地冲击着传统的人力资源管理，要求传统的人力资源管理必须进行信息化改革。人力资源管理的信息化大体上可以分为内部信息化和外部信息化。

（一）人力资源管理的内部信息化

人力资源管理的内部信息化主要通过选择、建立人力资源管理信息系统或者企业内部塑造信息沟通企业文化，激起企业员工对企业在情感、理想和价值上体现一致的意志力，从而达到更好地管理企业的人力资源，推动企业不断前进的目的。

1. 人力资源管理信息系统

在一个企业中，要较好地实施人力资源管理，就必须建立一个人力资源管理信息系统，它是提高人力资源管理工作科学化和现代化水平，加快企业感知和反映，健全企业神经系统的重要手段。通过现代信息网络技术的引入和应用，将改善我们的思想观念和工作方法，为合理配置资源、优化使用资源、公正评价资源，以至充分发挥企业人力资源整体效能都将产生积极的作用。

2. 企业文化

企业文化与人力资源管理有着内在的联系，企业文化的树立对于企业加强人力资源管理、促进人力资源管理的信息化有着积极的推进作用。优秀的企业文化能够充分挖掘智力资源的潜能。企业文化对人的行为机制功能通过产生凝聚作用和辐射作用实现竞争力的提高。一旦企业的价值观被企业员工共同认可后，企业文化就会成为一种黏合力，从各个方面把其成员聚合起来，从而产生一种巨大的向心力和凝聚力。企业文化的凝聚作用，使企业不再是一个单纯的因利而聚集起来的群体，而是由一个具有共同的价值观念、精神状态、理想追求的人凝聚起来的组织，使员工把个人命运与企业的安危紧密联系起来。

（二）人力资源管理外部信息化

人力资源管理外部信息化主要涉及企业所处的劳动力市场环境以及以因特网为基础的信息技术运用环境。

1. 环境因素

对于一个企业，始终处于一个开放的环境中，这必然会使企业受到各种因素的影响。相应的企业人力资源管理必然会受到多种因素的制约。影响企业人力资源管理的外部环境主要有：地理环境因素；经济能力制约；社会组织结构和社会关系等。这些因素企业通常不能控制，即使能也是极少能控制外部环境对人力资源管理的影响。所以只有把这些环境因素纳入到管理当中，认真研究这些因素与企业活动的关系，寻找特点，制定规则，才能在市场竞争中取胜。

2.因特网

信息技术已成为当代社会各种事务的主要载体，遍布人们生活的每个角落。信息技术的革新，也为当代人力资源管理带来了升级。然而当今的商业社会竞争在很大层面上是对人才的竞争，谁拥有更多的人才，谁就拥有更多的知识，谁就能获得更多的竞争优势，这就对人力资源管理科学提出了新的要求。因此，人力资源的管理、开发及利用越来越受到企业管理者们的高度重视。信息技术所提供的快捷、交流和共享的特点有效地克服了传统人力资源管理中存在的弊端，所以事先人力资源管理和信息技术的整合成为当代人力资源管理的新特点。信息技术在飞速地发展，人力资源管理的手段和技术也在不断地更新。人力资源管理信息系统正在发挥着越来越重要的作用。

从人力资源管理者的角度看，计算机及网络等当代信息技术的产物将成为他们主要的生产工具。无论从新员工的招聘、培训到上岗，还是对已有职工的评估、任免和奖罚，在这些过程中计算机和网络的应用都很普遍。更重要的一点是网络技术的使用和普及，员工与各级主管被前所未有地紧密连接在一起了。企业管理者借助于网络可以向员工即时发布信息、布置工作以及同员工开展交流。从员工的角度看，通过网络，他们可以及时地与各级管理者们进行沟通，汇报自己的工作状况及表达自己的意见和看法，也能在任何时间、任何地点开展工作及展开合作。

三、人力资源管理信息化的优势

与传统的人力资源管理相比，人力资源管理信息化的优势主要体现在以下几个方面。

1.人力资源管理信息化有助于提高人力资源管理部门的工作效率

企业发展到一定规模之后，人力资源管理部门的日常工作量很大。影响人力资源管理部门工作效率的因素主要包括：每月的工资计算与处理；员工的考勤休假处理；员工信息管理等业务内容。如工资的发放就要先获得并整理绩效情况，以此计算薪资、福利、公积金、所得税及其他扣款等。这些事务往往要持续占据人力资源管理管理人员的大量时间。如果这些工作完全依赖手工完成，不仅效率低下，而且容易出错，这种情况下人力资源管理部门不堪重负。信息技术在人力资源管理中的应用，将集中的数据库与人力资源管理有关的信息全面联系起来，可减少信息处理中的大量重复性劳动和手工劳动，将大大降低例行性工作占用人力资源管理人员时间的比例，将管理人员从日常事务中解脱出来。

对于公司高层而言，他们可以在网上查看企业人力资源的配置、重要员工的状况、人力资源管理成本的分析、员工绩效等。对于中层经理，即直线经理来讲，人力资源管理信息化是其参与人力资源管理活动的工作平台，通过这个平台，直线经理可以在网上管理自己部门的员工。例如，可以在授权范围内在线查看所有下属员工的人事信息，对员工的培训、休假、离职等流程进行在线审批等。

人力资源管理信息化强调员工的自助服务，一般员工可以在线查看企业规章制度、内部招聘信息、个人当月薪资及薪资历史情况、个人考勤休假情况、注册内部培训课程、提交请假/休假申请、实现在线报销等。一方面员工可通过系统自助获取考勤、考评、薪资、培训记录等信息和在线申请休假、报销等工作，显著提高了人力资源管理的工作效率，较好地保证了数据的质量和数据更新的速度，从而可以有更多时间思考战略层次的问题。另一方面，如果员工的个人信息发生了变化，他本人就可以去更新自己的信息，经过一定的批准，程序即可生效。

2. 人力资源管理信息化可以有效地降低管理成本

企业在实施人力资源管理信息化之后，人力资源管理信息化带来管理成本减少的效果也是显著的。例如，在评估方面，通过网络，各级主管可以很快看到来自各地下属定期递交的工作述职报告，并进行评估、指导及监督，这样，评估的成本也可以大大降低；在员工培训方面，员工可以"在线"随时随地接受培训，从而可以节省时间，减少差旅费用，降低培训成本。据统计，公司在实施人力资源管理信息化以后，员工的电话询问可以减少75％。例如，Dell公司半年时间通过因特网处理了300万美元人力资源管理操作业务，Cis-co公司通过电子化学习系统一年节省了2400万美元培训成本。美国爱立信公司实施员工自主服务系统后，第一年就节省了超过100万美元的开支。

3. 人力资源管理信息化还有利于帮助企业留住人才，降低人员流动率

不少企业在不同程度上存在着人才流失现象，人才流失除了薪资因素之外，还有很多其他因素，如工作环境、领导公平与否、培训机会和个人前途等。企业实施人力资源管理信息化后，系统还可以通过人、职的自动匹配，使企业的内部选拔招聘更公平合理，减少人为的主观性，体现公平原则，从而激发员工的积极性，增强忠诚度，进而留住人才。同时，人力资源管理信息化使员工得到充分授权，它所提供的透明、简便易查的信息获取方式将赢得员工对人力资源管理服务和企业管理满意度的提升。员工满意度的提升无疑会增强企业的凝聚力，从而发挥吸引人才、留住人才的作用。

此外，人力资源管理信息化还可以根据各种基础数据给出分析和报表，帮助管理者分析员工流动的真正原因，以便及时采取措施降低流动率。

4. 人力资源管理信息化有助于提高企业决策水平

人力资源管理信息化系统包含了全面的人事信息、方便生成各类分析报表，这为决策者的科学决策提供了重要依据，使高层决策者能获得各种辅助其进行决策的人力资源经营指标以及直接在网上进行决策等。

5. 人力资源管理信息化有助于规范人力资源管理部门的业务流程

当人力资源管理者从繁杂的行政事务中抽身出来之后，就希望规范人力资源运作体系的业务流程。招聘流程、绩效管理流程、员工培训与发展流程、员工职业计划、离职流程等都是人力资源管理者的考虑范围。信息化能将有关人力资源管理的分散信息都紧密集中在一起并进行分析，自动化和优化人力资源管理业务流程，使信息流得到加速且更舒畅，人力资源管理的作业流程跟业务流程以及直线功能结合更紧密。人力资源管理信息系统不仅能将人力资源管理部门的工作职能完全覆盖并划分清楚，而且能将经过优化的业务流程在系统中体现。人力资源管理的日常业务如干部任免、职工退休、调配、辞职等都可以按照规范的工作流程设计相应的模板来完成。查询、统计、制作花名册、统计报表、领导审批等过程也可以在网络上实现。

6. 人力资源管理信息化能提供各种形式的自助服务

对于公司高层而言，他们可以在网上查看企业人力资源的配置、重要员工的状况、人力资源管理成本的分析、员工绩效等；高层决策者还能获得各种辅助其进行决策的人力资源经营指标以及直接在网上进行决策等；对于中层经理，即直线经理来讲，人力资源管理

信息化是其参与人力资源管理活动的工作平台，通过这个平台，直线经理可以在网上管理自己部门的员工。比如可以在授权范围内在线查看所有下属员工的人事信息，对员工的培训、休假、离职等流程进行在线审批等；一般员工可以在线查看企业规章制度、内部招聘信息、个人当月薪资及薪资历史情况、个人考勤休假情况、注册内部培训课程、提交请假/休假申请、实现在线报销等。

四、人力资源管理信息化的发展历程、现状及趋势

（一）人力资源管理信息化的发展历程

1. 薪资计算系统时代

20世纪80年代初，计算机技术已经进入实用阶段，计算机系统开始在管理领域普遍应用，国外一些先进的应用软件企业开始将关注点聚焦于人力资源管理领域，首先利用应用软件进行的是人力资源管理中的薪资管理。

这是由于对于当时的人力资源管理来说，最基础、最复杂、最繁重的部分就是职员信息的管理和职员薪资的计算。欧美一些大型的企业使用手工方法计算和发放薪资，既费时费力，又容易出现错误。为了解决这个问题，第一代的人力资源管理系统出现了，这大大降低了该项工作的繁冗程度并且提高了效率。

这就是人力资源管理系统的雏形，这个阶段基本是人事部门内部的单向应用。由于受当时技术条件与企业需求的限制，用户非常的少，人力资源信息化系统只是一种自动计算薪资的工具——属于财务系统的一部分，只能实现薪资数据录入后的自动计算，且薪资历史数据不能保留，系统几乎没有薪资数据分析和报表生成功能。但是，它给人力资源管理展示了美好的未来，即用计算机的高速与准确，提高手工处理的效率并减小了误差。

2. 薪资/人事管理系统时代

薪资/人事管理系统时代是手工计算机化的阶段。到了80年代的中后期，计算机系统工具、数据库技术与信息技术的发展为人力资源管理系统的阶段性发展提供了良好的技术支持，使第二代薪资管理系统基本上解决了第一代系统的主要问题。

另一方面组织对信息化要求的普遍提高，很多企业已经不再满足于单一的、孤立的人力资源信息化状态，管理者需要及时地掌握最新的人力资源状况。随着人事工作的定位转型、企业内部的信息化，企业在人力资源管理方面的应用开始转向一些专项应用，如招聘、培训、薪资计算等方面，扩展到非财务的管理范围，开始记录员工的其他基本信息，对非财务的人力资源信息和薪资的历史信息都给予了考虑，报表和薪资数据分析功能也有了较大的改善。这个时代的管理系统以薪资处理为主，并兼具了一部分人事信息管理的功能。

但是由于当时的系统主要是由计算机专业的人员开发，设计思想主要是在技术方面领先，并没有系统地考虑人力资源管理的需求和理念，因此HR信息管理的覆盖面不够全面和系统。

3. 人力资源管理系统时代

在20世纪90年代末的时候，人力资源信息的技术应用步入了革命性的转变阶段。市场竞争愈演愈烈，企业员工的忠诚度以及员工对工作的投入程度，在很大程度上就决定了该企业的兴衰与成败。

随着组织管理理论，特别是人力资源理论的发展与逐步成熟，人们开始认识到，人力

资源管理不仅仅是组织内部的一种辅助的管理行为，而是企业发展和建立企业竞争优势的关键。这时，人们开始考虑如何改善企业内部的人力资源管理状况。而且 IT 技术的发展，使人们把一些人力资源管理理念和理论应用到企业管理中变为可能，也使得这种管理思想的变革，逐渐地延伸到人力资源信息化，于是出现了人力资源管理信息化。

这个阶段，人力资源管理系统的报表生成功能和薪资数据分析功能得到了极大地拓展与完善。这一阶段企业最关注的是员工的绩效考评和管理体系，以及培训管理系统。系统对企业人力资源的各类数据不仅仅是存储，而且是进行深挖掘，从而帮助企业从战略的角度来考虑企业人力资源规划和政策，进而有效地做到了对人力资源的开发与培养。

4. 集成人力资源管理时代

从 20 世纪 90 年代末到 21 世纪初，这是一个全面的应用阶段。随着互联网和信息技术的日益成熟，人力资源管理系统随着信息流延伸到了企业内外的各个角落，网络化逐步被运用到人力资源管理活动中，并且成为了人力资源信息化系统的关键应用技术，这期间大量的网络版的人力资源管理系统应运而生。网络技术给人力资源管理提供了强大的推动与支持，使其进入全面应用阶段——eHR 阶段，与前几个阶段的人力资源管理系统相比，管理模式和系统都有了重大的改变。企业各级管理者及普通员工也能参与到人力资源管理活动中，并与企业外部建立起各种联系。特点主要体现在以下几点：

首先，eHR 不再是独立的一个系统，而是与企业的财务、销售等系统进行有机的结合，所有的信息以一种相容的、共享的、一致的、易访问的方式存储到一个集中的数据库中，消除了信息数据的冗余性和臃肿性，保证了数据的统一。

其次，eHR 有了更加友好的用户界面，它能够提供灵活的报表生成工具，减轻了 HR 人员的负担，HR 人员将主要精力集中在企业人力资源规划和人力资源政策上面。

最后，eHR 包含人力资源管理的全部流程，并记载了企业员工从面试到离职的整个任职周期的薪资、绩效、岗位变迁等所有人事信息，真正实现了对员工的全企业生命周期的管理。

（二）人力资源管理信息化的实践现状

1. 国际人力资源管理信息化的现状

随着互联网技术的出现和网络应用的不断深化，组织内外部信息流通变得更快捷、通畅，互联网络的应用使传统封闭的信息变得日益开放，使员工有了更为便捷的参与人力资源管理的可能，从而大幅提高了员工的满意度和人力资源管理的效率。有资料显示，美国的人力资源管理人员（包含薪酬、招聘、培训等）的比率由 1∶125 变到 1∶225（该比率代表每个人力资源管理人员能够有效管理的员工数量）；在亚太地区，人力资源管理人员比率由 1∶81 提高到 1∶130。所以，国际上特别是欧美的大中型企业，人力资源信息化的程度较高，软件设计也比较适合各类组织的需要，为组织的人力资源管理做出了重要的贡献。

2. 我国人力资源管理信息化的现状

目前我国人力资源信息化的发展还比较缓慢，主要集中在大多数大型企业或者国有企业中，并且这些信息化系统还未得到充分的应用，人力资源信息化的作用没有得到充分的发挥，同欧美国家相比，我国人力资源管理信息化仍处于初级阶段，有调查发现，中国企业同欧美企业在人力资源管理信息化的发展比较中差距达 5～10 年。

（三）人力资源管理信息化的趋势

人力资源管理出现的新趋势大多数均与信息技术有关，这表明了信息技术对人力资源管理实践的影响是十分巨大的，它将把人力资源管理引入一个全新的人力资源管理信息化时代。近几年来，人力资源管理信息化的发展呈现出新的趋势。主要集中在以下几点：

1. 人力资源管理信息化更加注重投资回报率与节省成本

企业是以盈利为目的的组织，企业的投资需要得到回报。如上文所述，人力资源管理信息化能够降低人员管理的运作成本，有助于节省时间、提高人力资源管理业务的效率，而实施人力资源管理需要花费大量的时间和金钱，如果企业不知道如何衡量人力资源管理信息化所带来的收益，该管理将是一项失败的投资。企业依赖投资回报工具，通过对投资回报率的计算评估，能够更好地了解自身所进行活动的价值。同时，企业更加注意可以节省企业成本的措施，比如改善数据准确性的技术，以及可以使数据更容易访问的技术。而人力资源部则可以通过投资回报分析和依据经营发展来证明人力资源技术投资的可行性。

2. 人力资源管理信息化更加注重基于商务智能的人力资源战略功能

基于商务智能的人力资源战略应用更加深入。在当今日益激烈的市场竞争环境中，人力资源管理信息化促使企业、机构或组织注重人力资源系统的建设。更重要的是，一方面需要信息系统对业务流程的支持，另一方面还需要通过信息系统获得从人员、人工成本、员工变动率的状况到人力供应渠道的通畅与否等高层次的分析决策信息，并且将决策结果运用于日常业务中，以提高企业整体效益。然而，传统的业务系统并不擅长于多层次的分析和统计，由此，商业智能的人力资源战略应用应运而生。它通常是一个独立的系统，能够从传统业务系统中获取各类客户数据和业务数据，由此建立多层次的分析体系，并将其转化成有商业意义的信息。

3. 从自给自足到分工合作——人力资源外包逐渐成为潮流

通过业务外包、结构重组和流程改造来改善人力资源职能的有效性，借助其他领域的有效工具进行人力资源管理，是人力资源管理方式和思路的创新。外包就是企业根据自身需要将某一项或几项人力资源管理工作或职能外包出去，将组织的人力资源管理委托给组织外部的专业机构承担，基础性管理工作向社会化的企业管理服务网络转移，比如档案管理、社会保障、职称评定等庞杂的事务性且知识含量不太高的工作，以及工作分析、组织设计、招聘培训、绩效考核等，逐渐从企业内部人力资源部门转移出去，交给具有专业性的外部人力资源管理咨询公司去完成。过去，企业的人力资源管理总是追求大而全，或许是工作性质的"特殊性"，一般都希望万事不求人，用"可靠的"自己人做好自己的事。

但现在情况变了，观念也变了，人力资源外包应运而生。其实质是降低人力成本，实现效率最大化，从而有效地适应外部环境，使企业人力资源和机构运行更精干、灵活、高效，实现企业可持续性竞争优势和战略目标。由于公司规模、人力资源要求、公司长远战略规划的不同，人力资源外包在各个公司实际开展程度有很大差异。在发达国家和跨国企业，人力资源外包已经成为潮流。对于亚太地区的企业而言，人力资源职能外包管理主要旨在降低成本和聚焦核心能力。我国企业也必将顺应趋势，从自给自足过渡到更加注重分工合作。

五、我国人力资源管理信息化存在的问题

我国人力资源管理信息化普及程度不高，现在许多企业已经认识到人力资源管理信息化的重要性，对人力资源管理的电子化、网络化、智能化持肯定态度。但是目前国内实施人力资源管理信息化的企业主要集中在一些规模比较大的企业，如海尔集团、中国联通、TCL，有超过70%的企业还没有引入人力资源管理信息系统，仅有30%的企业实施过相关的信息系统，且集中在员工规模500人以上的企业，在未引进过eHR企业中，有60%的企业计划在未来几年内实施，在已经实施的企业中，超过一半是在最近两年内实施的。康师傅、一汽大众、华为、万科、东方通讯、上海浦东发展银行等三十几家企业都采用了SAP本地化的人力资源管理系统。但人力资源管理水平的提升不仅需要信息化工具进行辅助，更需要高素质的管理人员。就整体而言，目前我国企业人力资源管理信息化还存在不少问题，具体如下：

1. 缺乏管理者的支持与资金投入

人力资源管理牵扯到企业内部的每个员工，人力资源管理信息化更是如此。eHR需要企业各方的配合支持，尤其是高层人员，更需要对此给予足够的重视。但是人力资源管理在我国是因外资企业的大量涌入而开始的，至今不过短短10余年时间。对中国企业而言，人力资源管理的概念无疑是一种舶来品，很多企业将人力资源管理概念的引入变成了"形象工程"的建设，只是简单地将传统的人事管理部门改头换面成人力资源管理部门。这就使得我国企业在人力资源管理与开发上还处于比较基础的阶段。当前有不少企业的高层管理人员对人力资源管理信息化的理解不够，没有认识到其重要性，存在着各种各样的误区。

在企业的资金、技术、市场和人才等诸多经营要素中，管理者对人力资源的经营是最为模糊的，或者说很多人力资源管理者只关注能直接创造效益的项目和工作。很多企业往往将人力资源视为一种不得已的成本开销，企业管理者对人力资源管理信息化急功近利，不注重其系统建设的长期效应。这主要是因为不论是自行开发还是购买软件产品，人力资源管理信息化都是一项重大投资，在实施过程中需要投入大量资金。金蝶集团开发的K/3力资源管理系统是我国第一个通过中国人事科学研究院鉴定的人力资源管理系统，为了开发这一系统，金蝶集团历时3年，投资近百万元。可见，开发人力资源管理系统历时之长久，耗资之巨大，不是一般企业能够投资得起的。同时购买人力资源管理系统产品同样也会面临资金问题。首先，购买人力资源管理系统时成本会较高；除此之外，要想保证eHR系统顺利高效运行，必须进行全面认真的培训。在培训过程中，学习相关的计算机技术、软件界面以及一套全新的管理流程都需要成本，还要支付人员培训费用、系统维护和升级费用等，这对企业来说将会是一笔不菲的成本。所有的这些都阻碍了eHR的实施。

可以说，资金问题是我国企业实施人力资源管理信息化面临的普遍性问题。虽然人力资源管理信息化能降低企业成本，但那只是在实施以后产生的作用，而在实施过程中需要投入大量资金。一些企业尤其是规模较小、效益较差的企业，很难或者不愿意将巨额资金用于投资人力资源管理信息化的建设，将其视为可有可无的投资甚至是负担。

根据2004年国内某eHR软件公司的市场调研表明，国内大部分(71%)企业没有实施eHR，但集中在员工规模在500名以下的企业，员工人数在500名以上的企业实施eHR更

具迫切性。实施与未实施 eHR 员工规模分布如图 13 - 2 所示。而一个很乐观的数据表明，在上市公司中，接近一半(47%)的企业实施了 eHR，远远高于平均水平。上市公司的实施比例如图 13 - 3 所示。

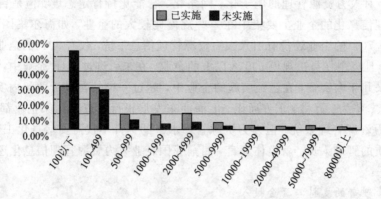

图 13 - 2　实施与未实施 eHR 员工规模分布图

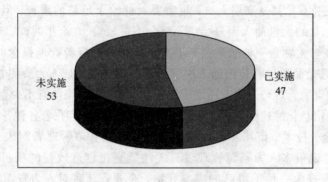

图 13 - 3　上市公司的实施比例

2. 人力资源管理信息化缺乏专业人才

由于企业管理者观念上的差异和国内人力资源管理学科的不健全，导致经过专业培训的人力资源管理人员匮乏，很多非专业出身的人力资源管理者也并没有系统地掌握现代人力资源管理体系的内容与业务流程，很多人力资源管理人员没有认识到人力资源管理信息化的重要性和紧迫性。

一方面人力资源管理者的信息技术应用能力不够，会阻碍企业人力资源管理信息化的进程，影响人力资源管理系统的实施效果。另一方面，当前需要的人力资源管理信息化人员，不仅仅是 IT 人才，还是拥有人力资源管理知识和 IT 技术的混合型人才。

从国内目前的总体情况来看，我国专业的 HR 人员还十分缺乏。现在国内的 eHR 研发人员大多数只擅长系统开发与信息技术，不能真正了解管理或者人力资源管理。与此同时，深谙人力资源管理精髓的各种专业管理咨询公司，在某种程度上又缺乏精通信息科技方面的技术人才，人力资源管理者的 IT 应用能力也比较一般。企业人力资源管理信息化的实施，使人力资源管理经理的 IT 应用能力受到极大的挑战，绝大多数人力资源管理者只是掌握办公软件的操作能力和上网获取信息的能力。因此，许多企业的人力资源管理依然停留在传统的人事管理阶段，不能为企业的长期发展进行战略性人力资源规划。

3. 缺乏标准化高且性能突出的 eHR 软件产品

在已实施过人力资源管理信息系统的企业里，使用最多的功能依次是"人事信息管理"（71%）、"薪资"（68.2%）、"报表"（62.2%）、"考勤"（59.5%）、"招聘"（56%）、"福利"（53.8%）等。在这些企业里，18% 的企业需要更换系统。其原因包括系统功能太简单；人力资源管理业务流程需要改善或改变；系统稳定性差和速度慢等。但是国内目前尚没有统一标准的突出的人力资源管理信息化软件产品。目前人力资源软件产品种类繁多、名目层出不穷，其中既有技术领先、市场成熟者，也不乏滥竽充数者。

人力资源管理软件厂商可分为三个层次：一是以 PeopleSoft、SAP、Oracle 为代表的国外厂商的产品，他们主要针对国内高端市场，提供成熟的商品化软件，同时因其 ERP 等产品的广泛应用，使 HRMS(Human Resource Management System)也得到了国内一些高端用户的认可。第二是国内 HR 软件厂商，例如，用友、金蝶、奇正、东软、亚信(收购太平洋软件)、铂金、万古、施特伟等。这些产品基本上都是借鉴国外一些先进的管理思想，再结合国内的实际情况而开发的。由于适合本地国情以及性价比方面的因素，这些国内 HR 软件厂商正得到越来越多客户的青睐。第三是定制化产品。主要由国内的顾问公司、高校、软件公司或企业内部针对客户的具体需求，定制开发的产品。

从以上分析可以看出，我国企业 eHR 的建设尚处于起步阶段，各方面和欧美发达国家的企业相比尚有很大差距，要想缩小这种差距，首先要改变经理们的观念，要让其认识到人力资源管理信息化的重要性，认识到实施人力资源管理信息化可以带来的巨大利益。其次提高其 IT 应用能力，随着人们接受程度的提高，以及 eHR 服务商数量和质量的提高，开发更多更适应不同企业的 eHR 系统，相信 eHR 这种全新的人力资源管理模式将会成为大多数企业的选择。

第二节　人力资源信息化在企业中的应用分析

一、总体规划

有效地进行人力资源信息化的总体规划可以增进系统和用户的关系，做到信息资源的合理分配和利用，节省系统的投资；可以促进系统应用的深化，为企业创造更多的利润；帮助企业回顾过去的工作，从而发现可以改进的地方。总体规划阶段的主要工作包括：对当前系统进行初步调查、系统开发条件分析、分析与确定用户需求和系统目标、拟定预算等。

总体规划的过程可以按照以下步骤进行：

（1）确定规划的基本问题，包括规划的年限、规划方法的选择等。

（2）收集初始信息，包括从各级主管部门、各职能部门、各种文化中收集相应的人力资源信息。

（3）现状评价。分析系统的目标，对当前系统存在的问题进行分析和评价；对系统的人员、资金、运行控制和采取的安全措施，以及各子系统在中期和长期开发计划中的优先顺序等进行计划和安排。

（4）设置目标。依据企业组织的整体目标来确定信息系统的目标，包括系统服务质量和范围、人员、组织以及要采取的措施等。

（5）做出规划及预算。根据以上分析做出系统总体的规划流程，并计算出相应的预算。

二、系统分析与规划

（一）系统分析

系统分析是使设计达到合理、优化的重要步骤。这个阶段的工作深入与否，直接影响到将来新系统的设计质量，因此必须予以重视。系统分析是在详细调查研究的基础上，对新系统的各种方案和设想进行分析、研究、比较和判断的过程，目的是获得有关新系统的合理的逻辑模型。

详细调查企业人力资源管理的现状和具体结构，并对现行人力资源管理状况进行详尽的描述，这是系统分析最基本的任务。在充分了解现状的基础上，进一步发现其存在的薄弱环节并提出改进的设想，这是决定人力资源信息系统功能强弱和质量高低的关键所在。人力资源信息系统应主要详细调查以下内容：

1. 企业各级机构与人力资源信息联系状况

人力资源的信息量很大，来源渠道较多，在企业中，它几乎与所有的部门关联。这就要求对企业的整体情况和各个机构进行调查，以求收集到完整、准确的信息，再对信息进行归纳、汇总，对企业的流程做出合理的判断，为以后的标准化统一代码设计、文件设计做好充分的准备。此外，要弄清各个机构资料的来龙去脉及他们和人力资源信息系统的关系，才能从系统的角度进行设计。如果企业其他机构已经实现了计算机处理，则更要了解它们的输入与输出内容，弄清哪些信息是由人力资源信息系统直接调用的，哪些信息是需要经过人工加工后才能调用的。

2. 企业已使用的编码调查

由于我国大部分企业的现代化管理水平不一，国家有关部门也没有制定出统一的标准化代码设计体系，因此除了上级主管部门规定的某些代码外，各企业内部的代码往往比较混乱。因此需要深入到各部门中，将已有的代码内容、编码方法进行完整的调查。

（二）系统规划

系统规划是实现人力资源管理信息化的前提，即使企业规模小，这一步骤仍然不可省略。在建构 eHR 系统时，企业应做出谨慎且完整的规划，整合组织内不同的应用系统，使员工只要通过单一的入口，就可以获得所有的信息。员工即使升迁或部门调换，应用系统及功能的授权也应该能很容易地得到维护及管理。人力资源系统的规划提出了以下要求：

（1）具有先进的人力资源管理理念；

（2）可以满足多部门不同的人力资源管理要求；

（3）实现集中化管理、实施监控各部门的人力资源情况；

（4）进行多层次数据汇总，为各层次管理者的决策分析提供数据；

（5）具有完整的系统接口，满足灵活的数据导入与导出。

系统规划的步骤主要有以下几方面：

（1）确认企业人力资源管理的发展方向和优先次序，确认系统的目标和可能会涉及的一些变量，决定 HR 信息系统计划的范围和重点；

（2）建立 eHR 系统运行模型，要获得管理层的支持，确认资金和其他资源的支持；

（3）设计解决方案。包括优化 HR 管理的流程，明确 eHR 的功能和技术需求，设计、购买或租赁功能模块，了解用户的使用体验，改进用户友好度。

（4）实施解决方案。设计、安装系统，建立 eHR 工作流程、用户角色、界面等内容；

（5）实施推广和效果评估，这包括开发新的功能和流程、应用、技术支持和维护，以及系统的整体效果评估。

三、系统设计

系统设计是人力资源信息系统开发过程中的第三个阶段，它是在系统分析的基础上进行的，可以说是人力资源信息系统开发过程中最重要的阶段。

（一）系统设计原则

1. 先进性原则

立足先进技术，采用主流技术，在满足需求的基础上，使应用系统具有国内乃至国际领先的技术水平。计算机网络技术的发展一日千里，不考虑技术的先进性，无疑会造成系统建成不久即面临淘汰的局面。而一味追求先进，不考虑技术的成熟性，将存在巨大的风险。因为先进性是以大量的资金投入为代价的。

2. 实用性原则

立足企业实际，立足人力资源管理工作实际。设计尽可能地采用先进技术的同时，也要兼顾技术的成熟性和实用性。另一方面，一味追求先进，以至脱离自己的实际需求，也是没有实际意义的。

3. 成熟性原则

采用的应用系统平台和软件技术都应具有能经受市场长期考验的成熟性。

4. 安全性原则

安全性是指可靠性、保密性和数据一致性。计算机网络对安全性的要求较高，计算机网络的安全性主要包括以下几个方面：硬件平台安全性、网络通信系统安全性、操作系统安全性以及数据库安全性。系统模块及层面系统应具有多层次的安全控制手段，采用安全技术与完善的安全管理体系，防止系统破坏、数据泄密或黑客攻击。

5. 标准性原则

采用的软件平台与技术应遵循通用的国际或行业标准。

6. 高效性原则

响应速度控制在用户心理所能忍受的范围内；响应速度不能影响业务的正常工作、造成业务工作的低效率。

总的来说，eHR 是一个复杂的系统，eHR 建设无疑是一个复杂的系统工程。网络的规划、设计、硬件建设、软件建设以及网络的使用、扩充等均需以系统的眼光来看等。任何一项工作都要从全局、长远的角度出发，体现整体最优性。

（二）系统设计的目标与内容

系统设计的主要任务是依据系统的逻辑模型设计出满足用户要求的高质量系统。它包括以下两个方面：首先，为了使系统结构合理，把人力资源信息系统分解成若干个子系统，这些子系统之间是互相联系、互相配合并合理地组织在一起的；其次，对每一个具体的子系统，根据其在系统中的地位和作用，选择合理的方法和技术手段进行构造。根据人力资源信息系统的特点，系统设计所追求的目标为系统的可靠性、可维护性、用户友好性、工作效率与合法性等。系统设计由总体设计和详细设计两部分组成。总体设计又称为模块设计，它是系统设计工作的第一步，它的任务是确定整个人力资源信息系统的模块结构，即如何将一个系统划分为多个模块。模块的划分一般采用结构化设计方法。它包含的内容有：① 划分子系统，明确各子系统的目标和功能，并据此划分功能模块，绘制系统结构图；② 物理配置方案设计，包括系统各种软硬件配置方案；③ 优化总体设计方案，并进行评估。具体来说，模块设计就是要把由数据流程图表达的数据处理功能转化成由不同模块来完成。对每个功能模块处理步骤和细节的设计称为详细设计。详细设计是系统设计的第二步是模块设计的延伸，是具体实现每个模块的设计。详细设计的任务是为每个模块选择合理的实现方法和技术手段。详细设计的内容包括：数据文件设计、代码设计、输入设计、输出设计等。

（三）系统模块及层面

人力资源管理是一个以人为核心的复杂的管理体系，牵涉到的数据量庞大，关系复杂。其中包括人事管理模块、薪资和福利模块、培训管理模块、考勤管理模块等整体人力资源管理体系。此外还包含基础设置、系统设置等子系统。人力资源管理信息系统的功能结构如图 13－4 所示。

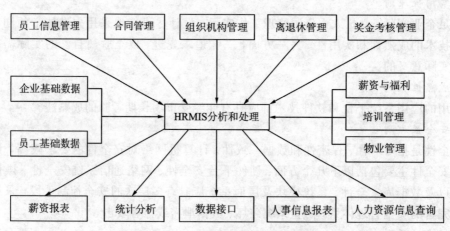

图 13－4　人力资源管理系统信息功能结构图

资料来源：沈永强，曹玉金. 人力资源管理信息系统的研究与设计. 计算机工程，2002：224

一套典型的人力资源管理系统从功能结构上应分为三个层面：基础数据层、业务处理层和决策支持层。基础数据层包含的是变动很小的静态数据，主要有两大类：一类是员工个人属性数据，如姓名、性别、学历等；另一类是企业数据，如企业组织结构、职位设置、工资级别、管理制度等。基础数据在 HR 系统初始化的时候使用，是整个系统正常运转的基础。业务处理层是指对应于人力资源管理具体业务流程的系统功能，这些功能将在日常管理工作中不断产生与积累新数据，如新员工数据、薪资数据、绩效、考核数据、培训数据、考勤休假数据等。这些数据将成为企业掌握人力资源状况，提高人力资源管理水平以及提供决策支持的主要数据来源。决策支持层建立在基础数据与大量业务数据组成的 HR 数据库基础之上，通过对数据的统计和分析，就能快速获得所需信息，如工资状况、员工考核情况等。这不仅能提高人力资源的管理效率，而且便于企业高层从总体上把握人力资源情况。

人力资源信息化的关键在于如何利用信息技术来改进对用户的服务。这些用户对象包括新员工、经理、员工、HR 工作者或专家、公司管理者以及退休员工，这些都是用户层面的问题。在数据层面的关键问题是，各种 HR 的数据是如何记录和保存的，以及这些数据和信息如何转化才能成为 eHR 系统可以识别和利用的信息。在功能层面，需要根据企业人力资源管理的实际情况，规划实际有效的、能够产生价值的功能模块，比如招聘、培训开发、薪酬、沟通渠道、绩效管理、福利管理、时间管理以及自助服务等。

与此同时，企业必须清楚地认识到：eHR 并非只是单纯花钱购置一套人力资源信息系统，真意是体现其背后的管理理念，是整个组织人事作业流程的再造和管理效率的提升，是企业中高层管理者和员工对科学的人力资源管理理念的认知、支持和接受。进一步讲，eHR 引出的企业再造不仅是组织流程的再造，更是企业文化的再造，尤其是对管理层行为模式的再造。在 eHR 系统运行下，人力资源部门员工的角色将发生剧变，他们由传统的行政事务型员工向企业高层人事参谋转化。他们将从日常繁复的人事工作中解脱出来，从事人力资源发展战略和策略的研究、制定和咨询，作业流程的再造等。凭借迅速有效的信息收集功能，畅通的信息沟通渠道，HR 部门将为决策部门提供更为准确的决策咨询和行动方案。

四、选择供应商与合作伙伴

在构建企业人力资源管理信息系统中，企业一般有三类服务商可以选择，包括 HR 管理专家、HR 服务供应商(外包服务专家)、HR 过程管理供应商、技术专家。他们在企业人力资源管理信息系统构建中分别扮演着不同的角色。eHR 系统供应商选择流程如图 13-5 所示。

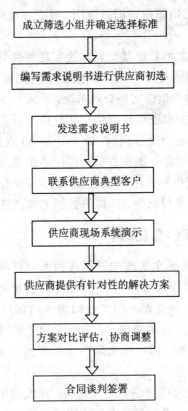

图 13-5　eHR 系统供应商选择流程

五、成立项目小组并确定优先秩序

为保障项目的顺利实施，企业有必要成立专门的项目小组，小组成员一般应包括人力资源职能部门、办公室、项目主管、供应商、企业 IT 部门。如果所有模块的建设同时全面铺开，各方的资源难以一步到位，还会出现力量分散、有效性降低的问题。因此企业在实施信息化人力资源管理时有必要在总体规划的基础上，对各个模块的优先秩序进行分析，有步骤地推进整个进程，明确各个模块发展的具体日程。

六、实施状况与效果评估

优秀的 eHR 系统应该是一套高效率、多功能及易学易用的应用系统，可以根据以下一些特征来评判其实施状况和效果：

（1）完整性与集成性。它全面涵盖人力资源管理的所有业务功能，是用户日常工作的信息化管理平台，对员工数据的输入工作只需进行一次，其他模块即可共享，既可作为一个完整的系统使用，也可将模块拆分单独使用，在必要时还能扩展集成。

（2）易用性。采用导航器界面，友好简洁，直观体现 HR 管理者的主要工作内容，且能引导用户按照优化的 HR 管理流程进行操作，基本没有弹出式对话框，一个界面就能显示所有相关信息，并操作所有功能，信息集成度高。

（3）网络功能与自助服务。支持集团型组织用户，提供异地、多级、分层的数据管理功能，日常管理不受物理位置限制，可在任何联网计算机上经身份验证后进行操作，为非 HR 部门人员提供基于 Web 的组织内部网络应用，员工在允许权限内可在线查看组织及个人信息。

（4）开放性。提供功能强大的数据接口，轻松实现各种导入、导出及与外部系统的无缝连接，可方便引入各类 Office 文档，并存储到数据库中，规范、安全、同时支持所有主流关系型数据库管理系统及各种类型的文档处理系统。

（5）灵活性。可根据用户需求进行客户化功能改造及可更改界面数据项显示的强大查询功能，可灵活设置任意条件进行组合查询，支持中英文（或其他语种）实时动态切换。

（6）系统安全。对关键数据进行加密存储，即使系统管理员也无法直接读取数据，设定用户对系统不同模块的不同级别操作权限建立日志文件，跟踪记录用户对系统每一次操作的详细情况，建立数据定期备份机制，并提供数据灾难恢复功能。

七、思科人力资源管理信息化的启示

思科公司投入了 1500 万美元来实现基于网络的人力资源管理的变革，其结果是每年能节省 5000 万美元的费用。美国商业周刊认为"很少有公司能比思科更好地抓住新技术与人力资源管理变革的结合点"。该篇评论的作者约翰·白瑞尼（John Byrne）认为，"思科能够提供通向一种新管理模式的最好的路标。一方面是由于他提供了一个强有力的连接顾客和供应商的网络工具，另一方面，思科率先运用这些最先进的技术及工具进行人力资源管理实践。"

思科人力资源管理信息化的成功经验充分证明：现代网络高科技的发展，为组织管理信息化提供了先进的传播载体和网络工具，还能使组织内的人力资源管理和原有的财务等其他信息系统进行有效的连接，从而进一步推动组织管理信息化的进程；同时，人力资源管理部门已不单单是人事政策的制定者和执行人，更应成为一个组织配置战略资源的核心力量。

1. 人力资源管理信息化有助于对知识员工的管理

21世纪人力资源管理的主体对象是知识员工。知识员工不同于体力员工的特点，将导致管理模式的变化。一是知识员工个性强，有较强的自主性、独立性和自尊心期望度，这些特征要求在组织管理中体现人本主义，实行关怀管理、尊重管理、赞扬管理、参与管理、授权管理、自主管理、弹性管理及个性化管理等模式；二是知识员工具有职业发展目标，这要求组织实施员工职业生涯规划，使组织目标与员工个人发展目标兼容，实行组织与员工的"双赢管理"；三是知识员工追求高层次需求，这需要组织在实施多元化激励和全面报酬的同时，更注重发挥工作价值、工作环境等非经济报酬的作用；四是知识员工流动性大，这又需要组织制定满足需求、人尽其才的个性化留人方案。

2. 人力资源管理信息化与其他信息系统的资源互补和共享

人力资源管理信息化注重人力资源管理过程中工作流程的信息化，强调与组织其他信息系统的资源互补和共享，它将人力资源管理的很多日常管理工作规范化和流程化。这对那些注重自身人力资源管理、员工素质普遍较高的组织，可以大大提高其人力资源部门的工作效率和员工满意度。同时也为全面实施信息化管理奠定了坚实的基础。

3. 促使人力资源管理部门的角色转换，形成新的管理文化

思科的人力资源管理信息化系统提高了员工的生产力，降低了管理成本、人工和设备开销，并通过改变员工在一起工作的方式理顺了业务流程。它能够使人力资源管理从低价值的事务性工作中解脱出来，投入更多的时间精力从事高价值的战略性管理活动。

本章小结

人力资源管理信息化作为一种将信息技术和软件系统与人力资源管理相结合的管理思想，是将人力资源管理全面化、精细化的表现。人力资源管理信息化的高效率、低成本等优势使其在企业中越来越重要。但对于国内的企业来说，依旧存在很多问题，使得企业人力资源管理信息化无法得以实现。国内企业还需在人力资源信息化人才等方面支持其发展，为企业人力资源信息化奠定基础。企业应用人力资源管理信息化需经过总体规划、系统分析、系统设计、系统规划、选择供应商与合作伙伴、成立项目小组并确定优先秩序、实施状况与效果评估几个阶段，但具体的企业应具体分析。人力资源管理信息化对于企业来说将越来越重要。

思考题

1. 什么是人力资源信息化？
2. 人力资源信息化与传统人力资源管理有什么不同之处？
3. 人力资源信息化是如何发展而来的？不同发展阶段具有什么特点？
4. 人力资源信息化具有哪些优势？
5. 与发达国家相比，目前我国企业的人力资源信息化面临哪些问题？

6. 我国企业人力资源管理信息化应该如何提高？

7. 如何分析人力资源管理信息化在企业中的应用？

 案例讨论

ZWY 集团企业人力资源管理信息化的案例分析

ZWY 集团是一家具有 50 多年历史，员工 6.7 万人、跨行业和跨国经营的大型企业集团。ZWY 集团是我国典型的集团企业的代表，是一个以运输业为主、多元化、跨地区、跨行业和跨国经营的大型企业集团。该集团在国内有 46 个专业子公司，省市子公司，508 家独立法人单位，238 家合营企业，在海外有 9 个代表处，67 家独资、合资企业，集团总资产额达 220 亿元人民币。经过 50 多年的发展，ZWY 集团在国内外拥有完善的业务经营网络，业务范围涉及货运代理、海洋运输、租船、船舶经营、班轮运输、船务代理、航空货运、航空快件、铁路运输、汽车运输多式联运、仓储、进出口贸易，以及对外经济合作、工程承包、集装箱租赁、森林开发、金融、保险、旅游、广告、房地产等诸多领域。

该集团在我国对外贸易的发展中，发挥了重大的作用。但在我国加入 WTO 以后，行业垄断被打破，竞争日趋激烈，集团面临着各方面的挑战，人力资源管理的现代化、信息化也是其面对的挑战之一。

（一）集团人力资源管理状况

在使用人力资源管理系统前，ZWY 集团人力资源管理基本上仅限于员工信息和合同管理以及薪酬保险管理。在员工信息及合同管理方面，集团总公司的管理范围为总公司员工以及各个下级单位副总级以上人员，各个下级单位单独管理本单位其他人员信息和合同。在薪酬保险管理方面，集团总公司人力资源部负责制定标准（应发金额），由集团总公司财务部计算总公司员工薪酬（实发金额）并发放，各个下级单位依据集团总公司制定并审批的薪酬总额，单独管理本单位薪酬计算与发放。

集团总公司曾经使用国内人力资源管理软件，各个下级单位曾经或正在分别使用一些不同的人事软件。目前，集团总公司使用的与人力资源系统相关的其他系统主要还有：考勤管理系统、原人事管理软件系统、护照签证管理系统（使用 Foxpro 数据库）以及其他外部的数据处理系统。

（二）集团对系统选择的要求

虽然 ZWY 集团是国有企业，但相对于大多数国企而言，该集团有关人员有比较系统的人力资源管理知识和较为先进的理念，并有一整套比较规范的人力资源管理方法。在许多公司积极建立现代企业管理机制的今天，ZWY 集团意识到，仅仅靠原始的手工管理或简单的单机管理，人力资源部门面对大量的信息无法有效率地将其中的重要部分提取出来，并做出相应的判断和处理。集团管理者的决策只能依据报表数据，在浪费大量人力、物力的同时无法做到实时监控，难以保证数据的准确性和及时性。其结果导致，在企业中实现先进的管理思想就成为了一个可望而不可及的目标。ZWY 集团非常急需一套既有先进管理思想又适合国内大企业的人力资源管理信息系统，作为实现上述目标和提高现有水平的一种重要手段。

ZWY 集团针对其实际需要在人力资源系统选型时提出了以下要求：

1. 具有先进的人力资源管理理念；

2. 可以满足多行业、多公司不同的人力资源管理要求；

3. 实现集团化管理，实时监控各个专业、省市子公司的人力资源情况；

4. 进行多层次数据汇总，为各层次管理者的决策分析提供数据；

5. 具有完整的系统接口，满足灵活的数据导入与导出。

（三）ZWY 集团企业的难点

ZWY 这样的集团企业客户，在人力资源管理系统上有很多特殊的地方，表现在如下方面：

1. 外部机制和管理体系打上了大型国有企业几十年来形成的深刻烙印

集团的经营机制和管理体系处于转型过程中，反映在人事薪资管理上，很难形成系统的、现代的人力资源管理体系。首先在外部机制上，由于产权机制的模糊，一般大型企业难以形成有效的约束和激励机制，这使现代人力资源管理的公平、激励、员工参与等作用难以发挥，即使有了基本制度，是否会被有效利用或者说贯彻到领导者和管理者的管理思想中，还要打一个问号。这种特殊性使人力资源系统提供商在开发系统时必须考虑项目是否会实施成功，该项目会不会在中途夭折。

2. 人事薪资管理既充满了"历史沧桑"的要求，又渴望创新和变革

对于 ZWY 集团来说，几十年积累下来的离退休职工就有很多，这对人力资源管理者来说是很大的包袱，不像业务那样容易"告别过去"。另一方面，传统人事劳资管理的观念不利于现代人力资源管理理念的"革命"和"造反"。相对于其他年轻的企业来说，ZWY 集团在几十年的发展里程中形成了一套完整的人事劳资管理体系，但一些沉积下来的旧观念比如大锅饭、不看绩效而看所谓的"表现"来评估职工等依然存在。然而，集团要实现成功转型，必须要勇于在众多的人际冲突、组织阵痛中改革，营造民主、开放、公平、人际关系简单的人力资源管理的企业环境。这种特殊性对于人力资源系统提供商来说是个两难选择，是坚持给客户带有比较新的理念的产品，还是迎合客户进行大量二次开发，这一选择意义非常大。选择前者可能会导致项目的失败，选择后者可能会导致项目收益的降低。

3. 大型国有企业实施人力资源管理系统面临预算紧张的窘迫和大量培训的工作

由于 ZWY 集团既肩负着产生经济效益的责任又担负着社会就业的重任，以及长期以来形成的对人才埋没、闲置、不尊重人才、层级关系严重的官僚作风等积习，要想说服集团的一把手在人力资源管理上加大预算是非常困难的，因为在他们的眼里应该是人才求他们而不是他们挽留人才。

尽管 ZWY 集团面临上述的困难，但竞争性经营环境的压力使集团的领导者认识到不有效盘活现有人力资源的存量，不使人力资源的绩效潜力得到释放，不能提高单位人力资源的产出，就无法面临日益竞争的压力，就无法使国有企业成为真正"百年老店"。

ZWY 集团试图建立一套完整的现代人力资源管理体系，以此提高集团竞争力，形成以绩效为核心的企业文化。

（四）解决与实施方案

1. 硬件及网络解决方案

ZWY 集团对国内外各个人力资源管理系统产品进行充分比较、分析后，最终选择了如下的人力资源管理系统解决方案：基于 Oracle 8i 数据库，采用浏览器/服务器（Web/

Server)结构的集中式管理模式。具体如下：

数据库端：在集团设置两台服务器——数据库服务器与应用服务器。

浏览器端：只要安装 IE 或 Netscape 即可，毋须安装应用程序。

连接方式：集团内部用户通过局域网登录数据库进行数据处理；各地分公司通过已有 DIN 专线登录服务器进行数据处理。

这种方案具有两个优点，一是数据集中，各地分公司可以独立处理自己的业务；各层次管理者依据权限划分进行决策分析；总公司可以进行实时监控，保证数据的真实性、准确性和及时性。二是程序集中，只需安装一套人力资源管理系统，节省系统运行成本、维护成本。

2. 系统功能解决方案

在具体的功能模块上，ZWY 集团的要求也体现了典型的集团公司的要求。在具体模块的实施中，结合目前集团出现的问题，有针对性地选择以下各模块管理为整体 eHR 方案解决的重点：

(1) 组织机构管理。作为一个跨地区、跨行业和跨国经营的大型企业集团，ZWY 集团不仅人员众多，而且组织机构复杂，有数百家各级子公司、独资、合资企业、合营企业及代表处。尤其是随着企业的发展，组织机构随时可能进行重组。

针对 ZWY 集团的组织机构管理要求，人力资源系统提供了多公司设置，而且设置不同层次的处理权限。人力资源系统提出了组织机构的实效性概念，即灵活定义各个机构之间的上下级关系，并且所有的组织机构都有生效时限，同时保留全部历史机构的数据。在不同的组织机构有效期间内，采用相应的组织机构进行各项处理，从而完全满足集团的需求。

(2) 职位管理。ZWY 集团人力资源管理系统里使职位管理与招聘管理、绩效管理、薪资福利管理系统相结合，形成了一套完整的职位管理体系。与此同时，职位管理模块采用与组织机构管理相同的实效性概念，按照生效时限灵活定义职位的上下级关系。

(3) 人才需求与招聘管理。作为人力资源管理的第一步，日常的人才需求分析与招聘管理往往占用了人力资源管理者的大量精力，尤其是在 ZWY 集团内部的招聘，更因为组织人员的众多，造成招聘工作的任务量繁重。招聘管理模块的运用使集团在人才需求与招聘管理上不但避免了过去繁重的工作，甚至重复劳动，而且节约了大量招聘费用。

(4) 员工信息管理。作为拥有 6 万多名员工的大型企业集团，ZWY 集团的员工情况异常复杂：外派员工、借调员工、待岗员工、内退员工、离休员工、退休员工同时存在。人力资源系统管理的中心之一便是员工信息管理，这也是 ZWY 集团关心的重点。

系统对这一部分的管理包括：

- 定岗定员定额管理：按照类别、部门、职位、性别等多个字段进行定员控制以及薪资总额控制，在定岗定员定额达标时提示或报警。通过定岗定员管理与实际岗位人数的对比分析，为招聘管理提供数据依据。
- 员工信息管理：大量的员工信息管理使用户可以自定义内容，保证 ZWY 集团各种复杂的分类统计得以实现。
- 辅助员工信息管理：使员工学历信息管理、家庭社会关系管理、员工奖惩情况管理、员工出国情况管理自动化，使 ZWY 集团的员工管理更加全面细致。灵活处理各种员工变动，包括集团内部调动、员工调离、员工复职处理，以及与之对应的多种工龄处理，全面满足ZWY集团异常复杂的员工情况。

- 查询统计：人力资源系统的统计查询工作大量集中于员工信息管理中。除了能够完成专项查询，即固定格式查询、对已查询数据的二次统计、历史数据的查询统计等标准查询外，该模块还提供了大量的灵活查询方式，例如可以按照不同操作者定义查询条件的组合方式、显示内容的组合方式及查询层次。

（5）人才库管理。人才库管理模块分为内部人才库管理、外部人才库管理、后备人才管理。

- 内部人才库管理：为了达到集团内部人才的最优化配置，员工可以自愿申请竞聘空缺职位。当集团内部出现职位需求时，首先考虑从集团内部招聘。
- 外部人才库管理：当集团内部招聘未获得合格人员，在进行外部招聘时，将集团暂时不需要的外部人才信息单独保存，形成外部人才库，从而节省未来的招聘费用。
- 后备人才管理：后备人才也是集团的内部人才，是由上级领导以及人力资源部确认的备选人员，在培训等方面具有一定的优先权。

（6）合同管理。合同管理是ZWY集团人力资源系统管理的基本模块之一，包括合同续签、变更、违约、解除、终止等相应处理。比较重要的是信息到期提示管理和违约金管理，这可以使管理者使用起来更加得心应手。

（7）培训管理。在实施该系统之前，ZWY集团员工培训管理没有正式的培训管理信息系统，系统的实施使培训管理逐步走向正规化，形成良好的人才培育机制。这些包括课程管理、学时管理、费用管理、教师管理。

（8）业绩监控管理。ZWY集团的业绩监控管理一直是人力资源管理的薄弱环节，但通过专业的职位评估后，集团已经形成了完整的职位管理体系，这使业绩监控管理实施可以制度化和规范化。系统通过工作业绩与行为表现等方面的评价，使集团的业绩监控管理做到了有法可依，有章可循，同时为劳动用工、用人方面提供参考数据，并通过业绩监控的结果直接影响员工的绩效工资。

（9）薪酬福利及社会统筹管理。相对于民营企业和外资企业，作为国有企业的ZWY集团员工情况异常复杂，这使薪酬福利和社会统筹管理遇到了很大的挑战。由于系统采用Oracle的数据库，这使处理复杂的薪资计算和社会统筹管理成为本系统的优势。灵活的工资项目与计算公式设置、丰富的函数充分考虑到了国内大型企业集团薪资处理的复杂性，同时考虑到企业的发展、政策的变化甚至工资体制的改革。

3．项目实施过程

第一阶段：前期准备

很多企业往往最容易忽视系统实施的前期准备工作，草草上阵，结果欲速而不达。其实实施之前的团队建立、数据准备、文件编码等工作都会直接影响到今后项目的质量及效率。ZWY集团和人力资源信息系统供应商紧密合作制订并统一了标准的基本文件列表编码，为系统的IRON实施及各种合并报表的制作打下了坚实的基础。

第二阶段：薪资及总账模块实施

ZWY集团系统的薪资模块涉及新员工处理、薪资福利管理、加班管理、休假考勤管理、离职管理等模块。通过业务流程的分析，统一进行了系统设置，并且在用户培训后为终端用户订制了规范的操作手册，这样在系统的试运行期内就达到了很好的效果。在此基础上，利用 eHR 人力资源管理信息系统的总账及成本中心处理功能和总部的财务系统进行了接口，每个月财务部都可以直接获取所需的数据。

第三阶段：人力资源管理模块实施

ZWY 集团的 eHR 人力资源管理信息系统具有完整的人力资源管理功能，包括组织结构管理、职位管理、培训管理、绩效评估管理、招聘管理和预算管理等，各模块相互联系，形成了系统化的人力资源管理流程，实现了高效的集中管理。

第四阶段：在线分析模型的建立

ZWY 集团的 eHR 人力资源管理信息系统内嵌了功能强大的在线分析软件，可以从后台的数据库中将需要分析的数据抽取到多维数据库中进行联机分析，并在 Excel 中生成动态报表，解决了 ZWY 集团的业务瓶颈问题，使其能实时地分析统计所有下属机构的各种人事薪资数据，以协助其管理层制定战略规划。根据 ZWY 集团的业务需求，建立在线分析模型，用户只需通过 Excel 就可随时获取带有各种报表格式的最新数据，大大提高了工作效率。

（五）eHR 方案实施成果

ZWY 集团实施 eHR 方案在根本上提高了企业的整体竞争力，提高了人力资源管理效率，在战略方面确立了集团长远的发展方向，实现人力资源管理和企业经营范围的匹配，完成了整体人力资源规划，具体如下：

（1）集团内部建立了有效的激励、约束和发展机制，使人力资源管理工作制度化、系统化、规范化；

（2）人力资源来源于社会，集团实行人才库管理，吸纳优秀人才，为集团的发展奠定良好基础；

（3）集团形成了完善的培训体系，有计划地对集团员工进行多层次、多技能的培训，以提高集团员工队伍的整体素质；

（4）集团员工工资逐步按市场化操作，并形成独立的福利体系；

（5）集团内部形成完善的考核、奖罚体系，制定出明确的岗位规范和工作标准，保证绩效考核的科学化、规范化；并客观分析绩效考核结果，为集团的人事决策提供依据；

（6）集团因此而建立全面、坦诚的双向沟通机制，建设进取向上的集团文化，塑造集团的主导价值观和共同信念，增强了集团的凝聚力。

ZWY 集团实施 eHR 实现了企业人力资源管理上升至战略性工作和开拓性工作的阶段。随着人力资源管理功能的提升，人事经理升级为公司战略发展的伙伴顾问，员工参与到自助管理中，提高了员工的满意度，跨越了时间和空间的限制，体现了集团内部的价值链，eHR 方案贯穿了企业的供应、生产、销售到最后价值实现的全过程。

案例讨论题

1. 你认为该企业在什么条件下发现人力资源管理信息化的重要性及重要性的体现？
2. 你认为该企业是怎么对人力资源管理进行分析的？对于发现的问题是如何解决的？
3. 你认为如何对人力资源管理信息化实施的结果进行审核？

参 考 文 献

[1] 廖泉文. 人力资源管理[M]. 北京：高等教育出版社，2011.

[2] 董克用. 人力资源管理概论[M]. 北京：中国人民大学出版社，2007.

[3] (美)爱德华·拉齐尔. 人事管理经济学[M]. 上海：三联书店，2000.

[4] 张再生. 职业生涯管理[M]. 北京：经济管理出版社，2002.

[5] 迈克尔·比尔. 管理人力资本[M]. 北京：华夏出版社，1998.

[6] 亨利·明茨伯格. 战略历程[M]. 北京：机械工业出版社，2002.

[7] 约翰·M·伊万切维奇. 人力资源管理[M]. 赵曙明，译. 北京：机械工业出版社，2005.

[8] 钱振波，等. 人力资源管理理论、政策、实践[M]. 北京：清华大学出版社，2004.

[9] 加里德斯勒，曾湘泉. 人力资源管理[M]. 10 版. 北京：中国人民大学出版社，2007.

[10] (美)雷蒙德· A·诺伊，等. 人力资源管理：赢得竞争优势[M]. 3 版. 刘昕，译. 北京：中国人民大学出版社，2001.

[11] 颜士梅. 试论组织中关于"人"的管理的两次转变[J]. 外国经济与管理，2002(6).

[12] 余凯成，等. 人力资源管理[M]. 大连理工大学出版社，1999.

[13] 詹姆斯·W·沃克. 人力资源战略[M]. 北京：中国人民大学出版社，2001.

[14] 马新建. 人力资源管理与开发[M]. 北京：石油工业出版社，2005.

[15] Garrett Walker，J. Randal MacDonald. Designing and Implementing an HR Scorecard[J]. Human Resource Management 40，2001(4)：370.

[16] Richard Shafer，et al. Crafting a Human Resource Strategy to Foster Organizational Agility：A Case Study[J]. Human Resource Management 40，2001(3).

[17] 王凤玲. 日本企业人力资源管理模式面临的挑战及其变革趋势[J]. 现代日本经济，2003(3)：30-34.

[18] 谢晋宇. 日本人力资源管理模式挑战与回应[J]. 南开管理评论，2000(4)：75-80.

[19] 闫晓萍. 文化背景对人力资源管理模式的影响——美日人力资源管理模式对中国的借鉴[J]. 辽东学院学报(社会科学版)，2008(4)：49-52.

[20] 李俊霞. 德国人力资源开发的经验[J]. 放眼看世界，2012：41-43.

[21] 吴冠锋. 浅析德国人力资源开发管理的特色[J]. 经济师，2000(11)：58-59.

[22] 刘青. 人力资源管理国际比较研究[J]. 科技创业，2009(05).

[23] 赵曙明. 中国人力资源管理三十年的转变历程与展望[J]. 南京社会科学，2009(1)：7-11.

[24] 李青. 西门子人力资源的探讨[J]. 法制与经济，2010(9)：102-105.

[25] 马莉艳. 对华为的员工激励问题的思考[J]. 管理，2011：69-70.

[26] 张瑞. 跨国公司人力资源本地化策略研究[D]. 北京交通大学硕士论文，2010.

[27] 约翰 M·伊万切维奇(John M. Ivancevich)，赵曙明，程德俊. 人力资源管理[M]. 11 版. 北京：机械工业出版社，2011.

[28] 湛新民. 人力资源管理概论[M]. 3 版. 北京：清华大学出版社，2005.

[29] 钱振波. 人力资源管理[M]. 北京：清华大学出版社，2004.

[30] 彭剑锋，等. 人力资源管理概论[M]. 上海：复旦大学出版社，2003.

[31] 陈维政，余凯成，程文文. 人力资源管理[M]. 北京：高等教育出版社，2002.

[32] 董克用，叶向峰. 人力资源管理概论[M]. 北京：中国人民大学出版社，2003.

[33] 王明琴，等. 人力资源管理[M]. 北京：科学出版社，2009.

[34] 卿涛，等. 人力资源管理概论[M]. 北京：清华大学出版社，2006.

[35] (中)赵曙明，(美)罗伯特·马希斯. (美)约翰·杰克逊. 人力资源管理[M]. 9版. 北京：北京电子工业出版社，2003.

[36] 曹亚克，王博，白晓鸽. 最新人力资源规划、招聘及测评实务[M]. 北京：中国纺织出版社，2004.

[37] 于桂兰，魏海燕. 人力资源管理[M]. 北京：清华大学出版社，2004.

[38] 赵曙明. 人力资源战略与规划[M]. 北京：中国人民大学出版社，2002.

[39] 谢晋宇. 人力资源开发概论[M]. 北京：清华大学出版社，2005.

[40] 杨蓉. 人力资源管理[M]. 大连：东北财经大学出版社，2005.

[41] 郑晓明. 人力资源管理导论[M]. 北京：机械工业出版社，2005.

[42] 张剑. 现代人力资源管理理论与实务[M]. 北京：清华大学出版社，北京交通大学出版社，2010.

[43] 郑晓明，吴志明. 工作分析实务手册[M]. 北京：机械工业出版社，2002.

[44] 陈维政，余凯成，程文文. 人力资源管理与开发高级教程[M]. 北京：高等教育出版社，2004.

[45] 孙健敏. 组织与人力资源管理[M]. 北京：华夏出版社，2002.

[46] (美)雷蒙德·A·诺伊，等. 人力资源管理：赢得竞争优势[M]. 刘昕，译. 北京：中国人民大学出版社，2001.

[47] Leavitt, Harold J. Applied Organizational Change in Industry: Structural, Technological and Humanistic Approaches[M]. in Handbook of Organizations, Chicago: Rand McNally, 1965: 1144-1170.

[48] Hammer, Michael, Champy James. Reengineering the Corporation: A Manifesto for Business Revolution[M]. Harper Collins Publishers Inc. , 1993.

[49] Hackman J R & Oldham G R. Development of the Job Diagnostic Survey[J]. Journal of Applied Psychology, 60: 159-170.

[50] Hackman J R & Oldham G R. Motivation Through the Design of Work: A Test of a Theory. Organizational Behavior and Human Performance, 1976(16): 250-279.

[51] Hackman J R & Oldham G R. Work Redesign. Reading, MA: Addison-Wesley.

[52] (美)罗宾斯. 组织行为学[M]. 孙健敏，李原，等，译. 7版. 北京：中国人民大学出版社，1997.

[53] (美)鲁森斯. 组织行为学[M]. 王垒，等，译. 北京：人民邮电出版社，2003.

[54] 付亚和. 工作分析[M]. 上海：复旦大学出版社，2006.

[55] 王小艳. 如何进行工作分析[M]. 北京：北京大学出版社，2004.

[56] 罗永泰. 人力资源管理. 北京：经济科学出版社，2009.

[57] MBA/DBA 系列讲义《人力资源管理》.

[58] 王林雪. 人力资源管理概论[M]. 西安：西安交通大学出版社，2006.

[59] 秦志华. 人力资源管理[M]. 北京：中国人民大学出版社，2010.

[60] 张德，等. 人力资源开发与管理[M]. 2版. 北京：清华大学出版社，2007.

[61] 莫寰，张延平，王满四. 人力资源管理：原理、技巧与应用[M]. 北京：清华大学出版社，2007.

[62] 暴丽艳，徐光华. 人力资源管理实务[M]. 北京：清华大学出版社、北京交通大学出版社，2010.

[63] 张培德. 现代人力资源管理[M]. 2版. 北京：科学出版社，2010.

[64] 侯光明. 人力资源管理[M]. 北京：高等教育出版社，2009.

[65] 孙健敏. 人力资源管理[M]. 北京：科学出版社，2010.

[66] 赵北平，雷五明. 大学生涯规划与职业发展[M]. 湖北：武汉大学出版社，2006.

[67] 马士斌. 大学生生涯辅导[M]. 北京：机械工业出版社，2006.

[68] (美)施恩. 职业的有效管理[M]. 仇海清，译. 北京：三联书店，1992.

[69] (美)杰弗里·H·格林豪斯,杰勒德·A·卡拉南,维罗妮卡·M·戈德谢克.职业生涯管理[M].王伟,译.北京:清华大学出版社,2006.

[70] 加里德斯勒.人力资源管理.10版[M].曾湘泉,译.北京:中国人民大学出版社,2007.

[71] 林忠,金延平.人力资源管理[M].2版.大连:东北财经大学出版社,2009.7.

[72] 蒋蓉华.人力资源管理基础[M].北京:清华大学出版社,2007.

[73] 朱丽君.企业人力资源绩效考核刍议[J].安徽农业科学(Journal of Anhui Agri. Sci.),2005.

[74] 陆宏强.浅谈企业人力资源管理中的绩效考核[J].商场现代化,2010(7).

[75] 姚庆凤.人力资源管理中的绩效考核探讨[J].企业导报,2011(13).

[76] 张德.人力资源管理[M].2版.北京:清华大学出版社,2003.

[77] 彭剑锋.人力资源管理概率[M].上海:复旦大学出版社,2003.

[78] (美)加里·德斯勒.人力资源管理[M].9版.北京:中国人民大学出版社,2007.

[79] 蒋明新.人力资源开发与管理[M].成都:西南财经大学出版社,1999.

[80] 石金涛.现代人力资源开发与管理[M].上海:上海交通大学出版社,2001.

[81] 陆国泰.人力资源管理[M].北京:高等教育出版社,2000.

[82] 李剑.员工管理[M].北京:企业管理出版社,2005.

[83] 张德培,李刚.绩效考核与管理[M].上海:华东理工大学出版社,2009.

[84] 王少东,吴能全,余鑫.薪酬管理[M].北京:清华大学出版社,2009.

[85] 聊全文,宋培林.薪酬管理:理论·操作·案例[M].北京:首都经济贸易大学出版社,2006.

[86] 苏列英.薪酬管理[M].西安:西安交通大学出版社,2006.

[87] 胡昌全.薪酬福利管理[M].北京:中国发展出版社,2006.

[88] 孙玉斌.薪酬设计与薪酬管理[M].北京:电子工业出版社,2010.

[89] 程延园.集体谈判制度在我国面临的问题及其解决[J].中国人民大学学报,2004(2).

[90] 程延园.员工关系管理[M].上海:复旦大学出版社,2004.

[91] 程延园.我国劳动争议的发展变化与劳动关系的调整[J].经济理论与经济管理,2003(3).

[92] 白永利.建设和谐的劳动关系[D].中央民族大学硕士学位论文,2006.

[93] 李宝元.中国集体谈判制度的层次结构模式研究[D].北京师范大学硕士论文,2004.

[94] 李宝元.人力资源管理案例教程[M].北京:人民邮电出版社,2002.

[95] 龚基云.转型期中国劳动关系研究[D].南京师范大学博士学位论文,2004.

[96] 约翰·M·伊万切维奇(John M·Ivancevich).人力资源管理[M].11版.赵曙明,程德俊,译.北京:机械工业出版社,2011.

[97] 李剑锋.劳动关系管理[M].北京:对外经济贸易大学出版社,2003.

[98] 郭庆松.企业劳动关系管理[M].天津:南开大学出版社,2001.

[99] 史探径.中国工会的历史、现状及有关问题探讨[J].环球法律评论,2002.

[100] 胡君辰,郑绍廉.人力资源开发与管理[M].上海:复旦大学出版社,2002.

[101] 乔健.新一轮结构调整下的中国劳动关系及工会的因应对策[J].中国人力资源开发,2003(9).

[102] 杨河清.人力资源管理[M].大连:东北财经大学出版社,2010.

[103] 卢福财.人力资源管理[M].长沙:湖南大学出版社,2009.

[104] 赵继新,郑强国.人力资源管理:基本理论·操作实务·精选案例[M].北京:清华大学出版社,北京交通大学出版社,2011.

[105] 黄爱华,郑柏礼.美日中工会与劳资谈判对比分析[J].华南理工大学学报社会科学版,2002.

[106] 黄维德,董临萍.人力资源管理[M].北京:高等教育出版社,2000.

[107] 张德.人力资源管理案例精选[M].北京:清华大学出版社,2002.

[108] 赵曙明.跨国公司人力资源管理[M].北京:中国人民大学出版社,2001.

[109] 赵曙明. 国际企业:跨文化管理[M]. 南京:南京大学出版社,1994.

[110] 熊军. 企业人力资源管理信息化的应用研究[J]. 中国管理信息化,2006.

[111] 余晓云. 人力资源管理信息化的应用研究[J]. 决策探索,2006.

[112] 孙冬梅. A 公司实施电子化人力资源管理系统(eHR)的案例分析及启示[D]. 对外经济贸易大学,2006.

[113] 彭润华. 人力资源信息化管理在中小企业应用研究[D]. 上海交通大学学位论文,2006.

[114] 王琦,杨晓龙. 人力资源信息化系统(eHR)的规划与实施[J]. 包钢科技,2006.6.

[115] 陶会平. 人力资源管理信息化分析[J]. 企业经济,2008.

[116] 朱蓉蓉. 电子化人力资源管理(eHR)研究[D]. 长安大学学位论文,2009.

[117] 赵洁. 利用信息技术构建人力资源管理新模式:ZWY 企业实施 eHR 方案案例分析报告[D]. 对外经济贸易大学学位论文,2003.

[118] 邬锦雯,等. 人力资源管理信息化[M]. 北京:清华大学出版社,北京交通大学出版社,2006.

[119] 赵燕斌. 企业人力资源管理信息化研究:以 A 公司为例[D]. 首都经济贸易大学学位论文,2008.